国家哲学社会科学"十五"规划课题(01BZX037)
与"社会主义市场经济相适应的伦理体系研究"结项成果

2006年国家哲学社会科学重大招标课题(05&ZD040)
"构建社会主义和谐社会进程中的思想道德与
和谐伦理建设的理论与实践研究"中期成果

国家"985"哲学社会科学创新基地
东南大学"科技伦理与艺术"项目成果

江苏省哲学社会科学"十五"规划重点工程课题(C1-002)
与"社会主义市场经济相适应的道德体系研究"结项成果

道德形而上学体系的精神哲学基础

樊浩 著

中国社会科学出版社

图书在版编目（CIP）数据

道德形而上学体系的精神哲学基础/樊浩著 . —北京：中国
社会科学出版社，2017.12（2019.5 重印）
　ISBN 978 - 7 - 5004 - 6037 - 4

　Ⅰ.①道…　Ⅱ.①樊…　Ⅲ.①伦理学—研究
Ⅳ.①B82

　中国版本图书馆 CIP 数据核字（2015）第 003715 号

出　版　人	赵剑英
责任编辑	张　林　齐　芳
责任校对	韩海超
责任印制	戴　宽

出　　　版	中国社会科学出版社
社　　　址	北京鼓楼西大街甲 158 号
邮　　　编	100720
网　　　址	http://www.csspw.cn
发　行　部	010 - 84083685
门　市　部	010 - 84029450
经　　　销	新华书店及其他书店

印刷装订	北京君升印刷有限公司
版　　　次	2017 年 12 月第 1 版
印　　　次	2019 年 5 月第 2 次印刷

开　　　本	710×1000　1/16
印　　　张	37.5
字　　　数	615 千字
定　　　价	188.00 元

樊浩，本名樊和平。男，1959 年 9 月 8 日生，江苏省泰兴市人。教育部长江学者特聘教授（2007），东南大学资深教授，校学术委员会副主任，人文社会科学学部主任，道德发展研究院院长；江苏省社会科学院副院长；北京大学世界伦理中心副主任（主任为杜维明教授），资深研究员。英国牛津大学高级访问学者，伦敦国王学院访问教授。1992 年被破格晋升为教授，成为当时全国最年轻的哲学伦理学教授。国家"万人计划"首批人文社会科学领军人才，中宣部"四个一批"人才暨"全国文化名家"；教育部社会科学委员会哲学学部委员，教育部高校哲学教学指导委员会副主任，国家教材局专家委员会委员，中国伦理学会名誉副会长；江苏省社科名家，江苏省中青年首席科学家、"333 工程"第一层次（院士级）专家。江苏省"公民道德与社会风尚'2011'协同创新中心"、江苏省"道德发展高端智库"首席专家兼总召集人。第八、九、十届江苏省政协委员。

出版个人独立专著 14 部，合著多部，在《中国社会科学》等独立发表论文 260 多篇。成果获全国、教育部、江苏省优秀哲学社会科学一等奖 5 项，二等奖 8 项。作为首席专家主持国家重大招标项目 2 项，其他国家和省部级重大、重点和一般项目二十多项。代表作有：独立专著"中国伦理精神三部曲"——《中国伦理的精神》（22 万字，1990，1995），《中国伦理精神的历史建构》（38 万字，1992，1994），《中国伦理精神的现代建构》（60 万字，1997）；独立专著"道德形而上学三部曲"——《伦理精神的价值生态》（42 万字，2001，2007），《道德形而上学体系的精神哲学基础》（57 万字，2006），《伦理道德的精神哲学形态》（55 万字，2017）；以及作为首席专家的合著"道德国情三部曲"《中国伦理道德报告》（94 万字，2010），《中国大众意识形态报告》（105 万字，2010），《中国伦理道德发展数据库》和《中国伦理道德发展报告》（一千多万字，2018）。

总　　序

　　东南大学的伦理学科起步于20世纪80年代前期，由著名哲学家、伦理学家萧崑焘教授、王育殊教授创立，90年代初开始组建一支由青年博士构成的年轻的学科梯队；至90年代中期，这个团队基本实现了博士化。在学界前辈和各界朋友的关爱与支持下，东南大学的伦理学科得到了较大的发展。自20世纪末以来，我本人和我们团队的同仁一直在思考和探索一个问题：我们这个团队应当和可能为中国伦理学事业的发展作出怎样的贡献？换言之，东南大学的伦理学科应当形成和建立什么样的特色？我们很明白，没有特色的学术，其贡献总是有限的。2005年，我们的伦理学科被批准为"985工程"国家哲学社会科学创新基地，这个历史性的跃进推动了我们对这个问题的思考。经过认真讨论并向学界前辈和同仁求教，我们将自己的学科特色和学术贡献点定位于三个方面：道德哲学，科技伦理，重大应用。

　　以道德哲学为第一建设方向的定位基于这样的认识：伦理学在一级学科上属于哲学，其研究及其成果必须具有充分的哲学基础和足够的哲学含量；当今中国伦理学和道德哲学的诸多理论和现实课题必须在道德哲学的层面探讨和解决。道德哲学研究立志并致力于道德哲学的一些重大乃至尖端性的理论课题的探讨。在这个被称为"后哲学"的时代，伦理学研究中这种对哲学的执著、眷念和回归，着实是一种"明知不可为而为之"之举，但我们坚信，它是我们这个时代稀缺的学术资源和学术努力。科技伦理的定位是依据我们这个团队的历史传统、东南大学的学科生态，以及对伦理道德发展的新前沿而作出的判断和谋划。东南大学最早的研究生培养方向就是"科学伦理学"，当年我本人就在这个方向下学习和研究；而东南大学以科学技术为主体、文管艺医综合发展的学科生态，也使我们这些90年代初成长起来的"新生代"再次认识到，选择科技伦理为学科生长点是明智之举。如果说道德哲学与科技伦理的定位与我们的学科传统有关，那么，重大应用的定位就是基于对伦理学的现实本性以及为中国伦理道德建设作出贡献的愿望和抱负而作出的选择。定位"重大应用"而不是一般的"应用伦理学"，昭明我们在这方面有所为也有所不为，只是试图在伦理学应用的某些重大方面和重大领域进行我们的努力。

基于以上定位，在"985工程"建设中，我们决定进行系列研究并在长期积累的基础上严肃而审慎地推出以"东大伦理"为标识的学术成果。"东大伦理"取名于两种考虑：这些系列成果的作者主要是东南大学伦理学团队的成员，有的系列也包括东南大学培养的伦理学博士生的优秀博士论文；更深刻的原因是，我们希望并努力使这些成果具有某种特色，以为中国伦理学事业的发展作出自己的贡献。"东大伦理"由五个系列构成：道德哲学研究系列；科技伦理研究系列；重大应用研究系列；与以上三个结构相关的译著系列；还有以丛刊形式出现并在20世纪90年代已经创刊的《伦理研究》专辑系列，该丛刊同样围绕三大定位组稿和出版。

"道德哲学系列"的基本结构是"两史一论"。即道德哲学基本理论；中国道德哲学；外国道德哲学。道德哲学理论的研究基础，不仅在概念上将"伦理"与"道德"相区分，而且从一定意义上将伦理学、道德哲学、道德形而上学相区分。这些区分某种意义上回归到德国古典哲学的传统，但它更深刻地与中国道德哲学传统相契合。在这个被宣布"哲学终结"的时代，深入而细致、精致而宏大的哲学研究反倒是必须而稀缺的，虽然那个"致广大、尽精微、综罗百代"的"朱熹气象"在中国几乎已经一去不返，但这并不代表我们今天的学术已经不再需要深刻、精致和宏大气魄。中国道德哲学史、外国道德哲学史研究的理念基础，是将道德哲学史当作"哲学的历史"，而不只是道德哲学"原始的历史"、"反省的历史"，它致力探索和发现中外道德哲学传统中那些具有"永远的现实性"精神内涵，并在哲学的层面进行中外道德传统的对话与互释。专门史与通史，将是道德哲学史研究的两个基本纬度，马克思主义的历史辩证法是其灵魂与方法。

"科技伦理系列"的学术风格与"道德哲学系列"相接并一致，它同样包括两个研究结构。第一个研究结构是科技道德哲学研究，它不是一般的科技伦理学，而是从哲学的层面、用哲学的方法进行科技伦理的理论建构和学术研究，故名之"科技道德哲学"而不是"科技伦理学"；第二个研究结构是当代科技前沿的伦理问题研究，如基因伦理研究、网络伦理研究、生命伦理研究等等。第一个结构的学术任务是理论建构，第二个结构的学术任务是问题探讨，由此形成理论研究与现实研究之间的互补与互动。

"重大应用系列"以目前我作为首席专家的国家哲学社会科学重大招标课题和江苏省哲学社会科学重大委托课题为起步，以调查研究和对策研究为重点。目前我们正组织四个方面的大调查，即当今中国社会的伦理关系大调查；道德生活大调查；伦理—道德素质大调查；伦理—道德发展状况及其趋向大调查。我们的目标和任务，是努力了解和把握当今中国伦理道德的真实状况，在此基础上进行理论推进和理论创新，为中国伦理道德建设提出具有战略意义和创新意义的对策思路。这就是我们对"重大应用"的诠释和理解，今后我们将沿着这个方向走下去，并贡献出团队和个人的研究成果。

"译著系列"、《伦理研究》丛刊，将围绕以上三个结构展开。我们试图进行的努力是：这两个系列将以学术交流，包括团队成员对国外著名大学、著名学术机构、著名学者的访问，以及高层次的国际国内学术会议为基础，以"我们正在做的事情"为主题和主线，由此凝聚自己的资源和努力。

马克思曾经说过，历史只能提出自己能够完成的任务，因为任务的提出表明完成任务的条件已经具备或正在具备。也许，我们提出的是一个自己难以完成或不能完成的任务，因为我们完成任务的条件尤其是我本人和我们这支团队的学术资质方面的条件还远没有具备。我们期图通过漫漫求索乃至几代人的努力，建立起以道德哲学、科技伦理、重大应用为三元色的"东大伦理"的学术标识。这个计划所展示的，与其说是某些学术成果，不如说是我们这个团队的成员为中国伦理学事业贡献自己努力的抱负和愿望。我们无法预测结果，因为哲人罗素早就告诫，没有发生的事情是无法预料的；我们甚至没有足够的信心展望未来；我们唯一可以昭告和承诺的是：

我们正在努力！

我们将永远努力！

樊　浩

谨识于东南大学"舌在谷"

2006 年 9 月 8 日

内容提要

本书的主题是从形而上学的层面研究道德体系的精神哲学基础，或者说，是从精神哲学的纬度探讨道德的形而上学体系，为道德形而上学体系提供一个精神哲学的构架。该研究有三个基本定位：第一，它以"道德体系"为研究对象，但并不试图完成某种具体的理论体系，而是从形而上学的层面努力为道德体系的建构提供一个概念与结构系统。这一定位的理念根据是：当代中国道德体系的建立，必须首先攻克道德哲学尤其是道德形而上学的一些尖端性的理论难题，即首先必须在形而上学的层面对道德体系的概念、要素及其结构系统进行研究和反思。第二，它提供的并不是"一般"道德形而上学体系，而是根据它的精神哲学本性，探讨道德形而上学的精神哲学体系，准确地说，探讨道德形而上学体系的精神哲学基础。这一定位的理念根据是：伦理道德的哲学本性是"精神"，道德体系必须体现"精神"的本性，也必须有其精神哲学的基础。第三，关于道德形而上学体系的精神哲学基础，或关于道德形而上学的精神哲学体系研究的突破口是伦理与经济的关系，这一定位的理念根据是：伦理与经济、道德与经济的关系，不仅对道德体系来说是最具基础性意义的形而上学问题，也是建立道德形而上学的精神哲学体系必须首先突破的基本难题。概言之，本书的主题，就是从精神哲学的纬度、在形而上学的层面、基于伦理一经济关系，对于道德体系的研究，其基本学术任务是探讨道德的形而上学的精神哲学体系与精神哲学基础。

根据这一主题，全书由三卷九篇二十章、外加一个绪论和结语构成。绪论"'实践理性'与'伦理精神'"，从康德、黑格尔以及中国传统伦理的道德哲学资源出发，对伦理道德的形上本性进行辩证，其结论是：伦理道德的形上本性不是"实践理性"而是"伦理精神"。精神是意识、意志与伦理道德的统一体，是道德形而上学的"精神"哲学体系。现象学、法哲学、历史哲学，就是道德形而上学体系的精神哲学结构。

上卷"道德体系的形上理念及其现象学辩证"，是关于道德形而上学体系的现象学结构和现象学研究。第一篇从逻辑与历史两个纬度探讨道德体系的价值生态与现实生态及其资源性难题。第二篇对 20 世纪关于伦理—经济关系的三大理论范式，即基于哲学本体论的"经济决定伦理"、韦伯"新教伦理"的"理想类型"，以及基于伦理学学科视野的"经济伦理"进行理论辩证，对于伦理—经济关系和道德体系进行精神哲学的澄明。在此基础上，第三篇提出关于伦理—经济关系和道德体系的"第四种理念"，即"伦理—经济生态"和道德体系与市场经济"生态相适应"的理念，它基于"伦理世界观"的形而上学基础，提出当代道德哲学与道德形而上学体系应当实现由"本体世界观"到"生态世界观"的道德哲学范式的转换，进行"从生态实体出发"的道德哲学革命。

中卷"'冲动的合理体系'与道德体系的法哲学结构"，是关于道德形而上学体系的法哲学结构与法哲学研究。第四篇"道德形而上学体系的法哲学概念与法哲学结构"，提出道德形而上学体系在研究对象方面必须完成由"理性"到"精神"的过渡，而作为意志的一般形态的"冲动"，则是"理性"向"精神"转换的概念中介。道德形而上学的法哲学结构，不仅要研究"冲动"，而且要研究由众多不同主体、不同性质的相互冲突的冲动所构成的"冲动的体系"；不仅要研究"冲动的体系"，而且要研究"冲动的合理体系"。第五篇研究"'伦理冲动'及其'体系'"。它认为，伦理道德有两种精神形态，即意识形态和意志形态，道德形而上学体系应当复归伦理精神的"冲动"本性，研究"冲动形态的伦理"及其道德哲学意义。在道德形而上学体系和伦理精神体系中，内在着"伦理的实体与不道德的个体"悖论，由此产生两种个人主义形态，即个体个人主义与实体或集体个人主义两种形态，造成 20 世纪最深重的文明灾难如生态危机、战争掠夺的道德哲学根源，并不是个体个人主义，而是实体个人主义，因此，必须实行由个体伦理到实体伦理的道德哲学转向。第六篇探讨"'经济冲动'及其'体系'"，研究的重点是伦理—经济概念互释与理论移植中的意义对话及其价值异化。在此基础上，第七篇"'冲动'与冲动'力'的'合理体系'"，根据现象学意义上"力"作为"共同媒介"的概念本性，认为"力"就是诸冲动的"共同媒介"，是"冲动的合理体系"形成的概念基础。在法哲学意义上，"冲动的合理体系"的"力"学模型，就是平行四边形模型，它赋予冲动和冲动力以"庄严的哲学格式"。

下卷"'精神'的现实运动与道德形而上学的历史哲学复归"，是道德形而上学体系的历史哲学结构与历史哲学研究。第八篇"道德形而上学体系的历史哲学概念与历史哲学结构"从理论与现实两个角度探讨道德形而上学体系的历史哲学意涵。它认为，道德形而上学体系的历史哲学本性，就是伦理精神的"哲学的历史"；历史哲学结构是道德体系的现象学结构与法哲学结构的历史和现实的统一，是伦理精神与民族精神的统一。20世纪道德哲学的历史觉悟，就是历史哲学的觉悟。第九篇"伦理精神的历史哲学运动"分别从现象学和法哲学两个纬度考察中国伦理精神的历史哲学运动。中国传统伦理精神的历史哲学形态，是儒道佛三位一体的自给自足的伦理精神体系或精神哲学体系；在近现代以来的经济社会变革中，中华民族正在形成和造就新的伦理精神和道德哲学的历史形态和现实体系。"冲动体系"的历史哲学形态，就是伦理冲动—经济冲动的"合理冲动体系"，在中国它经历了自然经济—计划经济—市场经济三种历史哲学形态及其辩证发展。在完成现象学复原、法哲学考察、历史哲学分析的基础上，第十篇"道德形而上学体系的精神哲学形态"对全书进行总结：道德形而上学体系有三种精神哲学形态：由"精神"的概念规定所形成的"自由意识—自由意志"的逻辑形态或概念形态；逻辑形态与特定的民族精神和民族文化传统结合所形成的"伦—理—道—德—得"的历史形态或民族形态；精神现象学—法哲学—历史哲学三位一体的哲学形态或体系形态。

结语"伦理精神'预定的和谐'"，立足道德辩证法，认为现代伦理精神应当进行"和谐"而不是"冲突"的形上预定，以"'和谐'的'实体'"为伦理精神的概念真理。由此必须"预定"和建立两大和谐：伦理世界的和谐："人的规律"与"神的规律"的和谐；道德世界的和谐："道德规律"与"自然规律"的和谐。现代道德形而上学体系和伦理精神体系应当实现从"冲突伦理"到"和谐伦理"的根本性转换。

目　　录

中卷 "冲动的合理体系"与道德体系的法哲学结构

第四篇 道德形而上学体系的法哲学概念与法哲学结构

第五篇 "伦理冲动"及其"体系"

第七篇　"冲动"与冲动"力"的"合理体系"

下卷 "精神"的现实运动与道德形而上学的历史哲学复归

第八篇 道德形而上学体系的历史哲学概念与历史哲学结构

第九篇 伦理精神的历史哲学运动

绪论　"实践理性"与"伦理精神"

第一节　道德形而上学难题及其理论假设

如果试图建立道德的形上而学，如果试图用形而上学的方法对中国伦理问题进行道德哲学的研究，那么，以下三个问题可能便是以往的道德哲学研究并未真正解决、因而有待进一步追究的难题，它们也是中国道德形而上学体系不可逾越的前沿性课题：

1. 伦理道德的形上本性是什么？具体地说，到底是"实践理性"还是"精神"？虽然门康德提出"实践理性"的概念以来，伦理道德在当程度上成为与"实践理性"可以相置换的概念，然而，无论在逻辑还是历史的纬度，这种学术定势都有待严肃质疑和深刻反省，尤其当文明多样性的意义上具体地考察伦理道德的本性时，对它的质疑与反思就更具现实性，也更为迫切。或许，将伦理道德与"实践理性"相等同，只是中国学术研究中约定俗成的美丽错误之一，以"精神"的概念诠释伦理道德，不仅可以体现民族性，而且更具有解释力和合理性。

2. 如果伦理道德足一种"精神"，那么，道德形而上学研究的对象是什么？是个体性、主观性的"道德精神"，还是特殊与普遍相统一，既扬弃个体的主观性，又扬弃整体的绝对性的"伦理精神"？显然，以"伦理精神"为道德形而上学的对象，比以"道德精神"为对象更有理论合理性和实践合理性。

3. 道德形而上学体系的结构和它的研究方法是什么？如果以"伦理精神"为对象的假设成立，那么，道德形而上学就有三个基本要素和结构：现象学意义上的意识；法哲学意义上的意志；历史哲学意义上的民族精神。于是，现象学、法哲学、历史哲学三大方法的辩证整合，就是道德形而上学的方法论体系。

时至今日，道德形而上学研究已经成为中国的道德哲学研究和道德体系建构的基础性、尖端性的学术工程。不仅道德哲学研究的诸多理论难题都与道德形而上学具有概念性的深刻联系，而且现实道德发展中的诸多困境，也与道德形而上学的理念在终极意义上密切相关。伦理学研究的进展如今已经到达这样的阶段：经过长期的发展，中国道德哲学体系的基本要素已经被发现和讨论，基本伦理难题和伦理矛盾也已经暴露并被揭示，建立新的民族道德体系的理论准备和现实准备基本就绪，只等待道德形而上学为它进行理论奠基，提供形上托载，并最后在它恢弘的大厦上戴上一顶足以使这个大厦中的万有得以统摄和庇护的概念与理念的皇冠。

我们必须全力以赴，倾注于这项寂寞而充满诱惑的工程！

第二节　"实践理性"?"精神"?

一　"实践理性"的追问

到目前为止，关于伦理道德的形上本性有以下几种"定论"。第一，伦理道德是"实践理性"；第二，"实践理性"的定性由康德提出并完成，最有力的确证是他的《实践理性批判》。若干年来，"实践理性"的定性至少在中国学术界已是确定不移的"共识"。但是，仔细反思就会发现，这种熟知的"定论"在逻辑和历史方面都存在不少需要追究的问题。

1. 伦理道德到底是"实践理性"的"一种"形态或"一种"表征，还是与"实践理性"相等同？这种追问表面多余，实际很有必要。因为，如果伦理道德是与"实践理性"相置换的概念，那么，实践理性就只有伦理道德这种唯一的属性和唯一的形态，在这种情况下，关于"实践理性"的定性事实上就只是同义反复，并无实质性的学术意义；如果伦理道德是"实践理性"的"一种"形态，那么，就不仅说明"实践理性"还存在其他形态，而且"实践理性"还应当具有伦理道德所不具备的某些属性，伦理道德只是"实践理性"一般中的某种特殊，二者是种与属、特殊与一般的关系。

2. 康德以后，"实践理性"的定性是否真的得到学术界尤其是西方学术界的比较普遍的认同？检验这一概念的公信力的最好的办法，是考察它在相同文化背景下被认同的程度，而最直接的做法，就是考察在作为康德哲学的重要继承者的黑格尔的道德哲学体系中这一概念是否已经被接受和运用。事实是，在黑格尔的道德哲学体系中虽然有"实践理性"的提法，但并无足够的证据说明黑格尔认为为伦理道德就是实践理性，更无证据说明他认为实践理性就是伦理道德。

3. 伦理道德作为最具民族性的文明因子，道德哲学作为与民族的文明传统关联最为密切的文化形态，其本性应当也必定具有民族传统的特点。虽然在"全球化"的时代，我们可以追求学术话语中基本概念的普世性与通约性，但某种文明因子，尤其是那些基本的文明因子，由于在文明生态中的地位不同，其概念本性也有很大的差异。一个显见的事实是："实践理性"是理性主义传统下的概念系统和学术话语，不仅在康德整个哲学体系中与"思辨理性""纯粹理性"等概念直接而紧密地承接，也与整个西方哲学的理性主义传统一脉相承。在文化的特殊概念体系中，作为特殊文明生态中的基本文明因子，道德哲学体系中关于伦理道德本性的定位，不仅在概念的表现形式，更重要的在实质性内涵方面（这个实质性内涵体现伦理道德在一定文明生态中的特殊文化地位和文明功能），都必定具有很强的民族特殊性。

二 康德的本意

康德的道德哲学最容易给人的错觉是：不仅道德是实践理性，而且实践理性就是道德。① 在形式逻辑的意义上，前一个表述只意味着道德是实践理性的外延之一，而在后一个表述中，道德则构成实践理性的全部外延。关于道德与实践理性关系的悬案及其追究的必要性的文本缘由是：在康德的最有代表性的道德哲学或伦理学著作中，唯有在《实践理性批判》中以"实践理性"为基本的概念，而先于它的《道德形而上学的基本原则》，和后于它的《道德形而上学导论》《伦理学的形而上学要素》等书中稀有"实践理性"的提法；而且，即使在《实践理性批判》中，也并无将"实践理性"与道德相置换或相诠释的提法，但关于实践理性及其批判的论述对象又确实是道德乃至只是道德，可关于将道德当作实践理性的缘由和根据，又是《实践理性批判》。因此，解开道德与实践理性之

---

① 鉴于康德道德哲学将"伦理"和"道德"的概念相等同，因而在讨论康德道德哲学体系中关于实践理性与伦理道德关系时，将"伦理道德"简称为"道德"，将伦理道德与实践理性的关系，简称为道德与实践理性的关系。

间：的纠结，关键是考察在《实践理性批判》中，康德到底在何种意义上将道德与实践理性相关联。

一个值得注意的事实是：以逻辑严谨和概念严密著称的《实践理性批判》，并未充分论证甚至并未论证为什么"道德是实践理性"这样一个前提性和基础性问题。之所以不论证，可能的原因有三：第一，这个问题在他的前期研究中已经解决。然而如前所述，在他以前的研究中，并未发现这样的论述，甚至并未发现他太多地使用"实践理性"这一概念，因而这个假设可以排除。第二，这是一个靠直觉就能把握，无须加以论证的命题，从某个靠直觉或经验直觉确立的命题建立理性体系，是西方哲学尤其是康德以后的理性主义哲学常用的方法，这就是所谓"理性建立在非理性的基础之上"。但是，我们也发现，在同样思辨的黑格尔体系中，这种以直觉的建立作为全部讨论基础的命题往往被首先指出并得到确认，例如，在《法哲学原理》中，黑格尔开始就宣布了"抽象法"的一个直觉基础："成为一个人，并尊敬他人为人。"① 理性主义者笛卡儿也为自己的体系设立了"我思，故我在"的直觉前提。如果康德以道德与实践理性的概念同一为直觉前提，在体系安排上也应有类似的表述，不过，我们也可以这样解释：作为先驱者，康德思辨的理性主义的体系和方法还不及他的后来者那样成熟和自觉，因而关于康德是否将道德与实践理性的同一作为他的体系，至少作为《实践理性批判》的直觉前提的问题，暂且存而不论。第三，在主题方面，《实践理性批判》并不涉及道德与实践理性的关系，而只是探讨"实践理性"，但因为讨论的内容都是道德，所以给人印象或自然引申出的结论便是"实践理性就是道德"。三种假设之中，最后一个可能性最大。

《实践理性批判》序言的第一句话就提出了这样的问题：这个批判为什么不题名为"纯粹实践理性批判"，而是简单地题名为一般实践理性批判，虽然从它与思辨理性批判即"纯粹理性批判"对应关系看来更需要前一个名称？康德的解释是："这个批判应当单单证明纯粹实践理性是存在的，并且出于这个意图批判理性的全部实践能力。"② 证明纯粹实践理性的存在；批判理性的全部实践能力，就是《实践理性批判》的两个基

---

① ［德］黑格尔：《法哲学原理》，范扬、张企泰译，商务印书馆1996年版，第46页。
② ［德］康德：《实践理性批判》，韩水法译，商务印书馆1999年版，第1页。

本学术目的。康德的思路是，如果纯粹理性是现实地实践的，也就证明了它的实在性和它的概念的实在性，由此也就反驳和推翻了一切否定纯粹理性及其概念的实在性的企图。① 可见，《实践理性批判》的主题并不是建立道德哲学体系，乃至并不直接就是探讨道德，而是由纯粹实践理性的存在性，证明纯粹理性及其概念的实在性，因而就必须论证纯粹理性是现实地"实践的"。这样就可以解释"实践理性"为何成为它的核心概念。问题在于：纯粹实践理性何以是存在的？纯粹理性如何是现实的实践的？于是就需要对理性的"实践能力"进行"批判"。在这样的主题和思路下，康德在《实践理性批判》中所论述的道德的本性，事实上被当作纯粹理性的"实践能力"，也是"纯粹实践理性"的存在性的确证，而整个体系，便是也只是对理性的"实践能力"的"批判"即证明。在这个意义上，道德只是纯粹实践理性存在性的证明，是理性的"实践能力"或"全部实践能力"，它证明纯粹理性为何又如何是"现实地实践的"。显然，道德证明纯粹实践理性的存在，表征理性的实践能力，并不完全意味着道德本身就是实践理性，就像人的活动确证人的生命，而活动并不就是生命一样。道德与纯粹理性、道德与纯粹实践理性之间，似乎存在某种体用关系，说道德是理性的实践能力或实践理性的确证，比将二者简单和直接地画等号更严谨、更准确。于是，更为可靠的结论便是：道德能确证纯粹实践理性，表征理性的实践能力，但本身并不就是实践理性，至少不能简单等同于实践理性。

如果这样的定位成立，那么就可以解释康德道德哲学体系中的两种现象：其一，为何在其他道德哲学体系，甚至像《道德形而上学原理》这样的具有道德形而上学体系标识的著作中未使用至少未大量使用"实践理性"的概念，更没有将它与道德的概念相等同，因为在康德看来，二者根本不可以等同；其二，为何康德的《实践理性批判》具有形式主义的特征，为何书名为《实践理性批判》，而书中的每一卷、每一章的标题的核心词却都是"纯粹实践理性"？因为"实践理性批判"的任务，是为证明"纯粹实践理性"的存在性，于是就需要透过道德概念的某些形式化的推理，证明纯粹理性的"实践能力"，因为旨在"证明"而不是"论述"，因而重在形式，也必须借助形式，无论对康德的哲学思维偏好，还

---

① ［德］康德：《实践理性批判》，韩水法译，商务印书馆1999年版，第1页。

是对哲学思辨的目的来说，"形式"的选择之于康德可能都具有必然性。

三　黑格尔的"精神"

关于实践理性不能等同于道德的另一个有解释力的证明，存在于黑格尔的体系中。黑格尔体系的严密及其与康德哲学的联系为世人所公认，但值得注意的是，他的道德哲学体系只是很偶尔地使用"实践理性"一词（例如在《法哲学原理》只有一两处使用），而且绝没有将它与"道德"相通用，只是为与"理论理性"相区分，才有"实践理性"的提法。如果康德将道德与实践理性相同一，如果这种观点真的有真理性，黑格尔的体系不可能不涉及，至少要对它进行"批判"，例如，在《法哲学原理》中，他就批判过康德将道德与伦理两个概念相混同的错误，认为它"缺乏辩证法"。正因为如此，在讨论黑格尔的道德概念时，必须将它与伦理相联系。对道德与伦理，黑格尔一般是在两种框架中讨论：法哲学的意义和现象学的意义。在《法哲学原理》中，"道德"是"法"或"自由意志"的否定性的环节，即作为对"抽象法"的否定，或者简单地说，是否定性的"法"，在这里，"自由意志"经历了"抽象法"—"道德"—"伦理"的螺旋式上升的辩证运动。在《精神现象学》中，"道德"是"精神"（狭义的）发展的否定之否定阶段，是达到否定之否定的"精神"，在这里，"精神"经历了"伦理"—"教化"—"道德"的辩证发展。于是，在黑格尔体系中，"道德"既是一种"法"，又是一种"精神"。问题在于，从整个体系和概念合理性的意义上，归根到底，"道德"是"法"还是"精神"。我的观点是，就黑格尔体系来说，将"道德"当作"精神"，比当作"法"更合理。这种立论的根据有三：第一，《精神现象学》比《法哲学原理》对黑格尔体系来说，更具代表性，因为《精神现象学》对黑格尔体系来说，具有三重意义，即"作为整个体系的导言、作为整个体系的第一部、并且作为一个自身的全体"[①]。第二，在黑格尔体系中，"意志"只是特殊形态的意识，即"冲动形态的意识"，它特别强调"法的基地一般说来是精神性的东西"，"精神一般说来是思维"，但思维和意志不是两种截然相分的精神的存在，"精神和意志的区

---

① 参见［德］黑格尔《精神现象学》译者导言，贺麟、王玖兴泽，商务印书馆1996年版，第3页。

别无非就是理论态度和实践态度的区别。它们不是两种官能,意志不过是特殊的思维方式,即把自己的转变定在的那种思维,作为达到定在的冲动的那种思维"。① 第三,在《精神现象学》中,黑格尔就是在狭义的即严格意义上的"精神"中讨论伦理道德,伦理道德几乎构成"丙(乙),精神"、"第六章,精神"的全部内容,"教化"只是其中由伦理向道德过渡的环节。而在黑格尔的历史哲学中,将"伦理""道德"皈于"精神"的取向更为明显。可以说,在黑格尔看来,"伦理""道德"属于"精神",也是"精神"。

第三节 "伦理精神"

一 道德哲学的"精神"概念

这样,关于伦理道德的形上本性,在学术资源方面,就可能有两种选择:"实践理性"和"精神"。选择的理论合理性,来源于概念本身的规定;而历史合理性与实践合理性,则是它获得学术认同和现实性的程度。

"实践理性"的概念规定上面已做分析。"精神"是黑格尔哲学最基本的概念。"精神"的概念在他的体系中如此地贯彻始终,以至不仅在思辨哲学体系(如《精神现象学》)、实践哲学体系(如《法哲学原理》)中,而且在历史哲学体系(如《历史哲学》)中成为理念的出发点。"精神"与道德、伦理的关系如何?在《精神现象学》中黑格尔以标题的形式做了明确的揭示:"真实的精神:伦理";"对其自身具有确定性的精神:道德";由前者向后者过渡的中介是:"自身异化了的精神:教化"。在现象学的意义上,伦理是个体与整体混沌未分的那种精神,因而是真实的精神;道德是自由主体觉醒的结果,因而是对自身具有确定性的精神,也就是说,伦理与道德都是精神发展过程中的特定阶段,只是道德达到个体主体的自我意识,所以是最高阶段。如果说这种说明还不清楚的话,约翰·西布利在1857年为黑格尔《历史哲学》写的"英译者序言"中关于"精神"的概念就说得更明白了,他指出,在黑格尔哲学中,有一个词特别难以完全准确地将它从德文译成英文,这就是"Geist"。"它在黑格尔术语中,是包括'智力'和'意志'二者而言,后者的意义更较前者来

---

① [德]黑格尔:《法哲学原理》,范扬、张企泰译,商务印书馆1996年版,第10、12页。

得明显，事实上，它包含着人类整个心灵和道德的存在，我们只要略一思索，就可以明白，在我们的玄学词汇中，最好把它译为较近神学的'精神'这个字。"①"精神"包含人的整个心灵和道德，道德内在于精神之中。"精神"的本性是自由，而"自由"则有两个意义，"一个就是从外在的控制下得到解放"，"一个就是从情欲内在的束缚下得到解放"，正因为如此，"精神"才可以成为"世界历史"。显而易见，两个"解放"包含了伦理与道德，后一个"解放"主要依赖于道德。可以说，在黑格尔体系中，道德、伦理内在于"精神"之中，并构成精神的直接的和主要的，乃至在严格意义上是全部的内涵。但在康德哲学体系中，却难有足够的证据说，道德、伦理内在于"实践理性"之中。

　　黑格尔关于"精神"与"道德"的关系的观点，也得到了不少哲学家的认同。克罗齐将精神分为认识和实践两大过程，认识包括直觉和概念两个阶段，实践包括经济活动和道德活动两个阶段，因而道德是精神发展的最高阶段。张世英先生将作为广义认识的主客关系，分为意识、认识、实践、道德的实践四个阶段，同样将道德当作较高阶段，不同的是，在道德之上，他认为审美意识才是精神发展的最高阶段，因为在这阶段能达到无中介的"天人合一"，而在"道德实践"中则需要"道德"的中介，②这种分法有点类似康德"三批判"的观点。相比较而言，将"道德"皈于"精神"，比皈于"实践理性"具有更大的合理性。因为纯粹理性和实践理性事实上是不可分的，像康德在《实践理性批判》和《道德形而上学基础》中所指出的那样，只可能有一般的实践理性批判，而不可能有纯粹的实践理性批判，纯粹实践理性的"实践能力"不可能再找到更为原初的根据。而且，道德即使是实践理性，也只能说是实践理性的一种形态，实践理性还有其他形态，有人曾指出，技术理性、交往理性，也是实践理性；依照张世英先生对精神发展阶段的分法，政治和经济的实践，事实上也是实践理性。在《道德形而上学导论》中，康德将哲学划分为理论的和实践的两种，前者是自然哲学，后者是道德哲学。道德哲学的特性，是"依据自由概念来命名理性的实践立法行为"，确定"意志的决定

---

　　① ［德］黑格尔：《历史哲学》"英译者序言"，王造时译，上海书店出版社1999年版，第1页。

　　② 参见张世英《新哲学讲演录》，广西师范大学出版社2004年版，第42—57页。

行为",① 但这种论述似乎也同样缺乏充分的根据可以被理解为"实践理性"就是"道德"。虽然"实践理性"因其由"实践"和"理性"两个概念复合而成,也可以理解为是意识与意志的复合结构,但在这个偏正的语词结构中它的中心词显然是"理性",在关于"实践理性"的论述中,康德事实上也侧重和奠基于理性。更重要的是,即使"实践理性"包含意识和意志的双重结构,它也不包括"精神"所具有的"人类的整个心灵和道德"的内涵。黑格尔将思维和意志、纯粹理性和实践理性的区别,视作"理论的态度"和"实践的态度"的区别,并以"精神"为统摄,将它们当作"精神"的不可分离的一体两面,应该说比康德道德哲学更为合理。

将道德皈于"精神"的更为深刻的理由还存在于特定的民族文化传统之中。将道德定位于"实践理性",在相当程度上是西方理性主义的哲学传统及其学术话语,而中国传统哲学像黑格尔所代表的德国哲学传统那样,更倾向于将它认同为"精神"。从道德哲学的概念系统分析,中国哲学很少使用"理性"一词,而用得最多也是涵盖性最强的一个概念便是所谓"精神"。"精神"在中国哲学中是一个未被严格界定但却广为使用的概念。仔细考察就会发现,"精神"与"理性"的区分在于:其一,它不仅包括理智、意识,而且包括意志、情感,事实上是有别于"心理"的以德性为统摄的知、情、意的统一体。"实践理性"可以包括意识和意志,但却很难真正融摄作为价值之根源的情感。其二,"精神"的最大特点,在于价值性,因而是一个包含"整个心灵和道德的存在",在最初的出发点上,它凸显的是人与动物的区别。一个明显的事实是,在对黑格尔哲学的引介中,"Geist"之所以被译为"精神",就是因为这个概念具有黑格尔所赋予的伦理道德的内涵。在这个意义可以说,黑格尔所说的严格意义上"精神",不仅主要是伦理道德,而且只是伦理道德。而"Geist"之所以被译为"精神",表明译者认为作为伦理道德的统一体,并以教化为中介的概念,就是中国哲学中的"精神",至少与中国哲学中的"精神"的概念最为吻合。反过来说,译者至少认同这样的观点,伦理—教化—道德的统一体,就是"精神"。由此,以下观点便获得一个反证:

---

① [德]康德:《道德形而上学导论》,见《康德文集》,改革出版社 1997 年版,第 328 页。

"精神"是以伦理道德为基本内涵的具有中国文化特点的概念。

这样，在关于道德的本性到底是"实践理性"还是"精神"的追究中，我们便可以作出不同往常的一种选择："精神"。之所以作出这种选择，基本理由是：第一，"精神"之于道德和伦理，比"实践理性"具有更大的理论合理性，虽然康德在关于"实践理性"的讨论中事实上都以道德为对象，但道德在这里只是作为理性的实践能力，并且在确证理性的全部实践能力的意义上，才被称之为"实践理性"。第二，"精神"比"实践理性"更符合中国道德哲学的传统，是更具民族特色的概念。"理性"，还有"实践"，基本上都是引进的概念，它们在中国哲学文化中被使用是在20世纪，"理性"概念的广泛使用，则是20世纪80年代以后的事，而"精神"的概念，却有几千年的历史，与中国哲学文化相始终。将"道德"皈于"精神"，更能体现民族特性，也具有更大的涵盖性和解释力。道德哲学、伦理学与其他学科的重大区别之一，就在于它强烈的民族性，正像黑格尔所说的那样，民族是伦理的实体，伦理是民族的精神。即使康德的"实践理性"具有真理性，它也只是西方理性主义传统下对道德本性的把握和诠释，对非理性主义传统的文化和民族来说，未必就一定适用，也未必具有合理性。

二 "伦理精神"

问题在于，作为道德形而上学的对象的，不应当是个体性、主观性的道德精神，而应当是个体与整体相统一的客观性的伦理精神。如前所述，在康德道德哲学中，"伦理"与"道德"的概念并无分别，而黑格尔则严格予以区分。虽然在《精神现象学》和《法哲学原理》中，伦理与道德的地位正相颠倒，因为现象学研究的对象是意识，而法哲学研究的对象则是意志，但有一点始终如一：伦理总是共体性的；道德总是个体性的。在《精神现象学》中，伦理所以处于"精神"的初始阶段，是因为在意识的这个"真实的精神"阶段，人们只具有也只是意识到自己的公共本质，还没有产生真正的自我意识。只有通过"教化"，客观性、共体性的伦理才能向主观性的个体内植，形成个体的"道德世界观"，出现内在的道德自我意识，以及所谓"良心"。但在《法哲学原理》中，道德却是意志发展的否定环节，即由抽象法向伦理过渡的中介。道德虽然是"自为地存在的自由"，但它只是"主观意志的法"，只有伦理，才是个体与整体相统一的"客观意志的法"。"在道德中，自我规定应设想为未能达到任何实在事物的、纯不安和纯活动。唯有在伦理中意志才与意志的概念相同一，而且仅仅以意志的概念为其内容。""善和主观意志的这一具体同一以及两者的真理就是伦理。"① 把握黑格尔道德哲学体系中伦理与道德关系的一个重要切入点是"良心"的概念。"良心"是现象学和法哲学中都讨论的概念，而且都是在"道德"阶段讨论的重要概念。在现象学中，"良心"是道德自我意识形成的表征，是"在自己本身内的自我的自由"，但它同时"作为空虚的知识，是没有内容和没有规定的"，② 因而可能产生伪善，产生内在冲突和不安，由此才需要向作为绝对知识和绝对精神的宗教过渡。在《法哲学原理》中，黑格尔对良心的双重性揭示得更透彻。一方面，"良心作为主观认识跟自在自为地存在的东西统一，是一种神物，谁侵犯它就是亵渎"；另一方面，"良心如果仅仅是形式的主观性，那简直就是处于转向作恶的待发点上的东西，道德和恶两者都在独立存在以及自知道和决定的自我确信中有其共同根源"③。现象学和法哲学意义上良心共有的这些双重性，相当意义上在于它的主体的个体性。良心的现实性和合理性，只有在共体中才能得到真正的确证和落实。所以，无论在现象学和法哲学何种意义上，道德形而上学的对象，都应当是"伦理精神"，而不能只是"道德精神"。"伦理精神"是个体与共体相统一的"道德精神"，既融摄了个体的道德精神，又消解了个体道德精神的主观性和抽象性。

当然，作为个体与共体相统一的概念，"伦理精神"之所以更应该作为道德形而上学的对象，还有一个现实的理由，这就是：现代社会、现代文明最稀缺的价值资源，是共体的"精神"，确切地说，是个体与共体相统一的现实而合理的"精神"。无论对经济发展，还是社会进步来说，都是如此。现代文明和现代道德发展的合理性，既要扬弃抽象的整体性，也要扬弃抽象的个体性。"伦理精神"既是共体理性，也是共体意志，是共

---

① ［德］黑格尔：《法哲学原理》，范扬、张企泰译，商务印书馆1996年版，第112、161页。

② ［德］黑格尔：《精神现象学》，贺麟、王玖兴译，商务印书馆1996年版，第147、168页。

③ ［德］黑格尔：《法哲学原理》，范扬、张企泰译，商务印书馆1996年版，第140、143页。

体的"精神"。以它为对象，才能更充分、更准确地体现道德形而上学的
时代精神特质和它的理论合理性与实践合理性。

第四节　体系与方法

如果道德形而上学的对象是"伦理精神"，那么，它的体系与方法就
必定也应当从这个概念，尤其是"精神"的概念中得到演绎和展开。

一　道德哲学与道德形而上学

什么是"道德形而上学"？在《道德形而上学导论》中，康德提出这
样的观点："如果我们将一个纯粹由概念推导出来的先天知识体系称作形
而上学，那么，若有一种实践哲学，其研究对象不是自然而是选择自由，
则其必须设定一种道德形而上学作为前提。"① 在康德看来，形而上学是
由概念演绎出来的先天知识体系，其任务是为实践哲学提供理性前提。康
德似乎将"道德形而上学"与"道德哲学"相区分，认为"实践哲学"
就是"道德哲学"，这样，道德形而上学就成为道德哲学的前提。② 康德
事实上是将"哲学"理解为"基于概念的理性知识体系"，而"形而上
学"则是关于这种哲学的"纯粹理性概念的体系"。在《〈伦理学的形而
上学要素〉序言》的一开头，他就写道："无论关于哪个主题，如果存在
一种哲学（即一个基于概念的理性知识体系），那么，也一定存在这种哲
学的一个纯粹理性概念的体系，它必须在任何条件下都与直觉无关，换言
之，它必须是一种形而上学。"③ 这样，至少根据康德的理解，"道德形而
上学"便不能等同于"道德哲学"（在通常意义上，"道德哲学"就是
"伦理学"）。"道德哲学"是基于"道德"概念的"理性知识体系"，而
"道德形而上学"则是关于"道德"的纯粹理性的概念体系，"道德形而

---

① ［德］康德：《道德形而上学导论》，见《康德文集》，改革出版社 1997 年版，第 327
页。

② 康德将哲学分为理论和实践的，认为道德哲学是实践哲学。在《道德形而上学导论》中
他写道："关于上述对哲学的划分（理论的和实践的），我已在它处（《判断力批判》）作了充分
的说明，而且说明了后一个分支（实践哲学）只能是道德哲学。"（见《康德文集》第 328 页）
不过，我觉得，关于他的"道德哲学"和"道德形而上学"关系的观点的更为准确的理解，还
有待查阅康德的原文。

③ 《康德文集》，改革出版社 1997 年版，第 341 页。

上学"为"道德哲学"提供作为基础的概念前提。当然，无论在哪本著作中，康德都认为，道德形而上学的最基本的概念就是"义务"。也许正因为如此，他的道德哲学才被称为"义务论"的，即基于"义务"概念的"理性知识体系"。

无论康德的观点在多大程度上被认同，他关于"道德哲学"和"道德形而上学"的"理性知识体系"和"纯粹理性概念的体系"的区分都是合理的并富有启发性。如果以"伦理精神"为对象，那么，道德哲学就是基于"伦理精神"概念（即将"伦理精神"作为概念前提和概念出发点）的"理性知识体系"，而"道德形而上学"就是关于"伦理精神"的纯粹理性概念体系。在关于"伦理精神"的诠释中，如果我们采用黑格尔的观点，将"伦理"理解为"善和善的概念的统一"，特殊性与普遍性、主观性与客观性的统一，那么，"精神"的概念及其体系，就是道德形而上学体系与方法的另一个关键（第一关键即"伦理"的概念及其与道德的区分）。

二 "自由的观念"与现象学

在《历史哲学》中，黑格尔以"精神"为基本概念诠释历史并建立他的历史哲学体系，这种方法显然具有客观唯心主义的特质，但他对"精神"的理解及其建构体系的辩证思维却有合理内核。他以"精神"考察世界历史的辩证结构是："（1）'精神'本性上的抽象的特质。（2）'精神'用什么手段或者方法来实现它的'观念'。（3）最后，我们必须考察'精神'在有限存在中全部实现的形态——'国家'。"① "精神"的本质——"精神"实现自己的手段——"精神"在现实形态，就是"精神"的辩证结构及其发展的辩证过程。借鉴这个辩证结构，如果以"伦理"的概念为经，以"精神"的概念为纬，便可以发现道德形而上学的基本要素及其体系框架。

按照黑格尔的观点，"'精神'的实体或者'本质'就是'自由'"。这一立论的意思，不是说"自由"是"精神"的属性之一，而是说"'自由'是'精神'的唯一的真理"，是"精神"的自我同一之所在。"我们说'精神'除有其他属性之外，也赋有'自由'，这话是任何人都

① ［德］黑格尔：《历史哲学》，王造时译，上海书店出版社1999年版，第17页。

欣然同意的。但是哲学的教训却说'精神'的一切属性都从'自由'而得成立，又说一切都是为着要取得'自由'的手段，又说一切都是在追求'自由'和产生'自由'。"①"一种属性"和"唯一真理"，就是俗见的自由观和哲学的自由观的根本区别。问题在于，"精神"的这种"自由"本质与"道德"有何关系？它何以成为道德形而上学的内容？如前所述，"精神"的"自由"包含两个意义：从外在的控制下得到解放；从情欲内在的束缚下得到解放。这两种"解放"都具有道德哲学的内涵。从外在控制下的解放，包括从各种伦理关系控制下的解放，当然还包括从自然关系、政治关系以及其他诸客观关系控制下的解放，但伦理的解放无疑是最深刻的解放，就像"道德的觉悟为吾人之最后觉悟"一样；而从情欲内在束缚下的解放，则直接就是道德的解放。这样，伦理解放、道德解放，就是"精神"自由的最深刻、最根本的内涵。但是，伦理精神的自由，应当是现实的自由，而不是抽象的和思辨的自由。现实自由的特质是，它必须达到特殊与普遍、道德自由与伦理自由的统一。正因为如此，在《法哲学原理》中，黑格尔才以"解放"作为教育的本性，其目的是达到伦理的"教养"。"教育的绝对规定就是解放以及达到更高解放的工作。这就是说，教育是推移到伦理的无限主观的实体性的绝对的交叉点，这种伦理实体性不再是直接的、自然的，而是精神的、同时也是提高的普遍性的形态的。"② 教育一方面将人们从自然质朴性包括自然情欲中解放出来，使之具有道德性；另一方面将人们从个体的主观性和偶然性中解放出来，使其具有普遍的伦理性。道德形而上学的第一结构，就是关于特殊与普遍相统一的伦理性的"精神"自由的意识，以及这种自由意识自我生长的辩证发展过程。在这里，"精神"如何扬弃自然的质朴性和主观的偶然性，达到道德的自觉和伦理的自由，是最为重要的内容。

"自由观念"是"精神"的本性，"自由的观念"及其辩证发展的概念体系，构成道德形而上学的第一个结构。对"自由观念"的"精神"本性及其辩证发展的研究，是现象学或精神现象学的任务，它不仅构成现象学研究的对象，也必须采用现象学研究的方法。但是，正像黑

---

① ［德］黑格尔：《历史哲学》，王造时译，上海书店出版社1999年版，第17页。
② ［德］黑格尔：《法哲学原理》，范扬、张企泰译，商务印书馆1996年版，第202页。

格尔所指出的那样，由"精神"的"自由观念"所演绎的"所谓原则，最后的目的、使命，或者'精神'本性的概念，都只是普遍的、抽象的东西"①。"自由"必须发展为一个世界，才能确证其现实性，这就必然要求考察"自由观念"外化自己的手段，同时使研究回到历史本身。由此，便由关于意识的现象学研究，进入关于意志的法哲学研究，并以此为中介，向以研究"精神"的具体、历史发展的历史哲学过渡。

三 "自由的意志"与法哲学

"自由观念"作为理想、理念、目的、公理等内在的东西，还都是主观的，只是一种可能性，是"精神"的潜在，它要获得现实性，还必须赋予观念、意识以实现、实行的品质和能力，这便是"意志"。意志被黑格尔诠释为"最广义的人类的活动"。观念、意识何以能够向意志、行为转化，其根源在于人的需要和欲望，对需要和欲望的关心，就是所谓"热情"。"热情"是由意识向意志、观念向行为转化的中介和内在推动力。"热情""和人的意志息息相通，决定了它全部的特性而和它不可分离。因此，这种内容就是意志之所以为意志"。黑格尔这样讴歌"热情"："假如没有热情，世界上一切伟大的事业都不会成功。"② 在《法哲学原理》中，黑格尔用另一个词表达，这就是"冲动"，法哲学的任务在于，如何建构"冲动的合理体系"。观念、意识呼唤热情，热情造就意志，意志表现为行为和活动。"活动"扬弃主观性和抽象性，达到客观性和现实性，"活动"或行为构成"精神"的转换环节。"这里好比一个三段式，活动是它的中间名词，它的一端是普遍的东西，就是'观念'，它休息在'精神'的内部中；另一端，就是一般的'外在性'，就是客观的物质。活动是中心的，普遍的、内在的东西从而过渡到'客观性'的领域。"③ 但是，无论意识、热情，还是意志、活动，都与个性相连，个性虽然是自我意识的表现，并与自由相关，但它只是抽象的自我意识和自由，只是有限。对道德形而上学来说，不仅要研究个体的意识、热情、意志、活动，而且更重要的要像恩格斯所指出的那样，研究使整个民族

---

① [德]黑格尔：《历史哲学》，王造时译，上海书店出版社 1999 年版，第 22 页。
② 同上书，第 24 页。
③ 同上书，第 28 页。

行动起来的那些动机和热情，研究民族实体的意志活动，就是说，"精神"在由意志、活动外化为现实的过程中，不仅是道德的，而且必须是伦理的。意志、活动，由个体向民族、由道德向伦理的转化，便由法哲学向历史哲学过渡。

关于热情、意志、活动的研究，是法哲学的任务。法哲学与现象学的区别在于，它的研究对象和基本概念不是"自由的观念"，而是"自由的意志"或"自由意志"。正如黑格尔在《法哲学原理》中所强调的那样，"法"的基地不仅是"精神"的东西，而且以意志自由为根本规定。"法的基地一般说来是精神的东西，它的确定的地位和出发点是意志。意志是自由的，所以自由就构成法的实体和规定性。"① 而当不是抽象地，而是具体地研究人的意志及其自由；当由道德个体的意志自由转向伦理实体的意志自由追究时，道德形而上学就由法哲学向历史哲学转化。

四　民族伦理精神与历史哲学

作为道德形而上学的一种方法论结构，历史哲学的研究对象和研究内容，既不是意识，也不是意志，而是意识、意志，以及热情、活动和人的全部心灵、道德相同一的"精神"；不是个体性的"道德精神"，而是个体与整体、特殊与普遍相统一的民族"伦理精神"。民族伦理精神的概念体系及其历史发展，就是作为道德形而上学方法论结构的历史哲学的研究对象和研究内容。民族的本质，是普遍的"意识"和现实的"意识"、主观的"意志"和合理的"意志"的辩证复合，是"伦理精神"现实性的历史形态。在《法哲学原理》和《历史哲学》中，黑格尔都思辨了一个作为现实合理性体现的历史形态，就是"国家"。在他那里，国家与其说是一种现存和现实，不如说是一种理念的思辨或理念的外化。不过，我们只要将他的"国家"概念换成"民族"，那么，他的观点就有一定的合理性："观念"是内在的东西，民族（他的原文是"国家"）是存在的、现实的道德生活。"因为它是普遍的主要的'意志'同个人的意志的'统一'，这就是'道德'。生活于这种统一中的个人，有一种道德的生活，他具有一种价值，这价值只存在于这种实体性，之中。"② 对于意识和意

---

① ［德］黑格尔：《法哲学原理》，范扬、张企泰译，商务印书馆1996年版，第10页。
② ［德］黑格尔：《历史哲学》，王造时译，上海书店出版社1999年版，第40页。

志来说，真实的、现实的东西，是普遍的意识和主观的意识、普遍的意志和主观的意志的"统一"，这种统一构成了一个特定民族的本质，一种民族精神。诚如黑格尔所说，由这种统一所形成的民族的这种精神，"乃是一种决定性的精神"，"构成了一个民族意识的其他种种形式的基础和内容"，"依照它历史发展的阶段来决定"。"在世界历史的行程中，一个特殊的民族精神应该当做只是一个个人。"① 历史哲学所研究的，就是民族的伦理精神如何达到它的普遍性和主观性的统一，如何由民族伦理精神造就出"一个个人"（即民族特色），以及这种统一和造就的历史进程和历史阶段。

总之，道德形而上学以"伦理精神"为基本概念，以普遍性与主观性（或普遍性与特殊性、客观性与主观性）相统一的"伦理"为经，以"自由"为本性的"精神"为纬，演绎为一个潜在—自在—自为的辩证体系。"自由"意识或"自由"观念，是"伦理精神"发展的潜在，它的概念体系是道德形而上学体系的肯定性结构；"自由"意志及其活动，是"伦理精神"的自在，它的概念体系是道德形而上学体系的否定性结构；"自由"意识和"自由"意志现实、历史的辩证复合，形成的民族精神，是"伦理精神"的自为，它的概念体系及其历史发展，是道德形而上学体系的否定之否定结构。简单地说，意识—意志—民族精神，是以"伦理精神"为对象的道德形而上学体系的三大结构。据此，道德形而上学的研究方法，就应当是现象学（确切地说是精神现象学）—法哲学—历史哲学的辩证整合而形成的方法论体系。其中，"自由"意识及其辩证发展，是现象学或精神现象学研究的对象；"自由"意志及其辩证发展，是法哲学研究的对象；"民族精神"或"民族伦理精神"是历史哲学研究的对象。在概念发展的这个辩证过程中，"热情"是"意识"—"意志"的中介，是由现象学向法哲学转换的环节；普遍意志与主观意志的统一，是"意志"—"民族伦理精神"的中介，是由法哲学向历史哲学转换的环节。道德形而上学，就是"自由"意识、"自由"意志、民族伦理精神的辩证发展形成的概念体系，也是现象学、法哲学、历史哲学辩证整合形成的方法论体系。它的核心和灵魂，是"伦理精神"的自我发展和辩证运动。"发展的原则包含一个更为广阔的原则，

① ［德］黑格尔：《历史哲学》，王造时译，上海书店出版社1999年版，第55、56页。

就是有一个内在决定性，一个在本身存在的、自己实现自己的假定作为一切发展的基础。"① 关键在于，我们要通过哲学的形上分析，找到这个现实、历史的"自己决定自己的""内在的决定"，并建立起它的概念的辩证体系。

---

① ［德］黑格尔：《历史哲学》，王造时译，上海书店出版社 1999 年版，第 57 页。

上　卷

道德体系的形上理念
及其现象学辩证

概念与理念是道德形而上学研究的基本对象，因为道德形而上学的任务，是为道德哲学提供概念前提和理念基础。就哲学的辩证法而言，概念与理念实为"精神"的两面。"理念"是"活动着的概念"，或"行动着的理性"，就像意识和意志是构成"精神"的一体两面一样。正像康德所说，自柏拉图创立以来，"理念"就一直被赋予"范型"的意义。① 于是，之于伦理道德，"理念"也就具有作为范型并外化为实践的本性。所以，道德形而上学不仅要一般地研究概念，而且要特别关注那些具有理念意义的概念，因为伦理精神本质上是实践的。

对于理念辩证发展的考察，是道德形而上学体系的第一个结构。如果以伦理—经济关系为切入点，那么，道德形而上学关于理念自我发展的把握，就是表现为一个辩证的过程。

正：传统资源的辩证。它从伦理精神的概念体系和理论体系两方面展开：传统伦理理念的价值生态及其在文明互动的意义；现代道德体系的始源性价值资源难题。

反：关于 20 世纪伦理—经济关系的三大理论范式的反思。三大范式是："经济决定伦理"；

① ［德］康德：《纯粹理性批判》，蓝公武译，商务印书馆 1997 年版，第 254—259 页。

"理想类型"；"经济伦理"。

合：关于伦理精神体系的形上理念。由关于道德体系与市场经济关系的理念，演绎出道德形而上学体系的一个重要概念："伦理世界观"，进而将现代道德形上体系的建构追究为伦理世界观的革命性转变；最后，提出关于伦理—经济关系与道德形而上学体系的"第四种理念"："伦理—经济生态"。

基于伦理—经济关系的伦理精神理念的发展，就是这个逻辑与历史一致的辩证过程。

第一篇

道德形而上学的逻辑——
历史体系及其理论资源

第一章 逻辑体系：伦理理念的
价值生态及其资源意义

"伦理理念"是由一套价值信念、价值理想、价值原理构成的伦理理性和伦理理型①，是一个民族对伦理的特殊文化理解和文化意义赋予。伦理理念在理论和实践两个层面展开，表现为两种形态：道德哲学和伦理精神。伦理理念是伦理的精髓与灵魂。

这一研究的理论假设是：中西方文化基于两种典型的人类历史存在，代表人类文明发展的两种相反相成的基本文化路向②；中西方伦理是在两种文化路向上生长出来的特殊价值系统，在几千年的文明发展中，它们共生互动，形成各自独特而有机的价值生态；人类文明进展到 21 世纪，提出辩证综合的内在要求，出现互动复归的趋势，全球文明难题、"全球化"以及与之相应的"全球伦理"的演绎，就是这种要求和趋势的表征。

由此，两个问题的探讨具有前沿性的意义：

中国伦理理念的价值生态是什么？

西方文明于 20 世纪事实上成为优势文明，并在相当程度上被当作效法的范型，在这种文明范式已经面临深刻危机的背景下，中国伦理的价值生态能为 21 世纪的文明复归和文明互动做出怎样的文化贡献？

显而易见，解决问题力所不逮，只能进行提出问题的尝试。

第一节 "伦"—"理"生态与伦理实体

中国伦理理念的价值生态由四因子构成：人伦原理；人德规范；人生

---

① 这里借用柏拉图"理型"的概念。

② 这里沿用梁漱溟"文化路向"的概念和理论。关于中西方文化路向的相反相成，参见拙著《文化撞击与文化战略》，河北人民出版社 1994 年版。

智慧；人文力。①

一   "伦"—"理"生态

"人伦原理"是中国道德哲学关于伦理实体的理念，包括：（1）"人伦"及其"原理"；（2）价值源头和终极指向；（3）伦理实体的理想。

"人伦"是最体现中国伦理的文化韵味和民族特色的理念，是中西方伦理理念的基本文化差异之所在，其内蕴含着中国文化关于伦理的本性、根源、原理、理想等一系列道德理性。与西方或现代意义上的"人际"理念相比，"人伦"有三个特性：建立在家族血缘基础上并以此为范型；具有先验的乃至不证自明的伦理性和价值性，以家族血缘为元伦理和元价值；具有结构性和自组织性，不仅以家庭自然伦理为根基，而且从中推衍、生长出社会伦理。可以这样概括："人伦"是以家族血缘关系为根基和范型，以自然伦理关系为元价值，具有伦理关系上的结构性自组织性，在运作中逻辑和历史地展开为社会伦理关系、政治伦理关系乃至宇宙伦理关系的伦理关系和伦理理念。《大学》中"格物、致知、诚意、正心、修身、齐家、治国、平天下"的"八条目"就是人伦理念及其文化原理的道德演绎。"人伦"理念最深刻的客观基础是中华民族在由原始社会向文明过渡的过程中形成、在日后的民族发展中得到巩固的家国一体，由家及国的社会结构。或者说，"人伦"是在家国一体、由家及国的文明路向上生长并与之有机匹合的伦理理念。

"人伦"理念的逻辑与历史展开，形成"人伦"之"原理"，其基本内涵有二："五伦"范型；人伦互动。"五伦"范型，核心是"人伦本于天伦"的原理。"五伦"的意义，不仅在于找到了中国传统社会中最基本的五种伦理关系，更重要的是发现了建立社会伦理关系的根本原理，即由天伦到人伦，由家庭伦理到社会伦理、国家伦理（所谓"由家及国"）的原理。人伦运作的基本原则是伦理"互动"。伦理互动有两个前提：人伦地位的相对性和道德价值的绝对性。前者的核心是"安伦尽分"；后者的根本是"推己及人"。人伦的原理从根本上是一个整体性和秩序性的原理。人伦秩序，或者说五伦秩序，是血缘—伦理—政治三位一体的秩序。

---

① 关于中国伦理生态四因子的观点，我曾在《伦理精神的价值生态》（中国社会科学出版社 2001 年版）中提出，请参见。

在中国伦理史上，"安伦尽分"的"正名"和"推己及人"的"忠恕"，不仅是理想的伦理秩序和道德境界，也是自孔子始解决伦理失序，道德失范问题的基本对策。

"人伦"及其"原理"的价值合理性和文化力量在哪里？在于人伦的阴阳两极：家族血缘之情与天道。前者为源头价值，后者为终极价值。不同的是，前者是此岸的现实，后者则是彼岸的文化虚缘基础上并以此为范型；具有先验的乃至不证自明的伦理性和价值性，以家族血缘为元伦理和元价值；具有结构性和自组织性，不仅以家庭自然伦理为根基，而且从中推衍、生长出社会伦理。可以这样概括："人伦"是以家族血缘关系为根基和范型，以自然伦理关系为元价值，具有伦理关系上的结构性自组织性，在运作中逻辑和历史地展开为社会伦理关系、政治伦理关系乃至宇宙伦理关系的伦理关系和伦理理念。《大学》中"格物、致知、诚意、正心、修身、齐家、治国、平天下"的"八条目"就是人伦理念及其文化原理的道德演绎。"人伦"理念最深刻的客观基础是中华民族在由原始社会向文明过渡的过程中形成、在日后的民族发展中得到巩固的家国一体，由家及国的社会结构。或者说，"人伦"是在家国一体、由家及国的文明路向上生长并与之有机匹合的伦理理念。

"人伦"理念的逻辑与历史展开，形成"人伦"之"原理"，其基本内涵有二："五伦"范型；人伦互动。"五伦"范型，核心是"人伦本于天伦"的原理。"五伦"的意义，不仅在于找到了中国传统社会中最基本的五种伦理关系，更重要的是发现了建立社会伦理关系的根本原理，即由天伦到人伦，由家庭伦理到社会伦理、国家伦理（所谓"由家及国"）的原理。人伦运作的基本原则是伦理"互动"。伦理互动有两个前提：人伦地位的相对性和道德价值的绝对性。前者的核心是"安伦尽分"；后者的根本是"推己及人"。人伦的原理从根本上是一个整体性和秩序性的原理。人伦秩序，或者说五伦秩序，是血缘—伦理—政治三位一体的秩序。在中国伦理史上，"安伦尽分"的"正名"和"推己及人"的"忠恕"，不仅是理想的伦理秩序和道德境界，也是自孔子始解决伦理失序，道德失范问题的基本对策。

"人伦"及其"原理"的价值合理性和文化力量在哪里？在于人伦的阴阳两极：家族血缘之情与天道。前者为源头价值，后者为终极价值。不同的是，前者是此岸的现实，后者则是彼岸的文化虚拟。中国伦理以家族血缘之情为价值的源头和源泉，赋予其以不证自明的正当性与合理性，都是人性之"自然"，所谓"见父自然知孝"，无论是孔子"父为子隐"的逻辑，还是孟子"见孺子人井"的体验，都体现了这一情感价值逻辑。不过，无论是人伦还是人伦之理，仅仅诉诸血缘和人伦之情，在世俗冲突中都有被消解和异化的危险，为此中国伦理又预设了一个终极性价值实体——"天"。"天"与西方文化中的上帝有类似的文化功能，其地位则大相殊异。在中国道德哲学中，"天"只是一种必要的文化预计。从孔子起，对"天"的态度就是既"畏"又"远"。孔子"畏天命"，但又"罕言"。可以这样说，在中国文化的设计中，超越性的"天"只是一个"文化黑洞"，在这里，一切矛盾和冲突都可以被消解。任何理念、、只要与"天"结合，就获得终极的权威性和文化力量。① 不过，在中国道德哲学中，血缘的伦常之情同样被赋予"天"的意义，是世俗性的"天"。于是，此岸的和彼岸的"天"便复合于一体，形成一种神圣而超越的价值力量——"天道"。

据"人伦"和"天道"建构的伦理实体，就是所谓"天人合一"。"天人合一"中的"天"，既源自家族人伦中的"天伦"之性，"天伦"之情，最后又归于超越性的"天道"。在中国伦理史上，曾先后建立过三种"天人合一"的道德哲学模式：以孔孟为代表的古儒"五伦四德"的天人合一模式；以董仲舒为代表的官儒"三纲五常"的天人合一模式；以程朱为代表的新儒的"天理人欲"的天人合一模式。第一种基本是伦理性的，第二种则是宗教性的，第三种则具有伦理与宗教复合的性质。② "天人合一"的伦理实体，是血缘、伦理、政治三位一体并直接贯通，但又以伦理为文化本性和文化理想的实体。"天人合一"的形上本质，是此岸世界和彼岸世界、世俗世界和意义世界的合一。

二 "伦理"资源

这样，"人伦"—"天道"—"天人合一"，便形成"伦"与"理"、由"伦"到"理"的"人伦原理"的价值结构和价值生态。这种生态的

---

① 关于"天"作为"文化黑洞"的假设，参见拙著《中国伦理精神的现代建构》，江苏人民出版社 1997 年版。

② 关于"天人合一"的三种道德哲学模式，参见拙著《中国伦理精神的历史建构》，江苏人民出版社 1992 年版或台湾文史哲学出版社 1995、1998 年版。

现实形态,是伦理实体;运作过程,是伦理实体的建构。这个结构生态对探讨现代人类面临一些文明难题,提出了三个具有一定资源意义和借鉴价值的问题。

第一,社会的统一性。自黑格尔《法哲学原理》以来(可能更早),社会便被人为地区分为自然社会、市民社会和政治社会,三个社会的差别和对立不仅造成伦理与法律的异化,而且原本完整的社会生活和社会价值,在此基础上,有机的社会文明分裂和对抗的危机也日趋加剧。这种情况,又必然造成处于不同社会中的人,以及同一个人在不同社会领域中的分裂与自我分裂。在以一种对立的理念把握和对待我们所处的完整而有机的社会近三个世纪之后,是否有必要重温"人伦原理"的道德哲学中那种寻找和确立社会同一性,并把这种同一性建立在家族自然基础之上的伦理智慧?是否应当重新反思这种伦理理念的现代和未来价值?也许结论是多样的,但寻找和建构社会同一性的努力是有价值的和必要的,否则,社会将会因为失去凝聚剂而分崩离析。

第二,伦理的根源和价值的基础。人伦原理的理念以家族血缘为伦理的基础,以在此基础上形成的爱人之情感为价值的根源。在这方面,中西方道德哲学家有会通之处。在《法哲学原理》中,黑格尔就指出,家庭是神圣性和义务的根源。婚姻家庭的本质是爱,爱的实质是意识到离开了别人自己就不独立。"[①] 然而,市场法则与理性主义哲学的冲击,使现代道德哲学以现实的利益关系以及在此基础上形成的理性为伦理基础和价值根源,从而伦理、伦理精神在文明体系中式微的危险日趋加剧。在这种情况下,"人伦"价值的理念是否具有某种正本清源的意义?

第三,全球伦理的共同基础。与"全球化"相伴随,"全球伦理"成为新的研究热点。然而寻找普世伦理的努力是否收到现实效果,着实令人怀疑。因为,在诸多文明体系中,宗教被当作伦理的根源。而世界诸民族宗教之间的差异与对立,乃至同一宗教之间不同派别之间的不相容,已经引发出不同的甚至对立的伦理理念。至此,以宗教为基础,试图通过宗教对话建立全球伦理的努力至少在理论上是困难的。家族血缘关系具有真实的和最大的普世性,也最接近于人的本性。是否可以做出这种理论假设:

---

① 参见〔德〕黑格尔《法哲学原理》,范扬、张企泰译,商务印书馆 1996 年版,第 196页。

人伦原理的理念对于寻找和建构真实的全球伦理，可以提供更现实的价值基础和共同话语？

第二节　"道"—"德"生态与道德自我

人伦之"理"必然也必须落实为人德之"道"。透过"理"与"道"的联结与转化，"人伦之理"的"伦"—"理"价值结构，向"人道规范"的"道"—"德"价值结构过渡。

一　"道"—"德"生态

"人德规范"是中国道德哲学建构道德自我的理念。"人德规范"的价值要素有三：道德的逻辑起点及其把握方式；德性与规范的关系和价值规范体系；造就道德自我的模式。

关于道德的逻辑起点，中西道德哲学都设定于人性，区别在于对人性的不同把握方式及其形成的人性信念：纯粹理性的还是实践理性的？科学的还是人文的？中国道德哲学坚持对人性的实践理性把握，认为人性不是一种概念，而是一种理念，是关于人的理念；对于人的本性的把握不是一种知识，而是一种信念，一种关于人的信念。对于人性的把握，不是科学的认识，而是伦理的认同；不是纯粹理性的思辨，而是情感的体验。中西方人性论的差别，从根本上说是关于"人"的理念和对于"人"的信念的差别。中国传统伦理的人性论，与其说是要揭示人性的"真实"，不如说是要追究人性的"应当"；与其说是揭示人性的"必然"，不如说是揭示人性的"应然"、人性的"当然"。中国伦理在"人之所以异于禽兽者"的意义上诠释人性，追求人性，一贯执著于性善的信念。性善的价值原理和价值指向在于：坚信每个人成圣成贤的道德可能；坚持道德人格的平等；在将道德的主动权交给个体的同时，也将完全的道德责任交给了个体。不可否认，在中国伦理中，也有性恶论的传统，准确地说，每一种道德哲学，即使像孟子那样力主性善的道德哲学家，也都承认并指出人性中恶的危险性。性善和性恶构成中国人性哲学的价值结构中理想与现实的悖论，但是，主流和主导的方面，还是性善论。性善高扬道德的可能性，性恶指出道德的必要性。道德的可能性与道德的必要性，是道德哲学在逻辑上不可或缺的双重人性前提。宋明理学"天命之性"与"气质之性"

的二重人性论,就是道德哲学的双重人性逻辑的历史演绎。如果说"人伦"是中国道德哲学关于伦理实体的根本性价值理念,那么,"性善"就是中国道德哲学关于道德自我的根本性价值理念。在"人伦"与"性善"之间,存在价值逻辑上的贯通性。

基于性善的信念,中国道德哲学认为:道德规范不是对人性和人的行为的限制,而是真正人性的生长和对人的德性的真正造就。道德规范的本质不是行为约束,而是德性价值,因而是"人德规范"。中国道德哲学家提出的规范体系,一般都有三个特点:(1)从人性中生长;(2)与文化构成有机生态;(3)具有"直接现实性"的品质(实践性)。在中国伦理史上,影响最大的道德规范体系是孟子"仁义理智"说。在中西方道德文明中,它可以与理智、正义、节制、勇敢的"希腊四德"并列,而称为"中国四德"。仁、义、理、智"四德",分别植根于恻隐之心、恭敬之心、羞恶之心、是非之心的人性结构。"四德"是互联互动的有机价值体系,四者之间对应的相互关系是:居仁由义;礼门义路;必仁且智。"四德"依循中国文化的原理而生长。四者之中,本德是仁。仁是本于亲亲孝悌的人伦之情和人伦之性。据此必然要求"亲亲尊尊"的"义"的道德选择,并在"礼"的道德实践中使"仁"和"义"得到贯彻,最后形成道德性的实践理性——"智"。中国伦理和中国道德哲学的实践性,在于人性认同和德性体系的特殊价值结构。正如有的学者所指出的那样,四性和四德之中,前三者都是属情,只有第四者是理,四分之三诉诸情感,四分之一诉诸理性。而发"端"于"是非之心"的"智",绝非纯粹理性,而是情与理结合的道德良知和道德信念。① 于此,道德行为便是"自然"之性,"自然"之行。因为基于"情"的行为与基于"理"的德性不同,它无须透过意志的中介,可以直接转化为道德行为,达到"知行合一"。　"情"是由"人伦原理"派生的特殊道德理性机制,它与"理"结合,构成道德自我的特殊价值取向和价值机制:情理。

性善认同和情理结构演绎出道德自我的建构方式:修养。修养内蕴的价值原理是:第一,价值基础:"性"(心)善"身"(可能)恶的认定。尘世之人,性与心是善的,只需"养";而"身"则具有恶的危险性,故

---

① 关于仁义礼智的规范体系及其价值结构,参阅拙著《中国伦理精神的历史建构》之"孟子伦理思想"部分。

需要"修"。"性"（心）与"身"的紧张，构成道德自我的内在矛盾，但总体上中国道德哲学对它持一种"乐观"（韦伯语）的态度，坚信"人人皆可为尧舜"。第二，价值逻辑：完全的道德责任。人性之中具备一切道德之可能，"为仁由己"，成圣成贤，无须他求，只待反求诸己。至此，基于性善信念的修养，在将道德的主动权和道德自由交给个体的同时，也将完全的道德责任交给了个体。第三，价值品质。以"反求诸己"为特征的修养，逻辑和历史地演绎出复杂的价值品质："躬自厚而薄责于人。"（孔子语）

二　"道德"启迪

性善—情理—修养，形成"道"与"德"，由"道"到"德"的"人德规范"的价值结构与价值生态。这种结构生态的现实形态，是道德自我；运作过程，是道德自我的建构。这个结构生态提出三个值得思考的问题。

第一，关于人性的研究方法和人性理念问题。

现代道德哲学对人性问题始终保持旺盛的热忱，试图运用哲学、心理学、生理学、社会学等诸学科方法和成果，对人性作出新的解释，但仔细考察就会发现，其结果不但未将这一课题的研究向前推进太多，许多原本可以借助直觉洞察的问题反而变得十分混乱。人性问题，既是道德哲学，甚至是整个人文科学的起点，也是其终点，必须在伦理学和人文科学发展的整个过程中才能历史地获得理解和把握，但为了问题的探讨和体系的建构，又必须给予一个最初的预设。这是道德哲学的一个体系悖论，就像 1 + 1 = 2 是数学的悖论一样。[①] 如果不借助直觉和良知，也许任何人文科学都难以建构。这些直觉和良知，就是一些基本的理念和信念。当人的生活和生命中的一些简单的问题被复杂的理论搞得模糊不清时，现代道德哲学对人性的把握是否应当回归古典的实践理性的立场？是否应当进行某种关于人性理念方面的复归？

关于人性的理念，不仅是对人的信念，对人的信心，而且也现实地外化为对人的态度。在文明发展史上，性恶论在古代、近代和现代，都是法

---

① 在数学中，必须首先假设 1 + 1 = 2，虽然这个假设至今还未获得验证，但却是数学的基础。

治主义的人性基础,而性善则是德治主义秉持的信念。人性之中的善恶两端决定了必须在德治和法治之间维持合理的平衡。面临伦理价值失落,泛法治主义盛行的文明危机,性善的信念是否可以在历史的回归中为未来文明找到一个新的人文支点,从而至少收到某种纠偏之效?

面对全球化冲击,降低人类文明发展成本的价值选择,无疑是以理解和合作代替竞争与对抗。在价值体系的调整中,性善的理念是否有助于为不同背景的文化主体之间的理解和合作提供信念支持和信心保障?

打开当代学术史,世纪之交,人文精神的失落成为各种文明体系的共同担忧。人文精神的失落,本质上是人的失落;人的失落,本质上是人性的失落。在这种情况下,性善的理念,对未来人文精神的复苏与建构,是否更有裨益?

第二,价值的机制和标准。

人德规范以"情理"为价值机制和价值标准,并在相当程度上以"情"统摄"理",认为"情"在"理"先,所谓"合情合理"。应该说,以"情"为价值的基础、机制和标准,是许多古典道德哲学家的主张。现代道德哲学试图将价值建立在理性的基础上,在这种主张已经统治一个多世纪,已经并且还将可能继续造成价值失落和价值危机的背景下,情理互融互动的古典价值理性是否应当引起现代道德哲学家们足够的学术关注,并被赋予应有的实践地位?

第三,道德自我建构的模式。

"人德规范"以"修养"建构道德自我,形成"反求诸己"的道德自我建构模式。这种模式无疑具有品质方面的多重性。但是,当利益主体、权利主体、理性主体已经在现代社会中发育得过于膨大时,是否迫切需要建立强大的道德主体以促进个体自身的平衡?当现代科技已经建立起虚拟生活和虚拟主体时,在培根"知识就是力量"的逻辑已经通行几个世纪后,以身一性(心)紧张和对它的,以乐观人文精神为特质的道德自律,及其所建构的强大道德自我,是否是与高科技和高知识实现辩证互动,以达致合理的现代文明的重要价值机制和人文机制?在"正义"(其伦理实质是追求社会至善)于20世纪以来成为道德哲学的不衰主题,在正义理论已经遭遇诸多理论责难和实践困境之后,处于道德价值逻辑另一极的"修养"(其伦理实质是追求个体至善),是否应当重新成为道德哲学的重大主题之一?在道德价值的层面,是否可以假设,"正义"与"修养"的互补互动，将为社会至善与个体至善良性互动的理想文明形态的建构，提供理论和实践推动？

第三节　"德"—"得"生态与人生智慧

一旦"伦"透过"理"与"道"的中介落实为"德"，伦理理念便在逻辑体系畛，完成自身，达到理论的具体。但是，伦理理念及其价值是一个开放的结构和开放的生态，开放的根据在于：只有在处理现实的伦理矛盾和利益关系时，伦理理念才有必然性和合理性。于是，伦理理念又逻辑。与历史地展开为另一个结构："德"—"得"。

一　"德"—"得"生态

"德"是依"伦"分享"道"而造就的内在道德自我，"得"是现实社会生活中的利益关系。

伦理实体与道德自我的矛盾，即"伦—理"与"道—德"，或"伦理"—"道德"的矛盾，是内在于伦理理念的深刻矛盾。它们辩证互动，推动伦理理念由"原理"、"规范"，上升为"智慧"。由此，伦理理念便进入它的第三个价值结构或第三个发展阶段：人生智慧。"人生智慧"既是处理人伦与人德，即伦理实体与道德自我之间矛盾的智慧，也是关于"好的生活"的智慧。

自苏格拉底提出"人应当如何生活"的问题以来，伦理学便以此为主题，担负着为"应当如何生活"提供价值指导和价值智慧的使命。人生智慧，是伦理理念的结构生态中具有直接现实性的因子。

中国道德哲学的人生智慧的价值结构是：义利合一；人情互动；出世中人世。

义利合一：生命智慧。中国道德哲学将人的生命世界分为两部分：世俗世界和意义世界，或者事实世界与价值世界。前者的核心是所谓"利"，后者的核心是所谓"义"。"义"和"利"的关系，是中国道德哲学的基本问题。"义利乃儒者第一义。""利"是欲望和利益，"义"是德性和道义。一般认为，中国传统伦理重义轻利。这种结论实际上并不能说明任何问题。事实上，伦理精神的本性就是教人重义轻利。在世俗世界和现实生活中，因为人的利益关系和欲望冲动太现实、太强大，所以才需要以伦理道德建构意义世界,引导人的欲望,调节利益关系。伦理精神和道德哲学的使命,就是教人如何合理而智慧地处理义利之间的关系。对个体道德来说,义利关系的价值本性,是生命智慧,是合理健全的生命的智慧。中国道德哲学的生命智慧的特点是:义利合一。中国道德哲学对义利自始有特殊的理解,基本内涵是"理"与"欲"的生命秩序,由于它;与个体与整体的关系即"公"与"私"相连,因而又是一种生活秩序,到宋明理学,它被演绎为"天理人欲"。"义"是"天理","利"是"人欲"。但特别值得注意的是,中国道德哲学并不将任何欲望都归为"人欲","人欲"只是"过欲",或"不好底欲"。合理的欲望,不是"人欲",而是"天理"。所以,"存天理,灭人欲"的实质,是灭"过欲"和"错欲",以此存得"天理"。义利关系的价值原理是:"利在义中","义中有利"。所谓"正其谊而利自在,明其道而功自在"①。

人情互动:生活智慧。如果说义利是中国道德哲学的德性智慧,那么,人情便是它的人伦智慧。我曾指出,人情主义是中国伦理精神的人文形态。所谓人情,是以德性为本体、人伦为本位、情感为机制、伦理政治为本质的人际互动方式。② 中国伦理的血缘根基决定了它对"情"的重视,而血缘—伦理—政治三位一体的特质,又决定了个体德性中的"情"必定演化为人伦关系中的"人情"。人情主义表现在伦理精神结构和日常伦理生活两方面。在中国道德哲学的体系中,伦理与道德被赋予特殊的理解和使命,它不仅是为人之道,也是待人之道、治人之道。为人、待人、治人的统一,就是所谓"内圣外王"之道,"修齐治平"之道,亦即是中国式的"人道"。在日常生活中,中国伦理以"忠恕"、"回报"为原则,"己立立人,己达达人"的道德准则,与"投之木瓜,报之桃李"的伦理原理相结合,形成具有很强人情味和道德属性的伦理互动,或人情互动。所以,"恩典","面子",成为中国人伦理生活的重要机制,它与"人情"一道,被林语堂称为中国文化的"三女神"。在人情互动中,不仅人伦及其利益关系得到调节,而且人我之间的疆界也被铲除,形成人我一体的伦理关系。

---

① 关于传统义利关系的实质,参见拙著《中国伦理精神的历史建构》之"结语"部分。
② 关于人情的和人情主义,参见拙著《中国伦理的精神》中之"人情主义"部分,台湾五南图书出版公司1995年版。

　　人世中出世：人生智慧。这是处理各种人生矛盾，在现实的伦理关系中安身立命的智慧。这里，"人生智慧"在狭义上被使用，广义的人生智慧包含生命、生活和狭义的人生。人世与出世，是中国道德哲学的人生智慧的两个价值支点。中国伦理精神的基本取向是人世，但人世中的超越和世俗生活中各种矛盾的化解，以及道德的最高的境界，却是出世。中国道德哲学和中国道德哲学家都有人世和出世的双重人生价值结构，儒家便以"穷则独善其身，达则兼济天下"的进退互补为境界。从理论上说，任何伦理都必须是人世的，因为它履行的是现实的人文使命，但中西方伦理在如何人世方面确实表现出不同的人生智慧，宗教文化背景下的人生智慧就是出世中人世。我认为，"人世中出世"，比"出世中人世"的智慧更能体现伦理的本性和道德的真谛，它要求人们在尘世之内，人欲之中，正义谋利，获得道德的完成和伦理的实现。中国传统伦理精神的主干由儒、道、佛构成。儒家伦理的基本人生取向是人世，道家是避世，而佛家则是出世。儒—道—佛的结合，形成中国伦理精神进退相济，人世与出世互补的自给自足的三维结构，使得中国人，尤其是中国知识分子，在任何情况下都能建立富有弹性和进取意识的安身立命的人生基地。①

二　人生智慧

　　生命智慧、生活智慧、人生智慧，形成"德"与"得"，由"德"到"得"的价值结构和价值生态。这种结构生态的现实形态，是广义上的人生智慧；运作过程，是人生智慧的造就。这种结构生态，提出了诸多值得探讨的问题。关于义利智慧。现代道德哲学试图以"利"（在个人为经济利益，在社会为经济发展）作为价值基础和价值标准，建构义利价值观。有理由担心，这种伦理的"还俗"似乎隐藏着"媚俗"的实质？如此下去，伦理会不会丧失自身？某些当代西方著名伦理学家呼吁重视康德在伦理学领域的近代革命，让"义"、"义务"成为规范和德性资源，②这些正在孕育但还没有得到足够重视的观点，是，否预示着伦理应当或正在悄悄进行某种回归？在这种回归中，中国道德哲学是否具有特别的资源

---

　　① 关于中国伦理精神自给自足的三维结构及其伦理品质，参见拙著《中国伦理的精神》。

　　② 参见 Christine M. Korsgaard，"*The Sources of Normativity*"，Cambridge University Press，1992。

意义?

无疑,义利关系应当是道德哲学的基本问题。但是,义利关系是否只是一种价值理念,它是否还是或应当是一种价值智慧,一种关于人的生命和生活的价值智慧?在义利关系的探讨和处理中,是否应当坚持伦理的立场和它作为价值智慧的人文本性?

对义利尤其是中国传统义利理念的研究,是否必须进行理论上的正本清源?当代西方伦理学家关于"需要"(needs)和"欲求"(wants)、[①]"欲求"(wants)和"偏好"(prfers)[②]的区分,是不是与中国传统义利理念中关于"欲"与"人欲"、"过欲"的区分存在某种理论契合?

关于人情价值。在社会生活中,伦理到底如何履行自己的文化功能?伦理到底如何为社会提供聚合力?在法制化的现代社会,伦理是否只能退居价值之隅?伦理如何与政治有机整合并构成合理有效的价值生态?当试图探讨和解决这些问题时,中国道德哲学的人情逻辑、人情法则、人情原理,是否可以提供直接的理论和历史资源?经过创造性转换,中国道德哲学中的人情是否可以为现代文明提供一种独特的伦理范式?

关于人世一出世的人生指向。西方文化借助宗教解决伦理问题。中国一些学者乃至学术大师(像唐君毅)也认为,伦理精神最后必定生长出或归于某种宗教精神,宗教精神高于伦理精神。中国道德哲学"人世一出世"的价值结构和:人世中求出世"的价值逻辑,是否表征着伦理与宗教在文明内核方面的某种融通?这种融通是否给现代伦理以启示:应当在人文精神的有机生态中解决人——人的生命、人的生活和人生的问题?引发开来,是否应该进行某种研究视野和研究方法上的革命?

第四节 "人文力"生态与意义世界

伦理在理念中建立起"德"与"得"的价值关联和人生智慧,还没有最后建立起真实的和有机的价值生态,因为在这一阶段,"德"与"得"的价值关联和价值智慧,还只是一种理论的抽象。抽象必须复归于具体,但这个具体已经不是理论的具体,而是现实的具体。

---

① 参见〔美〕丹尼尔·贝尔《资本主义文化矛盾》,三联书店1992年版,第22页。

② 参见 John Broome,"*Ethics out of Economics*",Cambridge University Press,1999。

伦理理念本质上是提升自我与社会，创造价值世界，追求社会文明合理性的价值理性和价值力量。伦理的使命，不仅要使"德"与"得"在价值理性中相关联，而且要在价值实践和价值现实中相贯通。所以，伦理理念还需要一个最后的生态因子，以为"德"与"得"贯通提供理论现实性和实践现实性。这个生态因子就是：人文力。至此，伦理理念的价值生态达到现实的具体。

一 "人文力"生态

"人文力"因子的人文使命是：为"德"与"得"在个体道德实践和社会伦理现实中的相通提供价值力量，在个体精神结构和社会文明体系中建立起伦理性的意义世界。"德"—"得"相通与意义世界的建构，是伦理理念的价值生态，也是伦理理念的人文归宿。

"人文力"至今仍足一个个性化的术语。顾名思义，"人文力"意指伦理作为一种文化形态，如何与"人"结合，造就"人"的人文素质和人义精神，并通过"人"的实践，最终成为对个体、社会和文明发展的人文力量。人文化一人文力，是"人文力"的逻辑和历史结构。

"人文力"足对伦理精神及其价值的实践理性的把握，是关于伦理在文明体系中的地位和作用力的概念。作为伦理与人结合而形成的文化力量，"人文力"具有三要素：大小、方向、作用点。人文力的"大小"指伦理在文明体系与文明发展中的地位；而'"方向"和"作用点"则表征伦理对文明发展的作用性质和品质。对中国伦理精神来说，"大小"似乎是——个无须多加论证的问题，"准宗教"、"伦理型文化"，这些几乎已是学术定论的观点已经表明它的作用力的大小，进一步考察的重点是它的作用方向和作用点。"方向"指伦理与其他渚文明因子如经济、政治、法律、宗教在人文价值目标方面的关系，及其在社会文明发展的作用方向上的相关度；"作用点"是伦理对社会文明发挥文化功能的切人点和着力点。但是，无论大小，还是方向和作用点，都必须透过人的实践，并以人为主体。

中国伦理理念的"人文力"的价值要素是：秩序至上；个体至善；"德"—"得"相通。

"秩序至上"是"人伦原理"对"伦理实体"的作用方向与作用点。中国伦理一以贯之的宗旨，是如何建立严格而稳定的社会秩序，进而造就有效合理的伦理实体。正如有的学者所指出的,中华民族、中国文化自古就有一种根深蒂固的秩序情绪。"儒家伦理千条万条,但归根究底,不外乎从一个害怕动乱、追求秩序的情结（Complex）衍生出来。"① "五伦"、"三纲"的人伦原理、义利合一的价值逻辑,根本是要建立一种"礼"的伦理秩序。"礼"的伦理秩序所形成的伦理实体的特性是:伦理政治,整体至上。"伦理政治"的原理,是血缘—伦理—政治三位一体,由血缘到伦理,由伦理到政治,由此建立"君君臣臣、父父子子",情—理—法三者贯通的社会秩序。这种社会秩序在个体道德方面,通过"义利合一"的价值逻辑维护。在中国道德哲学的发展史上,义利关系最后被落实为公私关系。公利为"义",是"天理";私利为"利",是"人欲";"存天理,灭人欲"的实质,是存公去私。由此形成整体至上的价值取向。

个体至善是"人德规范"对"道德自我"作用点与作用方向。伦理政治、整体至上的伦理理想,是要建立一个"天下一家"的伦理实体。"天下一家"的伦理实体建构,必须透过至善的道德个体的培育。中国伦理的人性信念是"人人皆可为尧舜"。这一信念的伦理逻辑和伦理前途是:当个体都为尧舜时,整个社会也就圣化了。所以,中国道德的孜孜努力,就是培育至善的个体。性善信念、规范体系、修养模式,以及"知行合一"的哲学,价值指向都在于此。在个体与整体、个体至善与社会至善的关系中,中国伦理的着力点都在前者。在这方面,中国伦理似乎遵循着与西方伦理完全不同的原理和逻辑。西方伦理以平等、自由、正义为基本价值,立足于对个体的肯定,着力点在社会,旨在建构能最大限度满足个体发展需要的社会制度,追求社会至善。中国伦理则相反,它立足对社会和社会秩序的肯定,希图通过至善个体的培育,建构至善的社会。中西方伦理都有追求社会至善的理想,都以社会至善和个体至善之间的互动为机制,但前提、原理和着力点却很不相同,体现的价值结构及其品质也迥异。

"德"—"得"相通是人生智慧对道德生活的作用点和作用方向。"德"即德性,"得"可以被诠释为"获得"。"德"与"得"关联着伦理与个体生活、社会生活,进而也关联着社会文明的发展。所以,任何民族的伦理,任何发展阶段中的伦理,都在理想和现实的层面,追求二者之间

---

① 张德胜:《儒家伦理与秩序情结》,台湾巨流出版公司1993年版,第17页。

的相通，只是文化表现形式不同。在古神语中，它是善恶报应；在宗教中，它是因果报应。中西伦理的深刻差异在于：这一原理和机制的着力点不同。在中国道德哲学中，内圣外王、修己安人、义利合一、伦理政治都贯彻并体现了"德"—"得"相通的逻辑。这一逻辑的作用点是"德"，作用方向则是"德"—"得"相通所达致的个体至善和社会至善的统一。所以，在中国道德哲学中，"德"—"得"相通与内圣外王一样，具有复杂的价值原理："得"必须"德"；"德"应当"得"；"德"必然'得'；"德"就是"得"；"得"就是"德"。由此形成德性主义、道德理想主义、道德实用主义等多样的价值本性。无论如何，"德"—"得"相通，体现了中国伦理的价值智慧。没有这个价值智慧和价值机制，伦理、道德就无法与个体生活和社会发展形成现实而有机的生态。

二　"德"—"得"相通

秩序至上、个体至善、"德"—"得"相通，可以说是典型的东方价值理念。在西方文明被认为并且事实上成为优势文明一个多世纪之后，这种在几千年的文明积淀中锻造的中国价值智慧，对解决人类文明现代和未来面临的难题有何意义？

秩序与自由、整体与个体的关系，是古老的伦理难题和伦理价值智慧。秩序至上和整体主义在道德哲学中被认为具有专制主义的潜隐，而它的另一端——个人主义，则被认为创造了有活力的西方文明。21世纪的人类文明，讨论要不要以及需要怎样的秩序和整体的问题，已经没有实质性的意义，重要的是，对人类的现在和将来，在这两对矛盾中，到底谁更应当成为价值的主导方面？21世纪的道德哲学是否需要进行伦理价值的着力点方面的转换？生态危机、文化冲突、全球化、全球伦理，这一系列文明问题和文明走势的出现，表明秩序和整体，已经成为现代文明的巨大困惑。人类文明似乎面临严峻选择：要么自觉地建构以秩序与整体为基点和着力点的合理价值体系，要么出现新的专制主义、法西斯主义和国际霸权主义。在这种选择中，中国道德哲学的秩序理性和整体智慧，是否具有辩证复归的价值？

与此相对应，个体至善与社会至善的关系，是古老的道德难题和道德价值智慧。当东方伦理、中国伦理以自由、正义等为基础，建构道德价值体系时，表明以社会至善为作用点和作用方向的西方道德智慧，在现代道德哲学中具有世界意义的胜利。然而，当罗尔斯的《正义论》，遭遇麦金太尔的《何种正义？谁之合理性？》的责难，当罗尔斯自己在理论上也步步退缩的时候，是否标志现代西方的这种道德智慧正身陷困境，面临被颠覆的危机？个体至善的着力点，会造成尼布尔所说的"道德的人与不道德的社会"的悲剧；但是，社会至善的着力点，也会造成"公正的社会与不道德的人"的悲剧。无疑，价值智慧的出路，在于个体至善与社会至善的辩证互动，但是，如果需要以其中一方为矛盾的主要方面，个体至善的选择，是否给未来的文明的前途多几份光明？个体是社会的主体，道德的人可以造就也可以改造不道德的社会，但如果缺乏道德的人，那么，公正不仅只能成为强者欲望的角斗场，而且一旦面临危难，文明将永劫不复。良知能唤醒和创造社会，而社会唤醒泯灭良知的人却困难得多。

现代道德哲学将"'德'—'得'相通"这一本应属于自己的人文精髓拱手让给了宗教学和政治。认为，它要么在宗教中被预设，要么只能通过政治的努力实现，在伦理精神和伦理实践中，二者之间的相通，只是道德的乌托邦，只有在中国特色的"理想国"——"镜花缘"中才有可能。于是，不仅伦理学和道德哲学，而且伦理和道德，都逐渐失去了自己的魅力。实际上，"德"—"得"相通，不仅是理念和信念，体现道德理想主义精神，而且造就"德"—"得"相通的个体与社会，正是伦理学的使命和伦理履行自己的文化功能所必须做出的文化承诺和追求的文明目标。它所隐含的否定性逻辑是：一个"德"—"得"不通的社会，是不道德的因而需要改造的社会。从这种理想主义中，可以生长出一种对现实的批判精神，进而培育出改造社会的力量，即推动"德"—"得"相通的道德主体和文化力量。是否可以假设：现代社会的诸多伦理和道德问题，与"德"—"得"相通的信念和理想动摇，与"德"与"得"之间因果律的中断，存在直接和深层的关联？由此，现代伦理精神和道德哲学的出路，是否在于重建"德"—"得"相通的善恶因果律？

第五节 结语：作为价值生态的中国伦理理念

综上所述，中国道德哲学或中国传统伦理精神的伦理理念，是一个辩证发展的有机价值生态。这个生态，在文化原理方面由四个价值因子构成：人伦原理、人德规范、人生智慧、人文力；在文化结构方面形成四对价值关系："伦"—"理"、"道"—"德"、"德"—"得"、"德"—"得"相通；在文化功能方面分别解决四大价值问题：伦理实体、道德自我、"应当如何生活"、意义世界；在文化运作方面，展现为"伦"—"理"—"道"—"德"—"得"依次演进，由客观人伦关系出发，经过价值抽象，复归于现实社会生活的辩证过程。文化原理是逻辑生态；文化结构和文化功能是历史生态；文化运作是现实生态。在逻辑、历史和现实的层面，四大因子共生互动，形成中国伦理理念的有机价值生态，推动中国伦理精神的辩证发展。

由此引出的逻辑结论是：必须对中国伦理理念进行生态理解和生态把握。中国道德哲学和中国伦理精神的伦理理念，在理论和实践上都是"这四者"，确切地说，是由这四者构成的价值生态。中国道德哲学和伦理精神的特殊品质，在这四大因子的辩证互动中形成。只有进行生态的把握，才能真正了解中国伦理精神的合理性和局限性。譬如，"人伦原理"因子中的整体价值取向，和"人德规范"因子中的个体至善的价值取向，在伦理实体和道德自我的建构中，事实上都有一定的理论合理性和实践合理性，问题在于，由于这两大价值因子之间未能实现有效合理的辩证互动，形成伦理精神生态上的局限性。所以，我认为，中国伦理乃至伦理学的基本问题有二：一是个体与整体、个人与社会的关系问题；二是个体至善与社会至善的关系问题。当只求个体至善，不求社会至善时，整体主义的价值取向就可能导致专制主义。这就是为什么中国传统伦理造就了一代又一代的仁人志士，又维护了一朝又一朝的封建专制的内在原因。这个问题的真正解决，需要突破伦理的框架，在伦理与政治、伦理与经济的辩证互动中达到，从而由伦理学走向政治学，走向经济学，形成伦理精神的开放生态。中国伦理生态在"德"—"得"相通的价值原理中，已经蕴含着这种指向并具有一定的理论合理性，遗憾的是，它没有获得真正的实践合理性和实践现实性。

中国道德哲学和伦理精神的价值，是一种生态价值。这种价值生态，在 21 世纪的文明互动中，对解决人类现代和未来文明的诸多难题，具有很多重要的借鉴价值和启发意义，问题在于，必须对它进行生态的创造性转化。这里，尤其需要一种对待传统的新态度和新的把握方式（即生态理解的态度和生态把握的方式）。20 世纪下半叶以后的人类文明，正在悄悄进行着某种回归，这种回归的核心，是扬弃工业社会中诸文明形态之间的分离和对立,是对人,对人的生命、生活及其发展的健全价值,从而也是对人类文明的健全价值的回归。在经济学、政治学、伦理学包括科学领域,都出现了这种趋势,亚里士多德、亚当·斯密等古典理论家重新引起人们的浓厚兴趣,其中,经济学领域的势头最强劲,经济与伦理的整合,成为现代文明的新追求。然而,我们在理论上所应当完成的基础性工作,是首先进行一种文明或一个民族的某一种文明形态如伦理、政治、经济的生态性的分析和把握,由此,整个文明形态的开放性生态的把握和建构,才有可靠的学术和现实基础。这个工作是艰难的,但对人类未来文明的发展,却具有重要的前沿性和前瞻性意义。

第二章 历史体系：道德体系的现实生态及其源始性价值资源难题

第一节 问题的提出

现代中国"社会主义道德体系"的基本规定是什么？它的特质已经被经典地表述为："与社会主义市场经济相适应，与社会主义法律规范相协调，与中华民族传统美德相承接。"

"道德体系"的概念可以从两种意义上被诠释和理解。第一，作为"实践理性"，"道德体系"在其现实性上包含两种形态：理论日体系与实践体系。前者是理论形态的逻辑体系，后者是具有实践意义的伦理精神体系。道德理论体系和伦理精神体系，构成"道德体系"的理论—实践的两个结构，或理论与实践的两种表现形态。第二，道德理论自身的逻辑体系或抽象体系；逻辑体系与现实的经济、政治、文化相复合而形成的道德理论的历史体系或现实体系。逻辑体系、抽象体系是"内部体系"，历史体系、现实体系是"外部体系"。事实上，道德理论的逻辑体系和历史体系、内部体系和外部体系，只是同一过程的两个方面，因为，无论是"道德体系"的逻辑展开还是它的历史建构，都必须从现实的社会文明出发，将理论形态的逻辑体系，复归于现实的社会文明。"相适应"、"相协调"、"相承接"解决的根本课题，就是道德体系的经济、政治、文化的现实合理性。"相适应"、"相协调"、"相承接"的真谛，是道德体系与中国社会的经济、政治、文化构成有机、合理的文明生态。这里所探讨的"道德体系"，是道德的外部体系，或道德的历史体系与现实体系。

从道德的视域考察，与经济、法律、文化"相适应"、"相协调"、"相承接"的道德体系，就是以道德为核心，从价值的层面建构的特殊文明生态或价值生态。它一方面凸显道德的主体意义，透过伦理—经济、伦理—法律、伦理—文化的生态整合和生态互动，实现其现实性和合理性，另一方面，作为文明有机体，无论是这四大文明因子，还是以道德为核心建立的三个子生态，都只是文明的抽象，因而都只有抽象的文明合理性。道德的合理性，道德与经济、法律、文化有机结合而形成的伦理—经济、伦理—法律、伦理—文化生态的具体历史的合理性，在于它们是有机社会文明的生态因子。这些生态因子之所以能构成特殊的文明生态，重要原因之一，是因为它们分享共同的价值资源，具有共同的价值根源。用康德的学术话语表述，这些共同的价值资源和价值根源，就是源始性或源头性价值资源。这种源始性价值资源，既是文明生态和价值生态的源始性价值因子，也是文明发展的源始性价值动力。

所谓"源始性资源"，即元点的、原初的和根源性的文明资源和价值资源。在文明生态和价值生态中，成为道德体系的"源始性价值资源"，必须具备三个条件：不仅逻辑，而且历史地作为伦理、道德的价值始点和价值根源；在漫长的文明进程中，不仅作为伦理、道德，而且作为经济、文化、法律诸文明要素的共同价值资源；透过伦理、道德的价值中介，至今仍然对经济、文化、法律的发展，一句话，对整个社会文明的发展具有深刻的影响。

现代中国道德体系建构的根本难题，是文明生态的源始性价值资源难题。

这一立论的理论假设是：家庭伦理、家族伦理精神、家族伦理精神的传统，是现代中国道德体系的源始性价值资源难题。

第二节　道德体系的人文之根与价值之始

伦理道德作为实践理性，是一种深邃的人文精神，因而必有其人文之根与价值之始。人文之根与价值之始，是道德理论体系的逻辑起点，也是伦理精神的历史生长点。

道德体系"与中华民族传统美德相承接"，不应当只看作在一般意义或形上层面表现道德体系和伦理精神的传统根源与历史继承性，更重要、更具有解释力的理由是，在这种"承接"中，可以回溯到民族道德体系和伦理精神的人文之根与价值之始，至少，可以在这种回溯中找到某些智慧启迪。

一　历史的"实然"

中国传统道德体系和伦理精神的价值之始与人文之根是什么？就是家庭伦理或家庭伦理精神。

中国传统道德体系和伦理精神虽然在各家各派，各个历史阶段的发展中表现出多样性，但两个要素总是最基本的结构：伦理实体与道德自我。伦理实体的理论是关于人伦关系及其文化原理的体系，核心是伦理范型的建构；道德自我的理论是关于道德规范的体系，其核心是道德自我的建构。前者是伦理（或人伦），后者是道德（或德性）。除此以外，还有扬弃伦理与道德矛盾的结构，即修养论以及作为它的形上价值基础的人性论。① 伦理、道德、修养（含人性论），构成中国传统道德理论体系和伦理精神体系的三大结构。② 它是体现中国文化特质和中华民族性的道德体系。伦理或伦理实体是对各种人伦关系，以及由诸多人伦关系构成的伦理性实体的设计。对此，中国传统道德很早就有比较成熟的理论形态，这就是孟子的"五伦"说，它在日后伦理精神的发展中得到广泛的认同并被尊奉为经典。"五伦"被称为中国伦理的典范，其意义有二：一是建立了中国伦理的理论与实践范型；二是找到并揭示了中国伦理或人伦关系的文化原理。"五伦"在杂多的人伦关系中，以父子、君臣、兄弟、朋友、夫妇为五种最典型和最基本的人伦关系，并由此建立起伦理实体的范型。"五伦"以家庭及其伦理为人伦典范，其根本原理就是：人伦本于天伦而立。五伦之中，属家者三：父子、兄弟、夫妇。父子、兄弟是天伦，是家庭血缘伦理关系（即所谓"天伦"）；君臣、朋友是人伦，是社会伦理关系（即所谓"人伦"）；而夫妇一伦则介于"天"—"人"之间，在其未形成之前是社会伦理关系，形成之后，又是家庭伦理关系并且是家庭延续的基础，是一切男女关系的伦理范型。"五伦"之中，君臣比父子，朋友

---

① 在中国道德体系中，人性论的意义，在于解决道德的可能性与修养的必要性两大问题。

② 这种诠释将伦理与道德相区分，事实根据是对中国传统道德体系的文化原理的把握与揭示，理论根据则是黑格尔法哲学体系中关于伦理与道德关系的理论，但这里并不是照搬黑格尔的理沦，而是根据中国道德的传统有所发展。在《法哲学原理》中，黑格尔将伦理体系设定为"抽象法"—"道德"—"伦理"三部分，强调道德与伦理的原则区分，即主观形态的法与客观形态的法。我认为这种区分有一定道理，但在中国道德体系中，伦理与道德主要表现为"伦理实体"与"道德自我"，而且，伦理实体比道德自我更具有前提性的意义。

比兄弟，由家庭的父子、兄弟伦理关系延伸出君臣、朋友的社会伦理关系。可以这样说，"五伦"是中国伦理的范型，而父子、兄弟又是五伦的范型。两汉时期，"五伦"被抽象为"三纲"，虽然伦理精神发生了异化，但其文化原理并没有根本改变，而且，在整个中国伦理精神的发展史上，最有影响、最具民族性的是"五伦"而不是"三纲"。无论如何，家庭伦理、家庭伦理关系，构成传统伦理实体的人文之根。

　　道德规范体系是对道德自我或个体德性的设计。道德自我的价值始点，个体德性的生长点是什么？就是家庭伦理情感。仁、义、礼、智是中国传统道德的四基德，在与理智、正义、勇敢、节制的希腊四德相对照的意义上，它可以被称为"中国四德"，在中国道德理论和伦理精神的历史发展中，具有不可动摇的地位。四德之中，仁是根本。什么是仁？仁的伦理精神如何产生和生长？孔子规定："仁者爱人。""樊迟问仁，子曰：爱人。"① 这种爱人之情的生长有一个辩证过程。第一步，为仁之本：亲亲。以孝悌为核心的亲亲，是爱人行仁的始点和根本。"孝悌也者，其为仁之本欤！"② "君子笃于亲，则民兴于仁。"③ 第二步，为仁之方：忠恕。亲亲之家庭伦理之情如何成为社会的道德情感？就是通过行忠恕之道。忠恕是家庭道德情感之外推，具体内涵就是：诚以待人，推己及人；己立立人，己达达人。第三步：仁之正路：仁道。亲亲与忠恕的结合，既"笃于亲"，又"泛爱众"，便是所谓仁道。三者的结合，就是中国式的爱人之情：仁爱。它与西方的博爱或神爱相对照，体现中国道德的民族特色：在仁爱中，在家庭伦理关系中孕生的亲亲之情，始终是德性的根本。由孟子奠基的"仁义礼智"建立的道德自我德性体系，强调"居仁由义"，"礼门义路"，"必仁且智"，凸显的就是家庭伦理关系和伦理情感对于整个道德体系与伦理精神的根源性意义。④

　　家庭伦理作为道德体系和伦理精神的人文之根与价值之始的历史合理性与民族合理性显而易见。第一，它是体现中国家国一体，由家及国的传统社会结构特点并与之相适应的道德体系；第二，它体现了中国传统文化

---

① 《论语·颜渊》。
② 《论语·学而》。
③ 《论语·泰伯》。
④ 关于家庭伦理和家庭伦理精神对伦理实体与道德自我的意义，参见拙著《中国伦理精神的历史建构》中之"孔孟伦理思想"部分，江苏人民出版社 1992 年版。

的特质，并与中国文化构成有机的伦理—文化生态。中国传统文化是伦理型的，而其伦理性正是由家庭伦理精神所造就和体现的。林语堂曾引用一位日本学者的话说，家庭是中国文化的堡垒，这种堡垒之强大，恐怕连万里长城也比不上。黑格尔则发现："中国完全建筑在这一种道德的结合上，国家的特性便是客观的'家庭孝敬'。中国人把自己看作是属于他们家庭的，而同时又是国家的儿女。"① 第三，不可否认，中华民族的诸多传统美德，都与这种家庭伦理精神有着不可分离的联系。

二 理论的"应然"

问题在于，这种以家庭伦理为基础的道德体系和伦理精神，是否具有内在的理论合理性？这显然是一个复杂的课题，简便的方法是对西方经典作家的伦理学进行体系性的考察。根据恩格斯在《路德维希·费尔巴哈与德国古典哲学的终结》中的论断，"黑格尔的伦理学或关于伦理的学说就是法哲学，其中包括：（1）抽象法；（2）道德；（3）伦理，其中又包括家庭、市民社会、国家。在这里，形式是唯心的，内容是现实的"②。在黑格尔看来，伦理是道德体系和伦理精神发展的最高阶段，即扬弃了抽象性和主观性的否定之否定阶段。他认为，伦理实体有三个由低级到高级发展的表现形态：家庭、市民社会、国家。家庭是伦理的起点和始点。因为，家庭是"直接的或自然的伦理精神"③。家庭在子女的教育及其成长中被分解，丧失了原始的统一，进入市民社会。黑格尔不仅以"爱"为家庭的内在规定性，而且也将"爱"当作伦理精神的价值始点。"作为精神的直接实体性的家庭，以爱为其规定，而爱是精神对自身统一的感觉。""所谓爱，一般说来，就是意识到我和别一个的统一，使我不专为自己而孤立起来。""爱是感觉，即具有自然形式的伦理。"④ 正是在这个意义上，家庭构成伦理的渊源。"对意识说来，最初的东西、神的东西和义务的渊源，正是家庭的同一性。"⑤ 不过，黑格尔同时认为，由家庭过渡到市民社会，不能看作是伦理性的丧失，因为伦理精神必须扬弃特殊性

① 黑格尔：《历史哲学·东方世界·中国》，三联书店1956年版，第65页。
② 《马克思恩格斯选集》第4卷，人民出版社1972年版，第32页。
③ ［德］黑格尔：《法哲学原理》，范扬、张企泰译，商务印书馆1996年版，第173页。
④ 同上书，第175页。
⑤ 同上书，第196页。

而追求普遍。显然，黑格尔关于伦理体系的理论与中国传统伦理关于伦理实体和道德自我的体系是十分接近的。它说明，以家庭伦理为道德体系和伦理精神的人文之根和价值始点，具有一定的跨文化和超越时代的普遍意义。

家庭伦理在传统上"是"也"应当"是中国道德体系和伦理精神的人文之根与价值之始。然而，在中国走向近代和现代的过程中，以上事实判断和价值判断都遭遇到根本性的颠覆，这种颠覆同样在事实与价值两个层面展开。第一个颠覆来自事实层面。近现代以来经济社会的发展，使家庭在经济社会生活中的地位发生了根本性的变化，无论家庭规模、家庭的凝聚力，还是家庭的文化与社会意义都发生了根本性改变，不仅在社会结构上不能"家国一体"，而且在思维方式与文化原理方面也不能甚至不应当"由家及国"。近几十年来实行的独生子女政策，使中国的家庭已经或者正在变为世界上规模最小的结构。由此，家庭在社会体系、文化体系中的存在意义必然发生重大变化。第二个颠覆来自价值的层面，在文化反思和文化批判中，人们，即使非常审慎乃至保守的学者，也把传统家族主义当作封建主义的重要根源，把家族主义伦理精神当作封建伦理的渊薮。这两个方面既然已成"现实"，因而必有其"合理"所在。不过，仔细反思就会发现，至少在寻找道德体系的基础方面，人们对事实的分析和由此引起的价值认同存在深刻的理论和实践问题。

问题一：在中国传统社会的长期历史发展中，到底是家庭、家族主义和家庭伦理、家族主义伦理精神本身就不合理，并因此而成为社会发展的桎梏，还是中国的家庭、家庭伦理所持存的政治、经济、文化生态不合理，由此而导致家庭伦理的人文悲剧？从哲学的基本原理透析，即使家庭伦理精神蜕变为家族主义伦理精神，其背后的动因也是其文明生态。由此，认为传统家庭伦理甚至传统家族主义伦理精神，应当对传统社会和传统伦理的非合理性负责任，应该说是有失公允，因为它们只是整个社会文明生态的子生态中的一个因子。

问题二：是否可以因为传统家族伦理、家族伦理精神是封建伦理体系的基础，便从中引申和引发出这样的结论和结果：必须破除家庭伦理作为道德体系和伦理精神基础的地位？答案应当是明了的：这种推论混淆了特殊和一般的关系，以特殊消解一般。

问题三：是否可以因为家庭结构及其在经济社会生活中地位的变化，

而根本改变甚至消解家庭伦理在道德体系和伦理生活中的地位？回答可能同样明显：对道德体系的建构来说，最大的也是最应当认真对待的问题，不是家庭在客观性方面发生的演变，而是赋予家庭的伦理使命和伦理意义被消解。

自近代以来，中国传统的道德体系和伦理精神体系经受了长达一个半世纪的解构，至今被认为还没有完成伦理批判的任务。可是，如果某种道德体系和伦理精神的批判在如此漫长而激烈的批判中不能或还没有完成，那么，这种状况只有在两种情况下才能被解释，第一，这种体系是不能或不应当被解构的，因为它具有太强的民族性，哪怕这种过强的民族性被当作所谓"劣根性"，它可能已经与民族的生命及其成长融为一体，要彻底解构它就存在从根本上解构这个民族，或者潜在彻底解构这个民族的风险。第二，也还有另一种可能：我们是在解构一种虚拟的乃至虚幻的传统，这种传统早已被解构或根本不存在，因而日后的解构只是堂·吉诃德式的"与风车搏斗"。既然认为，传统的家族伦理、家族主义伦理精神是传统伦理的根基，而中国的家庭自近代至今，已经发生了翻天覆地的变化，那么，逻辑的结论也只能是：传统道德体系和伦理精神同样已经从根本上被解构，或完成了对它的批判任务。

最严重的问题是，由于不断进行民族伦理的解构，在道德体系和伦理精神的建构方面给予的关注太少，因而像传统伦理那样完备的哪怕是完整的具有民族特色的现代道德体系事实上至今还没有建立（当然，在意识形态的意义上，也可以说已经建立或宣布已经建立，但在人文精神和民族精神的意义上，我认为至今不能轻言建立）。而一旦严肃而严谨地思考道德体系和伦理精神的建构问题时，它的人文之根与价值之始问题就被提出。于是，家庭伦理在道德体系中的地位问题又必须也应当重新受到应有的和高度的关注，因为，无论在传统道德体系的解构与传统家庭伦理在传统道德体系中的地位的关系方面，还是现代道德体系的建构与家庭伦理的关系方面，家庭伦理都是解决问题的基础和关键所在。道德体系的建构，与家庭伦理的人文地位的确认，二者之间存在必然的因果关联。

三 "必然"的难题

如果这种假设成立：从实践合理性（或历史合理性，其核心是民族特性和优良的民族道德传统）和理论合理性两个方面考察，家庭伦理仍然必须、应当是道德体系和伦理精神的人文之根和价值之始，那么，在家庭伦理不能履行上述人文功能的背景下，道德体系与伦理精神的人文建构，就面临诸多重大难题。第一，哪里寻找神圣性的根源？道德价值、伦理精神必须诉诸神圣性，这是中西方经典作家的共识。在《实践理性批判》中，康德反复强调，"意志与道德法则的完全切合是神圣的，是一种没有哪一个感觉世界的理性存在者在其此在的某一个时刻能够达到的完满性"①。"我们人格之中的人道对于我们自身必定是神圣的，因为它是道德法则的主体，从而是那些本身乃神圣的东西的主体，一般说来，正是出于这个缘故并且与此契合，某些东西才能够被称为神圣的。"②　"实践理性"的最后根据或根源，不是某种理论理性或实用理性，而是道德良知或道德直觉，这种最终不能再追究的道德良知或道德直觉就是神圣性。在中西方道德体系和伦理精神中，这种神圣性有两种来源：家庭与宗教。伦理精神以爱人为价值起点，这种爱人在中西方文化中有两种不同的表现形态：仁爱与神爱。仁爱是以家庭亲亲之爱为起点的神圣性；神爱是以上帝之爱或超越性的彼岸之爱为根源的神圣性。前者最后发展为泛爱，后者发展为博爱。但它们都诉诸也都具有神圣性。孔孟儒家所以以家庭伦理为道德体系的基础，就是因为它能够担当作为神圣性之根的人文使命。"见父自然知孝，见兄自然知悌，见孺子入井自然知恻隐"，这种"自然"就是出于良知的神圣性。传统的"中国四德"以"智"为最后的德性，这种"智"不是西方式的理智或理性，而是中国式的融合了情感与理性的道德良知或道德直觉，只有达到了这种"智"，才最终建立起道德自我。康德的伦理学体系，为扬弃其矛盾，最后通过理性作出两个预设：灵魂不朽与上帝存在，将神圣性诉诸上帝。而黑格尔在《法哲学原理》中则认为，家庭是神圣性和义务的根源。消解了家庭伦理作为神圣性根源的地位，在没有宗教传统的文化中，道德体系的深刻危机就是：道德神圣性从何而来？道德神圣性何以培育？何以可能？

第二，人伦的根据与范型是什么？宽泛地说，中西方道德体系寻找人伦根据的方法都是以"天人合一"、天道与人道合一为模式的，区别只是对"天"的诠释不同。西方是宗教的天，中国是以家庭伦理为基础的道

---

①　［德］康德：《实践理性批判》，韩水法译，商务印书馆1999年版，第134页。
②　同上书，第144页。

德的天。上帝与家庭分别构成人伦关系的根据和范型。西方的人伦关系虽
然是以平等、民主为世俗价值追求的原子式结构，但最终并未超出·
"上帝"的规约。应该说，中国传统的"五伦"，在寻求伦理关系的基本
结构的方法方面，有不少可取之处，这种方法也是它的伦理效力的重要来
源。如果取消了人伦的根据，彻底摒弃寻找和建立人伦范型的努力，完全
诉诸或放任人伦关系的多样性与随意性，那么，社会的伦理生活必定在混
沌中陷于失序，伦理训练也难以入手。问题在于，在走向"市民社会"
的过程中，在追求自由、平等的现代社会，是否还需要人伦范型？是否还
应当为人伦关系找到根源？是否还应当以家庭伦理为人伦关系的源头？西
方人最担忧的人文问题是："如果没有上帝，人类将会怎样？"在缺乏宗
教传统和宗教的文化力量的社会中，人们的伦理担忧可能是：如果没有家
庭，社会将会怎样？在既没有上帝，又失去"天伦"作为人伦之始的文
化背景下，人伦体系、人伦原理的建构何以可能？我的观点是：现代社
会，绝不是也绝不能不要人伦范型和人伦原理，应当进行的努力是如何合
理地确认和建构人伦范型和人伦原理。没有人伦范型，在理论和实践上都
无从建立人伦原理，由此道德体系和伦理精神体系根本就无从谈起。

　　道德体系和伦理精神必须有其人文之根和价值之始。假如家庭在道德
体系和伦理精神体系中的地位不能回归，那么，体系建构可以选择的方案
只有两种：要么找到文化替代；要么重新确立道德之根和人伦之始。

　　第一种方案显然是困难的。如前所述，在到目前为止的中西方各种成
熟的道德体系和伦理精神体系中，作为道德体系的人文之根和价值之始的
只有两种文化因子：家庭和宗教。前者是人世文化生态中的伦理，后者是
出世文化生态中的伦理。宗教作为西方伦理的源始性价值资源的地位，自
传统至现代未发生根本的变化。不仅康德的伦理体系要求诸上帝，即使被
韦伯认为是现当代最合理、最具生命力的伦理也是所谓"新教伦理"。20
世纪初特别是20世纪70年代以来，中国不断地引进西方文化包括西方的
伦理价值观念，但是，毋庸置疑的事实是，宗教根本不可能作为中国道德
体系的源始性价值资源。因为，到底以什么为道德体系的人文之根和价值
之源，根本上是由这种民族的伦理—文化生态所决定的，即使找到可以替
代的文化因子，也必须与这个民族的伦理—文化生态相吻合。可以这样
说，在以西方文化为参照的现代化的进程中，我们至今未找到可以替代家
庭伦理在道德体系中地位的文化替代，即使有所尝试，事实证明，也是不

成功的。

第二种方案的合理性已经也应当受到质疑。当今人们习惯的方法是以社会存在、物质生活条件或经济利益作为道德体系的出发点。这种方法的权威性，在于它的历史唯物主义的根据。但是，在此过程中，另一些重要的方法论问题往往被忽视。第一，它只是历史唯物主义哲学原理在伦理学体系中的机械照搬和简单移植，在这种移植中，人们事实上已经难以辨认它到底是哲学还是伦理学。第二，物质生活条件或经济利益作为道德体系的人文之根和价值之始的理论根据是：社会存在决定社会意识；人们自觉地不自觉地总是从他们的所处的经济关系中吸取自己的道德观念。可是，经济利益决定道德，只是对道德的本质的揭示，它只是在一般的即黑格尔所说的抽象的普遍性的意义上而言的；它的合理性限度是哲学本体论，在伦理学体系中，一旦以本体论僭越价值论，就会因其超出合理限度而沦为谬误。如果以经济利益作为道德体系的源始性价值资源，在实践上会如康德在两百多年前批评的那样："从源头上污染了道德。"就本性来说，由经济利益所直接决定的道德，只是对自身需要的生物性的本能反应，最多只能算是低级的"本能道德"，而不是超越性的价值伦理。因而它只是心理学的，而不是伦理学的。所以，它在理论上和实践上都具有非合理性。

这样，现代中国道德体系和伦理精神体系的建构，就面临两种状况：一方面，以家庭伦理和家庭伦理精神为道德体系与伦理精神体系的人文之根和价值之始的传统的、具有很强民族性的方法在理论和现实两个方面被颠覆；另一方面，（1）至今没有、事实上也不可能在异质文化中找到具有现实性的文化替代，（2）在熟知的观念中被当作道德体系和伦理精神的逻辑与历史出发点的所谓的"经济决定论"的方法又具有深刻的非合理性与非现实性。

于是，必然的结果是：在人文之根和价值之始方面，道德体系和伦理精神的建构，遭遇源始性价值资源的难题和悖论，陷入文化合理性的困境乃至危机之中。

第三节　"最好的动力"与"最强的动力"的"冲动力体系"

道德体系"与社会主义市场经济相适应"的文明真义，是建立市场经济条件下合理的"伦理—经济生态"。"相适应"的实质，是道德体系、伦理精神与市场体制的辩证互动。

"相适应"的难题是什么？"福山预言"同样可以提供启迪："要了解中国经济社会的本质，先决条件是需了解家庭在中国文化里所扮演的角色，这也能帮助我们了解今天世界上其他家族特性强烈的社会。"①"相适应"的根本性难题，就是中国的家庭伦理和家庭伦理精神。

一　道德体系与经济体制"相适应"的逻辑模型

无论在形上还是价值的意义上，合理的伦理—经济生态，都应当是道德体系与经济体制之间的"相适应"或辩证互动。这可以预设为一切经济体制包括自然经济、计划经济、市场经济发展的普遍规律。需要探讨的基本课题是：是否可以找到道德体系与经济体制"相适应"的一般逻辑模型？

20世纪初，马克斯·韦伯宣告，他发现了一种道德体系与市场经济"相适应"，或者说，伦理与经济合理生态的"理想类型"，这就是所谓"新教资本主义"。"新教资本主义""理想类型"的模式是：新教伦理＋资本主义市场经济。20世纪下半叶，韦伯的这种伦理—经济的"理想类型"在全世界范围内胜利挺进。虽然我们还没有足够的根据断言韦伯作为一个学者在这种"理想类型"中包含着意识形态方面的故意，但客观的事实是，借着韦伯理论的巨大影响力，它不仅宣扬了美国资本主义市场经济的巨大成功，而且宣告了资本主义文化尤其是资本主义伦理的理论合理性与历史合理性（显然它是抽象的和虚拟的）。对解决我们的问题具有启发意义的是，从西方"韦伯热"和后韦伯理论的发展中，可以抽取出道德体系与市场经济"相适应"的逻辑模型。

20世纪70年代，另一位著名学者丹尼尔·贝尔，沿用韦伯的"理想类型"，揭示出美国式资本主义深刻的文化矛盾：宗教冲动力与经济冲动力的矛盾。"宗教冲动力"的核心，是新教伦理的冲动力。比韦伯更进一步的是，贝尔在这里事实上已经从"新教伦理＋资本主义市场经济"中抽象出一种更具形上意义的道德体系与市场经济相适应的逻辑模型，这就

---

① ［美］弗兰西斯·福山：《信任——社会道德与繁荣的创造》，李宛蓉译，远方出版社1998年版，第100页。

是：道德冲动力＋经济冲动力。① 这种逻辑模型后来被著名经济伦理学家科斯洛夫斯基发展为"最好的动力和最强的动力的结合"，即：最好的动力＋最强的动力。他的理论是：伦理与经济、道德体系与市场经济的主体都是人，"人的最强和最好的动力相互处在一定的关系中，因为最强的动力不总是最好的，而最好的往往动力不强"。伦理与经济的结合，"不是由两种不协调的理论组成，而是承认人的最强、最好的动力和差异与同一整体性，设计需要两种动力的规则和制度"②。

根据以上理论资源，道德体系、伦理精神与市场经济或市场体制"相适应"的一般模型，可以被演绎为"道德冲动力"与"经济冲动力"的合理状态，这种合理状态可以进一步被诠释和表述为"最好的动力"与"最强的动力"的辩证互动。

在辩证互动的意义上，道德体系与市场经济的"相适应"，可以被理解和规定为一种合理的"冲动体系"。黑格尔曾经从法哲学的意义上揭示了"冲动体系"的形上基础及其价值合理性。"冲动和倾向首先是意志的内容，只有反思是超出于它们之上的。但是这种冲动会驱策自己，相互排挤，彼此妨碍，它们每一个都想得到满足。现在假如我把其他一切冲动搁置一边，而只置身于其中一个，我将处于毁灭性局促状态中，因为这样一来，我抛弃了我的普遍性，即一切冲动的体系。"③ 在冲动力的模型中，伦理——经济合理生态的真谛在于："冲动应该成为意志规定的合理体系。"④

伦理与经济的辩证互动，道德体系与经济制度的"相适应"，逻辑上还应当存在另外一个结构，这就是经济组织的形态，或经济实体的组织形态，它在广义上可以属于或被简单表述为"生产关系"。因为，无论经济冲动力还是伦理冲动力，不仅都在一般意义上以人为主体，而且，任何社会的冲动力和冲动力体系的主体，其有效与合理的存在状态，都不是至少不只是个体的存在，而是经济组织、经济实体的存在。个体的道德冲动力、经济冲动力及其"冲动体系"的特性，是社会经济发展的活力，但

---

① 参见［美］丹尼尔·贝尔《资本主义文化矛盾》，赵一凡等译，三联书店1992年版。

② ［德］彼得·科斯洛夫斯基：《伦理经济学原理》，孙瑜译，中国社会科学出版社1997年版，第14页。

③ ［德］黑格尔：《法哲学原理》，范扬、张企泰译，商务印书馆1996年版，第28页。

④ 同上书，第29页。

这些活力如何形成经济组织和经济实体的合力，乃是经济社会和文化发展的关键和难题之所在。一个合理的体制，不仅应当最大限度地释放和激发个体的道德冲动力和经济冲动力，并使之成为合理的体系，更艰巨、更重要的任务，对经济社会发展来说最有意义，也是文化资源最深刻地发挥作用的方面，是如何凝聚个体的冲动力，形成经济组织和经济实体的合力，或经济组织的冲动力的"合理体系"。

但是，正像韦伯、贝尔所发现的那样，无论是"道德冲动力 + 经济冲动力"的抽象模型，或"最好的动力 + 最强的动力"的"冲动的体系"，还是经济组织或经济共同体的冲动力的合力，或共同体的"冲动的体系"，其具体性都直接根源于一个民族的文化，"冲动的体系"与文化传统的辩证互动，构成这个民族道德发展与经济发展的文化矛盾。按照福山的观点，在社会生活中，经济是受文化影响最直接的层面，[①] 而"文化是继承而来的伦理习惯"[②]。依此，那些"继承而来的伦理习惯"，便构成经济发展的最重要的价值资源。

这样，在特定的文化资源和文化背景下，伦理—经济关系，或伦理—经济辩证互动的具体历史模型，或者说，道德体系与经济发展"相适应"的具体历史模型及其矛盾运动，便由两个基本结构组成。一是以道德冲动力与经济冲动力为要素的冲动力的伦理—经济体系及其运作原理；二是由诸多个体的道德冲动力和经济冲动力复合而形成的经济组织或经济共同体的文化形态。在第一个方面，由于任何道德冲动力和经济冲动力都历史与现实地结合于人并以人为主体，由于人及其冲动力都根源于一定的文化并以此为价值资源，因而"冲动力"又被称之为"人文力"。对第二个方面来说，关键在于形成经济组织和经济共同体的冲动力体系的合力的"平行四边形"，而这个冲动力体系的平行四边形的现实组织形态，则表现为一定的经济组织形态，在现代，尤其是企业形态或企业制度。[③] 重要的是，二者都必须以特定的文化传统特别是伦理传统为价值资源。

---

① ［美］弗兰西斯·福山：《信任——社会道德与繁荣的创造》，李宛蓉译，远方出版社1998年版，第1011页。

② 同上书，第45页。

③ 注：关于"人文力"的概念和理念，以及伦理—经济的人文力结构，参见拙著《伦理精神的价值生态》，中国社会科学出版社2001年版，第250—257页。

二　道德体系与经济体制"相适应"的矛盾运动

根据这样的模型，就可以对中国道德体系与经济发展"相适应"的矛盾运动的历史过程，以及在这个历史过程中道德冲动力与经济冲动力辩证互动的状况，进行历史与现实的分析。从传统到现代，中国的道德体系与经济发展的矛盾运动，先后经历了三个过程或三种模式：与传统自然经济"相适应"的道德体系；与计划经济"相适应"的道德体系；以及正在建构的与市场经济"相适应"的道德体系。在《资本主义文化矛盾》中，贝尔曾对道德冲动力和经济冲动力辩证运动的"资本主义文化矛盾"发展的历史过程作了如下描述：在早期，"经济冲动力"相继受到风俗传统、天主教道德规范和清教徒禁欲苦行的生活方式的扼制；加尔文教的新教改革，将经济冲动力从宗教的扼制下解放出来，使资本主义获得了旺盛发展的生命力；随着宗教冲动力的耗散，道德冲动力与经济冲动力逐渐分离，从而出现"资本主义文化矛盾"。这种描述虽不能直接套用来解释中国道德体系与经济发展的矛盾运动，但却富有启发意义。

传统伦理是与自然经济"相适应"的道德体系。这种"相适应"的最大特点是：（1）道德冲动力与经济冲动力"自然"地锁合在一起，形成原初的、未分化的同一体，"冲动的合理体系"是以，道德冲动力统驭经济冲动力，并以前者为最高价值取向。所谓"义利合一"，"重义轻利"。（2）经济实体与伦理实体直接同一，都是同一个"自然"实体，即家庭。家庭既是"自然"的或原始的经济实体，也是"自然"的原始的伦理实体。一般说来，经济实体应当同时也是伦理实体，或者说，应当具有伦理实体的性质，但在传统伦理—经济生态中，伦理实体就是经济实体，二者根本未分化，或不可分化。传统自然经济的文化本质是家族经济，因其以家庭这样的自然的伦理实体为组织形态，并以伦理为绝对价值取向，因而又可称之为伦理经济。与此相对应，中国传统的道德体系与伦理精神以家庭伦理为范型、家族道德为本位，它以"五伦四德"为基础和核心，可称之为家族主义道德体系与伦理精神。传统经济形态是以家庭为本位的"自然"经济体制，传统道德体系是家庭为伦理范型和亲亲为道德本位的"自然"伦理精神。传统经济的特征是自给自足，传统道德体系和伦理精神的特征也是自给自足。① 两种"自然"的锁合，形成传统道德体系与传统经济形态的"超稳定""适应"。也许，我们今天可以对这种经济形态和道德体系，以及二者之间"超稳定"的结合进行诸多指责，但不可否认的事实是，传统道德体系与传统自然经济的"相适应"，曾经造就了中国传统社会的繁荣与辉煌。

20 世纪 50 年代以后，中国实行计划经济。中国历史上的这第二种典型的经济体制，当然是对传统自然经济的超越与扬弃。在伦理—经济生态方面，它试图探索和实践一场关于道德体系与经济体制"相适应"的革命。这种革命集中表现在两个方面：第一，它试图从根本上解构和超越传统的"冲动力体系"，形成新的伦理—经济的冲动力体系和冲动力原理。第二，它试图从根本上否定和解构传统的经济实体和伦理实体，即伦理—经济的家庭同一体，代之以"一大二公"的伦理—政治的同一体和价值原理。然而，仔细考察就会发现，在经济形态的人文气质和文化原理方面，计划经济和自然经济之间存在紧密的文化联系，甚至存在某种"同构异质"，只是它不是家族经济，而是被认为是文化上放大了的形态——国"家"经济。如果从理论上抽象地分析，计划经济在分配和资源调配方式方面，不仅有一定的文化理想性，而且也有一定的价值合理性，其内所蕴涵的经济冲动力，是以对经济共同体的价值认同为前提的伦理—经济一体的冲动力。在这种体制中，出于利益驱动的个体的经济冲动力不强，并且从意识形态与道德的两方面受到扼制，它所培育或试图培育的"冲动力体系"的特质是：（1）是透过道德或意识形态的激发而不是诉诸直接的利益驱动所形成的经济冲动力，因而其本质和基础还是道德的冲动力或意识形态的冲动力；（2）它的着力点不是个体的经济冲动力，而是透过伦理—政治的努力凝聚个体的经济冲动而形成的集体的经济冲动力，并且努力在这方面表现出优势，应该说，这是公有制的文化要求和文化特征。可以这样说，在计划经济中，经济冲动力和道德冲动力同样是"锁合"在一起的。关键在于，它的合理性与现实性必须以道德资源的有效供给及其合理性为假设。集体与个人的经济冲动力的合理而有效释放建立在三个假设基础上。其一，社会的道德资源，不仅

---

① 关于中国传统道德体系与伦理精神的自给自足，参见拙著《中国伦理精神的历史建构》，江苏人民出版社 1992 年版。

要一般地培育人们的道德冲动力，而且要能够透过道德冲动，激发人们尤其个体的经济冲动力（在市场经济中，这种激发诉诸直接的利益驱动，而不是透过道德的中介）；其二，更困难的在于，道德的使命，不仅在于激发个体合理的经济冲动，而且要扬弃个体经济冲动的特殊性，形成普遍的即集体的经济冲动力，对计划体制来说，集体的经济冲动力比个体的经济冲动力具有更为根本性的意义，因为它是这一体制的优越性之所在；其三，在各种主体之间，掌握"计划"权力的人即"干部"的道德冲动力的状况及其合理性，与这种，体制的命运休戚相关。可以这样说，计划经济体制的道德合理性、社会合理性、经济合理性，在相当意义上依赖于干部的道德与道德冲动力的状况。显然，彻底做到以上三点是很困难的，虽然毛泽东在将这一理想主义付诸实施的过程中，进行了许多努力，乃至最后走向极端，形成"意识形态决定论"，然而实践证明其效果毕竟是有限的。在这个意义上，计划经济体制的困境，是由于道德资源供给不足，道德冲动力过于局限，以及它与经济冲动力的结合不合理的困境。实事求是地说，它的初衷不是以道德冲动力压抑经济冲动力，而是以道德冲动力培育、规约和集成个体和社会的经济冲动力，可最后的结果却是，不仅道德冲动力压抑了经济冲动力，而且因二者的分离，道德冲动力本身在相当意义上也被否定和消解。应当承认，在这种体制的初期，道德冲动力与经济冲动力还是产生过合理和有效的良性互动，并因此取得巨大的经济社会成就（即"一五"、"二五"时期的发展），但也应当看到，在那个特定时期，道德冲动是与强烈的政治冲动结合在一起并在相当程度受它激发；而且，当时的整个经济社会变革（如土地改革）本身就直接地刺激人们强烈的经济冲动。计划经济体制下，道德冲动力与经济冲动力合理有效的良性互动，一旦脱离其特定的历史文化环境便难以持久，所以，经过近半个世纪的尝试之后，中国的经济体制最终又回归到一个带有一定世俗性的现实起点上。

　　由计划体制向市场体制的转轨，在文化意义上可能理解和诠释为解放和释放主体的经济冲动力。从经济意义上考察，市场体制是一种新的资源配置方式，但在文化意义上，市场经济却是一种与自然经济和计划经济完全不同的"冲动力体系"，因而可以表述为透过资源配置方式的转换，解放和激发个体和社会的经济冲动力。市场体制下伦理—经济生态的转换，也有两个重要的特点。第一，冲动力的新的伦理—经济体系和伦理—经济原理，着力点是通过人文力的某种现实回归，建立伦理—经济的现实而不只是理想主义的冲动力的合理体系。第二，在经济的组织形态方面，一定程度上表现出向传统经济组织形态的辩证复归，集中表现为对单一的公有制结构的扬弃，以及多种经济形式并存中对私有经济和民营经济的肯定。无论在自然经济还是在计划经济形态中，在人们的德性与欲望、伦理和经济之间总是存在着深刻的紧张，文化对自然欲望和经济冲动是否会脱离德性和伦理的轨道，都表现出深深的和一如既往的忧患，虽然这种紧张像韦伯所说的那样是"乐观"的，相信可以通过道德的努力扬弃。这可以说是伦理型文化的共同特征。而且，在中国，由于伦理与政治的一体化，意识形态与人文精神表现为未分化的同一性，于是，经济与经济冲动逻辑与历史地会受到道德和政治的双重扼制。出于道德上的忧患，自然经济与计划经济的人文逻辑是：首先完成经济主体的道德建构，然后再释放人们的经济冲动，由此保证经济冲动与经济发展的价值合理性。或者，经济冲动力的释放与经济主体的道德建构必须同步完成。在自然经济中，这两个过程是自然地被"锁合"在一起的，因为经济实体同时就是"直接的"和"自然的""伦理实体"（此为黑格尔在《法哲学原理》中的表述），经济主体同时也就是伦理实体的主体。在计划经济中，首要的和关键的努力也在于：第一，如何将各种层次经济实体在现实性上造就成具有真正的"共同利益"（西方经济学的表述）的伦理性实体，从人民公社、企业直到国"家"；第二，如何使社会成员，在经济活动中也就是使经济主体在价值上认同这一伦理实体，即将它真正当作具有"共同利益"的伦理性实体。前者表现为"一大二公"的所有制建设，后者则是包括道德在内的意识形态方面的努力。然而，事实证明，它最后只是一种道德理想主义和文化理想主义的乌托邦。其结果，不仅道德冲动因缺乏世俗的基础而难以保持其持久的热情，而且经济冲动和经济发展也被相对和模糊道德标准所扼制。市场经济体制则是相反的人文逻辑：首先最大限度地释放主体的经济冲动，然后通过道德努力建构其价值合理性。但是，如果说在自然经济与计划经济中存在经济冲动力被预设的道德与道德冲动力窒息的经济风险的话，那么，在市场经济中，显然就存在着经济冲动脱离道德冲动而失去其合理性的"道德风险"。因为，出于利益驱动的经济冲动一旦释放，不仅会表现出任性和强大，而且各种经济冲动之间会发生冲突，"经济理性"本身也许可以解决利益最大化的问题，却像各种经济学家和伦理学家所指出的那样，无法解决或无法真正合理地解决各种目标的相互冲突问题。而这些问题如果不解决，经济就会因其缺乏合理性而难以持续地发展。

三 市场体制下"相适应"的辩证复归

就经济与伦理的关系分析，中国市场经济的发展，会遭遇"相适应"的逻辑模型中的两个伦理—经济难题：企业的社会资本；经济组织的文化形态。这两个问题与中国伪家庭伦理与家族主义伦理传统密切相关。

企业的持续合理的发展，必须具备两种资本，货币资本与社会资本。二者之中，社会资本一定意义上具有更为重要的文化意义。根据福山理论，经济发展的社会资本由两大因素构成：第一是信任；第二是所谓"自发社交性"即自我形成社会共同体的能力。二者都属"继承而来的伦理习惯"。"所谓社会资本，则是在社会或其他特定的群体之中，成员间信任普及的程度。"[①] "所谓信任，是在一个社团之中，成员对彼此常态、诚实、合作行为的期待，基础是社团成员共同拥有的规范，以及个体隶属于那个社团的角色。"[②] 他考察了一些成功的企业，发现它们有一个共同特点：都是透过相互信任而组成一个共同体。"这些团体都属于文化社团，它们不是根据明显的法规、律令来制约，而是经由一套团体中每个成员内化的伦理习惯和相互约束的道德义务所凝聚而成。"[③] 信任与自发社交性的社会资本状况，与家族主义传统深刻关联。一般说来，所有的经济体即使成熟的经济体，一开始都源自于家族企业，但家族企业只是经济组织的发展起点，必须建立超越家庭的社交形态，使之转化为现代公司结构。福山认为，中国和其他华人圈经济发展的难题，在于家族主义的伦理传统，无法在家族企业中培育出以高信任度和高社交力为社会资本的成熟的现代公司制度。第一个原因是，中国的家族主义有一种强烈的倾向，只依赖和自己有关系的人，对家族以外的其他人则不信任。第二个原因，就是韦伯在《中国的宗教》中所发现的，中国家庭关系的紧密联系创造一种"限制性过强的家族牵制"，在这种情况下，现代化企业所需的共通价

---

① ［美］弗兰西斯·福山：《信任——社会道德与繁荣的创造》，李宛蓉译，远方出版社1998年版，第34页。

② 同上书，第35页。

③ 同上书，第 "页。

值观和对事不对人的社会联系，便无法顺利发展起来。① 以家族主义为文化特质的华人企业由于不信任外人和低自发社交性造成的社会资本的缺乏，造成一些难以超越的局限：难以扩大规模；难以持续发展；难以向现代公司制度过渡；甚至难以走出"富不过三代"的宿命。

于是，家庭伦理与家族主义伦理精神与经济发展的逻辑关联可以作这样的表述：经济是受以伦理为核心的文化影响最直接的层面；文化影响经济的中介是以信任和"自发社交性"为要素的社会资本；社会资本的文化资源是家族主义伦理传统；中国的家族主义伦理传统因其不信任外人和低"自发社交性"，使中国企业具有难以超越的局限。

问题在于，这种逻辑关联对中国经济是否具有普遍性和现代意义。福山的理论是："华人企业鲜明的家族主义特色，可说是华人文化里根深蒂固的一环，我们只有透过对其文化的认识，才能了解到他们的这个特质。"② 根深蒂固的家族主义伦理传统，形成两种状况。其一，虽然所处的政治、社会、文化环境殊异，但世界范围内的华人企业表现出很强的文化同质性。其二，一个多世纪以来，虽然历经巨大政治、经济变革的冲击和洗礼，但家族主义的文化本质并未发生根本性改变。正像澳洲学者杰纳（W. J. F. Jenner）指出的，20 世纪的中国历史固然伤痕累累，唯一比其他机制更强韧、更蓬勃的就是父系制度的中国家庭。从中可以演绎出的结论是：家族主义伦理传统因其是经济发展的价值资源，至今仍然是中国经济发展的难题：既是伦理难题，也是经济难题，准确地说，是伦理—经济难题。由此，家庭伦理，家族主义伦理传统，也逻辑与历史地成为道德体系与市场经济"相适应"的资源性难题。

也许有人会说，市场经济的发展已经对家庭、家族伦理和家族主义伦理传统以深刻的冲击。然而，应当看到，在经济转轨的过程中，不仅家庭的变革远比预期的要缓和，而且，即使家庭的结构和规模发生变化，也很难说真正深刻地动摇中国经济的文化本质。家庭伦理、家庭伦理精神对现代和未来中国市场经济可能产生更深层更重大的文化影响的原因还在于：现代中国所有制的特征及其改革的方向，是多种形式所有制并存，在改革

---

① ［美］弗兰西斯·福山：《信任——社会道德与繁荣的创造》，李宛蓉译，远方出版社 1998 年版，第 91、80 页。

② 同上书，第 99 页。

中着力发展民营经济和个体经济。而中国的民营经济，不仅在起点上像上面所指出的，是家族经济，而且在组织形态上，也可能是家族企业模式。西方社会学家、经济学家已经发现，中国企业，乃至华人企业在规模和组织形态上，呈现"马鞍形"模型，即国有企业和私人企业规模较大，真正意义上的民营企业规模很小，究其原因，在于由家族主义伦理传统引发的低信任度和低自发社交性，影响企业组织的特性。显而易见的事实是，市场体制下对民营企业和个体企业的发展，不是使家庭伦理和家族主义伦理传统与经济发展的联系更疏远，而是更密切，更深刻，因此，家庭伦理和家族主义伦理精神，作为市场经济的源始性价值资源的难题，也更深入，更有意义。

综合以上分析，可以发现，在中国伦理—经济生态发展的历史过程中，道德体系与经济发展的"相适应"，经历了一个否定之否定的矛盾运动的过程。在传统的自然伦理—自然经济生态中，道德冲动力与经济冲动力、伦理实体与经济实体原始、"自然"地同一，这是道德体系与经济发展"相适应"的肯定阶段。在"革命伦理"（暂且以这一概念概括这一时期伦理精神的特质）—计划经济生态中，道德冲动力—经济冲动力、伦理实体与经济实体发生分化与离异，存在前者扼制后者的倾向，并且由于这一倾向，导致伦理—经济生态的自我否定，它是道德体系与经济体制"相适应"的否定阶段。在市场伦理—市场经济生态中，道德冲动力与经济冲动力、经济实体与伦理实体出现一定程度的辩证复归，但其内潜在着与计划经济时代的伦理—经济生态相反的文化矛盾，即因道德冲动力的耗散而使经济冲动力缺乏合理性的危险，因而需要在更高层次上建立道德体系与市场经济之间的"相适应"，达到否定之否定。在这个矛盾运动的辩证过程中，尤其在市场体制下道德体系与经济发展"相适应"的建构中，家庭伦理、传统的家族主义伦理精神，是一以贯之的重要价值资源和源始性价值难题。

第四节　法哲学体系中道德—法律的生态互动

道德体系与法律"相协调"，实质是伦理—政治生态，尤其是道德—法律生态的问题。

道德与法律的关系，一般是在以下意义上被探讨："应当"与"必须"的体系；道德规范与法律规范的连接；德治与法治的整合。这些探讨的局限在于：它们都是"同"而不是"和"；之所以如此，重要原因之一是因为没有找到二者的同一体或统一的形上基础。

道德与法律的"和"，只有在法哲学的体系中才能把握。在理论和实践的意义上，法哲学的体系可以区分为逻辑体系（或形上体系）与历史体系。仔细考察就会发现，无论在逻辑体系还是历史体系中，家庭都在深层上关联着道德与法律，构成二者关系的价值资源及其难题。

一　逻辑体系：以黑格尔法哲学为参照

常用的概念习惯于将"法"与"法律"相等同，从学理上分析，这种简化不仅很不科学，而且已经导致许多错误，最典型的就是道德与法律相分离，难以找到二者的同一体或统一的形上基础。

鉴于中国至今还未建立一个自觉和完整的法哲学体系，这里以一种最经典的法哲学体系，即黑格尔的法哲学体系为参照，探讨法哲学视野下道德—法律关系的形上原理，以及在此体系中家庭的特殊意义。

在黑格尔的法哲学体系中，"法"、"法律"、"道德"、"伦理"的概念区分可以作如下表述：法律、道德、伦理，都是法哲学体系中的一个环节；法的概念，逻辑地涵摄着道德、法律与伦理。

这里首先涉及一个需要认真对待的问题：道德与法律的共同的、原初的出发点和对象是什么？在现代伦理学和法学体系中，这个问题没有引起应有的重视，也没有得到真正有深度的解决，但在古典和经典体系中，它被极其严谨地讨论并取得比较一致的看法。康德和黑格尔都认为，道德与法律的共同的和原初的出发点都是人的意志，准确地说，是人的意志自由。意志自由是他们的伦理学与法学体系的共同预设，区别在于二者对于自由之于法的意义，以及主观意志与客观意志之间的关系具有不同的理解和阐释。

意志及其自由是道德、法律和伦理的共同对象，也是法哲学体系的逻辑出发点。黑格尔认为："法的基地一般说来是精神的东西，它的确定的地位和出发点是意志。意志是自由的，所以自由就构成法的实体和规定性。"① 将法的基础定位于"精神性的东西"，被当作黑格尔唯心主义的典

---

① ［德］黑格尔：《法哲学原理》，范扬、张企泰译，商务印书馆1996年版，第10页。

型表现，其实，这种结论不仅显得望文生义，是对黑格尔的误读，而且也缺乏哲学的反思。完整地理解就会发现，黑格尔对法的定位还有两点必须特别加以注意。第一，法不能等同于法律。在黑格尔看来，法律只是实定的法，或法的实定形态，所以"法的概念就其生成来说是属于法学范围之外的，它的演绎在这里被预定着，而且它应该作为已知的东西而予以接受"①。第二，精神是思维和意志的统一，"思维和意志的区别无非就是理论态度和实践态度的区别。它们不是两种官能，意志不过是特殊的思维方式，即把自己转变为定在的那种思维，作为达到定在的冲动的那种思维"。而"理论的东西本质上包含于实践的东西之中"。据此，"意志这个要素所含有的是：我能摆脱一切东西，放弃一切目的，从一切东西中抽象出来"②。"摆脱"、"放弃"、"抽象"，可以理解为"意志自由"之要义。

　　基于这个意义，黑格尔断言："任何定在，只要是自由意志的定在，就叫做法。所以一般说来，法就是作为理念的自由。"③ "定在"即实现、体现之意。法是自由意志的实现和体现，而不是对自由意志的限制，所以他不同意康德对于法的那种定义："限制我的自由或任性，使它能够依据一种普遍规律而与任何一个人的行为并行不悖。"因为这种定义缺乏辩证法。黑格尔认为，道德、法律、伦理，都是自由意志不同的定在形态，都是特殊的法，"自由理念的每个发展阶段都有其独特的法，因为每个阶段都是在其特有各规定中之一的那自由的定在。当人们说道德、伦理跟法是对立的，这里所谓法系单指抽象人格的最初形式的法。道德、伦理、国家利益等每个都是独特的法，因为这些形态中的每一个都是自由的规定和定在。只有当它们在同一条线上都要成为法时，它们才会发生冲突"④。

　　就这样，黑格尔的法哲学用意志自由将道德、法律、伦理统摄为一个有机整体和辩证过程。其内在逻辑是：（1）法的出发点和对象是意志；（2）意志的本性是自由，意志之于自由诚如物体之于重量；（3）法即自由意志的定在；（4）道德、法律、伦理都是自由意志定在的不同形态和不同阶段，它们的辩证运动，构成法哲学的辩证体系。

　　从意志自由的"法"出发，黑格尔建立了一个形式思辨内容辩证的

---

① ［德］黑格尔：《法哲学原理》，范扬、张企泰译，商务印书馆1996年版，第2页。

② 同上书，第12、13、15页。

③ 同上书，第36页。

④ 同上书，第37—38页。

法哲学体系。这个体系由三部分构成，或者说，意志自由经历了三个辩证发展的阶段：抽象法；道德；伦理。抽象法是抽象的意志自由，它由所有权—契约—不法三部分构成；道德是主观的法，是个体主观的意志自由，它由故意和责任—意图和福利—善和良心三部分构成；伦理是抽象法和道德的辩证统一，在伦理阶段，意志获得了现实的或真实的自由，它由家庭—市民社会—国家三部分构成。在抽象法—道德—伦理三个阶段中，道德是中介，并且与法律相关联。在抽象法的第三阶段，不法导致刑罚，刑罚作为"对伤害的伤害"，其本质是对正义的追求和个人内在理性的尊重，由此便向道德阶段过渡。但是，由于这一阶段只是法的抽象形态，道德与法律的关系便同样是抽象的。

道德与法律关系的现实性存在于由第二阶段向第三阶段的过渡，即道德向伦理的发展过程中。黑格尔认为，伦理是家庭和民族的现实精神，它的发展经历了三个伦理实体的辩证运动：家庭；市民社会；国家。家庭是自然的伦理实体，"以爱为其规定"，在这个爱的统一体中，人不是作为独立的个人而是作为成员而存在的。它在子女的教育及其成长中解体，从而进入市民社会。市民社会是独立的社会成员单个人的联合体，它通过成员的需要和保障人身和财产的法律制度而建立形式的普遍性，于是，司法以及作为形式普遍性维护者的警察就具有必要性。在这里，"法"的存在形态就是"作为法律的法"①，而不是作为道德的法。而在伦理实体的第三种形态即国家中，法则表现为内部国家制度（主要是立法权和对外主权）和国际法。显而易见，通常意义上的法律，主要存在于第二种伦理实体即市民社会之中。在家庭的自然伦理实体中，普遍性已意识到"我和别一个人的统一"的"爱"建立，因而不需要作为定在的和形式的法，而且从本性上说，作为实定法的法律是家庭伦理实体的否定性因素。家庭向市民社会的过渡，导致道德与法律的结合。换句话说，道德向法律的过渡，道德与法律的联结，必须经过一个重要的中介，这就是家庭。

为了探讨家庭在道德与法律关系中的意义，必须考察在黑格尔法哲学体系中，作为主观法的道德如何向作为自在自为的法的伦理提升。这里，有三个问题特别重要。第一，黑格尔认为，无论是抽象法还是道德都不能自为地存在，都缺乏现实性。抽象法缺乏主观性，而道德只是主观性，它

---

① ［德］黑格尔：《法哲学原理》，范扬、张企泰译，商务印书馆 1996 年版，第 218 页。

们必须以伦理的东西为承担者和基础才能由自在上升为自为，而家庭就是
"直接的和自然的伦理精神"，是自在自为的伦理性实体的第一种形态。
第二，道德和伦理，既相区分，又融为一体。道德是主观意志的法，伦理
是客观意志的法，对个体来说，"伦理性的东西，如果在本性所规定的个
人性格中得到反映，那便是德"。换言之，"德毋宁应该说是一种伦理上
的造诣"①。第三，就家庭与市民社会的关系而言，家庭是"自身统一"
的实体，市民社会把个人从这种联系中揪出，使家庭成员相互变得生疏，
成为独立自主的市民，而"市民社会是个人私利的战场，是一切人反对
一切人的战场，同样，市民社会也是私人利益跟特殊公共事务冲突的舞
台"②，于是，便要求"相互倚赖的制度"，以建立形式的普遍性。

　　综合以上三方面可以发现：（1）道德的法所以需要向伦理的法过渡，
是因为法必须进一步获得自己的现实性，法扬弃自身的主观性获得客观
性；（2）法律所以需要，是因为作为"直接的和自然伦理的伦理精神"
的家庭解体。于是，在法哲学体系中，家庭便获得了双重的意义：一方
面，家庭使道德获得了直接的和自然的现实性；另一方面，因为家庭在子
女的教育及其成长中必然解体，因而又是法律的策源地。家庭，是道德—
法律联结和转换的枢纽，在道德和法律关系的建立和诠释中具有特别重要
的意义。

　　黑格尔的法哲学体系，至少在以下三方面具有合理因素和参照价值：
第一，将法与法律的概念相区分，以意志、意志自由为法哲学的对象和出
发点，揭示出道德、法律、伦理的同一体及其概念基础；第二，建立了法
哲学的辩证体系，以抽象法、道德、伦理为法的抽象—主观—现实，或潜
在—自在—自为的三种形态和辩证过程；第三，以思辨的形式探讨并阐释
了家庭在道德与法律关系中的意义。

二　家—国—体的法哲学体系

　　黑格尔的法哲学体系形式是思辨的，内容是辩证的和具体的，他特别
强调，法应当是民族的，它与"一国人民的特殊民族性，它的历史发展

---

　　①　［德］黑格尔：《法哲学原理》，范扬、张企泰译，商务印书馆 1996 年版，第 168、170
页。

　　②　同上书，第 241、309 页。

阶段，以及属于自然必然性的一切情况相联系"①。无论法还是法哲学体系，本质上都是民族的。

中国法哲学体系的民族历史形态是什么？如果将"伦理"作为黑格尔法哲学体系中的现实的法或客观的法，那么，家国一体的社会结构，就是中国法哲学体系的民族形态。

黑格尔提供了一个"家庭—市民社会—国家"的"伦理"体系。然而，由于民族性及其历史发展阶段不同，这个结构对不同民族必然有其不同表现。任何民族都必有家庭和国家的两极结构，因而"一国人民的特殊民族性"的特殊结构，就逻辑地存在于伦理实体的第二种形态，即市民社会阶段。这个结构的意义在于：家庭与国家如何关联？道德与法律如何关联？

学界已有共识：中国传统社会结构的特质是家国一体，由家及国。问题在于，到目前为止，学术界对这种社会结构基本上持批评态度，其理由主要有三：第一，这种结构形式一开始就不合理；第二，虽然它在传统社会有一定合理性，但不具有现代性，因为在家与国之间缺少市民社会的中介；第三，由于缺少市民社会的结构，所以造成许多弊病，最典型的是缺乏法律意识。然而，深入反思就会发现，这种主流的观点事实上存在深刻的内在矛盾。

人类文明从原始社会演化而来。因而人类走向文明的路径便存在两种截然相反的可能选择：要么彻底抛弃原始社会的历史资源尤其是社会结构的原理；要么对它进行改良，开发利用它。显然，西方与中国的传统文明分别代表了这两种选择。中国传统文明的根本特质在于：在由原始社会向奴隶社会过渡的这个人类历史上第一个也是最重要的社会转型中，创造性地开发和利用了人类在迄今为止最漫长的历史时期形成的历史资源，通过西周维新造就了家国一体、由家及国的社会结构。这种历史选择的结果是：使中国传统文化和传统文明具有特别坚韧的延绵力，从未发生像西方传统社会那样的文明中绝现象；中华民族具有特别强大的凝聚力，从未亡国。只要承认中国传统文明的巨大成就，就难以否认这种社会结构的历史合理性。

难以回答的问题是第二个：这种结构是否具有现代性？假如不具有现

① ［德］黑格尔：《法哲学原理》，范扬、张企泰译，商务印书馆1996年版，第4页。

代性的批评成立，它必须具备三个理论前提：（1）市民社会是必然的和应然的、与家庭和国家完全不同的社会结构；（2）"家庭—市民社会—国家"是一种普世性至少在现代是一种普世性的社会结构或法哲学的民族体系；（3）家庭走向市民社会存在一种普遍的模式。第一个前提显然难以成立。到目前为止，坚持"家庭—市民社会—国家"的结构体系，以市民社会为现代社会的独立的和必要结构的理论，几乎全部以黑格尔的《法哲学原理》为理论根据。可是，第一，黑格尔虽然强调，"市民社会是在现代世界中形成的"，但他的所谓"现代"显然是作者所处的时代即19世纪初期意义上的"现代"，于是，不仅对传统社会不适用，而且，相对于21世纪，它已经是"近代"，因而即使在西方，因为是在近代社会中形成的，因而是"近代性"而不是"现代性"。第二，在黑格尔看来，市民社会是一个过渡性的结构，"市民社会是处在家庭和国家之间的差别的阶段，虽然它的形成比国家晚。其实，作为差别的阶段，它必须以国家为前提，而为了巩固地存在,,它也必须有一个国家作为独立的东西在它面前"①。黑格尔同时认为，这种个人及其利己目的为前提的社会，它是"一切人反对一切人的战场"，为了保持起码的合理性，才需要法律作为形式的普遍性。可见，按照黑格尔的本意，市民社会既不独立，也不具有先天的合理性。第二个前提同样难以成立。即使在西方社会，"家庭—市民社会—国家"的结构也不具有普世性，在《信任》一书中，福山就列了几个被认为是现代化的但又是家国一体社会结构的国家，如法国、意大利、日本，还有德国，当然中国的大陆、台湾、香港更典型。可见，"家庭—市民社会—国家"的结构，并不普世，只有美国才完全属这种社会类型；而家国一体的社会结构，也并不与现代性相对立。第三个前提显然难成立。按照黑格尔家庭演化为市民社会的原理，家庭的整体性在子女教育及其成长中必然被分解进入市民社会。这样市民社会在任何社会、任何民族中必定都存在，区别只在于：家庭如何分解为市民社会？市民社会在家庭与国家这两个最重要的环节中地位如何？这就体现出"一国人民的民族性"和它的历史发展了。

第三种即缺乏法律意识的批评，表面看来很有道理，并且已经被广泛接受，深究起来，同样似是而非。因为：（1）在法的精神的成长和法

---

① ［德］黑格尔：《法哲学原理》，范扬、张企泰译，商务印书馆1996年版，第197页。

哲学体系中，法律只是法的实定的形式，它虽然在建立市民社会的形式普遍性中具有很强的效力，但其根本的价值取向正像黑格尔所指出的那样，应当（但并不是事实）是对正义的追求和个体内在的理性尊重。（2）法律意识确实是在现代社会被充分凸显的观念，但黑格尔在近200年前就已经指出，将法律与正义相混同的观点是十分肤浅的。法律应当维护正义，但并不就是正义。而且，它建立的普遍性只是形式的而不是实质的。（3）正因为如此，法律应当成为现代社会的重要观念，但不能成为核心观念和最高理念。（4）法律意识在现代中国社会应当着力加强，但过度地和片面地强调，很容易使它与其他更重要的法的精神和法的环节相分离，正如我们所发现的那样，在黑格尔的法哲学体系中，作为法的定在的法律，只是其中一个很小的环节。

一个不可回避的难题是：在中国文明的发展中，为何未走上法治主义或泛法制主义的道路？我的观点是：不是中国人缺少智慧或觉悟，而是因为它不合理，因为它不适合中国国情。从黑格尔法哲学体系中，很自然地可以得出一个结论：法治是必需的，但法治主义、泛法制主义是不合理的。法治可以直接与效力相联系，但却难以直接与正义相关联。事实上，中国传统文明中并不缺少法治传统。中国第一部法典《青铜鼎法》比古罗马的第一部法典《十二铜表法》早了近300年。而在中国社会所作的文化选择和文明选择中，事实上首先选择、实验和实施的是法治，从商鞅变法开始，一直到秦始皇，都是如此。孔孟的学说，在相当意义上可以理解为对当时盛行的法治主义的矫正。而秦始皇的成功和失败，都与法治主义密切相关。统一六国，得益于法治主义；二世而亡，重要原因也在于泛法治主义。后来的许多统治者，事实上是内法外儒。但是，中国最终却没有走上法治主义的道路。因为，既然中国社会的结构是家国一体、由家及国，那么，中国的治道，就应当同时体现家与国的要求与特点，并且使二者贯通为一个有机的体系。它必须具有这样的特质：非家非国，又即家即国。家的原理是自然伦理，国的原理是政治法律，二者的结合，就是伦理政治的原理，形成的治道，就是德治与法治的结合。应该说，这种结合更符合法哲学的原理与精神。

与家国一体、由家及国的文明路径和社会结构相适应，中国传统法哲学的理论体系与实践体系，是一种非家非国，又即家即国的体系。在这种体系中，道德与法律的关联，具有特殊的原理。中国的家庭在解体为市民社会的过程中，一方面，因社会结构的原因，家族血缘的纽带仍十分强大，在家族内部，他们可能像西方那样，分裂为利益不同甚至冲突的个体，但在家族与家族之间，又保持着某些"直接的和自然的"伦理实体的特性；另一方面，因为中国文化的强大延绵力，即使在家庭规模已经大大变小的现代，家族主义的精神还根深蒂固。这两种情况造成一个结果，市民社会中，作为造就"形式普遍性"的法律在作用的深度、广度和效力方面受到影响，人们的行为更多受伦理的干预。换句话说，道德与法律的联结或协调要透过伦理的中介。简单地说，在这种结构中，家庭和国家的两极都十分强大，而作为中介的市民社会则相对弱小。但决不能由此断言这种结构不合理或没有存在的理由，因为即使黑格尔也承认，市民社会只是过渡的和中介的环节。以孔子为代表的儒家学说之所以在中国传统社会中居主流和正统的地位，最重要的原因之一，就是它成功地从理论上解决了家国一体、由家及国的社会结构的基本课题，建构了家国一体、由家及国的理论体系。儒家法哲学体系的特质，如果用一个字概括，就是"礼"。"礼"既不是道德，也不是法律，也不是伦理，而是三者的统一，是天理、人情、国法的合一。它从家族血缘的自然伦理出发，透过宗法，上升为法律，但二者的落实，都有赖道德的运作和国家政治的保障。礼治，既包含法治，也包含德治，是法治与德治的混合体，在其中，二者不仅相互关联，而且混沌不分，这就是所谓伦理政治化，政治伦理化。

三 法哲学体系中的道德—法律"相协调"

从以上对法哲学的逻辑体系与历史体系的考察，可以发现，家庭、家庭伦理以及家庭伦理精神，是法哲学体系，尤其是道德与法律相互关联的重要结构。有待进一步探讨的问题是，在道德—法律的现实"协调"或实践生态中，它们具有怎样的意义？

探讨这一问题的逻辑前提是：道德与法律"相协调"或生态互动的意义底蕴是什么？通常，它可能在以下四种意义上被使用：规，范的意义；价值的意义；效力的意义；秩序的意义。然而认真反思就会发现，这四种意义上的现实协调或生态互动，都难以真正实现。

规范的意义一般有两种内涵。（1）法律规范与道德规范"相协调"，由此形成完整的社会规范体系，从而使"民有所措手足"，任何时候都不会"行为失范";(2)在法律规范不能起作用的境遇(如个人独处)和层面(如精神生活),道德规范发挥作用。这种状况不可不谓"理想",然而遗憾的是,它只是理论的抽象,很难具有现实性。理由很简单。第一,任何社会,无论道德、法律以及其他规章制度的体系多么完备,都难以穷尽行为的一切规范,不仅因为规范之于行为和生活都具有一定的滞后性,所谓"六亲不和有孝慈,国家昏乱有忠臣",还因为社会生活及其人们的境遇总是处于不断的变化之中。第二,法律不能起作用的地方,道德当然可能发挥作用,可是,正如黑格尔所指出的那样,道德本身具有很强的主观性与特殊性,作为道德判断主体的良心也可能会"处于作恶的边缘上"。因而个体的道德判断也难以具有真实的普遍性。扬弃道德主观性有赖伦理的运作,将主观道德诉诸伦理性的实体,成为伦理的精神,然而,这样一来,家庭就成为"直接的和自然的"环节。

价值的意义也遭遇相同的困境。有人说,法律和道德都追求某种共同的价值。在"应然"的意义上,这种假设有一定合理内涵,然而,绝大部分法学家与伦理学家都认为,不能将法律与正义相等同,甚至不能直接关联。黑格尔就尖锐批评,将法律与正义相等同缺乏哲学教养。马克思也说,法律是统治阶级意志的体现。由此可以推论,它不是正义的化身。可以这样说,一种合理的法律"应当"追求正义,但它并不"就是"正义。更何况,正义作为一种理念的存在,自身也是不确定和相对的,罗尔斯的正义论,就遭遇麦金太尔"谁之正义?何种合理性?"的诘难。

效力意义的要义是:道德与法律的生态整合,可以提高道德效力和法律效力。在道德效力方面,它先将人们的行为约束在"必须"的范围内,然后提升到"应当"的层面上;它使对规范的遵循深入人的内心,不仅"免而无耻",而且"有耻且格";通过道德的努力,可以培养遵循法律和规则的主体,因为,"遵循法律是一项道德原则"。可是,这一切都是道德与法律"相协调"或生态整合的结果与理由,而不是事实。事实是,道德与法律是两种不同的规则形式,道德是主观意志的法,以主观性与特殊性为前提;法律作为法的实定形态,只是形式的普遍性,在家庭解体为市民社会以后透过国家建立,家庭与国家,它是不可缺少的逻辑与历史前提。

秩序的意义同样是一种抽象。诚然,法律与道德在某种意义都以秩序的建构为目的，"法是人的行为的一种秩序"① 然而，它们毕竟是两种根本不同的秩序，法律建立的是外在的和形式的生活秩序，道德是个体内在的生命秩序，伦理是实体与个体、价值普遍性与形式普遍性统一的现实秩序。可是，一谈到伦理，作为"直接的和自然的"伦理实体与伦理精神的家庭与家庭伦理精神就不可回避了。

可见，以上四种意义，不仅难以真正实现道德与法律的现实"协调"，而且，这些假设的讨论与理论展开，在逻辑上也必定与家庭伦理实体和伦理精神相关联。

只有在法哲学的意义上，才能建立道德—法律的现实"协调"和现实生态。法哲学"协调"的概念基础是：法与法律相区分；道德与伦理相区分。法的对象和表现，是人的意志和意志自由，法律是法的定在；道德是主观意志的法或主观的法，伦理是客观意志的法或现实的法。法律产生于家庭解体，伦理实体的原始统一性分解为"个人私利的战场"的市民社会，其目的是建立形式普遍性。从法哲学的意义上考察，市民社会是家庭与国家之间的中介，家庭是道德与市民社会之间的过渡环节。家庭伦理实体的过渡，在法哲学和法的发展中，具有十分重要的意义。它使特殊的主观意志的法，过渡、上升为客观意志的法，形成实体性的统一。区别在于，在家庭伦理实体中，这种统一是直接的和自然的，在市民社会中，这种统一是形式的，必须透过教养和公共权力实现。在这里，家庭既是道德向法律转换、过渡的中介，又是联结道德与法律，或者说，使道德与法律"相协调"的纽带，是道德与法律、主观的法与实定的法的生态转换点与生态联结点。家庭的伦理性扬弃道德的主观性，家庭的解体导致法律的形式普遍性。于是，家庭的品质，家庭伦理与家庭伦理精神的状况，就对道德、法律，以及道德与法律的"协调"，具有十分重要的意义，成为具有源始意义的价值资源。

有一种观点认为，在家国一体的社会结构中，家庭与家庭伦理精神及其传统的强大，对道德与法律都产生了消极影响，进而造成道德与法律的脱节。家庭对道德消极影响的主要根据是：它使道德囿于私德的范围，难以培养社会公德。这种观点似是实非，其学术上的根源在于道德与伦理概

---

① ［奥］凯尔森：《法与国家的一般理论》，沈宗灵译，中国大百科全书出版社 1996 年版，第 3 页。

念的不分。如前所述，家庭作为一种初级伦理实体，其本性是以爱为纽带的直接统一性，在这个统一体中，个体的德作为伦理上的造诣，其人文使命是扬弃个体的主观性与特殊性，维护实体的人格统一性。正因为这样，家庭才成为"神的东西和义务的根源"。但是，这并不是说中国的家庭伦理精神不能成长为市民社会的公德，只是它的成长遵循"神的规律"（血缘关系因其先验性和不可选择性而遵循神的规律，而不是经验性、社会性的人的规律），并以家庭道德为精神基地。中国传统家庭道德上升为社会公德的路径就是所谓"推恩"：在肯定的方面，"老吾老以及人之老，幼吾幼以及人之幼"；在否定的方面，"不独亲其亲，不独子其子"。应该说，强大的家庭伦理精神在本性上并不会使道德囿于私德，只是由家庭道德扩展为社会道德的方式和路径不同，比起西方伦理，这种路径更具有"直接的和自然的"基础。将公德的缺乏归咎于家庭伦理精神及其传统的强大，是长期以来的一个学术误解和文化冤案。

　　法律意识的淡薄和法治的缺乏同样不能归咎于家庭伦理及其传统。在逻辑上，道德主观性与家庭的自然统一性，可能潜在着对作为形式普遍性的法律的某种否定，但是，第一，这种潜在的否定性包含于一切民族的法哲学体系和法的精神之中；第二，正是这种否定性，才导致了对更完备的法的精神和德治—法治结合的合理生态的追求。在现实中，可能裙带风、关系网等对法律和法治具有否定意义的现象与家庭伦理精神的传统存在某种关联，但是，客观地考察很容易发现，任何国家，即使像美国这样的最"现代"的国家，这类现象同样比较普遍地存在着，只是它有时采取了某种"合法"的形式，就像"第一夫人"总是合法地参与和干预政治一样。事实上，正如黑格尔所指出的，法律意识与法治的状况，与两种因素的关系更为直接，一是社会的教养，二是使法律获得现实性的公共权力的品质。将法治方面的缺陷归之于家庭伦理精神及其传统是不公正的。

　　家庭在道德与法律联结中的特殊地位，家国一体的社会结构以及与之匹配的法哲学的民族体系，不仅逻辑与历史地使家庭伦理、家庭伦理精神成为道德与法律"相协调"和生态互动的价值资源，而且同样逻辑与历史地使它们成为源始性价值资源难题。从一开始，这种难题就逻辑地包含于其中，它表现为家庭伦理的一种二律背反：如果家庭伦理、家庭伦理精神过于强大，那么，在市民社会的生活中，人们就难以摆脱在家庭伦理实体中所形成的直接与自然统一的感觉，难以从家庭成员转变为社会市民，因而难以由家庭的直接统一性认同市民社会法律的形式普遍性，主观性的道德也只是作为家庭的自然本德，在这种情况下，家庭会成为道德与法律"相协调"的伦理屏障；如果家庭过于弱小，同样会造成两种状况，一是作为自然的伦理实体难以扬弃道德的主观性，培育直接的伦理精神，二是由于缺乏足够强大的家庭伦理实体的基础，市民社会、公共生活，只是流于形式的普遍性，难以建立真正的伦理普遍性。前者是中国社会的难题，后者是西方社会的难题。无论如何，在中西方社会，家庭伦理、家庭伦理精神都是道德与法律"相协调"的资源性价值难题。只是在中国，这种难题与法制化的进程相联系，并且透过过度的文化批判被凸显。

第五节 简短的结语

与文化、经济、法律"相承接"、"相适应"、"相协调"的"道德体系"，只是伦理精神的外部体系或历史体系，它的核心课题，是道德如何与文化、经济、法律构成辩证互动的合理生态。以上研究的主题，还不是试图建立道德的外部体系，而只是指出，家庭、家庭伦理、家庭伦理精神的传统，为何是、如何是外部道德体系的源始性价值资源难题。在这里，"源始性"可以在外部和内部两种体系中同时适用。它们是道德的外部体系的根源性价值难题，或伦理—文化、伦理—经济、伦理—法律生态的具有源始意义的共同价值难题。关于由特殊的概念系统和形上原理构成的内部道德体系的探讨，必须以更大的努力才能完成，但可以说明的是：家庭、家庭伦理、家庭伦理精神的传统同样是内部道德体系的源始性价值资源难题。这一立论的意蕴是：在内部道德体系中，家庭伦理、家庭道德不应当只是与职业伦理、社会伦理，或职业道德、社会公德相平行的特殊伦理与特殊道德，而应当被赋予道德根源和伦理始点的地位与意义，唯有如此，道德才能真正成为一种人文精神，道德体系也才能真正成为人文精神的核心价值系统。

难题之为难题，就在于财富与包袱、事实与价值的二重性。如何解决和超越这一难题，乃是"难题之难题"。到目前为止，供选择方案可能有三种。第一种方案是否定性的即反传统的思路。它将家庭伦理与家庭伦理精神的传统作为非合理性与非现实性加以批判和抛弃。这一思路已经从逻辑和历史两方面被证明为虚妄。在逻辑方面，正如西方著名学者

希尔斯在《论传统》中所言，人们根本不可能逃脱"传统的掌心"；在
历史方面，近现代以来中国社会的变革已经证明，家庭与家庭伦理精神
是中国文化的"万里长城"。第二种是肯定性或开发性的方案，其代表就
是所谓"儒家资本主义"的思路和命题。在与"新教资本主义"相对应
的意义上，这一方案有积极和合理的内涵，但它在总体上是防御性和保
守性的。① 本人提出第三种方案，即"价值生态"的思路。这种思路的
要义有二：（1）以"人文力"的理念对家庭伦理和家庭伦理精神的传统
进行"文化理解"和"人文力"的调理；②（2）通过建立伦理精神的合
理价值生态，主要是伦理—文化、伦理—经济、伦理—社会生态，对家庭
伦理精神的传统进行辩证否定和扬弃，使之成为现代道德体系和伦理精神
的合理性价值资源。这一思路已经在福山那里得到理论上的支持。他认
为，在法国、意大利、日本、韩国，家族主义伦理传统之所以没有出现华
人社会中的那些弊端，主要原因，在于其他文化、政治乃至经济的要素与
它的辩证互动，如韩国，就是政府的强有力的引导与调节，使家族主义伦
理传统，成为经济社会发展的有效资源。应该说，第三种方案是一种更理
性、更能体现现代性的建设性思路，但需进行系统的阐发，这是另一研究
所要完成的任务。

---

① 我认为，对韦伯的"新教资本主义"的命题，不仅应当进行学术理论的解读，还应当同
时放到 20 世纪西方尤其美国的经济、政治、文化发展的整体战略和发展趋势中进行意识形态的
解读。在后者的意义上，"新教资本主义"的"理想类型"在全世界的挺进，实际上为"文化帝
国主义"提供了学术理论的基础。在"文化帝国主义"的走势面前，"儒教资本主义"作为回应
性的反命题，在总体上是防御性和无力的。对此，本人将作专文探讨。

② 关于"人文力"、"文化理解"的理念，以及"人文力"调理的思路，参见拙著《伦理
精神的价值生态》，中国社会科学出版社 2001 年版。

第二篇

20 世纪关于伦理—经济关系的三大理论范式

20 世纪，世界范围内关于伦理—经济关系的研究，先后出现继而同时存在三种理论范式："经济决定伦理"；"新教伦理"；"经济伦理"。"经济决定伦理"是由马克思主义唯物史观演绎出的影响最深广、公度性最强，在一些国家像中国的意识形态和理论学术两大领域，被当作当然前提的最具权威性的理论范式。"新教伦理"是由韦伯提出，自"新教资本主义"的命题推衍出的，在从西方到东方的学术领域产生重大影响的理论范式。"经济伦理"是从经济尤其是市场经济发展的实践需要中产生，试图赋予市场经济以价值内涵并由此进行价值引导和价值互动，实际上隐逸着一种关于经济—伦理关系的形上价值理念的理论范式。三者之中，前二者最具方法论和理论范式的意义，对 20 世纪的理论学术和意识形态产生了巨大影响，在西方和东方的精英层和大众层，都有不少人认为，"二马"（即卡尔·马克思和马克斯·韦伯）是 20 世纪产生最大学术影响乃至意识形态影响的两位。而"经济伦理"的理念，因其缺乏成熟的、权威性的理论形态、缺乏最有影响力和代表性的学术巨人，因其发轫于实践、出于世俗，往往只被当作一种世俗呼唤和实践努力，没有被列为一种理论范式。然而，既然它在全世界都受到重视，既然它业已成为一种学术运动和实践运动，仅仅从否定方面解释就难以令人信服，背后必定深藏和支撑着一种形上理念和价值信念，只是没有以自觉的和成熟的形态表达和表现出来，其理论和学术的影响只是以渗透的和形而下的形式体现。

　　经过一个世纪中或长或短的自我发展与实践检验，以上三种理论范式都在不同层面和不同程度体现出合理性，同样，其合理性的限度也日益彰显。时至 21 世纪，反思性、批评性地发现和揭示它们的合理性限度，反比肯定合理性更为重要和迫切。理由很简单，它们的合理性和权威性已经得到确认，同样，它们的合理性限度也在这种确认中逐渐演变和扩展为理论与实践上的非合理性。

第三章 "经济决定伦理"

三种范式中,"经济决定伦理"在中国的意识形态、理论学术、实践理念诸方面都被奉为经典范式,其合理性的限度至今未遭遇深入的反思和揭示。所谓合理性限度,主要有两种状况:一是自身之内具有非合理性或衍化为非合理性的可能;二是它所具有的合理性具有特定的真理域,一旦超出这个真理域,合理性就蜕变为非合理性。我认为,"经济决定伦理"的合理性,是决定论的合理性;这种决定论并没有绝对的合理性,其合理性只是本体论的合理性;一旦进入价值论和实践论,这种本体论的合理性就很有可能蜕变为非合理性;而且,即使在本体论范围内,其合理性也有其理论和实践的限度。因此,必须也应当进行审慎而仔细的分辨和揭示。

第一节　哲学本体论的解读、泛读与误读

一　本体论逻辑

如果对市场经济以来关于经济与伦理关系的理论与实践进行反思,"经济决定伦理"的理论范式,主要表现为三个命题和理念:第一,经济体制决定道德体系和伦理精神,道德必须随着经济体制的变化而变化,概言之,"经济体制决定论";第二,经济利益决定人的道德状况、道德水平,是人的行为的根本动力,盖曰:"经济利益决定论"或"经济利益驱动论";第三,经济、经济发展是道德合理性的依据和标准,此谓"经济发展标准论"。经济体制决定论、经济利益驱动论、经济发展标准论,从本体、动力、标准三个纬度,构成经济与伦理关系上经济决定论的基本理论框架。

这种决定论的理论和理念从理论学术和意识形态两方面,成为人们的形上理论理性,不但被接受,而且被固持。之所以很少遭遇质疑,根本原

因，是因为在熟知的观念中，它被认定是历史唯物主义的当然演绎，是从历史唯物主义的基本理论中派生出的经济—伦理理论。

在当今的哲学教科书中，"经济决定论"的直接的和主要的哲学依据，是历史唯物主义的形上本体理论。一一对应，具体的哲学原理大概是：第一，关于社会存在决定社会意识、生产力决定生产关系、经济基础决定上层建筑的理论；第二，关于物质资料的生产活动是人类的基本活动，人们自觉地不自觉地是从他们的经济利益和物质生活条件中吸取自己的道德观念的理论；第三，关于生产力是社会发展的动力和标准的理论。无须专业化的哲学训练，只要参加过各种层次较高的入学考试，就会发现，这些观念不仅是学术理论，不仅是世界观和方法论，而且是意识形态，在合理性和合法性的双重层面被肯定和固持。

然而，仔细考察和深入追究就会发现，无论是"经济决定论"的命题与历史唯物主义原理之间的对应关系，还是在一般意义上被人们熟知的历史唯物主义关于经济与伦理关系的本体论理论，都看进一步解读和反思的必要。

还是先追踪"经济决定论"确立理论合理性的一般性思路。追踪从事实与假设两方面展开。事实是，其理论合理性就是透过以下逻辑获得确证；假设是，其合理性要获得确证，必须认定它符合这种逻辑：

大前提：社会存在决定社会意识，生产力决定生产关系、经济基础决定上层建筑；

小前提：经济、经济体制属于生产力和经济基础，是社会存在，伦理、道德属上层建筑，是社会意识；

结论：经济决定伦理，经济体制决定道德状况。

二　"决定论"与历史唯物主义

显而易见，以上推论中可能潜藏深刻的知识与逻辑错误。

（一）历史唯物主义的精髓到底是什么？历史唯物主义的精髓是社会有机体与文明有机体的理论。它关于生产力—生产关系、经济基础—上层建筑的观点，决不只是单一的决定性，也不只是简单的决定—反作用的关系，而是矛盾运动的观点，以及由此形成的社会有机体的理论。生产力—生产关系、经济基础—上层建筑的矛盾运动，形成社会有机体，推动社会发展；社会存在—社会意识的相互作用，构成文明有机体。有机论，辩证互动的矛盾运动论，而不是决定论，才是历史唯物主义的精髓。这才是它关于"决定性—反作用"关系的真义。必须对历史唯物主义进行完整、科学的解读。

（二）经济体制＝经济基础＝经济吗？在一般意义上，作为经济的运行方式，经济体制既具有生产关系的属性，在某种意义上也构成生产力的一部分。但是，正像市场经济体制那样，经济体制主要是一种资源配置方式，一种新的经济体制虽然具有发展和解放生产力的意义，但它本身无疑是被选择和被建构的，在选择与建构中，不仅包含了人的能动性，而且具有许多政治和道德等上层建筑的因素。如果经济体制是生产力，那么它本身就应该是目的，这种假设显然不成立；如果经济体制只是生产关系或经济基础，那它在相当程度上自发而自然地被生产力所决定，很难解释对它的选择和建构中人的能动性和政治与道德等上层建筑的巨大作用，这种假设显然不符合事实。只能这样解释：经济体制复合了生产力—生产关系、经济基础—上层建筑中的诸多因素，必须对它进行具体分析，不能出于理论和思想的方便而教条式、简单化地抽象归类。

（三）经济和伦理、经济体制和道德体系的关系，就是社会存在和社会意识、经济基础和上层建筑的关系吗？即使经济和伦理分别属于社会存在与社会意识，即使经济体制和道德体系分别属于经济基础和上层建筑，也不能将经济和伦理、经济体制和道德体系的关系，简单地归结为社会存在和社会意识、经济基础和上层建筑的关系。道理很简单，部分属于整体，但不能等同于整体。对社会存在决定社会意识、经济基础决定上层建筑的原理，可以作两种解读。第一种也是最简单的解读是：社会意识、上层建筑中的每一种要素，都被社会存在、经济基础中的所有要素所对应决定甚至不对应地决定；第二种解读是：社会存在、经济基础，在整体上决定社会意识和上层建筑，这种决定性，是整体意义而不是要素意义上的决定性，由此形成社会存在和社会意识、经济基础和上层建筑的整体有机性。显然，仅从直观的意义上考察就能发现，第二种解读更有解释力，也更有合理性。遗憾的是，到目前为止，人们更习惯于在第一种意义上解读它。关于要素与整体的关系，辩证唯物主义在量变质变规律中已经作了清楚的阐述：在一个整体中，要素的数量增减和结构变化（即量变），会导致事物性质的改变。伦理、道德体系，只是社会意识和上层建筑中的一个要素，经济、经济体制也只是社会存在、经济基础中的一个要素，无论是社会意识、上层建筑，还是社会存在、经济基础，都是由诸多要素构成的有机体，由这些有机体之间对应性的决定关系，显然不能简单地推出其内诸要素之间的决定关系，退一步说，即使存在这种关系，其性质也有根本的不同。否则局部就混同于整体。因此，在通常所理解的经济和伦理、经济体制和道德体系之间的决定性关系中，潜在着一个难以克服的逻辑悖论：要么这种关系不符合历史唯物主义；如果假定它符合历史唯物主义，那就必定背离辩证唯物主义。

三　本体论之真理性限度

由此，便可以发现"经济决定伦理"的理论范式的本体论合理性限度。在理论依据上，其局限在于对马克思主义哲学本体论的解读；在思维方式上，其局限在于对马克思主义哲学本体论的泛读与误读。解读—泛读—误读，是这种范式由合理性走向非合理性的本体论三部曲。第一部曲：解读。它把经济与伦理的关系，指认和定性为本体论关系，是本体与现象、第一性与第二性的关系。在这种认定中，隐含着将经济发展作为文明的重要基础，把经济当作文明体系中更具有根本意义的合理理念。但是，当这种合理性进一步延伸，用本体论的范式，将经济的基础性意义扩展为"第一性"时，这种解读就走向了非合理性，形成"经济本体论"。本体论解读在这种理论范式走向非合理性的过程中，具有起始性意义。第二部曲：泛读。基于本体论认定，进而将经济泛化为生产力（实为生产力的表现或表征之一），将经济体制泛化为生产方式（实为生产方式中的一个结构即生产关系中的一个方面），同样，将作为上层建筑的一个结构即思想上层建筑中的一个要素的伦理道德，泛化为上层建筑。在此基础上，将经济与伦理的关系泛读为社会存在和社会意识、经济基础与上层建筑的具有本体论意义的关系。第三部曲：误读。误读之一，将马克思主义哲学关于生产力—生产关系、经济基础—上层建筑关系矛盾运动的社会有机体的思想，简单化为决定与被决定、第一性与第二性的关系，将生态有机体的辩证互动论误读为经济本体的机械决定论。误读之二，将经济误读为生产力，将经济体制误读为生产方式，将生产方式决定论误读为经济决定论。

导致经济—伦理关系的本体论解读、泛读、误读原因，是彼得·科斯洛夫斯基所说的"机械主义宇宙观"的胜利。其结果不仅造成经济与伦理、经济学与伦理学之间的紧张关系，不仅造成经济学与伦理学的分离，将道德内涵从经济学中驱逐出去，"把自然科学的经济学列入本体论"，而且"使经济行为的思想、文化、道德内涵继续渐渐消失"。① 也许，关于这一问题争论才刚刚开始，但是，有一点十分明白，也十分紧迫：必须对经济—伦理关系方面的本体论范式的合理性提出严肃的学术质疑。

第二节　道德价值论的僭越

"经济决定伦理"，既是关于经济与伦理关系的命题，更是关于伦理本质的理念，其合理性有待两方面的追究：哲学本体论与道德价值论的关系；伦理的人文本性。

一　本体论与价值论

"经济决定伦理"的范式至少与两个学术视野和学术领域有关：哲学本体论；道德价值论。本体论方面是对经济与伦理关系的真理性的追究；道德价值论方面则是对伦理的价值本性的追究。上面指出它在哲学本体论方面的合理性限度，并不意味着一般意义上本体论视野和方法的错误，或者说对经济与伦理的关系不可以进行本体论的探讨，而只是说，这种本体论的解读发生了错误，并由这种解读错误导致哲学本体论的泛读与误读。如果将这一范式放在价值论，准确地说，放在道德价值论的视域下讨论，那么，其合理限度在于：道德价值论的僭越。

很少有人否认本体与价值、价值论与本体论的深刻关联。即便是单一的本体论意义上的考察，这一范式试图给道德价值以形上真理的基础，或对价值的真理性基础进行本体论追究的取向，应当说具有合理的因素，因为价值毕竟要以真理为前提。问题在于，伦理的人文本性是价值，具体地说是道德价值，当把经济与伦理关系仅仅当作本体论关系，当用伦理的本体属性代替它的价值属性时，伦理的人文本性和价值属性就被其本体属性所僭越甚至消解，合理性也就超出其限度，走向非合理性。可以这样说，"经济决定伦理"范式的最严重的非合理性，就是企图以本体论僭越和取代价值论。

---

① 参见［德］彼得·科斯洛夫斯基《伦理经济学原理》，孙瑜译，中国社会科学出版社1997年版，第12—13页。

　　在理论上肯定本体论与价值论的关联是相对容易的，困难在于清楚地把握二者之间的差异，并在把握中坚持伦理的价值本性。本体论与价值论之间的关系，在研究对象和研究视野方面，就是真理与价值、本体世界与意义世界、纯粹理性与实践理性、实然与应然之间的关系。因此，二者之间的差异，就不只是习惯意义上所说的哲学把握与伦理学把握的差异。虽然在一般意义上这两种学科的分殊应当体现二者的差异，然而，由于在通常的哲学"辩证"中过于强调二者的联系与统一，由于哲学总是试图以本体论的方式在人文社会科学领域中成为"科学之科学"①，因而本体论的方法在中国的学术研究中，不仅在伦理研究，而且在艺术、法律等研究中，都因其揭示"真理"而代替并成为这些学科的"真理"，于是，伦理学就成了本体论真理的外化。殊不知，在这种外化中，其真正的人文本性即价值本性却被僭越和消解了。因此，讨论本体与价值、本体论与价值论的差异，必须瓦解本体论方法的绝对权威性和唯一性，将本体论还给本体，将价值论还给价值，使各种人文学科，使文明体系中各种文明要素恢复和获得自己的人文本性，而不只是抽象的和无差异、无个性的本体属性。事实上，当用哲学的形上本质代替伦理的人文本性，当用本体的真理代替价值的意义时，"真理"也就蜕变为谬误，合理性也就沦为非合理性。结果是，不仅伦理，而且哲学，不仅价值，而且本体，都丧失了自身。

　　在通常情况下，经济与伦理关系的根本人文指向应当是伦理的，因为在经济决定伦理、决定艺术、决定法律等泛本体主义的思维方式下，这种关系模式往往求证的是后者的本质与本性。而且，从逻辑上说，既然它们的本体属性或本体真理是同一的，那么，差异也就是其人文本性。因此，"经济决定伦理"范式的根本指向，也应当是伦理。其合理性限度的揭示，也在于它是否符合伦理的人文本性或道德价值的本性。

　　简单地说，本体与价值、本体论与价值论，推扩开来，哲学与伦理学的关系与差异就是：有域无疆（或有域无界）。人类文明，人类生活的世

---

　　①　需要指出的是，作为包容和凌驾于自然科学与人文科学、社会科学之上的科学之科学的哲学，早已被科学的发展，尤其是17、18世纪科学的发展所打破，但是，值得警惕的是，以本体论的形式出现的，作为凌驾于人文科学和社会科学之上的"科学之科学"的状况，并没有彻底改变，尤其在中国的哲学与人文社会科学的研究中，其典型的表现就是以本体论的真理性和形上本质的探讨，取代对各种文明要素和各研究对象的人文本性的揭示。

界本来就是一个有机的生态复合体，其内各种因子辩证互动，形成文明的有机性和生活的整体性，各学科的划分、对文明有机体中各因子在不同视野下用不同方法进行的探讨，都是一种分析和抽象。这种分析抽象的理论合理性，一方面在于揭示生态有机体的多样性，另一方面，在于寻求更符合各因子本性的方法并追究其真理。但是，其具体的和实践的合理性，在于对它们的真理性的揭示，必须符合并复归于多样性的因子所形成的文明有机体和生活整体的本性。在这个意义上，本体论和价值论，各有自己不同的研究视野和研究方法，乃至研究对象，它们有其独特的"域"。但是，由于这种"域"是理论的抽象，所以，在这些"域"之间，并没有固化的"疆"或"界"。哲学本体论有其真理域，道德价值论有其价值域。"域"本身就是其合理性限度，而合理性限度即有限的扬弃，就是"无疆"或"无界"。域的连接与整合，复归于文明有机体与生活整体性，使本体的真理域与伦理的价值域获得真实的和历史的合理性。相反，无论是本体真理域，还是道德价值域，一旦固化自己的"域"，形成"疆"或"界"，也就消解了自身的合理性。真理与价值、本体与意义，在学科的意义上，哲学与伦理学之间，本来就存在深刻的关联，后者应当以前者为基础，因为前者赋予后者以本体性的托载与真理性的基础。然而，不容忽视的是二者内在本质的差异。

二 思辨理性与实践理性

从根本属性方面考察，伦理道德的对象和主体，已经不是抽象的和无差别的本体，而是具体历史的活生生的人。人是用文化的铠甲武装的动物。人的本质，文化的本质，就是由本体走向价值。文化建构的是一个意义世界，伦理道德是这个意义世界的核心构成。文化、伦理的人文本性是一种意义赋予。文化是广泛意义上的意义赋予，伦理则是道德价值意义上的意义赋予。道德的人文本性，是对本体的超越，从而由本体走向价值，由本体世界走向意义世界。由本体论向价值论的过渡，不是真理性的消解，恰恰相反，而是对本体论真理性的有限性，即其合理性限度的扬弃，是人的真理性和伦理的真理性的具体历史的获得与赋予。道德价值论应当以哲学本体论为基础，但是，本体论绝不能代替价值论，而且，可以说，在现实性的意义上，价值论高于本体论，就像意义高于事实，意义世界超越于事实世界一样。

形上本体论与道德价值论的区别，在人的主体性的意义上，就是思辨理性与实践理性的殊异。哲学理性是思辨理性或理论理性，道德理性是实践理性或价值理性。康德认为，实践理性和思辨理性，"就两者都是纯粹理性而言，是以同样的认识能力为基础的"①。思辨理性的体系是由感性到概念，再到诸种原理。而实践理性的目的，并不是认识对象，而是处理"它自己（根据关于这些对象的认识）现实地实现这些对象的能力"，这种处理"乃是一种因果性意志"。实践理性的对象概念是善和恶的概念，其体系是从道德法则开始，经人与法则的因果性法则，到诸实践原理的可能性，最后进到实践理性的对象概念，即"绝对的善和恶的概念"②。思辨理性是理论理性，其对象是概念，目的在建立一个本然世界和理论体系，对象化是这种理性的特征。实践理性是价值理性，其最高概念是善与恶，其核心是人与道德法则的关系，目的是建立一个价值世界或法则一准则体系。思辨理性与实践理性的区别，不只是一般意义上的概念系统、理论体系与法则系统、价值体系的区别。思辨理性试图透过认识超越此岸与彼岸，达到主体（认识）与本体（本质）的一致，对象化是其特质。实践理性则试图透过法则超越事实与价值，达到人与社会、人与他人、人与自身、乃至人与自然的合一。思辨理性借助认识能力进入本体世界，把握"自在之物"，实践理性则如康德所说，出于对道德法则的"敬重之情"进入意义世界，建立人的尊严与价值。"决定"的关系范式显然属于本体论的思辨理性，然而由于其所要解决的是伦理的问题，因而就其本意和本性来说，又应当是实践理性。思辨理性僭越实践理性，不可避免的结果是：既达不到思辨理性的"真理"，又达不到实践理性的"意义"。

三 自然、实然、应然、必然

问题的继续澄清还与自然、实然、应然、必然的价值体系有关。人们揭示哲学与伦理学、思辨理性与实践理性的关系，一般认为它们是实然与应然的关系。实际上，如果以人为认识与价值的主体，那么，兼具思辨与实践的二重属性、以人为核心的"然"的判断，就是一个价值链或价值系统，不仅相互链接，而且互补互动。"经济决定伦理"，从个体

---

① ［德］康德：《实践理性批判》，韩水法译，商务印书馆 1999 年版，第 97 页。
② 同上书，第 97 页。

道德水平与社会伦理状况来说，在一定意义上可能揭示了"自然"与"实然"。人们有很多理由证明个体德性、伦理风尚与物质生活条件的依赖关系，不仅马克思所说的，人们自觉不自觉地从他们的物质生活条件中吸取自己的道德观念的那句著名论断，早在马克思之前，理解思辨理性的中国古代的"非马克思主义"哲学家王充就有"仓廪实而知礼节，衣食足而知荣辱"的名句，还有"让生于有余，争起于不足"的哲言。然而，人们在解读这些思想时，恰恰忘记了最重要的一点：这些都只是一个自然和实然的判断，而不是伦理意义上的应然判断。他们只是在思辨理性的意义上揭示道德、伦理与物质生活条件的关系，只是揭示了人的"自然"状态下的一种事实或"实然"，并没有回答"应然"的问题。而且，如果换个视角解读，在这些经典论述的背后，更多可以读出一种忧患，就像孟子所说的，就是因为出于对人"饱食、暖衣、逸居而无教，则近于禽兽""自然"状态的忧患，才"圣人有忧之，使契为司徒，教以人伦"。① 道德出于对人的不道德的"自然"与"实然"的忧患，这是不争的事实。在孟子以前，老子就已经指出"六亲不和，有孝慈，国家昏乱，有忠臣"② 的悖论。人的本性，在于透过伦理与道德的努力，提升和超越自身的"自然"和社会的"实然"，达到价值与意义的"应然"。因此，仅仅以"决定"的"自然"与"实然"作为伦理的与道德的本性，甚至是经济与伦理关系的范式，无疑将人停留于"自然"与"实然"的水平。简单地说，"决定"的范式，只是"自然"与"实然"的判断，其合理性最多只局限于本体论的思辨理性之中，问题在于，这一命题在更多场合下恰恰被当作实践理性的范式，于是，难以避免的文化与文明的悲剧，就是"应然"的价值性的消解与退隐。自然一实然一应然的统一，才是真理与价值的"必然"，也才能达到伦理与道德的"必然"。伦理与道德的最高境界，就是戴震所说的"归于必然，适完其自然"。"善，其必然也；性，其自然也。归于必然，适完其自然，此之谓自然之极致。"③

　　可见，仅讲经济对于伦理的"决定"，只是处于本体的事实域，居于

---

① 《孟子·滕文公上》。
② 老子：《道德经·第十八》。
③ 戴震：《孟子字义疏证》卷下。

"自然"与"实然"的境界,并没有进入伦理的价值域,更没有进入"应然"的道德境界。只要承认本体世界与意义世界,"自然"境界、"实然"境界与"应然"境界,只要承认真理域与域、思辨理性与实践理性的深刻人文差异,就不应当以本体的"决定论"僭越道德的"价值论"。哲学的使命在于揭示事实,达致真理,而伦理学则在对事实、对人的自然状态的超越中创造意义的世界、可能的世界、价值的世界。价值论高于本体论,意义高于事实,实践理性高于思辨理性。

第三节　实践论的虚妄

可见,"经济决定伦理"的"决定论"范式,当停留于哲学本体论的界域时,具有一定的和有限的合理性,然而,当它试图突破哲学本体论的界域进人道德价值论,并且僭越道德价值论时,就由合理性走向非合理性,甚至既丧失理论合理性,又丧失价值合理性。更严峻的是,当这种范式由理论变为理念时,它就造成严重的实践后果。

一　历史合理性

"经济决定伦理"在两种意义上具有一定的实践合理性。第一,告别"意识形态中心论",回归伦理发展的物质基础,与"以经济建设为中心"的发展战略相吻合。在改革开放前的相当一段时期,在中国的经济社会发展中,实际上存在"意识形态中心"的倾向,"文化大革命"的重要哲学基础之一,就是"文化决定论"或"意识形态决定论"。在经济与伦理的关系上,伦理在被当作经济的标准和目的的同时,也被当作经济的决定性因素之一,潜在着"伦理决定论"的取向。"经济决定伦理"的范式与理念,在某种程度上可以解读为对"意识形态中心论"和"伦理决定论"的矫枉和反正。但是,如果演绎出相反的命题,在实践上由文化决定论、伦理决定论,走向经济决定论时,便超出其合理性限度,走向非合理性。我认为,在实践和理论的意义上,"以经济建设为中心"与"经济中心论"、"经济决定论"存在本质的区别。用历史的眼光考察,"以经济建设为中心",既是工作重点的转移,即由"意识形态中心"向"经济建设中心"的转移,也是制定中国今后长期奉行的一种发展战略。它主要是一种发展战略,而不是关于文明本质和文明发展的一般哲学理念。"经济决定论"虽然最后必定会演变为一种发展战略,但就其根本,则是一种文明及其发展的哲学理念。这种理念在实践上是"以经济建设为中心"的发展战略的合理性的夸张和夸大,在理论上是"经济基础决定上层建筑"的合理性的泛读和误读。因此,区分实践意义上的"以经济建设为中心"和一般哲学意义上的"经济决定论"具有至为重要的意义,从中可以发现一种实践战略如何在向形上理念演绎的过程中超出其合理性限度,走向非合理性的。第二,"经济决定伦理"的范式强调文明体系中经济的基础与核心地位,试图确立在社会发展和文明体系中经济的优先地位和"优先模式"。中国是一个具有悠久伦理传统的国家,中国文化是一种伦理型文化。在漫长的传统社会中,伦理在文明体系中被推到至高无上的地位,乃至脱离它的现实基础,成为一种乌托邦。也正因为如此,在文明反思和文化批判中,伴随传统伦理遭遇的猛烈批判,伦理在文明体系中的地位也受到根本性动摇,并且在由此所导致的社会失序和行为失范中潜在导致伦理虚无主义的危险。在这种背景下,"经济决定伦理"作为一种实践理念,一方面试图寻找伦理重建的现实基础,另一方面,也使伦理从传统文化中的虚幻的神圣性走向现实性。因而既可以理解为是伦理在文明体系中的重新定位,也可以理解为是伦理现实性的回归。在这个意义上,这一命题潜在着伦理更生的文化意向。但是,如果将现代化过程中发生的这种文化转型只理解成是伦理神圣性的消解,甚至是价值和意义的消解,如果试图用经济的至上性代替伦理的至上性,那么,便不是传统的现代转化,也不是文明生态的历史现实的演化,而是文明体系的两极倒置,无疑会导致非合理性。

可见,"经济决定伦理"理论范式的实践合理性存在于"以意识形态为中心"向"以经济建设为中心"的战略转变、由传统向现代的文明转换历史进程中。同样,其潜在的深刻的实践非合理性,也存在于这个转变和转换中。其实践上的合理性与非合理性与以下理论追究密切相关:

经济发展就是、应当是人的最终乃至唯一目的吗?是否应当预设和认同既超越于经济,又超越于伦理的更高的价值目标?

经济具有绝对的和先验的价值合理性和文明合理性吗?

价值体系中的经济霸权是否会造成文明体系之间的国家霸权、民族霸权、文化霸权?

二　实践上的虚妄

"经济决定伦理"的理论范式在伦理、经济、个体道德以及以经济与伦理为基础的社会文明四方面，从可能和事实两个纬度，演绎出诸多实践上的虚妄。

（一）奴婢伦理

"经济决定伦理"的机械决定论，作为一种实践理性和实践理念，对伦理可能成为一种致命杀手，其最大伤害就是使伦理丧失作为文明生态中的独立因子和人文精神核心构成的地位，使伦理的神圣性屈从于强大的经济世俗性之下，成为经济的奴婢。在文明体系中，经济与伦理可能是两个最基本的结构。如果以物质文明与精神文明为社会文明的两大基本构成，那么，经济与伦理就分别对应成为这两大文明的基础和核心。虽然从抽象意义上说，精神文明要以物质文明为基础，但它们也绝不是抽象的决定与被决定的关系。文明体系与文明生态的现实性与合理性，就在于其内各种要素或子生态共生互补，在辩证互动中建构文明体系的有机性与文明生态的合理性。文明体系中伦理道德结构的基本文化功能，就是以价值和意义调整、超越世俗生活中的经济关系与利益冲突，以建立合理的社会生活秩序和个体生命秩序。所以，义和利的关系，具体地说，道德和利益、个人利益与整体利益的关系问题，是伦理与道德的基本问题。经济运动、经济过程虽然具有内在的客观必然性，但是，正像许多西方学者所发现和指出的那样，经济本身至少难以解决两大问题：一是财富的分配问题，在社会文明的意义上，分配不只是一个经济问题，而是一个道德问题，人们对公正、正义的要求，主要也是在道德价值的意义上提出的。二是经济目标和经济主体间的利益冲突问题。在经济运动中，人们可以确定多种经济目标，但当一种目标和另一种目标相冲突时，当人们（个人与社会、个人与他人）的经济利益相冲突时，经济就显得无力，必须透过道德的参与，在价值与意义的提升和超越中进行目标的价值选择和利益的道德调整。① 可以说，文明体系与社会文明的合理性，不是由经济造就的，而是由文明生态内的各

---

① 关于这一观点，请参见［美］约翰·罗尔斯《正义论》（何怀宏等译，中国社会科学出版社 1988 年版）和［德］彼得·科斯洛夫斯基《伦理经济学原理》（孙瑜译，中国社会科学出版社 1997 年版）。

因子的辩证互动，由各因子之间的互动能力、互动活力和互动的合理性造就的。无论是当代西方学术中对经济增长和财富增加、幸福指数、痛苦指数之间关系的阐述，还是马克斯·韦伯关于"新教资本主义"的命题，都揭示了这一道理。然而，"经济决定伦理"的经济决定论，确切地说是机械决定论，却将文明生态中经济与伦理两大基本生态因子间的平等互动的关系，蜕变为决定与被决定的主从关系。于是就出现两大问题。第一是人类价值体系的分裂。人们在社会的人的关系包括政治、经济、社会、伦理关系中执著地追求平等，但在构成这些关系的价值体系中，却执著于各价值因子间的不平等，建立起极不平等的主从甚至主奴关系。而事实与理论应当是：既然价值体系是人及其行为的最终依据，那么，没有价值体系内各价值要素间的平等，就不可能建立起人与人之间的真正平等，相反，只会夸大和扩大人与人之间的不平等。如果按照经济与伦理间的决定论的不平等的价值逻辑，民族与民族之间、个人与个人之间，不仅经济上不平等，而且由于这种经济的不平等，自然会导致和肯定伦理上、道德上的不平等。价值体系上的，"决定论"就是这样，不仅维护和肯定了经济上的不平等，而且通过肯定经济上的不平等，又从价值上夸大和扩大了现实的人与人之间的不平等。第二是奴婢伦理。可以说，机械决定论必然导致奴婢伦理。它使伦理的价值性屈从于经济的世俗性，在丧失其独立的价值地位的同时，沦为经济的附庸与奴婢。在人类文明进程中，伦理曾经几度丧失独立的地位，沦为或险些沦为奴婢。在西方中世纪，伦理沦为宗教的奴婢；在中国"文化大革命"中，伦理沦为政治的奴婢。当然，同样的情况也在其他文明因子或价值因子中出现过，哲学、法律等在上述同样时期也曾遭遇过相同的命运，但是，无论如何，它是文明的悲剧，也造成了文明的悲剧。市场经济是迄今为止的所有经济形式和经济体制中，在价值体系和现实生活中建立起的最大的经济权威性的形式和体制，其强大的世俗力量极易在基本价值结构，即经济与伦理的关系方面，建立起自己的绝对权威，从而使伦理或沦为经济的附庸，产生经济主义、功利主义、物质主义的伦理观，或成为经济的解释，像韦伯对新教伦理的合理性所作的解释那样。① 其最后的

---

① 本人认为，韦伯所谓"新教伦理"的命题，以及对它的经济合理性所作的论证，其实质是在建立文明的价值霸权的同时，也使伦理沦为经济的附庸和奴婢。人们至今对它的这一实质还缺乏认识与解读。

结局，不是人们一般所想象的那样，是伦理的现实性的获得或回归，而是伦理的虚无或虚幻，是伦理独立性与现实性的真正丧失，最后，伦理道德除了它的物质基础和经济标准外，"一无所有"。

（二）孤离的经济

机械决定论表面上将经济抬高到"决定"的第一性的地位，客观的结果却将它从所处的有机生态中分离出来，使其从活生生的文明要素与价值因子落为孤独的客观性和世俗性。"经济标准论"和"利益驱动论"是"经济决定论"的两种理论表现。"经济标准论"将经济发展或经济发展水平作为度量社会文明水平的标准，也作为衡量伦理道德先进还是落后的标准。它将社会文明的多样性与有机性，简化为抽象的唯一性和决定性，使马克思所说的社会有机体的生动辩证运动，变成抽象的经济发展；使社会文明的交响和唱，不幸成为经济"孤鸿的哀鸣"。"经济标准论"潜在的实践虚妄是显而易见的。第一，经济发展只能为社会文明的进步从一个方面提供物质基础，但是，它并不是社会文明的最高的和唯一的目的和标准。人类和社会发展有其超越于经济的目标和标准。也许，只有以经济与伦理的统一为基本结构，才能更好地理解和诠释文明发展的目的及其标准。第二，"经济发展"本身也是一个十分模糊的概念，且不说有 GNP 和 GDP 等数量标准方面的差异，而且还有经济发展与福利增加、幸福增长之间的不平衡甚至矛盾冲突，发展的概念如此综合，如此越来越回归人的主体，以致诺贝尔经济学奖获得者阿马蒂亚·森提出了一个新视角和命题："以自由看待发展"；"发展就是实质性自由的增加"。[①] 第三，在一般情况下，经济及其发展只是结果，是各种要素和力量综合推动的结果。人是社会及其文明的主体，既然人是有机的，那么经济及其发展就不可能是抽象的独立运动。"利益驱动论"的实践虚妄，在中国市场经济的发展中表现得更明显，也更深刻。（1）它实际上将"文化人"还原为"经济人"，"经济人"的实质是"自然人"、"生物人"。这当然不能算是进步，只能说是倒退，至少从文化价值论的意义上是如此。（2）它将活生生的、有着更高文化与价值追求的社会经济还原为以生物性的本能冲动为基础的"自然经济"。现在学术界有人将"自然经济"与"人文经济"对称，当

---

① 参见［印］阿马蒂亚·森《以自由看待发展》，任赜等译，中国人民大学出版社 2002 年版。

然，有时也将"人文经济"与建立在数学基础上的"数量经济"对称，但凸显经济的人文内涵与人文意义却是一种重要的回归与觉悟。美国著名社会学家丹尼尔·贝尔曾建立了关于经济社会发展的"理想类型"，即"经济冲动力十宗教（道德）冲动力"，由此分析"资本主义文化矛盾"。① 依据这一"理想类型"，孤立的经济冲动力，不仅难以真正推动经济社会的发展，反而会导致深刻的"文化矛盾"。（3）文化沙漠。"利益驱动"长期泛行，必然排斥和消解文化结构和人的精神结构、动力结构中的价值因素，导致文化的失落，最后使经济发展走进"文化沙漠"。而缺乏文化推动力和价值驱动力，根本不可能维持经济的健全持续发展。可见，无论是"经济标准论"，还是"利益驱动论"，都会导致经济的孤离，使经济和社会文明的发展既"虚"且"妄"。或者说，经济在文明生态与价值体系中的"离"与"孤"，必然导致经济与伦理的关系在实践中的"虚"与"妄"。

（三）道德责任的消解

社会伦理的经济决定论，逻辑地导致个体道德中的物质条件决定论。马克思所说的人们自觉不自觉地从他们的物质生活条件中吸取自己的道德观念的论断，有两个特殊条件：一是它是就本体意义而不是价值意义上所说的；二是它是在一般意义尤其是阶级道德的意义上所说的。离开本体前提和整体意义对这一论断的解读，道德便被解释为物质生活条件的自然决定物，是人对物质生活条件的自然的类生物性反应，其必然的结果是：人的道德责任的消解。道理很简单，既然道德由物质条件决定并随之而变化，那么，人在缺乏自由与自主的同时，就应该也不可能承当道德责任，因为道德只是对物质条件的"身不由己"的价值反映。由此，人的伦理也就沦落为生物伦理。这种庸俗的物质生活条件决定论，在相当程度上成为堕落道德的辩护，是造成行为失范的重要原因。这种庸俗决定论必然对个体道德进行物质主义、功利主义和个人主义的发生学解释。它从利益尤其是个人利益的纬度解释道德动机，把道德的动力归之于对利益和功利的追求。然而，当从利益和功利的角度解释道德发生时，恰恰玷污了道德的本性，导致康德所深深担忧的那种"从源头上污染道德"的状况，产生"伪善"。因为道德的人文本性是从价值的层面，透过利益关系的调整，

---

① 参见 ［美］丹尼尔·贝尔《资本主义文化矛盾》，赵一凡等译，三联书店 1992 年版。

建立合理的、富含意义的社会生活秩序和个体生命秩序，它通过意义的目的机制对利益关系的调整，而不是以利益为机制对社会生活秩序的建构。这种人文精神层面的意义机制和意义追求，在文明体系和价值生态中，在相当程度上是对世俗化利益机制、功利机制的互补和互动，用彼得的理论解释，伦理学是对"经济学失灵"的补偿。价值和意义的机制，才是康德所说的真正的"灵魂驱动力"。"诚信"在经济生活中被认为是一种必不可少的高尚道德，然而目前人们以为有效并普遍采用的道德劝导是：诚信可以给个人和企业带来更多、更长远的利益。殊不知，一旦作出这种解释，它已经不是伦理学的，虽不能说是反道德的，却可能肯定地说是非道德的。一个最简单的诘问可以使它的非道德本性暴露无遗：当不能为个人和企业带来利益时，是否可以不讲诚信？是否还能讲诚信？它显然以利益作为最终目的，而道德只是手段。到目前为止，对诚信的解释有三种类型：目的论的；工具论的；策略行为论的。三者之中，只有目的论才具有道德内涵。策略行为论的解释虽然比工具论"高尚"些，但同样缺乏道德的人文内涵和人文精神。可以说，机械的经济决定论和庸俗的物质决定论，在消解人的道德责任的同时，也消解了人的尊严。

（四）价值霸权

经济决定论的逻辑必然在文明体系内和文明体系之间导致价值霸权。在文明体系内，它否定了各文明要素之间的平等的和辩证互动的关系，不是将经济作为价值体系的基础和核心，而是作为价值体系中的宙斯，由它决定一切，裁制一切。于是，由人的本性所造就的文明的丰富多样性，只剩下孤零零的物质化的经济意志，人文精神、道德理性，乃至整个"上层建筑"，都是经济意志的分泌物。在这里，与动物相区分和相对立意义上的"人"，既不是由文化造就，也不是由上帝造就，而是由经济造就的。诚然，按照自古希腊以来的西方式的本体论的思维方式，总是要努力将多样性或多元的世界复归为某个"始基"，于是"多"中求"一"的寻找始基的本体论努力，便成为泰勒斯以来的西方哲学的传统，从水、气、无定形，到原子，清晰地体现了这一发展脉络。它对科学发展的贡献和内蕴的自然哲学的合理性不言而喻。然而，这种在多元中寻找一元，将多元复归为一元的思维方式，当被普遍化为一种本体论方法，并在移植到人类社会的生活领域时，就内在着产生文明霸权的危险。马克思曾经揭示过柏拉图的"众理之理"和基督教的上帝之间的内在联系，如果再将这种联系向两端延伸，那么，不仅"众理之理"和卜帝是复归一元的本体论方法的逻辑结果，而且在任何领域中，都可能造就出一个"众理之理"或上帝，只是表现形态不同而已。"众理之理"是理念世界的一元，上帝是人格和力量世界的一元，依据经济决定论的逻辑，经济就是文明体系和社会形态中的上帝。用中国哲学的话语解读，如果将经济与伦理作为文明体系的两个最基本的因子或两极，那么，经济就是阳极，伦理就是阴极。中国哲学的方法是寻找居于二者之上并使二者合一的"太极"，"无极而太极"；而西方哲学的本体论方法就是追究在两极之中哪个是更具宰制性的一极。复归于"无"与复归于"一"是这两种哲学的根本区分。复归于"一"乃至和董仲舒的"阴阳尊卑"的逻辑还不同，后者只是讲尊卑主从，而前者否认"它者"的"一"。因此，这种本体论的思维方式，必然推出文明体系和价值生态中的霸主，这就是经济。这种状况，在某些研究中被称为"经济帝国主义"。文明体系内的价值霸权，必然演绎为文明体系之间的价值霸权。既然在文明体系中居于"决定"的霸主地位，那么，依据"经济决定伦理"的逻辑，经济上发达国家，由经济所"决定"的伦理，推扩开来，由经济与伦理两大基本因子所构成的文明生态和价值体系必定也是优越和优秀的。就这样简单的"决定"逻辑，经济帝国主义便扩展为文化帝国主义。在世界文明体系中，发达国家就不仅在经济上，而且在文化上便都处于霸权和霸主的地位。由此就导出文明之间、文化之间，与此相联系，民族国家之间的不平等。亨廷顿的文明冲突理论，就是这种逻辑的系统表述。我认为，在当今文明体系中，最危险的不是少数国家建立霸权的企图，而是其他国家对霸权的认同。也许在反思理性中人们会反对霸权，但在自发理性和习惯理性中，人们又在建立和认同霸权。当在文化上也承认少数国家的优越和霸权地位时，就标志着霸权主义的深入和成功挺进。由经济霸权向文化霸权、由经济帝国主义向文化帝国主义的演进，是当今世界文明发展中最应警醒的现象。而文明体系中机械"决定论"的霸权逻辑，则是导致各文明体系之间霸权主义的最深刻、也是最令人担忧的理论根源。

第四章 "理想类型"

　　韦伯关于新教伦理与资本主义精神关系的命题，是 20 世纪最具影响力的第二大伦理—经济理论。以马克思的理论为重要知识背景，[①] 韦伯提出了一种与"经济决定论"相对应的伦理—经济理论——"伦理气质论"或"精神气质论"。"伦理气质论"的影响之大，乃至不仅在相当程度上与创立于 19 世纪、在 20 世纪的思想意识形态中取得很大主导地位的"经济决定论"共生互动，而且在相当程度上被奉为 20 世纪孕生的最新、最前沿的具有某种普适性的伦理—经济范式。综观 20 世纪包括中国在内的世界范围内理论学术的发展，将"经济决定论"与"伦理气质论"，作为 20 世纪并存的两种最具影响力的伦理—经济理论并不为过。

　　韦伯伦理—经济理论的核心，是在《新教伦理与资本主义精神》中提出的所谓"新教伦理资本主义"的"理想类型"。随着"后现代"、"全球化"、"普世伦理"等一系列新概念的演绎及其在文明进展中不断被外化为历史的存在，诞生于 20 世纪初的"理想类型"与这些演绎和外化之间的深刻联系似乎隐约可见，甚至在许多情况下变得十分清晰。于是，从新的更具有历史与现实解释力的纬度对它进行重新审视，就十分必要和有意义。可以作出的尝试是：在逻辑与历史统一的前提下，呈现潜隐于"理想类型"中的道德哲学与历史哲学的二重向度，透过其抽象而普遍的道德哲学的理想构架，把握它在历史哲学方面的现实取向及其文明实质。这一努力的发现令人惊讶：无论是否出于故意，逻辑上被认为具有相当普适性的道德哲学的"理想类型"，隐藏着重大而令人不安的历史哲学指

---

　　① 韦伯坦言，他的知识背景是受马克思和尼采支配的，说："谁要是不承认如果没有这两个人，他就不可能在自己的学术领域做出重要贡献，那么他就是在自欺欺人。"见 D. 麦克雷著，孙乃修译《韦伯》，中国社会科学出版社 1989 年版，第 77 页。

向，这种指向在 20 世纪西方文明的演进中，被外化为一种可能对文明发展品质产生复杂影响的历史取向和历史企图。

第一节 "理想类型"的二重向度：
道德哲学与历史哲学

韦伯伦理—经济理论中最具哲学意义的，是所谓"理想类型"的研究方法。关于"理想类型"的研究，至少在两个方面还有待推进：哲学本性和形上向度。

一 "理想类型"与"理型"、"终极实体"

韦伯所开辟的"理想类型"的研究范式及其对 20 世纪学术研究的影响，已是一种历史存在。"他为一种关系、一种过程构造了一个理想类型，它包含了现存的各种品质与发展趋势，并把它们纳入了一个自然而然的逻辑体系——不是作为现实的映象，而是作为更好地认识现实的手段。"① "理想类型"思想与方法论的哲学渊源，可以追溯到柏拉图的"idea"。英文中的"idea"，既可译为"理念、理型"，也有"理想"的意思。在辞源学和文化学的意义上，韦伯的"idea type"至少可以有三种译法：理型；理念类型；理想类型。三意在哲学上相贯通。柏拉图认为，万物存在的本质和根源都是理念或所谓理，万物皆有其理型，众理之上又有一个最高的理，即所谓"众理之理"或"总理"。柏拉图的"理念"或"理型"说，在西方哲学尤其是唯理主义哲学的发展中，具有本体论和方法论的双重哲学意义，日后西方的理论体系和文明体系中一系列重要的概念都从中演绎派生。马克思曾睿智地揭示"理型"与基督教的"终极实体"即"上帝"之间的逻辑与历史关联，指出，柏拉图的"理型"，必然推出基督教的"上帝"。不是基督教的"上帝"化生了柏拉图的"理型"，而是柏拉图的"理型"外化出基督教的"上帝"。"上帝"，就是柏拉图的哲学"理型"在基督教中的人格化，是基督教的"最高理型"即"众理之理"。据此，作这样的理解并不牵强：韦伯的"理想类型"，实际

---

① 托马斯·尼普尔戴：《马克斯·韦伯、新教和 1900 年前后的争论背景》，转引自哈特穆特·莱曼等编《韦伯的新教伦理》，辽宁教育出版社 2001 年版，第 60 页。

上就是柏拉图"理型"（idea）的社会学移植和社会学表述。"理想类型"
是柏拉图作为本体论概念的"理念"或"理型"的方法论表达，甚至可
以猜测，"理想类型"很可能就是"理型"的意译和意释，因为，从柏拉
图的"idea"，到韦伯的"idealtype"，再到"理型"、"理想类型"，已几
经希腊语、德语、英语和汉语的转译，其间包含了诸多文化理解以及与民
族特性相联系的意义赋予，用解释学的话语说，包含了译者的"前理解"
和"先见"。未经文字学的考证当然只能是猜测，甚至是草率的猜测，但
可以肯定，哲学的"理型"和社会学的"理想类型"之间的联系是直观
而内在的。

　　由于柏拉图的"理型"或"理念"，是"高高在上"的哲学概念，
它对习惯于借助"回到古希腊"文化战略推动重大历史转换的西方文明
的发展，产生的影响必定广泛而深刻。① 如果说哲学本体论的"理型"，
在社会学的方法论上就是"理想类型"，那么，"理型"与"理想类型"
在相当意义上，可以视为西方哲学与科学乃至整个西方文明的一个有机性
和整体性的概念。在近代以来的科学发展中，也许人们对这种"理想类
型"的方法并不陌生，它在科学系统中的话语就是所谓"模型建构"，或
"理想模型"建构，简称"建模"。②

　　发现"理想类型"与柏拉图"idea"或"理型"之间的资源关联，
以及社会学意义上的"理想类型"，与宗教学意义的"终极实体"或"上
帝"、科学意义上的"理想模型"或"建模"诸概念于形上本性方面的同
质性，对理解韦伯"理想类型"方法的学术本质，意义十分重大。有人
曾从现代性与后现代性的角度，研究韦伯及其"理想类型"方法的时代
特性，认为，和尼采一样，韦伯是探讨现代性困境的理论家，他担忧现代
性会消融固有的一切，因而对现代性抱着一种矛盾的态度，对启蒙运动的
现代性所导致的宗教、伦理与经济的分离进行了反思与批判。"也许，理
解韦伯自己对其事业的看法（即把握我们时代鲜明的独特性）的最佳方

---

　　① 西方文明在几个重要的文明转换中，提出的口号都是"回到古希腊"，文艺复兴如此，
后现代也是如此。

　　② 《新教伦理与资本主义精神》一书的中文译者于晓等认为，"理想类型"是韦伯试图仿
效自然科学研究中普遍采用的"理想模式"的方法，先进行超经济的、纯观念的研究，然后再
据此来解释经验的、现实的对象和关系（见该书第51页注释）。这种观点当然有一定根据，但我
认为韦伯"理想类型"的最重要的资源，还是柏拉图、黑格尔哲学，以及西方哲学的传统。

式，是将其看作对现代性质的孜孜探求。"① 韦伯的研究，"显然是'非现代的'方式，任何严肃对待学术的人，在这里都应当愉快地追随着他的引导"。但是，现代性与后现代性的文化归属似乎并不足以体现韦伯方法的特殊本质，也没有足够的根据断言韦伯开启了后现代的思考。如果一定要进行现代性与后现代性的归类，那么，毋宁说他处于现代性与后现代性的交汇点上，"理想类型"具有现代性与后现代性的双重属性，正如有的学者所发现的，② 他的"理想类型"的研究方法超越了纯粹的历史思考，"不再专注于呈现特定的历史事件，而是试图找到社会文化生活中的各种关系的普遍模式"③，在这个意义上，将它归类为现代性可能比归类于后现代性更确切。现代性与后现代性的划分本身是一个十分模糊的概念，卡尔·马克思与马克斯·韦伯都同样对资本主义发展所导致的价值失落深深担忧，而且前者的批判要深刻和尖锐得多，他们都同样致力于对普遍联系的揭示，现代性与后现代性显然难以解释二者之间的共通与殊异。

二 "理想类型"与"规律"

显而易见，马克思揭示普遍联系的核心概念不是"理想类型"，而是以"矛盾运动"为逻辑内核的"规律"。马克思的哲学揭示了生产力决定生产关系、经济基础决定上层建筑的规律，并赋予它以普遍的真理性和解释力。公正地说，"规律"比"理想类型"更富有具体的历史内涵，因为它是"矛盾运动"中的"普遍规律"，因而更辩证，更具有现实普遍性，而不像"理想类型"，是一种纯粹的逻辑抽象。不过，应当充分注意，"理想类型"与"规律"，从一开始就是两种完全不同的视角，韦伯虽然深受马克思影响，但他后来越来越多地谈到，马克思的经济决定论是片面的，因而特别强调精神力量对物质利益即经济生活所产生的影响，致力发现经济的社会精神气质或经济精神，对文明品质及其发展的影响。原点和取向方面的两极，决定了"理想类型"与"规律"所建构的普遍模式及其方法论意义的深刻分歧。韦伯的选择是：用"理想类型"取代"规

---

① 特纳：《探讨马克斯·韦伯》，见韦伯《学术与政治》，北京三联书店1998年版，第193页。

② 李凯尔特：《马克斯·韦伯的科学观》，见［德］马克斯·韦伯《学术与政治》，冯克利译，北京三联书店1998年版，第135页。

③ 同上书，第132页。

律"，并转向历史因果论这一新教伦理的源头。①

　　"理想类型"取代"规律"的直接但却十分隐蔽的结果之一，是道德哲学的逻辑取向与历史哲学的历史取向的双重向度与二元分离。在道德哲学方面，"理想类型"揭示了伦理与经济，严格地说，伦理与宗教、经济之间深刻而普遍的关联，建立了宗教伦理与社会经济辩证互动的具有普遍文化意义的逻辑模型。然而在历史哲学方面，一旦落实到具体的文明形态与民族存在，"理想类型"却将西方准确地说西欧的特殊文明，泛化为一切文明的理想范型乃至唯一合理的范型，以之解释和评判其他一切文明形态，从而建立了一个有悖于韦伯自己极力倡导的理性主义的专断的、具有明显文明专制色彩的普遍性。于是，在历史哲学中，便潜在着以特殊代替一般，以抽象的"理想类型"取代多样性的民族文明的倾向。更严重的是，当这种专断的抽象普遍性，透过韦伯理论的巨大学术影响而被认同和接受时，当西方的某种文明借助"理想类型"被推扩为具有所谓理性标准性质的文明范式后，文明霸权与文化帝国主义的形成就不可避免了。韦伯伦理—经济的"理想类型"在诸多重要的方面，确实是对20世纪伦理—经济关系的重大推进，然而，它的历史哲学取向对20世纪文明走向潜在的负面影响同样确实是深刻而巨大的，虽然这不是韦伯理论的初衷，甚至在相当意义上有悖于初衷，但它却是历史的事实。把握韦伯"理想类型"的道德哲学与历史哲学的二重向度及其内在分离，不仅对理解韦伯伦理—经济理论，而且对理解20世纪文明走向尤其是西方文明走向，具有重要的方法意义。

第二节　"宗教—伦理—理性经济行为"：
道德哲学结构

一　方法论诠释

　　"理想类型"的道德哲学分析，三方面的特质具有前提性的意义。第一，韦伯研究的视角和方法，是宗教社会学，课题是世界诸宗教的经济伦理观，"理想类型"试图着力解决的问题，是宗教伦理观念"对于一种

---

　　①　参见［美］哈特穆特·莱曼等编《韦伯的新教伦理》，阎克文译，辽宁教育出版社2001年版，第10页。

经济精神的发展所产生的影响，或者说一种经济制度的社会精神气质"①。
宗教伦理透过人的经济行为，对"经济精神"或经济制度的"社会精神
气质"的影响，始终是他关注的焦点。指出这一点的意义在于：既然韦
伯不是在哲学形而上学意义探讨宗教伦理与经济精神之间的关系，那么，
"理想类型"只是宗教伦理的，而不是一般意义上的文化。将作为特殊文
化的宗教伦理意义上的理想类型，泛化为文化的普遍范型，可能是对韦伯
的误读，也可能是潜在于韦伯理论中的歧途。宗教社会学，不仅是韦伯的
学术视域，也规约着其理论的合理性限度。第二，人们已经习惯于将韦伯
的"理想类型"表述为"新教资本主义"，事实上，"理想类型"有三个
不可或缺的文化要素：宗教、伦理、理性经济行为（韦伯称之为"资本
主义精神"），其中任何两个要素的组合，都不能体现它的确切内涵，"新
教资本主义"的准确表述，是"新教伦理资本主义"。韦伯的思路是：
"虽然经济理性主义的发展部分地依赖理性技术和理性的法律，但与此同
时，采取某些类型的实际的理性行为却要取决于人的能力和气质。如果这
些理性行为的类型受到精神障碍的妨害，那么，理性的经济行为的发展必
会遭到严重的、内在的阻滞。各种神秘的和宗教的力量，以及以它们为基
础的关于责任的伦理观念，在以往一直都对行为发生着至关重要的和决定
性影响。"② 韦伯的原理与逻辑是："理性经济行为"取决于"能力"和
"气质"；"能力"和"气质"是"精神"的基本构成；对"精神"发生
决定性影响的是"伦理"；"伦理"的基础是"宗教"。无论宗教，还是
伦理，都没有足够的根据解释"理想类型"中作为理性经济行为表现的
"资本主义精神"。换言之，"理想类型"的文化基础，既不是宗教，也不
是伦理，而是宗教与伦理的结合。如果作进一步演绎，结论就是：对非宗
教伦理，尤其是对他所说的俗世伦理，便不具有作为"理想类型"的普
遍性与合理性。这是"理想类型"在道德哲学方面的合理性限度。所以，
无论是宗教学还是伦理学，固然可以因韦伯"理想类型"而鼓舞，但宣
称其中任何一方可以造就韦伯所说的理性经济行为，则为时过早，宗教与
伦理的历史联姻而形成的"新教伦理"，才是"理想类型"的基础性概

---

① ［德］马克斯·韦伯：《新教伦理与资本主义精神》，于晓、陈维纲等译，北京三联书店
1992 年版，第 17 页。

② 同上书，第 16 页。

念。第三，虽然"理想类型"只是宗教社会学研究的成果，虽然韦伯本人多次声明不要夸大他的研究的意义，但细心考察便很容易发现，他不仅将以宗教、伦理、理性经济行为三要素构成的"理想类型"在道德哲学的意义上由真理向前推进了一步，而且，因为它的具体历史内涵，继而又在历史哲学方面赋予"理想类型"以跨文化的普世意义。这种心态与方法的本质，是以所谓普遍理性为基础的，追求普遍不变的超历史超文化传统"启蒙运动"式的道德谋划，麦金太尔已经断言，这种道德谋划的最后前途，不仅"彻底失败"，而且"还将失败"。

　　以上特质在《新教伦理与资本主义精神》导论开篇的问题设定中，实际上就基本规定："在西方文明中而且仅仅在西方文明中才显现那些文化现象——这些现象（正如我们常爱认为的那样），存在于一系列具有普遍意义和普遍价值的发展中，——究竟应归结为哪些事件的合成作用呢？"① 三句话，包括三个特别的意思。第一句申言作者的研究旨趣和对象是"文化现象"。应尤其注意的是用破折号注释的第一句话与第二句话之间的关系："西方文明中才显现那些文化现象"，与"普遍意义和普遍价值的发展"的内在关联。对这个注释可以作两方面的理解：（1）"西方文明中才显现那些文化现象"，是"普遍意义和普遍价值的发展"的外化，这是典型的黑格尔式绝对精神的思维方式，也是典型的理念主义的思维方式。在这里，"普遍意义与普遍价值的发展"是绝对精神，而西方文明的"文化现象"作为特殊，则"存在于其中"，并是它的外化。由此，就可以理解，为何韦伯以"i-dea"为核心概念，它与柏拉图哲学、黑格尔哲学在传统上一以贯之。与黑格尔的逻辑一致，既然这些"文化现象"是某种绝对精神即"普遍意义和普遍价值"运动的结果，它就不仅是必然的，而且也是合理的。（2）作为学术任务，韦伯的努力，就是要将这种已经在形上观念中预设的关联获得社会学意义上的确证，将这些"文化现象"上置于"具有普遍意义和普遍价值的发展中"，成为"idea"。这两方面，决定着韦伯必定逻辑地要建构某种"理想类型"。第三句话中最重要的是"合成作用"这一概念。根据这一概念，日后他所考察的所谓"理性的经济行为"，不是单个文化因素即宗教或伦理，而是多种因

---

① ［德］马克斯·韦伯：《新教伦理与资本主义精神》，于晓、陈维纲等译，北京三联书店1992年版，第4页。

素，即宗教与伦理"合成作用"的结果。宗教与伦理的"合成作用"，对理性经济行为，也就是所谓资本主义精神，才具有最根本的意义。

"理想类型"的道德哲学分析，必须置于一个基本的事实认定基础上："理想类型"的道德哲学体系，不是二维结构，而是三维结构。这个道德哲学的抽象模型是："宗教＋伦理＋理性经济行为"。韦伯的"理想类型"，是关于"宗教—伦理—理性经济行为"三者关系的道德哲学。这一道德哲学体系在逻辑上的基本概念不是宗教，而是伦理；但在具体的研究和阐述中，着力点又是宗教，因为韦伯所研究的不是一般伦理，而是具体的宗教伦理，尤其是新教伦理。准确地说，宗教与伦理的"合成作用"，才是"理想类型"的道德哲学的基本概念和理论纬度。韦伯所致力考察的，是宗教与伦理"合成作用"所形成的各种宗教的经济伦理观，对理性经济行为，或所谓"经济精神"、"社会精神气质"的影响。这个结构，已经在"新教伦理与资本主义精神"的书名中得到明显的体现。在词语学上，"新教伦理"显然是一个以伦理为中心的辩证结构，在这个结构中，"新教"是对"伦理"的限定，"新教伦理"可以理解为"新教"与"伦理"的"合成"；而"资本主义精神"则是作者所指称的所谓"理性经济行为"、"经济精神"、"经济制度的社会精神气质"。在韦伯的研究中，始终存在两种对照甚至对立：一是新教伦理与天主教伦理，以及新教伦理与其他宗教伦理，如佛教伦理、伊斯兰教伦理的对照与对立；二是宗教伦理与俗世伦理的对照与对立。对"理想类型"结构的任何二维理解，都是道德哲学的误读，这种误读会因受韦伯理论的巨大影响，导致一系列的学术和理论误区。

二 三维结构

对"理想类型"的道德哲学分析，首先必须建立一个逻辑框架，以此作为研究的工具。构成这个框架的核心概念便是所谓"精神"。

在韦伯的体系中，"理性经济行为"与"资本主义精神"实际是一个同义语，后者是对前者的诠释。值得注意的是：在他这里，"理性经济行为"本质上是一种"精神"，确切地说是"经济精神"，它与"资本主义"的结合，形成经济制度的"社会精神气质"。"理性行为"为何归结为"精神"？这就必须考察德国哲学传统中"精神"的特殊品质。在德国古典哲学，尤其是黑格尔哲学中，"精神"不只是理性，而是包括理性

（或理智、思维）与意志两个结构，是理性与意志的统一体。① 韦伯在这里显然继承了德国古典哲学的这一传统，赋予"精神"以"理性"和"行为"的双重意义，认为"精神"就是"理性行为"，"理性经济行为"就是"经济精神"。

应该说，德国哲学中"精神"的概念有重要的合理内核。根据这种理解，伦理精神、道德精神，就是道德的实践理性与实践意志的统一体。依道德的本性及其哲学意义，道德哲学的逻辑框架应当由两个纬度构成：一是理智或理性的纬度，准确地说是实践理性的纬度，或关于道德的形上理性的纬度；二是意志行为的纬度，准确地说，是实践意志的纬度。现行的观点认为，道德是一种实践理性。这一提法来自康德。然而，在《实践理性批判》中，"实践理性"是与"思辨理性"或"理论理性"相对应的概念。从康德到黑格尔，以及日后产生重大影响的伦理学家，都认为道德作为实践的理性，它的出发点是人的意志，并预设意志与自由的先验统一，因而意志自由是伦理学也是道德哲学的必要前提，而行为意志，准确地说，受道德理性支配的实践意志，不仅是道德哲学的出发点，也是它的对象和核心内容。在《法哲学原理》中，黑格尔强调，思维（它与理智、理性存在某些同一性）与意志的区分，只是同一对象的两种不同表述，是对同一对象的两种不同态度，即理论的态度和实践的态度。② 因此，道德哲学，不仅应当包括实践理性，而且应当包括实践意志，这两个方面在根本上是同一不可分的，但只讲实践理性，不讲实践意志，内在着将道德和道德哲学等同于纯粹的思辨理性，扬弃其行为意志意义和实践形态的误导。为凸显道德的行为意义和意志内涵，必须确立实践意志在道德哲学体系中的独立地位，并与"实践理性"的概念相对应。当然，这里的"实践理性"，可以理解为狭义的，即道德的形上理性、理论理性，用黑格尔的话语，就是道德思维。

根据"实践理性—实践意志"的分析框架，"理想类型"的道德哲学结构便十分清楚。它的"实践理性"的三维结构是：宗教—伦理—理性

---

① 关于德国古典哲学和黑格尔哲学中，理智、意志与精神的关系，参见［德］黑格尔《历史哲学》一书英译者序言，王造时译，上海书店出版社1999年版，第1页。

② 黑格尔的表述是："思维和意志的区别无非就是理论态度和实践态度的区别。它们不是两种官能，意志不过是特殊的思维方式，即把自己转变为定在的那种思维，作为达到定在的冲动的那种思维。"《法哲学原理》，范扬、张企泰译，商务印书馆1996年版，第12页。

经济行为；而"实践意志"的三维结构，作为宗教、伦理、经济在行为意志方面的表现，则是宗教力量—道德力量—经济力量的三维结构。实践理性的三维结构容易理解和把握，实践意志的三维结构则因为道德哲学对实践意志研究的缺乏，必须对这一结构的具体表现形态加以考察。考察的重点，是西方学术尤其是哲学发展中，关于宗教、伦理、经济的行为意志形态及其相互关系的理论演进。

如果将"理想类型"的道德哲学结构放到学术发展的进程考察，并进行实践理性和实践意志方面的抽象，就不难发现，它既是西方文明理念演进的必然结果，在文明理念的演进中也具有继往开来的意义。对宗教和经济之于文明发展意义的重视，是西方学术的传统。与韦伯处于同一时代的英国经济学家马歇尔，在所著的《经济学原理》中开卷就宣告："世界的历史是由宗教和经济的力量所形成的。"初读起来，他这里没有给道德以地位，事实上，他在本书的序言中就强调："道德的力量也是包括在经济学家必须考虑的那些力量之内的。"① 英国古典经济学将经济学置于道德哲学的框架内，因而"经济的力量"逻辑地包括"道德的力量"，并且以之为前提。而所谓"宗教的力量"，核心就是道德和"道德的力量"。于是，在古典传统中，道德是内在于宗教与经济中的共性。随着经济学与伦理学的分离，宗教、道德、经济，才成为文明体系中三种分离而独立的结构。在实践理性的意义上，"理想类型"的道德哲学结构是宗教、伦理与经济，而在实践理性，尤其是实践意志的意义上，其结构就是马歇尔所说的宗教的力量、道德的力量、经济的力量。这三种力量"合成"的"理想类型"，便是黑格尔在《法哲学原理》中所说的"冲动的合理体系"。"理想类型"所内在的道德哲学的实践意志体系，在作为对《新教伦理与资本主义精神》"接着讲"的《资本主义文化矛盾》中，被表述为"宗教冲动力"与"经济冲动力"，而"宗教冲动力"时常又被表述"道德冲动力"，因而"宗教冲动力"准确的表达是"宗教伦理的冲动力"。②

---

① ［英］阿弗里德·马歇尔：《经济学原理》，朱志泰译，商务印书馆1997年版，第11、23页。

② 在《新教伦理与资本主义精神》一书的最后，韦伯揭示了潜在于启蒙主义中的天职观念为经济冲动所代替，具有宗教与伦理含义的财富为世俗情欲所支配的蜕变。丹尼尔·贝尔的《资本主义文化矛盾》则着力揭示启蒙运动以来隐藏于资本主义文明中的宗教伦理冲动力与经济冲动力的对立与矛盾。在这个意义上，可以说，后者是对前者的"接着讲"。

到另一位当代德国哲学家科斯洛夫斯基那里，"理想类型"的道德哲学结构，被进一步演绎和抽象为"最强的动力"（经济冲动力）和"最好的动力"（宗教与道德的冲动力）的体系。"力量"、"冲动力"、"动力"，都是道德哲学的实践意志形态和实践意志表述。

这样，"理想类型"的道德哲学结构，在实践理性的意义上，由宗教、伦理、理性经济行为（也可简称为经济）三要素构成；在实践意志意义上，就是由宗教、道德、经济三要素所构成的"力量"或"动力"、"冲动力"的体系，用科斯洛夫斯基的话语，这个实践意志结构，可以进一步抽象为"最强的动力"与"最好的动力"的体系。

三　理论合理性与实践合理性

有待研究的是，由宗教、伦理、经济构成的"理想类型"的三维道德哲学结构，是否、何以比伦理与经济的二维结构具更大的理论和实践合理性？这就需要从韦伯对"新教伦理"与"资本主义精神"之间关系的分析中寻找答案。科斯洛夫斯基曾从另一个角度揭示了宗教、伦理、经济三位一体构成的"伦理经济学原理"的理论与实践合理性。他发现，"人的最强和最好的动力相互处于一定的关系中，因为最强的动力不总是最好的，而最好的往往动力不强"[1]。因而具有最强的动力的经济学，和体现最好的动力的伦理学总是处于某种紧张关系之中，于是就必须在承认人的最强与最好动力的差异和同一的前提下，设计合理的"冲动体系"。在这个体系中，宗教的参与是一个有意义的安排。"伦理作为经济失灵的调整措施"；"宗教作为伦理失灵的调整措施"。宗教—伦理—经济的互补互动，才能实现"最强动力"与"最好动力"的结合。从韦伯的论述中，很容易发现，"新教—伦理—资本主义精神"的结合，就是"最强动力"与"最好动力"的生态整合。按照他的理论，"新教伦理"造就以"理性经济行为"为特征的"资本主义精神"的秘密在于：资本主义市场经济内在并释放出"最强的动力"，更重要的是，新教伦理不仅为人的行为提供"最好的动力"，而且也通过对作为终极实体的上帝的皈依的需要，提供"最强的动力"。新教伦理同时具备"最好的动力"与"最强的动力"

---

① ［德］彼得·科斯洛夫斯基：《伦理经济学原理》，孙瑜译，中国社会科学出版社1997年版，第14页。

的双重品质。一方面，它使伦理的"最好的动力""最强"，成为"最强的动力"，从而解决"最好的往往动力不强"的问题；另一方面，又透过终极关怀，使伦理的意义上的"最好"和"最强"的动力，与经济意义上的"最强"动力辩证互动，有效合理地解决了"最强的动力不总是最好"的难题。总之，新教与伦理的结合，不仅使伦理的动力"最好"，而且也使它"最强"；而新教伦理与经济行为的辩证互动，又使人从事经济活动的动力不仅"最强"，而且"最好"。"新教—伦理—理性经济行为"的"理想类型"，就是"最强动力"与"最好动力""合成"的道德哲学的合理实践理性结构和合理实践意志结构。

宗教与伦理"合成"的伦理精神具有一系列重要的特质。最基本也是最重要的特质，其一是有一个终极实体即上帝作为人的终极关怀的皈依，作为道德生活和伦理精神的神圣主宰，上帝，就是韦伯所说的最高的"伦理的神"①；其二是通过人生的延长，即现世与来世的链接，将人的生命和精神的根本价值指向被认为是永恒的来世，从而使道德规律尤其是善恶因果律获得永恒的现实性；其三，将道德的意义世界与宗教的意义世界，或道德的彼岸与宗教的彼岸相贯通，以宗教调整伦理的"失灵"，从而使道德的实践意志不仅"最好"，而且与经济冲动同样"最强"，甚至因其对人生根本价值和终极关怀的追求而比经济冲动"更强"。以上诸方面，构成韦伯所说的"新教伦理"，造就"资本主义精神"这样的经济精神的形上原理。在这个意义上，韦伯所关注的问题，实际上是"经济伦理的宗教背景是如何对实践产生影响的"②

在《新教伦理与资本主义精神》中，韦伯着重论述了体现"资本主义精神"三大"理性经济行为"及其观念，即职业、谋利、节俭，与新教伦理之间的关系。职业的观念，以及由此派生的对职业劳动的态度和动力，是理性经济行为的基础。根据韦伯的考察，新教伦理使世俗的职业观念完成了两大转换：一是将职业诠释为"神召"，是"上帝安排的任务"，由此，作为谋生活动的世俗职业，就成为具有完全宗教意义的"天职"；二是赋予"职业"以道德的内涵，并进行道德评价。"个人道德活动所以

---

① ［德］马克斯·韦伯：《经济与社会》上卷，林荣远译，商务印书馆1997年版，第484页。

② 盖伊·奥克斯：《不朽的话题：驳难录》，见哈特穆特·莱曼《韦伯的新教伦理》，第313页。

采取的最高形式，应是对其履行世俗事务的义务进行评价。"经过这两个转换，职业便不再是日常世俗活动，而是上帝要求完成的道德责任和道德义务。"上帝应许的唯一生存方式，不是要人们以苦修的禁欲主义超越世俗道德，而是要人完成个人在现世里所处地位赋予他的责任和义务。这是他的天职。"① 在灵魂救赎这样的终极价值下，职业活动不仅被纳入理性主义的轨道，而且获得巨大宗教与道德力量的支持，从而奠定了"资本主义精神"的文化基础。"一个人对天职负有责任——乃是资产阶级文化的社会伦理中最具代表性的东西，而且在某种意义上说，它是资产阶级文化的根本基础。"② 新教将伦理与宗教"合成"所形成的职业观的特质是："为了信仰而劳动"，"认为这种劳动是一种天职，是最善的，归根到底常常是获得恩宠确实性的唯一手段"。③

新教所要完成的核心任务之一，就是"把人从'自然状态'转变为'恩宠状态'"，而获得上帝"恩宠"，成为"选民"的必要条件，就是为社会和为个人创造财富的谋利活动。天主教认为，"财富本是极大的危险，它的诱惑永无休止，与上帝之国的无上重要相比，对财富的追逐毫无意义，而且，它在道德上也是颇成问题的"。"它将使人放弃对正义人生的追求"，"招致懈怠"。④ 新教伦理实现的转换是：职业活动能否获得上帝的恩宠，"主要的衡量尺度是道德标准"，这个道德标准有二：一条是"根据它为社会所提供的财富的多寡来衡量"；"另一条而且是最重要的标准乃是私人获利的程度"。如果上帝向你指明了一条可以合法谋取更多利益的路径，你却拒绝，那意味着拒绝成为上帝的仆人，就不能获得救赎和恩宠。⑤ 合法地谋利和追逐更多的利益，被解释为增加上帝的"荣耀"，具有道德和救赎的双重意义。这样，"它不仅使获利冲动合法化，而且（在我们所讨论的意义上）把它看作上帝的直接意愿"⑥。人们的谋利活动，不仅获得道德上的解放，而且被注入利益驱动之外的终极性的价值驱

---

① 以上三处引文见［德］马克斯·韦伯《新教伦理与资本主义精神》，于晓、陈雄纲等译，北京三联书店 1992 年版，第 58、59 页。

② ［德］马克斯·韦伯：《新教伦理与资本主义精神》，于晓、陈雄纲等译，北京三联书店 1992 年版，第 38 页。

③ 同上书，第 140 页。

④ 同上书，第 90、122、123 页。

⑤ 同上书，第 127 页。

⑥ 同上书，第 134 页。

动力。

节俭对理性行为和经济精神的形成具有重要的意义。"禁欲主义的节俭必然要导致资本的积累。""宗教必然产生勤俭，而勤俭又必然带来财富。""在构成近代资本主义精神乃至整个近代文化精神的诸基本要素之中，以职业概念为基础的理性行为的这一要素，正是从基督教禁欲主义中产生出来的。"① 新教禁欲主义与世俗禁欲主义的主要区别在于：第一，它将节省财富与获取或追逐财富相结合；第二，它赋予节俭以救赎和恩宠的宗教意义和宗教动力。"那些尽最大努力去获取、去节俭的人，也应该是能够奉献一切的人，这样才能获得更多的恩宠，在天国备下一笔资产。"② 当对财富的追逐和对财富的合理使用结合时，不可避免的结果就是：财富的积累。

为信仰而劳动，为恩宠而逐利，为救赎而节俭，三大要素培育了资本主义经济的特殊社会精神气质，即"资本主义精神"。至此，"一种特殊的经济伦理形成了。资产阶级商人意识到自己充分受到上帝的恩宠，实实在在在受到上帝的祝福。他们觉得，只要他们注意外表上正确得体，只要他们的道德行为没有污点，只要财产的使用不致遭到非议，他们就尽可随心所欲地听从自己金钱利益的支配，同时还感到自己这么做是在尽一种责任。此外宗教禁欲主义的力量还给他们提供了有节制的，态度认真，工作异常勤勉的劳动者，他们对待自己的工作如同对待上帝赐予的毕生目标一般"。③

"宗教—伦理—理性经济行为"的"理想类型"，在道德哲学意义上合理性是不难发现和值得重视的。

（1）它从一个独特的视域，即"精神"或"精神气质"的视域，探讨人的经济行为以及由此形成的社会文明的合理性基础，拓展开来，是探讨"宗教思想所具有的文化意义及其对于民族特征形成的重要性"④，它所作的解释，用韦伯的话说，既不是"片面的唯灵论"，也不是"片面的唯物论"。这种方法，至少有两点是有意义的。第一，它与马克思唯物论

---

① ［德］马克斯·韦伯：《新教伦理与资本主义精神》，于晓、陈维纲等译，北京三联书店1992年版，第135、137、141页。

② 同上书，第138页。

③ 同上书，第138—139页。

④ 同上书，第144页。

方法形成互补，也是对那些因歪曲地理解马克思的唯物论而形成的机械唯物论和庸俗唯物论方法具有一定的矫枉意义。由于马克思的理论中并没有系统和专门地阐述伦理学的理论，即使在恩格斯的《路德维希·费尔巴哈与德国古典哲学的终结》一书中，也只是在形而上的意义上阐述了关于道德的哲学理论，因而在对马克思理论的解释和解读中，就内在着一种可能或危险：将哲学的本体论混同于伦理学的价值论，用本体论代替价值论。这种误读至今仍明显地存在着。这就是马克思一开始就十分担忧的那种状况："我播下的是龙种，收获的是跳蚤。"作为深受马克思影响的学者，韦伯这种努力的意义是重大的，可以说，他与马克思是从文明的两极即经济与精神研究同一个问题，马克思发现了经济在文明体系中的基础性地位，韦伯发现了精神对文明合理性的巨大意义。也许，这是韦伯与马克思成为 20 世纪最有影响的学术巨人的重要原因。第二，韦伯研究的重心，一直是人和人的行为，其价值在于：将人复归于文明的主体或本位，将人的文化回归到文明体系合理性的中心地位。这种复归与回归是必要和合理的，贡献也是历史性的，也许这就是为何在一些研究中，人们将韦伯指认为后现代主义开创性的人物之一的原因。

（2）"宗教—伦理—理性经济行为"的道德哲学真谛，是"信仰判断—价值判断—事实判断"三位一体，以道德的价值判断统驭经济行为的事实判断，而又以宗教的信仰判断升华、强化道德的价值判断。它的学术原理就是前文所说的"以伦理学补救经济学失灵"，"以宗教补救伦理学失灵"。与"伦理—理性经济行为"的模式相比，它的优越性与合理性也是明显的。由于救赎对于人的终极关怀的最高价值，宗教的结构，使伦理的"最好的动力"同时成为"最强的动力"，从而不仅在一般意义上使经济的"最强动力"获得"最好动力"的互动，而且是与"最好—最强动力"的互动，从而使理性经济行为获得合理有效的人文支持和人文动力。伦理的互动，可以解决人的行为的价值合理性问题，但难以解决人的合理价值行为的动力的保障问题，因为，无论是道德信念，还是现代伦理学所强调的制度供给，可以使道德冲动力"最好"，但却难以达到"最强"。宗教与伦理的合一，使"最好"动力同时达致"最强"，以"最好—最强"的宗教伦理的动力，与经济的"最强"动力辩证互动，从而合理有效地造就社会的理性经济行为或经济的"社会精神气质"。

（3）"理想类型"的道德哲学，不是追究单个因素，如经济、伦理或宗教的"决定性"或第一性的作用，而是强调各种因素的"合成作用"。"理性经济行为"是"宗教—伦理"的"合成作用"，而所研究的文明合理性，则是"宗教—伦理—理性经济行为"诸要素的"合成作用"。"合成"的方法与视域，不仅一般地具有辩证的性质，而且产生了积极的和巨大的学术影响，其中也不难找到马克思"有机体"思想的影子。

四　内在矛盾

但是，"理想类型"中也潜在着深刻的内在矛盾。

第一，特殊与普遍的矛盾。"理想类型"的立意是诸因素的"合成作用"，但韦伯的学科立场是宗教社会学，其基本学术出发点是宗教。这样，"合成作用"的立意与宗教社会学的出发点就会产生矛盾，矛盾的结果，不是"理性经济行为"形成中宗教与伦理的"合成"，也不是它们的二元，而是基点的飘移。"理想类型"研究的主题是"新教伦理与资本主义精神"，根据韦伯在该书的第一节提出的问题，这个主题中存在着两对普遍与特殊的关系或矛盾：第一对是"新教伦理"与"资本主义精神"，前者是特殊，后者是普遍；第二对是"新教"与"伦理"。"资本主义精神"，是他所要探讨的由"新教伦理"这样的西方文明的文化现象，所产生的"普遍意义和普遍价值"。于是，"理想类型"在逻辑上就存在两个纬度：伦理的纬度与宗教或新教的纬度。在"理想类型"的形上层面，它指向"伦理"的"普遍意义和普遍价值"，但一旦落实到具体分析中，对应的却是"新教伦理"甚至就是"新教"与"资本主义精神"的关系。"理想类型"的方法是：先将"资本主义精神"确认为"普遍意义和普遍价值"，然后再分析"新教伦理"，从根本上说是"新教"而不是"伦理"与这种普遍意义和普遍价值的关系。在这个过程中，事实上进行了两种泛化。一是在价值预设上将"资本主义精神"泛化为"普遍意义和普遍价值"；二是将"新教伦理"泛化为合理的"伦理"或伦理合理性，其实质是，将新教泛化为伦理合理性。当一般地探讨宗教、伦理与"普遍价值与普遍意义"的关系时，"理想类型"是合理的；但当这种道德哲学的形上范型被具体地落实为"这一个"宗教、伦理即"新教伦理"与"资本主义精神"关系时，就潜在着将特殊同一为普遍，即将西欧的新教伦理等同为伦理合理性，将"资本主义精神"等同于"普遍意义与普遍价值"的矛盾和作者自发自觉的学术故意。

第二，"合成"与"本位"的矛盾。如前所述，"理想类型"意在探讨宗教、伦理、经济（行为）的"合成"作用及其所形成的民族特性和社会文明，但在具体分析中，始终预设着一种绝对标准或先验价值，这就是经济或资本主义经济。在"合成作用"中，经济只是一个文明因子，但在潜在的价值预设中，经济或资本主义经济却成为文明的本位或绝对标准。"合成"的本性是生态的，必然要求扬弃绝对本位和先验的绝对价值，实际存在的价值预设却是承认和坚持本位，也许没有这个本位就难以找到"合成"的合理性标准。"合成"与"本位"必然产生矛盾，"理想类型"的选择是：在具体分析中致力诸因素的"合成"，但在潜在的价值取向和价值预设中，坚持经济的价值"本位"。

第三，"与"的思维方式的矛盾。"理想类型"用一"与"字，将"新教伦理"的特殊，与"资本主义精神"的一般嫁接起来，这种由"与"所链接起来的联系，用丹尼尔的话说，是一种"人工合成"的"理想类型"，而韦伯理论的形上前提是：文明体系本是一个不可分的有机体。事实上的"有机体"的理念与理论上的"人工合成"，就成了内在于"与"的思维方式中的矛盾。矛盾的结果是："与"，或新教伦理"与"资本主义精神的关系，成为"人工合成"的一个强制性的二元结构。无论韦伯如何具有学术的天才，强制性的痕迹在他的"理想类型"中是深刻而明显地存在的。

以上三大矛盾，"合成"为一个结果：将"新教"、"新教伦理"、"资本主义精神"的"这一个"，上升、泛化为"这一切"（即"普遍意义"与"普遍价值"）。这是韦伯的意图和努力所在。

第三节　文化霸权的历史哲学取向

道德哲学中的逻辑矛盾，与西欧中心主义的文化立场的结合，不可避免的演绎是：以文化霸权为本质的历史哲学。

一　两种风范

也许，将韦伯谦逊而严谨的言辞与文化霸权相联系，是件让人很不情愿的事，然而，仔细分析就不得不承认，20 世纪愈演愈烈的文化霸权主义，与韦伯的"理想类型"有着千丝万缕的联系。这种联系，不能仅归结为部分西方学者乘着韦伯理论的飓风而狐假虎威，特别应当注意的是，在韦伯的"理想类型"中，着实潜隐着文化霸权或文明霸权主义的历史哲学取向。韦伯的"理想类型"对历史哲学的影响比对道德哲学要深刻得多，也巨大得多，只要回顾 20 世纪伴随关于韦伯理论的讨论而发生的中西文明的论争，就可发现，在作者的思想体系中，"理想类型"首先是一种特殊的历史哲学，道德哲学只是潜在于历史哲学中的逻辑架构，只是因为人们更愿意从纯学术的角度理解作为学者的韦伯，或者缺少历史哲学解读的自觉，甚至因为人们厌烦了意识形态化的思维方式，"理想类型"才长期逍遥于历史哲学的反思批判之外。但是，20 世纪下半叶以后欧美文化和学术的走向，以及在它的发展中日益显露出的与韦伯理论之间的渊源关系，迫使我们不得不唤起沉睡的历史意识，对韦伯的"理想类型"进行严肃的历史哲学思考。

平心而论，韦伯在研究中确实是审慎并试图在各种文化中持中的。在《新教伦理与资本主义精神》导论的最后，他特别强调两点：第一，宗教观念对"经济精神"发展的影响，或经济制度的"社会精神气质"，是一个最难把握的问题，他的研究，只被限定于那些从"这一观点"来看对理解西方文化颇具重要性的问题。就是说，他只是从宗教社会学的视角，研究新教伦理与理性经济行为这一西方文化的问题。第二，他特别"告诫那些迄今未得门径的读者不要夸大我们这些考察的重要性"，他坦言自己的研究只具有"一种暂时的性质"，只希望"在核心论点上找不出根本性错误"，这一理论与其他研究一样，"都是要被更替的"。① 如果仅就此看来，我们对"理想类型"进行历史哲学的分析，并将它与后来的文化霸权主义相关联，似乎不只是庸人自扰，而且可能开始就是一个学术冤案。但是，同样必要的是，应当把作出这一申言时的作为学人的韦伯，与作为在这一研究中事实上呈现的和现实的韦伯相区分，毋宁这样可能更接近事实：将他的以上两个申言作为该研究开始或成书后，所表现的德国人特有的严谨和作为学者的韦伯的特有的审慎。

对理解"理想类型"的历史哲学取向和它所引领的学术走向的实质，具有启发意义的，还有另外三个方面。1）韦伯在该书导论的一开头就提

---

① 参见［德］马克斯·韦伯《新教伦理与资本主义精神》，于晓、陈雄纲等译，北京三联书店 1992 年版，第 16、17 页。

出的那个在西方文明的特有文化现象中，寻找"普遍意义和普遍价值"的雄心勃勃的主题。这当然是一个有意义的学术论题，但这也是一个证据：韦伯事实上一开始也就在理念和主题中规定并预设了这些西方文化的普遍性，并试图透过道德哲学的努力，建构它们之于整个文明体系的"普遍意义和普遍价值"。至少可以说，这一主题既包含了韦伯的文化情感、文化态度，也包含了他的基本价值认同，以及随之进行的价值努力。2）在《新教伦理与资本主义精神》一书完成后，韦伯进行了一系列比较研究，将新教伦理与儒教伦理、伊斯兰教伦理、佛教伦理等进行了比较，不能不承认，他的这些比较是天才和富有卓见的，但同样不能不承认的是，所有这些研究，主题还是一个：只有新教伦理才能造就作为理性经济行为的"资本主义精神"，完整地说，只有西欧的新教伦理，才具有"普遍意义和普遍价值"。如果说，在《新教伦理与资本主义精神》一书中，他的文化中心主义和文明历史优越感还是潜在的话，那么，在这些比较研究中，他的历史哲学取向就表现无遗和确证无疑了，特殊性只在于：坚定的历史哲学取向，透过强有力的道德哲学的学理论述而确证和表达。3）韦伯的政治兴趣和文化立场，这一点对把握韦伯"理想类型"的历史哲学实质具有重要的参照价值。

二　潜隐的霸权

"理想类型"所规定的"不再专注于呈现特定的具体事件，而是试图找到社会文化生活中各种关系的普遍模式"① 的学术和历史抱负，前面已多有论述，需要进一步分析的是这种抱负的文化动因，这就有必要考察作者的政治与文化立场。李凯尔特发现："如果考虑到韦伯谈到的理论家与实践者的关系，就会引起哲学性质的更大困难。他本人并不想只做一名学者，他也想发挥政治作用；他越是严守自己在概念清晰和价值中立的纯理论上的科学理想，他在生活中的整个立场就越会发生困难。"② 在政治与学术的关系方面，有一点是可以肯定的：他至少是一个对政治有很大兴趣的学者。这一点可以从他的出身，以及《以政治为

---

① 李凯尔特：《马克斯·韦伯的科学观》，见 ［德］ 马克斯·韦伯《学术与政治》，冯克利译，三联书店 1998 年版，第 132 页。

② 同上书，第 140 页。

业》、《以学术为业》几个著名演讲中得到佐证。而对形成他的"理想类型"的历史价值取向产生重大影响的，还有另一个因素，这就是他的民族主义倾向和民族认同史观。韦伯是一个西欧文明中心论者。他在方法论集中宣称，进行历史解释和解说的主要前提之一，是学者自身的"价值承诺"，而价值承诺的重要理论根据之一，就是奥尔格·齐美尔的亲族解释理论。正如有的学者所发现的那样，尽管他极端怀疑种族学说，但却认为人种论是有裨益的。"我们不止一次地发现，在西方，并且仅仅在西方，某种类型的理性化甚至在显然互不依赖的生活范围中也获得了发现。因而揣其根本原因在于遗传差异，本是自然而然的事情。"① 在他的"理想类型"中民族主义是如此明显，加之他的政治哲学过于强调神性领袖乃至一定程度专制的意义，以致有的学者将他与希特勒相联系，认为后者实际上是实现了韦伯的建议，韦伯至少对希特勒专制负有间接责任。② 虽然这种判断可能对韦伯来说有点有失公允，但其历史哲学取向是很清楚的。

在韦伯的理论体系中，"理想类型"本与"现实类型"相对应，是理论假定的一种"纯粹"形态或逻辑建构，目的是从纷繁的经验材料中精确地显示出事实的关键层面和内在联系。他将"新教伦理"与"资本主义精神"相联系，建构西欧资本主义形成的"理想类型"。如果只停留于此，应该说无论在逻辑还是历史中都有很大的合理因素。问题在于，韦伯用同样的思维方式由真理再向前走，用西欧资本主义的"理想类型"检视其他异质文明，通过赋予这个"理想类型"以"普遍意义和普遍价值"，使之成为其他一切文明的"理想类型"，或成为判断其他一切文明的合理性的普遍价值标准。作这种引申的学术目标有两个。一是为近代资本主义为何只在西欧产生这个问题提供解释，这是显在目标；第二个则是潜在的和事实的目标，它向人们展示：只有由新教伦理培育出来的西欧文明才是合理的和有价值的，因而应当成为其他一切文明的范型，韦伯后来所做的大量比较，都是以这种"理想类型"为根据进行文明合理性的历史判断。至此，他的"理想类型"在历史领域中已经不是一般意义上的

---

① ［德］马克斯·韦伯：《新教伦理与资本主义精神》，于晓、陈雄纲等译，北京三联书店1992年版，第1819页。

② 参见［德］马克斯·韦伯《儒教与道教》，洪天富泽，江苏人民出版社1993年版，译者序第21页。

欧洲中心主义，① 至少潜在或具有文明霸权、文化霸权的取向。

　　"理想类型"在历史哲学中的文明霸权取向，在关于儒教与清教的比较中得到清晰的表现。应该说，这个比较洋溢着作者的理论慧见和学术天才。如：关于清教的伦理理性主义及其宗教价值的论述，关于儒教与清教对世界所持的"随和"与"紧张"、"适应"与"改造"两种态度的著名论断，关于"土人伦理"与"人民伦理"、"社会伦理"与"宗教伦理"、"血缘共同体"与"信仰共同体"、"君子理想"与"职业思想"之间的对立，等等。但是，在作这些比较时，韦伯始终以"新教伦理"为先验预设的"理想类型"和价值标准，事实上进行的是不平等的对话和比较。譬如，在对儒教与清教对世界的"随和"与"紧张"、"适应"与"改造"两种态度或两种心态的比较中，始终潜在一个"价值承诺"和"亲族认同"：后者是合理性标准和理想范型，前者因为与之不符，因而缺乏价值合理性与历史合理性。作者并没有提供令人信服的历史根据，说明对世界的"随和"与"适应"的态度为何不合理，所有的根据只有一个：它没有出现西欧式的"资本主义精神"。而问题在于，西欧资本主义只是西欧社会的"这一个"，在多大程度上具有"普遍意义和普遍价值"，着实令人怀疑。退一步说，即使西欧的"新教资本主义"可以成为"理想类型"，它在不同的民族主体和文明体系中，必有具体历史的表现，不可能保持原有的"纯粹"，就像头发人人都有，在欧美是黄发，在亚洲是黑发一样。更何况，正如马克思所说的那样，资本主义、资本主义精神，即使在它可以作为时代精神代表的上升时期，也不能与"合理性"、"神圣性"相等同，"资本来到世界，从头到脚都滴着鲜血和肮脏的东西"，韦伯也应当读过这段名句。将资本主义和所谓"资本主义精神"作为文明合理性的价值标准本身就不合理，将由西欧文明中各种文化要素"化合"而成的"资本主义精神"，作为一切文明的"理想类型"，更是武断的和专制的，至少在文明对话和文明比较中缺乏真正的平等心态和民主精神。

　　在这里，我们不妨可以将韦伯的"理想类型"历史哲学理念与他关于民主的政治哲学理念联系起来分析。关于民主，他有一段精妙的言词："民主只意味着人民选出它所信赖的领袖。在此之后，被人民选出的领袖

---

　　① 参见［德］马克斯·韦伯《儒教与道教》，洪天富译，江苏人民出版社 1993 年版，序第32 页。

便可对人民说:'现在,你们该沉默了,应该服从我。",① 根据同样的逻辑,"理想类型"只意味着从西欧文明演绎出一种"普遍意义和普遍价值",一旦它推出后,它便说:我就是文明的—上帝,只有我具有价值合理性,其他一切文明都是偶然的非合理存在。唯我独尊,顺我者昌,逆我者亡,这是在"理想类型"中可以捕捉到的"社会精神气质"。遗憾的是,我们过于激赏韦伯的学术天才,不幸将这个德国学者骨髓中暗藏的文化基因给忽略了。下面将发现,这种善良的疏漏险些将世人诱进历史哲学的沼泽。

三 精神谱系

如果"理想类型"的历史哲学本质被其道德哲学的逻辑形态所掩盖,那么,梳理出它在理论之流中的"精神谱系",则有利于呈现它的原貌。"理想类型"首先让我们联想到的是作为马克思,也是作为韦伯的思想先驱的另一位伟大的德国哲学家黑格尔的历史哲学。在《历史哲学》中,黑格尔提出了一个著名思想:"历史是精神的发展,或者它的理想的实现。"他对"历史哲学"的诠释是:"'历史哲学'只不过是历史的思想的考察罢了。""哲学用以观察历史的唯一的'思想'便是理性这个简单的概念。"② 在这种诠释下,世界史就是精神发展史。"世界史在一般上说来,便是'精神'在时间里的发展,这好比'自然'便是'观念'在空间里发展一样。"③ 在他的历史哲学体系中,人类精神生长和世界历史进步的过程是:东方世界—希腊、罗马世界—日耳曼世界。"东方从古到今知道只有'一个'是自由的;希腊和罗马世界知道'有些'是自由的;日耳曼世界知道'全体'是自由的。"他以中国和印度为代表的东方世界是"历史的幼年时期"。"在东方的国家生活里,我们看到一种实现了的理性的自由,逐渐发展而没有进展成为主观的自由。"希腊的世界可以作历史的"青年时代","因为这里渐有个性的形成"。罗马国家是历史上的"壮年时代"。"'壮年时代'乃是为着一种普遍的目的而经营,在那里边个人已经消灭,个人只能够在普遍的目的下实现他自己的目的。"于日耳

---

① Dronberger I. The Political Thought of Max Weber: In Quest of Statesmanship. New York, 1971, pp. 104 – 105. 转引同上书序,第19—20页。

② [德] 黑格尔:《历史哲学》,王造时译,上海书店出版社1999年版,第8—9页。

③ 同上书,第75页。

曼世界出现，世界史便进入第四个时代，即"老年时代"，它是人类的成熟和完满时代。"自然界的'老年时代'是衰弱的；但是'精神'的'老年时代'却是完满和成熟和力量，这时期它和自己又重新回到统一，但是以'精神'的身份重新回到统一。"① "幼年—青年—壮年—老年"的历史图式，给人们最强烈的刺激，还不是其思辨的性质，任何一个清醒的学者都不可以不顾的是它的历史逻辑。在这里，东方世界的中国和印度只是人类历史和精神的初级阶段，历史越往西方发展，越是成熟和完满，黑格尔自己的国家和民族，即日尔曼世界，才是历史和精神的最高阶段和顶峰。西方中心论，日耳曼优越论溢于言表。韦伯的"理想类型"所表现的历史观虽然不像黑格尔那样赤裸，但西方中心论和日耳曼优越论的文化胎记清晰可见。"理想类型"反复强调的观点是：只有在新教伦理的国家，即德国和它的亲族英国等，才能真正诞生作为"绝对精神"的"资本主义精神"，其他文明一概不具有这个优良的文化种姓。在这两个同根同种的历史哲学中，确实让人栗悚地看到了希特勒的精神胚胎。

　　"理想类型"在全世界胜利挺进了将近一个世纪之后，它的本质于20世纪90年代为一位学者兼政治家所演绎和发展。亨廷顿用一个惊世的语词揭穿了这个世界的秘密："文明的冲突"。他的逻辑是：当代世界的冲突，已经不是政治、经济或意识形态的冲突，而是诸文明或诸文化之间冲突，是文明冲突或文化冲突。"那些最大的文明也拥有世界上的主要权力。"② 我们不必因为疑心太重而过于怀疑作者的动机，"文明的冲突"只是发现和揭示了一个历史事实，最多是对此加以鼓吹罢了。应该说，作者是坦率的，他承认，"每一个文明都把自己视为世界的中心，并把自己的历史当作人类历史主要的戏剧性场面来撰写。与其他文明相比较，西方可能更是如此"③。对我们的研究最有意义的启发是：这种"文明的冲突"在"理想类型"中事实上早已存在，只是它是由韦伯透过一种特殊的文明理念而进行的一种"人工合成"。在"理想类型"中，我们到处可以看

---

　　① ［德］黑格尔：《历史哲学》，王造时译，上海书店出版社 1999 年版，第 111—112、113、114、115 页。

　　② ［美］塞缪尔·亨廷顿：《文明的冲突与世界秩序的重建》中文版作者序言，周琪等译，新华出版社 1999 年版，第 2 页。

　　③ ［美］塞缪尔，亨廷顿：《文明的冲突与世界秩序的重建》，周琪等译，新华出版社 1999 年版，第 41 页。

到这种冲突，也到处可以看到在冲突中"新教伦理"所代表的那种文明无往而不胜的"权力"。可以说，亨廷顿所发现的"文明的冲突"，在韦伯的"理想类型"中早已被设计和建构。用黑格尔的话说，"文明的冲突"只是"理想类型"的定在与外化，二者之间的关联几乎具有文化基因的性质。

到世纪之交，"理想类型"便在它的世界史中走向"成熟"，获得了更加"完满"的精神本性和概念形态："全球化"。现在已经十分清楚，"全球化"的指向，不只是经济的、科技的，乃至不只是政治的，它的最深刻的指向是文化。与"理想类型"不同的是，它不再像韦伯那样，首先在西方文明中指认一些"文化现象"，然后再建构其"普遍意义和普遍价值"，而是直截了当地寻找和建构文化的"普世性"或"全球性"。而最有"权力"具有"普世性"，或"普遍意义与普遍价值"含量最高的，当然是最为现代化的、可以充当其他文明形态的"理想类型"的强势文化。与韦伯时代不同的是："理想类型"的主体已经不只是西欧，还有美国，后者比前者更有"权力"。确切说，"全球化"的"理想类型"是欧美文化。无论如何，"全球化"只是"理想类型"的当代版。虽然亨廷顿反复强调，只有全球性的经济竞争，没有全球的文化趋同。可是，在"理想类型"和"全球化"中，字里行间反复读到的却是"文化大同"。这种"文化大同"的实质，也已经被那些具有文化良知和学术洞察力的西方学者所揭穿："文化帝国主义！"文化帝国主义已经成为当今世界一种新的也是最深刻、最有欺骗性的霸权主义形态。美国学者汤林森发现，自60年代以来，帝国主义、文化帝国主义已经为全球化取而代之。而我们要说，20世纪初韦伯的"理想类型"，已经被"全球化"取而代之。

"'绝对精神'—'理想类型'—'文明的冲突'—'全球化'，形成一种历史哲学的特殊的文化精神链，而潜在和贯穿于其中的深刻本质是：文化帝国主义，文明帝国主义。套用黑格尔的范式，如果说，"绝对精神"是文化帝国主义的"幼年时代"，那么，"理想类型"则是它的"青年时代"，"文明的冲突"是"壮年时代"，而"全球化"则达到它的历史发展的"成熟"和"完满"阶段："老年时代"。至此，"理想类型"才羞答答地卸下华贵精致的学术晚妆，露出其地道的日耳曼血统的历史哲学本性。

第四节 "儒家资本主义"：一个错位的回应?!

行文至此，不能不提及关于"新教资本主义"讨论和论争中另一个著名的命题："儒家资本主义"。每个有学术见识和文化良知的人都会承认，无论在理论洞见还是文明正义方面，"儒家资本主义"的命题及其理论都令人感佩。然而，也不得不承认，"儒家资本主义"总体上是一个回应性、演绎性和防御性的口号，作为对"新教资本主义"的反绎，正当它准备挺进世界时，据说一个东亚金融危机，就让这个理论失去了公信度和自信力。其实，根本的问题不是东亚金融危机所暴露出的"儒家资本主义"的软肋，试想，自韦伯1904年提出这个命题后，"新教资本主义"世界不知经历多少危机乃至毁灭性的劫难，仅是作为历史"老人"的日耳曼德国，就经受了一次大战的失败，二次大战给全世界和本民族带来的灾难和永远的耻辱，西方世界更有20世纪30年代近20年持续的经济危机，为何"新教资本主义"的理念和信念可以在一次又一次的文明废墟上魅力永葆，而"儒家资本主义"却被一次小小的金融危机彻底颠覆？这种状况无论如何在学理上难以解释和成立。根本的原因，根据以上道德哲学与历史哲学的分析，在于从一开始，"儒家资本主义"就是对"新教资本主义"错位的回应。

在道德哲学方面，虽然韦伯和现代新儒家都将儒家诠释为儒教，"儒家资本主义"有时也被表述为"儒教资本主义"，但无论如何，儒学不是宗教，孔子也不是上帝。"新教资本主义"中那种"宗教—伦理—理性经济行为"依次晋升的三维结构，在"儒家资本主义"中只有"伦理—经济行为"的二维结构。在三维结构中，伦理既是理性经济行为的原因，更是宗教的结果，宗教，始终是韦伯分析问题的最重要的视角和最具解释力的文化黑洞。而"伦理—经济行为"的二维结构，在韦伯看来，只是"俗肚伦理"，因其缺乏宗教的根源动力，于是难以产生理性的经济行为，亦即他所激赏的那种"经济制度的社会精神气质"。以二维结构应对三维结构，以"俗世伦理"应对"宗教伦理"，道德哲学上的不同构，"精神气质"方面的不同质，加上"理想类型"的先发优势，一开始就决定了这种回应的历史命运。于是，情形就变为：要么儒家的道德哲学也具有宗教性或被赋予宗教性，要么就不具有派生理性经济行为的文明品质。无论哪一种选择，结论和结果都早已包含于前提之中。在这个意义上，"儒家资本主义"不幸落进了一个蛰伏的道德哲学猪笼。

历史哲学方面的情形更为明显和严重。"理想类型"作了一个不证自明的学术预设：资本主义是世界精神或时代精神，是历史合理性的化身。据此再寻找这种世界精神在西方文明中的具体表现，这就是所谓"理性经济行为"。这样，由新教伦理化育出来的以理性经济行为为特质的"资本主义精神"，就不仅是西方的，而且也应当是全世界的绝对精神，只是在西欧文明中，这种绝对精神臻于"成熟"和"完满"，相反，与它相异的一切，都是偶然的存在，都不具有合理性。韦伯在西欧文明中发现"资本主义精神"的那种兴高采烈，与当年黑格尔在拿破仑身上发现绝对精神，高呼拿破仑就是"骑在马上的绝对精神"的情形有惊人的相似。既然韦伯已经根据西欧文明的体质，量身定做了一个"理想类型"或"绝对精神"，而要其他一切文明为之削足适履，那么，"儒家资本主义"的回应，越是在理论上才华横溢，就越是感受到生命的窒息，宛如处于圈套中而又奋力挣扎的脖子一样。顺着"理想类型"的逻辑和思路，绝对引导不出其他文明的合理性。因为它的理由和结果只存在于早已预设的前提之中。这种预设是专断的和非理性的，用任何理性的和民主的方式进行讨论，都是南辕北辙，缘木求鱼。所以，在历史哲学方面，"儒家资本主义"只是充当了"新教资本主义"的令人同情的"陪衬人"，观众的欢呼，最多让她偶尔做一次"伴娘"，但永远没有与主人平分秋色的权力和机会。不过，需要清醒认识的是，不是"陪衬人"或"伴娘"资质不佳，而是给她所安排、强加的角色，或者说她的宿命只能如此。提升自己的合适选择是：彻底地走出做影子的圈套，不屑地与"祛魅"的主人说声"再见"，大步流星地走向属于自己的那个舞台。

韦伯的"理想类型"如果对我们有什么启发，那就是：在那些作为一种特定文明代表的学术大师及其杰作面前，我们越是诚惶诚恐，就越是觉得无缘于这个"类型"，越是觉得自己太不"理想"，甚至是个"另类"。最好的反映是：唤起反思与批判的潜能，与其平等地对话和商谈，然后携手一同接受真理之光的普照。

第五章 "经济伦理"

第一节 问题:"经济伦理"的可能性与合理性

"经济伦理",是 20 世纪关于伦理—经济关系的第三大理念与命题。

与"经济决定伦理"和韦伯关于新教伦理"理想类型"的命题不同,"经济伦理"在相当意义上是一个实践性或应用性的理念。在跨文化交流中,Economic Ethics,Business Ethics 都被理解和翻译为"经济伦理",事实上二者具有不同的学术指谓。前者不仅更宏观,而且更偏重经济的道德形而上学,在很多场合指"经济伦理学";后者则指企业伦理或商务伦理,是应用形态的经济伦理。西方学术话语中的"经济伦理",更侧重后者,中国目前泽介的西方经济伦理理论,大多是"Business Ethics"。与之相对应,中国学者的研究似乎对"Economic Ethics"感兴趣,学术兴奋点主要是:经济的道德形上理论;为经济体制和经济活动进行道德立法。这种局面既与中国伦理学的研究进展相关,更与中国伦理学界的知识状况、学术传统和价值取向关联。在体系上,"经济伦理"应当涵盖"Economic Ethics"和"Business Ethlcs",即理论形态和应用形态两个方面。

严格说来,自有经济活动,就产生经济伦理。经济伦理思想理论上应当与伦理学的一般理论同时诞生,古老的《论语》在日本一些著名企业就被当作经济伦理学诠释和尊奉。然而,20 世纪确实出现了经济伦理的巨大复兴或所谓"再发现"。二次大战前后,先是在德国,然后在欧美其他国家,经济伦理几成显学,各种宗教的经济伦理学说的产生就是典型表征。继韦伯提出新教经济伦理理论之后,天主教经济伦理、佛教经济伦理,乃至儒教经济伦理的研究,形成国际学术发展的一个抢目热点。在这个意义上,将"经济伦理"作为 20 世纪关于伦理—经济关系的最有影响的三大理论之一,并不为过。

如果在 20 世纪后期中国特殊社会情境中进行文明解读，"经济伦理"成为三大伦理—经济理论之一，更有其特殊文化动因，可以概括为：经济的价值霸权与文明的反霸权努力；人欲大行与良知蠢动。20 世纪 70 年代以后，中国实施具有历史意义的发展战略大转移："以经济建设为中心"。这种战略转移当然具有深刻的历史必然性与实践合理性。然而，正如我多次指出的那样，在这个历史性战略转移中也潜在一种可能甚至危险：将"以经济建设为中心"由发展战略不恰当地扩展为社会文明的发展理念。如此，"经济中心"便可能演绎误读为"经济至上"，将经济在文明体系中推为至尊，进而形成经济的价值霸权。20 世纪是世界性的经济高速发展期，同时也是经济在文明体系中逐步形成霸权或取得霸主地位的时期。在这一特殊文明背景下，20 世纪的经济伦理，一开始就内在消解价值霸权的文化使命与文明意义。韦伯的"新教伦理"，贝尔的"文化矛盾"，福山的"社会资本"，无一不是试图透过伦理的辩证互动，动摇和颠覆经济的霸权地位，使文明的基本因子复归生态合理性。中国经济伦理理论繁荣于 20 世纪 90 年代。诚然，道德形上理论中长期奉行的经济决定论事实上在道德领域建构和维护了经济的价值霸权，但对市场经济的道德反思和道德批评，则在价值论与实践论中试图消解和扬弃经济的价值霸权，尽管这种努力至今还不够自觉和缺乏理论力度。在微观经济行为的意义上，经济伦理可以视为市场条件下本能释放的道德良知，用贝尔的理论诠释，就是为市场体制的巨大的"经济冲动力"，提供"道德冲动力"的价值互动和价值制衡。比较而言，市场体制是最能孕育和释放"最强动力"的体制，然而如果没有"最好动力"与之匹配，这种"最强动力"也潜在对社会文明产生"最大破坏"的危险。由此，经济伦理在文明生态和人的精神生态中才透过历史必然性成为一种学术潮流。市场体制提出了经济伦理的文明需求，但这种应运而生和应急而作的现实状况，也使经济伦理尤其是中国经济伦理，一开始便有其理沦的先天不足和实践上的后天失调。

20 世纪初，德国宗教伦理学家席林在《天主教经济伦理学》中就提出一个严肃问题：经济伦理学的可能性和合理性。"如果严格意义上的规律确实统治着经济领域，经济伦理学就是不可能的；如果像自由主义、理论自由主义，特别是实践自由主义的某些代表始终所主张的那样，赋予经济生活相对于任何伦理义务的完全的自律和自由，经济伦理就是不

合理的。"① 他认为，如果像马克思所说的那样，经济领域受不可变更自
然规律统治，经济伦理学就是不可能的和无对象的；如果经济生活自律的
假设被证明是正确的，经济伦理学就不合理。② 如果对他的观点进行肯定
性的演绎，那就是：经济伦理可能性的理论前提是：自然规律不是经济领
域的绝对规律；经济伦理合理的理论前提是：经济生活不是至少不完全是
自律的。应该说，席林误解了马克思的本意。马克思社会历史观的基本观
点是：人们自己创造自己的历史，但又不能随心所欲地创造历史；经济社
会发展是客观规律性和主观能动性的统一。但是，如果将自然规律对经济
领域的统治诠释为道德生活和道德发展的经济决定论，或所谓"经济决
定伦理"的道德本体论，就像中国伦理学界所理解和坚持的机械本体论
那样，席林的观点便是富有预见性的洞识。假设彻底贯彻"经济决定伦
理"的机械本体论，不仅经济伦理不可能，而且整个伦理生活和伦理学
都不可能。所谓"自律"的经济生活与伦理的关系同样如此。席林的思
考方向无疑具有合理性并极具启发性，遗憾的是，席林所讨论的事实上仅
仅是作为理论形态的经济伦理学的可能性与合理性的理论前提，他并没有
讨论更没有指出作为现实形态的经济伦理的可能性与合理性的实践前提，
而实践前提，而不是经济伦理学的理论前提，才是作为经济伦理作为经济
生活的实践理性的直接历史基础。在席林止步的地方，我们需要进一步
推进。

　　经济伦理学和经济伦理的区分，在于理论与实践的不同侧重。在实践
的层面，经济伦理必须具备可能性与合理性的现实条件。前提性的现实条
件不充足，不仅使经济伦理不具实践可能性或实践有效性，而且也不具实
践合理性。如果说自然规律论与经济自律论使经济伦理学陷入可能性与合
理性的理论危机，那么，经济伦理同样可能遭遇并且事实上已经遭遇可能
性与合理性的实践危机。区别在于，实践危机不是源于某些理论假设，而
是源于经济伦理生活中的某些"伦理—经济悖论"。我认为，"经济伦理"
在实践可能性与实践合理性方面逻辑与历史地潜在三大悖论：价值悖论；
规范悖论；实践悖论。这些悖论不仅使经济伦理在实践上难以可能实施，

---

　　① ［德］席林：《天主教经济伦理学》，顾仁明译，中国人民大学出版社 2003 年版，第 6—
7 页。

　　② 同上书，第 7—9 页。

更使其难以真正合理。据此，经济伦理学的理论建设和经济伦理的实践发展的学术任务，首先必须致力于这些悖论的扬弃和超越。

第二节　价值悖论：目的—工具的两难

一　两难价值

无论是道德哲学的层面还是实践精神的层面，"经济伦理"一开始都面临"目的—工具"的价值悖论。

> 如果"伦理"是目的，那么，"经济伦理"将失去其"经济"的基础和指向，经济将在伦理的自我合目的性的追究和追求中自我消解，伦理亦将最终成为抽象思辨的"纯粹伦理"，"经济伦理"将不成为经济伦理；
>
> 如果"伦理"是工具，那么，伦理将因其沦为经济附庸而失去作为文化生态中有机因子的存在意义和互动能力，"经济伦理"也不成为经济伦理。

席林曾对经济伦理学这样做概念规定："经济伦理学是对这样的规范进行学术的论述和发挥，它们使经济的所作所为符合满足需求的相应最近目的，并进一步符合最高目的；这些规范使之可能：对经济活动和经济作道德上的评判，它们是否和最近目的及最高目的相一致或者相矛盾。"经济伦理学具有双重对象，"经济伦理学不仅与国民经济学共同拥有其实质对象，而且还有一个特殊的形式对象，因为它用应该的观点观察同一对象：即用应该的观点观察纯哲学的经济伦理学"①。经济伦理学的这一概念规定对经济伦理应当同样适用。根据这一规定，可以这样概括经济伦理的特质：经济伦理是使经济行为符合"应该"（或"应当"、"应然"）的最近目的和最高目的的文化存在。经济伦理有两个对象：经济；伦理。前者的核心是经济活动，以及对人的经济行为进行制度性安排的经济体制，这是"实质对象"；后者的核心是"应然"的目的及其价值标准，这是

---

① ［德］席林：《天主教经济伦理学》，顾仁明译，中国人民大学出版社 2003 年版，第 6 页。

"形式对象"。实质对象与形式对象，即经济与伦理的联结方式与原理是：以"应然"的观点和价值标准对经济活动与伦理目的之间关系的状况（一致或矛盾）进行道德判断。

经济与伦理的这种关系及其联结方式，一开始就可能使经济伦理陷入目的性危机或价值悖论之中：在经济伦理中，到底经济是目的，还是伦理是目的？到底经济是基本价值，还是伦理是基本价值？这种危机与悖沦，在"经济伦理"的伦理学语言结构中已经存在。只要进行简单的伦理学语言分析，就会发现，"经济伦理"这个偏正结构存在两种可能的而且符合语言逻辑的理解和诠释方式：前偏后正，或前正后偏。即使在二者之间加一副词，形成"经济的伦理"的语言结构，在语义理解中以经济为正和以伦理为正都同样是正确的。语言学的这种二元性，在实践层面的后果就是：以经济为侧重，或以伦理为侧重；以经济为目的，或以伦理为目的，反过来，以经济为手段，或以伦理为手段，都有同样的机会与可能，甚至相对意义上的价值合理性。这种状况当然透过抽象的"互为目的，互为工具"的范式获得暂时的"辩证"，但事实上，它确实使"经济伦理"在概念、价值与实践上都处于逻辑—历史的悖论之中。形成这个悖论的部分原因是："经济伦理"（Economic Ethics）与"企业伦理"或"商务伦理"（Business Ethics），以及其他应用伦理的概念和语言结构不同，虽然后者也是偏正结构，但它是一维的或一元的，前者是后者的主体（如企业）或作用对象（如"环境伦理"中的"环境"等）。而"经济伦理"的语言和语义结构却不同。在这个结构中，"经济"固然可以成为"伦理"的作用对象，但它同时是文明体系中与伦理共生共存，辩证互动的基本因子。于是，在语言逻辑、价值取向和实践活动中，就容易陷入二元价值的矛盾与悖论之中。

二　目的行为、工具行为、策略行为

在经济伦理中，伦理面临目的价值的两难：目的价值是伦理的基本价值，否则便丧失作为伦理的本性；但之于"经济伦理"，伦理又不可能或难以成为"实质价值"（相对席林所说的"实质对象"而言）。以上两难也可以这样表述：伦理行为必须是目的行为，但在经济伦理中，又难以成为真正的或完全的目的行为。虽然伦理学界长期存在关于伦理的目的价值和工具价值的论辩，虽然在市场体制下伦理的工具价值事实上得到前所未有的彰显，但毋庸置疑，目的价值是伦理的基本价值。无论在文明体系，还是在古典形态中，伦理都是一种目的性的存在，这是它作为文明生态的基本因子的合理性与合法性基础，只是在后来，诸多迎合人的好利本性冲动的理论将它搅得模糊不清。康德在伦理学领域中"哥白尼式革命"的重大贡献，就是进行理论上的拨乱反正，让伦理重新回归目的本性。为义务而义务的"绝对命令"，关于德性与幸福悖论的揭示，包括对情感之于道德的带有偏见性的论述，都是为使伦理屹立于目的王国的基地。这是康德伦理学的魄力所在，虽然像被普遍批评的那样，潜在"形式主义"的弊端。诚如叔本华所言，"康德对道德科学的伟大贡献是，他清除了这门科学中的一切幸福论。对古人来说，伦理不是关于幸福论的学说；对现代人来说，它绝大部分一直是一种救世学说"。"康德的道德哲学赢得的名声，不只是由于它所达到的这一更高水平，也是由于它的结论之道德纯洁性和高超。"① 英国现代伦理学家布劳德发现，"伦理特性分为两个截然不同的类型。第一类包括'正确'、'应当'、'义务'之类的概念"，即"责任概念"。"另一类包括'善'、'优点'之类的概念"，即"价值概念"。② 然而，无论责任概念还是价值概念，无论是责任还是价值，伦理必定与目的相连。问题在于，在"经济伦理"与"经济伦理学"中，作为目的价值的伦理，因为只是"形式对象"，其目的性的本性和地位很容易被作为"实质对象"的经济所遮蔽和消解。它事实上存在一种可能或危险：不仅伦理的价值目的，而且伦理本身，都可能因为来自具有"最强动力"经济的颠覆而沦为"形式"。由此，在"经济伦理"中，伦理于目的价值方面就难以获得和保持其完全的和实质的本性，伦理也因此之故难以成为真正的"伦理"。

工具价值的情况同样如此，只是具有不同的逻辑和原理。经济伦理不可能完全以伦理为目的，否则便失去经济的"实质"；同样，经济伦理也不可能完全以伦理为手段，否则不具伦理的"形式"。比较持中的观点是，试图将伦理的目的价值与工具价值作形而上的调和，但这种调和至今还难以在实践中真正合理地贯彻。我们关注的问题是：是否可能使伦理完

---

① ［德］叔本华：《伦理学的两个基本问题》，仁立、孟庆时译，商务印书馆1999年版，第139、140页。

② ［英］CD.布劳德：《五种伦理学理论》，田永胜译，中国社会科学出版社2002年版，第223页。

全服从于经济，就像"经济决定伦理"的理论范式所演绎的那样，以经济及其发展作为伦理的合理性标准。"经济决定伦理"的机械本体论，在实践论与价值论的逻辑结果，就是以伦理作为经济的手段或工具。但在"经济伦理"中，伦理也不可能成为真正或完全的工具，经济也难以成为唯一的目的。伦理虽然具有经济功能或经济意义，但作为出于对人的生物本性的警惕和忧患而产生的伦理，在文明体系中的存在意义，就是对经济或基于自然本性的经济冲动的紧张与互动。与经济冲动之间的"乐观紧张"和"辩证互动"，才是文明体系中伦理之于经济的真正文化功能和文化意义。因此，即使努力在哲学上认可，在实践上努力，伦理也难以真正成为经济的手段和工具，至多只能成为它的"形式"，一种可能与"实质"相游离的"形式"，像亚里士多德所说的那样，与"质料"相分离的"纯形式"，而如果这样，伦理的存在对经济也就失去意义，"经济伦理"也难以完全成为"经济"。

在"目的—工具"之外，在经济伦理中，还大量存在一些可称之为第三种价值的行为：策略行为。某些行为，尤其是企业行为，确实带有伦理的性质，如资助弱势群体、捐款"希望工程"。这些行为，在主观上可能并不是出于伦理的动机，而是个人或企业的运营策略，其价值指向是广告效应和社会资本积累，但客观上具有伦理效果。现在所指谓的"经济伦理"或"企业伦理"，不少属于这一范畴。这种情况在古典伦理和经典伦理每每被讨论，它即是动机与效果的矛盾。"动机—效果"是伦理学上聚讼难休的公案，解决经济伦理中这一难题的办法，是在目的行为、工具行为之外，再单列一种行为类型，即策略行为。"策略行为"的概念基于两个根据：在实践中，这种行为已经大量存在；在理论上，文化、伦理具有作为战略或策略的本性，荷兰哲学家皮尔森就有一本著名的文化学著作：《文化战略》。需要指出的是，在经济伦理中，策略行为不能归类为伦理的价值行为或目的行为，在相当多的情境中，它可能连伦理的"形式"都不健全；但也不能完全归类于工具行为或经济行为，因为它确实导致伦理后果或具有伦理的"形式"，工具行为很可能造成伦理上恶的后果，至少会造成一切伦理学所深恶痛绝的"伪善"，而策略行为与伪善还有明显距离；比较持中的做法，是将它归之于"中立行为"或"价值中立行为"；策略行为也不是经济—伦理行为，即兼具经济与伦理双重本性的行为，策略行为更多具有工具行为的本性，大多策略行为最终会甚至很快会与工具行为合流，在更多的情况下，它既不是完全的经济谋利行为，也不是真诚的伦理行为。伦理、道德行为的品质特性，是它必须成为一种习惯、秉性和教养，即黑格尔所说的"造诣"。黑格尔认为，习惯应该成为伦理的一个部分。"一个人做了这样或那样一件合乎伦理的事，还不能就说他是有德的；只有当这种行为方式成为他性格中的固定要素时，他才可能说是有德的。德毋宁应该说是一种伦理上的造诣。"①

第三节　规范悖论："立法者"—"解释者"的僭越

一　一般悖论与特殊悖论

经济伦理既有内在于伦理学中的一般规范悖论，又有特殊的规范悖论。

经济伦理中潜在的一般伦理学规范悖论是：

> 道德规范是由人提出或首发，并由人阐释的，道德规范"应当"被遵奉。
> 任何人都可以宣断和阐释道德规范，任何人都没有充分的合法性证明自己可以宣断和阐释道德规范，基于相同的理由，任何人都可以质疑道德规范。

经济伦理中内在的"实质对象"与"形式对象"的二元价值，使规范悖论在一般性之外，还潜在另一种特殊悖论：

> 如果"经济伦理"规范是由伦理学家制定和宣断的，那么，它永远只是"伦理学"的，或者只是一部分人的精神追求和生活方式，难以真正成为经济主体的行为准则和经济运行的价值原理。
> 如果"经济伦理"是由经济主体自己制定的，那么，它就只能或主要是"经济的"，难以具备真正的和"纯粹的"道德价值品性。

---

① ［德］黑格尔：《法哲学原理》，范扬、张企泰译，商务印书馆1996年版，第170、171页。

二 "立法者"? "阐释者"? "社会代言人"?

康德断言，伦理学是一种规范科学，与事实科学相对应。不少人已经对这一经典性的观点提出质疑，因为，"最终的评价是在人类意识中真实地存在的事实。即使伦理学是一门规范科学，它也不会因此就不再是一门关于事实的科学。它的研究完全是实际的东西"①。然而，新的挑战并不能改变这个事实：原则与规范是伦理学的核心。其实，存在于伦理学和伦理生活中的最大难题并不是规范与事实的区别，而是：如何证明道德规范的合法性与权威性？人们一般并不反对这样的观点：道德规范的神圣性，必有其神圣性的根源。因此，现代性中所主张的那种认为道德规范是出于人的理性谋划和利益考量的观点是站不住脚的，这种"祛魅"的道德信条从本质说是反道德和反文化的。在所有的古典的和经典的伦理理论中，道德规范的来源被归结为以下几个方面：（1）神的启示，在宗教文化中，《圣经》、《古兰经》、佛经中的道德教训都是道德规范的合法性和合理性毋庸置疑的来源；（2）圣人的教导，如中国伦理中孔孟的道德说教；（3）风俗习惯，黑格尔就认为，"乡村是以自然为基础的伦理的所在地"②。因为乡村是家庭和风俗习惯的理想场所。应该说，道德规范存在的现实性与合理性，归根到底是社会条件，但作为最深邃的人文精神，道德规范的合理性与现实性的直接根源是道德主体的文化及其传统。不仅规范的内容及其形式，而且对规范的阐释、理解以及认同与践履，都打着深深的文化烙印。道德规范的合法性与合理性，只有在文化传统与现实生活的辩证关系中寻找。

现代西方社会学家齐格蒙·鲍曼指出了一个很有意思的问题：自17世纪始到20世纪，西欧及其受它影响的世界文化精英们，总是把自己的生活方式看作为世界历史的一场根本性转折，并把自己的生活方式看作解释世界终极目的基准，就像以基督诞生纪元一样。随着现代性的消解，这种以"立法者"自居的"启蒙者"正在走向没落，取而代之的是"阐释者"的兴起，阐释者似乎是后现代社会中文化精英的角色特征。③ 我们且

---

① ［德］莫里茨·石里克：《伦理学问题》，孙美堂译，华夏出版社2001年版，第18页。

② ［德］黑格尔：《法哲学原理》，范扬、张企泰译，商务印书馆1996年版，第252页。

③ 参见［英］齐格蒙·鲍曼《立法者与阐释者》中之"立法者的没落"、"阐释者的兴起"两章，洪涛泽，上海人民出版社2000年版。

不要把问题引向现代性与后现代性的更为复杂的讨论，只是集中关注一点：在伦理学的研究中，伦理学家确实存在一种癖好：总是以立法者自居，制定或宣断一些道德规范；一些谦逊的、注重传统的伦理学家，则更多从对传统规范的解释与解释中引出新的规范，"温故而知新"。当这样做的时候，他们总是忘记首先进行一个追问：自己作为"立法者"或"阐释者"的合法性根据是什么？

也许，一大堆繁复的理论论证可以证明自己的权威性，但丝毫没有提供合法性。制定和宣断规范之后，伦理学家便觉得已经完成使命，可被"先知先觉"的伦理精英们视为"庸众"的"后知后觉"们的实际态度，却是对这些"成果"及其劳动过程本身根本置若罔闻或根本不予理睬。石里克早就提醒："伦理学家在从事理论问题研究时一定不要忘记，他对他的研究对象，除了纯粹的认知方面的兴趣外，还有纯粹的人情方面的兴趣。因为对他来说，再没有比从一个伦理学家变成一个道德说教者，从一个研究人员变成一个布道者更大的危险了。"① 作为知识分子的一部分，伦理学家不仅要反思和怀疑自己作为"立法者"的权力，而且要怀疑自己作为"阐释者"的角色。

韦伯曾经指出过权力的三种类型：法理的权力；传统的权力；虔敬的权力。法理的权力完全在于其合法律的合法性，在道德规范宣布方面，也许除了国家意识形态之外，谁也难以拥有这种权力。伦理学家即使是社会精英，最多也只能充当"时代精神的代言人"（这种角色在相当多的情况下也是自封的），并没有真正的资格作为"社会的代言人"。"时代精神的代言人"与"社会的代言人"是两种很不相同的资格。前者有足够的洞察力和知识权力即可，而后者必须是社会委托和拥戴的结果，否则便是对社会意志的强迫。传统的权力，主要来源于文化传统方面的认同，对伦理来说，这是十分重要的根源，这种权力可以概括为文化合法性，它甚至在相当程度上会超越合理性而获得现实道德效力。虔敬的权力则是出自对权力主体的崇拜甚至信仰而产生的合法性。康德在《实践理性批判》中曾反复强调，道德的重要根源之一，是人们对道德规范的"敬重"之情，所谓"头顶上的天空"与"人内心的道德律"。但伦理学家是否拥有公众的"虔敬"，伦理学家宣断的道德规范能否得到大众的"敬重"，乃是一

---

① ［德］莫里茨·石里克：《伦理学问题》，孙美堂译，华夏出版社 2001 午版，第4—5 页。

个值得怀疑至少有待证明的问题。因而出自"虔敬权力"的道德合法性至少在伦理学家制定和宣断规范时并没有得到认可和证明。

因此，伦理学家作为道德规范"立法者"、"阐释者"和"社会代言人"的资格缺乏合法性的充分根据，最多只能这么说，他们的职业和知识状况，容易引导他们以此为使命，并不假反思地自以为拥有这些权力。

三 伦理主体、经济主体

道德规范必须制定和宣断，但任何人都难有合法的权力制定和宣断道德规范，这种道德规范方面的两难在经济伦理中更为突出地被演绎。经济伦理中道德规范的两难在于：不仅制定和宣断道德规范的合法性不充分，而且，即使假设拥有权力的合法性，规范也难以获得真正意义上的伦理合法性。在经济伦理中，道德规范的制定者可能有两个主体：经济学家与伦理学家，或经济主体与伦理主体。当然，也可以这么说，在实践规范的意义上，经济主体同时也是伦理主体，但经济伦理规范确实存在两种可能的主体性来源。这两个主体在制定规范时，无论在动机，还是原理方面，肯定存在巨大殊异。上面已经指出，在经济伦理中，主体的道德行为可能有三种模式：目的行为；工具行为；策略行为。于是，难题就产生了。（1）经济主体如果完全基于伦理的目的而行动，制定和遵奉道德规范，那么，在"实质对象"方面，他就不是一个经济主体，而是一个伦理主体；如果基于经济目的而制定和遵奉道德规范，那么，道德行为就不成其为道德行为，而只是从属于经济的工具行为或策略行为；（2）伦理学家如果皈依于经济目的而制定和宣断道德规范，那么，道德规范最多只是经济智慧而不是道德价值，它在本质上就不是"伦理的"；如果完全基于伦理的本性，那么，它只是"纯粹伦理"或"形式伦理"，很难与经济的"实质对象"合一，形成真正有效的"经济伦理"。以上两难的结果是：经济伦理在"实质对象"与"形式对象"的结合方面，既难以获得经济的合法性，也难以获得伦理的合法性。

哈贝马斯试图用商谈理论或交往理论解决伦理的合法性与有效性问题。在经济伦理中，我们可以将商谈理解和诠释为经济与伦理之间的商谈。透过经济与伦理、经济学家与伦理学家之间的商谈，使经济伦理获得经济与伦理的理论合法性。但是，为了使经济伦理规范获得真正的实践合法性，还需要传统文化与现代文化、文化精英与社会公众之间的商谈，透过这些方面的商谈，经济伦理规范获得道德立法的合法性社会基础，并透过文化传统上的共同根源进行文化的现代阐释和现代转换。然而，在实践中，尤其是经济伦理的实践中，伦理商谈却是一个理想的但很难诉诸实践操作的难题。它在相当意义上是一个自发的、漫长的过程，伦理学家在其中的角色最多是商谈的主持人和引导者。商谈的过程，实际上是寻找伦理中道、价值让渡和文化妥协的过程。

第四节 实践悖论：制度化的"围城"

一 "结构伦理"与"信念伦理"

现实效力是经济伦理中最重要也是最难解决的问题之一。道德作为实践理性已经内含着外化为行为的文化要求，经济伦理如果只停留于理念和表白中，便具有滋生伪善的更大危险。在经济伦理，尤其是企业伦理的发展中，解决现实效力问题的通行的也是收到明显效果的做法是建立各种经济伦理制度或企业伦理制度。经济活动与经济运行中伦理制度的文化意义，是将伦理原则和道德规范结构化，成为经济活动中的具有一定强制性的结构性安排，形成所谓"结构伦理"。"结构伦理"不仅与所谓"规范伦理"、"描述伦理"相对应，也与"信念伦理"相对应。经济伦理结构化的制度性安排，一般表现为如下几个方面：（1）建立各种企业伦理法典或企业伦理宪章，使伦理要求成为企业的道德宣言、价值共识和制度约束，发达国家最著名的企业基本上都有自己的伦理宪章和伦理法典，甚至在同行业中建立必须共同遵守的伦理宪章；（2）建立各种伦理组织，使伦理活动和伦理监督贯穿经济活动的全过程，并赋予其合法性与权威性；（3）经济伦理规范出现法制化趋势，伦理素养成为经济主体尤其是企业家职业素养的不可缺少的组成部分。

经济伦理规范制度化显然具有一定的合理性与必要性，尤其在现实效力方面。柯武刚从制度经济学的纬度阐述"制度"的意义。"制度是人类相互交往的规则。它抑制着可能出现的、机会主义的和乖僻的个人行为，使人们的行为更可预见并由此促进着劳动分工和财富创造。制度，要有效能，总是隐含着某种对违规的惩罚。"因而，制度被定义为"由人制定的规则"①。然而，以规范和惩罚为核心要素的伦理制度，在经济伦理中的运作，事实上同样潜在实践理性与文化精神方面的悖沦：

> 如果经济伦理不制度化，那么，它难以具有现实效力；
> 如果经济伦理制度化，那么，它就可能因为失去至少部分失去伦理的文化本性而不是伦理。

经济伦理在制度化过程中一开始就遭遇这一悖论，只是人们过于专注于伦理规范的现实效力或约束力，未对经济伦理规范的文化本性进行认真的反思和追究，或经济主体未有自觉的文化意识与学术能力追究制度化的伦理规范的文化本性。事实上，伦理之为伦理，在文化本性方面的基本品质，就在于它是目的行为，或基于一定善恶价值信念的行为。如果超越或规避了目的与信念，透过制度安排和处罚强制，虽然某种行为同样具有伦理的后果和效力，但它是否还是伦理行为，确实是一个必须认真反思的问题。道德规范一旦成为制度，那么，它或是成为规章，更为严格的便成为法律。因此，应当承认的事实是，制度化确实是一个使伦理要求具有现实效力的有效措施，但它也确实内在着伦理在文化本性方面的自我消解和自我否定。而且，伦理规范制度化有很高的文化条件和文化前提。因为无论是伦理宪章，还是伦理组织，都已经不再是滞留于伦理学家头脑中和书本上的理念与理论，而是切切实实的行动，它不仅有赖于企业家真正的伦理觉悟，而且依赖于企业内部以及企业之间经济主体所能达致的伦理共识，相当程度上是经济主体之间、经济与伦理之间进行文化商谈的结果。如果没有企业家的真正的伦理觉悟和伦理共识，制度化的伦理规范只是自我标榜的一纸空文，甚至是伪善的伦理欺骗。在这个意义上，经济伦理规范的"结构伦理"，必须以"信念伦理"为基础。

二 制度化危机

应当指出，到目前为止的一些著名的企业伦理宪章，大多是企业行动的伦理原则与伦理理念，许多并不是伦理规范。而在康德那里，原则、规

---

① ［德］柯武刚、史漫飞：《制度经济学》，韩朝华译，商务印书馆2002年版，第35、32页。

则与法则，有精微而严格的学术规定和实践区分。一些制度化的经济伦理规范，往往规定企业经济活动的伦理底线，它是由企业的文化精神、价值信念，转化为集体的共同行动的中介，但上面业已指出，它确实存在扬弃和消解伦理的信念本性的一面。至少，制度化、法典化的伦理规范具有多方面的文化本性，而它到底是在形式还是实质上是"伦理的"，乃是一个难以辨别的问题。因为，任何制度，尤其是企业的制度规范，要具有合理性与现实性，都必须是善的。在同一共同体内部，各种规范如伦理规范、规章制度、法律条文之间的文化差别和文化分工，在许多情况下只是作用机制和作用原理的不同。在这个意义上，将制度化的经济伦理规范说成是企业的规章制度与企业立法，应当也不为过。

当然，企业的道德立法还面临另一方面的质疑：这就是它立法权力的合法性。企业的伦理制度与伦理宪章，显然代表企业共同体尤其是企业家的伦理认知或"伦理上的造诣"，同时它要获得共同体内部的尊崇和共同体外部即社会的认同，还必须具有文化传统上的根源。但道德的主观性和相对性在文化本性方面就是一种抵制制度化伦理的力量。黑格尔就发现，即使被认为是道德最可靠主体的良心，也可能"简直就是处于转向作恶的待发点上的东西"，因为，"道德和恶两者都在独立存在以及自知道和决定的自我确信中有共同根源"。[①] 主观性及其内在恶的扬弃，必须在伦理实体中才能实现。用这一观点解释制度化的伦理规范，就是说，它必须是共同体成员共同的信念和意志，否则不仅难以真正具有实质有效性，更重要的它难以获得形式合法性和实质合法性。

更重要的问题还在另一方面：制度化时常会逾越或僭越合理性，或借助合法性（常常是形式的合法性）逃避合理性的追究。哈贝马斯在分析晚期资本主义的合法化危机时发现，由于政府采取行动，资本主义的经济危机被转移到政治系统中，具体做法是："通过提供合法化来弥补合理性欠缺；通过扩大组织合理性，来弥补表现出来的合法化欠缺。"[②] 这一发现启示人们，合法化可能成为弥补和掩盖合理性欠缺的途径。合法的不一定合理，但因为合法，却可以逃避或规避合理性的追究。企业伦理法典是

---

① ［德］黑格尔：《法哲学原理》，范扬、张企泰译，商务印书馆1996年版，第143页。

② ［德］尤尔根·哈贝马斯：《合法化危机》，刘北成、曹卫东译，上海人民出版社2000年版，第119页。

否具有充分的伦理合理性？如何证明自己的合理性？这些合法的伦理规范在阐释和落实的过程中是否以及如何获得合理性？这些至少在理论上是值得反思和究诘的问题。哈贝马斯指出，"如果我们不诉诸动机合理的协议，或者至少诉诸一种信念：即对所推荐的规范的共识可能具有充分的理由，那么，我们就无法解释规范的有效性要求"。必须"对规范的有效性要求加以检验，一旦他们有理由来接受规范的有效性要求，他们也就形成了一种信念：即在既定环境中所提供的规范是'正确的'"①。制度化伦理规范的合理性，包括形式合理性与实质合理性的确证，是经济伦理的制度安排中被逾越的环节。正是这个逾越，导致了经济伦理在追求现实效力过程中的实践悖论。

第五节　简短结论：虚拟命题

经济伦理在价值、规范、实践三方面的悖论，使它在理论和实践上都陷入深层的文化危机之中。三个悖论所对应的文化危机分别是：动机危机；合法性危机；合理性危机。

目的—工具的两难导致经济伦理的动机危机。在经济伦理中，目的行为因其经济的"实质对象"难以完全是"伦理的"；工具行为因其"形式对象"难以完全是"经济的"；而策略行为既不是伦理的，也不是经济的，更不是"经济—伦理"的。于是，经济伦理因价值悖论便陷入哈贝马斯所说的"动机危机"之中。哈贝马斯在分析资本主义的合法性危机时发现一种"动机危机原理"。"如果社会文化系统发生彻底变化，以至于其输出无法满足国家和社会劳动系统的功能要求，就可以说动机危机出现了。"②动机危机的根源是文化系统因其变化而无法满足社会供给。据此，经济伦理的动机危机，就可以解释为文化基于经济转轨、社会转型发生巨大动荡，而无法为经济社会活动提供伦理供给。经济伦理的动机危机，本质上是伦理与经济变革时期的"青春期危机"。

立法者—阐释者的僭越导致经济伦理的合法性危机。在经济伦理的道

---

① ［德］尤尔根·哈贝马斯：《合法化危机》，刘北成、曹卫东译，上海人民出版社2000年版，第137页。

② 同上书，第99页。

德：立法中，存在两大难题：谁有充分权力申言和证明自己可以制定和宣断道德规范？两种相互殊异甚至相互冲突的规范，即源于经济的"实质对象"的道德规范和源于伦理的"形式对象"的道德规范是否可能在"经济伦理"中形成统一的"经济伦理规范"？这两大难题构成经济伦理在道德规范方面的合法性危机。这种合法性危机，既有文化权力的合法性危机，也有合伦理性的合法性危机，还有与作为"实质性对象"的经济相吻合的实践效力方面的合法性危机。于是，经济伦理便陷入道德规范的合法性危机之中。

实践悖论方面的制度化"围城"，形成经济伦理的合理性危机。伦理规范制度化，使经济伦理在获得一定程度现实有效性的同时，具有合法化性质和形式，然而，这种内含着现实效力的合法性，是否具有真实的合理性，至少是一个有待证明的问题，而在合理性被确证之前，制度化的伦理规范显然潜在合理性的文化风险和文化危机。合法的不一定合理，不合理的合法性一旦被透过强制得到落实，当然会扩大"恶"的效应。而且，合法性如果得不到合理性的认同，也很难获得持久和深刻的文化效力。潜在于经济伦理中的制度化危机，从根本上来说，是合理性的危机。

动机危机、合法化危机、合理性危机，这些重大而深刻的文化的存在，迫使我们不得不承认一个事实：经济伦理至今仍是一个虚拟命题。至少，它在实践上还是如此。

第三篇

"第四种理念"

20 世纪伦理—经济三大理论范式的合理性限度，最深刻的理论根源在于这个时代特定的道德形而上学的基础。在这个意义上可以说，20 世纪的伦理危机，根本上是道德形而上学的危机。超越这个危机，迫切需要进行道德哲学范式的转换。现代道德哲学如何建构？新的道德形而上学体系如何奠基？道德体系与新的经济形态即市场经济如何"相适应"？肇始于 20 世纪中期的生态觉悟以及日益蓬勃的生态文明已经为这些课题的研究提供了理念前提，成为中国伦理精神辩证发展的内在否定因素；中国传统伦理的精神体系，也为它们提供了始源性的价值资源。问题在于，我们必须能动地推进这个觉悟，使作为否定因素的生态觉悟，成长为一种自觉的生态世界观、生态价值观、生态方法论，建立起与生态文明相匹配的道德形而上学体系。无疑，新的道德形而上学体系还处于我们遥远的彼岸，我们至今还未能为它的诞生提供基础。我们现在所做的，是进行道德形而上学的理念澄明、概念辩证和方法论准备，以为这个思想精灵的降生打造栖息的摇篮，以交响的雄浑伴奏迎接它的第一声啼鸣。

第六章　道德体系与市场经济
何种"相适应"

　　"建立与社会主义市场经济相适应的道德体系"的命题，包含着"道德体系"与"市场经济""相适应"的"必然"的事实判断和"应然"的价值判断。"应然"以"必然"为基础，但"应然"不是"必然"的"自然"演绎。本体性的"必然"外化为实践性的"应然"，是一个价值过程，而不是"自然"过程。"相适应"，根本上是一个实践性的价值建构。

　　"建立与社会主义市场经济相适应的道德体系"，包含以下事实认定和价值认定：

　　——"市场经济"即"市场体制"或"市场经济体制"。它是以市场为机制或通过市场调节进行资源配置的一种经济体制；它比先前其他任何体制更能推动中国的经济发展和社会进步。

　　——"道德体系"是一种道德框架或伦理精神结构。"道德体系"是文明体系的有机构成；它之所以要与"市场经济"相适应，不是基于抽象的经济本体的机械决定性，而是"市场经济"的历史现实性和价值合理性的必须和必然。

　　——"社会主义"作为"市场经济"的限定语，被理解为中国市场经济的社会合理性与文明合理性的有效政治支撑和制度保障。命题中的"道德体系"、"社会主义"的概念基于全球范围内的一种学术共识和实践共识；市场经济的合理性依赖于两大要素的支持和支撑：道德框架；政治制度。

　　——"相适应"是道德价值体系和经济体制，即体系和体制之间的相适应，因而"建立"的不是道德的某些观念或价值要素，而是相对成熟的道德体系或伦理精神形态。

由此，必须对"相适应"，进行合理性价值追究。

第一节　为何"相适应"?超越而涵摄的价值理念

一　自然过程，还是价值过程

必须首先进行一种理论澄清："相适应"决不是、至少决不只是经济决定论的逻辑演绎。如果假设道德体系与市场经济的"相适应"，只是对经济基础决定上层建筑的历史唯物主义原理的当然回应，就会在逻辑上遭遇两大难题。其一，市场经济或市场体制可能属于经济基础，是经济基础的要素；道德体系可能属于上层建筑，是思想意识形态的要素，但"属于"是否"就是"? 二者的简单等同，是否潜在着部分混同于整体的谬误? 这是理解和运用历史唯物主义原理长期被忽略和没有解决的问题。应该说，经济基础—上层建筑，与经济体制—道德体系之间的关系，作为整体与部分的对应关系，其间至少存在着由于量的不同而引起的质的差异，二者的简单等同，无异于整体与部分的混同，它有悖于辩证唯物主义的基本规律。数量及其结构的差异，影响甚至决定整体的质，这是量变质变规律的基本原理。其二，如果市场经济与道德体系之间的关系是简单的本体决定论或机械的经济决定论的关系，那么，"市场经济"下的"道德体系"就无须"建立"，而只是决定性的"自然过程"，或者说，"市场经济"会自然形成与它"相适应"的道德体系。反之，如果需要"建立"，那它就不是至少不只是本体论的而同时应当是价值论的，不是自然的和机械的经济决定性，而是实践的和能动的价值选择性。由此，理论前提就是：与市场经济"相适应"的道德体系的"建立"，不是自然过程，而是价值过程。

既然是价值建构过程，那么，不可逾越的基本问题就是："道德体系"与"市场经济"为什么要"相适应"?"相适应"的合理性依据是什么? 或者说，"相适应"的价值目标或价值标准是什么? 符合逻辑的假设是：作为关系和联系的概念，"相适应"的价值目标不可能是"市场经济"与"道德体系"中的任何一个要素，但又必须包括这两个要素。具体地说，"相适应"的价值目标，既不应该是经济或市场经济，也不应该是道德或道德体系，但又必须在超越的同时包容和涵摄经济和道德、市场经济和道德体系。既不是"此二者"，又必须统摄"此二者"。这就是

"相适应"的价值目标的基本品性。

二 诠释"相适应"的诸价值理念：增长；进步；发展；至善

在被遵奉的理论理性和实践理性中，与以上品性相关的有以下几个理念："经济增长"、"进步"、"发展"、"至善"。

通常的观点认为，道德体系与市场经济"相适应"的目的，是为了推动经济发展，而经济发展就是经济增长，此即所谓经济标准或生产力标准。这是最常见，也是对人们的观念行为误导最大的一种理念。"经济增长"既不能作为市场经济、道德体系，更不能作为人类文明的价值理念，这是逐渐和愈益达成的学术共识和实践共识。经济学家和人文学家们发现，在现代经济奇迹的条件下，人们，尤其是发达国家的人们，仍有许多幻灭感；在经济增长和人们感受到的幸福增加之间的偏差日益加剧，由此得出结论，经济增长的衡量尺度存在严重缺陷。[①] 经济增长在一般意义上是指"一种经济产生的商品和服务的增加，或者收入的增加"[②]。常用的方法是国内生产总值（GDP）。在古典经济学家那里，它包括资本积累、劳动力增加、土地的增加或资源的扩展、技术的进步四大要素。但是，GDP 并不能用来衡量人类福利事业的进步，而只是用来衡量年生产量的货币值，因为它有四大"致命的错误"：忽视了许多没有用来交换的有价值的活动、产品和服务；忽略了闲暇；忽略了经济活动中非交换产品的直接成本或利益；没有考虑未来人们的福利。[③] 经济增长不能代表福利增加，就更不能作为"相适应"的价值理念了。

在更抽象的意义上，"相适应"的价值目标可能与"进步"的理念，至少与"幸福的进步和美好的生活"的理念相连，"市场经济"之所以需要"道德体系"，被许多人理解为道德对市场纠偏和对市场局限性的扬弃，因为，"自由市场这看不见的手，尽管它有不可怀疑的力量，但是它仍有足以确保许多涉及人类幸福以及能让人们对人类进步抱乐观态度的社会目标的实现"。"科学进步和经济增长能否导致人类的进步，完全要看

---

① 参见［美］理查德·布隆克《质疑自由市场经济》，林季红译，江苏人民出版社 2001 年版，第 134 页。

② 同上。

③ 同上书，第 142—151 页。

人类能否很好地驾驭它们，其中人们的道德素质至为关键。"① 但是，进步及其标准从开始至今就是一个有争议的问题。"人类进步"的核心是"幸福的进步"，它在相当意义上被理解为"美好的生活"。而幸福作为人类活动的目标以及对它的分析，自古典时期始就是伦理学的核心，并且，这个"无定形的宽泛概念"，因其兼具主观和客观的双重属性，被认为是一个"令人头痛"的问题。于是，进步的理念就变得模糊不清，人们关于进步的信念的历史也动摇不定或充满疑虑。即使作为人们对于进步信心的两大支柱：科技进步与物质进步，也使人们有许多理由怀疑，甚至导致"失乐园"的感觉，因为这些令人敬畏的进步，所产生的"恶性有害结果的力量与产生良性结果的力量一样强大"。离开了道德，离开了人们的生活及其感受，"进步"就变得不可解释和充满疑虑。这样，"进步"作为"相适应"的价值目标，便过于抽象。

"发展"比"进步"对"相适应"更有解释力。问题在于，什么是发展？发展的标准是什么？可以肯定的是，发展不是增长，经济发展不是经济增长（当然包含经济增长）。学术的进步，赋予"发展"的理念更多的人的内涵和人文关怀。迄今为止，关于"发展"的最新见解是诺贝尔经济学奖获得者阿马蒂亚·森的观点：发展就是实质性自由的扩展。他以自由看待发展，认为，自由是发展的首要目的，也是促进发展的不可缺少的手段。在他看来，发展不是 GDP 或 GNP 的增长、个人收入的提高，也不是技术进步、工业化或社会现代化，而是"扩展人们享有真实自由的一个过程"。自由是发展的核心，自由是"实质的"而非"工具的"，实质的自由是人们能够过自己愿意过的那种生活，即有价值的生活的可行能力，包括免受困苦和享有各种机会的能力。② 显然，阿马蒂亚·森的观点具有更多的形上价值意义，也具有更大的理论和实践超越性，如果将"发展"具体诠释为文明发展或社会发展，那么，用这种"发展"的理念解释"相适应"，可能具有更大的理论和实践合理性。但是，在这种发展理念中，自由虽然是"实质的"，并且，"自由的扩展"与"自由市场经济"正好形成概念形态上的对应，但同样显然的是，它是西方文明的价

---

① 参见［美］理查德·布隆克《质疑自由市场经济》，林季红译，江苏人民出版社 2001 年版，第 5、10 页。

② 参见［印度］阿马蒂亚·森《以自由看待发展》，于真等译，中国人民大学出版社 2002 年版。

值观的体现，正像人们发现的那样，"自由"的理念中所存在的个人自由和社会自由的矛盾，使这种以自由为核心的发展理念也具有相当的抽象性和过于明显的西方文化的印记。

除此以外，一个古老的伦理学理念可以作为"相适应"的价值目标的参照，这就是：至善。在古典的和经典的伦理学中，至善一直被当作最高的概念和最高的理念，而伦理学则被理解为对"应当如何生活"或"幸福生活"的指导。在《尼各马科伦理学》中，亚里士多德指出，一切技术、规划、实践和选择，都以某种善为目标，但对至善的追究和追求，"显然是种政治科学"，在个体至善和城邦（社会或国家）至善中，后者更重要。[①] 康德把至善理解为幸福和德性的统一，理解为对幸福与德性悖论的扬弃。[②] 在中国伦理经典《大学》中，至善被认为是道德、伦理和政治的最高境界。所谓"三纲领"："明明德，亲民，止于至善。"明德、亲民，最后要达到至善的理想行为和理想社会。可以作这样的延伸：至善的社会，不仅是一个充满德性的社会，更是一个合理发展和健全进步的社会，是一个以德性为基础的幸福美好的社会。但是，由于迄今为止至善主要是在伦理学的视域中被讨论，同样具有自身的局限，如果将它作为联结经济与道德、市场经济与道德体系的理念，必须进一步拓展和解释。

无疑，到底何种理念更适合作为"相适应"的价值标准，还有待进一步研究和探寻。但同样无疑的是，经济、市场经济不能作为"相适应"的价值理念和价值标准，就像道德与道德体系不能作为它的价值理念和价值标准一样。否则，我们将不仅在学理上犯逻辑错误，而且将在现实中犯实践错误，最终甚至会导致文明的谬误。这里，可能会遇到一个不可回避的意识形态问题："以经济建设为中心"。从根本上说，"以经济建设为中心"当作一种发展战略比当作发展理念更合理。在历史上，它是对中国"文化大革命"和计划经济时期所实行的"以意识形态为中心"的纠偏，是中国发展战略的大转移，是改革开放必须长期坚持的基本国策，原因很简单，经济仍是中国发展的主要矛盾。但是，"以经济建设为中心"始终是一种战略，如果把它无条件地扩展为一种理念，可能就会使真理向前走

---

① 参见苗力田主编《亚里士多德全集》第8卷《尼各马科伦理学》，中国人民大学出版社1977年版，第3—4页。

② 参见［德］康德《实践理性批判》，韩水法译，商务印书馆1999年版，第124—131页。

一步，导入文明发展的误区。将战略混同于理念，不加区分地以经济作为衡量一切的标准，必将并且已经造成诸多理论混乱，付出不必要的历史代价。

第二节　如何才是"相适应"？"不适应"的几种性状

如果从广泛的文化意义上考察，市场经济作为一种经济体制和调节机制，与原有的计划经济和传统的自然经济相比，由三个基本要素构成：市场调节（或市场均衡）、利益驱动、理性行为。第一个要素的核心是以市场进行资源配置；第二个要素是动力机制，以个人利益为基本动力；而理性行为所确立的合理性标准就是利益最大化。事实已经证明，市场经济是到目前为止对经济增长和财富积累最有刺激力和活力的机制。但是，同样已经被证明的是，市场体制也是一个难以自我确证和建构合理性的机制，正如人们所发现的那样，市场经济的合理性有待两个方面的支持和支撑：一致的道德框架和强有力的政府。[①] 离开这两个条件，市场经济的看不见的手就变成真正的潘多拉之盒。从亚当·斯密将经济学与伦理学分离开始，市场经济中的许多问题，都与道德框架的坍塌有关。理由非常充分：市场机制对解决效率问题也许很有效，却不能解决分配的公正问题，"财富的分配是一个道德问题"；市场体制可能实现利益最大化，但却"永远不能解决这样的问题，即是否一个目标与另一个目标相矛盾，而如果是这样的话，哪一个目标又是可以牺牲的"；[②] 市场体制可以提供"最强的动力"，却难以保证提供"最好的动力"。这些矛盾的解决，都期待着一致的和强有力的道德框架。这就是建立与市场经济"相适应"的道德体系的基本理由。

道德体系与市场经济到底如何才是"相适应"？这个问题也许从其反面透析反倒更为清晰。从逻辑与历史的双重纬度考察，道德体系与市场经济"不适应"，有三种基本性状：体系不匹配；供给不足；互动无力。

---

① "自由市场在追求经济增长时驾驭个人利益有了能力似乎保证了社会整体持久的财富和福利的改善。为了保证我们的成功，还应具有稳固的道德与社会凝聚力框架，以及强大且开明的民主政府作为额外的、必备的因素。"见《质疑自由市场经济》，第275页。

② ［德］彼得·科斯洛夫斯基：《资本主义伦理——社会市场经济》，见彼得·科斯洛夫斯基、陈筠泉主编《经济秩序理论和伦理学》，中国社会科学出版社1997年版，第6页。

一　体系不匹配

体系不匹配是最典型的"不适应"。其表征是：道德体系与伦理精神体系的基本要素、结构原理、价值取向、理论形态与经济体制不配套。每一种经济体制，都是一种特殊的资源配置方式，有特殊的动力机制和行为原理。与一定经济体制"相适应"、相匹配的道德体系的建立，不仅是道德理性和伦理精度成熟的表现，也是特定形态的社会文明成熟的表现。中国历史上曾经运行过三种经济体制：自然经济体制、计划经济体制、市场经济体制。自然经济体制是最古老、最传统经济体制。也许现在的人们有太多的理由批评这种经济体制的保守与落后，但是，只要注意到以下几方面，我们就有理由提醒自己，别在痛快酣畅的批评中流于浅薄和无知：它是历史上被奉行时间最长的一种经济体制，是发育、展开得最成熟最完备的一种经济体制，其影响如此深刻与深远，乃至在经历了几个世纪的社会革命与经济变革之后，人们还总是担心它会卷土重来；它不仅与整个封建社会、中国传统社会相始终，而且与中国最漫长的文明辉煌相伴随。由此，就没有充足的理由否认它的历史现实性与历史合理性。构成自然经济体制的历史现实性与历史合理性最深刻的基础有二：一是它与中国家国一体、由家及国的社会结构与文明性态"相适应"，这种"相适应"构成它的历史现实性；二是建立了与它"相适应"的道德体系，这种"相适应"形成它的历史合理性。可以说，传统伦理与传统经济的相匹配，是道德体系与经济体制"相适应"的典范。关于中国传统经济的性质及其特征，人们早已达成共识，并得到典型的表述：自给自足的自然经济。与它相匹配、"相适应"的道德体系是什么？我认为，就是"自给自足的自然伦理"。这种表述虽有套用之嫌，但它确实最能概括中国传统道德体系的特质，并且最能典型地表征道德体系与经济体制之间的"相适应"。在以前的研究中，我曾多次指出，中国传统伦理精神的结构形态、中国传统道德体系的特质，就是自给自足。中国传统经济以家族为本位，家庭、家族不仅是基本的生产单位，而且是基本的分配与消费单元。同样，中国传统道德体系也以家族为本位，由此形成亲亲仁民、孝悌为本、以"四德"为基德的道德规范体系，和"人伦本于天伦"、以"五伦"为范型的伦理精神的结构原理。儒家伦理最能自觉体现家族本位的文明特质，在历史演进中也发育得最成熟，因而在传统道德体系和伦理精神结构中成为主流和正宗。而道家伦理与佛家伦理，不只是在一般意义上构成道德体系中的互补与互动的结构，而且，正是由于它们的参与，才使中国伦理最终建立起与传统经济体制相适应的道德体系，以及与之相匹配的中国人的伦理精神形态或伦理精神生态。正如我多次指出的那样，儒—道—佛三位一体，形成自给自足的道德体系和伦理精神形态，它使中国人无论在什么境遇下都能自我平衡、自给自足，不会丧失安身立命的基地。① 家族本位的经济是自然经济，家族本位的伦理是自然伦理；传统自然经济的特质是自给自足，儒—道—佛三位一体的道德体系和伦理精神结构的形态特质也是自给自足。自给自足的自然经济—自给自足的自然伦理，提供了道德体系与经济体制"相适应"、相匹配的典范与典型。相反，如果在运行市场经济体制的时代，匹配自然经济或计划经济的道德体系，无疑就是两种最典型、最极端的"不适应"、不匹配的状况。不过，应当承认，自然经济在中国运行了几千年，与它相匹配的传统道德体系，是在悠久的文明磨合中生成、生长和逐渐成熟的，而另外两种经济体制，无论是计划经济还是市场经济，在中国运行的时间都不到半个世纪，因而建立与它们"相适应"的道德体系，无论在时间还是在提供的历史条件、理论准备方面都不充足和成熟。市场经济在西方运行的时间最长，发育得也最成熟，但与它"相适应"的道德体系到底是什么，至今人们还未见到一种成熟的形态。功利主义曾经与它相伴生，但并没有多少人认为，功利主义是与市场经济相匹配、"相适应"的成熟的，更不用说理想的道德体系。

二　供给不足

供给不足是"不适应"的第二种形态。任何经济体制，作为资源配置的特殊方式，都必定要建立在一套关于人的经济假设与道德假设的基础之上。如果这些假设不成立，假设条件得不到满足，这种体制便不具备历史现实性与历史合理性。任何一种经济体制，即使历史上被长期奉行的体制，都不可能具有自我现实性和自我合理性，毋宁说，任何经济体制都有先天不足和自身缺陷，原因很简单，经济体制关于人及其行为的假设，都以经济为出发点，这些不足和缺陷的扬弃，有待道德的互动与互补。因

---

① 　关于自给自足的道德体系和伦理精神形态，参见拙著《中国伦理精神的历史建构》、《中国伦理精神的现代建构》，江苏人民出版社 1992 年版、1997 年版。

此，与之相匹配的道德资源的供给状况，便在相当意义上表征和制约经济体制的价值合理性与实践合理性。计划经济体制的命运最能说明这一点。计划经济的特征是以国家"计划"这只"有形的手"进行资源配置。这种体制的现实性与合理性必须满足两个基本的前提条件：一是信息完全，对需求—供给关系掌握完全和准确的信息，由此形成技术合理性；二是掌握"计划"的人即政府官员必须是"道德人"，以保证计划权力忠实服务于国家经济发展。现在几乎每个人都有足够的资本批评计划体制如何缺乏活力和如何保守，却忽视了一点：如果这两个假设成立，如果真的能做到信息完全，如果掌握计划权力的人真的是"天下为公"，"全心全意为人民服务"的道德人，那么，计划体制应当是一种最少浪费和最小成本的经济体制。事实上，计划体制曾经造就了中国经济的巨大辉煌，我认为，这种辉煌的意义并不逊于近 30 年市场体制所造就的经济辉煌。只要不否认中国"一五"、"二五"时期的经济奇迹，就难以否认内在于计划经济中的理论合理性与历史合理性。只不过，这种合理性具有太大的实践限度，因为，这两个假设条件都难以得到充分的满足。"信息完全"只能在很小的范围内成立，即使在国内市场，结果也只能是生产决定消费，更不用说是广泛的国际市场。更严重的是道德资源难以供给充足。计划体制的现实性与合理性要求人们尤其是掌握"计划"权力的人们具有十分优秀的道德品质，毛泽东自建国前就对此具有很深的忧患意识。平心而论，新中国建立后的各种政治运动，在动机上都潜在一种努力：通过政治纯洁性促进道德纯洁性，通过道德纯洁性保障计划经济的合理性，甚至由此形成一种极端的取向——意识形态中心论。然而，虽然毛泽东作了巨大而艰苦的努力，"六亿神州尽舜尧"也只是一个浪漫主义和理想主义的乌托邦。在这个意义上，我认为，计划体制最根本的问题，是由道德资源供给不足，也不可能供给充足而引发的伦理—经济生态问题。

三　互动无力

互动无力是"不适应"的第三种形态。与其他经济体制一样，市场经济体制只有在和与之相匹配的道德体系、政治体制的辩证互动中才具有现实性。道德体系与市场经济的辩证互动，必须具备两种品质：合理、有力。互动的合理性取决于相匹配的状况，而互动的有力则在相当程度上取决于丹尼尔·贝尔所指出的"经济冲动力"与"道德冲动力"之间的关系。如果经济冲动力过于强大，如果道德冲动力式微，则会因"文化矛盾"出现"最强的动力"和"最好的动力"之间的分离和冲突。从逻辑上考察，互动无力可能有两种状况：一是经济对道德的互动无力，经济活力处于道德的压抑之下，韦伯曾经分析，市场经济与资本主义之所以没有在东方尤其是中国出现，就是因为它的经济冲动力受过于强大的伦理尤其儒教伦理的窒息。二是道德对经济、道德冲动力对经济冲动力的互动无力。在《资本主义文化矛盾》一书中，贝尔指出，20世纪以来，韦伯所说的资本主义的经济合理性之所以受到削弱，根本原因在于以"贪婪攫取性"为特征的经济冲动力压抑了道德冲动力，形成深刻的"资本主义文化矛盾"。应当承认，在历史上所经历的所有经济体制中，市场经济体制是经济冲动力最强，也是最容易出现经济放任的一种体制，如果没有强有力的道德和道德冲动力的互动，很容易出现经济非合理性和社会非合理性。在西方，人们已经发现，由于缺乏强有力的道德互动，已经出现"市场的悲局"——人沦为市场的奴隶，而不是它的主人，造就一种"令人堪忧的文明前景"——"利己时代"。

第三节　何种"相适应"?生态"相适应"

一　"生态相适应"

道德体系与市场经济的"相适应"，既不是经济决定论的相适应，也不是机械本体论的相适应，应是道德—经济的超越而涵摄的相适应。这种超越而涵摄的相适应到底是何种"相适应"? 就是生态相适应。

生态相适应，是以生态合理性为价值原理的相适应，或者说，是以生态世界观和生态价值观为形上基础和价值理念的相适应。我曾指出，生态合理性的价值原理有四大基本原则：有机性和内在关联原则；整体性原则；共生互动和自我生长原则；具体性原则。① 根据生态合理性的价值观和价值原理，道德体系与市场经济的"相适应"就具有三方面的"生态"品性：无论道德体系，还是市场经济，都是一个有机的生态；道德体系—市场经济之间的关系是生态关系；应当在整个文明具体地说在当代中国社会文明及其发展的生态体系和生态视野下，考察道德体系与市场经济的

---

① 参见拙著《伦理精神的价值生态》，中国社会科学出版社2001年版，第18—26页。

"相适应"及其合理性。生态相适应是整体有机、辩证互动、以整个社会文明的合理性为最高价值取向的相适应。

对生态相适应进行抽象的逻辑演绎和逻辑论证，也许是一件复杂而困难的事，比较简明的方法，是对某种具有范型意义的相适应进行具体的历史透析。新教伦理与资本主义市场经济之间的"相适应"可能是最好的选择之一。因为，一方面，资本主义市场经济是运行时间最长，也是被欧美认为是最合理、创造了最好的经济奇迹的一种经济体制；另一方面，对二者之间关系的分析，已经有了一种产生广泛影响的理论范式，这就是韦伯"新教资本主义"的理念与命题。

二　新教伦理与资本主义经济秩序的"生态相适应"

根据韦伯《新教伦理与资本主义精神》一书提出的命题及其分析，欧美资本主义及其市场经济之所以得到很好的发展，根本原因在于有一种与它"相适应"的道德体系和伦理精神——新教伦理。反之，在东方，尤其在中国，资本主义及其市场经济之所以没有得到发展，根本原因也在于缺乏这种道德体系与伦理精神。在他看来，资本主义与市场经济的因子在近代以来的任何社会中都潜在，不同形态和性质的道德体系和伦理精神，使它们在东西方具有不同的命运。新教伦理与资本主义市场经济之间的相适应，主要表现三大要素之间的生态互动："蒙恩"的观念与谋利的合法性和必要性；"天职"的观念与谋利的合理性；"节俭"的观念与积累的可能性。

正如有的学者所发现的那样，理性与私利，是启蒙运动所认为的推动进步的两大动因，它构成资本主义市场经济的"经济理性"的基本内涵。利益驱动，准确地说，私利驱动，是资本主义市场经济的基本动力。但是，在天主教那里，谋利的冲动处于宗教伦理的窒息之下，认为，"富人要进天堂，比骆驼穿进针眼还难"，由此谋利与终极关怀就处于极度的紧张之中。而新教认为，只要保持内心纯洁，只要道德上白璧无瑕，那么，谋利就意味着上帝的祝福。相反，如果放弃发财致富的机会，就意味着拒绝上帝的召唤。由此，谋利的冲动，就不仅从传统宗教伦理的束缚下解放出来，获得道德上的合法性，而且具有宗教伦理的必要性。获得"拯救"或终极关怀，是基督徒的最高追求。传统基督教认为，获得拯救的重要途径是礼拜，而改革后的加尔文教则认为，勤勉于世俗的职业，按照宗教伦

理的要求谋利，是获得拯救的最重要的条件。这样，世俗职业活动就不只
是谋利，而是在向上帝尽"天职"。这样，一方面，谋利的职业活动就超
越了谋利本身，被赋予了宗教伦理的神圣意义（即拯救与终极关怀）；另
一方面，谋利活动又处于宗教的道德合理性的约束之下。从而培育起合理
谋利的品质。世俗禁欲主义是新教伦理的重要特征。这种世俗禁欲主义与
自发的财产享受激烈地对抗着，它在解放了人们的谋利冲动的同时，又束
缚着人们的消费，尤其是个人奢侈品的消费，以"俭"为最高的美德。

　　"蒙恩"、"天职"、"节俭"三大宗教伦理，对资本主义市场经济，
产生了两个基本的"相适应"：在解放和鼓励人们的谋利冲动的同时，将
这种冲动限制在道德合理性的范围之内；而谋利冲动的解放与理性禁欲精
神结合，不可避免的结果，就是资本的积累、财富的增加。这三大伦理观
念，所培育的谋利合法性和必要性与强烈的经济冲动力、谋利的合理性与
经济合理主义、节俭的必要性积累精神，就是新教道德体系与资本主义市
场经济之间的"相适应"。这种相适应，形成经济冲动力与道德冲动力，
或经济冲动力与宗教冲动力之间的有机生态，构成资本主义发展的"最
大动力"与"最好动力"的生态匹合与辩证互动。

三　生态合理性

　　从"新教资本主义"的生态相适应的模式中，可以发现，道德宽容、
道德支持、道德规约、道德超越，是道德体系与市场经济"相适应"的
基本品质和基本要求。任何一种经济体制，都必须以经济冲动力和道德冲
动力为基本结构，它们所形成的文明体系的合理性，不取决于它所释放的
经济冲动力所产生的"最强的动力"，也不取决于与它同存的道德冲动力
所产生的"最好的动力"，而取决于"最强的动力"与"最好的动力"
的生态匹合和生态互动。市场经济培育和需要强烈的经济冲动力，它的合
理性在需要道德宽容的同时，需要同样强烈的道德冲动力的匹合互动，道
德上的支持、规约、超越，就是匹合互动的具体形式。道德体系与市场经
济的"相适应"，是生态相适应。由此产生的合理性，是生态合理性。

　　显而易见，新教伦理与资本主义市场经济之间的相适应，不是决定论
的相适应。它在从道德上解放、鼓励资本主义经济发展和资本主义市场运
行所需要的经济冲动力的同时，又通过培育强有力的道德冲动力，给以利
益或私利冲动为核心的经济冲动力以有效的道德规约，培育资本主义的经

济合理性和道德合理性。在长期的发展中，新教伦理、资本主义市场经济都形成了有机的生态，前者表现为有机的新教道德体系和新教伦理精神形态，蒙恩、天职、节俭的价值观，是这个道德体系的基本构成；后者则是建立在新教伦理价值观基础上的资本主义的市场体制和经济制度。有学者曾揭示，作为经济制度的资本主义，具有三个主要的结构特征：对生产资料的私人支配、作为协调手段的市场和价格机制以及作为经营者主要动力机制的对最高利润和利益的追求。[①] 但是，新教伦理与资本主义市场经济之间的相适应的突出表现在于，在辩证互动中，二者构成有机而合理的伦理—经济生态。伦理—经济生态，是新教道德体系与资本主义市场经济"相适应"的形态。在这个生态中，道德体系的价值功能不是寻找和论证资本主义市场经济的道德合理性，而是在解放市场体制所需要的经济活力的同时，对它进行道德上的批判、规约、互动。解放、批判、规约、互动，就是新教伦理对资本主义市场经济的道德支持和道德供给方式。新教伦理体系的这些价值品质和适应形态，都不是由市场经济自然派生或机械决定的，毋宁说，它是资本主义市场经济合理性所必须的价值建构。道德体系对市场经济的迎合，不仅会使道德沦为市场的奴婢，而且潜在着文明体系与文明价值取向中的经济帝国主义和经济价值霸权的危险。任何经济体制，不仅在一般的意义上需要道德体系的支撑和支持，而且，更值得注意的是，任何经济体制，尤其是市场经济这样的以个人利益为动力机制的体制，都没有先验的价值合理性，它的价值合理性，有待道德上的自觉而能动的建构。伦理—经济生态的"相适应"的理念，既超越经济，又超越伦理，在文明有机性和文明合理性的价值理念下，将道德体系与市场经济整合为有机生态，依此建构和把握二者以及以此为基本结构的整个社会文明的理论合理性和实践合理性。也许，机械的经济决定论和经济本体论，可以通过各种"辩证的"解释而自圆，但无论如何，其内潜藏着太多的理论和实践误区，这些误区事实已经造成了诸多经济的、道德的以及社会文明的后果。

　　有种观点认为，一旦市场体制建立了，一旦经济转轨，人们的道德观念、伦理精神和社会的道德体系就要按照市场经济的要求随之变化。这是

---

　　① 〔德〕彼得·科斯洛夫斯基：《资本主义伦理—社会市场经济》，见彼得·科斯洛夫斯基、陈筠泉主编《经济秩序理沧和伦理学》，中国社会科学出版社 1997 年版，第 1 页。

机械的经济决定论的另一个演绎。无须进行复杂的形上辩证，只要从道德价值论的角度稍加考察，就会发现这种演绎的逻辑破绽：如果这种观点成立，那么，作为实践理性：（1）道德体系、伦理精神就太缺乏人性的普遍性；（2）道德只是经济的附庸；（3）在文明进展中，道德积累和伦理精神的积淀就没有多少共通的（民族的、人类的）文明财富的价值。事实显然不是也不应该是如此。应然的选择是：突破"熟知"的成见，勇敢地反思某些被沿袭而缺乏完整准确的理解和解释的理论范式，以创新的理论勇气和学术精神，建构道德体系与社会主义市场经济的"相适应"。

第七章 "伦理世界观"

第一节 问题与方法

道德体系与伦理精神的形而上学的概念基础是什么？就是"伦理世界观"。

如果认定伦理、道德像康德所说那样，是一种实践理性，那么，它们就应当有两个研究对象：意识和意志，准确地说，它们应该以"意识—意志"的复合为对象。这样，合理的伦理体系和伦理精神，就必定需要两个理想的要素：现象学意义上的道德自我意识，法哲学意义上的伦理客观意志；或简称为现象学意义上的道德和法哲学意义上的伦理。由此，伦理学的研究和伦理体系的建构就有两个方法论的结构：现象学的；法哲学的。合理的伦理体系和伦理精神，必须是道德自我意识和伦理客观意志的整合，因而在方法论上就要求由关于意识的现象学考察走向对于意志的法哲学分析。难题在于，道德自我意识与伦理客观意志如何在伦理体系和伦理精神中有机璧合；现象学研究与法哲学分析，如何在概念上相互过渡和彼此连接。显而易见，体系上的璧合和方法上的连接，具有重大的理论和实践意义。理由很简单，建立个体内在生命秩序的道德自我意识，只有透过客观的伦理意志的扬弃，才能形成合理的社会生活秩序，而对伦理体系和伦理生活来说，合理的个体生命秩序和合理的社会生活秩序的结合，才是根本目的所在，其中，合理的社会生活秩序乃至比个体生命秩序更具有主导性和根源性意义。对被现代性碎片扎得支离破碎的现代伦理秩序来说，更是如此。

黑格尔哲学为这个难题的解决提供了学术资源。他在《精神现象学》和《法哲学原理》中，分别确立了道德自我意识与伦理客观意志两个要素，并提供了现象学和法哲学两种研究方法的范型，但遗憾的是，黑格尔并没有完成要素整合和方法论过渡的课题，甚至没有提出这个课题。因为，正如人们已经了解的那样，他在有限的生命中没有能完成计划中的"精神哲学"的体系，而《精神现象学》和《法哲学原理》，在相当意义上只是他的精神哲学体系的两个环节。① 或者说，黑格尔没有完成，甚至没有来得及进行现象学与法哲学、道德自我意识与伦理客观意志的连接与整合，虽然他天才地揭示了"主观精神—客观精神—绝对精神"的辩证关系。

进行道德自我意识与伦理客观意志的整合，以及由意识的现象学考察向意志的法哲学分析的基础性工作，就是找到由前者向后者转化的中介和概念环节。黑格尔虽然没有直接解决这个课题，但却为它的完成提供了条件和基础。在"照着讲"的前提下，鼓起"接着讲"勇气，可以作出一个大胆的理论假设，这个使道德自我意识向伦理客观意志转化，使现象学向法哲学过渡的中介和概念就是"伦理世界观"。

第二节　从"道德世界观"到"伦理世界观"

一　黑格尔的"道德世界观"

黑格尔在《精神现象学》中曾提出一个重要的、但至今在伦理学研究中未引起必要关注的概念："道德世界观"。

在他的思辨体系中，意识的自我运动在"精神"阶段经过"伦理—教化—道德"的辩证发展过程。其中，伦理是"真实的精神"；教化是"意识自身异化了的精神"；道德是"对自身具有确定性的精神"。精神一旦进入道德阶段，便出现关于纯粹的道德自我意识与"他在"，或者"绝对义务"与"自然一般"即所谓"完全无意义的现实"之间关系的规定，出现道德意识"自己个体性的世界"。由此，"道德世界观"便在自我意识中诞生了。

"从这个规定开始，一个道德世界观就形成了，这个道德世界观是由道德的自在自为存在与自然的自在自为存在的关系构成的。这种关

---

① 严格地说来，《精神现象学》在黑格尔体系中有三重意义，即"作为整个体系的导言、作为整个体系的第一部，并且作为一个自身的全体"，但宽泛地说，它也可以当作与法哲学的"客观精神"相对应的"主观精神"，并在这个意义上作为"精神哲学"的一部分。

系以两种假定为基础,一方面假定自然与道德(道德的目的和活动)彼此是全不相干和各自独立的,另一方面又假定有这样的意识,它知道只有义务具有本质性而自然则全无独立性和本质性。道德世界观包含着两个环节的发展,而这两个环节则处于上述两种完全矛盾的假定的关系之中。"①

从以上规定可以发现,"道德世界观"具有三大要义。第一,道德世界观的基本内容和基本问题,是道德和自然的关系。第二,这种关系以两个假定为前提:其一,自我意识中道德与自然、道德世界与自然世界的分立与对峙,它是对道德与自然混沌未分的原初同一性的否定,在原始同一性阶段,意识任凭自然摆布,自然规律统驭道德规律;其二,道德世界观之成为"道德"自我意识,是因为它在道德与自然、义务与现实的对峙中,执著于义务的本质性,在意识中以道德规律驾驭自然规律,从而有别于以自然本性为基本概念的"生物"世界观或"自然"世界观,而成为"道德的"世界观,或"道德世界"的自我意识。第三,道德与自然的现实统一,必须透过道德行为扬弃两种假定之间的矛盾,从而道德规律不仅抽象地而且现实地成为自然规律。

这个规定中难以理解的,可能是"义务"何以在道德世界观中成为本质并与"自然"相对峙。如果参照《法哲学原理》中黑格尔对义务的规定,这个问题可能很容易得到诠释:"在义务中个人毋宁说是获得了解放。一方面,他既摆脱了对赤裸裸的自然冲动的依附状态,在关于应做什么、可做什么这种道德反思中,又摆脱了他作为主观特殊性所陷入的困境;另一方面,他摆脱了没有规定性的主观性,这种主观性没有达到定在,也没有达到行为的客观规定性,而仍停留在自己内部,并缺乏现实性。在义务中,个人得到实体性的自由。"② 义务使人从生物的自然冲动中解放出来,从人的个别性与偶然性中解放出来,是对人的真正解放,是人的真正自由的获得,因而是道德自我意识升起的标志和道德自我意识的真谛。

显然,在黑格尔体系中,道德世界观的意义是:(1)精神或意识的

---

① 〔德〕黑格尔:《精神现象学》下,贺麟、王玖兴译,商务印书馆1996年版,第126页。
② 〔德〕黑格尔:《法哲学原理》,范扬、张企泰译,商务印书馆1996年版,第167—168页。

自我确证，是"对其自身具有确定性的精神"；① （2）道德自我意识和个体道德自我在意识中生成的标志，"道德"的自我肯定；（3）"道德世界观"形成和发展的基础。显而易见，"道德世界观"，无论对道德哲学体系，还是现实道德生活，都是基本的概念。

二　"道德世界观"的内在否定性与"伦理世界观"的逻辑演绎

但是，"道德世界观"的概念难以很好地解决这样的问题：这种个体性的道德自我意识，如何转化为社会性的客观伦理意志和伦理秩序？具体地说，个别性、主观性、多样性的个体道德意识，如何凝聚为社会性、客观性、社会性的伦理意识，并透过合理的统一意志，转化为对多样性和偶然性的、被称为"冲动形态的意识"的行动，具有现实性的社会性的普遍伦理意志和伦理行为？这个问题既是伦理体系和伦理生活的难题，也是黑格尔"道德世界观"理论中没有探讨和解决的问题。但是，黑格尔事实上已经提出了这个问题。他指出，在道德世界观中内在着一对矛盾或悖论，这个矛盾由两个相反的命题构成：第一个命题是："现实地存在着道德自我意识"；第二个命题是："没有道德上现实的东西"。② "现实地存在着的道德自我意识"是道德意识一般，它的核心是所谓绝对义务；而所以"没有道德上现实的东西"，是因为任何道德自我意识都无法现实地解决道德（或义务）与幸福（正如他所说的那样，在这里他将"自然"换成"幸福"来说）的矛盾。道德与幸福的矛盾在康德的《实践理性批判》中已经提出，康德通过"上帝存在"与"灵魂不朽"两大预设化解这个矛盾。这种矛盾或悖论的存在，可能使自我意识走向它的反面，使道德与自然的关系由和谐变为不和谐，由道德沦为非道德。黑格尔所揭示的道德世界观内在的由这两个命题构成的矛盾，也是他的体系所内在的矛盾。黑格尔超越这个矛盾的思路，一是沿袭康德的老路，借助宗教，将道德自我意识引向"绝对精神"；二是在康德的基础上前进，以"道德行为"或所谓"冲动形态的意识"试图现实地

---

① 在《精神现象学》中，"意识"与"精神"的概念都有广义和狭义之分。狭义的"意识"只是精神现象学的最初阶段，即"关于对象的意识"；广义的"意识"则包括一切意识的活动，如自我意识、理性、精神、绝对精神等。狭义的"精神"是精神现象学中的第四大阶段，主要指社会意识、时代精神、民族意识等；广义的"精神"则包括意识、自我意识、社会意识、绝对精神诸环节在内。参见该书译者导言第16页。

② ［德］黑格尔：《精神现象学》下，贺麟、王玖兴译，商务印书馆1996年版，第134—135页。

超越那个"没有道德上现实的东西"。第一种路径显然只是一种虚拟，无论他如何具有思辨的天才，现实中的悖论总是依然存在。第二种路径又没有被贯彻到底。他虽然强调"现实的道德意识是一种行动着的意识，而且正因为它是行动着的，所以才有道德上的现实性"。"因为行为只不过是内心道德目的的实现，只不过是去产生出一种由道德目的所规定的现实，或者说，只不过是去制造出道德目的现实本身的和谐。"由于道德行为可以实现道德目的，因而也实现同时"包含着被称为享受和幸福的那种道德目的的实现"。但是，归根到底，他不得不承认，"道德和自然之间的和谐应该是自在（或潜在的）和谐，不为现实意识所知的和谐，不呈现于意识中的和谐，相反，呈现于意识中的，倒不如说只是道德和自然两者之间的矛盾"①。最后，道德和自然之间的矛盾，还只能在宗教，在天国中才能化解。

无论是内在于黑格尔"道德世界观"中悖论的超越，还是道德自我意识向伦理客观意志的转化，在理论上都必须进行一种努力，即由以意识为对象的现象学向以意志为对象的法哲学过渡，在特殊与普遍相统一的伦理意志及其所引导的社会性、实体性的集体行动而不是个体性的偶然的和主观的冲动中，消解道德的现实性与非现实性的悖论，达到道德与自然的具体历史的统一。而当这样做的时候，必不可少的环节和努力就是：必须找到由个体性的道德自我意识上升为社会性的伦理实体意识，并赋予实体性的社会伦理意识以基本的统一性和同一性，进而可以转化为实体性的伦理行动的那种中介和概念。

具备以上品质的中介和概念就是："伦理世界观"。

意识发展中道德的现实性和非现实性的矛盾的扬弃，必须透过意识向意志、现象学向法哲学的演进，这个推进的关键性环节，就是个体性的"道德世界观"，向社会性的"伦理世界观"的辩证转化。

第三节 现象学与法哲学中的"伦理"—"道德"

一 "伦理"与"道德"的矛盾及其诠释

将"道德世界观"推进为"伦理世界观"，关键显然是"伦理"与

---

① 以上均见［德］黑格尔《精神现象学》下，贺麟、王玖兴译，商务印书馆1996年版，第137页。

"道德"的关系。为此，必须对两个难题进行理论辩证。第一，"伦理"与"道德"的关系；第二，"伦理"、"道德"在黑格尔体系，尤其《精神现象学》和《法哲学原理》中的不同地位。

黑格尔精神现象学与法哲学体系严密的重要表征之一，就是在概念规定方面将"伦理"与"道德"严格区分。黑格尔发现，"道德和伦理在习惯上几乎是当作同义词来用"，有时虽有区分，但并不严格和自觉，康德的体系就偏好于"道德"一词，他提出的"各项实践原则完全限于道德这一概念"，甚至颠覆了"伦理"的观点，这是缺乏哲学辩证法的表现。黑格尔认为，伦理与道德"具有本质上不同的意义"[①]。道德是个体性、主观性的，伦理则是社会性和客观性的。道德侧重个体的意识、行为与准则、法则的关系，而伦理侧重社会"共体"中人和人的关系，尤其是个体与社会整体的关系。如果从精神、意识的角度考察，道德是个体性、主观性的精神，而伦理则是社会性、客观性的精神，是"社会意识"、"民族精神"。伦理与道德都以善为对象，但伦理不是主观的善，而是"主观的善与自在自为地存在着的善的统一"。伦理更多地与意志，尤其是客观意志相连。"善和主观意志的这一具体同一以及两者的真理就是伦理。""伦理是在它概念中的意志和单个人的意志即主观意志的统一。"这样，在法哲学的意义上，道德以伦理为前提并只有在伦理中才能获得真理，"道德毋宁应该说是一种伦理上的造诣"[②]。如果从主体的意义上概括黑格尔对二者的区分，就是：道德的主体是个体或自我；伦理的主体是"实体"（《法哲学原理》中的用法）或"共体"（《精神现象学》中的提法）。道德与伦理的区分，是个体主体与社会共体、主观性与客观性、主观的善与自在自为地存在着的善的区分。

不难发现，道德与伦理的区分具有深刻的理论合理性与实践合理性，其意义不只是学术上的"尽精微"，也不只在于理论上更大的解释力，还在于它能引导"善"的意志由抽象合理性到达现实合理性，进而使对实践理性的探讨，由对个体性、主观性的"道德精神"的关注，进入对社会性、客观性的"伦理精神"的把握。形而上的思考愈深入，就愈觉得二者严格区分的必要。然而，在黑格尔的研究中，关于"道德"与"伦

---

① 参见［德］黑格尔《法哲学原理》，范扬、张企泰译，商务印书馆1996年版，第42页。
② 同上书，第161、162、43、170页。

理"地位的观点似乎存在某些相互矛盾甚至冲突之处。在《精神现象学》中，道德在精神发展过程中处于比伦理更高的阶段，"伦理"虽是"真实的精神"，但其中存在个体性与普遍本质的矛盾，自我意识还没有成为现实，"伦理"阶段精神的真理是实体或共体的普遍本质，因而只是精神生长的肯定阶段，经过"教化"阶段的自我异化和自我否定，达到否定之否定——"道德"。在"道德"阶段，精神才能获得真正的自我意识，成为自在自为的存在，而道德自我意识确证的标志，就是形成所谓"道德世界观"。"伦理"—"教化"—"道德"，是《精神现象学》所揭示的精神或意识生长的辩证过程。然而，《法哲学原理》的体系却是另一种安排。在这种安排中，道德只是法哲学体系的否定环节，它是对"抽象法"或"形式法"的否定，使意志自由获得主观现实性，但"道德"只是主观法，其中存在主观性与客观性、个体性与社会性尖锐对立，因而它所形成的善良意志、良心很可能处于作恶的边缘上，只有到达"伦理"阶段，才能既扬弃法的抽象性，又扬弃法的主观性，达到普遍意志和个人意志的统一。"伦理"才是"法"的真理。"抽象法"—"道德"—"伦理"，是《法哲学原理》揭示的"法"或自由意志生长的辩证过程。这样，在《精神现象学》中，"道德"高于"伦理"；在《法哲学原理》中，"伦理"高于"道德"。

二 "伦理世界观"的概念规定

导致这一矛盾现象的根本原因，显然是《精神现象学》与《法哲学原理》研究对象的殊异：前者的研究对象是意识或精神，是对意识、精神发展的辩证过程的形上探讨；后者的研究对象是意志或"法"，是对自由意志发展的辩证过程的分析。对精神和意识来说，从原始的实体性与混沌的统一体中分化出来，形成自我意识与主体精神，当然是一种飞跃，就像原始人从原初的类意识中生长出个体意识、婴儿从最初的混沌无知中生长出自我所属感一样。道德的自我意识必须从最初自在的伦理类意识中分离出来，"道德世界观"就是透过"教化"，对"伦理"进行辩证否定的结果。不过，按照黑格尔的三段论，这种否定，最后还必须复归于否定之否定，这种辩证复归，在《精神现象学》中就是所谓"绝对精神"。而对意志来说，情况就完全不同了。意志及其自由起初是抽象的，这种抽象的自由即所谓"抽象法"；道德是对抽象性的扬弃，它使意志获得主观性或个体性的自由，但这种主观性只是偶然性，并不具有客观性与普遍性；因而必然要被伦理所扬弃，在"伦理"中，意志及其自由才获得真正的现实性，即实现个体性与普遍性、主观性与客观性的统一，达到否定之否定。这样，在现实性和真理性的意义上，"道德"和"伦理"在意识的自我生长和意志的自我运动过程中所处的地位，便截然不同。意识生长遵循纯粹理性的规律，而意志发展遵循实践理性的规律。精神现象学揭示道德的自我意识生长的规律，法哲学揭示伦理的客观意志发展的规律。应该说，"伦理"—"道德"在现象学和法哲学中的矛盾地位，不仅具有合理性，而且充满辩证法。

　　经过以上关于"道德"、"伦理"的概念区分，及其在意识—意志发展过程中不同地位的甄别，由"道德世界观"向"伦理世界观"推进的必要性便初步凸显。可以这样表述"道德世界观"与"伦理世界观"的基本区别："道德世界观"的主体是个体，是关于道德自我意识的概念，是道德自我意识的确证，具有个体性和主观性；"伦理世界观"的主体是"实体"或"共体"，是社会的伦理意识和伦理精神的自我确证，具有社会性与客观性。"道德世界观"是道德个体的世界观，"伦理世界观"是伦理共体或伦理实体的世界观。显然，社会合理性与文明合理性，不仅需要一种建构和固持个体意识的自我同一性与一致性的道德世界观，更需要一种使群体、社会、民族获得一致性，使个体道德的多样性复归于社会同一性，使意识的主观性发展为客观性的伦理世界观。

　　至此，"伦理世界观"便可以定性为：是伦理实体或伦理共体的共同的、特殊与普遍相统一的道德自我意识（这种共同的、特殊与普遍相统一的道德自我意识，也可称之为伦理自我意识）；是"伦理世界"的"道德世界观"。

第四节　"伦理世界观"的精神体系

一　"道德自我意识"与"社会伦理精神"

　　作为"伦理世界"的"道德世界观"，伦理世界观与道德世界观既联结又区分。最基本的区分在于二者的品质构造。道德世界观本质上是一种特殊的意识，即道德自我意识，"道德世界观的这种客观方式不是什么别的，只是道德自我意识本身的概念，只不过道德自我意识本身的概念，只不过道德自我意识把它自己的概念弄成对象性的东西而已"①。伦理世界观则不同。由道德世界观向伦理世界观的转换，不仅要将个体性的道德自我意识凝聚、转化为社会性的伦理实体意识，而且更重要的是，在由个体性向社会性的转化中，作为"冲动形态的意识"的行为，也必须被凝聚和转化，由个体行为上升为社会行为或实体行为。如果说个体行为还可以当作"冲动形态的意识"的话，那么，社会行为就必定包含集体意识、普遍意志或客观意志两个环节，否则就难以形成"集体的冲动"。这样，伦理世界观就不像道德世界观那样，是道德自我意识或关于道德自我意识的一维结构，而是内在着社会伦理意识和客观伦理意志的二维结构，或者说是意识—意志的同一结构。道德自我意识是意识，而意识—意志同一的结构，则是另一种品性，这种品性有一个特殊的概念，就是"精神"。

"精神"是在中国哲学和德国哲学中被凸显的概念。按照黑格尔《历史哲学》的译者王造时先生的考察，"精神"包括理智（意识）和意志，而且后者的意义更较前者来得明显，是包含人类整个心灵和道德的存在。②"精神"与"意识"的差异，在于它包含了意识和意志，并与道德具有文化上的直接联系。"精神"是一个兼，具现象学与法哲学双重意义的概念。伦理世界观不是一般意义上的社会道德意识，而是特殊的"社会伦理精神"，或者用黑格尔的语式表达，伦理世界观是关于"社会伦理精神"的概念。正因为"精神"包含意识与意志，因而作为特殊社会伦理精神的伦理世界观，才可能作为由现象学向法哲学过渡的概念环节。因为，在现象学与法哲学相整合的意义上，个体道德向社会伦理的转换，不仅需要意识的凝聚，更需要意志的客观化与普遍化。"社会伦理精神"，是"伦理世界观"之不同于"道德自我意识"的"道德世界观"的特殊概念品性。

二 "伦理世界观"的辩证结构

道德世界观和伦理世界观，是关于"道德自我意识"与"社会伦理精神"的不同概念。但是，这并不妨碍二者在结构体系方面表现出很大的相似性甚至同质性。

---

① ［德］黑格尔：《精神现象学》下，贺麟、王玖兴译，商务印书馆1996年版，第134页。
② 参见［德］黑格尔《历史哲学》，王造时译，上海书店出版社1999年版，英译者序言。

　　根据"'伦理世界'的'道德世界观'"的诠释，伦理世界观的基本问题，是伦理世界与自然世界、伦理实体的伦理精神与它的自然冲动之间的关系问题。作为"伦理的"世界观，（1）它肯定伦理与自然、伦理世界与自然世界之间的对峙与对立，这种对立和对峙是社会伦理精神自觉的表现；（2）它以伦理精神的自我肯定为前提，在两个世界的对立中以伦理尤其是伦理义务为本质的存在，伦理或伦理义务是伦理世界观同一性的基础；（3）伦理与自然的冲突，只有透过社会性的伦理行为，才能被现实地扬弃。以上三个要素分别构成伦理世界观的存在性、价值性和现实性的前提，是伦理世界观成立的基本条件，也是伦理世界观的辩证结构和伦理世界观生长的辩证过程。

　　与道德世界观一样，伦理世界观形成的前提，是社会伦理意识"一般"，与"自然一般"即所谓"他在"的对象化关系。意识发展到一定阶段，便形成社会性的伦理意识，"伦理意识，由于其直接性的缘故，乃是一种特定的精神，只隶属于各伦理本质中的一种本质性，本身包含着没有自觉的精神这样一个方面"。其特点是"本身知道义务，履行着义务，并且以之为它自己的本性而隶属于义务"，因而是一种"性格"。① 在伦理意识中，含有它与一个"他在"的关系，这个"他在"是独立于伦理意识但却是无意义的现实或"自然一般"。在这个阶段，伦理意识和"他在"都是自在的，前者是"伦理意识一般"，后者是"自然一般"。自在的伦理意识与自在的"他在"彼此独立，构成有机整体中的一种特定关系，即义务与自然的关系。以义务为绝对本质的抽象的社会伦理意识，以及作为它的内在否定性的"他在"即"自然一般"，在对峙中构成一个整体即一个完整的世界，这是伦理世界观形成的前提。

　　但是，伦理世界观是以自在自为的伦理与自在自为的自然之间的关系构成的。伦理世界观的第一个结构或生长过程的第一个阶段，即所谓"伦理意识一般"。这种"伦理意识一般"是一种原初的伦理意识，它是现实的和能动的，但却是抽象的现实性和能动性，它把义务当作本质，在它自己的抽象的现实和抽象的行动中履行着义务。"伦理意识一般"是一种抽象的义务意识，在这个阶段，伦理意识停滞于实体性的伦理动机，伦理行为与它的结果即所谓幸福处于分离的状态。"自然和伦理（伦理的目

----

① ［德］黑格尔：《精神现象学》下，贺麟、王玖兴译，商务印书馆1996年版，第124页。

的和活动）全不相干和各自独立"，是这个阶段的基本假设。抽象的义务意识，义务与现实、伦理与自然的抽象的存在（彼此分离），是这个阶段的基本特征。伦理与自然、义务与现实之间的独立与对峙，这是伦理精神原初的具体，是伦理世界观的第一个阶段，即感性具体阶段。

然而，伦理精神现实性的基本条件，却是伦理与自然、义务与现实之间的预定的和谐。无论是道德世界观，还是伦理世界观，在确立义务与现实的独立与对峙之后，都必须在意识和精神中确定或预定它们之间的和谐。正如黑格尔所说，"道德意识决不能放弃幸福，决不能把幸福这个环节从它的绝对目的中排除掉"。"道德与幸福之间的和谐，是被设想为必然存在着的，或者说，这种和谐是被设定的。"① 设定即是要求，其真义是说，有某种尚非现实的东西被设想为存在着的，它具有必然性，但还是在信念中存在的必然性，而不是现实的必然性。这种情况就是说，伦理与自然、义务与现实之间的和谐，必须在"伦理精神"概念中被预设或信念地存在。伦理精神将二者的统一，当作精神自身的目的，也当作世界的目的。因而它们的统一被当作精神或理性的一种要求。所以，我们发现，在任何民族的伦理精神和任何成熟的伦理体系中，伦理（道德）与自然（幸福）、义务与现实之间的和谐，都必须预设于其中，并在终极的意义上被圆通。不仅康德的《实践理性批判》和黑格尔的《精神现象学》的体系是如此，孔子、亚里士多德，乃至基督教伦理、佛教伦理、伊斯兰伦理的体系，都是以"德—福—致"为基本规律，准确地说为基本信念，虽然它是在某种假设中完成。② 伦理与自然、义务与现实之间预定的和谐或信念中的统一，这是伦理精神的抽象，是伦理世界观的理性抽象阶段。

抽象复归于具体，必须诉诸现实的伦理行动。在黑格尔的"道德世界观"中，道德与自然的具体历史的统一，感性具体和理性抽象的扬弃，就是现实的道德行为。道德行为，就是义务与现实统一的中介或中项。道德行为所以具有这样的特性，乃是因为：（1）意志行为是一种特殊形态的意识，即"作为冲动和情欲而出现的感性"，是冲动形态的意识；（2）在道德行为中包含了使义务与现实统一的目的性，似及达到这种统

---

① ［德］黑格尔：《精神现象学》下，贺麟、王玖兴译，商务印书馆1996年版，第127页。

② 上文已经指出，德性与幸福之间的矛盾，在康德伦理学体系中是以"灵魂不朽"和"上帝存在"两大预设完成，而在中国传统伦理体系中，则是在"儒—道—佛"三位一体"人世—隐世—出世"的自给自足的伦理精神结构中完成。

一的能力，义务与现实的统一，是行动着的道德自我意识和伦理意识固有的一种和谐。在义务与现实、感性和理性冲突的情况下，精神的真正本质是："冲突消除，统一出现，而且作为消除冲突的结果这种统一，并不是由于双方同在一个个体中的那种原始的统一，而是由于知道了两者对立才产生出来的统一。"① 这种包含了对立的统一，才是现实的伦理和现实的道德。不过，以义务与现实统一为核心的伦理行为与道德行为，只有透过现实的社会制度，才能具有真正具体和历史的现实性，否则，伦理行为和道德行为同样会造成义务与现实、德性和幸福之间"不相对应和不公正的情况"，对伦理精神来说，会造成"道德的人"与"不道德的社会"的悖论。因此，伦理行为与道德行为的差异，就在于它对行为的社会合理性而非单纯的个体合理性的追求。更有意义的是，在伦理精神中，因为总是存在自然的否定性环节，即伦理与自然之间的对立，因而伦理与自然、义务与现实之间的和谐，总是处于不断的否定和创造之中。在这种情况下，正如在道德世界观一样，伦理的完成"是不能实际达到的，而毋宁是只可予以设想的一种绝对任务，即是说，一种永远有待完成的任务"②。可以肯定的是，伦理行为，是扬弃感性具体和理性抽象而达到的伦理世界观的辩证复归，是伦理世界观的理性具体阶段。

这样，伦理与自然的原始的独立与对立——伦理与自然在信念中预定的和谐——伦理行为中伦理与自然的统一，便构成伦理世界观具体—抽象—具体的辩证结构和生长的辩证过程。

至关重要问题是两个：（1）以上三个要素都是伦理世界观的辩证结构中的必要构成，三个环节都是伦理世界观生长的必经阶段，三者的有机复合，才构成伦理世界观的精神体系；（2）无论三要素、三环节，还是由它们形成的整体，都必须体现伦理世界观，而不是道德世界观的特质，虽然它们在许多方面与道德世界观具有相通之处。

关于伦理世界观与道德世界观的殊异，有必要作简要的概括。上面已经指出，伦理世界观与道德世界观在品质方面的最重要的殊异有：第一，它不像道德世界观那样，是个体性的，而是实体性、共体性或社会性的世界观；第二，它以意识—意志的双重结构，而不是单一的意识为自己的对

---

① ［德］黑格尔：《精神现象学》下，贺麟、王玖兴译，商务印书馆 1996 年版，第 128 页。
② 同上书，第 129 页。

象,因而不是一般意义的道德自我意识,而是社会性的伦理精神。于是,伦理世界观便表现出以下与道德世界观不同的"精神"气质:它不仅是意识或个体的道德自我意识,而且是个体与整体、特殊与普遍相统一的实体性的伦理自我意识;它不仅是意识,而且同时也是意志,不仅是意志,而且是个体意志与整体意志相统一的实体意志或客观意志;它不仅是精神,而且是意识与意志复合、个体至善与社会至善相统一的具体、现实的伦理精神。

三 "伦理世界观"的两次飞跃

伦理与自然的关系问题,是伦理世界观的基本问题。但这里的"伦理"与"自然",与道德世界观中的"道德"与"自然"具有不同的内涵。对"伦理"来说,已经不是个体性的道德自我意识,甚至不是个体道德目的与道德行动的整体,而是个体与整体相统一、意识与意志相整合的"伦理精神",是实体性的伦理目的与伦理行动。而所谓"自然",则包括伦理实体或伦理共体的主观自然,即伦理实体的"自然"的冲动与意欲,以及伦理实体所共同面对的客观自然。因为伦理实体的主观自然,必定包括实体内部各个体的主观自然,是个体的主观自然与实体自然的统一,因而伦理所面对的主观自然对实体内部的各个体来说,又是一种"客观",不像道德所面对的自然那样,是纯粹主观的、个别性的和偶然的。同时,"伦理"自在的前提,是实体自觉的伦理自我意识,或者说,是伦理实体的真实存在。如果用道德世界观中的"道德"来诠释,那就是,在"伦理"中,道德已经不是以个体的目的和行动的形态存在,而是以实体的或集体共同的道德目的和道德行动的形态存在。所以,伦理世界观就不能只是现象学的研究对象,而必须是现象学与法哲学共同的研究对象。

这样,存在一个真实的伦理实体或伦理世界,并且实体具有自觉的伦理自我意识,即实体意识到自己的伦理本性;这个自觉意识到的伦理实体与它所面对的"自然",即实体自身的主观自然(上面已经说过,相对于实体内的个体来说,这种"自然"其实不是主观的,而是一种客观)与客观自然之间的关系,就是伦理世界观的基本问题。它们彼此独立,相互对峙,又处于一种自觉了的伦理精神的统一体中,便构成伦理世界观的第一种结构和第一个阶段。这个结构和阶段区别于道德世界观的关键在于:

实体意识到自己伦理性的存在（而不像道德世界观中那样，是个体意识到自己道德性的存在），在精神中与客观存在的自然相对峙的同时，也与实体自身的主观自然，即实体自身的本能冲动相对峙。由于实体自身的主观自然是对它内部的个体的主观自然的扬弃，因而在伦理世界观的起始，就不仅包含意识，而且必定包含意志；于是伦理世界观的本质，在一开始就不是一种个体性的道德自我意识，而是社会性的伦理精神。

个体道德自我意识的产生，在意识与精神的发展中是一个飞跃，但实体或共体的伦理自我意识的产生，却是更有意义和更为巨大的飞跃。后一个飞跃的本质在于，实体是否对自身的共同道德本性，具有自觉的集体意识，在文化传统的意义上，实体对自己的伦理本性，是否有一种"集体记忆"。在第一个阶段，伦理世界观虽然意识到自己的伦理性，但却与自然处于一种独立和对立的状态之中。对立必须扬弃，归于某种统一，于是便进入第二个阶段。在第二个阶段，伦理与自然只是归于一个抽象的同一体，这个同一体就是义务。这个阶段，伦理世界观的特质，是坚持义务的本质性，以伦理义务把握和同一这个分立和对立的伦理世界。这个阶段虽然是抽象的，但却是巨大的进步，因为实体已经意识到自己对"自然"的伦理性义务，并且以此扬弃实体自身主观的自然冲动。伦理世界观在这个阶段与道德世界观的区别在于：它所自觉和固持的，不是个体的义务，而是实体的义务；不是特殊义务，而是普遍义务。在义务的绝对性或"绝对义务"的意义上，伦理世界观与道德世界观在这里相通，但在伦理世界观中，义务扬弃的对象，已经不是个体的主观自然，而是实体的"客观"自然；同时，它坚持实体作为一个整体，对它所面对的客观自然负有义务。因此，这一阶段的进步，是实体对自己以整体形态出现的主观自然的绝对扬弃，以及对客观自然的义务的整体性义务的绝对意识和绝对坚持。

但是，伦理与自然对立的真正扬弃，同一体的真正造就，必须透过实体的伦理行为。行为一方面是一种意志形态，另一方面又内在于意识之中。不过，在伦理世界观中，作为"冲动形态的意识"的伦理行为，却遵循与道德世界观中的道德行为不同的法则，它依照"集体行动的逻辑"，而不是个体行为的规范。而一旦遵循"集体行动的逻辑"，就不仅要进行个体意识的凝聚，而且必须扬弃个体意志的主观性，达到个体意志与集体意志的统一，确立实体意志和客观意志。这样，现象学的问题就转为法哲学的问题，世界观就由道德自我意识的现象学进入伦理意志的法哲学，意识和意志在"集体行动"的逻辑中便被统一起来。与道德世界观不同，在第三个阶段，现实地扬弃伦理与自然对立的已经不是个体性的道德行为，而是以实体形态出现的伦理行为，是实体的"个体"道德行为。因此，它不仅面临伦理实体作为一个整体或整个"个体"，与自然的关系问题，而且还面临实体内部中个体与整体之间的关系问题，后一种关系的突出表现，是个体与整体、个体至善与整体至善的关系问题。这样，伦理实体内部个体与整体、个体至善与整体至善的关系，就是伦理世界观在现实性与合理性方面所表现出的，与道德世界观不同的独特的或特别重要的内涵。共同的是，在这个阶段，无论是道德世界观还是伦理世界观，意识都向行为转化，都透过行为扬弃对立，达到统一，由抽象复归于具体，借此，义务与现实被安置于一个现实的统一体中，进而达到世界观的完成。

可见，伦理世界观的完成，经过了两次飞跃或两个过程。第一次飞跃是由原初的伦理精神中伦理与自然对立的具体，向以义务为本质并以绝对的义务意识为伦理与自然的统一体的伦理精神的抽象；第二次飞跃是由绝对的伦理义务意识，向以伦理行为为中介的伦理与自然整合的辩证复归。伦理世界观在绝对义务与现实、伦理与自然的伦理精神的统一体中具体、现实地完成。

第五节 "伦理世界观"的价值品性

一 两大公设

伦理世界观是关于伦理与自然、伦理世界与自然世界之间关系的基本观点。特别值得注意的是，伦理世界观虽然从伦理与自然、伦理世界与自然世界之间的对峙与对立出发，但其价值追求和根本品质却是和谐。

黑格尔在论述道德世界观时，曾作了两大和谐的公设：道德与客观自然之间的和谐；道德与感性意志即主观自然之间的和谐。"第一个公设是道德与客观自然之间的和谐，这是世界的终极目的；另一个公设是道德与感性意志的和谐，这是自我意识本身的终极目的；因此第一个公设是在自在存在的形式下的和谐，另一个公设是在自为存在形式下的和谐。"① 两

---

① ［德］黑格尔：《精神现象学》下，贺麟、王玖兴译，商务印书馆1996年版，第130页。

大公设概括起来就是：道德与自然之间自在自为的和谐。

伦理世界观也必须建立关于伦理与自然之间和谐关系的公设。因为，如果没有这些和谐，伦理世界观就只滞留于它的起点上，所以黑格尔关于道德世界观的两大公设，对伦理世界观同样是适用和必须的：第一个公设是伦理与伦理实体所面对的客观自然的和谐；第二个公设是伦理与伦理实体的感性意志的和谐。区别只在于，第二个公设，即伦理与伦理实体的感性意志之间的和谐，不仅是伦理精神本身的终极目的，而且也是世界的终极目的。理由很简单，伦理与伦理实体的感性意志之间的和谐的本质，实际上是社会伦理秩序的和谐。由于伦理实体的感性意志是个体意志与普遍意志的统一，是社会性的客观意志，因而已经逻辑地包括道德世界观所预设的个体道德与主观感性意志之间的和谐。这样，伦理世界观预设和追求的两大和谐的真谛就是：人与自然秩序之间的和谐；人与社会生活秩序的和谐；人与自己的生命秩序和谐。和谐预设于伦理世界观中，并作为它的根本品质和根本价值目标，在这个意义上，可以将它理解为是莱布尼茨式的"预定的和谐"。

二　"伦理世界观"与"伦理型世界观"

有必要申言，"伦理世界观"不是"伦理型"或"伦理性"的世界观。"伦理世界观"是伦理共体或伦理实体"伦理地"对待、调节和表达自己与所处于"自然世界"（实体的自然世界和实体所面对的客观世界）的关系的基本态度和一般的、基本的观点。伦理型的世界观或伦理性的世界观遵循与"技术世界观"同样的逻辑，将自己在某个独特视角或专业分工如伦理、技术领域中所形成一些关于世界的抽象认识甚至一孔之见，泛化为对世界的一般看法，从而形成某种片面的、狭隘的世界观。伦理世界观作为伦理精神发展中的一个环节，不仅以伦理为精神的本位，而且只有在伦理精神的场域中才有世界观的意义，也才有现实性与合理性。伦理世界观不是一般意义或哲学意义上的世界观，它并不企图从伦理的角度发表对整个世界的一般性看法，更没有这样的贪婪，将本应安居于伦理精神领域中的那些理性自不量力地扩张为关于整个世界的看法。伦理世界观绝不是关于世界的一般的和总的观点，而只是关于伦理，确切地说，是伦理精神与它所处于的自然，包括客观自然与主观自然之间关系的一般的和总的观点。伦理世界观只对伦理理性的光芒所能照耀到的那些芸芸众生点化他们的公共本质或普遍精神，它明白自己的本性，并且恪守自己的文明份位，始终将自己定于"伦理一般"的地位，从不僭越，也从没有野心想使自己登上"众理之理"的"哲学一般"龙座。它只是世界观中的"分殊"，只在"伦理一般"即伦理与自然关系基本观点的意义上才有真理性和现实性。但是，伦理世界观也并不谦逊，更不自卑，对那些本应属于自己职责范围之内的事务，总是当仁不让。因此，它认为，伦理价值观不能代表自己，更不能代替自己。伦理价值观只是关于什么具有伦理价值，什么不具有伦理价值的一般性的观点，是关于主体与对，象关系的一般性的意义判断或价值判断，而不像伦理世界观那样，是关于整个伦理世界和整个自然世界之间关系的元观念或元理念。因此，当"伦理价值观"已经成为伦理世界的概念明星时，伦理世界观毫不谦让地对它说："我来啦，请交出这个世界的权杖！"伦理世界观就是这样，不自大，不自卑，不狭隘，总是在伦理世界中恪尽自己的文明本务。

三 "伦理世界"、"伦理规律"、"伦理实体"

伦理世界观之于民族精神尤其是民族伦理精神的意义，可以从黑格尔提出的、与"伦理世界观"内在关联的三个概念中被引发："伦理世界"如何形成？"伦理规律"如何体现？"伦理实体"如何造就？

"伦理世界"是《精神现象学》中提出的概念。黑格尔认为，在伦理阶段，当处于直接的真理状态时，由于它是实在的精神、真正的现实，因而不仅是意识的种种形态，而且是世界的种种形态。"活的伦理世界就是在其真理性中的精神。"① 据此，伦理世界有此岸和彼岸的双重性。彼岸的伦理世界是各种普遍的伦理本质，它们是由个别意识实体构成的普遍意识的实体；此岸的伦理世界即诸伦理本质的现实，其形态就是民族与家庭，它们以男人和女人为个体，并达到特殊与普遍统一的实体。民族与家庭，就是伦理世界的两个典型样态，或者说，民族与家庭，以及作为构成它们的个体，并与它们同一的男人和女人，构成伦理世界。显而易见，黑格尔的论述虽然是抽象的思辨，但以普遍性（或共体、公共性）本质，和民族家庭为伦理实体彼岸与此岸的结构，强调普遍的伦理本质对伦理现实的意义，却具有合理内核，问题只在于，他认为本质先于存在，因而像

---

① ［德］黑格尔：《精神现象学》下，贺麟、王玖兴译，商务印书馆1996年版，第4页。

马克思所批评的那样，是头足倒置的。

"伦理世界"由各种形态的"伦理实体"构成。伦理实体即"伦理的共体或社会"①，用现代社会学术语言表达，即伦理共同体。"伦理实体"同样具有本质形态与现实形态的双重性。在基本的方面，它是意识的"精神性的本质"，或者说是以伦理精神为本质的实体；但精神在伦理阶段因其现实性又是伦理现实，具有各种现实形态。伦理实体的诸形态，在《法哲学原理》中被建构为一个辩证的结构：家庭——自然社会的伦理实体；市民社会——异化的或否定性的伦理实体；国家——政治社会的伦理实体。家庭一市民社会一国家，就是伦理实体由低级到高级的三种形态以及由此形成的辩证结构。②

这样，"伦理世界观"既是"伦理世界"的"世界观"，又具体表现为家庭、市民社会、国家诸伦理实体或伦理共体的世界观。由于伦理实体具有这样的特质："伦理行为的内容必须是实体性的，换句话说，必须是整个的和普遍的；因而伦理行为所关涉的只能是整个的个体，或者说，只能是其本身是普遍物的那种个体。"③ 因此，"伦理世界观"必须是伦理实体、伦理共体的统一的或共享的世界观，具有社会性与客观性，而不像"道德世界观"那样，是个体的或道德自我的世界观。

但是，因为，伦理世界有民族、家庭、男人女人诸结构，伦理实体被区分为家庭、市民社会、国家诸形态，按照黑格尔的观点，便有不同的伦理规律："人的规律"；"神的规律"。④ 市民社会、国家的伦理实体及其构成的伦理世界，遵循"人的规律"，家庭的伦理实体和伦理世界遵循"神的规律"，伦理世界与伦理实体就是这两种规律的辩证运动。于是，"伦理世界观"作为家庭、市民社会、国家诸伦理实体的公共伦理本质或普遍的、社会的伦理精神，同样也内在着"人的规律"和"神的规律"的辩证结构和矛盾运动。

伦理世界、伦理实体，既是现实的存在，更是精神的存在，因为它们

---

①　［德］黑格尔：《精神现象学》下，贺麟、王玖兴译，商务印书馆1996年版，第8页。

②　黑格尔在《精神现象学》中讲"民族—家庭—男人、女人"的伦理世界，在《法哲学原理》中讲"家庭—市民社会—国家"三种伦理实体，我认为，后者是前者的展开与发展，思路是一致的。

③　［德］黑格尔：《精神现象学》下，贺麟、王玖兴译，商务印书馆1996年版，第9页。

④　关于"人的规律"和"神的规律"，参见黑格尔《精神现象学》下，第6—10页。"神的规律"、"人的规律"，实际上就是中国传统伦理中讲的所谓"天道"和"人道"。

必须以普遍的伦理本质和实体性的伦理精神为前提和基础。无论是民族与家庭，还是作为构成它们个体的男人与女人，只有在意识到自己的普遍性的伦理本质和实体性的精神时，伦理世界和伦理实体才能自在自为地存在，伦理规律就是这种普遍伦理性本质和实体性伦理精神的具体、现实的运作。所以，"伦理世界"的形成，"伦理实体"的造就，"伦理规律"的运动，都有一个共同的基础，这就是"伦理世界观"。"伦理世界观"是"伦理世界"、"伦理实体"最普遍的伦理本质。民族与家庭作为伦理世界的基本构成和伦理实体的基本形态，都以普遍的伦理本质和个体与共体相统一的普遍意识的实体为前提，而普遍伦理本质和普遍伦理意识的实体的精神基础，就是伦理世界观。在"普遍现实"的世界中，民族和家庭的伦理世界、家庭—市民社会—国家的伦理实体持存的精神基础，也是伦理世界观。甚至可以说，伦理世界观是现实的或此岸伦理世界和伦理实体（至于彼岸的伦理世界和伦理实体，则是伦理的普遍本质和普遍意识的实体）持存的伦理精神条件。伦理世界和伦理实体既是精神的，又是现实的。它们本质上是以一定的伦理精神建构的世界，甚至是在伦理精神的把握中才存在的世界，因而只是一种抽象，但它们的现实形态，则是一个真实或客观，这个现实形态就是民族，以及构成它的家庭与个体的伦理生活。在伦理世界和伦理实体中，无论是"神的规律"还是"人的规律"的运作，都是伦理世界观的主观能动的体现。伦理世界观的现实性（尤其在它的第三阶段即辩证复归阶段）及其终极目标，就是使伦理规律成为"自然规律"，事实上它一开始就在信念中执著地认为伦理规律应该成为自然规律，伦理世界观自我发展的辩证逻辑，就是追求伦理规律与自然规律的辩证复合。

　　伦理世界观如何为伦理世界的形成和伦理实体的造就提供精神基础？在对道德世界观进行总结时，黑格尔曾用三个命题，表述道德世界观如何对象化自己的概念世界：现实存在着道德自我意识（或存在着一个道德自我意识）；没有道德上完成了的现实的道德自我意识（或不存在任何一个道德自我意识）；道德自我意识是一个自我（或主体），这种自我自在地是义务与现实的统一，是前二者的统一。① 由于伦理世界观与道德世界观存在结构上的相通性，因而也可以将伦理世界观所建构或对象化的精神

---

① ［德］黑格尔：《精神现象学》下，贺麟、王玖兴译，商务印书馆1996年版，第135页。

性的"伦理世界"，表述为三个类似的命题。（1）现实地存在着伦理精神。伦理世界观从这样的概念设定出发：一切现实只有在其符合义务时才有本质；这种本质与现实的伦理实体直接合为一体，处于一个统一体中，这种统一体就是现实的伦理精神。同时，伦理世界观将义务与现实之间的统一，看做是世界的终极目的。（2）没有伦理上完成了的现实的伦理精神。伦理世界观所面对的总是伦理精神与它自己的现实（即社会伦理精神、伦理世界观完成的程度）之间的不和谐，以及现实的伦理世界中义务与现实（其核心是道德与幸福）之间的不和谐，因而没有伦理上完成了的现实的东西。（3）社会伦理精神是一个主体或自我，只是它是实体性的主体或自我，自在地是伦理与自然、义务与现实的统一，不过，这种统一只有透过伦理行为，在意义世界的彼岸才存在。伦理世界观的这三个命题或三个结构，实际上就是在伦理精神的自我发展中完成的伦理世界形成，伦理实体造就，伦理规律运作的辩证过程。

第八章　从"本体世界观"到"生态世界观"

道德体系的合理建构，必须进行世界观方面的哲学革命，这个革命的实质是：从"本体世界观"到"生态世界观"。

在《法哲学原理》中，黑格尔揭示了关于"伦理"的两种考察方式：实体的观点；原子的观点。"在考察伦理时永远只有两种观点可能：或者从实体出发，或者原子式地进行探讨，即以单个的人为基础而逐渐提高。"他的观点是："后一种观点是没有精神的，因为它只能做到集合并列，但精神不是单一东西，而是单一物和普遍物的统一。"① 实体的观点、原子的观点，都基于一个依据经验确立至今难以动摇的智的直觉：伦理是关系的，道德也是关系的。"道德的观点是关系的观点、应然的观点或要求的观点。"② 无论伦理、道德，还是伦理世界观、道德世界观，都应当以"关系的观点"、"应然的观点"这两大人文元素为基础和前提。

然而，只要稍加反思就会发现，最深刻的分歧，不在"关系"和"应然"，而在"何种关系"、"如何应然"？近现代文明，尤其是以西方为代表的现代性文明发展的轨迹，显然是不断抛弃和日益背离"从实体出发"的伦理观点，而遵奉"原子式进行探讨"的世界观和方法论。这一转变的理性基础似乎很直白：在理论理性方面，"实体的观点"是黑格尔为代表乃至是黑格尔以前的古典的和传统的观点，缺乏现代性，甚至缺乏近代性；在实践理性方面，"实体的观点"容易导出整体主义，甚至整体至上主义，因而容易导致伦理的和政治的专制。于是，在民主扬弃专

---

① ［德］黑格尔：《法哲学原理》，范扬、张企泰译，商务印书馆1996年版，第173页。

② 同上书，第112页。

制、个人主义取代集体主义和整体主义的伦理精神的转换中，"原子式探讨"的世界观和方法论便成为重要基因之一。

值得特别警醒的是："原子式探讨"的伦理观点，在避免和消解传统的也是原始的专制主义的同时，已经导致一种新的形态的伦理专制主义——不是一个人对另一个人、一种伦理份位对另一种伦理份位，也不是伦理实体对伦理个体的专制，而是一种形态的伦理对另一种形态的伦理、一种文明要素对另一种文明要素，甚至是一种文明对另一种文明的专制。现代性文明造就出的这种完全有别于传统的新形态的伦理专制主义，目前虽还处于初始阶段，但已经充分表现出它的暴虐：价值霸权，文化帝国主义，文明帝国主义。

需要严肃追究的是："原子式的探讨"的伦理，如何在否定"从实体出发"的以整体性和普遍性为取向的伦理精神过程中，造就出比传统伦理更粗暴的现代型伦理专制主义？一个大胆的理论假设是："原子式探讨"的伦理事实上沿袭和延伸着西方文明的一个一以贯之的形上世界观和形上方法论——本体世界观和本体方法论。于是，现代伦理精神和伦理体系如果试图完成飞跃，就必须进行伦理世界观和伦理方法论方面的革命。这场革命的核心是：从本体世界观到生态世界观。

第一节　生态觉悟的文明本质

一　本体思维与本体世界观

越来越多的学者发现，哲学正面临深刻的危机，这一危机的核心是奠基于西方传统的本体论思维方式的消解，哲学的本体论思维方式正愈益失去它的合理性，而本体思维消解之后，人类文明可能面临"无哲学"的处境。① 也有的学者指出，现代哲学发展的走向，不是无哲学，而是由本体思维向伦理思维转化。② 哲学如何转换当然有待争论，这里只是确认一

---

① 事实上，这一断言本身即是以西方文化为核心的表现。本体思维只是西方哲学的特质，人们以西方哲学为范式对各种文化传统下的哲学进行评判，确立的恰恰是西方文明、西方文化的霸权。哲学本质上是民族的，本体思维的消解，最多只是"无西方哲学"，准确地说，是无传统意义上的西方哲学。哲学的其他民族形态，以及西方哲学的新形态，无疑将继续存在或正在生成。

② 参见田海平《从本体思维到伦理思维》，载《学习与探索》2003 年第 5 期。

个事实：本体思维的哲学、本体思维已经失去合理性，并且必将继续失去合理性。承认这个事实需要学术洞察力，更需要巨大的理论勇气，因为它意味着我们必须痛苦地选择抛弃一种执著已久并仍然津津乐道的传统。不过，更为困难的工作还在另一个层面：作为人类精神的精灵，本体思维不仅造就了一种思辨范式，更造就了一种世界观和方法论，甚至可以毫不夸大地说，造就了一种"本体文明"，即基于本体思维的文明。告别本体思维是一项艰巨的工作，实现本体世界观、本体文明的超越，则无疑要付出更为艰巨的努力，因为它所进行的是关于世界观、方法论、价值观，乃至人类文明的一场革命。

问题在于，本体思维、本体世界观消解、终结之后，是否有一种更为合理、体现新的时代精神和文明取向的世界观出现？经典作家早就说过，历史只能提出自己所能完成的任务，因为任务的提出，说明完成任务的条件已经具备或正在具备。一种新形态的伦理世界观正伴随新的文明诞生：生态世界观。

本体思维有两个基本取向。一是寻找万有背后的本质和真理，并以之统摄万有；二是寻找万物的始基，或世界的最小单元。它们是自古希腊以来西方哲学的传统。柏拉图的"理型"，以及由泰勒士"世界是由水构成的"宣断，到"原子"的哲学演绎的传统，就是这种本体思维的学术表达。本体思维的世界观，将世界分为现象与本质、表象与真理，以及"一"与"多"两大存在，以本质统摄现象，"一"托载"多"，试图将世界归于某种最基本、最超越的存在，是一种二元对峙，但又归于其中一元的世界观。"上帝"，就是这种世界观最为典型的思维范式和文明范式。

基于本体哲学的本体伦理世界观，承认伦理与"自然"之间的对立与对峙，也认为二者应当和谐，但和谐的达致不是二者的辩证互动与辩证否定，而是决定与被决定、统摄与被统摄的本体关系。比如，在伦理与作为伦理实体的"自然"冲动的经济之间，便是经济决定伦理。经济决定伦理，物质生活条件决定道德，是典型的本体伦理世界观和本体道德世界观。

二 生态觉悟与生态世界观

诚然，到目前为止，人类已经经历或建立了黑格尔所指出的两种关于伦理的考察方式，即实体的观点与原子的观点，不同的是，它们并不如黑格尔所断言的那样"永远"，现代文明的进展已经诞生出第三种观点，这就是关于伦理的生态观点，或对伦理的生态考察的方式。实体的观点和原子的观点，在形上基础方面都基于或归于本体的观点，不同的是，原子的观点更需要也更彻底地皈依于本体的观点。生态文明的诞生，宣告基于本体伦理世界观的实体观点和原子观点，成为真正的历史"永远"，从而形成一种新的考察伦理的观点和伦理世界观，这就是生态伦理世界观。

生态世界观、生态伦理世界观扬弃本体伦理世界观，被逻辑和历史地演绎的关键在于：20世纪中叶以后的生态觉悟，到底是人与自然关系的觉悟，还是整个人类文明的觉悟？这一问题的实质是：生态理念，对包括伦理在内的整个人类文明来说，到底是否具有普遍的世界观、价值观和方法论的意义？

正如笔者在《伦理精神的价值生态》一书中所指出的，20世纪的生态觉悟，在其现实性上发端于对人类生存环境、对人类文明未来发展命运的关注。但是，这种潜在于人类文明的胚胎之中经过漫长发展而回归的文明觉悟，从一开始就蕴涵着极为深刻而普遍的哲学意义。生态理念从19世纪提出至今，已经经历了三个极为重要的阶段。1866年，恩斯特·海克尔第一次使用这个概念时，"生态"只限于自然界，只被当作"研究生物体同外部环境之间关系的全部科学"。1962年，美国女作家拉海尔·卡尔松《寂静的春天》的出版，标志着生态理念推进到第二个重要的发展阶段，即人与自然的关系。世纪之交，生态理念又经历了第二次飞跃，进入第三个阶段，成为关于人与整个世界关系，包括人与自然、人与人、人与自身关系的价值理念。生态理念从诞生到现在，几乎每过一个时期就进行一次辩证的自我否定，生物体与自然的关系—人与自然的关系—人与整个世界的关系，是19世纪、20世纪，直至当今21世纪生态理念发展的历史轨迹。像西方深层生态学的代表人物奈斯指出的那样，现在人类需要一种极其扩展的生态思想，这就是"生态智慧"。事实上，人类的生态智慧正在形成。"生态觉悟的实质不只是对人与自然关系的反省，而且更深刻的是对世界的合理秩序、对人在世界中的地位、对人的行为合理性的反省。""生态智慧"应当并且正在进行另一种提升，在形上意义和实践理性两个层面扩展为"生态世界观"、"生态价值观"和"生态方法论"。生态觉悟之于现代伦理的深刻意义，在于它为伦理精神提供了一种新的世界观和方法论指向已经说明：人类正在实现"伦理世界观"和"伦理学方法"的新超越，一种新的伦理世界观正在诞生。这种新的伦理世界观的核心理念，既不是实体的观点，也不是原子的观点，而是生态的观点，是生态伦理世界观。①

这样，如果要回到黑格尔关于伦理的考察方式的讨论，那么，经过一个多世纪的文明发展，在实体的观点和原子的观点之后，已经诞生出第三种对文明发展更具合理性的观点，这就是生态的观点。显然，生态的观点是对原子观点的否定，是对实体观点的否定之否定，是伦理世界观的辩证复归。

第二节　本体伦理世界观的三种形态

伦理世界观有三个基本要素。第一，伦理实体或伦理共体的集体伦理意识与伦理精神形成，或者说，诸多个体形成某些基本的和共同的道德意识与道德精神，从而一方面使伦理实体形成成为可能（正像黑格尔所说，在形而上的意义上，伦理实体是在共同道德意识基础上的精神性的存在，是民族的"精神"），另一方面这些伦理意识、伦理精神与实体或共体面临的客观自然及其自身的自然冲动形成对峙，出现实体伦理意识、伦理精神和自觉；第二，在伦理或伦理意识、伦理精神与"自然"的对峙中，坚持伦理的本质性和目的性，保证这种世界观不仅是"伦理"的，而且是合理的；第三，透过实体行动，追求和实现伦理与"自然"之间的和谐，尤其是伦理与实体的自然冲动之间的和谐，因为，"道德行为不是什么别的，只不过是自身实现着的亦即给予自己以一种冲动形态的意识，这就是说，道德行为直接就是冲动和道德间实现了的和谐"②。三个特点概括起来就是，在伦理意识、伦理精神自觉的基础上，透过对伦理本质的坚持，实现伦理与自然之间的和谐。

这样，伦理世界观就面临三方面关系。一是伦理与自然，核心是伦理实体与作为实体的自然本性的经济冲动之间的关系，这是伦理世界观的基本关系；二是作为价值结构的义与利、理与欲（个体的以及作为个

---

①　关于生态觉悟及其世界观和方法论的意义，参见樊浩《伦理精神的价值生态》之"导言"部分。

②　［德］黑格尔：《精神现象学》下，贺麟、王玖兴译，商务印书馆1996年版，第140页。

体的共同形式的实体的）之间的关系；三是伦理实体内部的人与人之间的关系。三种关系的建构方式及其价值取向，构成伦理世界观的品质特点。

伦理世界观必须也必定追求三大关系之间的同一与和谐，具有实践意义的问题在于，如何和谐？何种同一？

本体伦理世界观用"本体思维"的方式建构和实现二者间的同一与和谐。本体伦理世界观有两个基本的特点：一是将伦理世界分裂为本体世界和现象世界，或者将意义世界与生活世界的关系，简单等同于、混同于本体世界与现象世界的关系，不仅以本体世界为意义世界的而且也为生活世界的真理和最后根据；二是"始基"式的追究，在诸多伦理关系中寻找最小或最后的单元，以之为伦理实体甚至整个伦理的"原子"。一句话，本体伦理世界观是哲学的本体思维、本体世界观在伦理思维和伦理世界中的简单移植。

根据20世纪伦理学的理论和伦理现实，本体伦理世界观大致存在三种形态。

一　形态一：存在论的本体伦理世界观

存在论的本体伦理世界观，集中体现为在伦理精神与作为伦理实体的集体自然冲动的经济活动之间关系同一性命题——"经济决定伦理"。

伦理与经济的关系，是伦理世界观中最基本的问题。因为，伦理世界观既然是实体的或共体的道德自我意识，那么，它所面对的"自然"，就是集体所面对客观条件和集体的自然冲动。"经济"作为结果，是伦理实体的客观自然，即所谓经济条件或物质生活条件；作为过程，是伦理实体以集体形式表现和实现的自然冲动。所以，经济在相当意义上就是伦理世界观中实体伦理意识所对峙的"自然"。

与道德世界观中个体道德意识所面对的"自然"不同，伦理世界观中的"自然"或"经济"，总是实体的或共体的——或者是实体共处的物质条件，或是以实体形式组织和表现出来的自然冲动，因而"经济"总是或多或少具有某些预定合理性的意义，甚至被肯定为先验合理性。在道德世界观中，人们会对个体的自然冲动保持必要的人文警惕和价值干预，使之被限定于最基本的道德督察之中，而不致逾越德性的底线。然而，在伦理世界观中，人们可能完全没有或"不需要"这种警惕，原因很简单：

经济一旦成为共体的自然冲动，就天生是"伦理的"。个体的自然冲动是"欲"，是道德制约和调节的对象，而实体的或集体的自然冲动却是"经济"，是追求和实现的目标。这样，在伦理世界观中，伦理与经济之间的必要的紧张就被扬弃，准确地说，被可悲而普遍地忽视了，经济不仅无需批判地获得先验价值，而且反过来成为决定伦理的"本体"，"经济决定伦理"成为典型的也是牢不可破地占据主导地位的伦理世界观或伦理思维方式。

　　不过，当这样做的时候，事实上伦理世界观也彻底地丧失或被消解了。因为，在这里，伦理世界观的第二个条件，即在伦理与自然的关系中坚持伦理的本质性或伦理义务的本质性的要素丧失了，剩下的就是本能的自然冲动，不同的是，它不是个体的本能冲动，而是集体的或实体的本能冲动。集体的自然冲动，透过自觉的社会组织而成为经济，本是人类能动性的体现，但将作为集体本能冲动的经济直接确认为合理性，则是伦理世界观和人类文明的悲剧；而在伦理与经济的关系中，将经济作为伦理的本体，作为伦理与经济的同一性之所在，则是伦理世界观和人类文明的悲哀。

　　理由同样很简单：经济作为某一伦理实体的集体自然冲动，即使对这个实体来说具有不证自明的伦理合理性，但是，（1）对于另一种"自然"即客观自然环境来说，任何一种集体冲动都不具有先验的合理性，生态环境的恶化已经证明，集体的或社会的自然冲动，如果缺乏必要的伦理意识和伦理精神，很可能而且已经成为道德上的恶行；（2）集体的自然冲动还面临这个集体与另一集体的冲动之间的矛盾和冲突，面临代际集体冲动之间的矛盾，这些矛盾冲突不仅具有伦理的意义，而且很可能演化出伦理上的严重后果，经济发展中的集团矛盾，以及扩展而成的民族冲突，已经证明这一点。因此，如果说20世纪人类在伦理上犯过严重错误的话，以经济为伦理的本体，"经济决定伦理"的伦理世界观的形成，就是最严重、产生最深刻伦理后果的最具基础性意义的错误。韦伯"新教资本主义"的范式之所以具有如此巨大的影响，相当意义上就是因为它是对经济本体主义伦理世界观的解构与否定。遗憾的是，他的伦理世界观，只是从一种本体过渡到另一种本体，最多是用"与"的（即新教伦理"与"资本主义精神的二元嫁接）二元论代替经济本体论。

二　形态二：价值论的本体伦理世界观

这种世界观的特质是：在义与利、理与欲的关系方面，试图以其中一方面同一另一方面，对所谓"重义轻利"的传统的批评，就是典型的价值本体的伦理范式。

无论在伦理世界观，还是道德世界观中，人们已经习惯于将伦理、道德概括为"义"，将与它们相对应的"自然"概括为"利"。在二者的关系中，更习惯于用哲学上寻找始基或本体的方式，以其中某个方面为"本"，为"重"。不过，仔细考察就会发现，至少在中国的伦理传统中，它只是一种现代性的思维方式，而不是真实的传统性。面对市场经济，人们最乐此不疲的事情之一，就是批判传统的"重义轻利"，但是，中国传统伦理是否真的在义与利之间坚持抽象地分出"轻重"乃至本末，至今乃是一个悬案。不错，宋儒曾说过，"义利之辨，乃儒者第一义"。可这句话的意思，是强调义利分辨的重要性，正像上面多次强调的，伦理世界观、道德世界观的根本，就是强调伦理与自然、道德与自然，一句话，义与利之间的对峙与对立，凸显在这种对立中"义"的本质性，在这个意义上，传统伦理强调义利之辨，正是伦理世界观自觉的表现。更重要的是，似乎没有直接而充分的根据证明，传统儒家确实"重义轻利"，相反，有据可查的命题却是程朱"利在义中"、"正义谋利"的义利合一的命题。中国传统哲学思维方式是"阴阳—太极"式的，它在阴阳二极的对立之上还设置一个太极，以作为它的同一体，而不是以阴阳中任何一方为同一体。

退一步说，在伦理世界观与道德世界观中强调义，也符合它的人文本性。由于人从动物演化而来，由于个体与集体的自然冲动过于被释放和凸显，因而没有一个民族、一种伦理、一种文明，不对自己的（个体与集体的）自然冲动保持伦理和道德上的警惕，也许同样没有足够的证据证明一切民族形态的伦理都重义轻利，但至少没有一个民族的伦理真正倡导重利轻义。况且，"重—轻"的思维方式和世界观，与"本体"还存在本质的区别，至少"重—轻"不能等于本体。近现代伦理学出现的道义论、功利论、幸福论等大量的学派，与西方哲学的本体式的思维方式存在深层关联，它们在扬弃与之相对立的伦理世界观的非合理性，凸显自己的理论标识的同时，事实上是以道义、功利或幸福等作为伦理世界观的本体或本位。在文化引进和市场条件下，这种本体式思维的伦理世界观在中国伦理中得到极端的发展，"利"，集体的和社会的功利，以及个人的私欲，被当作先验合理性和比"义"更为基本的"灵魂驱动力"（康德语）。由此，诉诸本能冲动的集体行为和个体行为所导致的伦理实体的消解、个体生命秩序瓦解、社会生活秩序紊乱的后果就不可避免了。

三 形态三：人伦本体的伦理世界观

人伦本体世界观有两种表现形式。第一种致力寻找人伦关系背后的超验的本体基础，以之作为人伦的真理性与合理性的形上依据和价值根据。在宗教的出世文化中，这个本体基础是上帝；在人世文化中，这个本体基础是所谓天理，"天理"本质上是意义和真理、此岸和彼岸的同一。这一努力在确立人伦理超越性基础和神圣同一体方面，有合理内核，在相当意义是伦理的魅力所在。第二种形式是在对应的人伦关系中寻找和确立本位。这种本位思维方式，最典型的体现就是中国传统的"纲常伦理"。古典儒家的人伦原理，是父慈子孝、君惠臣忠式的互动互惠原理，但这种原理难以在伦理冲突中保持伦理的人伦的稳定性，从而遭遇失序与失范的危险，于是到董仲舒，互动互惠的人伦便演变成"父为子纲"、"君为臣纲"的纲常伦理。纲常伦理，在人伦方面，可以视为一种传统形态的本体伦理或本位伦理，它在造就人伦的稳定性的同时，也导致了伦理的专制。现代社会以民主、自由为取向，但现代伦理精神在瓦解传统的人伦本体的同时，事实上建构了新的本体人伦世界观。不同的是，它不是以人伦中的任何一方面为本位，也并不需要为人伦关系确立形上根据和意义基础，它以个体自身的存在，包括感性存在和理性存在为人伦的本体，以个体自我，尤其是个体的利欲为人伦的本位，试图透过公正、民主的制度的建立和价值追求，建构和实现伦理的合理性。这种现代性伦理精神，以无本体为人伦本体，以自我为本位，以个体的感性与理性确证为人伦本体。这种伦理世界观现象上反传统，实质上却沿袭传统的本体伦理思维方式和价值取向，它的极端发展，潜在着人伦瓦解和伦理消解的危险。因为它既不将自我置于人伦关系的有机系统中，也不将个体的自然冲动置于社会的冲动体系中，最后，必将既存在社会的"合理冲动体系"，也破坏个体的"合理冲动体系"。自我本体的伦理世界观已经将伦理和伦理精神置于现代性危机之中。

本体伦理世界观试图以二元对峙中的某一个要素，解决伦理的存在同一性、价值同一性和人伦同一性问题，对伦理进行终极的形上实然基础和彼岸的意义存在的追究。然而，它的逻辑演化与历史发展，却不幸沦为也必然沦为文明霸权、价值霸权和人伦霸权的世界观与方法论基础。

第三节　伦理世界观的文明转换：从本体到生态

毫无疑问，本体世界观有其独特的历史合理性，创造了自己的伦理辉煌。但是，这种世界观在统治伦理世界几千年，尤其在近几个世纪取得至高无上的霸主地位之后，便达到它的顶峰，与本体思维、本体哲学世界观一道，走到它的终点。当生态觉悟成为整个人类文明的觉悟之时，伦理精神的发展便进到这样阶段：用新的伦理世界观扬弃传统的伦理世界观，具体地说，用生态伦理世界观扬弃本体伦理世界观。这种转换的深刻本质是，用一种文明扬弃另一种文明。

一　生态世界观、生态价值观、生态方法论

本体伦理世界观是一种以本—末、主—次为核心逻辑的伦理意识和伦理精神。在存在论的层面，它以实然代替应然，真理遮蔽价值，以本体世界消解意义世界；在价值论的层面，它在义—利、理—欲中执著于某个片面，试图建立某种绝对价值，包括诉诸直接的本能冲动；在人伦观层面，它总是寻找和建构人伦的本位和统摄。本体伦理世界观是一种彼岸的、绝对的、霸权的、主仆的世界观。

生态思维是生态文明中孕生的一种根本不同于本体思维的新的世界观和方法论。生态世界观遵循新的精神逻辑和价值原理。生态世界观遵循四大原则：有机性和内在关联原则；整体性原则；共生互动和自我生长原则；具体性原则。① 生态世界观以"生态"而不是"本体"为根本理念。生态伦理世界观以文明有机性为价值的形上基础，强调各种伦理要素和文明要素，包括人与自然、人与人、人与自身不可分离的内在关联和生命有机性，以伦理的整体合理性和整体的伦理合理性，而不是其中任何一个要

---

① 关于生态世界观、生态价值观的这四个原则，参见樊浩《伦理精神的价值生态》，中国社会科学出版社 2001 年版，第 18—26 页。

素，如个体、自然乃至社会为最高价值取向，借此走出"道德的人—不道德的社会"和"自由的社会—不道德的人"的价值悖论，因而是以伦理有机性和整体合理性为特质的"伦理考察方式"或"伦理的观点"。生态伦理世界观将伦理世界当作有机的生态，努力建构伦理世界的生态合理性，在这个世界中，以伦理与自然关系为基础的一切伦理要素不仅是平等的，而且伦理与经济、义与利、理与欲，以及一切人伦关系，包括伦理实体之间和伦理实体内部的所有人伦关系，都由基于平等的辩证互动而达致共生的和谐。生态伦理世界观是以生态为核心概念——生态存在、生态价值、生态合理性——的伦理意识和伦理精神。生态，构成这种世界观的概念基础和核心价值。在存在论方面，生态伦理世界观追求伦理与自然、特别是伦理与经济之间的生态和谐与生态同一，认为人与自然、伦理实体和它的本能冲动之间，并不存在任何绝对价值，唯有生态才是真实而合理的状态；在价值论方面，生态伦理世界观坚持伦理尤其是伦理义务的本质性，但并不将伦理与自然中的任何一个方面或要素，包括义与利、理与欲推至绝对价值的地位，由此扬弃传统伦理世界观中本体的价值绝对性与存在超验性；在人伦关系方面，生态世界观既不以抽象的实体（或抽象的整体），也不以抽象的个体为本位或价值基础，而是以个体与整体（或实体、社会）、个体与个体之间的合理的辩证生态为价值取向，是有机的、平等的和生态合理性的人伦价值观。在这些意义上，生态世界观既不是"原子式"的伦理观点，也不是"实体式"的伦理观点，而是"生态式"的伦理观点，是既超越"原子"，也超越"实体"的，与生态文明和生态世界观相匹合的伦理世界观。

诚然，生态伦理世界观也必须探讨和解决真理和意义、存在和价值的关系问题。但是，与本体世界观根本不同，第一，它坚持以意义和价值为本务，而不是以追究形上存在为职责；第二，它坚持真理与意义、存在和价值的生态同一性和生态合理性，其境界不仅是中国传统伦理学家戴震所说的"归于必然"，"适完其自然"，而且在此基础—亡，"达其应然"，"自然—必然—应然"的生态统一，是生态伦理世界观解决真理与意义、存在与价值关系的精神取向和精神原理。

二　"概念图解模式"

一个不可回避的问题是：人们也许会诘难，生态伦理世界观事实上也承认和强调本体和本位，只是它不是形上存在或存在论、价值论以及人伦关系中的某个方面，而是"生态"。超越这个难题的较好的方法，是借用丹尼尔·贝尔的"概念图解模式"和"主轴原理"。丹尼尔提出"后工业社会"的概念，但是，他同时指出，这个概念并不意味着"后工业"是社会文明的全部特质，"后工业社会"只是一种"概念图解模式"。现代社会、现代文明是由各种要素构成的生态有机体，在解释和把握现代文明时，以"后工业"为主轴，对社会进行概念性的图解。"一个概念图式从一个复杂的现实中选择特殊属性，并按照共同的成规把它们分类，以辨别其同异。作为一种逻辑顺序的方法，概念性图式并无真伪之别，而只有有用与无用之分。""中轴原理和中轴结构的思想力图说明的不是因果关系（这只能用经验关系论来说明），而是趋中性。在寻找社会如何结合在一起这个问题的答案时，它设法在概念性图式的范围内说明其他结构环绕在周围的那种组织结构，或者是在一切逻辑中作为首要逻辑的动能原理。"①"生态伦理世界观"也是如此。它也可以视作一种关于伦理世界观的"概念图解模式"。在这个模式中，以"生态"为主轴，考察和建构新的伦理世界，形成新的伦理世界观。与本体伦理世界观中的本体概念不同，生态既不是形上的和超验的存在，也不是伦理的终极根据，而只是一种"真实的虚拟"，因为生态存在于各种伦理要素和伦理的各种要素的有机而合理的相互关联和辩证互动之中。生态不是实体，更不是本体，而是也只是诸多关系构成的复合体，准确地说，是各种关系构成的合理的复合体，因而在本性上必然否定存在的绝对性和价值的超验性及其霸权。"概念图解模式"——"主轴原理"，不仅对生态伦理世界观，而且对伦理生态中诸要素间的合理关系，都是一个具有解释力的方法论假设。

---

① ［美］丹尼尔·贝尔：《后工业社会的来临》，王宏周等译，新华出版社1997年版，第8、9页。

第九章　伦理—经济生态：一种道德哲学范式的转换

第一节　"第四种理念"

在 20 世纪的学术发展与文明演进中，历时而共时地存在三种关于伦理·一经济关系的理念："经济决定论"（"经济决定伦理"）；"伦理气质论"（"新教资本主义"的"理想类型"）；"道德立法论"（"经济伦理"）。它们的影响如此之大，以致至今仍被当作讨论问题的当然前提，对它们的突破只在于认为，三者，尤其是前二者需要互补才具有健全合理性，这便是韦伯的"伦理气质论"或"理想类型"的魅力和对中国学术产生巨大影响的理性根据所在。

毋庸置疑，巨大影响本身足以申言自己的历史合理性。然而，一个世纪的文化激荡和文明冲突的实践，一步一步地引导并迫使人们从哲学基础的层面，对这些被视为当然的理念进行深刻的反思。反思的初步发现令人震惊也令人兴奋：这些得到广泛推崇和遵奉的理论范式不仅具有某些共同的形上特质，而且潜在诸多共通的形上缺陷。特别需要警醒的是，透过实践外化，这些理念王国中的先天不足，业已演绎为并可能继续演绎为人类文明一些重大失误甚至深刻弊端。

无论是从意识形态，还是某一具体学科的视角对这些理念进行反思，也许都难以有足够的可能祛除它们所形成的无边绿荫的遮蔽，因为其内太多的天才洞见和卓越智慧使人们情不自禁地叩首，它们对生活世界中诸多问题的直接解释力和直接效用也极易引导人们由部分肯定走向全盘肯定。最超越和最彻底的办法，是回归其哲学基础。不过，在进行这个回归时，以下两点可能具有重要的方法论意义：第一，必须对这三种理念进行整体思考，追究它们的共同哲学基础和共通形上缺陷；第二，必须将这些共通缺陷与 20 世纪的文明状况相联系，尤其是文明局限相联系，追究它们在思辨理性与实践理性之间的深刻关联。

一　"原子的观点"

从哲学范式的层面考察，三种理念的共通特质是：（1）形上出发点和价值目标："原子的观点"；（2）主体品性及其价值基础："道德世界观"；（3）认识方式：本体思维。

"原子的观点"是黑格尔在《法哲学原理》中指出的两种伦理的把握方式之一，他批评这种把握方式"没有精神"。但是，不可否认的是，第一，自德谟克利特从哲学上演绎出"原子"的概念之后，"原子的观点"就成为最重要的哲学范式之一。[①] 还应当进一步承认的事实是，在德谟克利特提出哲学的"原子"的概念之前，"原子的观点"就已经是古希腊哲学的传统方法，将德谟克利特的原子概念看作哲学方法论长期发展的结果，比仅当作是他个人的哲学发现更合理，也更具解释力。第二，在"现代性"被充分演绎的 20 世纪，"原子的观点"比其他任何时期的文明中更有充分甚至极端发展的条件，虽然在发展到巅峰的同时已经孕育了自身的否定性，就像在"现代性"中孕生了"后现代性"一样。

"原子的观点"的方法特质是：（1）认定世界由某个最小结构或元素构成，多样性的存在本质上归于这个最小结构，进而把寻找构成世界的最小单元当做哲学和科学的根本任务；（2）将基本结构或元素（即原子）等同于由它们所构成的实体，认为"原子"比由它们构成的实体更具有终极性意义；（3）个体的而非整体的思维取向和实践取向。

显而易见，三种理念都具有"原子的观点"的特质。它们对伦理—经济关系的最深切的关注，是二者之中到底谁更具有"原子"的意义，而不是由这种关系所构成的伦理—经济的整体或实体。区别在于，"经济决定论"以经济为伦理的"原子"，"伦理气质论"以伦理为经济的"原子"，而"伦理立法论"试图以伦理为经济立法，本质上也是以伦理作为经济的"原子"。其基本取向是原子的、元素的，而非实体的、整体的。

---

① 应该说，哲学中演绎的"原子"概念，比科学中发现的"原子"更早。前者在古希腊哲学中就提出，而后者则是近现代科学的成果。可以说，科学中的发现的原子是哲学的原子概念的确证。

在一般意义上，关于伦理与经济关系的追究，应当以"关系"，以及由二者之间关联形成的"实体"或"整体"为思维重心和价值取向，而无论是"决定论"，还是"气质论"、"立法论"，都游离于这个主题，将全部关注集中于对二者之中到底哪个是更具基础意义的"原子"或元素的探讨，而不管这个"原子"是否存在，是否合理，最重要的是通过思辨确立它的"原子"地位。于是，"关系"以及由"关系"构成的"实体"，就让位于"原子"，"关系"、"实体"的存在意义就被"原子"所消解。

二　"道德世界观"

"道德世界观"是相对于"伦理世界观"的概念。作为伦理—经济关系的世界观基础，道德世界观的基本特点是：（1）它是个体的而非实体的或共体的世界观，因而在本质上是道德的而非伦理的；（2）它是关于道德与自然关系的理性或自我意识，属于并往往只停滞于现象学的场域，难以由现象学进入法哲学，即难以由关于理性与理智的考察，进入意识与行为的把握，因而难以成为真正的"精神"或"实践理性"。20世纪关于伦理—经济关系的三种理念，根本上更像一种道德自我意识，而不是一种伦理精神。它们在将注意力集中于对伦理与经济之中到底谁是"原子"的理性追究的同时，不仅忽略了对由二者构成的伦理—经济的实体这样一个更为重要的对象的反思，而且都似乎由一个预定的前提或经验直觉出发：个体意识行为需要透过道德的反思和引导，而集体或共体的理性和冲动，则天生是伦理的，因而最重要的不是它们在道德和伦理方面的合宜性，而是与经济的关系。而当这样做的时候，集体、共体或实体的行为便逃逸于伦理评价和道德反思之外，于是，便不可避免地导致这样的悖论：伦理的共体与不道德的主体。可以这么说，20世纪最严重的道德悲剧，不是由个体而是由实体或共体造成的。三种理念在形上基础方面所缺乏的，不是道德世界观，而是自觉合理的伦理世界观的指引。

三　"本体思维"

"本体思维"是三种理念最显著的特质。"决定论"、"气质论"、"立法论"之所以在直观中很容易被认作一种哲学，根本上就是它们的本体论气质。三大命题，本质上都是本体论思维范式下，关于伦理与经济何者为第一性，何者更具本质性的问题的回答和解决。因此，与其说它们是在探讨伦理与经济的关系，不如说是对伦理与经济关系的本体论追究更恰当。然而，一个显而易见的事实是，无论是对伦理与经济关系的理论解决，还是伦理进步与经济的现实发展，最重要的不是本体，而是关系，是合理地调节这些关系所形成的伦理与经济的文明实体。三大命题不仅表现出一种哲学本体论的共同偏好，而且直接就是本体思维的结果。"决定论"作为对伦理与经济何者第一性问题的回答，直接就是一个本体论命题；"气质论"作为"决定论"的反命题或补命题，其实质也是关于"第一性"的追究；而"立法论"表面上是价值论或"纯伦理"的，但当道德或道德的发现者与宣断者充当经济的立法者的时候，道德也就成为"第一性"至少被赋予"第一性"的资格。无疑，哲学本体的追究具有意义，但本体思维却可能以最一般的本体追究，代替具体问题的现实解决，从而将丰富生动的生活世界抽象化和理念化。所以，本体思维虽然自古希腊以来一直为西方哲学所倡导，并在 20 世纪中得到极度发展，但却缺乏足够的理论合理性和实践合理性，特别是当它作为"一般"的思维方式的时候。可以这么说，它越是成为"一般"非合理性也就越"一般"。

最为严重和最需严肃地加以对待的问题，还不在形而上的理论世界，而在现实的实践世界。由于这些命题并不只是经院哲学的理论，而同时是现实世界的实践理念，并透过理念对实践的指导外化为现实，于是，三大理论范式便可能造就并且已经造就 20 世纪文明的植根于"原子的观点"、"道德世界观"、"本体思维"的诸多共通缺陷甚至悲剧。生态危机、文明霸权、文明失衡，形上根源都在于此。显而易见，生态危机的制造者，不是"道德个体"，而是"伦理实体"，其根源不在"道德世界观"，而在"伦理世界观"；"本体思维"在社会文明中的落实，必定在诸多文明要素和诸种文明体系之间，演绎或推出一个主宰，文明霸权必定会从这种本体思维中诞生；而"原子的观点"也必定会导致文明发展，尤其是文明体系中诸要素发展的失衡，从而也导致文明体系和文明实体的失衡。将这些问题的责任都归之于三大理念的形上局限显然有失公道，不过，正像它们一同造就了 20 世纪的文明辉煌一样，它们也应当对 20 世纪的文明悲剧承担相应的责任。

四　"第四种理念"

由于问题出现在形而上的哲学层面，因而无论是伦理发展，还是文明进步，就注定需要进行一种道德哲学范式的转换。20 世纪的文明进展，提出了进行道德哲学范式转换的实践需要；20 世纪关于伦理—经济关系的三大理念，也为这个转换提供了直接的理论资源。三大理念已经完成的努力是：它们将思维与价值的重心，由伦理或经济的单个元素，引向二者之间的关系，只是它们又将这个关系归结为其中某个被认为具有根本意义的要素。这次道德哲学范式转换必须做的，是将以单个元素为本体或本位的关系向前推进，由对元素的关注，对关系的关注，进入对由"这些元素"（伦理、经济）、"这个关系"（伦理与经济的关系）所形成的文明机体或文明整体的关注，由此形成关于伦理—经济关系的新的哲学理念或形上范式。鉴于它是对前三种理念或范式的超越，姑且命之为"第四种理念"或"第四种范式"。

"第四种理念"作为对前三大理念的辩证否定，必须既超越前三种理念，又涵摄它们的积极成果。新的理念被置于以下诸概念对立的基础上，并作为前者扬弃后者的成果：（1）"实体的观点"与"原子的观点"；（2）"伦理世界观"与"道德世界观"；（3）"生态思维"与"本体思维"。于是，道德哲学范式转换基本课题，便可以简单地概括为：由"原子的观点"走向"实体的观点"；由"道德世界观"走向"伦理世界观"；由"本体思维"走向"生态思维"。探讨这些课题形成的新概念是：伦理—经济生态。

于是，这项研究的假设便是：

"伦理—经济生态"，是关于伦理—经济关系的"第四种范式"；

"生态论"，是关于伦理—经济关系的"第四种理念"；

"伦理—经济生态"、"生态论"，是试图进行的关于 20 世纪伦理—经济关系的道德哲学范式转换和道德哲学革命。

第二节　从"生态实体性"出发

一　实体性与生态实体性

"伦理—经济生态"的第一个形上基础，是"从实体出发"的观点，它是关于伦理、经济、伦理—经济关系的价值取向，及其合理性的存在状态的概念。由此进行的道德哲学方面的理论推进，就是由原子关注，到关系重心和实体取向的价值转换。

关于伦理与经济关系的研究和讨论，存在三个可能的价值重心和现实关注：伦理；经济；伦理—经济的实体。

三个可能根源于两种存在原则区分的形上出发点和形上理念，这就黑格尔所说的"从实体性出发"和"原子式进行探讨"的不同观点。"在考察伦理时永远只有两种观点可能：或者从实体性出发，或者原子式地进行探讨，即由单个的人为基础而逐渐提高。"① 如果将三个可能和两种出发点进行对应，那么，从伦理出发或从经济出发，显然是"原子式地进行探讨"；而伦理—经济生态的观点，则是"从实体性出发"。"原子式地进行探讨"的观点已经遭到黑格尔根本性的批评和否定，被断言为"是没有精神的，因为它只能做到集合并列，但是精神不是单一的东西，而是单一物和普遍物的统一"②。据此，如果假定"伦理—经济生态"体现了"从实体性出发"的观点，那么，作为出发点的这个实体，就不能是"伦理"与"经济"两个原子的"集合并列"，而必须是"有精神的"，体现"伦理"、"经济"两个"单一物"与某种"普遍物"的统一。问题在于，这种超越于"伦理"、"经济"之上的"普遍物"是什么？一种最具形上表达力和解释力的假设是：这种"普遍物"就是伦理与经济的相互关联及其所形成的实体所追求的价值目标；而作为"伦理"与"经济"的"单一物"与二者的"普遍物"统一的"精神"，则可以被诠释为伦理—经济实体的文明合理性。

"伦理—经济生态"的理念以黑格尔"从实体性出发的观点"为理论资源，但决不是对它的简单回归，其理论推进表现为：透过"生态实体性"的概念，它已经不是一般的"从实体性出发"，而是"从'生态实体性'出发"。这一推进的认识论前提是："伦理"、"经济"两个"单一物"有机关联所形成的"普遍物"就是生态；伦理、经济及其相互关系的真理性的精神也是生态。

生态的基本理性内涵，是实体或整体的观点，但生态理念的根本精神，在于它不是一种外在的或粗暴的实体主义与整体主义，而是以内在有机关联和生态因子间平等互动为基础的实体取向或整体取向。因此，生态哲学，既反对以原子观点为基础的个人主义，也反对专制式的实体

---

① ［德］黑格尔：《法哲学原理》，范扬、张企泰译，商务印书馆 1996 年版，第 173 页。
② 同上。

主义和整体主义。萨克塞已经指出，生态学最初起源的方法论基础是"认识到一切生命的物体都是某个整体中的一部分"。所以，"我们要尽可能广泛地理解生态学这个概念，要把它理解为研究关联的学说"。生态学的思维向度和价值重心是事物之间的关联，而不是单个事物的绝对价值，"生态学要求观察事物之间的关联"①。伦理—经济的生态关联及其形成的生态实体，是"伦理—经济生态"理念的价值取向和形上基础。

二　"道德哲学革命"

"从'生态实体性'出发"的理念要在理论上成立，逻辑地必须进行一种理性追究：伦理或经济，能否"原子式地"作为文明的目的？伦理、经济在文明体系中的存在方式及其价值合理性，到底是"原子"的还是"实体"的？

伦理难以在文明体系中自我确证合理性，在当代中国的学术背景和学术话语中已成定论，它对其他文明因子的依赖性被如此过分地凸显，乃至由真理向前走了一步，不仅在形而上的层面受经济本体"决定"，而且在个体或社会的行为中甚至被庸俗地当作经济和物质生活条件的分泌物。然而真正的事实和二者关系的真理却是：不仅伦理不能孤离于经济，而且作为"基础"的经济，根本上也不能与伦理相脱离。形成这种状况的根本原因是：无论伦理还是经济，乃至其他一切文明因子，其主体和终极目标只有一个，这就是"人"及其文明的合理性。

关于伦理与经济关系"原子式探讨"理性形态，集中体现为现代"学科"视野下伦理学与经济学的发展及其关系，特别是经济学对伦理学的日益疏离。正如诺贝尔经济学得主阿马蒂亚·森所揭示的那样，苏格拉底所指出的"人应当如何生活"的古老问题，对一切人都有影响，我们还可以在此基础上更进一步地推进，对文明体系中的一切因子都应当有影响，如果这些因子试图成为文明体系的合理构成的话。但是，现代经济学正陷入一种悖论之中，这种悖论就是"现代经济学不自然的'无伦理'的特征与现代经济学是作为伦理学的一个分支而发展起来的事实

---

① ［德］汉斯·萨克塞：《生态哲学》，文韬、佩云译，东方出版社 1991 年版，前言第 1—3 页，正文第 70 页。

之间的矛盾"①。在古典时期，经济学与伦理学一开始就是统一的。阿马蒂亚·森认为，经济学被分化以后，它有两个根源，一是伦理学，一是所谓"工程学"。对经济学来说，有两个具有根本意义的中心问题，一是关于人类行为的动机，一是关于社会成就的判断，它们都与伦理密切相关，前者为"伦理相关的动机观"，后者为"伦理相关的社会成就观"。伦理的观念，为经济学规定了不能逃避的任务。人类行为动机必然与"人应当如何生活"这样的终极性的伦理问题相关；而所谓社会成就，必定像亚里士多德所说的那样，是被个人认为是有所值，或对民族国家来说具有卓越和神圣的意义，因而同样具有根本意义上的伦理性。与此相对照，"工程学"的基础，只关注经济学的逻辑和技术方面。② 因此，伦理在经济学中的淡出，正是现代经济学的悲剧。

理性体系中的这种状况在生活世界同样存在，"原子式探讨"的文明体现，就是经济与伦理的"原子式发展"及其彼此间不断激化的深刻矛盾。在文明演进中，人们已经愈益觉悟到"增长"与"发展"之间的细微而本质的殊异，发现失去理性控制的经济增长和财富增加给人类已经带来并可能进一步带来的长远的、具有根本意义的伤害，因而呼吁经济行为回归伦理的理性指导。同时，面对发展所产生的"幸福指数"与"痛苦指数"之间的不平衡，使人们对经济发展本身的价值产生了深刻而强烈的质疑。社会文明中的这些冲突，在个体层面，集中体现为德性与幸福这一古老的矛盾。到目前为止，任何一种文明，任何一种天才的体系，都未能真正解决德性与幸福的矛盾，康德以"德性不是获得幸福的条件，而是分享幸福的条件"的命题，只是试图在主观世界建立起这种思辨性关联，而自黑格尔起，将这一矛盾解决的前途归之于对社会公正的责求，则是将二者关系引向政治的一种思辨性努力。造成这种状况的部分原因在于：无论在理性体系，还是在实践精神中，我们还仍然坚持经济或伦理的原子式观点，缺乏真正坚定的伦理—经济生态关联的实体性的取向。这种状况不仅歪曲了伦理与经济关系的本性，也偏离了人类文明的本性和人自身的本性。

---

① ［印度］阿马蒂亚·森：《伦理学与经济学》，王宇、王文玉译，商务印书馆 2002 年版，第 8 页。

② 同上书，第 8—11 页。

可见，无论是基于经济，还是基于伦理的"原子式地进行探讨"，都既不具有理论合理性，也不具有实践合理性；只有"伦理—经济生态"，才是伦理、经济的"原子"，以及伦理—经济关系的真实而合理的存在状态。由前者向后者的转换，期待形上理念、价值观、文明观方面的一场革命。

三 "原子"的虚妄与陷阱

在伦理—经济关系中，基于伦理的"原子式地进行探讨"的最成功，也是影响最大的理论，就是韦伯"新教资本主义"的"理想类型"。当对这种"理想类型"进行形上反思时，至少可以作出两个新发现：第一，韦伯的"理想类型"是二元论的，是从伦理出发的、伦理与经济的原子式的"集合并列"；第二，"新教资本主义"合理性的本质，不是新教伦理的精神气质，而是它与资本主义经济复合所形成的特殊伦理—经济生态。

正如"新教伦理与资本主义精神"的标题一样，韦伯的意图是试图建立起"新教伦理"这一特殊伦理，与近代以来西欧"资本主义精神"以及作为它的外化的近代资本主义经济之间的关联。韦伯理论与作为它的学术资源的马克思的学说的区别在于，它不是以经济，而是以伦理为基础，不是以经济诠释伦理，而是以伦理诠释经济。但是，他的"与"的思维方式，和以"与"将伦理与经济相嫁接的努力，决定了其理论的二元论本性，也决定了他只能是"原子式地进行探讨"。正如人们已经发现的那样，在韦伯"理想类型"中，始终存在个人主义—理性主义、目的理性—价值理性、经济人—社会人的二元构造，这种二元构造导致了他去世以后社会学的剧烈争论及两大流派的产生①。不过，对我们来说，这种以"与"对伦理—经济关系的把握方式，不是"实体式"而是"原子式"的。因为，（1）他的命题的基点和重点，是"与"字之前的那个要素，即所谓"新教伦理"，整个研究是以此为基础而"逐渐提高"，潜在的形上理念和方法，是将新教伦理作为近代资本主义文明的"原子"式构造；（2）他用"与"所嫁接起来的文明形态，也是二元的，准确地说，

---

① 参见［德］米歇尔·鲍曼《道德的市场》，肖君等译，中国社会科学出版社2003年版，第266—271页。

是以"新教伦理"为原子，透过"资本主义精神"的中介，而形成的伦理"与"经济的二元，而非辩证的有机体。整个《新教伦理与资本主义精神》一书，努力向人们说明的主题就是：近代资本主义经济所以在西欧兴起，根本原因在于它的特殊伦理，即新教伦理，新教伦理的特殊精神气质，决定了近代西欧资本主义的兴起及其历史合理性，而其他诸文明传统，像中国、印度等，因为缺乏新教伦理的原子，因而不能产生近代资本主义，虽然它们都存在资本主义经济的萌芽，也正因为如此，这些文明形态就从根本上缺乏合理性。

韦伯"与"的"原子式地探讨"的方式，导致两大后果：第一，伦理决定论。这种伦理决定论被扩大为文化决定论和精神决定论后，因与马克思的方法形成互补，产生尤其在中国产生巨大的反响。第二，文明优越论。依照他的逻辑，凡具有新教传统的文明，都是优越的文明，反之亦然。于是民族之间的文明霸权，以及日后的文化帝国主义，便可以从他的理论中逻辑地得到演绎。伦理、经济关系中的"原子式探讨"，必然导致文明体系内部的价值霸权——或是伦理的，或是经济的；这种价值霸权在诸文明体系关系中的落实，必然导致文明霸权。事实上，近代西欧资本主义文明的合理性，并不是至少不只是新教伦理，构成这种文明的合理性的基础，是新教伦理与资本主义经济所形成的特殊伦理—经济生态。韦伯所指出的新教伦理的一些要素，如天职的观念、蒙恩的观念、节俭的观念，在以前的基督教传统，乃至在其他宗教传统中，也以不同的文化形式存在着，这些传统为何未能产生"资本主义精神"？解释只能是，是"新教伦理"与"资本主义经济"的化合及其特殊的生态，造就了近代资本主义文明的合理性，就像化学中两种元素的化合反应产生新的物质一样，最值得注意的不是这些元素，而是元素间发生的特殊化合反应，及其所造就的新的物质形态。用伦理或经济中的任何一个原子解释由它们的复合所产生的文明实体，就像试图以任何一个元素解释化合反应后产生的新的物质形态一样荒谬。伦理、经济的因子，两大因子如何结合，结合后形成的新的实体，共同构成特殊的伦理—经济生态及其合理性。这样，近代西欧资本主义文明的合理性，便不是新教伦理的合理性，而是新教伦理与资本主义经济结合所形成的特殊生态的合理性。新教伦理合理性，并不存在于自身之内，而是存在于它的生态之中。同样，其他文明形态，包括韦伯所说的东方文明的现实性与合理性，也不存在于儒教伦理或佛教伦理的单个

"原子"，而是它们的伦理—经济生态，也正因为如此，不仅这些特殊的伦理，而且以这些特殊的文明生态为基础的文明形态，都有其存在的理由和价值，它们的前途，在于自身的生态发展和生态转化，而不是所谓的"文明冲突"。

伦理—经济的"生态实体式探讨"的价值取向和形上方法，要求将价值和思维的重心由原子和因子，转向关系与生态。它是一种肯定文明多样，以及多样性文明的具体、历史的合理性的价值观与文明观。这种取向与方法，对中国文明具有同样的解释力。中国传统文明，是世界史上最为辉煌、持续时间最长的一种文明。中国传统文明的历史合理性的最重要基础，并不在于儒家伦理，至少主要不在于儒家伦理，也不在于传统的经济形态，而在于儒家伦理、道家伦理、佛家伦理三位一体所形成的自给自足的伦理精神，[①] 与自给自足的自然经济，所形成的特殊伦理—经济生态。中国传统经济的形态是自给自足的，中国传统伦理精神的形态也是自给自足的。我们现在事实上已经无法确切地解释，到底是自给自足的自然经济造就了自给自足的伦理精神，还是自给自足的伦理精神造就和维护了自给自足的自然经济，因为任何"原子式"的解释都会失之牵强，我们所能肯定和必须肯定的是，是自给自足的伦理精神和自给自足的自然经济化合而形成的特殊的自给自足的伦理—经济生态，造就了中国传统文明的合理性及其巨大的历史辉煌。相反，无论是儒家伦理，还是自然经济，都只是这个生态中一个因子，也只有在这个生态中才能存在。奇迹发生在二者的关系之中，合理性在于二者的特殊关系所构成的文明生态。同样，我们现在对传统文明的批判性反思，重心也不应当在传统伦理，乃至传统经济，而在传统伦理与传统经济的特殊结合方式及其形成的生态实体，否则，便潜在反传统主义和文化虚无主义、民族虚无主义的危险，而这正是我们以往的误区之所在。

可以这样概括道德哲学方面的这种转换：理论上，将形上出发始点和价值取向由伦理或经济的"原子"，转换为伦理—经济的"生态实体"；实践上，由对伦理或经济"原子"的关注与归责，转换为对伦理—经济生态的分析与建设。

---

① 关于儒家伦理、道家伦理、佛家伦理三位一体，所形成的自给自足的伦理精神形态，参见拙著《中国伦理精神的历史建构》，江苏人民出版社 1992 年版。

第三节 "实体"的"伦理世界观"

"伦理—经济生态"的第二个形上基础，是"伦理世界观"，它是关于伦理实体的伦理自我意识及其伦理责任的概念。由此作出的理论推进，就是由个体道德主体到实体伦理主体、由个体道德到实体伦理，准确地说，到特殊与普遍相统一的实体伦理的转换。

一 生态形而上学与"伦理世界观"

关于伦理与经济关系的理念，在终极意义上是一种世界观，"生态论"与"决定论"、"气质论"、"立法论"之于世界观的概念发展在于：它将"道德世界观"推进为"伦理世界观"。

"道德世界观"是黑格尔在《精神现象学》中提出的概念。道德世界观是精神或意识由潜在走向自在，再向自为前进的产物，本质上是一种道德自我意识。它以道德与自然、义务与现实的关系或矛盾为基本问题，是由这对矛盾构成的自我意识的统一体。对黑格尔的"道德世界观"进行辩证否定，在此基础上演绎出"伦理世界观"概念的基本理由是："道德世界观"只是现象学的概念，而伦理道德作为实践理性，必须是两个对象构成的统一体，即现象学意义上的意识，与法哲学意义上的意志的统一体。"道德世界观"的概念以意识为对象，但冷落了意志，尤其是实体意志。历史原因很简单，黑格尔的工作只完成了一大半，即在现象学中探讨意识，在法哲学中探讨意志，未能最终如愿以偿地建立他的"精神哲学"体系，而"精神"则被规定为是意识和意志的统一。因此，推进现代伦理学研究重要工作之一，就是实现现象学与法哲学研究的连接与整合，使意识与意志的统一，而不是以其中任何一个要素，作为它的对象。而当这样做的时候，一个新概念的发展就是必须和必然的了："伦理世界观"。

最重要的理由还在理论合理性本身。"伦理世界观"与"道德世界观"的显著区别在于：它的主体不是个体，而是实体或共体。道德世界观的基本问题主要是个体的义务意识与客观现实、自然冲动与道德命令之间的关系问题（在黑格尔看来，行为只是一种特殊的意识，即"冲动形态的意识"）；而伦理世界观的基本问题，则是伦理性实体的义务意识与它所面对的现实、实体的自然冲动与伦理要求之间的矛盾。二者之间本质的差异有两个：（1）义务同一体与"冲动的体系"。实体虽然由个体构成，但实体的意识和冲动决不只是个体的"集合并列"，个体诚然需要建立一种"冲动的合理体系"，但对实体来说，这种合理体系的形成更重要，也更困难，因为它需要达到特殊与普遍的统一，实现个体道德性与实体伦理性的统一，以及实体中诸自然冲动的合理协调，从而建立起一个真实的伦理实体和合理的"冲动体系"。在这个意义上，如果说道德世界观是一种主观精神，伦理世界观就是一种客观精神。（2）实体或共体的伦理责任。由于伦理世界观是一种以实体义务和实体冲动为主体和对象的概念，因而实体的伦理性及其伦理责任就被凸显。在"伦理世界观"的概念中，不仅实体内部的关系具有伦理性，而且实体与实体之间，以及实体与它所面对的自然之间也应当具有伦理性，于是，实体不仅被赋予伦理属性，而且被赋予伦理责任。"道德世界观"的概念虽然也与伦理有关，但它只有在个体意识与意志的现实合理性的意义上才被讨论，而"伦理世界观"根本关注和直接指向的就是实体的伦理属性和伦理责任，正因为如此，在《法哲学原理》中，黑格尔着力研究的，就是家庭、市民社会、国家诸伦理实体，并且认为，"伦理"高于"道德"，是对它扬弃的结果。

理解"实体"的重要参照是"共体"。在黑格尔的体系中，"共体"的概念也多次被提出，但在讲到伦理时，他更多地使用"实体"的概念，因为"实体"之所以成为"实体"，就是因为它有"精神"，这种"精神"就是伦理性。他强调"伦理性"的实体，就是说，像家庭、市民社会、国家，这些实体的存在及其合理性，必须以"伦理性"为前提，否则便不是真实的实体，伦理性，就是它们的"精神"。正是在这个意义上，黑格尔才说，民族是伦理的实体，伦理是民族的精神。

"决定论"、"气质论"、"立法论"的伦理—经济关系理念，本质上体现的是一种特殊道德世界观，因为它们所试图建构的，是个体道德意识和道德行为，与其物质生活条件和经济活动之间的关联，其主体和对象的基本方面是个体性。"决定论"强调经济基础、物质生活条件，对道德状况的决定意义，其经典的表述是：人们自觉地、不自觉地是从他们所处的物质生活条件中吸取自己的道德观念。虽然这里的主体用的是复数"人们"，虽然这种理论将主体从个体推扩为阶级甚至民族，但它不仅难以用同样的逻辑解释同一实体中不同的道德状况，不仅在实体内部，以利益共同体取代了伦理共同性，更重要的是，在经济决定性面前，它消解了主体，尤其是实体主体的道德责任和伦理责任。"气质论"虽然探讨的是"一种伦理"（新教伦理）与"一种经济"（西欧资本主义经济）之间的关系，但它的主体本质上是个体的原子式的"集合并列"，而不是黑格尔所说的那种特殊与普遍相统一的真正的伦理性的实体。"立法论"将道德立法的关注，更多地指向个体经济行为和经济活动，事实上并没有给企业、集团、国家等经济主体以真正的伦理性和伦理责任，或者只是在理论上虚拟了这种伦理性，而在现实性方面难以真正落实。

二　"伦理的共体"与"不道德的个体"

诚然，"决定论"、"气质论"、"立法论"，并不是完全不关心实体的伦理性及其道德责任，根本的问题在于，它们在理论和现实中都可能导致并且已经导致这样的后果：以实体内部的伦理性，消解实体与实体之间、实体与它所面对的自然之间的道德责任，于是，在这些理念之下，就会出现这种状况：对内部关系来说，实体是"伦理的"，甚至是非常"伦理的"；但对外部关系，包括实体与实体、实体与自然之间的关系来说，它却可能是"不道德的"甚至是非常"不道德的"。"伦理性"的内部关系与"不道德的"外部关系，就是潜在于 20 世纪三大理念之中的逻辑悖论与历史悖论。生态危机、文明霸权、文化帝国主义，就是这种悖论的现实后果。生态危机的文化特质是：人类实体为了更快更多地获得财富，以集体的有组织的即伦理的方式，对自然实行不道德的掠夺。文明霸权的文化特质是：一个民族、一种文明，为了获得优越的生存发展条件，以内部伦理关系为条件和目的，实现对另一些民族，另一些文明的不道德的掠夺。内部关系中的极端"伦理性"，造就了外部关系中的"不道德性"，是这些问题的共同文化价值根源。

基于"伦理世界观"的"伦理—经济生态"或"生态论"的理念试图实现一种转换。它努力建立实体内在关系中的伦理性与它所面对的外在关系中的道德性的统一，其转换点将道德责任的主体由个体移向实体，不仅追责个体的道德责任，而且追责实体的伦理责任，最终实现内部伦理性与外部道德性、个体责任与实体责任的辩证统一。"生态论"所以是一种以"实体"为主体的"伦理世界观"，而不是以"个体"为主体的"道德世界观"，所以能实现个体与实体、道德与伦理的统一，根本原因在于：（1）既然"生态论"将价值的重心从伦理或经济的"原子"，转向二者之间的关联以及由这种关联形成的生态实体，那么，它的取向和品质就必然是特殊与普遍统一实体，而不是原子式的个体。它强调，伦理与经济的合理性以及它们的文明责任，应当从二者建立的生态关联中得到诠释，因而其主体必然是实体的，而不是个体的，准确地说是包含了个体的实体，理由很简单，"生态"的形成，必定是诸多个体共同努力的结果，是实体"冲动体系"或"有组织的冲动"的结果，它属于整个实体以及它的文化传统。（2）在"伦理—经济生态"的理念中，无论是"伦理"，还是"经济"，都不是个体及其行为，而是共体或实体及其行为的概念。在这里，"伦理"已经回归它社会性和共体性的本性，作为一种关系的复合体，而"经济"也是普遍意义上的人类共体合理地获得物质财富以增进自身幸福的理性过程，而不是至少不只是个体获利的活动。

三 "实体伦理"

"生态论"提出了一个新的道德哲学难题的同时，也作出一个新的理论推进，这就是实体的伦理性，与实体冲动的道德合理性及其道德责任的关系问题。长期以来，实体的伦理性、实体冲动的合理性及其道德责任，逃逸于伦理评价和道德归责之外，这种状况建立在一种极端错误而又富有欺骗性的道德哲学理念之上：实体（或集体）的利益及其追求总是"道德的"。这种可悲的错误造成了诸多可能危及人类生存的十分可怕的伦理后果，上面指出的生态危机、文明霸权，就已经触手可及。有人曾指出，20世纪后期伦理学发展的重要趋势之一，就是由个体伦理向集团伦理转化，这种概括有一定道理，但并不准确，也缺乏必要的形上基础。"生态论"的理念，可以提供这种基础，也更能对这种趋势作出必然性的解释。

根据梁漱溟的观点，人类及其文化的发展面临三大关系：人与自然的关系，人与人的关系，人与自身的关系。"伦理—经济生态"不仅涉及这三大关系，而且构成现代文明中这三大关系的基础。生态的理念直接就是从人与自然中引发出来，并且至今基本意义仍然指向人与自然的关系。生态理念虽然也强调个体的生态意识及其行为的生态责任，但它主要是指向人类群体或实体的。因为对自然生态造成严重破坏和继续构成威胁的，大多是人的群体行为或类行为，甚至是伦理实体的群体行为。而且，人与自然关系意义上的生态伦理所涉及的一些最深层的难题，也是实体伦理的问题，如代际伦理关系、种际伦理关系等等。人与自然关系的生态伦理问题的存在并日益严重，要求人们调整自己的价值体系和"冲动体系"，尤其是那些对自然生态构成最大威胁的有组织的集体冲动。"伦理—经济生态"的理念，不仅要求在处理以利益为核心的经济关系中建立伦理实体与客观自然之间的合理生态关系，也要求依照在此基础上形成的新价值观建立起各种伦理实体，包括诸集团、民族，以及诸文化传统之间的合理生态关系。由此，必然引导人们对苏格拉底提出的"人应当如何生活"这样的古老的问题进行新的思考，反思人，不仅个体，而且尤其是人类共体和实体的伦理属性及其存在意义，从人与自身关系的思考推进到人的伦理实体对自身存在意义的澄明。这样，"伦理—经济生态"的理念便透过主体由个体到实体的推进，深化人类文明的新的反思与觉悟。

正如萨克塞所指出的那样，我们的思想史在很大程度上是个人主义的。到目前为止，人类的伦理觉悟还仍然停滞于这样的水平上，它固执地认为，个人的冲动和行为有可能是不道德的，而实体的尤其是伦理实体的冲动则天生是伦理的，因而也是道德的。生态危机虽然给人类以警醒，但并没有从根本上动摇这个根深蒂固的植根于人的本能的信念。这是人类的智慧的悲剧。可以说，这种错误的信念只要不从根本上动摇，生态危机，战争，民族歧视与掠夺，文明霸权，这些人类灾难就不可能灭绝。人类中心主义、实体中心主义，本质上是放大了的个人主义，这种个人主义的特质是：对内是"伦理的"为对外的不道德性甚至极端不道德性，提供价值辩护和文化庇护。遗憾的是，我们至今对这种价值观和文明传统仍然未进行应有的反思。中国传统伦理将义利关系作为道德的基本问题，"义利之辨，乃儒者第一义"。义利之辨的基础是理欲之殊，于是到宋明便有"存在天理，灭人欲"的口号。不过，不可逾越的义利、理欲对立，在公私关系中却得到了扬弃。二程明确提出，"义与利，只是——个公与私也"①。朱熹也认为："凡一事便有两端，是底即天理之公，非底即人欲之私。"② 他们以公私诠释义利、理欲，认为公利便是义，便是天理，而私利便是利，便是人欲，义与利、天理与人欲的区别，本质上就是公与私的对立。这样，公、公利，用现代的学术话语说，集体的或实体的冲动，就获得了无条件的伦理性与道德性，处于伦理反思和道德归责之外。这种逻

---

① 二程《遗书》卷十七。
② 《朱子语类》卷一三。

辑在西方文化传统中也同样存在，在功利主义的代表人物边沁那里，不是有"最大多数人的最大幸福"便是道德的标准的著名命题吗？可以说，人类作为社会性的动物，至今还缺乏一种实体性的伦理反省。这种反省要求将伦理与道德相区分，将实体内部关系的伦理性，与实体与"他者"——客观自然或其他实体之间的关系道德性相区分。据此，就要求伦理学的形态由个体伦理向集团伦理、实体伦理发展。"伦理—经济生态"的理念，体现了这种发展要求，也是一种发展的尝试。

我们现在已经走到一个重要的文明边缘，迫切需要建立一种不仅控制个体行为，而且能够合理地指导实体行为或集体行为的世界观，"道德世界观"对现代文明的诸问题过于苍白无力，以实体为主体和对象的"伦理世界观"是这个时代的亟须。

第四节　生态思维

"从实体性出发"的取向、"实体"的"伦理世界观"，必然衍生、也必然要求关于主体与客体关系方面的形上思维范式的转换，这就是：从"本体思维"到"生态思维"。

一　本体思维与文明霸权

上面已经指出，本体思维是深植于古希腊哲学传统，在"现代性"西方哲学中被泛化为一种世界观、价值观、文明观，在中西方文化互动对中国哲学与伦理发生重大影响的思维范式。这种思维范式的特质，不仅在形而上的层面表现为对多样性存在背后的本体、本质和"原子"的追究，而且在现实性方面将多样性的存在归结为某个文明因子；不仅以"原子"解释现象世界的多样性存在，而且将对"原子"的追究作为形上指向和价值目的。简单地说，将"多"归结为"一"，以"一"为"多"的根据和目的，是本体思维的基本特质。问题在于，这里的"一"并不是多样性统一，也不是同一体，而是作为超验存在本质的"一"，和作为多样性实体中某一单一原子的"一"。说到底，本体思维与"从原子出发"的价值取向具有一脉相承的联系。

"决定论"、"气质论"、"立法论"的实质，上面已作揭示，可以说，这三大理念就是本体思维的结果。三者的共同逻辑理路都是在伦理或经济之中寻找某种具有本体意义或原子意义的因子，以其中一个因子把握、统摄、解释另一个因子，区别仅在于对本体和原子的不同认定。

本体思维在伦理—经济关系把握和文明体系中的贯彻，必定逻辑和历史地演绎出价值霸权，即将在二者关系中具有本体和原子地位的那个因子在文明体系中推至主导和根源性的地位，进而形成经济的或伦理的价值霸权。而价值霸权又必然演绎为文明霸权。诸文明体系关系和民族关系中的文明霸权的形成，不仅源于处于强势地位的那种文明的文化故意，更深刻的原因还在于处于弱势地位的文明存在对文明霸权的认同。文明霸权得以建立和认同的认识论根源，就是本体思维的范式：由对文明体系内部某些处于本体或原子地位的那种文明因子的"本体性"的认可，导致对文明体系之间具有"本体性"优势的文明存在的优越地位的臣服，进而极端地批判、解构甚至抛弃自己的文明传统。在文明霸权形成的以上两个要素，即一些文明建立自己的文明霸权的故意，和另一些文明对文明霸权的认同中，后者需要警惕与反思，因为它是当今世界文明霸权愈演愈烈的内因。

基于本体思维的"决定论"、"气质论"和"立法论"，必然导致价值霸权，并最终演绎出文明霸权。"决定论"可能确立起伦理—经济关系以及以此为基础的整个文明体系中经济的价值霸权，而"气质论"、"立法论"则可能确立起伦理和文化的价值霸权。由"决定论"向"经济中心"、"经济至上"的演绎，再到"一手软，一手硬"，再到文明失衡、社会失调（自然生态、社会生态失调）的现实，相当程度上就是经济的价值霸权形成并运作的结果。在以前的研究中，我已经揭示过韦伯"气质论"的"理想类型"，如何潜隐而坚固地奠立起由新教伦理到整个西方文化的价值霸权。只要认真反思就可以清晰地发现韦伯的"气质论"的"理想类型"，与后来的"文明冲突论"、"全球化"、"文化帝国主义"之间一以贯之的内在逻辑和紧密关联。在 20 世纪，西方帝国主义经历了三种形态：军事帝国主义、经济帝国主义、文化帝国主义，其中文化帝国主义是最富有欺骗性、最不容易辨识，因而获得最大成功的一种帝国主义形态。原因很简单，文化帝国主义是本体论思维方式最直接的演绎，最有"文化"，因而最容易被接受。

20 世纪文明的重大遗憾之一是，本体思维与文明体系内部的价值霸权、文明体系内部的价值霸权和文明体系之间的文化霸权的紧密关联，并没有被及时而深刻地被发现和揭示，甚至至今还未被充分而深刻地揭示，人类在这方面还缺乏应有的学术警觉和文明觉悟。伦理—经济关系中的价值霸权，是最基本的霸权，因为伦理与经济是人类文明体系中的两个基本因子。因此，实现伦理—经济关系方面思维范式的转换与革命，不仅对理论研究，而且对整个文明的健全发展，都具有至关重要的意义。

二　"生态思维"

"本体思维"转换的前途是什么？就是"生态思维"。有学者曾提出，新的哲学范式的转换，应当是由"本体思维"到"伦理思维"。我认为，由"本体思维"到"生态思维"才是这个转换的"应然"和"必然"。因为，"伦理思维"很容易被理解为是处理人与人之间关系的一种范式，难以具有最普遍的形上意义，而"生态"则是体现时代精神的哲学文化概念。"生态思维"之所以可以作为一个具有更大合理性的思维范式，基本理由是：（1）20 世纪的生态觉悟，不只是人与自然关系的觉悟，而是包括人与自然、人与人、人与自身关系的整个人类文明的觉悟，"生态"已经由最初关于人与自然关系的概念，上升为整个哲学的概念，形成一种"生态哲学"，由"自然生态"到"社会生态"、"政治生态"、"文化生态"，到"价值生态"、"文明生态"等概念的演绎，就是明证。（2）哲学意义上的生态问题、生态理念的建构及其落实，是 21 世纪人类面临的最严峻、最深刻的课题，它不仅与整个文明的品质相关，而且直接与人类的命运相联，可以这么说，21 世纪的人类命运，以及未来人类的命运，在相当程度上取决于人类智慧对生态问题，包括自然生态、社会生态、文明生态等生态问题解决的合理性程度。可以说，"生态"不仅是体现 21 世纪新的人类课题的概念，而且是代表 21 世纪新的时代精神和人类文明觉悟的概念。"生态思维"不仅是以生态为取向的概念，而且是以"生态"为核心和品质的概念。问题在于，"生态思维"不是一个抽象的概念，它必须经过一个由"生态世界观"，到"生态价值观"，再到"生态文明观"的辩证运动和具体历史的落实。

在伦理—经济关系方面，"生态思维"为何、何以消解"本体思维"？这就必须探讨"生态"和"生态思维"的基本原则。"生态"和"生态思维"有四个基本原则：内在关联原则；有机整体原则；平等互动原则；互补原则。关联原则与整体原则前面已经指出，它们构成生态思维的基础；平等原则与互补原则，则在一定意义上可以看作由此二者派生但却更具实践意义的两个原则。生态哲学扬弃本体思维，必然导致平等品质，它认为生态体系中的任何一个因子对生态合理性来说，都具有平等的价值地位，生态体系的合理性，源于诸生态因子的辩证互动，以此反对和消解价值霸权。而互补原则则强调诸生态因子间的互补性，以此造就生态体系的有机性和建设性的合理性。

在生态和生态思维的四原则中，互补性是在以前的研究中未给予足够重视，但具有重大方法论意义的构成。萨克塞发现，在一个有机整体中，"个体的真理可以从互补的原则中得到解释"①。他以中国哲学为例，指出，对合理性的理解面临另一个方面的任务，即"寻找我们称之为互补性概念的那个事物"，这一任务的形上方法是："从包含一切对立的总体中将一小部分真正辩证、互补的对立提出来的、具有联系作用的元素，是如何可以作为决定生存的力量被寻找的，这一小部分真正辩证的互补对立如何通过直觉也是能被把握的。"② 正因为如此，互补性原则具有重要的理论和实践价值。"互补性超越了传统科学的领域，但它却紧紧地掌握着我们的判断的形成和我们行为的控制。"③ 这一要素对讨论伦理—经济关系的意义在于：文明及其体系的合理性，并没有绝对的标准和模式，文明体系中的任何一个要素，乃至像伦理、经济这些在文明体系中具有基础性意义的因子，都不可能具有一个对任何文明体系都有通约性并可以作为范型的共通模式和共同标准，因而文明体系及其合理性，既是相对的，也是多样性的；由此，对文明体系的合理性及其发展来说，任何一个因子即使是基础性的因子，也不应当具有完全的和绝对的文明责任。这样，文明发展与文化反思的指向，就不是对某种本体性因子的绝对性的归责，更不是对它们的传统如伦理传统的激烈批判和过度否定，而是对生态合理性所需要的那些互补性因子的建设，是由发展生态因子的互补性而不是由对其中某些因子的过度肯定或过度否定所达致的生态合理性。

三 两种文化战略：本体归责与生态修复

经济与伦理的关系，是中国现代化的基本课题，可以不夸大地说，对

---

① ［德］汉斯·萨克塞：《生态哲学》，文韬、佩云译，东方出版社 1991 年版，第 185 页。
② 同上书，第 152、156 页。
③ 同上书，第 185 页。

经济与伦理关系的认识和解决，在相当意义决定了中国现代化的走向及其道路。因为，不仅经济与伦理总是任何文明体系的基本因子，而且因为像业已形成的共识那样，中国传统文化是一种伦理型文化。现代化需要思想启蒙。正如有的学者所发现的，启蒙运动有两条道路，一条是"复古为解放"，另一条是"反传统以启蒙"。西方选择了第一条，因而在走向近代、现代和后现代时，提出的口号总是："回到古希腊！"中国显然选择了第二条道路，最有代表性的口号是："打倒孔家店！"中国在走向现代和现代化的过程中，反传统是如此的激烈，以至一些海外学者惊呼：世界上没有一个民族像中华民族那样，对自己的传统如此反复涤荡，试图摧毁殆尽！激烈的反传统导致的严重后果今天已经显露，需要认真反思的是，这种激烈的反传统主义实际上也是经济与文化、尤其是经济与伦理关系中的"本体思维"的直接后果。反传统主义的思维方式的特征是，将传统文化尤其是传统伦理作为中国经济落后、文明不合理的根源，其隐含的形上实质是，将文化或伦理作为经济和文明的本体，因为只有在这样的前提下，才可能和必须将文化与伦理作为整个文明的归责对象。过度的文化批判和伦理批判背后，隐藏的是"伦理本体论"和"文化决定论"的"本体思维"的范式与品质。时至今日，严重的文明后果诏告世人：这种基于本体思维的激烈文化批判已经走到尽头！

西方现代文明的发展事实上采用了另一思维方式，这种思维方式具有生态思维的特征，至少我们可以这样的假设和诠释。这里姑且以在中国伦理反思中为千夫所指的家族主义传统为例。家族主义伦理传统被当作发展现代经济尤其是市场经济的最保守的文化因素。然而，当我们对家族伦理传统视若仇寇时，却发现这个中国传统之"枳"，在日本、新加坡等东亚"小龙"那里居然长成现代化之"橘"。如果说文化上的同根性难以让人们找到深层的原因，那么，另一个还未引起我们足够重视的事实会引发更多的思考：西方尤其是欧洲的许多现代化国家，现代化却出人意料地具有家族主义伦理的文化基础。

美国著名学者福山在《信任——社会道德与繁荣的创造》一书中就详细分析了几种典型的文明——法国、意大利、韩国、日本的现代文明与它们的家族主义伦理传统之间的关系。福山发现，"意大利有些地区和中国一样，家庭关系比其他非血缘形式的社会关系更紧密，而落在国家和个体之间的中间型社团，不但数目稀少，力量也很薄弱，反映出一般人对家族以外个人普遍存在的不信任感"①。这种情况用现代中国学术研究的话语表达就是：家族强大，市民社会弱小。意大利的企业，也主要是以家族为基础的企业网络，而不是企业集团组织。② 但是，"过去这一二十年来，意大利经济活力最旺盛的地区，也是在社会资本上最教人迷惑的地区，同时更是最类似台湾和香港经济模式的地区，正是中部的'第三意大利'"③。"第三意大利"是目前意大利经济最为活跃和发达的地区，而这一地区正是具有浓厚的家族主义伦理传统的地区。法国也有类似的情况。"法国和传统的华人社会一样，介于家庭和国家之间的中间层社会连属组织非常薄弱"，在企业结构中，家族式企业和国营大公司的两极十分强大。④ 虽然福山对这两个国家的家族主义持批评态度，但也不得不承认，它们是当今最发达的国家之一。形成这种状况的重要原因是，家族主义伦理与其他因素共生互补，辩证互动。比如，在家族主义和企业经济都最为发达的意大利中部地区，密切的家庭联系和宽阔的公民社会意识就同样繁荣，强势的家庭和活力旺盛的市民社会发展得都很好，二者并没有相互消长的关系，而是共存共荣。最发达的家族主义和共和自治的精神的调和互动，不仅部分弥补了家族主义伦理的具有的公共性稀少的缺陷，而且发挥出家族主义伦理注重义务感的优势。⑤ 另一种典型的文明是韩国。"长久以来，韩国就比日本更严守儒教规范，这点也使得韩国更接近中国，有些人甚至主张韩国比中国更崇尚儒家思想。"⑥ 韩国的家庭结构及其在社会体系中的地位，家族的伦理传统，都与中国十分相似。然而在韩国，强大的家族传统和大规模的发达企业却并存不悖，并没有像另一些国家那样，家族传统成为大规模企业的桎梏。主要原因在于，政治上，韩国政府的强有力干预，在企业中科层组织制度与家族组织制度并存互补；在文化上，儒教与基督教的互动中和。意大利、法国和韩国的文明形态说明，以互补性建构合理性的"生态思维"，是最能利用开发既有文明资源，最富有建设性的一种思维。问题在于，必须放弃长期固守的本体思维，由"本体"

---

① ［美］弗兰西斯·福山：《信任——社会道德与繁荣的创造》，李宛蓉译，远方出版社1998年版，第115页。

② 同上书，第123页。

③ 同上书，第121页。

④ 同上书，第135页。

⑤ 同上书，第125页。

⑥ 同上书，第153页。

走向"互补"，由"互补"通向"生态"。

由"本体思维"到"生态思维"转换的最深刻也是最困难的努力，是完成一种思维方式的革命，即由基于"从原子出发"的取向而导致的本体追究，到生态合理性的建构；由对个别因子的过度归责批判，到互补互动的生态合理性的建构。由批判性转向建设性，是这种转换或革命的实践本质。

中　卷

"冲动的合理体系"与道德体系的法哲学结构

无论是康德还是黑格尔，以及他们以前和以后的伦理学家，都有一个共识：伦理道德的基地是理性，但绝不只是理性，更不能只停滞于理性。分歧在于，它们如何由理性继续前进，从而获得自己的本性？康德将"理性"与"实践"结合，赋予伦理道德的理性以实践的意义，发展为"实践理性"，由此与作为纯粹理性的"哲学理性"相区分。黑格尔则使理性沿着自己作为"意识"的本性自我生长，辩证发展，进入"精神"阶段。于是，我们便发现两种道德形而上学体系：康德在"纯粹理性批判"基础上作为对纯粹理性实践能力确证的"实践理性批判"的道德形而上学体系；黑格尔在"精神"阶段建构"精神"的道德形而上学体系。康德《实践理性批判》的道德形而上学自成一体，而黑格尔的思路则是：广义的意识经过了三个大的发展阶段：由"意识（狭义的）—自我意识—理性"构成的个体意识或主观意识，在这个阶段，理性是意识与自我意识的统一；由"伦理—教化—道德"构成的客观意识或"精神"；由宗教和哲学构成的绝对知识或绝对精神。两种道德形而上学体系的比较无疑是一个复杂的学术工程，现代道德形而上学研究从中可以获得的启迪是：（1）"理性"向"精神"的概念运动，是道德形而上学及其体系的重大转换，"理性"向"精神"的过渡，是伦理道德诞生的概念依据；（2）无论在康德的"实践理性"体系，还是在黑格尔的"精神"体系中，道德形而上学体系事实上都获得了与前一阶段，即"纯粹理性"或"理性"阶段不同的意义，这就是"意识"与"意志"结合，理性向行为转化，进而具有"实践理性"或"精神"的品质。"理性"向"实践理性"或"精神"的过渡，在道德形而上学和道德哲学形态上，是现象学向法哲学的辩证转换，是现象学与法哲学的结合。

不过，道德形而上学体系的探讨和建构，还可以沿着这个路径继续向前开拓。因为，无论是康德的"实践理性"，还是黑格尔的"精神"，无论是他们的现象学考察，还是法哲学分析，都具有抽象的本质，抽象性的扬弃，必须使"意识—意志"复归于历史即伦理精神发展的历史的具体。于是，法哲学还必须推进到历史哲学，在历史哲学中完成道德形而上学体系的辩证分析与历史建构。黑格尔虽然没有在一种研究中将三者相统一，但它的《精神现象学》—《法哲学原理》—《历史哲学》，事实上在方法论上是一个"现象学——法哲学—历史哲学"辩证运动的道德形而上学体系，在黑格尔的整个理论体系中，我们可以找到理论资源方面的启示。

因此，道德形而上学体系的完成，必须进行两次辩证转换：由关于伦理精神的现象学分析，转换为伦理精神的法哲学分析；由法哲学分析复归于伦理精神的历史哲学综合。三者在理论体系和研究方法方面，表现为肯定——否定—否定之否定的辩证运动。

第四篇

道德形而上学体系的法哲学
概念与法哲学结构

第十章 道德形而上学的方法论体系及其辩证转换

第一节 "理性"向"精神"的辩证转换

伦理道德首先是一种价值理性，因而关于善的价值的意识和理性，以及关于善的价值体系的形上理念和形上理性，是道德形而上学体系的第一要素。这几乎是任何伦理学和道德形而上学体系的基础并致力进行的探索。问题在于，道德形而上学体系如果滞留于此，那它最后只能皈依于哲学认识或哲学的形而上学，而不可能进展到伦理和道德。道德形而上学体系的特点，是要由理性继续前进，使之从人的思维中逸出，具有外化为现实的品质和能力。在这个过程中，它需要完成几次重大的转换乃至飞跃。

道德形而上学体系辩证运动的第一个过程，是由"理性"向"精神"，具体地说，是由意识向意志、由理性向行为的转换；这个转换的方法实质，是由现象学的思辨向法哲学的分析过渡。

一 "实践理性"的悖论

"实践理性"概念的潜在逻辑是："理性"（在"纯粹理性"或"哲学理性"意义上）本身并不是"实践"的，或并不具有"实践"的品质与能力，因而必须与"实践"相结合，成为"实践理性"，才可能是伦理的和道德的。事实上，由于这一概念来自康德，而在康德那里，只有在与"纯粹理性"或"思辨理性"对应的意义上，"实践理性"才有真理性与确定性。正像康德自己所申言的那样，《实践理性批判》的意旨，并不是要建立道德哲学体系，也不是为个体与社会提供伦理经验与道德生活方面的指导，而是"不但表明纯粹理性能够是实践的，而且表明，唯有它，而不是以经验为条件的理性才是无条件地是实践的。"是进行"纯粹实践理性"的存在性确证，并转而批判它的全部"实践能力"。①尽管有这样严谨的逻辑铺垫，在康德的"实践理性"概念中，还是潜在深刻的逻辑悖论：

　　　如果实践，或实践能力先验地内在于理性之中，则"实践理性"的概念就是同义反复；

　　　如果理性不具有实践的潜质或能力，则"实践理性"就只是一个虚拟概念。

　　康德的贡献和地位，不仅在于提出的问题，而且在于解决问题的思维方向。应该说，将理性与实践、意识和意志相连接，并在一个同一体中把握，实现前者向后者内在的和辩证的转化，是一种卓越的思想和智慧。问题是，虽然康德将"理性"与"实践"相连接，确立"实践理性"的概念，但在他那里，"理性"和"实践"的结合还只是形式的，就像他的《实践理性批判》的整个体系一样。到黑格尔，"理性"生长为"精神"，思维才真正向前推进了一步。到马克思，则不仅在思辨地，而且现实地完成"理性"和"实践"的辩证整合。

二　转换的课题

　　不过，在伦理学，特别是道德形而上学体系的意义上，理性与实践、意识与意志现实同一和辩证转化的任务，还远没有完成。这一转化的方法论的实质，是由现象学向法哲学的辩证推进和辩证转换。一般说来，现象学的研究对象，是意识、意识的发展及其形上本质，法哲学的对象是意志行为及其现实自由。对道德形而上学体系来说，理性向精神、意识向意志、现象学向法哲学转换的理由是充分的，因为，伦理道德本质上不是对待事物的"理论态度"，而是"实践态度"；不是对世界的理论把握，而是"实践精神"的把握。只有完成由前者向后者的转换，伦理道德作为一种"理性"，才不仅是哲学的，而且是实践的，由此也才获得自己真正

――――――――――――

① 参见［德］康德《实践理性批判》下卷，韩水法泽，商务印书馆1999年版，第13、1页。

的人文本性。必须着力探讨的问题是：如何实现由前者向后者的过渡？在此，可能遭遇三方面的难题：

难题一：意志、行为如何既内在于意识、理性中，但又不直接就是意识、行为？

难题二：意识向意志过渡、理性向精神转换的中介形态是什么？

难题三：个体意识、主观意志，如何向共体意识（社会意识）、客观意志转化？

三　"理性"向"精神"、认识向实践的过渡

关于意识、理性和意志、行为的同一性，康德的思路是：在宏观的和形而上的层面，将理性区分为纯粹理性（或思辨理性）与实践理性，同时又认为并证明"纯粹理性是现实地实践的"，于是，实践理性就内在于纯粹理性之中；在微观的和形而下的层面，将"认识能力"和"欲求能力"预设为"心灵"的两个能力，并以此作为"先天准则"，"认识能力"是意识、理性的根据，"欲求能力"是意志、行为的根据。正因为如此，他的"实践理性批判"既研究意识，也研究意志，二者统一并统摄于"实践理性"的概念。

黑格尔解决这一难题的智慧集中体现在"理性"与"精神"的概念区分中。在《精神现象学》中，他提出了一个值得注意的观点："理性即实在"，当理性与存在即与现实世界同一时，它就上升为精神。"当理性之确信其自身即是一切实在这一确定性已上升为真理性，亦即理性已意识到它的自身即是它的世界、它的世界即是它的自身时，理性就成了精神。"[①] 应该说，"理性"和"精神"的区分，"理性"向"精神"的辩证运动，其意义决不只是体系方面的"尽精微"，而是内在着深刻的必然性与合理性。按照现象学尤其是黑格尔精神现象学的观点，"理性"和"精神"的区别主要有二：其一，"精神"必须是"理性"和"它的世界同一"，这个"世界"从它的基本"原素"——男人女人，到由这些原素构成的家庭、民族，由此"精神"首先创造出一个"伦理世界"；其二，"精神"是"行动着的理性"或"行动着的意识"，不仅是理性与行为的

---

① ［德］黑格尔：《精神现象学》下，贺麟、王玖兴译，商务印书馆1996年版，第1页。

同一、意识与意志的同一，而且本质上是个体与共体、主观与客观的统一。概言之，"精神"是具体的、客观的、现实的、行动着的"理性"。"理性"必须上升为"精神"，也必然、应该上升为"精神"。这样，在"理性即实在"，"精神是理性与它的世界的同一"的前提下，黑格尔便在"理性"之上设立一个意识与意志同一，并包含人的全部心灵的和道德"精神"的概念，从而在概念中先验地预设和完成了意识和意志、理性和行为的统一。在《法哲学原理》中，黑格尔进一步将思维和意志作为"精神"同一体中的两个方面，它们的区别只是对待同一事物的两种不同态度。"思维和意志的区别无非就是理论态度和实践态度的区别。它们不是两种官能，意志不过是特殊的思维方式，即把自己转变为定在的那种思维，作为达到定在的冲动的那种思维。"① "理论的东西本质上包含于实践的东西之中。""我们如果没有理智就不可能有意志。反之，意志在自身中包含着理论的东西。"② 意志活动扬弃主观性与客观性之间的矛盾，使人的意识的目的由主观性变为客观性，而"意志作为主观的或道德的意志表现于外时，就是行为"③。这样，意识、思维、理性与意志、行为便达到同一。

也许，诠释意识与意志、现象学与法哲学关系的重要方法，是"理性"向"精神"的概念发展。黑格尔的精神现象学将个体主观意识的发展分为意识、自我意识、理性三个阶段。意识是感觉、知觉、知性的辩证运动过程；而自我意识的基础则是"欲望"，"自我意识即是欲望一般"，这里实际上已经赋予自我意识以意志与行为的意义；于是"理性"就逻辑地被分为"观察的理性"与"行动的理性"或实践的理性，这样"理性"便具有行动的意义，并向"精神"过渡。"黑格尔赋予理性以行动的意义，实践的性质，就使理性向意志过渡、认识向伦理过渡、真向善过渡、个体意识向社会意识过渡。"④ 理性与精神的区分，不仅是个体意识与社会意识、主观意识与客观意识的区分，而且是认识与伦理、真与善的

---

① ［德］黑格尔：《法哲学原理》，范扬、张企泰译，商务印书馆 1996 年版，第 12 页。在这段话之前，黑格尔还写道："精神一般说来就是思维，人之异于动物就是因为他有思维。但是我们不能这样设想，人一方面是思维，另一方面是意志，他一个口袋装着思维，另一个口袋装着意志，因为这是一种不实在的想法。"

② ［德］黑格尔：《法哲学原理》，范扬、张企泰译，商务印书馆 1996 年版，第 13 页。

③ 同上书，第 116 页。

④ 萧昆焘：《精神世界掠影》，江苏人民出版社 1987 年版，第 2 页。

区分。精神的真理性阶段，即它的客观状态，就是一个民族的伦理生活，精神的本质，即所谓"伦理实体"。这样，认识就向伦理转化。

第二节　"冲动"与"冲动的合理体系"

一　"理性"向"精神"转换的概念中介

"理性"向"精神"、现象学向法哲学转换的概念中介或中介形态是："冲动"。

康德、黑格尔的共同贡献，不仅提出了意识和意志、理性和精神的同一，而且指出了二者如何过渡和如何辩证转化的问题。在论述这些问题时，康德《实践理性批判》中的一个特别概念是："欲求"或"愿欲"；黑格尔《精神现象学》和《法哲学原理》中的概念是："冲动"；而在《历史哲学》中，黑格尔用另一个概念来表述："热情"。三个概念事实上具有大致相同的内涵。"欲求"和"冲动"的相通毋庸多言，而"热情"事实上也与"欲求"和"冲动"相通。黑格尔认为，"观念"和"热情"是历史哲学考察的两大对象，它们"交织成为世界历史的经纬线"，而"热情"与人类意志息息相通，是"意志之所以为意志"的那个内容，是一种"主观意志"。显然，他们都不是在心理学，而是在伦理学和道德哲学的意义论述并运用这些概念，在他们的道德形而上学、法哲学和历史哲学体系中，以上三者都具有意识向意志、理性向行为转化的中介的意义，它们只是相通的对象在现象学、法哲学和历史哲学中的不同话语表述。如果康德、黑格尔理论进行综合分析，并与现代哲学理论的话语系统相衔接，[①] 我们可以在这三个概念中进行一个选择或假设："冲动"，就是由意识向意志、理性向精神转化的中介形态，也是在方法论方面连接现象学、法哲学和历史哲学的重要概念。正像传统道德形而上学所指出的那样，意志是冲动形态的意识，是意识（观念）向行为（实践）转化的机制，是意识的外化。

冲动，构成意识向意志、理性向精神转化的中介形态和概念过渡。

---

① 现当代哲学和伦理学中，"冲动"的概念得到更为广泛的认可与运用。如马克斯·韦伯的《新教伦理与资本主义精神》和丹尼尔·贝尔的《资本主义文化矛盾》中，运用的就是"冲动"的概念。

二 "冲动"与"冲动的体系"

一旦观念、意识异化为冲动，转换为意志、行为，现象学就向法哲学过渡。但是，法哲学试图解决的难题及其价值目标，不是"冲动"，而是"冲动的合理体系"。

法哲学与现象学具有殊异的研究对象和研究方法。根据黑格尔的诠释，精神现象学以意识为研究对象，是"意识发展史"，由于"意识形态"可以被当作是"精神现象"的同义语，"因此精神现象学也就是意识形态学，它以意识发展的各个形态、各个阶段为研究的具体对象"①。法哲学以"法"为研究对象。② 而"法的基地一般说来是精神的东西，它的确定的地位和出发点是意志。意志是自由的，所以自由就构成法的实体和规定性"③ 所以，法哲学以意志为研究对象。准确地说，精神现象学研究意识即"自由的观念"及其发展史，法哲学研究意志及其自由的合理性与现实性。正因为如此，"伦理"与"道德"才在精神现象学与法哲学两个体系中，具有完全不同的地位：在精神现象学中，"道德"是"伦理"的否定之否定，是"对其自身具有确定性的精神"；在法哲学中，"伦理"扬弃"道德"的主观性，使意志自由从"主观意志的法"复归于"客观意志的法"。

在法哲学视域中，"冲动"是意志的现象形态和内容，但法哲学所关注的，不是"冲动"，而是"冲动的合理体系"。因为，不成"体系"的冲动，只是主观的偶然，不具有合理性与必然性，也不具有现实性。黑格尔认为，"冲动和倾向首先是意志的内容，只有反思是超出于它们之上的。但是这些冲动将会驱策自己，相互排挤，彼此妨碍，它们每一个都想得到满足。现在假如我们把其他一切冲动搁置一边，而只置身于其中一个，我将处于毁灭的局促状态中，因为这样一来，我抛弃了我的普遍性，即一切冲动的体系"。④ 这段话的意思是：（1）"冲动"是意志的内容，

---

① ［德］黑格尔：《精神现象学》上卷，译者序，贺麟、王玖兴译，商务印书馆1996年版，第21页。

② "法哲学这一门科学以法的理念，即法的概念及其现实化为对象。"［德］黑格尔：《法哲学原理》，范扬、张企泰译，商务印书馆1996年版，第1页。

③ ［德］黑格尔：《法哲学原理》，范扬、张企泰译，商务印书馆1996年版，第10页。

④ 同上书，第28页。

因而是法哲学的研究对象；（2）人的冲动不但是多样的，而且诸冲动之间相互冲突；（3）如果只局限和沉溺于某一种冲动，那就意味着"自我毁灭"，"冲动"的真理性与合理性，在于"一切冲动的体系"；（4）"一切冲动的体系"，是个体意志的普遍性，亦即个体的伦理实体性。因此，对意志及其自由来说，对伦理精神和道德哲学来说，最本质、最重要的不是"冲动"，乃至不是一般的"冲动的体系"，而是"冲动的合理体系"。"冲动应该成为意志规定的合理体系。这样从意志概念上来把握冲动，就是法哲学的内容。"① "'冲动'—'冲动的体系'—'冲动的合理体系'"，构成法哲学意义上的道德形而上学自我运动的辩证过程。当由意志的概念把握冲动，探讨"冲动的合理体系"，而不是由意识的概念把握意识的诸形态的辩证发展时，道德形而上学就从现象学进展到法哲学。

三　"冲动的合理体系"

道德形而上学意义上的"冲动体系"和"冲动的合理体系"是什么？显然，"冲动"之作为道德形而上学而不是心理学的概念，它的体系的基本结构，在逻辑上必须联结本能的"自然"与价值的"应然"，将"自然"与"应然"安置于一个"冲动体系"之中，进而达致"合理的冲动体系"，像中国伦理学家戴震所说的那样，"适完其自然"，"归于必然"（"应然"）。根据这个逻辑框架，"冲动的体系"，在个体道德的意义上，就是"理"和"欲"（或"天理"和"人欲"），即"理（天理）的冲动"和"欲（人欲）的冲动"的关系；在社会伦理的意义上，就是"义"和"利"，即"义的冲动"和"利的冲动"的关系。道德形而上学体系的重要任务，乃至基本课题，就是建立"理"与"欲"（或"天理"与"人欲"）、"义"与"利""合理冲动体系"，使"'理'—'欲'"（"天理"—"人欲"）、"'义'—'利'"冲动处于合理的"体系"中。"理寓欲中"；"正义谋利"。正因为如此，义利关系问题，才成为伦理学和道德形而上学的基本问题，正像宋明理学所说的那样，义与利，"乃儒者第一义"。

不过，鉴于"道德"和"伦理"的概念区分，道德形而上学体系的最大难题，还不是个体的"一切冲动的体系"，而是多样性个体的"冲动

---

① ［德］黑格尔：《法哲学原理》，范扬、张企泰译，商务印书馆1996年版，第29页。

体系"如何凝聚为共体"一切冲动的体系";或者说,是个体性、主观性的"道德精神",如何上升为共体性、客观性的"伦理精神"?这样,个体"冲动的合理体系"与共体"冲动的合理体系",就必定具有不同的品质和形态。对个体道德或个体道德自我,,冲动及其"体系"表现为"理"与"欲"的关系,而对伦理实体,无论是家庭的自然伦理实体,还是市民社会的社会伦理实体,以及国家的政治伦理实体,"理"与"欲"的冲动,都具有普遍的和共体的特性并具有相应的形式,这就是"伦理冲动"和"经济冲动"。"理"的冲动,"义"的冲动,对共体的法——实体的意志及其自由来说,表现为"伦理冲动";相应的"欲"的冲动,"利"的冲动,也采取了另一种社会形式:"经济冲动"。"'理'—'欲'"冲动向"'伦理冲动'—'经济冲动'"转换的依据是:不仅伦理是个体与整体相统一的概念,而且"经济"也是个体"欲"的冲动的社会化形式,一旦成为"经济",谋利活动就超越了个体的欲,成为社会性的有组织的"冲动"。所以,伦理精神意义上的"冲动体系",不仅包括作为个体内在生命秩序的"'理'—'欲'"关系,而且更深刻地包括个体冲动与共体冲动、个人利益和共体利益的关系问题。这样,"伦理冲动"—"经济冲动"是"冲动体系"的社会形态或伦理形态;而"理"—"欲"冲动则是"冲动体系"的个体形态或道德形态;至于"义"—"利"冲动,则可以当作"冲动体系"的价值形态或哲学形态。当"'理'—'欲'"冲动向"'伦理冲动'—'经济冲动'"过渡时,"冲动的体系"便获得实体的、共体的、普遍的、客观的和社会性的意义和形态。沿着这个路径,由此,道德形而上学体系就由法哲学向历史哲学进发。

　　义—利冲动、理—欲冲动、伦理冲动—经济冲动的"合理体系"的建立,都必须面对和处理一个基本矛盾:道德与幸福的矛盾。康德、黑格尔都把道德与幸福的矛盾当作道德形而上学和伦理精神的最深刻的基本矛盾。[①]康德洞察到实践理性中内在的德性与幸福的二律背反,他用"灵魂不朽"与"上帝存在"两大公设试图超越这个悖论。他特别强调,"道德学根本不是关于我们如何谋得幸福的学说,而是关于我们应当如何配当幸福的学说"。"人们决不应该把道德学本身当作幸福学说对待,亦即当作

---

① ［德］黑格尔:《法哲学原理》,范扬、张企泰译,商务印书馆1996年版,第30—31页。

如何享有幸福的指导对待；因为道德学仅仅处理幸福的理性条件，而不处理获得幸福的手段。"① 在《精神现象学》中，黑格尔揭示了道德世界中存在的德性与幸福不对应甚至相矛盾的不公正的情况，"道德的意识就只能见到有采取行动的动因，却不能因采取了行动而获得实现的幸福和分得完成实践所应得的享受。……在这种不公正的情况下，道德意识只可具有它作为纯粹义务的对象，却不得到它的对象，和它实现了的自我或自身"。但"道德意识绝不能放弃幸福。决不能把幸福这个环节从它的绝对目的中排除掉"②。他的对策是：一方面，在自我意识中，将道德当作"永远有待完成的任务"；另一方面，在道德和幸福之间建立"预定的和谐"。"道德与自然之间的和谐，——或者换个说法，因为只当意识经验到了它自己与自然的统一时自然才成为考虑的对象，让我们把自然换成幸福来说——道德与幸福之间的和谐，是被设想为必然存在着的，或者说，这种和谐是被设定的。"③ 在《法哲学原理》中，"幸福"的概念之于"冲动体系"的意义更特殊也更重要。因为"在幸福中思想就已经驾驭着冲动的自然力，因为思想是不满足于片刻的东西而要求整个幸福的"。"就各种冲动加以反思，即对这些冲动加以表象、估计、相互比较，然后跟它们的手段、结果等等比较，又跟满足的总和——幸福比较，就会对这种素材带来形式的普遍性，并且用这种外部方法对这种素材加以清洗，以去除其粗糙性和野蛮性。"④ 无论如何，道德与幸福，或德性与幸福矛盾的超越，是建立"冲动的合理体系"的基本课题。

第三节　从"冲动的合理体系"到"冲动力的合理体系"

"冲动"的概念，是"理性"向"精神"转换的中介形态，也是法哲学体系的基本原素之一。但是，道德形而上学体系至此还只是找到了第一次转换的过渡性概念，完整的逻辑体系的形成至少还有两方面的任务须

---

① ［德］康德：《实践理性批判》，韩水法译，商务印书馆 1999 年版，第 142 页。

② ［德］黑格尔：《精神现象学》下，贺麟、王玖兴译，商务印书馆 1996 年版，第 126、127 页。

③ 同上书，第 127 页。

④ ［德］黑格尔：《法哲学原理》，范扬、张企泰译，商务印书馆 1996 年版，第 30、29—30 页。

完成：（1）意识与意志同一、诸冲动构成"体系"的概念基础是什么？（2）"冲动"、"冲动的体系"如何扬弃自身的抽象性，获得真正历史具体性与现实合理性？

"冲动"如何确证自身？"冲动的体系"如何形成？这就必须借助另一个概念：力。"冲动"与"力"的结合所形成的"冲动力"，不仅表现和确证冲动，而且使诸冲动相互关联，辩证互动，形成冲动的"体系"。

哲学意义上对"力"的真正理解必须超越熟知。关于"力"，萧昆焘教授这样写道："'力'是一个十分复杂的概念，在科学上和哲学上都没有搞清楚。恩格斯曾经感慨地说，'力'几乎变成了科学家的避难所，当遇到无法解释的现象时，就把'力'搬出来。哲学与人文科学中，'力'就更加玄虚了。"① 为了不让这个概念更加"玄虚"，根据对现象学与法哲学方法关系考察的主题，有必要回顾黑格尔所提供的关于"力"的学术资源。

在黑格尔哲学体系中，"力"是由知性向理性过渡的概念。知性与理性的区别，不仅在于分析与综合，更重要的在于理性所具有的实在性与现实性。知性分析向理性综合的过渡，必须借助"力"的概念及其运作。黑格尔认为，"力"的本质，就是物质各部分的"持存的共同媒介"。他将"力"与"力的表现"相区分，"力"就是扬弃诸质料的差异走向统一性的运动过程。透过"力"，"那被设定为独立的成分直接过渡到它们的统一性，而它们的统一性直接地过渡到展开为复多，而复多又被归结为统一"。各种质料，包括我们所讨论的各种冲动，都只是"力"的表现，而当这些质料消失其存在时，"力"就回到自身。② "力"作为知性的概念，把各种质料统摄起来。"力的概念是属于知性的，而知性亦即把不同的环节作为不同的环节而统摄起来的概念；因为这些不同的环节就它们本身来说，是没有区别开的，所以它们的差别只存在于思想内。……因此真正的力必须完全从思想中解放出来，并被建立为诸多差别的实体，这就是说，首先必须把实体设想为本质上自在自为地持存着的整个力，其次必须把力的诸多差别设定为实质性的或者为自身持存着的诸环节。"③ 总之，

① 萧昆焘：《精神世界掠影》，江苏人民出版社1987年版，第69页。
② ［德］黑格尔：《精神现象学》上，贺麟、王玖兴译，商务印书馆1996年版，第90页。
③ 同上书，第91页。

"力"就是使各种质料形成整体的"媒介","力本身毋宁本质上就是共同的媒介"①。"力"与"力"之间相互诱导，相互过渡，从而使诸质料成为一个整体。

将上述关于"力"的形而上的理解运用到关于"冲动"的诠释中，那么，"冲动"的"力"就是：（1）使"冲动"获得确证并成为现实的那种存在；（2）是各种"冲动"持存的"共同媒介"；（3）"力"的运作的结果，使各种冲动之间相互渗透，相互过渡，成为一个冲动的实体和冲动的整体。因此，"力"之于"冲动"的意义，不只是"冲动"的自我确证，更是"冲动体系"的辩证运动。"冲动"的"力"，本质上是意志的自我确证与自身回归，并在诸冲动的相互关联中形成"冲动体系"的概念。只有借助"力"的"共同媒介"，诸"冲动"才能形成"体系"。这样，道德形而上学的法哲学结构，必须完成另一个运动：由"冲动的合理体系"向"冲动力的合理体系"的辩证发展。

"冲动"—"冲动的合理体系"—"冲动力的合理体系"，就是伦理精神的法哲学体系的逻辑结构。

---

① ［德］黑格尔：《精神现象学》上，贺麟、王玖兴译，商务印书馆 1996 年版，第 94 页。

第五篇

"伦理冲动"及其"体系"

第十一章 冲动形态的伦理及其道德哲学意义

　　道德哲学最深刻的形而上学难题在于：伦理道德的基地是理性，但又不能停滞于理性；理性必须走向行动，但尚未达到行动。由本体向认识、由认识向价值、由价值向行为过渡，是道德哲学体系必须探讨和建构的历史与逻辑过程。康德解决这一难题的方法是：将理性区分为纯粹理性或思辨理性和实践理性，前者是哲学的，后者是道德的。然而在他的道德哲学体系中，理性与实践在概念上事实上处于分离状态，所以在《纯粹理性批判》之后，逻辑地必须有《实践理性批判》。不过，《实践理性批判》只是为了确证纯粹理性或思辨理性的全部实践能力，并不能反证道德就是实践理性。黑格尔由康德前进了一步。他从"理性即实在"的理念出发，认为理性概念地存在着自身外化为现实的能力与品质。在方法论上，他将思维与意志当作精神的两种形态，而不是两种不同的官能，二者的区别只是对待同一对象的两种不同态度，即理论的态度和实践的态度，意志只是达到定在的冲动的那种特殊的思维。于是行为及其品质就概念地存在于意识之中，意志只是冲动形态的意识。但是，无论康德还是黑格尔，都没有系统地解决伦理道德如何由理性走向行为，尤其是理性走向行为的哲学形态的问题，只是为这个问题的解决指出了一个大概的方向。

　　由理性向行为过渡的哲学过程，是道德的精神现象学研究向道德的法哲学研究的辩证转换。实现这个转换，必须探讨两个问题：（1）寻找由理性向行为过渡的中介，或理性形态的伦理，向现实形态或实践形态的伦理过渡的中介形态，这个中介就是：冲动或冲动形态的伦理；（2）伦理冲动如何形成？伦理冲动如何获得合理性与现实性？

第一节　冲动形态的伦理

无论对于道德哲学体系的转换，还是对于现实道德生活来说，以下都是一个被忽视然而却十分重要的形而上学问题：伦理精神至少有两种形态，思维形态或认知形态的伦理；冲动形态的伦理。遗憾的是，在理性主义现代性哲学的影响下，道德哲学研究过于关注它的认知形态，而对冲动形态的伦理采取冷落甚至蔑视的态度。这种倾向的直接后果是，伦理道德只是滞留于思维和理性的知识层面，缺乏走向行为和生活的动力。如果伦理要成为一种真正的精神，必须透过现象学向法哲学的辩证转换，使伦理由认知形态走向冲动形态，培育"冲动形态的伦理"。

一　认知形态的伦理与冲动形态的伦理

在《实践理性批判》中，康德提出了"两种能力"的观点。康德发现，人的心灵有两种能力，这就是认知能力与欲求能力。它们各有不同的应用条件、范围和界限，对它们的概念规定分别构成理论哲学和实践哲学体系的基础。＊他的《纯粹理性批判》和《实践理性批判》的体系便是基于这样的理念。黑格尔《法哲学原理》中将康德的"两种能力"发展为"两种态度"，即"理论的态度"与"实践的态度"，由此，思维和意志不再是两种特殊官能，而是精神的两种不同态度。然而，无论是"两种能力"，还是"两种态度"，都只是试图给两种不同形态的哲学即康德所说的理论哲学与实践哲学以概念基础，并没有在"一种哲学"尤其是实践哲学或道德哲学中将二者真正统一的起来。现代道德哲学研究的重要课题之一，就是通过对源头性传统的辩证回归，在道德哲学体系和伦理精神体系中实现辩证的统一。

如果对中西方传统道德哲学体系尤其是传统道德规范体系进行考察，就会发现，在这些体系中都存在两种结构，即"知"的结构与"行"的结构，或用康德的话语，即认知的结构与欲求的结构，区别只是二者的文化构造尤其是人性机制表现出某些殊异。两种结构或两种品质构造的统一，用中国伦理学家王阳明的概念表述，就是："知行合一。"如此，我们可以假设，事实上存在两种形态的伦理，即认知形态的伦理与冲动形态的伦理。认知形态的伦理墓于人的"认知能力"，是精神的"理论的态度"；冲动形态的伦理基于人的"欲求能力"，是精神的"实践的态度"。现代道德哲学和伦理精神的难题是：认知形态的伦理如何向冲动形态的伦理过渡？冲动形态的伦理如何培育？

二　作为道德哲学概念的"冲动"

在现代学术话语中，也许一提起冲动，就会将它与心理学相联系，并在心理学的意义上探讨和研究。无疑，作为人性的一种表达方式，冲动当然具有心理意义，或者说，冲动最初的自然基础是植根于生理的心理。但是，一个事实必须引起应有的重视，这就是：在古典哲学尤其是德国古典哲学中，冲动是作为伦理学与道德哲学的概念而被讨论。虽然还没有足够的证据说明冲动的概念伦理学早于心理学，不过有一点比较清楚：至少在心理学还没有充分发展的那些时期，"冲动"已经成为道德哲学关注和研究的对象。在已经习惯于用心理学解释人的一切动机行为的时代，让"冲动"的概念还原复归于道德哲学体系中，应该说是一个有意义的努力。

指证"冲动"是一个道德哲学概念并不是一件困难的工作。在中国传统伦理中，虽然没有"冲动"的话语，其语义指谓古来便有。可以随手拣来的就是孟子的那个名言："见父自然知孝，见兄自然知悌，见孺子入井自然知恻隐。"这里的关键词是两个："知"和"自然"。"知"显然不仅指思维、理性和知识，而且包括"行"，甚至主要是"行"。"知孝"、"知悌"、"知恻隐"的真义是"知行孝"、"知行悌"、"知行恻隐"，或者说就是"行孝"、"行悌"、"行恻隐"。"自然"的本义是说无须思维和反思，不需任何中介，直接诉诸本能行为。这样，"知"在道德形而上学意义上，便与"行"直接同一，后来王阳明就由此发展出"知行合一"的道德哲学命题；"自然"的意思显然是说"知孝"、"知悌"、"知恻隐"不是一种间接性，而是一种直接性，是出自生命本能冲动；于是，"知"既具有思维形态，又具有冲动形态，"自然"与"知"的结合，就是生命本性的伦理冲动和道德冲动。黑格尔道德哲学体系中对于冲动的讨论上面已有介绍。他关于冲动形态的思维的提法，关于思维和意志不是两种官能，而是对待同一事物的两种不同态度的观点，与孟子的"知"的意蕴正相契合。应当注意的是，他认为"从意志的概念上来把握冲动"，是法哲学的内容，顺此演绎，还可以从理智、理性或历史的概念来把握冲动，它们是现象学或历史哲学的内容。于是，道德哲学的内容在一定意义上也可以说是对冲动的概念把握。在现当代道德哲学家中，丹尼尔·贝尔等直接使用"道德冲动"的概念，在《资本主义文化矛盾》中，它将宗教冲动力或道德冲动力与经济冲动力相对应，虽然未对道德冲动作概念规定，但对它的确认却是无疑的。

"冲动"概念回归道德哲学体系的形上意义在于：冲动是一个道德哲学的概念；道德哲学体系不仅应当而且必须以冲动为重要对象。

三 伦理冲动的两种道德哲学形态

心理学在人的本性中诠释冲动的方法，对伦理冲动的研究具有启发意义。不过，伦理冲动的人性基础，应当是伦理性的文化本性而不是心理性的生物本性。

在逻辑和历史的意义上，伦理冲动的人性机制有两种：意志和情感，准确地说，伦理意志和伦理情感。但到底以意志还是以情感作为伦理冲动的基地和形态，与民族的文化传统紧密关联。确证这个假设的最简捷的途径，是对中西方伦理精神和道德哲学的德性体系尤其是作为其基础的基德或母德的人性结构进行分析。

如果从源头性传统上进行分析，中西方伦理的基德或母德恰好都是四个德目。理智、正义、节制、勇敢是由柏拉图提出、在亚里士多德那里得到系统阐发的"希腊四德"，它们成为日后西方伦理精神的基德或母德；仁、义、理、智的德目在孔子那里已经提出，孟子将四者并列，形成严密的德性体系，成为日后中国伦理精神的传统，谓"中国四德"。"希腊四德"（或"西方四德"）、"中国四德"在道德哲学研究中已基本达成共识，对我们的研究主题来说，有待进一步探讨的是，这两个德性体系的人性基础，有何精微的文化差异？仔细分析就会发现：西方四德的人性结构是"理性＋意志"；中国四德的人性结构是"理性＋情感"。理性是它们的共同要素，但在德性体系和人性结构中的地位不同；意志与情感分别构成二者的冲动机制或非理性结构。两种结构在文化功能上相同相通，在文化性格上殊异。

亚里士多德认为，德性的主体是灵魂。"灵魂有两个部分，一部分是理性，另一部分是非理性的。"于是，灵魂的德性便有两种：理智的德性与伦理的德性。① 伦理德性是"关于感受和行为的"，勇敢、节制、公正是它的主要内容，它们的对象是欲望，人性基础是意志。"伦理的德性既然是一种选择性的品质，而选择是一种经过策划的欲望。"② "勇敢"的意志意义最明显，"勇敢就是如何对待忍耐和痛苦"，"勇敢的意义就在于能忍受痛苦"。③ "节制""是灵魂非理性部分的德性"。"节制是在快乐方面的中道（与痛苦联系较少并且不是同样的）。"④ 同样基于意志。理智是思考的德性，既有别于伦理的德性，又与它紧密相连。因为，理性与欲望应该是一致的。"如果选择是一种真诚的选择，那么理性与欲望都应该是正确对待的。它既是一种肯定，也是一种追求。"⑤ 所以，伦理的德性既需要实践即意志行为，也需要思辨性的思考，即理智。理智的德性，既是不同伦理的德性的特殊德性，又内在于伦理的德性之中。理智的德性，不仅进行真假和善恶的判断，而且保证选择的真诚。关于公正，柏拉图与亚里士多德的观点似乎存在细微的差异。柏拉图将它放在理智、勇敢、节制之上，是灵魂的两个部分（即理智的德性与伦理的德性）的协调者，而亚里士多德将它放在勇敢、节制与理智之间。这种做法可以作两种解释。一是将公正归结为伦理的德性，属于意志范畴；一是将它作为连贯伦理德性与理智德性的纽带，像柏拉图所说的那样，协调灵魂的两种德性。后一种解释可能更审慎。但无论如何，有一点可以肯定：公正具有意志的品质，至少兼具意志和理性的双重品质。

由此，便可以演绎出"希腊四德"或"西方四德"的基本道德哲学原理。德性的主体是灵魂；德性的对象有两个：理性和欲望；德性有两方面的本性："既是一种肯定，也是一种追求。"⑥ "肯定"是思考，"追求"是行为实践；德性有两种：理智的德性，伦理的德性；理智的德性以理性为基础，伦理的德性以意志为基础；理智是理智德性的内容，是思考或思

---

①　"我们就把灵魂的德性加以区别，有一些我们称之为伦理的德性，另一些我们称之为理智的德性。"亚里士多德：《尼各马科伦理学》，苗力田译，中国社会科学出版社1999年版，第122页。

②　［古希腊］亚里士多德：《尼各马科伦理学》，苗力田译，中国社会科学出版社1999年版，第123页。

③　同上书，第37、65页。

④　同上书，第66页。

⑤　同上书，第123页。

⑥　同上。

辨的德性，勇敢、节制是伦理的德性，是追求或行为的德性，公正兼具两种德性或介于两种德性之间。于是，"希腊四德"或"西方四德"的人性结构便是：理智＋意志。理智是本体，意志是主体，四者之中，3/4 是意志。意志，就是伦理德性与伦理冲动的人性机制。

　　"中国四德"与"希腊四德"在德目结构方面惊人地契合，但在具体内容及其文化性格大相异趣。字面上直接相近的是"义"与"公正"（或"正义"）、"智"与"理智"，而"礼"与"节制"、"仁"与"勇敢"也有相通之处。"智"也可以被指认为一种理智德性，而且正像《尼各马科伦理学》中将"理智"放于勇敢、节制、公正之后那样，"智"在"中国四德"的体系中也位于仁、义、礼之后，是关于道德肯定即知仁行义的德性和能力，"智之实，知其二者弗去是也"①。在中国传统伦理的话语中，其本体状态就是道德良知。"仁"是德性的起点和本体，基本内容是爱人。"仁者爱人。"② "义"是爱人的正道，其要义是符合伦理地爱人，因而是一种伦理的正义。"义，人之正路也。"③ "礼"的本性是节制文饰，"礼也者，节文斯二者也"。这样，"中国四德"的体系便是：仁，，宅也；义，路也；礼，门也；智，知也。其基本原理是："居仁由义"；"礼门义路"；"必仁且智"。"中国四德"与"希腊四德"最深刻的殊异，在于它们所植根的人性结构。在孟子看来，仁义礼智四德，为人性所固有，它们分别对应四种人性：恻隐之心、羞恶之心、恭敬之心、是非之心。"恻隐之心，仁之端也；羞恶之心，义之端也；辞让之心，礼之端也；是非之心，智之端也。人之有是四端也，犹其有四体也。"④ "恻隐之心，仁也；羞恶之心，义也；恭敬之心，礼也；是非之心，智也。仁义礼智，非外铄我也。我固有之也，弗思耳矣。"⑤ 从四德的人性基础考察，"四心"之中，恻隐之心最根本，是道德的本源，它是一种同情怜悯同类的道德情感。羞恶之心、恭敬之心，严格说来都是情。是非之心可以说是理，但它不是希腊式的思辨之理，而是性之理，情之理。四德一四心之中，3/4 的是情感，1/4 的是理性，是一种"理性＋情感"并以情感为主

---

① 《孟子·离娄上》。
② 《孟子·离娄上》。
③ 同上。
④ 《孟子·公孙丑上》。
⑤ 《孟子·告子上》。

体的特殊人性结构。

　　然而，最值得注意的是："理性＋意志"的"希腊四德"，与"理性＋情感"的"中国四德"，在文化功能方面却是一致的。它们的道德哲学的形上结构都是亚里士多德所说的"肯定"—"追求"的体系。"肯定"即它们的"理性"结构，"追求"即它们的"冲动"结构。演绎下去，"肯定＋追求"或"理性＋冲动"，是德性的一般形而上学结构。灵魂的德性与伦理的精神，既需要理性，也需要冲动，冲动的非理性结构，是德性之中比重最大的构成。中西方德性，在理性结构方面相似，最大的区别在于它们的冲动结构的性格，由此造就了中西方伦理精神的殊异品质。尤其需要探讨的是：意志与情感都是德性的冲动结构，这两种不同的冲动结构及其与理性的结合，到底给中西方伦理精神产生了怎样的影响？

　　概括意志、情感及其与理性结合所形成的伦理精神的特殊文化性格和文化气质的哲学概念，莫过于康德的"绝对命令"和孟子的"自然"。康德不仅将道德理解为"绝对命令"，而且在他的道德哲学体系中也需要"绝对命令"。因为，他将理性区分为纯粹理性或哲学理性与实践理性。纯粹理性如何确证自己的全部实践能力？就需要发展为实践理性。道德既是纯粹理性的实践能力的确证，也是纯粹理性实践能力的合理性之所在。然而，实践理性如何从理性成为实践，或者说，从"肯定"变为"追求"？理性和实践之间的过渡的中介是什么？这就需要"绝对命令"。理性向意志下达绝对命令，要求意志无条件地执行并诉诸行动，由此，理性就向实践过渡转化，真正成为"实践理性"或实践了的理性。所以，"理性＋意志"的德性结构，逻辑地需要"绝对命令"的过渡与中介。而"理性＋情感"时德性结构则不需要这个中介，在这种结构中，理性向实践的转化，是无须反思、无须过渡的"自然"。"见父自然知孝，见兄自然知悌，见孺子人井自然知恻隐。"理性直接转化为冲动，甚至与冲动直接合为一体，所谓"知行合一"。之所以如此，是由于冲动的情感机制及其与理性的关系。与意志相比，情感的最大特点在于其直接性和非反思性。意志与情感都具有冲动的品质和行为的功能。但意志的本务是将理性转化为行为，因而有待理性下达命令；情感则是基于生命直觉或良知直觉而引起的整体性反映，它直接见诸行为，向行为的转化往往不需要任何中介，甚至是一种"身不由己"的反射，因而是一种"自然"。两种冲动机制比较，意志具有更明确的目的性和合理性，而情感则表现出更大的直接性和执著性。因而中国伦理精神与西方伦理精神相比，具有更直接的实践性，"知行合一"就是"理性＋情感"的德性结构"自然"的逻辑命题和道德哲学结论。

需要辩证的是，以情感为冲动结构的人性机制，是否就是一种传统性，或者说是否具有合理性？实际上，以情感为道德冲动的根源，并不只是中国伦理的传统，西方伦理中也不乏学术资源。亚当·斯密在《道德情操论》中就以道德情感为人类行为的驱动力。美国生物学家和伦理学家里德雷认为，道德的产生要求人类天生就具有负罪感和移情能力（此即中国传统伦理所说的羞恶之心与恻隐之心）；杰洛姆·卡根强调："人类情感，而不是理智，应成为人类行动的动因和力量的源泉。""除非他们意识到了中国哲学家们许久以前就已领悟到的原理，否则他们仍将不知悔改。这一原则就是：感觉，而非逻辑，才是超我的支撑力量。"① 正如心理学家们指出的那样，如果缺乏情感，人类将成为"理智的傻瓜"。

如果情感是冲动的直接机制，那么，黑格尔在《法哲学原理》中关于思维和意志不是两种形态，而只是对待同一对象的理论态度和实践态度的区分的观点，就应当被拓展甚至被修正。如果法哲学的内容是"从意志概念上来把握冲动"②，那么，情感应当成为法哲学的研究对象，因为情感也是冲动的主体和人性基础。在《历史哲学》中，黑格尔从概念上解决了这个问题。在《历史哲学》中，他将意志理解为最广义的人类活动，将"观念"和"热情"作为历史哲学考察的两个对象，认为"热情"使"意志之所以为意志"，它是观念和意志或理性与意志之间的中介，热情，就是"主观的意志"。"主观的意志——热情——是推动人们行动的东西，促成实现的东西。"③ 黑格尔将意志分为两种，客观的意志与主观的意志。客观的意志是行动，主观的意志是热情。情感只是一种特殊意志——主观的意志，意志与情感，只是"达到定在的冲动"的两种不同态度或不同形态。于是，不只是思维和意志，而且思维、意志、情感都不是三种不同的官能，而是三种不同的态度，意志与情感，都是"达

---

① ［美］J. 卡根：《儿童的秉性》（*The Nature of the Child*），纽约基础书屋1984年版。转引自［英］麦特·里德雷《美德的起源》，刘珩译，中央编译出版社2004年版，第148、149页。

② ［德］黑格尔：《法哲学原理》，贺麟、王玖兴译，商务印书馆1996年版，第29页。

③ 参见［德］黑格尔《历史哲学》，王造时译，上海书店出版社1999年版，第23、24、40页。

到定在的冲动的那种思维"。由此，情感作为冲动，同样应当成为法哲学研究的对象。

第二节　伦理感

至此，已经发现两种伦理：思维形态或认知形态的伦理；冲动形态的伦理。前者是理性形态的伦理，后者是实践形态的伦理，或者说是向实践过渡的伦理。冲动形态的伦理有两种人性机制，即意志与情感。"理性＋情感"、"理性＋意志"，是中西方不同伦理传统和文化传统下的两种殊异的伦理精神的人性结构或伦理精神的人性形态。以意志为基地的伦理冲动具有客观性与间接性，有待理性的"绝对命令"；以情感为基地的伦理冲动具有主观性与直接性，是诉诸生命直觉的"自然"。

如果像黑格尔所说的那样，情感冲动的本质是一种主观意志，那么，伦理冲动的情感形态，或者说伦理意志的主观形态是什么，就是伦理感与道德感。

把握伦理感与道德感的道德哲学前提是：它们必须是伦理学而不是生物学和心理学的研究对象。虽然人的行为最终总有其生物学的基础，因而心理学的分析在一定意义上具有合理性，但是，正如托马斯·内格尔所说，"伦理学并不需要生物学"，因为"伦理学是与动机相连的"。"生物学方法对伦理学是否有用，取决于伦理学是什么。如果它只是某种伴随着某些情绪反应的行为模式或习惯，那么可以指望生物学就此给我们大量的指导。但是，如果它是一种可用理性的方法来进行、具有内在的理由和批评的标准的理论探究，那么，试图借助生物学从外部来理解它就没有多少价值了。"① 伦理感、道德感本质上是一种"感"——既是一种感觉，也是一种情感。然而，具有道德哲学意义上的是，第一，这种"感"，无论感觉还是情感，与思维和理性的最大区别，就在于它是一种追求和冲动，或者说，其文化本性和文化本务，就是将思维和理性转化为冲动，进而见诸行动，伦理与道德的两种形态（即思维形态与冲动形态），或者说对待伦理与道德的两种态度，借用黑格尔的话语即理论的

---

① ［美］托马斯·内格尔：《人的问题》，万以译，上海译文出版社 2004 年版，第 154、156 页。

态度与实践的态度的区分，是它们的第一个形上基础；第二，这种"感"是伦理性与道德性的，在外部，它与生理性与心理性的情绪反射相区分，在内部，伦理与道德的感觉和情感相区分，或者说，伦理的追求、冲动与道德的追求、冲动相区分，伦理与道德的概念区分是它们的另一个形上基础。

根据"伦理"的概念内涵及其哲学本性，"伦理感"具有三个基本特性。

一　"单一物"与"普遍物"的统一感

在伦理中，必定有两个基本要素，第一个要素是"单一物"，第二个要素是"普遍物"。"普遍物"既是"单一物"的公共本质，也是"单一物"的共体。但是，伦理的本质既不是"单一物"，也不是"普遍物"，而是"单一物"与"普遍物"的统一，伦理感就是"单一物与普遍物统一"感觉，用《精神现象学》上卷中对意识的分析，就是"单一物与普遍物统一"的"力"。精确把握对"伦理感"的典型例证，是黑格尔对家庭伦理的理解和诠释。家庭和家庭成员间的伦理关系，是最自然的伦理感，但按照黑格尔的观点，家庭伦理关系并不是家庭成员之间的关系，甚至不是家庭成员之间的情感关系和爱的关系，而是家庭成员这个"单一物"，与作为每个家庭成员共体的家庭这个实体之间的关系，因为，"伦理本性上是一种普遍的东西"，将家庭伦理关系理解为家庭成员与家庭实体的关系，而不是家庭成员之间的关系，"个别家庭成员的行动和现实才能以家庭为其目的和内容"。① 家庭伦理感就是家庭成员的"单一物"与作为他们的共体的家庭的"普遍物"统一的感觉。家庭"伦理感"的表现，就是"个别家庭成员的行动和现实以家庭为目的和内容"的那种感觉和冲动。

对"伦理感"的精微捕捉，可以借助对"人伦关系"与"人际关系"的比较。一般说来，人伦关系是伦理学的概念，人际关系是社会学的概念。然而，为什么"人伦关系"是伦理学而"人际关系"不是伦理学的概念？根本原因就在于前者蕴含"伦理感"，而后者却不能产生或不

① ［德］黑格尔：《精神现象学》下，贺麟、王玖兴译，商务印书馆 1996 年版，第 8、9页。

具备这种感觉。"人际关系"的文化意蕴有二：其一，它是"单一物"与"单一物"之间的关系，或彼此间建立的联系；其二，它凸显彼此之间的区分，"际"即是区分，或以区分为前提的联系。"人伦关系"则完全不同。如果以家庭为自然的伦理实体，并作为全部伦理实体的出发点和基础，那么，"人伦"的伦理本质，就是个别性的"人"这个"单一物"与"伦"这个"普遍物"或"人"的实体统一的关系。"伦"既是单个的人的公共本质，也是人的生命的共体。中国文化传统中的"伦理"的概念，与西方文化中"Ethics"的最大区别，就在于凸显以家庭为自然实体和生命始点的文化意义，而"Ethics"则以风俗习惯为基础，强调透过风俗习惯所形成的个体的品质气质。在"人伦"中，"人"与"伦"的关系，既是"人"与他们的类本质或公共本质的关系，更是与作为他们的生命根源并延绵不断的生命共体的关系。在现象形奇上，"人"与"伦"的关系，就是个体的"人"与整个伦理秩序的关系，由于家庭是伦理实体的基础，"人"——"伦"关系的现象学表现，就是个别的个人与他的姓氏之间的关系。对具体的个人来说，姓氏既是一个共体，是所有同姓人的公共本质，更是生命的根源和延绵不绝的活的存在。人与他的姓氏之间的关系，一方面是个人与当下存在的由相同姓氏所构成的共体，即家庭或家族之间的关系，另一方面，是个人与他自己的生命脉络也是同一姓氏的共体的生命脉络这个在时间意义上延展的生命实体之间的关系。前者是存在的实体，后者是生命的实体或历史的实体。但无论存在的实体，还是历史的实体，"人"——"伦"关系的本质和真谛，都是二者的统一，即"人"的"单一物"与不可离析（公共本质）、延绵不绝（生命共体）的"伦"的"普遍物"之间的关系。"人"与"伦"的统一的方式，就是人的"姓—名"。"姓"是"普遍物"，"名"是"单一物"。不同的是，中国文化将"姓"即人的共体或公共本质放于"名"之前，赋予其绝对的和神圣的意义；西方文化将"名"列于"姓"之先，前者是 firstname，后者是 secondname。体现出整体取向与个体取向的文化差异。但有一点却是共同的，姓是不可变和不可选择的，而名是可变和可选择的，"普遍物"对"单一物"来说，总是客观的和前提性的。伦理感的基础是人伦感，人伦感的核心是"伦"的感觉。而"伦"首先是一个自然的和生命的共体，在此基础上发展成为哲学意义上的"普遍物"。

二　实体感

由于"伦理本性上是普遍的东西",因而"伦理行为的内容必须是实体性的,换句话说,必须是整个的和普遍的;因而伦理行为所关涉的只能是整个的个体,或者说,只能是其本身是普遍物的那种个体"①。伦理是"普遍物",是"公共本质"、"共体",这些概念形上本质就是实体。"单一物与普遍物的统一"的统一体或同一体是什么?就是实体。"伦理的自我意识乃是实体意识"②,伦理感乃是实体感。

"实体"具有"普遍物"的特性,也是一个"整体",但是,它不是抽象的普遍物或整体;"实体"包含个体,因而是具体的,但并不是个体的集合,它的本质是"单一物"与"普遍物"的统一,而不是个体与个体的统一;"实体"是一个统一体或同一体,是"单一物"与"普遍物"的统一体或同一体,既包含特殊,又包含普遍,是具体的和辩证的统一体。如果说在伦理中,"单一物"是阴极,"普遍物"是阳极,那么,实体便是统摄二者又兼具二者的太极。实体不像"普遍物",它也是一个个体,只是它不是个别性的个体,而是"整体的个体"。具体地说,在伦理关系中,作为家庭成员、社会公民的个人是个体或"单一物",而"伦"——家庭的血缘之天伦、民族国家的社会之人伦,乃是"普遍物",家庭、市民社会、国家,或家庭与民族,就是"人"的"单一物"与"伦"的"普遍物"的统一所形成的"实体"。家庭、市民社会、国家,或者说,家庭与民族,就是最基本的伦理实体。"单一物"的感觉是主观的,"普遍物"的感觉是抽象的,实体感或实体的感觉才是具体的和辩证的。伦理感本质上就是实体。

伦理作为实体感的要义和真谛,个体作为"单一物"与他的"普遍物"的不可逃脱的统一性和同一体,这种统一,不仅是一种应然,而且是一种宿命。所以,黑格尔用"悲怆情愫"来表达这种统一和实体感。悲怆情愫是一种"伦理意境",意境既是一种思想观念,更是一种情感态度。"在个体性那里实体是作为个体性的悲怆情愫出现的,而个体性是作为实体的生命赋予者出现的,因而是凌驾于实体之上;但是,实体这一悲

① ［德］黑格尔:《精神现象学》下,贺麟、王玖兴译,商务印书馆1996年版,第8页。
② 同上书,第9页。

怆情愫同时就是行为者的性格；伦理的个体性跟他的性格的这个普遍性直接地自在地即是一个东西，它只存在于性格这个普遍性中，它在这个伦理势力因相反的势力的缘故而遭到毁灭时不能不随之同归于尽。"① 这段话的意思是：在伦理中，实体是个体的悲怆情愫；悲怆情愫是作为个体的行为者的性格；这个性格不仅对伦理性的个体来说具有普遍的真理性，而且是与伦理相伴随的永恒。所以，贺麟先生在注释中对黑格尔"悲怆情愫"的解释就是："指渗透个体整个存在的、决定着他的命运的一种感情因素。"② 在伦理中，个体将他对实体的皈依，将他的个体性与普遍性的统一，看做是他自己的宿命，不可逃脱，于是不再反思，不再抗争。

如果伦理的实体观念中的这种"悲怆情愫"难以理解，那么宗教的实体观念对它就具有启发意义。宗教的魅力，在于某种终极实体的存在。在基督教，这个终极实体是上帝；在佛教中，这个终极实体是佛；在伊斯兰教中，这个终极实体是真主。个体最高的理想，就是最后皈依于这个终极实体。个体与这个终极实体的关系，就是完全地、彻底地放弃自己的个别性，听从它的召唤。向终极实体皈依过程中所遭遇的一切，都被看做是预定的和不可改变的命运，就像唐僧师徒西天取经所必定经受的劫数一样。个体对这个终极实体的态度是：既敬畏它，又欣然接受它，俯伏于前，无条件地听从于它的安排。在伦理中，个体的实体感，就是这样一种悲怆情愫。"在诸个体那里，普遍（共体）表现为一种悲怆情愫。"③ 这种悲怆情愫的要义是：将个体与普遍的统一，将个体向普遍的运动，当作不可改变的必然性。敬畏命运，就是伦理中个体对实体的态度，也是伦理的实体感的精髓。

三　精神感

伦理的最重要的特质之一，就是它与"精神"天然同一，也必须同一。伦理被当作精神，这种观点和命题被当作典型的唯心主义。然而，只要承认伦理是"单一物与普遍物的统一"，那么，伦理就必定与精神同一。在《精神现象学》中，"伦理"是在"理性"上升为"精神"之后

---

① ［德］黑格尔：《精神现象学》下，贺麟、王玖兴译，商务印书馆1996年版，第27页。
② 同上。
③ 同上书，第30页。

才出现的。就是说，必须有"精神"，伦理才形成。但是，在黑格尔看来，实体，包括伦理实体，还只是一种潜在的和自在精神，即"精神本质"，而不是既自在又自为的精神。"伦理实体就是还没有意识到其自身的那种自在而又自为地存在着的精神本质。至于既认识到自己即是一个现实的意识同时又将其自身呈现于自己之前（意识到了其自身）的那种自在而又白为地存在着的本质，就是精神。"在黑格尔看来，"精神性的本质"是"伦理实体"；而"精神本身"则是"伦理现实"。① 这些论述，当然具有客观唯心主义的性质，但正如恩格斯所分析的，这种客观唯心主义，只是它的外壳，其将"伦理"与"精神"相连的"内核"却是合理的。

伦理感所以是一种精神感或有待精神的升起，最基本的思辨性根据是："单一物与普遍物的统一"必须透过精神，甚至只有借用精神才能完成。"单一物"是个别的和感性的存在，可以经验地被把握，然而"普遍物"作为共体与本质，却是超验的，只有在精神中才存在，也只能被精神所把握；更重要的是，由"单一物"向"普遍物"的过渡，"单一物"与"普遍物"的统一，只有透过精神的努力和精神的中介才能完成。"单一物"扬弃自身的个体性从而向"普遍物"皈依，需要像价值观这些精神性元素的运作和支撑。同时，由于"普遍物"是一种理性把握中的存在，"单一物"与它的统一，也只能在精神中完成，或被精神地完成。当然，这些完成的具体过程是主体的现实行为及其所形成的客观的伦理实体。但无论如何，没有精神，"单一物"向"普遍物"的提升和运动，伦理实体的形成，都是不可能的。"人是要有一点精神的。"伦理感是一种精神的感觉——既是在精神中存在的感觉，也是精神自在自为地存在和运作的那种感觉。

诠释"精神"之于伦理的意义，也许透过"实体"与"集体"两个概念的辨析可以得到启迪。"集体"是现代中国伦理学的一个重要概念，"集体"与"实体"的区分，似乎被当作具体与抽象的区分。然而，"集体"如何具有现实性与合理性？就必须要上升为实体。经济学中所说的"经济实体"，也就意味着是经济活动中个体与整体，即"单一物"与"普遍物"相统一的那种存在。"集体"所以缺乏真实性与合

① ［德］黑格尔：《精神现象学》下，贺麟、王玖兴译，商务印书馆1996年版，第2页。

理性，根本原因之一就是因为缺乏"精神"。没有"精神"的运作，"集体"只是个体或"单一物"的"集合"，不可能成为真正的"普遍物"，更不可能成为伦理性的实体。因此，"精神"及其建设，是"集体"走出困境的伦理出路。在方法论，就是黑格尔所说的，伦理的观点，不能是"原子的观点"，必须是"实体的观点"，而"实体"是有"精神"的。在这个意义上，伦理的观点，也是精神的观点；伦理感，也是一种精神感。

第三节　道德感

如果说伦理感是个体成为实体或"整个的个体"的冲动，以及整个伦理实体的冲动，道德感就是按照伦理的要求个体自我规定、自我确定的冲动。虽然在法哲学体系与现象学体系中，道德的地位不同，但有一点是共同的，它必须以伦理为基础或归宿。道德或者扬弃自己的主观性，在伦理中，达到意志与意志的概念的同一，从而成为"主观意志的法"；或者在精神的辩证运动中使伦理实体由潜在、自在走向自为，透过个体行为变为现实，从而成为"对其自身具有确定性的精神"。"一个人必须做些什么，应该尽些什么义务，才能成为有德的人，这在伦理性的共同体中是容易谈出的：他只须做在他的环境中已指出的、明确的和他所熟悉的事就行了。"① 在法哲学的意义上，道德相对于伦理具有主观性，是"主观意志的法"，而"伦理是客观意志的法"；"伦理感"、"道德感"作为一种感觉和情感，在上面已经指出是意志的主观形态。这就决定了道德感具有双重的主观性。"道德和不道德的一般的观点都是成立在意志主观性这一基础之上的。""在道德中，自我规定应设想为未能达到任何实在事物的、纯不安和纯活动。"②

道德感既是一种道德的主观意志，也是一种见诸行为的道德冲动。"意志作为主观的或道德的意志表现于外时，就是行为。""道德的意志表现于外时才是行为。""作为一种主观形态和冲动形态的道德，道德感具有三个方面的基本特质。

---

① 　[德] 黑格尔：《法哲学原理》，范扬、张企泰译，商务印书馆 1996 年版，第 168 页。
② 　同上书，第 112 页。

一　"得道感"

道德感与伦理感一体相关，道德感由伦理感转化而来，这种转化的过渡环节，就是伦理的"实体感"内化为个体的"得道感"。道德的真谛是"得道"，"得道"的内涵是对伦理的实体性的分享及其在个体意志行为中的外化，是个体内在的实体性。"得道"是由伦理感向道德感转化的中介。在这里，道德之"道"一方面由伦理之"理"转化而来，另一方面它又扬弃了伦理实体抽象的普遍性，而获得个体内在的实在性。"得道"，一方面是对伦理之"理"的获得，和对伦理实体的分享，另一方面，更是伦理的实体性要求和伦理的客观意志的法，向道德的主体性确证和主观意志的法的转换。"道"就是个体内在的伦理实体，或者说，是个体性、主观性的"实体感"；而"得"的方式不是占有，而是分享。伦理作为一种共体和公共本质，作为"单一物与普遍物的统一"，既包含、统摄单一物，又不让任何"单一物"或个体占为己有。个体对实体、道德对伦理的"获得"方式，只能是"得道"。"得道"的要义是获得伦理的要求，并转化为个体行为的法，从而使个体获得伦理的实体性。这些形而上的抽象逻辑，被黑格尔用法哲学的语言清晰地表达："伦理性的东西，如果在本性所规定的个人性格本身中得到反映，那便是德。"① 德，就是在本性中所体现的个体的伦理性格。一个人的行为符合伦理的要求，如果这种"符合"成为一种稳定的性格，那么就是"德"。所以，"德毋宁说是一种伦理上的造诣"②。

"得道感"就是伦理上的造诣感，造诣感的核心，是"单一物"与"普遍物"、个体与实体统一的感觉。不过，作为一种主观意志，"得道感"与思维形态、纯粹理性形态的道德的区别在于，它是求道、持道、行道的那种冲动。"求道"是"得道"的基础。"人之有道也，饱食、暖衣、逸居而无教，则近于禽兽。"③ 道德的本质、教育的本质，就是自由；自由的本质，就是解放。解放的第一要义，就是将人们从自然冲动的束缚和压迫下解放出来，以获得人性的自由。"求道"，就是过有道德的真正

---

① [德] 黑格尔：《精神现象学》下，贺麟、王玖兴译，商务印书馆 1996 年版，第 168 页。
② [德] 黑格尔：《法哲学原理》，范扬、张企泰译，商务印书馆 1996 年版，第 170 页。
③ 《孟子·滕文公上》。

的人的生活，使自己从本能压迫下解放出来的那种冲动。人之所以需要道德，就是因为人身上具有动物性；道德之所以可能，就是因为人性中具有的善的本根。正如西方伦理学家所说，人性与兽性的区别，在于有道德；人性与神性的区别，在于需要道德。道德的可能性与不道德的危险性在人性中共存，于是"求道"之后，还有要"持道"的意志力。"持道"即对道德的固持，即孟子所说的"不动心"，亦即孔子所说的"造次必如是，颠沛必如是"。"持道"的确证在于"行道"。"行道"才能将伦理的要求外化为现实，也才能使道德的主体得到确证，也才是真正的"知道"和"有道"。"知行合一"就是道德的理论态度与实践态度、思维形态与冲动形态的统一。"求道—持道—行道"，就是"得道"感的内在结构。

二　"敬重情感"

康德认为，道德法则直接决定道德意志，是道德价值的本质。"行为全部道德价值的本质性东西取决于如下一点：道德法则直接地决定意志。"① 纯粹理性的任务是为人们提供道德法则，② 纯粹实践理性要将道德法则成为意志的直接决定者，就必须为人们找到道德行为的动力，即意志服从道德法则的内在冲动，这种动力或冲动康德称为"灵魂驱动力"。这种冲动的本质是什么？康德与黑格尔的观点是一致的，认为这种冲动的本质应当是一种特殊情感。"因为一切禀好和每一种感觉冲动都是建立在情感之上的，所以（通过禀好所遭遇的瓦解）施于情感的否定作用本身是情感。"③ 产生这种情感的理智根据是什么？是对道德法则的敬重。在抛却道德法则的动力之外寻求的动力，都可能成为道德"无法持久的"和"危险的"伪善。"对于道德法则的敬重是一种情感，它产生于理智的根据，并且这种情感是我们完全先天地认识的唯一情感，而其必然性我们也能够洞见到。"④ 于是，实践理性的根本动力，就是对道德准则的"敬重情感"。"这种情感现在也可能称为对道德法则的敬重情

---

① ［德］康德：《实践理性批判》，韩水法译，商务印书馆 1999 年版，第 77 页。
② "纯粹理性只是自为地实践的，并且给予（人）一条我们称之为道德法则的普遍法则。"康德：《实践理性批判》，韩水法译，商务印书馆 1999 年版，第 3233 页。
③ ［德］康德：《实践理性批判》，韩水法译，商务印书馆 1999 年版，第 79 页。
④ 同上书，第 80 页。

感；而出于这两个理由，它也可以称为道德情感。"① 敬重情感是人内在
的对道德法则的肯定情感，是意志对道德法则景仰和礼赞的快乐情感。
它是由纯粹理性向实践理性转化、是人的道德行为的唯一合法的根据。
"于是，对于道德法则的敬重是唯一而同时无可置疑的道德动力，并且这
种情感除了仅仅出于这个根据的客体之外就不指向任何客体。"② 对于道
德法则的敬重情感何以可以产生道德冲动而成为实践理性的动力？"因为
对于我们所尊重的、却又（由于意识到我们的软弱）畏惧的东西，由于
更加容易适应它，敬畏就变成偏好，敬重就变成爱；至少这会是献身于
法则的意向的完善境界，倘使一个创造物某个时候能够达到这一点的
话。"③ 所以，在《实践理性批判》的最后，康德写下了那句给后人带来
无限启迪和警示的话："有两样东西，我们愈经常愈持久地加以思索，它
们就愈使心灵充满始终新鲜不断增长的景仰和敬畏：在我之上的星空和
居我心中的道德法则。"④

　　也许，我们今天可以对康德将对道德准则的"敬重情感"作为道德
的唯一动力的观点提出许多异议甚至批评，但它至今仍然具有真理性和启
发意义的是：道德感本质上是对道德法则的"敬重情感"；这种"敬重情
感"推动人们由对道德的理论的态度或道德的思维形态，向实践的态度
或实践形态转换。对道德法则的"敬重情感"，既是冲动形态的道德，也
是实践理性的根本动力。

三　义务感

　　康德如此凸显义务之于道德的意义，以至认为伦理学"一般地，它
也叫作义务论"⑤。道德感与道德冲动的义务感以"敬重之情"为基础和
前提。"伦理义务只有当我们尊其为义务时才成其为义务。说我们有义务
敬重，等于说我们有义务去有一项义务……因为人必须先有了对内心法则
的敬重心，才可能懂得什么叫义务。"⑥ 义务与道德、与德性是一体的，

---

① ［德］康德：《实践理性批判》，韩水法译，商务印书馆1999年版，第81页。
② 同上书，第85页。
③ 同上书，第91页。
④ 同上书，第177页。
⑤ ［德］康德：《〈伦理学的形而上学要素〉序言》，见［德］康德：《康德文集》，郑保华主编，改革出版社1997年版，第345页。
⑥ 同上书，第369页。

"德性是人的行为准则在履行义务时体现的力量"。"德性指的是意志的道德力量。""德性本身不是义务，拥有德性也不成其为义务（否则我们就应该有这样的义务：必须有义务），但它命令人有义务，伴随着其命令的一种（只可能由内在的自由的法则所施加的）道德强制。"义务产生于对道德法则的敬重；德性是履行义务的力量；义务是一种道德的强制或绝对命令。于是，道德感就是履行义务、执行"绝对命令"的一种道德冲动。义务感与敬重情感一样，同样是一种道德情感。

黑格尔对康德的发展是：义务不仅与德性一致，而且与冲动一致。他认为，德、义务、冲动，三者在内容上是相同的。"采取义务的形式、然后采取德的形式的那种内容，与其有冲动的形式的那种内容是相同的。冲动也同样以这种内容为其基础。"黑格尔强调，义务的本质不是强制，而是自由，或道德解放。义务限制的仅仅是主观任性，而不是冲动。"具有拘束力的义务，只是对没有规定性的主观性或抽象的自由、和对自然意志的冲动或道德意志（它任意规定没有规定性的善）的冲动，才是一种限制。但是在义务中个人毋宁说是获得了解放。"义务使人摆脱了对自然冲动的依附，将人从自然冲动的束缚下解放出来；又使人摆脱了个体的偶然性与主观性，获得实体性与现象性。"在义务中，个人得到解放而达到了实体性的自由。""所以，义务所限制的并不是自由，而只是自由的抽象，即不自由。义务就是达到本质、获得肯定的自由。"

概言之，道德感就是履行义务、执行道德法则的"绝对命令"的情感冲动；道德感就是义务感。

第四节　耻感的道德哲学意义

耻感是最重要的伦理感和道德感之一。在中国道德哲学发展史上，在主张德治的儒家和主张法治的法家两大道德哲学的历史传统，及其所代表的个体道德和社会伦理的两大道德哲学的逻辑体系中，耻感都是道德哲学体系的原素和原色。耻感的伦理根源和伦理动力是个体"成为一个人"的向伦理实体和人的公共本质回归的精神运动。耻感的道德本性是作为"主观意志的法"的道德自由，因而它的更深刻的本质不是他律而是自律，不是制裁而是激励，是推动人们在道德上自强不息、止于至善的精神力量。

一 耻感的两种道德哲学传统和道德哲学体系

现代性对道德生活的"祛魅",撕去了伦理精神与道德体系肌肤上那道美丽的羞涩,将耻和耻感与伦理道德淋漓剥离,从人的道德生命中剔除出去。于是,伦理精神和道德体系宛如经过 X 射线的穿透,呈现出一种没有灵性血肉的赤裸而狰狞的利益和欲望的枯骨。

然而,如果进行某种道德哲学传统的追溯或回归,就会发现,耻感不仅是传统道德体系的基本原素,而且是伦理精神的原色,尤其在中国道德哲学传统中,耻感几乎具有与伦理道德的文化生命同在的意义。这里,我们以儒家和法家作为历史资源。作出这一选择的学理根据是:儒家和法家,不仅一般地代表中国道德哲学具有根源意义的两大历史传统,而且它们本身就体现着道德哲学体系的两种最具代表性的逻辑路向。在先秦,道德哲学体系建立得最为完备、同时也是对日后官方道德哲学产生最深刻影响的是儒家和法家;儒家的"五伦四德",法家的"八经四维",分别代表着道德哲学体系及其传统中个体道德与社会伦理两大理论走向。仔细考察就会发现,无论在儒家还是法家的道德体系中,耻感都历史和逻辑地具有基础性的哲学地位。

儒家道德哲学体系由孔子奠基,在孟子那里得到创造性发展并在理论上走向成熟。根据台湾学者朱岑楼先生的研究,《论语》中有强烈的耻感取向,四百九十八章中,与耻感有关的计五十八章。① "士"是儒家理想人格的基本层次,其最重要的伦理特征就是"有耻"。"行已有耻,使于四方,不辱君命,可谓士矣。"② 孔子提出的基本道德规范体系即所谓"三达德"。"智、仁、勇"之"三达德"是修身、齐家、治国、平天下之本。智为知,仁为情,勇为意,由此知情意打成一片。何谓勇?勇的要义就是"知耻"。"好学近乎知,力行近乎仁,知耻近乎勇。"③ "知耻之谓勇。""仁"是孔子也是儒家道德体系的核心,如何才能为"仁"?孔子认为,能行五者于天下者为仁:恭、宽、信、敏、惠。五者之中"恭"为首,"恭"的真义是"不侮","恭贝不侮",④ "不侮"的真义即"远

---

① 参见李亦园、杨国枢主编《中国人的性格》,江苏教育出版社 2006 年版,第 83 页。
② 《论语·子路》。
③ 《中庸·二十章》。
④ 《论语·阳货》。

耻"，"恭则远耻"。① 可见，在子 L 子的道德体系中，"知耻"、"远耻"既是德性的起点，也是德性的最高体现；既是意识形态即认知形态的德性，也是意志形态即行为形态的德性。

孟子建立了"五伦四德"的道德哲学体系。"五伦"是伦理体系，"四德"是道德体系，二者的逻辑与历史基础是人性认同。在孟子的道德哲学体系中，"耻"被提高到人性本体和德性根源的地位。孟子从人与动物的区别为人性立论，认为人性即人之"异于"，确切地说是人之"贵于"禽兽者的"心之同"。"人之异于禽兽者几希，君子存之，小人去之。"人之"贵于"禽兽者的"心之同"即"四心"。"恻隐之心，人皆有之；羞恶之心，人皆有之；恭敬之心，人皆有之；是非之心，人皆有之。"② 这"四心"即人性中的四善端，是仁义礼智四种德性的萌芽。"恻隐之心，仁也；羞恶之心，义也；恭敬之心，礼也；是非之心，智也。仁义礼智，非外铄我也，我固有之也。"③ 这段话中，对我们讨论问题最重要的是"羞恶之心"与"耻"的关系，以及"羞恶之心"在道德体系中的地位。（1）根据朱熹的诠释，"羞"即耻感或用耻。"羞，耻己之不善也；恶，憎人之不善也。"④ 简约地说，"羞恶之心"即羞耻感或羞耻心。（2）最重要的是，孟子将"羞恶之心"当作"义之端也"，即"义"的人性根源和德性本体。众所周知，在儒家乃至整个中国传统道德体系中，"仁义"几乎与"道德"等同，至少可以相互诠释，所谓"道德仁义"或"仁义道德"。"仁"是人的根本特质，"仁也者，人也"⑤。"仁"的本质是爱人，"樊迟问仁，子曰'爱人'"⑥。"仁者爱人。"⑦"仁"是道德的根本，也是德性的本源与归宿。孟子对于儒家道德哲学的创造性贡献之一，在于将"仁"推进到"义"，在孔子提出的"爱人"普遍原则的基础上具体解决了如何爱人的问题。"仁，人心也；义，人路也。"⑧ 在道德哲学意义上，同一性与区别性是伦理的一体两面。以"爱

---

① 《礼记·表记》。
② 《孟子·告子上》。
③ 同上。
④ 朱熹：《四书集注》。
⑤ 《孟子·尽心下》。
⑥ 《论语·颜渊》。
⑦ 《孟子·离娄上》。
⑧ 《孟子·告子上》。

人"为规定的"仁"消解人的抽象独立性以达到与他人的统一，而"义"则强调按照人们在伦理体系中的地位或份位行仁爱人，以不至僭越和乱伦。"仁义"合一，"居仁由义"，才是现实的伦理与合理的道德。自孟子始，"义"便在中国道德哲学体系中具有特别重要的地位，从而形成儒家以仁义为核心和标志的道德哲学体系。仁与义在一定程度上概括了人的全部道德意识，以至于几乎成为道德的代名词。更重要的是，孟子将"羞恶之心"提高到"义之端也"即"义"的根源的地位，也就将羞耻心与道德直接同一，将它当作道德的现实性与道德合理性的基础。所以，孟子特别强调"耻"对于德性人格的根本性意义。"耻之于大人矣！为机变巧者，无所用焉，不耻不若人者，何若人有？"[①] 人格的最高境界，应当达到"无耻之耻"。"人不可以无耻矣，无耻之耻，无耻矣。"[②]

　　法家道德体系在传统道德哲学中具有特殊地位。一般认为，法家"务法不务德"，其实，非道德主义只是战国后期法家尤其是韩非的主张，古典法家的基本观点是德法并用，以法为基础。法家道德哲学在传统道德中的历史地位往往容易被人们所忽视。其实，在传统社会中，统治者大多内法外儒，因而在现实道德生活尤其是政治道德乃至政治意识形态中，法家道德哲学事实上具有潜在的重要地位。法家道德体系最完备的是《管子》。《管子》道德哲学体系的核心是"八经四维"。与儒家相同，法家也以"礼"为伦理实体的基本概念，只不过它不是以"五伦"为伦理实体的设计，而是以"八经"作为伦理实体的根本原则。"民知义矣，而未知礼，然后饰八经以导之礼。所谓八经者何？曰：上下有义，贵贱有分，长幼有等，贫富有度，凡此八者，礼之经也。"[③] "四维"是法家的道德规范体系。法家将"礼、义、廉、耻"当作"国之四维"。"国有四维，一维绝则倾，二维绝则危，三维绝则覆，四维绝则灭。倾可正也，危可安也，覆可起也，灭不可复错也。何谓四维？一曰礼，二曰义，三曰廉，四曰耻。礼不逾节，义不自进，廉不蔽恶，耻不从枉。故不逾节，则上位安；不自进，则民无巧诈；不蔽恶，则行自全；不从枉，则邪事不生。"[④] 在这个道德体系中，应当特别注意的是以下诸方面：（1）"四维"就是法家

---

①　《孟子·尽心上》。
②　同上。
③　《管子·五辅》。
④　《管子·牧民》。

所认为的立国、治国的四项基本道德原则，《管子》将"耻"提高到"国之四维"之一即四个最重要的道德规范之一的高度。（2）在"国之四维"中，"耻"既是底线，也是社会秩序和国家安危的最后一道道德防线，这个底线如果守不住，则国家的命运便不是"倾"或"危"，乃至不是"覆"，而是"灭"，从此国家民族，便万劫不复，"灭不可复错也"。（3）"耻"的核心是"不从枉"，即不做不符道德的事，知耻、远耻便可"邪事不生"，即不会伦理失序，道德失范。可见，在法家道德体系中，"耻"具有比在儒家道德体系中更高的地位，它不只具有个体德性的道德意义，而且被抬高到国家安危、民族存亡的伦理地位。

以上考察的重要学术发现在于："耻"不仅在道德哲学的两种历史传统即儒家和法家两种道德体系，而且在道德哲学的两种逻辑体系中都具有基础性的地位。儒家道德哲学体系的核心概念是"仁义"，法家道德哲学体系的核心概念是"礼义"。儒家以"仁义"为核心的道德体系的着力点是个体伦理，其理路是由个体伦理到社会伦理；法家以"礼义"为核心的道德体系的着力点是社会伦理，其理路是由社会伦理到个体伦理。无论在以个体伦理为基点的道德哲学中，还是在以社会伦理为基点的道德哲学中，"耻"的体系性地位总是被充分肯定和凸显。由此可以引申出的结论是："耻"或"耻感"不仅历史地，而且逻辑地是道德体系的原素和原色，具有极为重要的道德哲学意义。

二 耻感的伦理根源与伦理动力

以上传统资源回顾提供的富有启发意义的思路是：应当从伦理与道德两个维度，探讨耻感的道德哲学意义。

法家将"耻"提高到国之安危的高度，认为"守国之度在四维"，其道德哲学真义是从伦理或社会伦理的角度追究耻感的道德哲学意义。它在理论上没有展开因而有待进一步澄清的道德哲学课题是：耻感与伦理的关系，或耻感的伦理意义是什么？这个问题的核心是：在伦理维度，到底"耻"在哪里？因何而"耻"？在伦理上为何要有耻、远耻？

这里必须首先解决的理论问题是：伦理的本质是什么？黑格尔的道德哲学已经回答了这个问题："伦理是一种本性上普遍的东西。"这种普遍就是所谓实体，实体即人的公共本质，即共体或普遍物。所以，在伦理学的意义上，伦理关系不是个体与个体之间的关系，而是个体与他所处于其中的那个实体的关系，这个关系的要义是：个别成员的行动以实体为其目的和内容。"伦理行为的内容必须是实体性的，换句话说，必须是整个的和普遍的；因而伦理行为所关涉的只能是整个的个体，或者说只能是其本身是普遍物的那种个体。"① 黑格尔的表述因其过于形而上而流于晦涩。用中国道德哲学的话语诠释，伦理的主体是人，也只是人，因而伦理所涉及的关系有两种：一是人与"伦"的关系；二是人与"理"的关系。"伦"有两方面的概念规定。一是抽象意义上的，它即是人的实体或公共本质，"伦犹类也"；二是具体意义上，即作为现象世界的或生活世界的那些共体，或体现人的公共本质的那些现实的伦理实体。按照黑格尔在《精神现象学》中的观点，最基本的伦理性的实体有两种，家庭与民族，但在《法哲学原理》中，他又将伦理实体细分为三种：家庭，市民社会，国家，对伦理实体的这两种分法之间存在本质上的一致性。"伦"即人的公共本质，即人的普遍性。抽象意义上的"伦"是本体世界中的普遍性；具体意义上的"伦"是生活世界中的普遍性。本体世界与生活世界公共本质的同一，只有在意义世界中才能实现，于是便有人和"理"的关系。相对于本体性的现象性的"伦"而言，"理"既是主观的，也是意义的。既是个体对于客观性、普遍性的"伦"的内化，也是对于"伦"的意义提升和意义把握，是主观与客观相统一的意义世界的建构。

　　在以上诠释中，"人"都被假定为是个体或个体性的。在伦理中，个别性、个体性的人，与它的公共本质发生关系，发生关系的目的是扬弃人的个别性与个体性，使自己上升、回归于普遍性或公共本质。因此，伦理的基本问题和基本矛盾，是"单一物"与"普遍物"的关系。"伦"与"理"是"普遍物"，个体及其行为是"单一物"，伦理的真谛，就是"单一物与普遍物的统一"，即扬弃人作为生物性和个别性存在的抽象性，达到自己社会性的公共本质，从而使个别性上升为普遍性。这是人的绝对目的，也是伦理的绝对命令。"人间最高贵的事就是成为人。"即成为作为普遍物体现人的实体性或类本质的人。"所以法的命令是：成为一个人，并尊敬他人为人。"② "成为一个人"即成为"其本身是普遍物的那

---

① 以上引文均参见黑格尔《精神现象学》下，贺麟、王玖兴译，商务印书馆1996年版，第1—10页。

② ［德］黑格尔：《法哲学原理》，范扬、张企泰译，商务印书馆1996年版，第46页。

个个体"，即达到人的个体性与实体性、有限与无限的统一。

经过以上道德哲学和道德形而上学的诠释，得出的结论就是：伦理意义上"耻"的实质，就是其本身不能作为"普遍物的那个个体"。其内涵有二：一是不能"成为一个人"；二是不能"尊敬他人为人"。"耻"在何处？耻在不能成为一个"普遍物"或作为普遍个体的那种人；"耻"因何而生？耻生于个体为自己的实体所否定和抛弃，从而沦为一个"非现实的幽灵"。

以上论述还是过于抽象，我们还是回归中国文化传统和中国人的伦理生活中进行历史和现实的考察。如果以生活世界、意义世界、本体世界为框架，那么面子、礼、实体，便是中国道德哲学中分别与耻和耻感密切相关的三个概念。

"面子"是中国人生活世界中的核心概念之一，正如金耀基先生所说，"支配中国人社会生活的一个核心原则是'面子'的观念"①。70 多年前，林语堂先生就将"面子、命运和恩典"认作统治中国的三女神，在三女神中，面子居其首。而从《四书》的论述到世俗生活，"面子"都与"耻"密切关联。"一般的观点是，当一个人'面子'受到损伤时（失面子）便会产生一种'耻感'。"② 面子是社会赋予一个人在某一特定共体或伦理实体中的人格，它既是一种社会地位和资源能力，更代表着一种社会认同，在相当程度上是"单一物与普遍物统一"的世俗性体现。所以，"此一'社会的我'一旦存在，个人的行为即被期望要符合'面子'——由社会安排的位置，而个人'面'对社会，必须时刻注意维护自己的'面子'"③。

由此，生活世界中的"面子"便与意义世界中的"礼"联结和转换——一般的看法是，不顾自己的"面子"，便是"无耻"；不顾别人的"面子"，便是"无礼"。中国传统伦理的"礼"本质上是一个与"耻"相关联，甚至是作为"耻"的价值根源的概念。无论在儒家还是法家的道德哲学体系中，"礼"都是一个伦理实体的概念。伦理实体的自在形态是一个由特殊伦理规律支配的伦理世界；自为形态是由特定伦理原理指导

①　杨国枢主编：《中国人的心理》，台湾桂冠图书公司 1988 年版，第 319 页。
②　同上书，第 321 页。
③　朱瑞玲：《中国人的社会互动：论面子问题》，见杨国枢主编《中国人的心理》，台湾桂冠图书公司 1988 年版，第 241 页。

调节的伦理秩序；自在自为的形态是一个社会和民族的伦理风尚和伦理精神。无论在何种意义上，"礼"都是指征伦理实体的中国道德哲学概念。"礼"代表伦理实体、伦理秩序及其对个体行为的根本伦理要求。在社会学的意义上，"礼仪化"就是人的社会化；而在伦理学的意义上，"礼仪化"就是个体向自己的公共本质或伦理实体回归的一种伦理训练和伦理实践，以及在此过程中所获得的一种伦理上的教养和造诣。当行为违"礼"时，不仅意味着一个人缺乏伦理教养，与自己的公共本质或实体存在相背离，更意味着个体不能得到实体或所处的那个集体的认同，甚至为实体所唾弃。在这种情况下，西方文化中的个体会产生"罪"感，中国文化中的个体会产生"耻"感。

美国哲学家费格里特早就发现，"虽然，耻是一个道德的概念，但它是以礼为中心取向的"①。可见，在中国道德哲学和中国人的伦理生活中，耻、面子、礼是密切关联、一体贯通的三个概念，面子与礼是耻在生活世界和意义世界中的两种不同的道德哲学根源或道德哲学诠释。因为，面子与礼，委实是个体的伦理实体性或公共伦理本质在生活世界与意义世界中的两种不同表现形态。因而耻感本质上是个体向伦理实体回归，达到"单一物与普遍物的统一"，从而"成为一个人，并且尊敬他人为人"的一种伦理机制和伦理力量。

伦理本性上是一种普遍性的东西，耻感的哲学根源和本质力量是人对自己的普遍本质即伦理性实体的认同和皈依。在现象世界中，伦理性的实体是一个辩证的体系，它或者是由家庭与民族构成的伦理世界，或者是由家庭—市民社会—国家构成的有机系统。撇开道德哲学方面繁复的争讼，可以肯定的是，无论如何，家庭、民族，是伦理的实体；家庭、市民社会、国家，必须也应当是伦理性的实体。作出这一认定的道德哲学意义在于：无论在生活世界还是在意义世界中，耻感的现实性根据和现实性根源，是个体及其行为是否与家庭和民族，或与个体所处于其中的那个家庭、社会、国家的实体性本质和实体性要求相同一。由于在现代中国道德哲学中，以上伦理实体被用另一个概念即"集体"所表述，因而耻感总是以集体或集体主义为基本取向。当个体及其行为与他所处的那个具有现实性的伦理实体的公共本质或伦理普遍性相悖时，就是"耻"，就会产生

---

① 转引自杨国枢主编《中国人的心理》，台湾桂冠图书公司1988年版，第328页。

"耻感"。"耻"的根源在于，他不能成为"普遍的个体"，即在伦理上不能现实地成为"家庭成员"或"民族公民"。所以，服务于伦理性的实体——家庭与民族，或家庭、社会与国家，为实体尽义务，便是耻感的根本要求。难题在于，诸伦理实体之间存在矛盾，必须不断提升，辩证运动。"因为一个人只有作为公民才是现实的和有实体的，所以如果他不是一个公民而是属于家庭的，他就仅只是一个非现实的阴影。"①

由以上论述引申出的另一个结论是：耻感以个体与实体，或个体与公共本质的关系为根源和尺度，因而耻感或荣辱观的合理性与现实性的根据，也必须以实体或具有现实性与合理性的集体为取向。民族、国家、人民的普遍伦理本质及其利益诉求，个体行为与这些普遍本质和利益诉求之间的关系，是荣辱的根本标准。荣辱观和耻感，在道德哲学本质上指向实体和集体并以此为依据，在这个意义可以说，它们是实体主义或集体主义的。

三　耻感的道德本性

论及耻感在中国人的社会生活和道德哲学中的地位，可能自然让人们想起美国文化人类学家本尼迪克特提出的那个著名的"文化模式"：东方文化尤其中国文化是"耻感文化"（shameculture）；西方文化是"罪感文化"（guiltculture）。其实，中国文化中的"耻"或"耻感"，与英文中的"shame"存在深刻的文化差异，因此，用"shameculture"解释耻感的道德哲学意义，虽然有很强的表达力，但并不能准确揭示耻感的道德本性。

在中国道德哲学体系和中国人的生活世界中，"耻"既是一个伦理的概念，又是一个道德的概念。从道德社会学的角度考察，"耻"作为伦理的概念与上面所论述的"面子"相关，而作为道德的概念，则与另一个概念即"脸"相连。在中国传统文化、传统道德哲学体系以及中国人的社会生活中，"脸—面"二位一体，密不可分，但二者实有不同指谓。"面"是"耻"的伦理根源或"耻"的伦理现象形态；"脸"是"耻"的道德根源或"耻"的道德现象形态。不过，二者在道德哲学体系和伦理精神体系中的地位有所不同。普遍的情况是：在特定情况下，一个人可以"不要面子"，但在任何情况下，对任何中国人来说，绝对不能"不要

---

① 　［德］黑格尔：《精神现象学》下，贺麟、王玖兴译，商务印书馆1996年版，第10页。

脸"。"不要面子"可能意味着丧失一定的伦理地位和伦理互动能力，以后可能还有机会"挽回"，而"不要脸"则一定意味着做了不道德的事而为社会或他人所不齿，也使自己感到"自耻"。"脸面"一体，表征着道德与伦理一体，但"脸"在"面"前，意味着"脸"是"面"的基础和根本——正如台湾社会学家所发现的那样，一个人起码的"面子"是由"脸"即他的道德状况所赋予的。这也作了一种暗示：在中国道德哲学体系和中国人的社会生活中，道德先于伦理，甚至也高于伦理。有伦理之耻，有道德之耻，但道德之耻是基础。港台学者已经揭示，"耻"有两面，即社会性的一面（"面子"）和道德性的一面（"脸"），但他们未能揭示：（1）"耻"的社会性一面，核心就是伦理性的一面。"耻"的伦理本性与"礼"的概念相连，也与礼的伦理实体的设计相连。"面子"的基本内涵是人们在"礼"的伦理秩序和伦理实体中安"伦"尽"份"所获得的社会性人格及其成就。而一旦失去与他的"名"即与伦理份位相对应的地位和成就，便会感到"耻"。所以，"耻"的伦理性一面的内核是"做一个人"。（2）"耻"的道德性一面则有所不同，它所要解决的核心问题是如何在现实的伦理秩序和伦理实体中"成为一个人"，即成为自己所理想以及社会所期望的那种人，"成为一个人"的底线就是"脸"。"面子"是对个人伦理身份的判断，"脸"则是个人对自己是否遵照了合宜的行为规范的判断。① 所以，"耻"首先是一个道德性的概念。（3）问题在于，作为"耻"的道德哲学根源的"脸—面"之间存在不可分离的辩证关联，这种关联植根于道德与伦理关系的形而上学理论之中，它的哲学根据是："德毋宁应该说是一种伦理上的造诣。""伦理性的东西，如果在本性所规定的个人性格本身中得到反映，那便是德。"② "耻"的道德性一面（"脸"）是"耻"的伦理性一面（"面"）的一种造诣。所以，"耻"具有伦理与道德的双重根源与二重结构，在"耻"的道德哲学结构中，伦理与道德是互为前提，共生互动的。

揭示"耻"的伦理—道德本性的意义在于："耻"既是他律的，更是自律的。自律是"耻"的更深刻的道德哲学本性。"耻感文化—罪感文

---

① 杨国枢主编：《中国人的心理》，台湾桂冠图书公司1988年版，第325页。
② ［德］黑格尔：《法哲学原理》，范扬、张企泰译，商务印书馆1996年版，第170、168页。

化"截然二分的重要的误区在于,它将中国人的"耻感"当作与"罪感"相对立的他律。本尼迪克特明确说明:耻感文化(shameculture)依赖外部制裁,不像罪感文化(guiltcul-ture),是一种内化的信念。事实上,正如胡先晋先生在《中国人的面子观念》一文中所揭示的那样,在中国文化中,耻本质上是一种"内化的制裁"即自律。的确,"耻"尤其是伦理性的"耻"有他律的性质,从辞源学上考察,"耻"从"耳"从"止",即有听到别人的批评而中止之意。但在古字中,"耻"的异体字是从"耳"从"心",它被文字学家解释为因不当行为而心愧耳赤之意,这便是自律了。可以这么说,"耻"的伦理性的一面,他律性较明显,而道德性的一面,则以自律为本质。孔子曰:"君子耻其言而过其行。"① 孟子言:"人不可以无耻,无耻之耻,无耻矣。"② 在这些论述中,"耻感完全与行为的他律无关,耻是一个人因有一理想的境界,或有一理想之自我认同,因此,对于不能达到此一理想或不能满足自我的认同时,则会有耻感。"③ "耻"作为一种道德性的回应,其基本方面是自律而不是他律。作出这种判断的道德哲学根据是:"耻"作为一种道德的存在,是"主观意志的法";作为伦理的存在,是"客观意志的法"。主观意志的法是自律,客观意志的法是他律。

澄明"耻"的道德本性有待进行的第三个辩证是:"耻"不仅是一种否定性的制裁力量,而且是人的道德生生不息的推动力。一般认为,"耻"作为一种伦理互动与道德回应,是一种自我制裁,尤其是一种自我的情绪制裁。诚然,如果将"耻"诠释为"辱",那么,荣与辱,确实可以当作人的道德发展的两种不同力量,前者是肯定性的力量,后者是否定性的力量,二者殊途同归,共同维护人的行为的道德合宜性。问题在于,在中国道德哲学传统和中国人的社会生活中,"耻"不能简单等同于"辱",它在相当程度上兼摄了"荣"与"辱"两个侧面。否则,说儒家学说有耻感取向,说中国文化是"耻感文化",岂不是说中国文化以辱为取向。正如一些社会心理学家所发现的那样,耻感代表了"理想我"与"自我"之间的紧张性,罪感代表了"超我"与"自我"之间的紧张性。

---

① 《论语·宪问》。

② 《孟子·尽心上》。

③ 杨国枢:《中国人的心理》,台湾桂冠图书公司1988年版,第342页。

耻感的发生，在于个体道德世界中存在一个"理想我"，因而在本质上是达致"理想我"的一种道德激励的力量。此论可以荀子一段话为证。"故君子耻不修，不耻于污；耻不信，不耻不见信；耻不能，不耻不见用；是以不诱于誉，不恐于诽，率道而行，端然正己，不为倾侧，是之谓君子。"① 美国汉学家莱特（ArthurWright）在《儒家人格》一书中由《论语》引出 13 项行为规范，朱岑楼先生发现，这 13 项规范都与耻感的激励为其动力。② 固然，无论伦理性的"耻"，还是道德性的"耻"，都有肯定性的一面与否定性的一面，或"好"的方面与"坏"的方面，问题在于，二者之中，肯定性的方面，即作为道德的激励力量而不是制裁力量，是其更本质的方面。道德性的"耻"是激励人们达到"君子"人格的内在推动力，它所追求的境界是："君子无终食之间违仁，造次必于是，颠沛必于是。"③ 伦理性的"耻"同样是激励人们"成为一个人，并且尊敬他人为人"的一种内在力量。"人之有道也，饱食、暖衣、逸居而无教，则近于禽兽。圣人有忧之，使契为司徒，教以人伦：父子有亲，君臣有义，夫妇有别，长幼有序，朋友有信。"④ 这种力量，推动人们自强不息，厚德载物，达到伦理道德上的理想境界。

四 从"免而无耻"到"有耻且格"

通过以上论述，可以得出如下结论：

（1）在两大具有历史意义的道德哲学传统和两种道德哲学体系中，无论以德治为本，还是以法治为本；无论以个体道德为体系的着力点，还是以社会伦理为体系的着力点，"耻"都具有基础性的道德哲学地位。

（2）"耻"的伦理真义是"自耻"，其伦理动力来源于个体"成为一个人"的向伦理实体和人的普遍本质回归的精神运动，作为一种伦理精神运动，"行己有耻"的根本价值指的是实体或集体，因而在一个个人主义猖行的文化中不可能真正孕生和培育出健康的耻感。

（3）"耻"的道德本性是一种主观意志的法，亦即主观意志的自由，其道德真理不是他律而是自律，不是制裁而是激励，它是引导人们在道德

---

① 《荀子·非十二子》。
② 参见李亦园、杨国枢《中国人的性格》，江苏教育出版社 2006 年版，第 99—100 页。
③ 《论语·里仁》。
④ 《孟子·滕文公上》。

上自强不息、止于至善的精神力量。

"耻"的社会文化意义，孔子讲得最经典："道之以政，齐之以刑，民免而无耻；道之以德，齐之以礼，有耻且格。"① 一个有旺盛精神生命的社会，应当是一个"有耻且格"的既合宜有序又富涵价值的自律型社会，而不是一个"免而无耻"的只受外在规则支配的他律型社会。传统文化崩坏而导致的伦理道德的"合法化"危机，市场逻辑滋生的个人主义，法制主义的误区，是导致现代文明中全社会性的"耻感"钝化和退化的三大基本因素。现代道德哲学体系，必须通过正本清源，恢复耻感作为道德体系和伦理精神体系原素和原色的历史地位，康复为现代性的文化细菌所感染的道德生命，推动民族伦理精神在新的文化条件下的辩证发展。

第五节　谁偷走了伦理？

美国伦理学家麦特·里德雷在《美德的起源》一书的最后提出了一个饶为有趣而又令人深思问题："谁偷走了社会？"效颦里德雷，这里也作出类似的发问：谁偷走了伦理？

对道德危机及其严重文明后果的忧患与反思，不仅是中国，而且也是整个世界 20 世纪的一块人类的心疾。无论在现象学还是法哲学的意义上，道德与伦理都具有因果性的生命关联，道德危机的背后，是伦理的放失。如果像黑格尔所说的那样，伦理是人作为人存在的一种"自然"的共体，家庭作为这种共体的基本形态，就是自然的伦理实体；如果像孟子所说的那样，伦理是人的一种"自然"能力，所谓"见父自然知孝，见兄自然知悌，见孺子人井自然知恻隐"，那么，必须严肃反思的问题就是：人这种自然的良知与良能是到底如何放失的？我们又如何像孟子所说的像寻找鸡犬之放那样寻找人的良知良能之放？

我们已经习惯于从社会、经济、文化的变化及其冲突中寻求导致伦理道德危机的根源，这当然是唯物的，但是，当我们的努力仅局限于此，特别是作为伦理学工作者和道德哲学理论的研究者，当把自己的全部注意力都集中于此的时候，实际上已经推脱了自己应负的那份责任，因为，这种

---

① 《论语·为政》。

思考的必然逻辑结果是：既然危机是"客观"后果，我们便无能为力，也难以作为，于是便将自己置身于危机之外，尤其是将自己排除于危机的责任主体之外。久而久之，当我们已经习惯于这种思维定式时，伦理学者和道德哲学便不仅消解了对伦理道德生活的责任意识，更严重的是，逐渐丧失了自己的责任能力。这是一种可怕的职业本性能力的退化，就像人的一些先天能力的退化一样。阻止这种退化、恢复自己的职业良知和职业良能的重要学术工程之一，就是在洞察时变以推动伦理道德与时俱进的同时，深刻而彻底地反思我们这些因享受社会的恩惠而有闲暇思考道德的哲学问题并过着优雅生活的伦理学者们，为社会所提供的可资充饥解渴的理论资源及其理论体系是否有足够的养分，是否健康，是否健全与合理，从而重新严肃地回归和对待我们所应当担负的那份学术责任。

仅仅从以上对伦理冲动的讨论考察，社会的与个体的伦理能力，至少在学术方面与三个因素有关：第一个因素是伦理形态的健全，即认知形态的伦理与冲动形态的伦理必须兼具并且形成有机的体系；第二个因素是推动道德行为的、与民族的文化传统息息相通的人性结构、品质结构、能力结构的自觉与合理；第三个因素是构成伦理精神体系的那些文化要素和文化结构的健全及其辩证生长能力的旺盛。试图穷尽所有相关论域研究这个问题显然不明智，围绕这三个要素，便可以从伦理学研究自身的学术状况简单地回答"谁偷走了伦理"这一滞附着孩童稚音的天真发问。

第一个方面的原因显而易见。在现代性的理性主义的诱惑和左右下，人们对认知，尤其是伦理学与道德哲学的研究，对道德认知与道德的理性表现出过高的热忱和太多的执著。现实的状况是，无论是现代人还是现代道德哲学，都不乏对伦理道德的认知过程与理性能力的思考，然而现实生活中的许多方面，其实并不需要太高的理性和认知能力，诸如孝亲友朋、扶危帮困，难道要经过哲学的理性训练才可以作出判断？只需诉诸生命本性的良知良能就可以"自然"地做出判断和选择。在现代性的诱惑下，人们，不仅是西方人，更多的是中国人尤其是伦理学者们，已经过深地迷恋于理性主义的道德哲学游戏，消解或丧失了道德直觉能力。其结果是，不仅品质结构，而且道德哲学体系，都畸形地发育和发展。无论是中国还是西方，古典的和经典的道德哲学家们都指出，伦理和道德的精神结构与理论体系，最重要的是它的冲动形态，认知形态的伦理，只是它的基础。从孔子、孟子、亚里士多德到康德、黑格尔，都这样认为。因此，现代道德哲学和现代伦理，必须给"冲动形态的伦理"这样的非理性形态的伦理以充分的文化地位与学术地位，唯有如此，才能恢复伦理的实践本性与价值本性，也才能真正康复现代人身上已经十分孱弱但却根源于生命本性的那份伦理元气。

第二个方面的原因与对我们民族文化的反思及其态度深度相关。20世纪的中国，文明发展的主题之一，是文化批判，尤其是作为社会精英的知识分子，可以说已经将五四时期的那种反传统的批判精神，发展、衍生为一种对自己文化传统的批判性格。于是，对自己的传统缺乏"敬意的理解"，对中西方文化、中西方哲学缺乏生态的把握和生态的比较。道德哲学的研究同样存在这一偏向。在上面对"中国四德"的讨论中已经指出，中国道德哲学、中国文化传统下伦理冲动的最重要的机制是情，道德哲学的基本结构是"理性＋情感"，以情感为统摄，是一"情理"的冲动结构与道德哲学体系；这种结构与西方道德哲学"理性＋意志"的结构，具有相同相通的文化功能，不仅具有民族性，而且具有重要的理论合理性与实践合理性，即使在西方道德哲学体系中，对情感的伦理功能尤其在冲动形态的伦理形成过程中的文化意义，都在形而上学的层面给予充分的关注和肯定。然而，在现代道德哲学体系和现代人的品质构造中，情或者沦为道德中立的放任，或者将情从道德中驱逐出去。于是，全部的希望便是意志听从理性的"绝对命令"，而当理性的上帝已经缺少伦理含量，或者这个上帝再不对伦理表现出热忱和关注时，不可避免的结果是："绝对命令"从人的意义世界中退隐甚至永远地消失，剩下的就是永无止境的本能冲动。"情理"的机制，是冲动形态的伦理中良知与良能的结构，没有"情"，就难以形成"理"的良知，只有与"理"结合的"情"，才是伦理冲动的良能。中国道德哲学中没有"绝对命令"的形而上学，中国文化的传统也没有在人性结构中选择这一结构和概念，但却有自己的"绝对命令"的伦理冲动形态，这就是情与理结合所形成的良知良能。所以，无论在道德哲学体系中恢复冲动形态伦理的形而上学地位，还是在人性中复苏伦理冲动的良知良能，都必须扎根于中国文化尤其是中国道德哲学的传统，并在此基础上"返本开新"、"综合创新"。

第三个方面问题的解决，不仅需要有细致的心态和缜密的思考对伦理道德的概念进行形而上学的分析与把握，更重要的是将伦理道德作为文化设计和文明体系中有机而辩证的生命过程，对它进行生态的把握。首先必须克服道德哲学研究中"伦理"与"道德"不分的粗枝大叶的做法，缺乏深入而细致的概念分析，不可能真正把握对象，也不可能建立缜密的道德哲学体系。中西方文明、中西方传统道德哲学体系中，所以出现"伦理"与"道德"两个概念，就是因为二者有不同的指谓和对象，在人类文明的漫长延传及其文化选择中，不可能在一些基本的方面存在冗余，否则它们必定成为死亡的概念而不是活的存在。人们没有理由耗费自己有限的时间和宝贵的智力用这些同义反复的概念对自己进行思维操练，两个概念长期共存，说明它们之间存在精微而深刻的殊异。在道德哲学体系中不对此加以区分，只能说明我们没有足够的概念辨析能力和敏锐的哲学洞察力，并不能证明二者之间没有区分，不假反思和论证地将二者混为一体，是一种武断的学术粗暴，对它们的辨析不屑一顾，掩盖的可能是一种学术上的无知和无能。现代道德哲学需要仔细探讨和研究的是，伦、理、道、德、得这五个要素的概念结构及其发展变化，更需要着力的是伦—理—道—德—得，这四个辩证过程转换的条件，以及由前者向后者转换的动力。唯有如此，伦理精神和道德哲学，才不仅是一个有机的体系，而且具有自我生长、自我发展的内在动力。

总之，现代道德哲学找回放失的伦理，在学术上至少需要进行三种努力：认知形态的伦理与冲动形态的伦理二位一体的健全体系；对冲动形态伦理的真诚而肯定的关注及其充分研究，尤其是伦理冲动的民族机制与民族文化结构的回归；伦理精神要素与道德哲学概念体系的健全与完整，伦理精神诸环节自我运动的动力及其辩证过程的探讨。断言生活的危机根源于理论的危机当然失之公正，但理论至少应当对生活危机担当一份严肃的责任，否则，不仅理论研究，而且理论研究者自身，都将成为社会文明体系中的多余甚至寄生。

第十二章　伦理的实体与
不道德的个体

第一节　伦理—道德的悖论与悲剧

俄罗斯伦理学家别尔嘉耶夫在《论人的使命》中发现了一个重要的问题，这就是道德生活的悲剧性与悖论性。"如果提出伦理学的具体问题，那么首先应该理解，解决它的困难在于道德生活的悲剧性与悖论性。"悲剧性突出表现为"一个善和另外一个善的冲突，一种价值和另外一种价值冲突"；悖论性表现为社会至善与道德价值的矛盾——"完善的社会制度自动地塑造着完善的人，在这个社会制度里不允许也不可能有任何非道德的行为"。于是，在一个正义的社会中，道德便成为多余。"要使善可能，恶就应该是可能的。"别尔嘉耶夫的结论是："善是悖论性的。道德生活是悲剧性的。"①

发现并揭示道德生活的悲剧性无疑是一种哲学洞见，然而关于善的悖论性却是一个虚拟命题。造成这个虚拟命题的原因是，在别尔嘉耶夫的道德哲学视野中存在一个盲区。他将自己的视野聚焦并局限于伦理或道德内部，而忽视了道德哲学视界的另一个方面，即在伦理与道德、伦理价值与道德价值之间同样存在"一个善和另外一个善的冲突"。别尔嘉耶夫没有发现，道德价值或善的存在根据，不仅在于个体道德的善，也不仅在于社会伦理的善，而且还在于，社会在伦理上的善，也可能直接表现为一种道德上的恶。善的伦理实体，在很多情况下可能就是一个恶的道德个体。所以，道德生活最深刻的悖论和悲剧还不在至少不只在伦理或道德内部，而

① ［俄］别尔嘉耶夫：《论人的使命》，张百春译，学林出版社 2000 年版，第 205、212、213 页。

在伦理与道德之间。于是就存在一种未被揭示的更深刻的悖论与悲剧，这就是伦理—道德的悖论，伦理—道德的悲剧。

伦理—道德的悖论与悲剧有其深刻的逻辑—历史根据，这个根据也是对它们进行讨论的学术与现实意义所在。（1）在道德哲学中，伦理与道德的悖论与悲剧已经概念地存在，这就是伦理的善与道德的善的悖论。伦理是个体与实体、或"单一物"与"普遍物"相统一的善，道德是个体作为实体性存在的善，但是，伦理的实体同时也应当是道德的个体，如果伦理的善只局限于"单一物与普遍物"的统一，那么，伦理性的实体事实上就逃逸了它作为道德个体的角色和责任，至少是一个善恶价值中立或不进行善恶评价和规责的存在。伦理实体的道德角色的缺场，逻辑地存在一种危险与可能：善的伦理实体同时也是一个恶的道德个体。（2）概念地存在的这种悖论与悲剧，在现实中的外化，就是伦理的实体与不道德的个体同一的悲剧性文明后果——在 20 世纪，最深重的文明灾难的创造者不是个体，而是实体，伦理的实体，恰恰是造就最严重、最巨大的文明危机的不道德的个体。那些将人类文明推向毁灭边缘的诸如生态危机、大规模战争杀戮的制造者并不是，也不可能是任何道德的个体，而是像国家、社会这一类的伦理实体。可以这样概括伦理—道德的悖论与悲剧：伦理的善与道德的善的悖论——善的伦理实体造就了最为严重和最为深刻的道德上的恶；伦理价值与道德价值冲突的悲剧——伦理上的善恰恰成就了道德上的恶。

当代道德哲学必须对这种概念地和现实地存在的伦理—道德悖论和伦理—道德悲剧给予严肃的对待和充分的关注。为此，基本的努力就是调整自己的指向和视野，将反思的触角不仅指向个体道德以及作为个体与实体统一的伦理，而且指向伦理与道德之间的关联，尤其指向伦理实体与道德个体之间的同一性。这一哲学调整的实质和核心是：将长期逃逸于道德规则和道德批评之外、被当作预定的和当然的善的伦理性的实体重新召唤到自己的视野之内和怀抱之中。

伦理—道德悖论将导致善的分裂，伦理—道德悲剧将导致价值的毁灭。也许，只有在概念中超越了伦理—道德的悖论与悲剧，真正健全的道德哲学体系才可能建立；只有在现实中超越了伦理的实体—不道德的个体的悖论与悲剧，人类才能真正摆脱愈益深重而严峻的文明危机，进而向至善迈出另一个具有决定意义的步伐，达到个体至善与社会至善的统一。

第二节　个体、集体与实体

伦理—道德悖论在形而上学的层面首先涉及个体与实体的关系。在道德哲学的意义上，个体与实体的关系与四个问题有关：（1）个体的合理性与局限性；（2）个体向实体的皈依与提升；（3）个体向实体运动的中介：集体，或个体与集体的关系；（4）集体与实体的关系，尤其是集体向实体提升的必然性与现实性。这样，个体向实体的运动便表现为三个要素和三个过程。三个要素是：个体；集体；实体。三个过程是：个体向集体的运动；集体向实体的运动；个体向实体的运动。其中，集体为何、如何成为一个实体，是在道德哲学中被悬置、在现实道德生活中已经造成大量价值困境和非合理性的重大理论与现实难题。

一　个体

个体与实体、乃至个体与集体的关系，是一个十分复杂的问题。它的复杂性同样从历史与逻辑两个纬度被呈现。在历史的纬度，在人类进化史、社会文明发展史，乃至个体智力发展史上，个体意识的生长，个体性的形成，曾经是一个巨大和具有革命意义的进步。正如人类学家们所发现和指出的那样，在原始社会，蒙昧状态的重要表征之一，是在人的意识和现实生活中只有实体性和作为第一人称复数的"我们"，而没有个体性和作为第一人称单数的"我"。正是在这个意义上，私有观念和私有制的出现是一个进步，是个体性和自我的一次觉悟。私有制基于也萌生了人的个体意识，但又让它处于政治和经济制度的压制与扭曲之下。马克思所设计的社会主义与共产主义政治经济制度在其本意上是要实现个体与实体的具体与辩证的复归，但在现实地外化为各种制度安排中又遇到了各种不断出现的难题，尤其是个体性如何在集体和实体中获得合法性与合理性的难题。于是，社会主义体系中各种政治体制和经济体制改革的基本文化努力之一，就是重新肯定和解放人的个体性，但在此过程中，集体性与实体性又可能甚至必定遭遇严重的困境和至今还未找到有效应对途径的严峻挑战。在文明演进史上，资本主义及其所创造的现代性，一方面空前地解放但也不可收拾地膨胀了人的个体性，以至造就了一个原子式的世界；另一方面，又透过严密的分工体系、官僚体制与市场经济瓦解和消解了人的个体的完整性，在这样的体系和体制中，正像丹尼尔·贝尔所说，人被分解为各种零碎的"角色"而不是有机而自由的个人，陷入难以摆脱的"文化矛盾"之中。从这个角度解释，后现代性就是让个体重新回归实体，并使个体获得文化合理性的一种文明取向和文明努力。

在逻辑的纬度，个体与实体的关系一直是道德哲学中深层的、必须仔细而审慎地加以对待的一个形而上学难题。在黑格尔道德哲学体系中，这个难题以法哲学与现象学的区分，在伦理—道德概念的辩证发展和自我运动中被讨论和解决。正由于此，精神现象学和法哲学体系才出现相互矛盾的结构。精神现象学的体系是"伦理—教化——道德"；法哲学的体系是"抽象法—道德—伦理"。精神现象学探讨人的意识或精神的辩证发展。在"伦理"阶段，人的意识和精神是实体性的和客观的，是"真实的精神"；经过教化，伦理的客观精神开始向主观精神转化，因而是"教化"是"自身异化了的精神"，达到"道德"；则普遍性、实体性的客观精神与个体相结合，达到个体与实体的统一，于是便是"对其自身具有确定性的精神"。意识的自我生长，实际上就是精神超出伦理的抽象实体性，在道德中达到个体内在的实体性，即在道德中达到个体与实体同一的辩证进程，由此实现意识与精神的现实的和具体的自由。法哲学体系则相反。因为法哲学的研究对象是人的意志和行为，而不是意识与精神。在"抽象法"阶段，意志只有抽象的自由，或概念地存在的自由；在"道德"阶段，意志获得了主观的自由，具有主观选择性；但只有在"伦理"中，在家庭、市民社会、国家的诸伦理实体中，意志自由才具有真正的现实性。可见，个体——它的现实性、合法性、合理性，始终是道德哲学关注的对象，这种关注在"伦理—道德"的辩证运动中完成，但在现象学和法哲学的不同道德哲学体系中又具有完全不同的地位，表现为完全不同的结构。当然，在历史哲学，或者在真正辩证的历史哲学体系中，二者应当也必须复归于统一。

在道德哲学的意义上，个体的必然性与合法性道德与它的概念有关。什么是个体？西方社会学家迪尔凯姆在《等级的人》中认为"个体"有两重含义，一是经验论的个别的人，一是作为价值载体的人，由此出发，他认为个体主义与整体主义具有不可调和的矛盾。法国人类学家路易·迪蒙认为："当我们谈到'个体'时，我们同时指两个东西：我们身外的客体和一种价值。"个体的这种双重性的根据和表现是，人"一方面是经验的主体，它说话、思考，具有意志，即我们在一切社会里见到的人类个体样本；另一方面是伦理生物，它独立自主，因此是非社会性的，它负载着我们的最高价值，首先存在于有关人类社会的现代意识形态中"。由此，便产生两种社会和两种向度：个体主义与整体主义。"最高价值体现在个体之中的，我称之为个体主义；相反，价值存在于整体社会的，我称之为整体主义。"① 从经验主体和价值载体，或经验主体与伦理主体两个方面对"个体"及其意义进行区分，便于对"个体"的概念把握和价值判断。显而易见，关于个体讨论的关键和分歧，不在于前者即经验主体，而在于后者，即价值载体或伦理主体。

如果说个体与个体主义的概念具有太多的形而上学色彩的话，另一个概念就具有直接的价值论和道德哲学的意义了，这个概念就是：个人与个人主义。

个体、个人一旦与"主义"相连，发展为个体主义与个人主义，问题就变得复杂起来。正如 A. O. 洛夫乔伊所说，"主义"常常是一个制造麻烦、经常混淆思想的术语，但是，只有与"主义"结合，在"主义"中，问题也才可能变得更加具体和清晰。马克斯·韦伯在《新教伦理与资本主义精神》一书中感叹，"个人主义"这一述评包含着极为多样化的意义。也许正由于意义的多样化，从历史到现代，它才遭遇各种复杂的文化际遇。英国伦理学家史蒂文·卢克斯在《个人主义》一书中，试图对个人主义进行比较客观的和形而上学的概念规定。他认为，个人主义具有五个基本观念：人的尊严，即康德所说的"人是目的"；自主，即康德所说的"每个理性人的目的都是普遍立法的意志"；隐私，即公共领域中的私生活概念；自我发展，即个人的自我发展是一种终极价值，也是一种自在的目标；抽象的人，这是抽象地理解个人、把个人当作目的的一种方式。② 史蒂文将个人主义区分为政治个人主义、经济个人主义、伦理个人主义、认识论个人主义、方法论个人主义诸形态，其中与我们研究主题关系最为密切的是伦理个人主义。"伦理个人主义认为，道德在实质上具有个人的性质。"在 17、18 世纪，这种伦理个人主义采取了伦理利己主义的

---

① ［法］路易·迪蒙：《论个体主义》，谷方译，上海人民出版社 2003 年版，第 22 页。

② 参见［英］史蒂文·卢克斯《个人主义》，阎克文译，江苏人民出版社 2003 年版，第 4173 页。

形式，认为个人行为的唯一道德目标就是他自己的利益；后来它又经历了功利主义和存在主义等多种形式。① 伦理个人主义是道德自主的一种极端形式，它所固有的极端的伦理相对主义和伦理多元论，② 可能把个人和社会的伦理价值引向毁灭。

可见，个人主义无论采取何种形态，无论它的产生曾经具有多大的历史必然性，其内在的或原生的非合理性是深刻的和显而易见的。法国天主教哲学家路易·弗约早在 19 世纪就说过："不难看出，一个盛行个人主义的国家，就不再能处于正常的社会状态，因为社会是精神和利益的统一，而个人主义则是一种无以复加的分裂。"另一位 19 世纪的法国自由主义哲学家托克维尔说得更透彻："个人主义是现代特有的一种灾难。"③ 扬弃个体的抽象性和个人主义的非合理性，就必须由个体走向集体、由个人走向社会。

二 集体

"集体"同样是一个难以准确把握的概念。诠释这类元概念的基本方法有二：一是找到它的对概念或反概念；二是寻找它内在的和本质的规定性，并与它的类概念相区分。与"集体"最严谨地相对的概念也许是"个体"，在中国现代道德哲学中，它时常也与"个人"的概念相对，个人主义与集体主义的对立就是基于这种概念认定。不过，在最严格的形而上学意义上，"集体"应当与"个体"相对，它们凸显的都是人——单个的人或组织化的人的存在的自身同一性；而"个人"的概念更多地与"社会"相对，强调一种共同体与构成它的原素的关系。与"集体"类似的概念是集团、整体、共同体、社会。按照斐迪南的观点，共同体是一种更高的和更普遍的自我，而社会则是"被设想为一个能发挥影响的整体"。"共同体是结合的本质意志的主体，社会是结合的选择意志的主体。"④ 按照西方学者的观点，"集团"是一个放大了的自我，或组织化了

---

① 参见［英］史蒂文·卢克斯《个人主义》，阎克文译，江苏人民出版社 2003 年版，第 92—99 页。

② 同上书，第 141 页。

③ 转引自［英］史蒂文·卢克斯《个人主义》，阎克文译，江苏人民出版社 2003 年版，第 6、10 页。

④ ［德］斐迪南·滕尼斯：《共同体与社会》，林荣远译，商务印书馆 1999 年版，第 255 页。

的个人。"整体"的概念在一定意义上与"共体"相通，黑格尔在《精神现象学》中就曾将两个概念相互置换，整体是一个"整个的个体"，或以集体出现的个体。

在"集体"的概念辨析方面过于追究也许太学究气、太经院化，但对道德哲学尤其是对于道德体系的形而上学基础来说，概念规定和概念把握具有基础性的意义。这里着重在"个体—集体—实体"的概念体系中把握"集体"，将"集体"当作由"个体"向"实体"过渡的中介性概念。考察"集体"不可回避的问题是："集体"何以可能？在生活世界中，集体的现实形态往往是某种组织。现代管理理论的代表人物巴纳德认为，组织的形成必须具备三个要素：共同目的；协作的愿望；信息。共同目的的基本结构是组织的目的和作为组织元素的个人的目的，这两种目的往往发生矛盾，于是如何处理和协调这两种目的，便成为组织的基本课题，并由此形成集体主义与个人主义两种取向。协作的愿望的核心是指个人为组织做贡献的愿望。信息则是组织信息的传递，以使个人行为组织化和合理化。这说明，组织或一个有效而真实的集体的形成，必须具备一定的伦理条件，同时也必须具备一定的客观基础。共同目的与协作的愿望在相当意义上是组织形成及其合理性的伦理条件。"共同目的"的要义有二。第一，客观上存在共同目的，它与组织的性质和组织体制密切相关。一个真正的集体或组织，应当存在真实的共同目的，对组织来说，最危险的敌人是共同目的的异化与潜隐，这便是政治体制改革、经济体制改革乃至社会革命的伦理根据。在一般意义上，政治体制改革和社会革命的重要伦理目标，就是追求和保持组织的共同目的的真实和真诚，而经济体制改革的重要任务，则是使共同目的更为明晰和简洁，以保证组织的有效性。第二，主观上认同共同目的，它是组织的精神要素，准确地说，是组织的伦理精神要素。组织或集体本质上是对个体性的扬弃，它一方面使个体目的成为组织目的，另一方面也要求组织目的成为个体目的。对一个有效的集体来说，共同目的不仅是自在的，而且必须是自为的，即不仅客观上存在，而且被主观地认同并成为共同行动的动力基础。为此，就必须进行组织或集体的伦理精神建设，而集体主义的导向，就是保持组织的真实性和有效性的最重要的伦理精神条件。"协作的愿望"的真谛是个人行为的非个人化，是个人努力的凝聚。如果说"共同目的"在理性层面扬弃人的个体性，"协作的愿望"便在冲动与行为的层面扬弃人的个体性，而"信息"的要素则是在组织体制的层面为集体的形成提供物质载体和体制基础。可以肯定的是，伦理，不仅是集体形成的精神条件，而且是它的灵魂。

有必要进一步厘清的问题是：个体为什么要上升为集体？如果说个体是社会的原素，那么，个体与社会的联结或者说个体对自身社会性的确证为何要透过各种样态的"集体"？马克思的历史唯物主义在哲学的层面回答这个问题的思路是：人要生活就必须获得物质生活资料，因而必须进行生产和再生产；物质资料的生产活动是一种社会性活动，必须也必然结成一定的社会关系即生产关系；生产关系的总和构成社会的经济基础，并在此基础上形成与它相适应的上层建筑。这一思路的形而上学意义是：个体性只是人的潜在的和抽象的存在，集体才是人的具体的和自在自为的存在形式。早在战国时代，中国古代哲学家荀子就提出和回答了这个问题。人"力不若牛，走不若马，而牛马为之用，何也？曰：人能群，彼不能群也。人何以能群？曰：分。分何以能行？曰：义"①。这便是所谓的"群居合一"说。群体性或社会性、集体性，是人之优越于动物的本性之所在；而群体性与群性之所以可能，是因为有"义"。这样，伦理便既是个体，也是集体，最后是社会的精神基础。

三　实体

但是，集体只是个体的否定性形态，而不是它的真理性形态，个体要真正成为理性的存在，集体要真正具有现实性与合理性，还必须实现辩证复归，达到否定之否定。这个辩证复归的否定之否定形态就是实体。

集体被扬弃的最重要的道德哲学根据是：伦理，既是集体的肯定性因素，又是潜在于其中的内在否定性。集体所面临的伦理悖论是：一方面，它因伦理而获得价值同一性和精神基础，也因为伦理条件的不充分而失去其现实性与合理性；另一方面，更具辩证性的是，当具备了充分的伦理条件时，集体也同样会失去自身，由生活世界的集体，上升为意义世界和形上世界的实体。伦理的基础性意义，决定了集体在道德哲学体系中，只能是一种过渡性的概念环节和存在结构。伦理，伦理精神，是个体—集体—实体的辩证运动中最活跃、最具革命性的否定性力量。

---

① 《荀子·王制》。

　　集体是由个体构成的，个体与集体的矛盾，始终是内在于集体中的否定性力量。在"集体"中，概念地存在一个二律背反：集体必须是"整个的个体"，或者说它必须作为整个的个体而行动，否则集体将不复存在；集体又是个体的集合，在集体中存在不同利益、不同偏好的众多个体，集体中的个体既内在于集体，又外在甚至异在于集体，这种状况决定了集体事实上难于真正作为一个"整个的个体"而行动。必须是"整个的个体"，又难以是"整个的个体"，这便是"集体行动的逻辑"。美国经济学家、公共选择理论的奠基者曼瑟尔·奥尔森教授在《集体行动的逻辑》一书中提出了一种理论，他认为，具有共同利益的个人所构成的集团，并不天生具有扩大集团利益的倾向。在一个集团中，个人只是共享公共性的集团收益，而不管这公共收益所付出的成本的巨大差异，这种状况促使集团成员都想"搭便车"而坐享其成。奥尔森提出"有选择的激励"这样一种动力机制来解决这个难题，但发现在大集团中这种机制的成本很高，包括信息成本和制度成本，因而难以真正实行。由此，"集体行动的逻辑"便变为"集体行动的困境"。不过，奥尔森还是发现了一条蹊径或一个例外，这就是小集团。他发现，小集团比大集团更容易组织集体行动。他沿用美国社会学家乔治·C. 霍曼斯的观点得出结论："在整个人类历史中，小集团比大集团显示出更强的生命力。"① 奥尔森的结论是："一个集团是否可能在没有外在强制或外界诱因的条件下为自己提供集体物品在很大程度上取决于集团中个人的数量，因为集团越大，任何一个就越不可能作贡献。"② 集团小到什么程度是合理的，奥尔森自己没有直接回答，但在他引证的詹姆斯的调查统计结果中隐含了他的观点：小集团的最佳人数应当在 5 位至 8 位之间，超过 8 位，集体行动的可能性就变得很小。③不难发现，如果彻底贯彻奥尔森的观点，结论不仅是瘦化集体，最终也会取消集体，而大规模的集体行动恰恰是现代经济社会发展最迫切需要的资源。所以，奥尔森只是提出了问题，但并没有真正解决这个问题，最后的结论甚至让他所提出的问题变为一个虚命题。

　　但是，这丝毫不意味着完全否定奥尔森研究的价值。奥尔森的成果无

---

　　① 　[美]曼瑟尔·奥尔森：《集体行动的逻辑》，陈郁等译，上海三联书店 1995 年版，第67 页。

　　② 　同上书，第 37 页。

　　③ 　同上书，第 65 页。

疑具有重要的意义，否则它不可能对现代公共选择理论产生如此巨大的影响。奥尔森的困境，在于他将自己的视野局限于经济的尤其是利益的范围之内，过于冷落和忽视了情感的尤其是伦理的和道德的因素对集体行动的意义。诚然，在《集体行动的逻辑》一书的第二章的最后，他用一个很长的注释对此作出解释。他认为，道德态度虽然可以决定个体是否采取集体导向的行动，但道德反映本身也应当被看做是"选择性激励"。而且，很难经验地获得证明，人们行为的动机到底是出于道德还是出于其他原因；多数集团总是为自己的利益而不是为其他集团的利益而奋斗，在这种情况下将集体行动归于道德准则就很不合理。① 但是，奥尔森忽视了一个问题，他所讨论的问题是集体和集体行动如何可能，而不是集团之间的关系。因此，将道德问题排除于"集体行动的逻辑"之外是不合适也是不应该的，也许，这正是他的理论由"集体行动的逻辑"陷入"集体行动的困境"的重要原因。

　　不过，"集体行动的困境"在道德哲学中的真正超越，就是要推进"集体"的辩证运动，将它发展到"实体"的概念。"实体"与"集体"显然有联系，但更有区别。区别不仅仅在于"集体"一般是经济学、社会学、政治学或一般意义上的伦理学的概念，而"实体"则更具有形而上学的意义，二者之间最深刻的殊异，在于"实体"比"集体"更具有伦理性，当"集体"被赋予了真实而完全的伦理性，或者说当被赋予健全而现实的伦理精神时，"集体"就上升为"实体"。麦特·里德雷在讲到人类美德中的集体主义本性时指出："如果某一生物将集体利益置于自身个体利益之上，那是因为它的命运与其所在的集体的命运息息相关，更确切地说，集体的命运即是它的命运。"② 命运相关或命运相通，既是集体形成和集体行动的客观基础，也是它的主观基础。德国伦理学家诺贝特·埃利亚斯在讨论社会的可能性时指出："所有社会集体，或者某一人类群体，都拥有一个属于自己的心灵，一个超然于个体心灵的心灵，就是说，拥有某种集体灵魂，或者说某种团队精神。"③ "集体灵魂"或"团

---

① ［美］曼瑟尔·奥尔森：《集体行动的逻辑》，陈郁等译，上海三联书店 1995 年版，第？8 页。

② ［美］麦特·里德雷：《美德的起源》，刘珩译，中央编译出版社 2004 年版，第 35 页。

③ ［德］诺贝特·埃利亚斯：《个体的社会》，翟三江等译，译林出版社 2003 年版，第 6 页。

队精神"，是集体所内在的和共同的精神气质。如果要寻找某种概念，将里德雷和埃利亚斯所阐述的集体所应当和必须具备的这些条件统摄起来，那么，具备这些规定性和品质的概念就是：实体。

实体是在德国古典哲学尤其是黑格尔哲学中被发展了的概念。在黑格尔哲学中，实体的概念具有三个方面的重要内涵：第一，实体即共体，是公共本质或普遍本质；第二，实体的对立物是自我，实体的本质规定既不是自我，也是不普遍，而是"单一物与普遍物的统一"；第三，实体达到"单一物与普遍物的统一"的最重要的品质和条件是"精神"，只有透过"精神"，实体才能形成，或者毋宁说，实体本质上是精神性的，它透过精神建构并且只有借助精神才能完成和持存。对这三个规定性来说，实体的重要特性是：它不只是精神，而且是现实，或者说是精神的现实。在一个活的精神世界中，实体具有三个要素：公共本质或共体；个别化了的现实（即实体的诸现实形态）或共体的个别形态；将公共本质和个别化了的现实联结起来的中项——自我意识。"实体，一面作为普遍的本质和目的，一面作为个别化了的现实，自己与自己对立起来了；其无限的中项，乃是自我意识，这个自我意识自在地本是它自己与实体的统一体，而现在则自为地成为其统一体。"① 实体的世界，本质上是一个伦理性的世界，在这个世界中，作为集体的公共本质的实体与作为个体的自我相互渗透而扬弃了对立。因而实体最典型和最合理的形态，就是伦理实体。如果从上面所说"命运相关"与"集体灵魂"两个要素考察，那么，"命运相关"在实体中的实现方式就是所谓"悲怆情愫"。作为一种"伦理意境"，"悲怆情愫"的本质特征是个体将集体的普遍本质和目的，作为"渗透个体整个存在的、决定着他的必然命运的一种感情因素"，将普遍性或"普遍物"作为个体行为的性格或德性。"在诸个体那里，普遍［共体］表现为一种悲怆情愫。"② "集体灵魂"显然是对公共本质的自我意识，或渗透于个体中的实体意识。

实体与集体的根本区别，集体上升为实体的关键性因素是精神。这里还是要重复引用了多次的黑格尔的那段话："在考察伦理时永远只有两种

---

① 参见［英］史蒂文·卢克斯《个人主义》，阎克文译，江苏人民出版社 2003 年版，第 5 页。

② 同上书，第 27、30 页。

观点可能：或者从实体出发，或者原子式地进行探讨，即以单个的人为基础而逐渐提高。后一种观点是没有精神的，因为它只能做到集合并列，但精神不是单一的东西，而是单一物和普遍物的统一。"① 集体的最大误区在于"原子式地探讨"，将它当作单个人的集体并列。精神的本质是自我意识与它的世界的同一。当"理性已意识到它的自身即是它的世界、它的世界即是它的自身时，理性就成为了精神。"作为自我意识与它的共体或个体与它的公共本质的同一，精神就是实体。"作为实体，精神是坚定的正当的自身同一性。"这样，"精神既然是实体，而且是普遍的、自身同一的、永恒不变的本质，那么它就是一切个人的行动的不可动摇的和不可消除的根据地和出发点——而且是一切个人的目的和目标，因为它是一切自我意识所思维的自在物。"② 精神的本质就是个体对于它的共体的皈依，是自我意识与它的公共本质的同一。于是，第一，实体之所以成为实体，就是因为精神；第二，精神是实体存在或上升为实体的本质规定。

实体的本质规定是精神，那么这种达到实体的精神的本质和现象形态是什么？就是伦理。因为，伦理的本质和内容就是普遍，就是实体。"伦理的自我意识乃是实体意识。""伦理行为的内容必须是实体性的，换句话说，必须是整个的和普遍的；因而伦理行为所关涉的只能是整个的个体，或者说，只能是其本身是普遍物的那种个体。"总之，"伦理本性上是普遍的东西，这种出之于自然的关联本质上也是一种精神，而且它只有作为精神本质才是伦理的。"③ 精神的现实性是实体，实体的真理性是伦理，归根到底，实体，必须透过伦理才能建构与实现。

于是，必然的结论就是：伦理、精神，确切的表述应当将二者综合起来，伦理精神，就是实体，也是集体超越自身的悖论而上升为实体的最具本质规定性的概念内核。

第三节　实体与主体

在道德形而上学体系中，健全的伦理精神的形成必须经过两个辩证发

① ［德］黑格尔：《法哲学原理》，范扬、张企泰译，商务印书馆 1996 年版，第 173 页。
② ［德］黑格尔：《精神现象学》下，贺麟、王玖兴译，商务印书馆 1996 年版，第 1、2 页。
③ 同上书，第 22、9、8 页。

展的过程。第一个过程是由个体、经过集体向实体的辩证发展，这一辩证过程的实质是个体扬弃自己的个别性获得内在的实体性，从而成为伦理的存在；集体获得内在的精神或"集体灵魂"而扬弃组织形式的外在性和抽象性，从而成为由伦理性精神所创造的实体或共体。第二个过程是由实体向主体的辩证发展，这一辩证过程的实质，是集体在获得了伦理的实体性之后，作为"整个的个体"成为道德即道德行为和道德责任的主体。个体—集体—实体的辩证转换固然具有重要的道德哲学意义，它使伦理精神由潜在走向自在；但由实体向主体，具体地说，由伦理实体向道德主体的转换，同样具有重要的道德哲学意义，只有透过这种辩证转换，伦理精神才不仅是自在的，而且是自为的。

由实体向主体的辩证发展，涉及道德哲学的一系列重大理论和现实课题。现实课题是：谁才是、谁应当是我们这个时代最重要的道德责任主体？理论课题是：道德哲学到底应当不应当以及如何对一直逍遥于道德归责之外的伦理实体进行道德主体的复位？

一　谁是道德的主体？

由实体向主体的转换，在道德哲学上必须探讨和解决的基本问题是：到底谁是道德的主体？

很久以来，道德哲学已经习惯于将个体，也仅仅将个体当作道德的主体。无疑，个体应当是道德的主体，然而问题在于，道德的主体不只是个体，而且还有实体，即具有或者已经获得伦理性的那些集体。多年来，哲学界，尤其是伦理学界关于主体、主体性的讨论方兴未艾，从主体性、到主体际、到交互主体性，思辨的触角确实在不断延伸，然而这些触角却一直或者主要指向个体，集体主体性或实体主体性被悬置于论域之外。这种可怕的疏忽当滞留于纯粹理性的抽象王国时，它还只是一种思维的缺憾，然而，一旦由纯粹理性进展到实践理性时，一种悲剧性的后果，乃至文明的悲剧，就会因道德哲学中的这种缺憾而不可避免地产生了。那些由个体所形成的集体，由伦理所造就的实体，每每因对于道德和道德责任的集体无意识，或道德意识尤其是道德责任意识的集体缺场，而给现代社会造成众多悲剧性甚至灾难性的后果。

德国伦理学家库尔特·拜尔茨在讨论基因伦理时指出："关于人是道德主体的说法，如果脱离这种主观能动性得以发挥的具体社会条件和历史条件，将会把人引入歧途。从事实上看，道德的主体从来不是哪一个个人，而是当时的道德集体；由此可见，道德的每一次改变，并不是出于某一个人的决心，而只能是一个对某种意见和利益进行激烈而又理智的争论与商讨的结果。"① 库尔特讲得很肯定，也很绝对，道德的主体"从来"就不是任何一个个体，而是"道德集体"。他的意思是，不仅集体应当成为道德的主体，而且只有集体才是道德的主体，隐含的意思是，个体不可能、也不应当是道德的主体。他的观点看来与我们时下的"通识"有悖，但其内不仅潜在着一种哲学的慧见，更内在着一种道德哲学上具有时代意义的重大觉悟。要对这样的观点进行分析当然必须回到"主体"是什么这样的纯粹理性问题，但更需要讨论的是一般形而上学意义上的主体与道德主体的区分这样的更现实、更具体的道德哲学问题。我们将关于主体与道德主体的讨论留给哲学与道德哲学，事实上这样的讨论已经很有时日并且取得成效。这里只是将讨论建立在如下一般哲学认知的基础上：主体相对于客体而言，在概念起源上，它与"人类中心性"意识有关，在近现代哲学中，它与"行动者"、"担当者"、"主观"、"能动"等词相关；并且由此引发出"交互主体性"、"主体际"等新的理念与概念。道德哲学上的主体与主体性的概念，与两个基本的规定密切相关。第一个规定是道德自我意识与道德反思能力；第二个规定是道德行为与道德责任。

这里，我们尝试着以黑格尔"道德世界观"的理论对道德的主体进行道德哲学的诠释。按照黑格尔的观点，主体只有在意识由理性发展到精神，从而成为既自在又自为的存在时才可能生成和出现。自在自为的特质是：既具有反思的自我意识，同时又具有将理性外化为现实或实在即行为的能力。而这两个特质的本质是：履行道德义务，承担道德责任。所以，在"伦理—教化—道德"的伦理精神的辩证运动中，道德主体或道德的主体性只能在"道德"阶段才能生成，而道德主体生成的前提和标志就是"道德世界观"形成。在"伦理"阶段，只有实体意识，个体与自我意识在实体中只是作为一种抽象的存在；在"教化"阶段，个体自我意识被异化，成为普遍意志、自己的财产或所有物的异化的存在；在"道德"阶段，"道德世界观"生成，"精神的自我"或"主体"出现。道德世界观即"道德世界"的自我意识，它的基本问题是道德与自然，或道

---

① ［德］库尔特·拜尔茨：《基因伦理学》，马怀琪译，华夏出版社 2001 年版，第 203 页。

德自我意识与外部世界的客观自然与内部世界的主观自然之间的关系构成。它的前提是道德与自然之间的分殊与对立，但它的本质是道德与自然之间的和谐与同一，而同一性的基础则是义务的绝对性与本质性。"这个道德世界观是由道德的自在自为的存在与自然的自在自为的存在的关系构成的。""它知道只有义务具有本质性而自然则全无独立性和本质性。"①道德世界观建立在两大和谐的公设基础上，也以这两大和谐为目标和实质：道德与客观自然的和谐——世界的终极目的；道德与感性意志的和谐——自我意识本身的终极目的；而将这两个终极目的或两大和谐联结起来并使之具有现实性的"中项"，则是"现实行动的运动本身"②。可见，坚持义务的本质性，追求道德与自然之间的和谐，并且通过现实的道德行动，即对道德义务的履行实现道德与自然的和谐同一，就是道德世界观的本质规定，也是道德主体或道德主体性的本质规定。义务、和谐、行动，构成道德世界观、道德主体概念的三个关键词。

以"道德世界观"诠释道德主体，便可以回到关于道德主体是道德个体还是道德集体的问题的讨论。道德世界观不仅是以义务为核心的道德自我意识，而且是以履行道德义务的道德行动为本质的"道德世界"的自我意识。前者是自在的，后者是自为的，二者的结合形成"精神的自我"或"主体"。③于是，道德集体是不是、应当不应当是道德的主体的问题，便转换为集体是否具有、是否应当具有"道德世界观"的问题；这个问题的现实表现，就是道德的生成、道德的存在形态到底是集体还是个体？

集体是否具有、是否应当具有道德世界观，逻辑前提，是集体是否存在某种统一或同一的"道德世界"。如果将"伦理精神"当作实体或"真实的集体"存在的必要条件，那么，统一的或基本统一的"道德世界"的形成或存在，就是实体存在的前提，没有基本统一的道德世界与道德世界观，不仅实体不可能存在，集体也只能是虚幻的和偶然的存在。实体、"真实的集体"的概念，已经概念地内在了对共同的"道德世界"和共同的"道德世界观"的肯定。关于合理而现实的道德主体到底是个体还是

---

① ［德］黑格尔：《精神现象学》下，贺麟、王玖兴译，商务印书馆1996年版，第126页。
② 同上书，第130页。
③ 关于"精神的自我"即"主体"的提法，参见［德］黑格尔《精神现象学》下，贺麟、王玖兴译，商务印书馆1996年版，第124页。

集体的问题，可以用一个反证来说明。在康德、黑格尔的道德哲学中，对良心都有充分的论述和肯定，但他们同时又对良心的道德可靠性表现出深深的担忧。良心无疑具有道德性与普遍性，但它同时也具有主观性与个别性。"良心是自己同自己相处的这种最深奥的内部孤独，在其中一切外在的东西和限制都消失了，它彻头彻尾地隐遁在自身之中。""人作为良心，已不再受特殊性的目的束缚。"① 因为它具有内在的道德性与普遍性，良心是神圣性的，"良心作为主观认识跟自在自为地存在的东西的统一，是一种神物，谁侵犯它就是亵渎"②。但因为良心具有主观性与个体性，因而又潜在着巨大的道德风险。"良心如果仅仅是形式的主观性，那简直就是处于转向作恶的待发点上的东西，道德和恶两者都在独立存在以及独自知道和决定的自我确信中有其共同根源。"③ 黑格尔解决这一问题的方案是，将良心分为"形式的良心"和"真实的良心"；在方法论上，"形式的良心"是基于"道德的观点"，"真实的良心"是基于"伦理的观点"。④ 撇开他的思辨哲学的晦涩话语，黑格尔的要义是："形式的良心"就是个体的、主观的良心，因而是基于"道德的观点"；"真实的良心"是社会的或实体的、具有某种客观性的良心，因而是基于"伦理的观点"。无论如何，只有社会性、伦理性的良心才是真实的和可靠的。这种实体的和伦理性的良心，既基于集体的道德世界观，也是集体的道德世界观的自在自为的表现。在逻辑上转换过来，只有基于实体良心，才能形成，也才是真正的道德的主体。道德的主体应当是集体性和伦理性的。

　　道德主体的集体性或集体作为道德的主体，还可以从另一个方面获得论证。道德在形式上虽然具有个体性，但它的生成、认同以及改变，本质上都是集体性和社会性的。正像库尔特所说的那样，不能离开具体的社会历史条件抽象地说人是道德的主体，任何道德的形成，都是当时的一定的社会群体"理智地争论和商讨的结果"。也许，"理智地争论与商讨"的话语形式与现代西方马克思主义者哈贝马斯的理论有关，但只要稍稍考察一下道德的发展史便可以发现，历史上任何道德都确实是群体商谈的结果。回顾春秋战国时期孔孟道德理论的发展，反思儒家伦理与道家、法

---

① ［德］黑格尔：《法哲学原理》，范扬、张企泰译，商务印书馆1996年版，第139页。
② 同上书，第140页。
③ 同上书，第143页。
④ 同上书，第140—141页。

家、墨家伦理之间的激烈争论，以及这些争论对当时和日后中华民族道德发展的影响，显而易见的事实是：无论儒家、道家、法家、墨家，还是被人们所信奉的其中任何一种道德或道德信条，都总是"集体的"，不仅某种道德的生成是集体的，它们的接受也是集体努力（群体争论或商讨）或群体压力（透过社会政治的努力）的结果，而且，对这些道德的践履或者说道德行动也是集体性的，更不用说集体行动的道德后果，以及改变某种道德所进行的努力的集体性了。这就是马克思在他所处的那个时代，强调道德的社会性乃至阶级性、强调"社会存在决定社会意识"的合理性之所在。在这个意义上，道德的主体应当是集体，甚至在相当程度上只能是集体。

因此，如果以"道德世界观"诠释道德的主体与主体性，那么，结论就是：虽然不能也不需要否认个体是道德的主体，或个体的道德主体性，但现代道德哲学需要修正、也更需要强调的是：道德的最重要的主体是集体，道德主体性的更本质、对文明进步更具历史意义和现实意义的，是集体主体性。

二　主体与实体

实体与主体的关联存在两种逻辑。第一种逻辑是：实体就是，应当是，也必须是道德的主体。上面已经论证，集体或作为真实的集体的伦理性的实体为何是道德的主体，但这种逻辑在现实运作中遭遇挑战，现实中存在的事实是：大量的集体并不具有作为道德主体的品质，这些集体或者不具有统一而自觉的"道德世界观"，或者不能承担或履行集体的道德责任。于是，第二种逻辑就更具现实性：实体应当提升、转换、发展为主体或道德的主体。在这种逻辑中，实体必须透过某种辩证转换和辩证运动才能成为主体，就是说，实体并不能自然"是"或天生"是"主体，而必须借助某种推动才能"成为"主体。

首要的问题，是要分析实体与主体的差异。这个分析建立在如下假设基础上：某个集体已经成为实体，就是说，它在其内部获得了必要的伦理精神资源，并且借助这种精神使集体具有比较健全的内在伦理性，从而使集体上升为实体。"成为实体"的道德哲学意蕴是：这个集体在其内部达到"单一物与普遍物"即个体与共体的统一，不仅构成这个集体的每个个体获得了他们作为集体中的有机构成的实体性，而且集体也因此具有真实性，就是说，这种集体是有"精神"的，或者说有其伦理的生命。但是，实体的局限在于：它只是相对于个体或"单一物"而存在，它也只是指向内部的关系并且只是透过伦理精神的运作建立某一集体内部的自我同一性，它虽然已经是"整个的个体"，但这一"整个的个体"还不能作为一个能动的"自我"而行动，因而还没有或者说还缺乏作为"整个的个体"的集体自我意识，这个实体中的个人可以在反思中意识到自己对于实体的责任并且自觉地履行它，但实体作为"整个的个体"还不能意识到它自己的道德责任，也不能自觉地履行这些责任。因此，实体还只是自在的存在，而不是自为的存在，而主体却是既自在又自为的存在。在《精神现象学》中，黑格尔认为，实体向主体的提升，存在于意识的辩证发展的过程中。他将主体与自我在概念上相等同，认为当实体变为主体（自我）时，理性就变成了精神。根据他的观点，实体向主体运动的核心和实质，就是理性向精神的发展，只有当理性变成精神时，实体才可能成为主体，主体也才能生成。可见，实体向主体的运动，是一个具有重要道德哲学意义的辩证发展。

　　我们不必在关于理性发展为精神的思辨中演绎实体提升为主体的道德哲学条件。在黑格尔道德哲学体系中，理性发展为精神的辩证过程是"伦理—教化—道德"，而精神生成和完成的重要标志是上面所说的"道德世界观"。但是，"道德世界观"无论在概念上还是现实中可能都难以真正完成由实体向主体的转换。于是，必须沿着黑格尔所提供的思想和学术资源继续推进。由于探讨的主题是集体成为道德主体的条件，因此，关注的重心就不是个体性的"道德世界"的自我意识，而是集体性、实体性的"伦理世界"的自我意识，准确地说，是"伦理世界"的道德自我意识。这个关注要求进行的道德哲学努力是：将"道德世界观"推进、发展为"伦理世界观"。可以这么说，"伦理世界观"的生成，是将伦理实体提升为道德主体的必要的和最重要的条件。"伦理世界观"是集体的、共体的、实体的"道德世界观"，是"伦理世界"的道德世界观。由"道德世界观"向"伦理世界观"的理论推进和概念演绎，本质上是将道德自我意识由个体发展为集体，将"道德世界"的自我意识，发展为"伦理世界"的自我意识。对于"伦理世界观"以及由"道德世界观"向"伦理世界观"的概念发展，曾在上面的研究中作了专门研究,① 这里需要进一步追究的是：为什么"伦理世界观"的形成是实体变为主体的必要条件？

实体之为实体，本质上是由伦理精神所建构的一个"伦理世界"。它既为实体，就预示着已经完成其内在的同一，并且具有某种精神。但这种精神本质上还是一种伦理性的精神，就是说，它是在某一集体内部达到"单一物与普遍物"统一的实体性精神，还不是也还没有成为，"实体的精神"。"实体性的精神"与"实体的精神"具有本质的区别。"实体的精神"是实体作为"整个的个体"的精神，而"实体性的精神"是走向实体或建构实体的精神。在伦理性的实体中，事实上存在一个"伦理世界"，这个伦理世界是统一的，具有精神同一性，但是，这种精神还只是自在的，它只是一种实体意识，而不是实体的自我意识。而只有当伦理的实体形成道德的自我意识时，这个伦理的实体才能成为（集体性）的道德主体。根据黑格尔所规定的"道德世界观"的内涵，实体的"伦理世界观"必须具备三个要素或三种品质：第一，追求和实现实体的道德与实体的自然（包括实体所面对的客观自然和实体内在的主观自然尤其是实体的欲望和冲动）的和谐与统一；第二，在这个追求中坚持义务即实体的道德义务而不是实体内部个体对实体的道德义务的绝对性与本质性；第三，诉诸实体的道德行为实现道德与自然的和谐统一，履行实体的道德责任。这些要素和品质的关键是：它们都不是个体性，而是实体性或集体性的。在"伦理世界观"中，"道德"已经不是个体的道德，而是实体的或集体的道德。"自然"也不是个体的自然，而是实体或集体的自然，这种自然同样可以分为客观自然与主观自然两种形态。主观自然是实体的欲望冲动和实体的利益，在这里，实体的利益、实体的欲望与冲动已经丧失了它在实体内部相对个体而言所具有的那种神圣性与先验合理性，而必须接受实体道德的选择与批评；客观自然即实体所面对的客观世界，就这方面而言，道德与自然的关系，就是实体与它所处的客观世界之间的关系。"伦理世界观"的关键是：在道德与自然的矛盾中，实体能否自觉地意识到自己的义务，准确地说是作为实体或集体的义务，并且以义务的本质性处理实体道德与实体自然之间的对立和冲突，达到二者之间的和谐与统一。在这里，所坚持的已经不是一般意义上的义务及其本质性，而是实体

---

① 参见本书上卷之"伦理世界观"一章。

的义务及其本质性，实体的义务意识是实体自我意识的核心。而对第三个要素来说，最重要的是实体作为一种"整个的个体"或真实的集体而采取道德行动，履行道德义务，以集体的或实体的道德行动作为实体的"道德"与"自然"中项，现实而辩证地实现二者之间的和谐与统一。

"伦理世界观"的形成，是实体提升、转换、发展为主体的基本条件，也是集体道德主体形成的基本条件。这种"伦理世界观"一定意义上与上面所说的"集体灵魂"、"集团精神"有相似之处，但又存在根本的区别。

三　伦理的实体与不道德的个体

长期以来，道德哲学对个人主义保持着高度的文化警惕和价值忧患。这种警惕和忧患的根源是：自从人类在自己的智力发育和文明觉悟中欢欣鼓舞地从原初的类的实体意识中诞生出自我与自我意识，将个体与他所属的集体或社会分离和对立起来以后，个体与集体的对立就变得难以收拾，自我的膨胀及其客观化和意识形态化所形成的个人主义，更是造成集体与社会的"无以复加的分裂"。由此，对个人主义的文化抵御和价值矫正就不仅必要，而且迫切，虽然人们都承认，个人主义的产生是一个历史的进步，个人主义在历史上也确实产生过重要的和积极的文明的作用。但是，当现代文明将自己的全部关注聚焦于这种个体形态的个人主义时，另一种形态的个人主义却破土而出，沐浴着 20 世纪文明的阳光雨露蓬勃地生长，这就是集体个人主义或实体个人主义。集体个人主义或实体个人主义是新的形态的个人主义，它自来到世间，就造成严重的文明后果和巨大的道德灾难；它一直并且至今仍然处于伦理反思与道德批判触须之外，甚至在相当程度上受到伦理的甚至道德的溺爱和宠爱。人们强烈地质疑和激烈地批判个体个人主义，但对实体个人主义却熟视无睹，甚至认同鼓励。

理论上首先必须确认的问题是：在实体与个人主义之间确实存在某种内在转换，或者说，集体或实体确实存在形成个人主义的内在可能。路易·迪蒙在《论个人主义》中曾有一个重要发现："整体主义成分以极隐晦的、几乎偷偷摸摸的方式从属于个体主义成分。"① 美国伦理学家莱茵霍尔德·尼布尔曾以民族为例，具体分析民族主义如何蜕变为个人主义。

---

① ［法］路易·迪蒙：《论个体主义》，谷方译，上海人民出版社 2003 年版，第 107 页。

他的观点直截了当并且一针见血："民族的自私是公认的。乔治·华盛顿的一句名言是：只有在符合其自身利益时，民族才是可以信赖的。"自私的根本原因，是因为民族缺乏的自我批评。"民族是一种肉体性的统一，与其说是由理智维系起来的，倒不如说是由势力和情绪维系起来的。既然没有自我批评就没有合乎伦理的行动，没有超越自我的理性能力便没有自我批评，那么很自然，民族的态度几乎不可能合乎伦理。"① 实体主义中潜在的个人主义，与实体、集体、社会存在的形态以及人们对它的认知方式有关。埃利亚斯认为，人们对"社会"的理解方式往往有两种，一种是原子式的，将社会当作个人的集合；一种是客体性的，将社会当作存在于个人彼岸的客体。"社会要么被理解为众多个人的一种单纯集合，一种累加式的因而无结构的序列；要么被当作一个客体，这个客体以某种不能再明究的方式远在单个人的彼岸。"② 前一种理解易于产生个体个人主义，后一种理解则易于产生实体或集体个人主义，因为，当将社会当作客体而不加以伦理追究和道德反思时，实体的个人主义就不可避免了。对于实体、集体、社会的不加反思的实体性理解，是实体或集体个人主义产生的概念根据和认识论根源。

　　实体个人主义在道德哲学上是伦理—道德悖论的结果。实体或真实的集体的形成，意味着它已经具有内在的伦理性，已经透过伦理精神将个体的"单一物"与集体的"普遍物"统一为一个整体或实体。伦理、伦理性、伦理精神概念地和逻辑地预定于实体之中，使之成为一个伦理和伦理性的存在。但是，伦理性只是将个体凝聚、同一为一个实体的必要条件，它丝毫并不意味着这个实体天生就是道德的，或者先验地具有道德的合法性。实体的道德合法性必须通过实体行为的道德合理性体现。当实体缺乏实体道德自我意识时，它的道德合理性与道德合法性也就丧失了，于是，就可能成为一种伦理的但却是非道德甚至是不道德的存在。就是说，作为实体，它是伦理的，或伦理性的；但作为"整个的个体"，它却是非道德或不道德的，这便是所谓"伦理的实体与不道德的个体"的悖论。在这个意义上可以说，并不是任何符合伦理的行为都是道德的，符合某种实体

---

① ［美］莱茵霍尔德·尼布尔：《道德的人与不道德的社会》，蒋庆等译，贵州人民出版社1998 年版，第 68、71 页。

② ［德］诺贝特·埃利亚斯：《个体的社会》，翟三江、陆兴华译，译林出版社 2003 年版，前言第 1 页。

伦理因而对实体或在实体内具有道德性的行为并不是无条件地是"道德的"。尼布尔关于爱国主义的分析，可以作为这种伦理—道德悖论的一个佐证。他发现："爱国主义有一个伦理悖论，这个悖论只有通过最明智和最成熟的分析才能得以解释。这个悖论是：爱国主义将个人的无私转化成民族的利己主义。"①"个人的无私"是实体内部的个体道德或实体的伦理要求，"民族利己主义"则是一种实体道德或实体的外部道德，实体的伦理转换为实体的不道德，实体内部的道德转化为实体外部的不道德，这就是爱国主义的伦理—道德悖论。这种悖论的实质是："个人的无私变成了民族的自私。"所以他担心，关于民族的理性和爱国主义"是否会增长到足以消除国际关系中道德意义上的危险，则是颇可怀疑的"②。

不道德的实体或实体个人主义已经造就了20世纪最严重的文明灾难。如果实体行为仍然像以往那样，被当作具有先验的道德合法性，或者在道德上被看做价值中立的，那么，这种灾难还会延续下去。因此，无论社会还是实体，都需要一种"伦理—道德"的整体性觉悟——不只是伦理的觉悟，也不只是道德的觉悟，而是伦理—道德一体的觉悟，这种觉悟的核心是：将实体的内部伦理与外部道德，或实体性伦理与实体性道德同一起来，消除和超越实体与实体行为中的伦理—道德悖论。达致这种觉悟，在学术上需要进行的重要努力之一是：探讨伦理—道德悖论形成的主观条件，寻求超越悖论的建设性途径。如前所述，实体或真实的集体形成的必要条件是伦理精神，这种伦理精神作为"集体灵魂"使个体与集体达到统一。如果实体或集体要形成和保持它的道德性，那么就需要一种"道德精神"。这种道德精神应当具备以下结构：（1）实体的伦理理智或伦理理性，即伦理世界观，或伦理世界的道德世界观；（2）实体的道德自我意识，尤其是实体的道德自我批评与自我反思意识；（3）实体的道德意志和道德责任能力。"不道德的伦理个体"形成的重要主观原因，是实体或集体的道德无意识，实体的道德无意识或实体道德意识的缺场，是伦理—道德悖论，或"伦理的实体与不道德的个体"生成的根本原因。所以，实体道德意识尤其是实体道德自我意识的培育，是超越伦理—道德悖

---

① ［美］莱茵霍尔德·尼布尔：《道德的人与不道德的社会》，蒋庆等译，贵州人民出版社1998年版，第73页。

② 同上书，第72、73页。

论的主观条件。

第四节　伦理实体诸形态的辩证发展及其
伦理—道德悖论

实体有诸多形态,就其性质而言,有政治实体、经济实体、文化实体等等,其中伦理实体最具特殊性。伦理实体既是一种特定的实体形态,又是一切实体之成为实体所必须共有的基本品性,因而对它的分析尤其对它所内在的伦理—道德悖论的分析,对其他诸伦理实体形态便具有显而易见的典型意义和很强的学术解释力。伦理实体同样具有众多形态,在关于伦理实体的理论中,影响最大和最深远的是黑格尔的伦理实体理论。在《法哲学原理》中,他将伦理实体区分为三种,即家庭、市民社会、国家,它们构成伦理实体的辩证结构和辩证运动。这里以黑格尔关于伦理实体的理论为分析框架,探讨伦理实体如何形成,以及它们所内在的伦理—道德悖论。

以黑格尔关于伦理实体的理论为分析框架,不可回避的学术难题,就是他在《精神现象学》和《法哲学原理》中对于伦理实体结构的不同提法。在《精神现象学》中,他事实上以家庭与民族为伦理实体的基本结构,前者遵循神的规律,后者遵循人的规律;而在《法哲学原理》中却又明白无误地将家庭、市民社会、国家作为伦理实体的结构,并对它们分别论述。这种状况很容易让人莫衷一是,进而产生对这种理论的源头性怀疑和质疑。事实上,两种提法在黑格尔的体系和思想发展中是统一的,《法哲学原理》较之《精神现象学》在关于伦理实体的理论方面虽有所深入,但基本的方面是一致的,一致的基础就是关于"伦理"和"实体",以及二者结合所形成的"伦理实体"的概念规定。伦理的本性是普遍,是具有现实性的普遍,"伦理在一种本性上是普遍东西";实体则是由精神所实现"单一物与普遍物的统一",因而伦理实体的真谛和核心,就是一种具有普遍性的现实精神。所以,在《法哲学原理》中,黑格尔事实上也是将家庭与民族作为伦理实体的两种最基本的形态,这一结论的学术根据之一,就是他在该书对伦理实体作出家庭、市民社会、国家三分之前那个具有方法论意义一节(第156节)中的话:"伦理性的实体包含着同自己概念合一的自为地存在的自我意识,它是家庭和民族的现实精神。"① 这段话的简单表述就是：伦理实体是家庭和民族的现实精神。据此反译，家庭与民族就应当是两种最基本的伦理性实体，这一结论与《精神现象学》中的观点一致。那么为什么要明确地提出三种结构的理论呢？下一节（第157节）开头的话对此作了解释和诠释。"这一理念的概念只能作为精神，作为认识自己的东西和现实的东西而存在，因为它是它本身的客观化、和通过它各个环节的形式的一种运动。"② 伦理性的实体，既是家庭与民族的现实精神，又是这种精神的客观化和运动的诸环节。于是，家庭、市民社会、国家，就是家庭、民族的现实精神或伦理精神客观化和运动的诸环节。由于在作为伦理性实体的现实精神的家庭与民族的结构，和作为伦理性实体的客观化和运动诸环节的家庭、市民社会、国家的结构中，家庭是共同的，所以，市民社会和国家可以看做是民族的现实精神的客观化和它的运动的两个环节。经过这样的解释，黑格尔在《精神现象学》和《法哲学原理》中的两种提法便统一起来。同时也意味着，这里是在伦理精神的客观化和运动的诸环节的意义上，将家庭、市民社会、国家作为伦理实体的诸形态进行讨论和考察。

一　直接的或自然的伦理实体——家庭

（一）直接的和自然的伦理实体

关于家庭，首先可以也是必须进行的学术确认是：它是一个自然的伦理实体，是"直接的或自然的伦理精神"。进行这一确认要探讨的问题是：（1）家庭为何是一个伦理实体？（2）家庭如何成为自然的伦理实体，并成为伦理实体的辩证结构和辩证运动的起点？

家庭为何是一个伦理实体的问题与它和伦理在概念上的一致性相关。当从法哲学的意义上即从意志出发考察伦理时，黑格尔认为，"伦理是在它的概念中的意志和单个人的意志即主观意志的统一"③。当从现象学即意识的意义上考察伦理时，黑格尔认为，"伦理是一种本性上普遍的东西"④。两种观点是一致的，这种一致性就是：伦理是一种普遍性。家庭之所以成为伦理实体，就是因为它具有并且体现了这种普遍性。当然，现

---

① ［德］黑格尔：《法哲学原理》，范扬、张企泰译，商务印书馆1996年版，第173页。

② 同上。

③ 同上书，第43页。

④ ［德］黑格尔：《精神现象学》下，贺麟、王玖兴译，商务印书馆1996年版，第8页。

象学的体现与法哲学的体现是"理一分殊"的。在现象学意义上理解家庭作为伦理实体的普遍性本性关键是："必须把伦理设定为个别的家庭成员对其作为实体的家庭整体之间的关系，这样，个别家庭成员的行动和现实才能以家庭为其目的和内容。"① 在法哲学的意义上理解的家庭作为伦理实体的普遍性在于："在这里个人把他冷酷无情的人格扬弃了，他连同他的意识是处于一个整体之中。"② 家庭因为是一种普遍性，或者是伦理精神的普遍性，所以是一种伦理实体。

那么，家庭为什么、又如何成为一个"直接的或自然的"伦理实体或伦理精神？根本的原因在于，在家庭中，伦理的普遍性采取了自然的形式，这种自然的形式有二：一是爱；二是感觉。"伦理的最初定在又是某种自然的东西，它采取爱和感觉的形式；这就是家庭。"③ 于是需要追究的问题便是：爱为何就是伦理的或普遍的？家庭中的爱为何就是直接的和自然的？

"爱"与"感觉"在家庭伦理精神中不仅是同一的，而且是家庭之作为自然伦理实体的两个最重要的特质和条件。"作为精神的直接实体性的家庭，以爱为其规定，而爱是精神对自身统一的感觉。"④ 家庭以"爱"为规定，所以它是伦理的，是伦理的实体；但"爱"只是感觉，而且家庭中的爱是直接的，所以家庭是直接的或自然的伦理精神与伦理实体。需要在理论上论证的是：为什么以"爱"为规定就能使家庭成为伦理实体？或者说，"爱"为何能造就伦理实体？换句话说，"爱"为何是伦理实体形成的必要条件？

（二）爱与伦理

根本的原因，在于"爱"的文化品质和概念本质。"爱"的概念规定性是什么？"所谓爱，一般说来，就是意识到我和别一个人的统一，使我不专为自己而孤立起来；相反地，我只有抛弃我独立的存在，并且知道自己是同另一个人以及别一个人同自己之间的统一，才能获得我的自我意识。"⑤ "爱"的本质规定就是自我与他人的统一，就是"不独立"，就是

---

① ［德］黑格尔：《精神现象学》下，贺麟、王玖兴译，商务印书馆 1996 年版，第 9 页。
② ［德］黑格尔：《法哲学原理》，范扬、张企泰译，商务印书馆 1996 年版，第 43 页。
③ 同上。
④ 同上书，第 175 页。
⑤ 同上。

在自我与他人的统一中获得和确证自己。于是，"爱"就有了这样的文化品质：扬弃个别性，即个体抽象的独立性，将自我投掷到与他人不可分离的关联中，形成自己与他人统一的"悲怆情愫"，其不可避免的结果，就是整体性的建立。所以，"爱"有两个环节，"爱的第一个环节，就是我不欲成为独立的、孤单的人，我如果是这样的人，就会觉得自己残缺不全。至于第二个环节是，我在别一个人身上找到了自己，即获得了他人对自己的承认，而别一个人反过来对我亦同"①。"爱"的第一个环节是"不独立"；"爱"的第二个环节是在"别一个人身上找到自己"。第一个环节是否定性的，即对个别性的否定与扬弃；第二个环节是肯定性的，即在他人身上确证自己。否定与肯定的结合，就是否定之否定，即伦理实体或伦理的实体性的建立。

但是，由"爱"所建立的伦理的实体性，"爱"的伦理精神，有其特殊性，这就是直接性或自然性，因为，"爱"从根本上说只是"感觉"。"爱是感觉，即具有自然形式的伦理。"这种感觉本质上还是一种情绪，也是一种情感。"在家庭中，人们的情绪就是意识到自己是在这种统一中，即在自在自为地存在的实质中的个体性，从而使自己在其中不是一个独立的人，而成为一个成员。"②"爱"所建立的统一性，是通过感觉，通过情绪完成的，这便使家庭的同一性或实体性与国家的实体性有本质区分。按照黑格尔的观点，国家的同一性不是靠感觉，而是靠理性建立的，在国家中意识到的统一是法律，而法律的内容必须符合理性，并且转化为人们自觉的自我意识。但是，正因为家庭的同一性建立在感觉和情感之上，它的实体性才是本性上不可颠覆的。"爱是感觉，是一种主观性的东西，对于这种主观的东西，统一无能为力。"③

这里，便提出一个学术问题：伦理学和道德哲学的起点是什么？如果将伦理与道德的概念相区分，如果认定伦理是一种普遍性和实体性，那么，伦理的历史起点应当就是家庭。家庭作为直接的或自然的伦理精神与伦理实体，是伦理的历史起点。伦理的逻辑起点是什么？就是爱。爱扬弃个别性，造就统一性和实体性。所以，伦理学与道德哲学应当以家庭与爱

---

① ［德］黑格尔：《法哲学原理》，范扬、张企泰译，商务印书馆 1996 年版，第 175 页。
② 同上。
③ 同上书，第 176 页。

为伦理的历史与逻辑起点。问题在于，无论是家庭还是家庭中的爱，都是有局限的，因为它们建立在感觉基础上，是自然的，因而伦理学与道德哲学又必须扬弃超越家庭和家庭中的爱。爱并不是像恩格斯批评费尔巴哈的那样，是一种创造道德的天才，但它却是缔造伦理和伦理实体的基础。现代性将伦理建立在理性基础之上，于是误区与悲剧便由此发生。理性的逻辑是"我就是我"，"爱"的逻辑是"我不是我，而是与别人的统一体中的我"。试图将伦理建立在理性基础之上，在逻辑上根本无法建立伦理性的统一体，由此出发，任何建构伦理的努力无疑是缘木求鱼。而且，即使假设伦理应当是理性的，它最后的根据也难以完全是理性的，因为，形而上学及其体系的一个根本法则是：理性建立在非理性的基础之上。正像人们已经发现的那样，近代理性主义的始祖笛卡儿最后也只能将他的理性主义大厦建立在非理性的基地上，他的形而上学体系的起点是："我思，故我在。"套用现代西方哲学的一个话语，可以作出这样的妄断：任何试图以纯粹理性为基础建立伦理和伦理体系的努力，都将注定失败：已经失败，并将继续失败。

（三）走向不道德的可能性

但是，家庭作为伦理实体，本身并不具有先验的和绝对的伦理合理性与道德合理性。也许，作为自然的伦理精神，它在伦理上是神圣的，也具有一定的现实性，但是，现实的并不就是合理的，或者说并不就是完全合理的，在道德方面尤其如此。毋宁说，对家庭伦理实体来说，内在的伦理—道德悖论同样是直接的和自然的，在这个伦理的实体中，潜在着成为不道德个体的直接的和巨大的风险。

黑格尔这样描述家庭伦理实体的先验缺陷："家庭，作为无意识的、尚属内在的概念，与概念的有意识的现实相对立，作为民族的现实原素，与民族本身相对立，作为直接的伦理的存在，与通过争取普遍目的的劳动以建立和保持其自身的那种伦理相对立，——家庭的守护神与普遍精神相对立。" ＊在家庭中，至少存在三种或者在三个方面存在由伦理的实体沦为不道德个体的可能。

可能性一：家庭伦理实体的直接性或自然性，以感觉和情绪为基础，因而其行为具有非理性甚至反理性的本性。家庭的绝对逻辑是情感逻辑，伦理的自然同一体必须以情感为基础，理性的伦理体系在源头上也必定是非理性的，但是，作为实体的行为，必须具有一定的理性内涵或在一定程度上受理性指导。在家庭中，内在着一个理性与非理性的悖论：必须以非理性的爱扬弃家庭成员的个别性，家庭的伦理同一性才能形成，因而家庭伦理实体本质上是非理性的甚至反理性的；但是，如果家庭作为实体的行为，以及家庭成员的行为都是非理性或反理性的，那么，家庭伦理实体就会丧失其合理性。前者造就了家庭伦理实体的自然性与直接性，后者又会导致家庭伦理实体作为"整个个体"的非道德性。在中国伦理史上，孔夫子"父为子隐，子为父隐，直在其中"的论断就是家庭实体的伦理—道德悖论的典型体现。"父为子隐，子为父隐"，"直"在何处？"直"在伦理，如果亲亲之间不是"互隐"，而是互揭，那么可想而知，家庭作为伦理实体将不复存在，至少丧失了它的伦理实体的直接性和自然性，在亲亲之间具有理性的中介，而不是以非理性的爱建立其自然同一性。正是在这个意义上，现在不少学者呼吁重新评价"亲亲互隐"的伦理价值。但是，"父为子隐，子为父隐"在伦理上的"直"，却无疑是道德上的"曲"或"谬"，亲亲互隐的结果，必然使家庭成为不道德的个体。于是，家庭伦理实体一开始同样"直接"或"自然"处于伦理—道德悖论当中。

可能性二：家庭这个自然的伦理实体与更高级的伦理实体之间存在矛盾和对立，家庭伦理实体的直接性往往与更高级的伦理实体处于紧张和冲突的状态之中，并因此影响它的道德合理性。家庭是民族伦理实体的元素，但家庭遵循神的规律，民族遵循人的规律，它既然诉诸爱的直接性和感觉的质朴性，那么就可能阻碍神的规律向人的规律的运动。因此，在具有强大家族传统的文化，比如中国文化中，家庭成员与社会公民的矛盾不仅是一种传统性，而且也往往是走向现代化的一种阻滞力，矛盾的主要方面，就是家庭成员的意识很难成长为健全的社会公民的意识和精神。于是，家庭这个伦理的策源地，便很可能成为道德的"百慕大三角"。"——因为一个只作为公民才是现实的和有实体的，所以如果他不是一个公民而是属于家庭的，他就仅仅只是一个非现实的无实体的阴影。"①

可能性三：家庭不仅在伦理实体的体系中是一种个别性，而且可能固守自己的实体个别性，由此走向非合理性与不道德。正如黑格尔所言：

① ［德］黑格尔：《精神现象学》下，贺麟、王玖兴译，商务印书馆1996年版，第10页。

"这个（家庭）整体的行动所具有的有意识的目的，就其只关涉这个整体自身而言，它本身仍然是个别的东西。"① 家庭一旦形成并成为传统，很可能成为一种文化堡垒，这个文化堡垒的重要品性，就是只关涉并且固守自身的整体。美国社会学家福山曾经仔细考察过中国家族制度与家族传统对现代企业发展的影响。他断言："要了解中国经济社会的本质，先决条件是需了解家庭在中国文化里所扮演的角色，这也能帮助我们了解今天世界上其他家族特性强烈的社会。"② 他发现，强大的家族主义传统给中国经济产生了诸多负面的影响："强势的家族主义、子嗣平分家产的制度、缺乏领养家族外成员的机制，加上对外人的极度不信任，塑造了传统中国人特有的经济行为模式，这在当今的台湾和香港工商文化里，都可以获得多方面的印证。"③ 多少年来，人们一直在反思和批判家族主义传统对中国经济社会发展的影响，它的影响的两面性，事实上在很大程度上根源于家庭伦理实体的伦理—道德悖论。

二　过渡的或否定性的伦理实体——市民社会

市民社会是伦理实体辩证发展的第二个环节。市民社会是一个十分复杂、至今仍聚讼未休的理论难题。这里考察的重点，是作为伦理实体的市民社会，或作为伦理实体的过渡性结构的市民社会，以及市民社会所内在的伦理—道德悖论。

（一）市民社会的理念及其道德哲学意义

对市民社会进行概念规定和理论根据的确认是一件浩繁而困难的工作。我们将讨论建立在三个前提之下：第一，以黑格尔的市民社会理论为基本学术资源；第二，市民社会是一个比较性乃至过渡性的概念；第三，在道德哲学的意义上对市民社会进行分析和把握。

正如查尔斯·泰勒所断言的那样，当下所要复兴的市民社会的理念，"并不是那个使用了数个世纪的、与'政治社会'具有相同含义的古老概念，而是体现在黑格尔哲学之中的一个比较性概念。此一意义上的市民社会与国家相对，并且部分独立于国家。它包括了那些不能与国家相混淆或

---

① ［德］黑格尔：《精神现象学》下，贺麟、王玖兴译，商务印书馆 1996 年版，第 9 页。

② ［美］弗兰西斯·福山：《信任——社会道德与繁荣的创造》，李宛蓉译，远方出版社 1998 年版，第 100 页。

③ 同上书，第 107 页。

者不能为国家所淹没的社会生活领域"①。根据这一观点，现代所讨论的
市民社会就是黑格尔哲学中的概念，或者说它的概念根据和学术资源是黑
格尔哲学，而且它是一个比较性尤其是相对于国家的比较性概念。市民社
会概念中尤其值得重视的，是它的道德哲学意蕴，这个概念"既具有社
会学和历史学的意图还具有道德和哲学的蕴涵，既是指高度概括的结构又
是指极为具体的结构，既是设域于国家与社会之间的三分观念又是置国家
与社会相对抗的二分观念"②。以上三个前提是统一的，因为黑格尔正是
在道德哲学意义上，主要在他的《法哲学原理》中在"家庭—市民社会
—国家"的结构系统中讨论市民社会的问题。

（二）家庭伦理实体的否定形态

市民社会的伦理实体是作为自然伦理实体自我否定的必然结果。按照
黑格尔的观点，原初的自然家庭因子女经教育成长为成年人而在伦理上解
体，儿子成为家长，女儿成为人妻，"家庭自然而然地和本质地通过人格
的原则分成多数家庭"，这些家庭"相互见外地对待着"。③众多家庭的扩
大，便成为民族。家庭之作为伦理实体，是因为在它的概念中就存在着伦
理的普遍性或伦理的精神，家庭成员自然地处于这个统一体中，因而家庭
关系，本质上不是家庭成员之间的关系乃至不是家庭成员之间爱的关系，
而是个别成员与作为普遍物存在的家庭实体之间的关系。但是，也正因为
如此，在家庭中也同样"自然"地存在内在否定因素，这就是家庭成员
的个别性与家庭的实体普遍性、或特殊性与普遍性之间的矛盾。随着子女
的成长，这个内在否定性得到发展，虽然家庭的伦理普遍性基础仍然存
在，但家庭成员只有在他们的反思中"作为它的形式的特殊性中假象地
映现出来"。这种反思中才能存在和映现的伦理普遍性不仅是一种假象，
而且显示为自然伦理的丧失，但这种反思关系，以及在反思中把握伦理普
遍性的方式，却成为向另一种伦理性或实体普遍性过渡的中介，它构成伦
理性东西的现象世界，这就是市民社会。就是说，在家庭的分裂和自我否

---

① 查尔斯·泰勒："市民社会的模式"，原载 *Public Culture*，1991，3（1），95－118。转引
自邓正来、J. C 亚历山大编《国家与市民社会》，中央编译出版社1999年版，导论第2页。

② 黄宗智：《中国的"公共领域"与"市民社会"——国家与社会之间的第三领域》，原
载 Modern China，April，1993。转引自邓正来、J. 巴亚历山大编《国家与市民社会》，中央编译
出版社1999年版，导论第16—17页。

③ ［德］黑格尔：《法哲学原理》，范扬、张企泰译，商务印书馆1996年版，第195页。

定过程中所造就的在反思中把握伦理普遍性的那种精神，就是市民社会产生的中介和基础，市民社会就是在反思中把握普遍性的那种精神的现象形态。也正因为如此，市民社会与家庭存在深刻的关联，市民社会也才成为伦理实体的一种形态，即家庭伦理实体的否定形态，或伦理实体的现象形态。"这种反思关系首先显示为伦理性的丧失，换句话说，由于伦理作为本质必然假象地映现出来，所以这一反思关系就构成了伦理性的东西的现象世界，市民社会。"① 市民社会的伦理精神，正是从家庭的分裂或家庭伦理精神的自我否定中孕生出来。

　　比较难以理解但又必须注意的问题是：市民社会不仅是伦理和伦理性的现象世界，而且在市民社会中，伦理的本质"必然假象地映现出来"。因为，家庭的最初规定者和出发点是它的实体性和普遍性，而市民社会的最初规定者和出发点则是自我的个体性和个别家庭的特殊性。"这里，普遍性是以特殊性独立性为出发点，从这一观点看，伦理看来是丧失了，因为对意识来说，最初的东西、神的东西和义务的渊源，正是家庭的同一性。"② 由于"单一物"或"特殊物"成为最初的规定者，因而从表面上看伦理性或伦理的普遍性是被扬弃了。然而，市民社会中存在的这种意识只是一种假象，因为当自我执著于自己的特殊性时，普遍性和普遍物仍然是最初的本质，自我的意识和行为依然受这种普遍性支配。正是在这个意义上，市民社会是一个伦理实体。

　　（三）市民社会的伦理—道德悖论

　　市民社会有两个基本原则，这两个原则构成市民社会的伦理—道德悖论，这就是特殊的目的与普遍的形式。目的的特殊性是市民社会的第一个原则。"具体的人作为特殊的人本身就是目的；作为各种需要的整体以及自然必然性与任性的混合体来说，他是市民社会的一个原则。"形式的普遍性是市民社会的第二个原则。"但是特殊的人在本质上是同另一些这种特殊性相关的，所以每一个特殊的人都是通过他人的中介，同时也无条件地通过普遍性的形式的中介，而肯定自己并获得满足。这一普遍的形式是市民社会的另一个原则。"③ 这两个原则简单地说就是：在市民社会中，

---

① ［德］黑格尔：《法哲学原理》，范扬、张企泰译，商务印书馆 1996 年版，第 195 页。
② 同上书，第 196 页。
③ 同上书，第 197 页。

每个人都以个人尤其是以个人的利益为目的和出发点；但是个人利益又必须以他人以及普遍的形式为中介才能得到满足。个人与个人利益是目的，他人与普遍形式是中介或手段，于是，在市民社会的伦理实体中，必然潜在巨大而深刻的道德风险。

市民社会两个原则中的目的—手段、特殊性—普遍性矛盾，本身就是一个伦理—道德悖论。在市民社会中，形式的原则是伦理的，或者说伦理的普遍性只是一种形式的普遍性；目的的原则是道德的，道德的出发点或目的是个体的私利，因而它又是非道德的，甚至具有不道德的倾向和可能性。伦理的形式与非道德的目的，这就是市民社会伦理实体的基本悖论。虽然这一悖论作为西方道德哲学的传统并得到反复论证，并且事实上成为西方近现代伦理精神的重要特征，但其内在的伦理—道德冲突却足以导致伦理精神的自我分裂。18 世纪初，荷兰道德哲学家伯纳德·曼德维尔的《蜜蜂的寓言》，曾论证和宣扬了一种西方市民社会的逻辑："个人的恶德，公众的利益"（一译为"个人的恶行，社会的公利"），这个逻辑就是一个伦理—道德的悖论逻辑；英国古典主义经济学家亚当，斯密在《国富论》中提出"理性经济人"的假设，其逻辑也是个人的利己心最后促成社会公利的实现。市民社会中的这种悖论，用一个最耳熟能详的命题表述，就是："人人为自己，上帝为大家。"然而，这个命题首先面临的难题就是："如果没有上帝，世界将会怎样？"而且，根据康德的道德哲学，真正的德行，必须具备两个基本条件。最重要的条件是出于道德的目的，"为义务而义务"，行为服从义务的"绝对命令"；第二个条件是出于对道德法则的"敬重之情"。如果出于利益的诱惑和惩罚的恐惧而履行道德，那就会从源头上污染道德，并产生伪善，而伪善是最大的恶。因此，市民社会的伦理精神，事实上难以摆脱甚至根本不可能摆脱目的—手段、特殊性—普遍性的伦理—道德悖论。

市民社会从一开始就是一个伦理上与道德上的两难，对它来说，要么因个体个人主义而使伦理实体难以具有现实性；要么因实体或集体个人主义而使伦理实体具有不道德的性质。黑格尔认为，市民社会是独立的单个人的形式普遍性的联合，这种形式普遍性通过三个机制建立：构成它的单个成员的需要即需要的体系；保障人身和财产的法律制度；维护成员的特

殊利益和公共利益的外部秩序。① 爱德华·希尔斯认为，市民社会有四个
基本特征：它是社会的一部分；它构成个人权利、特别是财产权利的基
础；是许多自主的经济单位或商业公司的集合体，它们独立于国家并相互
竞争；具有政治共同体的观念。"'市民'是与'自然'相比较而言的。
它是人们在社会中生活，亦即依据规则生活的状况。"② 由于市民社会是
出于特殊目的的个人的共同体，在这个共同体中普遍性只是形式的，对个
人来说，共同体只是工具性的存在，作为实体的必要条件的那种普遍性
的、伦理精神只是现象的而不是它的本质，因而真实的或现实的伦理实
体难以真正建立，如果存在伦理实体，也只是现象的。在市民社会的伦理实
体中，共体的本质是利益共同体。所以，在它的内部，事实上存在各种特
殊利益之间的冲突，正如黑格尔所说，市民社会是个人利益的战场，在这
个中介性的基地上，一切欲望都自由地活跃着，形成激情的澎湃巨浪，它
们仅受到射向它们光芒的理性的节制，为了实现利己的目的，建立起在一
切方面相互依赖的制度。在制度框架内，用责任的理念或所谓责任伦理将
出于特殊目的的个人凝聚起来。这便是现代西方伦理从德性伦理走向责任
伦理的重要原因。但是，在这个共同体中，如果构成它的个人的利益达到
完全一致，从而成为一个完全的利益共同体，这个共同体的存在又内在着
沦为利益的魔鬼而走向不道德的现实危险，现实中许多企业从经济实体蜕
变为经济动物的事实就是佐证。所以，市民社会往往难以摆脱两种命运：
要么难以成为具有真实普遍性的伦理实体；要么成为不道德的实体。

　　扬弃市民社会的伦理—道德的两难或悖论，就必须将伦理实体发展到
更高的形态——国家。

三　复归的或否定之否定的伦理实体——国家

（一）形而上学的国家观点

　　国家作为伦理实体辩证发展的最高形态，首先与对待国家的态度有
关。事实上，存在两种国家观。一是理想主义的国家观，一是现实主义的
国家观。理想主义的国家观将国家当作包容了其内一切个人的公共利益和

---

①　参见黑格尔《法哲学原理》，范扬、张企泰译，商务印书馆1996年版，第174页。

②　爱德华·希尔斯：《市民社会的美德》，转引自邓正来、J. C. 亚历山大编《国家与市民
社会》，中央编译出版社1999年版，导论第36—37页。

公共意志的实体；现实主义的国家观则对国家的政治本质进行批判。显然，两种国家观应当统一也必须统一，因为，只有将国家当作一种理想或具有一种关于国家的理想，才能对现实国家进行批判；只有对国家的真正本质有清醒的把握，才能现实地追求国家的理想。将国家当作伦理实体辩证运动的最高形态，总体上是基于理想主义的国家观。

理想主义的国家观在方法论上是一种哲学的、形而上学的国家观或思辨的国家理论。什么是哲学的国家理论？鲍桑葵在《关于国家的哲学理论》中将"哲学理论"与非哲学理论作了区分，认为，"二者的主要区别在于：用哲学的观点探讨问题时，是把事物当作一个整体并且是为了它自身而进行研究的"①。根据这一说法，"当作一个整体"和"为了它自身"即对事物的本质进行探讨，是"哲学理论"的特点，或者说在整体中对国家的本质进行探讨，是关于国家的"哲学理论"的特点。所以，霍布豪斯才说，"理想主义的国家观有时会以一种有机的社会理论的形式出现"②。哲学的或形而上学的国家观，尤其与政治的或民主的国家观存在原则分歧。"按照民主的或者人道主义的国家观点，国家是手段。按照形而上学的国家观点，国家就是目的。按照民主的国家观点，国家是人类的仆人，这有双重的意思，即评价国家时，既要看它为其成员的生活做了些什么，又要看它在人类社会中起了什么作用。按照形而上学的国家观点，国家本身就是道德价值的唯一捍卫者。按照民主的观点，主权国家已经注定要从属于一个世界共同体。按照形而上学的国家观点，主权国家乃是人类组织的最高成就。"③这里无力也无须对各种国家观点进行比较，最重要的是要指出，将国家作当伦理实体的最高形态，是一种哲学的或形而上学的国家观点。

那么，哲学的或形而上学的国家观点的要义是什么？要义就是在对国家的理解中贯彻了伦理的原则。霍布豪斯认为，理想主义的国家观点"好像表达了一个伦理学的原则"，它有两个重要的要素，一是关于超越于一切个别人之上的实体的概念，一是将国家等于这个实体的看法。④这

---

①　[英]鲍桑葵：《关于国家的哲学理论》，汪淑钧译，商务印书馆1995年版，第45页。

②　[英]L. T. 霍布豪斯：《形而上学的国家论》，汪淑钧译，商务印书馆1996年版，第90页。

③　同上书，第133—134页。

④　同上书，第23页。

种国家观点的内核是对国家的道德哲学的理解和追究。在这种理解中，"国家就是同化了纯粹个人的真正的自我。这是道德义务和政治义务的基础。简单地说，当我们的行为符合我们的真实意志时，我们就是道德上自由的，我们的真实意志就是公共意志，能最充分地体现公共意志的，就是国家。这就是我们必须审查的那种形而上学理论的指导思想"①。个人意志只是主观意志，是偶然的和不真实的；公共意志才是真实意志，公共意志在家庭、市民社会、国家中得到体现，但家庭的公共意志是原始的和自然的，市民社会公共意志是形式的和现象的，只有国家所体现的公共意志才是真实的和充分的。这种思想和思路，与黑格尔《法哲学原理》的体系完全吻合。我们这里从形而上学尤其从道德哲学的意义上对国家作为伦理实体的本性进行探讨。这样做的原因，不仅因为只有在形而上学尤其是道德哲学的意义上，国家才有伦理实体的意义，而且因为这种视角本身也有它的合理性与现实性，同时它也与我们所坚持的道德哲学和道德形而上学的研究视角相一致。

（二）否定之否定的伦理实体

根据黑格尔的观点，市民社会的这个伦理实体具有两个特质。一是无限区分，以个体及其自我意识为存在单元；二是个体通过教养获得普遍的形式。无限区分是家庭伦理实体的否定，而教养中所包含的普遍形式则是市民社会内在的自我否定因素，由此向国家过渡。

如果说伦理的普遍性和伦理精神在家庭中是原初的和自然的，在市民社会中是形式的和现象的，那么，在国家中就达到了现实。"国家是伦理理念的现实——是作为显示出来的、自知的实体性意志的伦理精神，这种伦理精神思考自身和知道自身，并完成一切它所知道的，而且只是完成它所知道的。"② 黑格尔将家庭与国家相比较，认为它们之所以成为伦理实体，是因为有两种神物，即家庭神和国家之神，换句话说，家庭伦理精神和国家伦理精神是家庭和国家之作为伦理实体的两种神物，或是家庭与国家的两个神。家神或家庭伦理精神的核心是恪守家礼，国家之神或国家伦理精神表现民族精神，它的核心是政治德行，这种政治德

---

① ［英］L. T. 霍布豪斯：《形而上学的国家论》，汪淑钧译，商务印书馆1996年版，第37—38页。

② ［德］黑格尔：《法哲学原理》，范扬、张企泰译，商务印书馆1996年版，第253页。

行的理性基础是："成为国家成员是单个人的最高义务。""由于国家是客观精神，所以个人本身只有成为国家成员才具有客观性、真理性和伦理性。"①

所以，黑格尔的结论是：国家就是最完满的伦理实体。"自在自为的国家就是伦理性的整体，是自由的现实化；而自由之成为现实乃是理性的绝对目的。"② 不过，对这个结论应当用恩格斯对他的一个著名命题的批判来理解。黑格尔的那个著名命题是：凡是现存的，都是合理的；凡是合理的，都是现实的。将合理性与现实性相混淆当然具保守性，但从这个保守的外壳中却可以得出"凡是现存，都是应当批判的"革命性结论。黑格尔的国家理论，认为国家就是伦理实体，这当然是保守的；但这一观点的实质是：国家应当是一个伦理性的实体，应当是由健全而现实的伦理精神造就的最高伦理实体，换句话说，国家必须体现普遍性的伦理精神的要求，并只能通过伦理精神缔造；这一实质的革命性内核是：如果不是一个伦理性的实体，如果缺乏伦理精神，国家就是不合理和不现实的。

（三）伦理—道德悖论

但是，黑格尔在他的思辨王国中同样存在一个盲区，他没有发现，国家这个被他创造和遵奉的伦理神物，同样可能是一个道德怪物，虽然这两种可能性都已经存在于他的国家理论中。这一点却为他同时代和后来的道德哲学家们所揭示。黑格尔认为，国家具有三个环节：（1）直接现实性，即作为内部关系的个别国家，它表现为国家制度；（2）个别国家与其他国家的关系，它表现为国际法；（3）国家的普遍理念，即国有精神，它在世界历史中获得现实性。正是在这样的结构中，潜在着使国家成为不道德存在的现实可能性。

不道德的第一种可能性存在于国家内部。霍布豪斯发现，"国家是一个伟大的组织。它的幸福比任何一个公民的幸福都具有更大和更持久的重要性。它的活动范围很广。它的任务要求最大的忠诚和自我牺牲。这些都是真实的。然而，当国家被抬高到成为一个高高在上、不关心它的成员的实体时，这统治成了个伪造的上帝，对它的崇拜也就会变成对诸如在伊普

---

① ［德］黑格尔：《法哲学原理》，范扬、张企泰译，商务印书馆 1996 年版，第 174 页。

② 同上书，第 258 页。

尔或索姆河畔看到的凄凉景象的憎恶"①。② 国家无疑是重要的，合理而理想的国家是人民的福祉，但如果丧失与组成它的公民利益的密切而现实的一致性，国家便成为一个虚幻的实体，成为剥夺和国家间厮杀的工具。

不道德的第二种可能性存在于作为国家和公共意志、公共权力代表的政府官员的政治道德中，也存在于国家作为实体的政治道德中。国家具有政治性，国家行为必须体现良好的政治道德，政治道德虽然具有特殊性，但与普通道德也具有相通性。"政治道德并不是不顾普通义务的超道德。"③ 问题在于，国家往往不具有作为道德人格的特质，国家利益常常成为国家官员不道德行为的辩护。鲍桑葵讲得一针见血："问题不是能否等于一个有道德的人（虽然这肯定是个问题），而是国家的利益是否可作为正当的理由来为一个国家官员的不道德行为或错误辩护。"④

不道德的更大的可能性存在于国家与国家关系之中。国家生活存在于国家关系的更大的共同体中，不幸的是，在这个更大的共同体中，道德却是中立的甚至被虚置的，在这里，爱国主义、民族主义，都可能成为国家行为不道德的另一种表现形式。鲍桑葵发现，国家"在一个更大的共同体中并不具有确定的功能，它本身就是一个至高无上的共同体；是一个完整世界的捍卫者，而不是一个有组织的道德世界中的一个因素。道德关系是以有组织的生活为先决条件的；但是，这样的生活只存在于国家的范围内，而不存在于国家与其他国家的共同体中"⑤。道德关系需要有组织的生活，而国际关系却是无组织的，所以并不具备道德的先决条件。正如人们已经十分熟知的那样，国际关系的信条是：没有永恒的朋友，也没有永恒的敌人，只有永恒的利益。国家伦理实体成为不道德的个体，在此就具备了十分丰厚的土壤。

所以，结论就是：无论作为伦理实体，还是作为道德观念，"民族国家乃是一种信仰，或一个目标——可以说是一项使命"，至今还不能轻言它就是一个理想的现实。也许，国家成为真正的伦理实体和道德个体，只

　　① ［英］L. T. 霍布豪斯：《形而上学的国家论》，汪淑钧译，商务印书馆1996年版，第132页。

　　② 伊普尔和索姆河分别为比利时和法国在第一次世界大战时期的重要战场。

　　③ ［英］L. T. 霍布豪斯：《形而上学的国家论》，汪淑钧译，商务印书馆1996年版，第133页。

　　④ ［英］鲍桑葵：《关于国家的哲学理论》，汪淑钧译，商务印书馆1995年版，第306页。

　　⑤ 同上书，第305—306页。

有在世界历史的和人类文明的永无止境的辩证运动中才能实现。然而，当这个目标实现时，就像马克思所预言的那样，国家也就消亡了。也许，这就是国家的道德辩证法。

第五节　简短的结语：两种形态的个人主义与　道德哲学的转向

根据以上分析，可以得出两个具有道德哲学意义的结论。

第一个结论：在道德哲学意义上，存在两种个人主义形态。第一种形态是个人与集体关系中的个人主义，即个体个人主义。长期以来，这种个人主义已经被认知并经受比较系统的道德哲学反思和道德哲学批判。第二种形态是实体个人主义或集体个人主义，这是实体与实体、集体与集体关系，尤其是集体与他所处的那个更大的集体关系中的个人主义。实体个人主义具有三个方面的特征：（1）长期以来，它一直处于道德哲学反思和批判的触角之外，乃至在相当意义上还是没有被充分认识和揭示的个人主义，或者说是隐匿的个人主义；（2）它是造成 20 世纪最严重文明后果和道德后果的个人主义，比起个体个人主义，实体个人主义如果缺少必要和有效的道德干预，是更危险的个人主义；（3）它是伦理—道德悖论的个人主义。伦理—道德悖论的个人主义不仅是伦理型的个人主义，由伦理转换而来，更重要的是，由于它具有集体或实体内部的伦理性，因而具有伦理伪装，更难以被认知，更难以被克服和扬弃。

第二个结论：为此，就必须进行道德哲学的重大推进或重要转向，由对个体道德的反思推进到对集体或实体道德的批判，或者说，将道德哲学由个体道德发展到集体道德、实体道德。应该说，这个学术工程不仅是道德哲学的重大推进，而且也是人类文明的重大觉悟。只有当人类不仅道德地驾驭自己的个体行为，而且道德地驾驭自己的集体行为、集团行为的时候，才能真正避免那些正在到来、继续到来并且可能不断扩大毁灭性的文明灾难。也许，20 世纪 20 年代陈独秀先生对中国人的启蒙在 21 世纪初对全人类也有警醒意义："道德之觉悟，为吾人之最后觉悟。"

第六篇

"经济冲动"及其"体系"

第十三章 "经济冲动"的法哲学结构及其道德形而上学的概念转换

经济与伦理，在哲学的层面相通。在哲学的层面，经济不只是作为一般意义的道德哲学研究的对象，而且是作为道德形而上学体系中法哲学的研究对象。作为道德的法哲学研究对象的经济，不是"经济一般"，而是经济冲动，包括经济行为。

将经济作为道德哲学尤其是道德的法哲学的研究对象，会令人重温那种久违的然而被视为过时的传统，在这种传统中，经济学，而且政治学、神学、宗教学，当然也包括伦理学，都是道德哲学的分支。这种传统最杰出的代表人物之一，就是亚当·斯密，他的成就，他的理论，包括他的研究方法，对我们在道德哲学的体系中讨论经济问题，是再恰当不过的例证甚至典范。亚当·斯密有两部最重要的代表作，一是《道德情操论》，一是《国富论》，这两部书都是当年他在道格拉斯大学讲授道德哲学课程的成果或讲义。值得注意的是这两部书的写作顺序：先写《道德情操论》，然后完成《国富论》。这说明，《国富论》这部经济学的巨著，具有伦理学的知识背景和价值基础，任何只局限于经济学范围对《国富论》的理解，都会导致对斯密思想及其体系的肢解和误读。不幸的是，在我们今天这样的经济学与道德哲学已经彻底断绝了文化上的血缘联系，而且经济学牢牢地岸然于庞大学科体系的帝座的时代，这种肢解与误读无可挽回地成为事实。更不幸的是，这种肢解和误读，随着经济学帝国的建立，已经将理论外化为现实。

试图让经济学重新成为道德哲学的一个分支，可能即使最有抱负的道德哲学家也不再奢望，学科的分化毕竟是文化繁荣和文明繁荣的必要条件，为此悲悲戚戚甚至忧心忡忡，只能是林黛玉式的多愁善感。但是，回味道德哲学的斯密传统，反思经济学作为道德哲学一个分支的历史必然性与合理性，应该说是一种具有"返本开新"意义的努力。近代传统尤其是英国传统中将经济学等学科归于道德哲学的制度性安排，当然与哲学在古代传统中"科学之科学"的地位有关，但是，在哲学丧失这种至尊地位已经过数世纪之久后，经济学在近代仍被置于道德哲学的框架内，只能解释为一种能动的文明选择，而不是传统的简单沿袭。回顾英国传统中属于"道德哲学"范畴的那些学科，它们大概有两种类型，一类是具有重要的行为特性的学科，如经济学、政治学等；另一类是具有直接的价值意义的学科，如伦理学、宗教学等。将它们置于道德哲学的框架之中，至少有两个重要意义：一是给它们一个形而上的统摄，这就是"哲学"的意义；二是赋予它们以共同的价值基础，这就是"道德"的意义。"道德哲学"使它们既具有哲学的托载和统摄，又使经济学、政治学不致脱离那些人类最基本、最重要的价值的规约和指导，不过，这两个努力和功能，都是在形而上的层面完成。所以，在近代传统中，不是经济学"属于"伦理学，而是经济学与伦理学都是道德哲学框架体系中的两个平行的结构。这些学科靠道德哲学贯通，并同一于道德哲学。经济学自从道德哲学中分离出来后，一方面得到了长足的和自由的发展，成为"科学"；但是，另一方面，经济学在愈益"科学"的同时，也愈益与"人文"疏远，现代经济学对"发展"概念的反思，和对"幸福"的回归，在相当程度上可以视为对经济学中价值迷失的批判。

因此，关于经济的道德哲学研究，不仅历史地，而且现实地是必要的和合理的。

第一节　作为道德哲学概念的"经济冲动"

一旦在道德哲学的视野和框架下反思经济和经济行为，一个新问题便几乎令人难以置信但却自然而严峻地摆到人们面前：经济冲动到底应当是一个经济学命题，还是一个道德哲学命题？或者说，在其合理性与现实性上，经济冲动到底应当是经济学研究的对象，还是道德形而上学的法哲学研究的对象？

可以肯定的是以下两点：第一，在由亚当·斯密所开辟的英国传统中，经济学之所以被置于道德哲学的框架下，就是要让它的一些基本概念，尤其是像经济行为、经济冲动，这些构成经济学最重要的基础的概念，成为道德哲学或者当作道德哲学的研究对象。对于这样一个开辟了一种学术和文明传统，并且至今仍然具有深刻影响的历史现象，用学科分化不够或混沌未分来解释，显然过于苍白甚至失之肤浅，它导致人们对这种传统的深刻历史合理性和文明合理性的无视与无知。第二，在现代传统即现代性传统中，包括经济冲动、经济行为在内的经济，显然主要地甚至只是在经济学的框架下被考察，自从经济学分离出来之后，道德哲学已经失去了对它进行检察的权力和能力，甚至丧失了对它进行反思的文化抱负和学术抱负。对于这种状况，乃至对这种变化本身，只是用学科的高度分化来解释，同样是苍白和肤浅的，因为它只能误导人们走进"凡是现存的就是合理的"老黑格尔的陷阱。近代性的传统已成过去，现代性的传统给这个世界缔造了福祉，但这个福址又与"失乐园"的文明坟墓曲径通幽甚至直接相通。当代文明所应该做和能够做的，就是进行某种辩证的复归，突破经济学的局限，特别是"经济学帝国主义"所高筑的学科藩篱，让经济学的一些最重要和最基本的问题重新接受道德哲学的检查和省思。

这项学术工程的基础性努力之一，就是对作为经济学概念的"经济冲动"和作为道德哲学尤其是道德的法哲学概念的"经济冲动"的概念进行仔细辨分。在现代经济学中，并没有关于"经济冲动"的自觉而系统的概念，它在经济学中的偶尔出现，可以视为学科交叉的结果，经济学意义上的"经济冲动"，主要是经济动力学的概念。在现代学术中，研究和阐述"经济冲动"的重要代表作之一，是丹尼尔·贝尔的著作《资本主义文化矛盾》。在这本书中，"经济冲动"、"经济冲动力"与"宗教冲动"、"宗教冲动力"或"道德冲动"、"道德冲动力"相对应，具有文化学、社会学等综合性的意义。不过，认真考察就会发现，在始源上，"冲动"并不是心理学、经济学、社会学的概念，而是法哲学的概念，支持这一观点的有力根据，是黑格尔《法哲学原理》中对"冲动"和"冲动的合理体系"的辩证研究。有足够的根据说明，在《法哲学原理》中，"冲动"是最基本的概念之一，它是法哲学的基本对象。众所周知，《法哲学原理》的基本内容，就是道德与伦理及其辩证运动。在这个意义上可以说，"冲动"在学科与学术始源上，不仅是法哲学的概念，而且是道德形而上学的法哲学概念。

一旦作为法哲学的研究对象，"经济冲动"的特殊内涵及其合理性就显露出来。根据黑格尔《法哲学原理》的观点，法哲学的研究对象是意志，意志的本性是自由。"法的基地一般说来是精神的东西，它的确定的地位和出发点是意志。意志是自由的，所以自由就构成法的实体和规定性。"① "冲动"如何构成法哲学的对象？这种关联存在于"意志"与"冲动"的相互转换中。按照黑格尔的观点，法的基地是精神，而"精神一般说来就是思维"；"思维"与"意志"不是精神的两种官能，而只是它对待同样对象的两种不同的态度，即"理论的态度"与"实践的态度"，意志不过是一种特殊的思维，即"作为达到定在的冲动的那种思维"。② 冲动是意志的内容，也是它的表现形式，"冲动和倾向首先是意志的内容"，法哲学就是从意志概念上对冲动的把握，"冲动应该成为意志规定的合理体系。这样从意志概念上来把握冲动，就是法学的内容"③。由此，结论就是：冲动应当是法哲学研究的对象，是法哲学的基本概念。

与作为经济学的对象相比，将冲动作为法哲学研究的对象最重要的学术意义在于"意志自由"的本质规定。关于意志及其自由的问题，现代文明凸显了黑格尔乃至整个西方哲学的一个传统，即以"自由"规定"意志"的传统，于是自由不仅是意志的品质，而且是全部文明的终极价值和终极目的之一；遗憾的是，对与之紧密相连的另一个传统，即以"解放"诠释"自由"的传统却未足够重视，或者未得到充分的和全面的阐释。按照黑格尔法哲学理论，自由的本质是解放。精神或意志的自由意味着两个方面的"解放"。一是从外在控制包括各种自然控制和社会控制下得到解放；二是从情欲内在的束缚下得到解放。④ 正是因为第一种解放，道德哲学才内在地包括经济学与政治学乃至法学等。经济学研究如何合理而有效地创造财富，以使人们从贫困等自然控制下解放出来，诺贝尔经济学得主、剑桥大学著名经济学家阿马蒂亚·森的著作《以自由看待发展》，就是这一传统的体现；政治学、法学研究人们如何从社会特别是社会关系的束缚下得到解放。正是因为第二种解放，道德哲学才内在地包含伦理学和宗教学，它们研究人如何从自己内在情欲的束缚下得到解

① ［德］黑格尔：《法哲学原理》，范扬、张企泰译，商务印书馆1996年版，第10页。
② 同上书，第12页。
③ 同上书，第28、29页。
④ 参见黑格尔《历史哲学》，王造时译，上海书店出版社1999年版，"英译者序言"第7页。

放——伦理学是此岸世界的内在解放，宗教学是彼岸世界的内在解放。意志自由或解放只有同时包括外在控制下的解放和情欲内在束缚下的解放这两个结构，才是完整的和健全的。

由此，作为道德哲学或道德的法哲学结构研究对象的经济冲动，就具有比作为经济学对象的经济冲动更为丰富和合理的内涵。虽然二者在一定意义上都可以视为是关于经济行为的动力学的概念，但经济学意义上的经济冲动的概念只是将它诉诸人的需要或欲求，而法哲学意义上的经济冲动的概念在将经济冲动诉诸人的需要的同时，更关心这些需要的价值性及其合理性与可持续性。局限于经济学的经济冲动的概念难以解决以下两个问题：第一，它往往陷入"自由"或"解放"的悖论当中。经济学透过"利益驱动"的机制创造财富，部分地使人们从自然控制中获得解放，然而当充分运用利益驱动机制并将它贯彻到底时，经济学又将人们引导到情欲的绞索之中。如果彻底贯彻经济学的经济冲动概念，那么结果就是，人们愈益外在地获得自由，就愈益内在地失去自由。"在获得自由中失去自由"，这就是经济学"经济冲动"的概念悖论，所谓"囚徒困境"、"公地悲剧"只是这一概念悖论的逻辑外化而已。而由于人的生活，尤其是对于已经从自然的外在控制下得到一定程度解放的人来说，内在自由往往比外在自由更深刻，内在自由不仅一般的与外在自由相对应，而且直接关系到对外在自由的理解、体验和享受。这样，现代经济学日益发展的外在自由与内在自由之间的悖论，不仅导致"痛苦指数"与"幸福指数"的同步增长，而且产生愈益深切的"失乐园"的感觉。应该说，这是现代经济学的悲剧，也是现代文明的悲剧。第二，它往往陷入"发展"的悖论当中。基于"利益驱动"的经济冲动的后果之一，是将经济，也将文明引向"恶的发展"。资本主义市场经济体制是将利益机制彻底贯彻的一种经济制度，但是，正像丹尼尔·贝尔所揭示的那样，资本主义有着双重起源，一面是韦伯的"理想类型"所说的禁欲苦行主义，另一面是韦尔纳·桑姆巴特所揭示但长期遭到忽视的命题：贪婪的攫取性。[①] 这种"贪婪的攫取性"导致那种没有边际、没有疆界的恶性发展。然而，彻底贯彻"利益驱动"机制，又导致另一个矛盾的结果，即发展的不可持续性。

---

① 参见［美］丹尼尔·贝尔《资本主义文化矛盾》，赵一凡等译，北京三联书店1985年版，第27页。

基于"利益驱动"的经济冲动，以"需要—满足"为基本逻辑。可是，西方管理学家早就发现，在"需要—满足"模式中存在一个难以超越的矛盾，这个矛盾被心理学家的实验确证："吃饱的耗子不想动"——如果彻底满足了人们的需要，人的行为也将彻底没有积极性。到目前为止，市场经济理论试图通过不断创造和刺激人的需要来摆脱这个悖论，但事实已经证明，它已经几近黔驴技穷，差不多走到尽头。诚然，对于"经济冲动"的这两大概念难题，现代经济学也试图概念地超越，"理性经济人"的命题，以及经济学与伦理学的主动联姻，都可以视为走出困境的积极努力，但杯水车薪，在理论上终究显得捉襟见肘，难以真正地和彻底地解决问题。原因很简单，"经济冲动"本来就是一个法哲学尤其是道德形而上学的法哲学命题，应当也只有在法哲学框架下才能得到真正完整地探讨和解决。应当承认，"冲动"的主题既是"经济"，"经济冲动"便属于经济，是经济学的基本概念和命题，但是，正因为它基本，就必定与人类文明的基本价值相倚相通，因而局限于经济学之内，就很难得到彻底的解释，必须让它回归到经济所处的文明生态，回归于作为经济行为主体的人，才能得到真正的解决。在这个意义上可以说，经济的问题，不只是经济学的问题，而是整个文明生态的问题，归根到底是"人"的问题，最终必须也只能"哲学地"被解决。

第二节　"经济冲动"的道德哲学模型

将"经济冲动"的概念局限于经济学视域，导致了现代经济学的诸多理论困境，也导致了现代文明的诸多缺憾。基于法哲学的"经济冲动"概念，以"意志自由"为基本规定，它具有两个相反相成的结构。第一个是肯定性结构，它的要义是"获得"，即通过创造财富而获得自由；第二个结构是否定性结构，它的要义是"摆脱"，即通过摆脱内在情欲的束缚而获得自由。两个结构之间"乐观的紧张"和辩证互动共同造就"经济冲动"的现实性与合理性。这两个结构的辩证法是：肯定就是否定，获得财富是摆脱外在束缚从而获得解放与自由；否定就是肯定，摆脱内在情欲的束缚，正如传统中国哲学所言，不为"外物所累"、"物欲所蔽"，就是获得内在的自由。在某种意义上，否定的结构更能体现意志及其自由的本质。"意志这个要素所含有的是：我能摆脱一切东西，放弃一切目的,从一切东西中抽象出来。"① 法哲学的"经济冲动"是辩证的二维结构,而纯粹经济学意义上的"经济冲动",则是基于"需要—满足"逻辑的一维结构。

但是,无论法哲学的意义,还是经济学的意义,"经济冲动"都有一个共性:以行为为主体并指向人的经济行为。因为,意志不仅是冲动的主体,而且是"冲动一般"。意志是冲动形态的精神,是人们对待事物的"实践的态度"。在法哲学意义上,经济冲动由三个结构构成:"经济冲动"的动力结构,它是自在的经济冲动;"经济冲动"的行为结构,即现实的经济活动,它是经济冲动的自在的形态;"经济冲动"的目的对象结构,它是经济冲动的自为形态。"动力—行为—目的对象",构成经济冲动"潜在—自在—自为"的形而上学的辩证结构。

在历史上,曾经出现过多种具有法哲学意义的关于经济冲动的理论模型。仅在 19 世纪,对现代经济学具有重要资源意义并具有理论上承继关系的,就有巴斯夏、黑格尔、马克思提出的三种理论模型。

巴斯夏是 19 世纪上半叶具有重要影响的哲学家和经济学家,马克思在《〈政治经济学批判〉导言》、《1848 年至 1850 年的法兰西阶级斗争》等著作中,多次对他进行评论。在《和谐经济论》中,巴斯夏以对"自然秩序与人为秩序"的分析为基础,提出了一个关于经济行为的哲学模型,这就是所谓"需要—努力—满足"模型。他认为,政治经济学由需要、努力、满足三范畴构成,它们的共同主体就是人。"政治经济学的范畴应是:以获得对等回报为条件的一切满足本人的需要的努力,以及与这种性质的努力相关的需要和满足。"②"需要、努力、满足,这就是政治经济学的范畴。""从经济观点看,需要、努力、满足就是人。"③ 需要形成追求满足的动力;追求满足的过程和手段就是努力,努力既包括体力和智力,也包括道德,努力是一个价值过程;需要满足的过程同样如此。他认为,经济学与伦理学本性相通并且相互印证,否则便是错位。"这样说来,政治经济学和伦理学之间存在着难以胜数的接触点。鉴于两个真理不可互相对立,因而,如果政治学家认为某个现象将产生可怕的后果,而伦

---

① [德] 黑格尔:《法哲学原理》,范扬、张企泰译,商务印书馆 1996 年版,第 15 页。

② [法] 弗雷德里克·巴斯夏:《和谐经济论》,许明龙等译,中国社会科学出版社 1995 年版,第 74 页。

③ 同上书,第 94、100 页。

理学家却认为效果将会更好，这时我们可以肯定，他们二位之中必有一位错了。"① 但是，由于巴斯夏过于强调生产的个人性，像马克思所批评的那样，将 18 世纪关于生产个人性的过时观点 "郑重其事地引进最新的经济学中来"②，因而他关于经济行为和经济冲动的理论模型总体上是抽象的。

黑格尔并没有专门为经济行为和经济冲动建立一个具体模型，但从他的法哲学体系关于市民社会的论述中，可以演绎出它的基本结构，这就是 "需要—劳动—财富" 的结构。黑格尔认为，作为市民社会成员的市民，与作为家庭伦理实体原素的家庭成员的最大区别，就是他是一个 "私人"，以本身利益作为自己的目的。这样，市民社会就具有与家庭和国家完全不同的逻辑。"市民社会是个人私利的战场，是一切人反对一切人的战场，同样，市民社会也是私人利益跟特殊公共事务冲突的舞台，并且是它们二者共同跟国家的最高观点和制度冲突的舞台。"③ 黑格尔区分需要的主观性和客观性，需要的主观性即主观需要，是个别的人即私人在市民社会中的特殊的表现和确证。他的观点是，人与动物都有需要，人的需要的本质特征是能超越特殊性而达到普遍性，因为人的需要及满足手段具有 "殊多性"，借此需要及其满足手段成为具体的和社会的，使人们彼此配合，相互联系。主观需要通过两个环节达到它的客观性，即它的满足。第一个环节是所有物即产品；第二个环节是劳动。劳动是主观性和客观性之间的中介。"人通过流汗和劳动而获得满足需要的手段。"④ 劳动将人的需要从自然的直接性中解放出来，通过劳动所获得的需要的满足已经具有了精神性和普遍性，因而劳动中包含着解放的环节。在劳动中，人们产生相互依赖的关系，在这种关系中，主观的利己心成为对他人需要的满足有帮助的东西。"其结果，每个人在为自己取得、生产和享受的同时，也正为了其他一切人的享受而生产和取得。在一切人相互依赖全面交织中所含有的必然性，现在对每个人来说，就是普遍而持久的财富。"⑤ 财富与私利

---

① ［法］弗雷德里克·巴斯夏：《和谐经济论》，许明龙等译，中国社会科学出版社 1995 年版，第 77 页。

② 马克思：《〈政治经济学批判〉导言》，见《马克思恩格斯选集》第 1 卷，人民出版社 1972 年版，第 87 页。

③ ［德］黑格尔：《法哲学原理》，范扬、张企泰译，商务印书馆 1996 年版，第 309 页。

④ 同上书，第 209 页。

⑤ 同上书，第 210 页。

的区别，在于它是在一切人的相互依赖的关联中产生的必然性，具有普遍性和持久性，即客观性。但财富的分享受资本、技术特别是等级等诸多因素的制约，于是逻辑地必然要求司法，以对所有权进行保护。

个人的"需要"即主观需要，通过"劳动"一方面获得满足的手段，另一方面获得解放（从自然冲动中解放出来而得到自由）；"劳动"的相互依赖性产生一切人"需要"及满足的普遍物，即"财富"；"财富"分享的等级性，要求"需要"必须成为一个"体系"，即"需要的体系"，由此"需要"（或者说冲动）便向司法过渡。黑格尔的论述显然是一种思辨的抽象，但在这种抽象思辨中体现的辩证法同样显而易见。马克思正是通过对这种"头脚倒置"理论的扬弃，建立了关于冲动的辩证法。

马克思肯定黑格尔法哲学理论的合理性。"黑格尔的法哲学，是从主体的最简单的法的关系即占有关系开始的，这是对的。"① 但又强调，关于法的分析，必须建立在唯物历史观的基础上。"我的研究得出这样一个结果：法的关系正像国家的形式一样，既不能从它们本身来理解，也不能从所谓人类精神的一般发展来理解，相反，它们根源于物质的生活关系，这种物质的生活关系的总和，黑格尔按照 18 世纪的英国人和法国人的先例，称之为'市民社会'，而对市民社会的解剖应该到政治经济学中去寻找。"② "到政治经济学中寻找"的结果是什么？紧接这段话，马克思便作出了"生产力—生产关系—经济基础—上层建筑"的辩证关系、矛盾运动及其所形成的社会有机体的经典论述。马克思用历史辩证法扬弃了黑格尔法哲学的抽象性：用"生产力"扬弃"劳动"的抽象性；用"生产关系"扬弃"依赖性和相互关系"的抽象性；用"经济基础"扬弃"财富"的抽象性；用"上层建筑"和社会有机体的矛盾运动扬弃"精神发展"的抽象性。由此，经济冲动和经济行为才获得真正辩证和历史的诠释。

马克思的理论无疑是最彻底、最科学的理论。但是，由于这里作为研究对象的经济冲动不是全部的"法的关系"，而只是"法的关系"中的一个层面、一个环节和一个过程。"一个层面"即哲学的形而上学的层面；

---

① 马克思：《〈政治经济学批判〉导言》，见《马克思恩格斯选集》第 1 卷，人民出版社 1972 年版，第 104 页。

② 同上书，第 82 页。

"一个环节"即意志的动力环节，确切地说是从事经济活动的动力环节，或者说是经济从它的思维形态、意识的形态，走向意志形态即冲动形态、实践形态的那个环节；"一个过程"即经济活动中意志冲动的过程，或者说是经济活动的意志冲动过程，或意志的动力结构。这个层面是道德形而上学体系中的法哲学层面。这个环节是经济活动的主观性环节，处于经济活动的潜在阶段和它的精神始点上。作为法哲学研究对象的"经济冲动"，是经济活动的"法"的关系的意志环节和意志过程，是"法的关系"的精神环节和精神过程，虽然像马克思所说的那样，对全部法的关系不能从"法"本身和人类精神的一般过程来解释，但作为经济活动的精神环节和精神过程，"经济冲动"又必须从"法"本身和精神活动中得到解释，至少这种解释对经济活动和道德形而上学体系具有重要的现实意义和学术意义。这里，有两个问题必须说明：第一，马克思关于"生产力—生产关系—经济基础—上层建筑"的理论，并不是对法哲学意义上的"法"的直接论述，而是"到政治经济中去寻找"的"法的关系"；第二，在《（黑格尔法哲学批判）导言》中，马克思所着力批判的是黑格尔法哲学体系中的政治法律思想和国家理论，而不是"意志自由"意义上的"法"，虽然马克思认为这种"从精神的一般发展"说明"法的关系"的方法是抽象的和不科学的。可见，马克思所批判的是黑格尔法哲学体系的历史观，在这种批判中，马克思所着力阐述的是"法的关系"，并没有为"冲动"和"经济冲动"提出一个形而上学的模型。这一认知的意义在于：马克思只是提供了一个立场和方法，必须批判地吸取一切历史资源，进行关于"经济冲动"的道德哲学模式的综合创新和辩证转换。

作为经济活动和"法的关系"的道德形而上学的精神环节和精神过程，"经济冲动"由三个要素构成：需要的体系；集体行动；幸福财富。由此，由经济学的"经济冲动"概念向道德的法哲学的"经济冲动"概念的转化，必须实现三个辩证转换：由"需要"到"需要的体系"的辩证转换；由"劳动"到"集体行动"的辩证转换；由"财富"到"幸福财富'的辩证转换。

第三节　从"需要"到"需要的体系"

在法哲学的意义上，"经济冲动"概念地内在着三个基本规定。第一，"经济"与"经济行为"。"经济"是什么？经济本质上是一种满足人的物质欲望和需要的活动与过程，它与动物的本能及个人的谋利冲动的最大区别，就是选择或合理的选择，即对生产什么、为谁生产、如何生产这些被经济学家称为资源配置问题的选择。正因为如此，英国经济学家阿弗里德·马歇尔才认为："经济学是一门研究财富的学问，同时也是一门研究人的学问。"①"经济行为"的本性是什么？马克斯·韦伯这样规定："一个行为，只要当它根据其所认为的意向，以设法满足对有用效益的欲望为取向时，就应该叫做'以经济为取向'。'经济行为'应该叫做一种和平行使主要是以经济为取向的支配权力，而'合理的经济行为'应该叫做目的合乎理性地即有计划地行使以经济为取向的支配权力。"②简言之，经济行为就是和平地行使以满足物质欲望为取向的权力的行为。经济行为是"主观的和主要的经济取向"，"主观的"是说以物质欲望的满足为目的；"主要的"即主要以经济意向为取向。经济是一种追求物质欲望满足的权力，因而具有法的性质，这种权力的本质是合理性。第二，意志。经济冲动本质上是一种经济意志，意志的本质特征是冲动，意志是行为的一般形态。第三，自由。自由不仅是意志的本质规定，而且就是意志本身，与意志相同一。如前所述，意志自由的本质不仅包括从自然和社会的束缚或欲望的不满足状态下解放出来，而且包括从人的本能的自然状态即本能驱动或自然欲望的束缚下解放出来，就经济意志而言，欲望的满足和对欲望的摆脱构成自由的肯定与否定的双重本质。第一个规定即合理性的规定，使经济冲动具有并体现社会性；第二个规定即意志的规定，使经济冲动指向并表现为经济行为或经济活动；第三个规定即自由的规定，使经济冲动具有价值性与伦理性。

关于法、法的关系和法哲学的起点，马克思和黑格尔存在根本的分歧。黑格尔从"精神的一般发展"，尤其是自由意志的一般发展出发进行思辨。他的法哲学体系从一个普遍的也是抽象的前提出发，这就是："肯定自己是人，也尊重别人是人。"然后在人与物的关系，即所有权中确定人的人格，由此通过作为所有权定在的契约使法由潜自走向自在，通过对契约破坏的"不法"及其惩罚，使法走向自为。但总体而言，在他的法

① ［英］阿弗里德·马歇尔：《经济学原理》，朱志泰译，商务印书馆1997年版，第23页。
② ［德］马克斯·韦伯：《经济与社会》，林荣远译，商务印书馆1997年版，第85页。

哲学体系中，整个"所有权—契约—不法及其惩罚"阶段，都是"抽象法"，在这一阶段，意志只有抽象的自由；到"道德"阶段，意志通过"意图和故意—财富和福利—良心"，获得主观的自由；到"伦理"阶段，意志通过"家庭—市民社会—国家"诸伦理实体环节获得客观的和现实的自由。"抽象法—道德—伦理"，就是"精神"尤其是自由意志潜在—自在—自为的"一般发展"。在这个体系中，两个内核特别值得注意。第一个内核是：只有透过"道德"与"伦理"，自由意志和精神，才能得到辩证的发展和真正的实现，将意志自由诉诸道德、伦理，是黑格尔对法哲学和道德形而上学的一个重要贡献；第二，在"抽象法"中，黑格尔事实上是以人与物即所有物的关系确立法哲学的起点，也以此为意志自由的逻辑起点，这也具有一定的合理性。当然，黑格尔的法哲学体系包括他关于法的关系的逻辑起点的观点总体上是抽象的。马克思对黑格尔的颠倒是从"物质的生活关系"而不是"人类精神的一般发展"出发探讨法的关系。但两个法哲学体系都有一个共同点，这就是以人对物的需要作为法的关系的起点。黑格尔以对物的所有权为起点，马克思从人的生活出发。黑格尔的逻辑是：只有在人对物的占有中才能获得人格的确证，于是展开为"抽象法—道德—伦理"的体系；马克思的逻辑是：要生活就要生产，要生产就要结成一定的相互关系，于是有"生产力—生产关系—经济基础—上层建筑"的矛盾运动。很显然，二者都是从人的对物的需要出发，只是一个是抽象的需要，一个是现实的需要；一个将法的关系引向了抽象的然而是辩证的体系，一个建立历史唯物主义的辩证体系。经过历史辩证法的颠倒，黑格尔体系中的合理内核才被挖掘出来。

这里，试图说明的问题是：（1）不是"需要"，而是"需要的体系"才是经济冲动的第一要素和原动力；（2）"需要的体系"的基本结构，是欲望与道德、欲望与伦理所构成的价值体系和社会体系。

经济冲动和经济行为能否以"需要"为起点或动力的根源？这个问题在经济学中已经解决，甚至可以说，现代经济学的"利益驱动论"已经将这个问题推向极致。经济学，从古典到现代，都以人的欲望或人的需要尤其是对物的需要作为逻辑和历史的起点，也作为经济冲动和经济行为第一动力。法哲学与经济学、古典经济学与现代经济的重要区别和根本分歧在于：在法哲学和古典经济学那里，需要是一个"体系"；而在现代经济学中，"需要"已经被剥夺了它的具体性和现实性，只剩下可怜的然而是永难满足的"欲望"飘零于这个被现代性"祛魅"了的世俗世界的尽头。让"经济冲动"回归法哲学的视野，并不意味着经济活动和经济学便从此不再以人的需要为逻辑和历史起点，而只是说，应当以"需要的体系"而不是孤立抽象的"需要"作为经济冲动和经济行为的动力机制和源头。

"需要"作为一个"体系"，可以从两个方面诠释。第一个是主观的和精神的方面。在这个方面，人的需要一开始就不只是对物的需要，即物质欲望，而是包含了伦理道德等价值的和精神的内涵。马歇尔认为，经济学"主要是研究在人的日常生活事务方面最有力、最坚决地影响人类行为的那些动机。每个稍有可取之处的人，在从事营业时都具有较为高尚的性格；在营业方面，像在别处一样，他也受到个人情感、责任观念和对高尚理想的崇拜的影响"①。

根据他的观点，最强有力的动机是人的需要，尤其是欲望和利己心。但这位"庸俗经济学家"特别强调两点："经济动机不全是利己的。对金钱的欲望并不排斥金钱以外的影响，这种欲望本身也许出于高尚的动机。"② 他的观点是，欲望是多样的，自豪感、优越感等情感性的欲望往往比物质的欲望更强烈和更持久。由此引申出的结论是：价值的因素、道德的因素，同样是"需要体系"中的概念构成。巴斯夏在讨论"欲望"时指出："某些道德品质，诸如秩序、预见、自控、节俭等等，即使单从财富角度看，也直接作用于我们生活条件的改善。""抑制欲望，驾驭激情，为未来牺牲当前，为将来生活得更好而忍受眼前的匮乏，这些都是资本形成的基本条件。"③ 所以，"需要体系"的第一个基本要义是：需要、欲望必须与道德结合，或者说，需要只有概念地与道德合一，才能成为"经济冲动"的要素。

"需要"作为"体系"的第二个方面，是社会的方面。黑格尔在论述"需要的体系"时特别强调需要或欲望的普遍性。个人的"需要"是特殊的，但它实现的形式和实现的形态却是普遍的。实现的形式是劳动，实现的形态是财富。但无论在劳动还是在财富，尤其在财富的分享中都包含了

---

① ［英］阿弗里德·马歇尔：《经济学原理》，朱志泰译，商务印书馆 1997 年版，第 34 页。
② 同一亡书，第 42 页。
③ ［法］弗雷德里克·巴斯夏：《和谐经济论》，许明龙等译，中国社会科学出版社 1995 年版，第 95 页。

特殊性，这就是所谓等级和阶级。正因为需要和需要的满足与等级和阶级相连，需要才不仅是一个个体内在的精神体系或价值体系，而且是一个社会关系的体系。正因为如此，黑格尔的法哲学体系才逻辑地和思辨地由"财富"向"司法"的结构过渡，司法的使命，就是保障等级的合法性和财富分享的合理性。而只有到作为伦理实体的最高形态，即国家中，这种合理性与合法性才能真正实现，也就是说，才能达到作为"单一物"的个人"需要"和作为"普遍物"的实体"需要"的同一。也许正因为如此，经济学不可回避也必须讨论公正问题。也正因为"需要体系"的社会性，马克思才批判庸俗经济学家将劳动作为财富的源泉的幼稚观点，提出生产力—生产关系及其矛盾运动的思想，马克思的理论也才比黑格尔的法哲学更科学、更具有现实性。不过，黑格尔提出了问题，也试图解决问题，所以他以伦理作为法哲学体系的最高阶段，因为在伦理中，个体与实体，特殊性与普遍性达到统一，意志自由得到真正的实现。但是，黑格尔是抽象地提出问题，也是抽象地解决问题。虽然在这个体系中渗透着辩证法的天才思想。

可见，"需要的体系"包括两个方面。第一方面是"需要的价值体系"。物质需要与道德需要，或需要的物质价值与精神价值的同一，使主体一方面从贫困和贫乏中解放出来，获得客观性自由；另一方面又从本能欲望的控制下解放出来，获得主观性自由。它解决了经济学中孤立的需要假设所面临的一种自由悖论：一方面因获得物质需要的满足而获得自由；另一方面又因受无穷欲望的控制而失去自由。对经济学来说，"需要的价值体系"赋予经济活动以价值性，从中生长出韦伯所说的像新教伦理那种"经济精神"，从而有效地防止和解决无穷发展和无限发展即恶的发展的难题。第二个方面是"需要的社会体系"。它在现实的社会关系中考察和研究人的需要，考察各种主体的需要之间的关系，在使"需要"获得现实性的同时，概念地也是现实地解决经济发展中尤其是人的需要及其满足的公平和公正问题。"需要的价值体系"的基本结构是物质需要或欲望与道德的结合；"需要的社会体系"的基本结构是物质需要或欲望与伦理的结合。道德与伦理的参与，使"需要"走出抽象，成为"需要的体系"。

欲望与需要是经济冲动和经济行为的原初动力，但如果放任自然欲望，无疑将从欲望的主体沦为欲望的奴隶，在得到自由的同时又失去自由；需要无疑具有个体性，但它从一开始就不只是一种自然秩序，而是一种多样性的社会秩序，如果不能建立起需要及其满足的合理的社会体系，那么，不仅难以形成真实的和持久的经济动力，而且个体与社会都会在需要的冲突中沦丧甚至毁灭。作为经济冲动和经济行为的原动力，必须也只能是一个"需要的体系"，而不是抽象的"需要"。

第四节 从"劳动"到"集体行动"

由需要向行为的提升，是意志由潜在向自在的转化，表面看来，它在经济活动中似乎是一个"自然"的过程，然而经济冲动乃至经济发展的另一个难题就内在于这个转化中。正像哲学家和经济学家们所共同指出的那样，经济从来就是一项社会的事业和社会性的活动。无疑，无论是经济，还是经济冲动、经济行为，都具有个体性，由个体所构成，但经济的本质，经济活动的最大难题，是如何将个体冲动凝聚为集体冲动，将个体行动组织化为集体行动。"集体行动"才是经济冲动的真义和真谛。

这里试图说明的问题是：（1）现代经济学关于"经济冲动"的行为结构的研究，必须实现由抽象的"劳动"或"个体行动"到"集体行动"的概念转换；（2）这个转换，只在道德形而上学的法哲学结构中才能完成。

关于经济行为的集体性，即使像马歇尔这样的被批评的"庸俗经济学家"也特别强调，他在论述作为经济学研究对象的人的活动时指出："经济学家研究个人的活动，但是，他是从个人活动与社会生活而不是个人生活的关系来研究这些活动的；因此他不大注意个人性情和性格上的特点。""经济学家主要是研究人的生活的一个方面，但是这种生活是一个真实的人的生活，而不是一个虚构的人的生活。"真实的人的经济生活，就是社会性的生活，即"集体行动"，所以，"经济学家仔细观察一类人的行为"[①]。马克思对此说得最彻底：要生活就必须生产，生产必须结成一定的相互关系，所以，生产关系是人的经济行为的本质，而在一定生产关系中的生产，也就是在一定"需要体系"（生产资料的所有制形式、人们在生产关系中的地位、产品的分配形式等生产关系的要素）和一定组

---

① ［英］阿弗里德·马歇尔：《经济学原理》，朱志泰译，商务印书馆1997年版，第46页。

织形式（如何进行生产）下的经济行为，即组织化或集体性的经济行为。认为经济活动是个人行为的观点，是 17、18 世纪的过时观点，但正如马克思所批评的那样，这种观点要不是被巴斯夏、普鲁东等人郑重其事地介绍到经济学中，它在 19 世纪可能就早已被人们忘记。

不过，由于社会性的经济活动总是由个人构成，并以个体的经济冲动为活力之源，因此，在经济学和法哲学中关于人的经济行为的个人性的观点不但没有消失，而且个体冲动与集体行动之间的关系问题总是经济学的一个"法哲学之结"。巴斯夏认为，"需要"是经济行为的动力，"需要"追求满足，在"需要"与"满足"之间存在障碍，消除障碍就是进行"努力"，"努力"使"需要"得到"满足"并达到二者之间的和谐，这就是他的所谓"和谐经济论"的基础。"努力"就是人的经济活动，但是他这里所说的经济活动还主要是个体性的。黑格尔"需要的体系—劳动的方式—财富"的法哲学模式，虽然特别强调"劳动"中"普遍和客观的东西"，虽然强调劳动中以分工为基础的相互依赖，以及劳动产品的普遍性质，但从根本上说，他的"劳动"还只停留于抽象思辨中，他的"劳动方式"的概念只是走到了"生产方式"的门槛，但却是头脚倒置地站立着。经济学的最大难题，不是个体行动，而是集体行动；不是如何从"需要的体系"中产生个体从事经济活动的"活力"，而是如何将出于诸多"需要体系"的个体活力，凝聚为经济组织的集体"合力"。集体"合力"比个体"活力"是经济学和经济发展中更根本和更深刻的难题。现代经济学关于经济冲动的概念，必须进行比较彻底的法哲学转换，不是以抽象的"努力"、"劳动"为"经济行动"的本质，而是使"集体行动"成为"经济冲动"的第二个法哲学环节和第二个法哲学概念，即"经济冲动"中的行为环节和行为概念。在一定意义上，集体行动，就是以生产力与生产关系统一为本质的法哲学概念及其法哲学表述。

问题在于，到底如何在概念上实现这个转换？应该说，在实践中，经济学家们已经发现了这个问题并试图对它进行解释和解决。美国著名经济学家曼瑟尔·奥尔森敏锐地提出了问题：《集体行动的逻辑》，但不得不承认，他的结论过于消极并且虚弱无力。按照他的"逻辑"：大规模的集体行动必定效率低下并且难以具有合理性，因为在大的经济组织中，信息传递太慢，利益关系不直接和明晰，难以形成集团压力。他的结论是：应当瘦化经济组织，用小集体代替大集体。然而，无论出于事实还是出于价值，大的经济组织对任何一个国家民族的经济发展来说都绝对是必要的和重要的。奥尔森的困境和误区在于：他只是在经济学的视野下讨论集体行动的问题，然而真正的问题却是：经济需要集体行动，但集体行动本身却是一个伦理的、经济的、政治的、社会的乃至宗教、法律的综合问题，因而必须哲学地被探讨，也只能哲学地被解决。它不仅与人们的利益直接相关，而且与人们对自身利益和需要的理解，即与人们的价值观深刻关联，因而必须道德地探讨；同时，由于集体行动的潜在形式和潜在表现是一种集体意志，因而又是一个伦理的问题，是法哲学中的伦理问题。于是，由个体行动到集体行动的转换，集体行动问题的真正解决，必须在道德的法哲学体系中研究和探讨。

"集体行动"概念地与以下问题相关：共同（集体）理性；共同（集体）目的；，共同（集体）意志。在20世纪经济学中，集体行动如何可能，一直是当作经验层面的问题加以讨论和解释。20世纪60年代代表性的理论，是奥尔森的集体行动逻辑的理论，他把大集体内合作的失败解释为个体理性与集体最优化之间的冲突，特别是所谓"搭便车"难题；20世纪七八十年代，是博弈理论，突出难题是所谓"囚徒困境"；80年代末，又提出这样的理解：大集体中集体行为的成败取决于公共权力的性质，于是有所谓"公共权力理论"；到90年代至21世纪初，出现所谓"社会资本"理论。20世纪经济学中集体行动理论发展的特点是：它只是在经验层面而没有在价值层面和形而上的层面加以讨论和解释；它只是局限于经济学内，而没有在伦理学、哲学尤其是经济学与伦理学、哲学的结合上加以探讨。虽然新近的"社会资本"理论比起它的前辈似乎多了一丝价值的气息，然而它本质上还是经济学中"资本"理论的文化价值的殖民。只有将经济学与伦理学结合，才能真正解释和解决集体行动的可能问题，而这种结合必须在道德哲学中才能完成。

在经济学中，人们坚守的信念，就是曼德维尔所揭示的那种"理性逻辑"：个人的恶行，社会的公利。即所谓"蜜蜂的寓言"。这种经济理性相信：社会中个人的自利行为，最终会导致对集体有利的结果。这种理性出于一种虚幻的信念：一只"看不见的手"会魔术般地使对个人目标的放逐产生对集体有利的结果。这种逻辑可以视作在经济理性中"预设的和谐"。然而，"市场奇迹"沦为"市场暴君"的事实，无情地摧毁了现代经济学家们杜撰的这种经济理性的神话，正像米歇尔·鲍曼所发现和揭示的那样，在经济活动中，个体理性与集体理性之间不仅存在"预设的和谐"，更存在深刻的鸿沟。如何超越这道鸿沟？他的观点很坚定："解决问题的途径在于用道德和世界观进行武装，在于有意识地新建一些制度，从而克服'务实世俗主义'的物质功利主义，用道德重塑社会。"①只有经济理性与道德理性结合，才是集体行动的真正合理和现实的理性逻辑。

集体行动中的共同目的和共同意志同样如此。在经济共同体中，共同目的既具有客观性，也具有主观性。客观性是说在客观上存在共同目的，于是必须建立和完善一套制度来保障和督察共同目的的客观性，其现实途径是诉诸经济体制和企业制度的变革。主观性是说共同体中的个体，必须主观地意识到共同目的的存在，认同这个共同目的，并且为这个共同目的而努力。这便是精神领域的工作，只有透过道德的努力才能实现和完成。如果只有客观性而没有主观性，共同目的只能潜在，而无法成为自在和自为。在这个意义上，任何经济体制方面的改革，如果离开了道德和道德努力的配合，将陷入恶性变化和无穷变革的沼泽。集体行动本质上是一种集体意志。这种集体意志一方面外化为某种公共权力，并通过公共权力使之客观化；但另一方面，也是它的更深刻和更重要的方面是，共同意志必须也只有透过道德的和伦理的努力才具有现实性与合理性。因为，其一，伦理的真谛是"单一物"与"普遍物"即个体与整体的统一，因而在黑格尔的法哲学体系中，现实的意志自由只有在伦理阶段才能实现，因为伦理以这种统一为本质，共同体作为个体的"普遍物"，本质上应该、必须是一种伦理的存在，也只有透过伦理的努力才能存在。其二，代表共同意志的公共权力，只透过道德的努力，当然同时也有政治方面的努力，才能保障它的合理性与合法性，离开道德的努力，公共权力便具有异化的危险。在这两个意义上，共同意志既是一种伦理精神，也是一种道德精神。

第五节　从"财富"到"幸福财富"

这里用"幸福财富"来表述作为道德的法哲学概念的经济冲动的第

---

① ［德］米歇尔·鲍曼：《道德的市场》，肖君等译，中国社会科学出版社 2003 年版，第 30 页。

三个要素或第三个结构，多少带有一点不得已的意味，它直接受巴斯夏关于"价值财富"与"享受财富"区分的启发。"幸福财富"与"享受财富"相对，其真实意蕴是：不仅要将财富与价值相同一，而且要将财富与幸福相同一。只有达到这些同一并完成这个转换，经济学的财富概念，才成为道德的法哲学的财富概念。或者说，道德的法哲学意义上的财富，是与幸福相同一的概念。

将财富与价值相同一，在那些富有洞见的古典经济学家们那里已经提出。19世纪的巴斯夏就将财富分为两类，即享受财富和价值财富。只从数量和富足方面考虑而为社会谋求享受的财富，他称之为享受财富；从可交换价值或单纯从价值方面考虑给社会谋求价值的财富，他称为价值财富。无论是政治经济学，还是政府，所应当注意的，都是价值财富。* 巴斯夏从"财富即价值"的观点出发，提出财富一词所蕴涵的"和谐定律"：人的劳动与大自然的结合；人获得的使用价值（即财富分配的数量）与他所付出的努力的恰当比例。"财富一词蕴涵的和谐定律为：人的行为通过劳动与大自然的结合。使用性源自于这一合作。每个人从总使用性中提取的部分与他创造的价值成比例，也就是与他提供的劳务成比例，归根结底也就是与他自身的使用性成比例。"[①] 因此，财富就必定与道德相联系，也必定存在一种财富道德观，他用一句格言表达这种财富道德观："一人得益亦为他人得益。"[②] 财富概念地要求人及其劳动与大自然的合作，也概念地要求作为这种合作的成果的分配正义，由此，财富与价值相连，也与道德相连。现代经济学家通过实证手段证明了这个命题。荷兰经济学家、管理学家查尔斯等人通过对1.5万多名国际著名企业的经理人员的调查，得出一个结论："财富创造是一种道德行为。"他们与韦伯的观点一致，认为财富的创造取决于背后推动财富创造的道德价值观。"任何企业产品的品质，早先决定于创办人的价值观，后来则决定于整个企业的工作价值观。"[③]

---

① ［德］米歇尔·鲍曼：《道德的市场》，肖君等译，中国社会科学出版社2003年版，第192—193页。

② ［法］弗雷德里克·巴斯夏：《和谐经济论》，许明龙等译，中国社会科学出版社1995年版，第196页。

③ ［荷］查尔斯·汉普登—特纳、阿尔方斯·特龙佩纳斯著：《国家竞争力——创造财富的价值体系》，徐恩联译，海南出版社1997年版，第5、6页。

如果说将财富与价值相连，是经济学的肯定性结论，那么，将财富与幸福相连，在相当程度上是关于现代经济发展的具有否定意义的觉悟。诚然，在古典经济学中，财富已经与幸福相关联，而且毋宁说，财富的概念一开始就与幸福相关联。但是，不可否认也是毋庸置疑的是，无论是现代经济学还是现代文明，都疏离甚至部分地背离了这种关联。当然，经济学必须关注财富，19世纪牛津大学的经济学教授西尼尔就声明，作为一个经济学家，我所研究的不是幸福而是财富。但是，这位经济学家忘记了，如果财富与幸福无关，那么，人类对财富的要求与动物对食物的追逐又有什么区别？另一位19世纪的英国经济学家威廉·汤普逊认为，财富来源于劳动，"没有劳动就没有财富，劳动是财富的显著属性。自然的力量不能使任何东西成为财富。劳动是财富的唯一来源。"财富的目的是幸福，财富的生产与分配都是为了幸福。"分配财富的目的和用劳动来生产财富的目的一样，就是借此尽可能地给那个生产财富的社会以最大量幸福，也就给以最大量的感官的或者道德的或者知识上的快乐。"他的结论与中国的孔夫子类似：不患寡而患不均。"和社会利害攸关的，主要是财富的使用和分配问题，而不是财富的多寡。"现代经济学已经发现一个悖论：经济增长指数与幸福增长指数不成比例甚至成反比，经济发展的结果不是"得乐园"，而是"失乐园"。这种悖论的实质和核心，是财富与幸福的疏离与背离。

因此，现代经济学必须实现财富概念的重大转换，这个转换的基本内涵是：一方面继续赋予经济学意义上的财富概念以价值的内核；另一方面，在财富与幸福同一的意义上理解财富，创造财富，消费和分配财富。只有当与幸福相连，财富才能成为与人类的终极目的一致的意义存在而不是异化的存在。而当财富与价值、幸福相连时，其道德的和伦理的内涵就凸显出来。财富的创造是一个价值过程，因而必定与道德相连；财富的创造和享受是为了幸福，因而必定与伦理相连。由此，财富便由一个单纯的经济学概念转换为道德的法哲学概念。也许正因为如此，黑格尔才将"财富"作为《法哲学原理》中的一个重要问题在"伦理"的结构中加以讨论。

第十四章　伦理—经济概念互释与理论移植中的意义对话及其价值异化

　　伦理—经济的概念互释与理论移植,是 20 世纪尤其是 20 世纪后期社会文明和学术理论在高度分化中走向辩证综合的显著见证之一。伦理学的某些基本概念被引进经济学中,出现一些新的"经济—伦理概念",如"道德风险"、"幸福指数"等,于是一些经济难题获得新的表述和理解,经济学的学科"板块"在向伦理学的意义"大陆"飘移的过程中,不再"伦理不涉",努力在"经济理性"中植入"道德良知",1998 年的诺贝尔经济学得主阿马蒂亚·森便被誉为"经济学的良知";更突出的是,经济学的一些基本概念被引进到伦理学中,出现一些新的道德哲学概念,如"社会资本"、"道德成本"等等,于是市场经济背景下一些伦理难题和道德困境便获得新的诠释和表达,伦理学的意义世界在向世俗世界落实的过程中,一方面对现实具有更强的表达力和解释力,另一方面在世俗化的进程中也几乎无可逃避地"祛魅"。由于特殊的历史情境和文化语境,在伦理—经济概念互释中,伦理学已经现实地面临价值殖民和价值异化的危险与危机。在伦理—经济的辩证复归中,现代道德哲学面临双重任务:第一项任务是,在概念互释中,推进伦理—经济的意义对话和学科整合;第二项也是更艰巨的任务是,在概念互释中,坚持伦理、经济的价值平等性,进行辩证的价值互动,防止由于价值霸权而产生的价值异化和价值殖民,以及由此导致的价值误导和道德哲学的变异。

　　在伦理—经济的概念互释与理论移植中推进意义对话,避免价值异化的创造性的概念和理念就是:"价值生态"。

第一节　概念互释与理论移植的解释学规律

在人类文明经过几个世纪尤其是现代性社会的高度分化而出现辩证综合的复归趋势的时代，概念与理论的移植将成为并且已经成为一个重要而急迫的方法论课题。这一课题大体包括三个内容：全球化背景下基于各种文明传统的诸文化在互动中的概念与理论移植；自然科学与人文社会科学之间的概念与理论移植；人文社会科学内部各学科之间的概念与理论移植。如果将移植仅仅看作是一个引进和应用的问题，那无疑将复杂的问题简单化，不仅在学术上失之肤浅，而且将在实践上因理论上的无知造成严重的误导后果。文明对话中的文化帝国主义与文化殖民、自然科学与人文社会科学互动中的"新科学主义"或"科学霸权"（如现代经济学中数理经济学的盛行），在相当程度上就根源于这种简单而表浅的移植方法。需要特别警醒的是，在人文社会科学内部，各学科之间在对话互动中，也不可以简单地采用"拿来主义"的态度，而必须研究和遵循人文社会科学概念与理论移植的一般规律。

学者们已经形成共识，自然科学因其客观性，其概念和理论在各种文明体系之间的应用并不存在概念移植问题，所谓"科学无国界"，但是，人文社会科学的研究因其对象的主体性和主观性，就存在一种复杂的状况，必须首先回归特定的文化传统才能理解和应用。"社会科学的研究对象提升到'意识'层次，尤其是人的个别意识与集体意识以及由此衍生的复杂的行动领域。既然与人类有关，难免受到时间上的传统与空间上的环境所影响。"[1] 对数学、物理学来说，"中国数学"、"中国物理"可以意味着数学、物理学"在"中国的发展，它们的概念、理论和规律是普世的，没有什么中国数学与西方数学之分；而对哲学、伦理学、经济学来说则完全不同，"中国伦理学"、"中国经济学"一定是中国或中国人"的"哲学、伦理学和经济学，不仅其传统，而且它们的概念、理论和规律，也表现出浓烈的民族特性，因而不可以不加解释和消化地引进与搬用。

---

[1] 傅佩荣：《从哲学看社会科学的移植问题》，杜祖贻主编：《四方社会科学理沦的移植与应用》，香港中文大学出版社 1993 年版，第 27 页。

　　自然科学与人文社会科学关系的这种特性，在人文社会科学内部诸学科之间也同样存在和适用。对此，叶启政先生的观点富有启发。他认为，任何一种学术活动都有一定的意识形态价值信仰为后盾，都反映一种特殊的身心状态（基于特殊的历史与文化传统），也是一种特殊的认知活动，既有其特殊的"观点"与"立场"，也基于对宇宙人生的特殊预设。① 在人文社会科学的分工体系中，哲学求"真"，其着力点是人的理性与精神；伦理、宗教求"善"，其着力点是人的信念和信仰；文学艺术求"美"，其着力点是人的情感。法律透过共同意志建立社会秩序，经济学基于人的自然需要引导人们创造财富。它们都出于对人性某个侧面的不同认知，并基于特殊的人性预设，如法律在传统上以性恶论为基础，凸显外在强制和客观意志的必要性；伦理道德一般以性善为信念，以彰显道德的可能性。在特殊的价值追求、理性认知和人性信念的基础上，形成各学科特殊的理论体系、概念系统与文化理想。因此，人文社会科学内部学科分工的依据恰恰是它们的殊异性，彼此间虽然在以"人"为本，理解人、诠释人、作用并服务于人的起点和终点上存在一致性和共通性，所谓"理一"；但是，在对人理解、把握和服务的视野和层面上却是大相异趣甚至相互矛盾的，这便是所谓"分殊"。"理一分殊"，就是人文社会科学内部诸学科之间关系的真理。因"分殊"而互补互动，因"理一"而对话相通，二者之中，"分殊"更具有现实性和本质性，"理一"只是在终极意义和根本意义上的相通或同一。所以，在人文社会科学内部，从话语、概念，到理论、价值，都难以也不可以直接而简单地搬用或嫁接。

　　解释学有助于诠释和把握人文社会科学概念与理论移植的真相。根据解释学的理论，以下几个要素对于人文社会科学的概念移植具有特别重要的意义。

　　（1）"文本"及其"解释"。如果一门学科如伦理学的某个概念要被另一门学科如经济学所移植，那么，经济学首先必须做的工作，就是在伦理学的框架下对这个概念进行文本解释，以了解它在伦理学体系中的本义，在此基础上经过哲学的提升，把握它可能具有的超出伦理学之外的普遍内在规定，尤其那些对经济学具有更好的表达力和解释力的规定。这是

---

　　① 叶启政：《社会学科论述的移植与本土化的根本问题》，杜祖贻主编：《西方社会科学理论的移植与应用》，香港¨，文大学出版社 1993 年版，第 19 页。

一项不可逾越的工作，望文生义，浅尝辄止，势必导致概念的混乱与理论的混淆。

（2）"含义"与"意义"，"解释"与"理解"。解释学认为，文本的解释具有历史性，它不能改变文本原本具有的"含义"，但却使文本对作者来说的"意义"发生了变化。"含义存在于作者用一系列符号所要表达的事物中……而意义则是指含义与某个人、某个系统、某个情境或与某个完全任意的事物之间的关系。"① "含义"是文本固有的，而"意义"则是在关系中尤其在文本与解释者的关系中发生的。"解释"只能把握文本的"含义"，文本的"意义"只能靠"理解"把握。"理解"先于"解释"，因为"理解""不仅意味着对作者意指含义的把握，而且也意味着对含义是如何与作者的世界或我们自身的世界相吻合的这个事实的把握"。② 只有通过"理解"而不是"解释"才能进行人文社会科学的概念移植，而一旦是"理解"，把握的对象就是"意义"，即这个概念与移植它的那个学科的关系以及与移植者的关系。这样，移植主体便透过"理解"被移植概念进行了新的"意义"赋予和"意义"植入。

（3）"偏见"或"先见"。海德格尔认为，"理解"具有三个先决条件，即理解者的"先有"、"先见"和"先知"，它们构成理解者的"前理解"。伽达默尔将"先有"、"先见"、"先知"融为一体，统称为"偏见"或"先见"，它们对"文本"的理解先验性的影响。同理，在概念移植中，移植的那个学科总是首先以自己的"先见"即特殊的学科立场和学科视野对被移植的概念进行"前理解"，"理解"总是以"前理解"为潜在的前提，而一旦这样做的时候，被移植的概念的"意义"便已经发生变异。

于是，在人文社会科学的概念移植中，最重要的因素已经不是被移植概念的"含义"，而是移植它的那个学科作为主体透过"理解"所把握的这个概念"意义"；概念移植的本质不是"含义"的"解释"，而是"意义"的"理解"；"意义"区别于"含义"，它不是由被移植概念既有内在的规定所决定，而是由移植主体和被移植概念的关系所决定；由于"意义"在关系中产生，并且"理解"总是以"前理解"为前提，因而

① ［美］E. D. 赫斯：《解释的有效性》，王才勇译，三联书店1991年版，第2—3页。
② 同上书，第164页。

被移植的概念必定因新的价值植入和文化赋予而发生变异。移植的真谛在"意义";"意义"的把握在"理解";"理解"的实质是创造;"创造"的风险在变异。这就是概念移植的解释学诠释所得出的结论。

第二节　"意义"对话与价值互动

伦理学与经济学的概念移植,就运动方向和结果而言,大抵有三种情况:(1)经济学对伦理学某些概念的移植,形成一些新的经济学范畴或命题,如"道德风险"、"囚徒困境"、"幸福指数";(2)伦理学对某些经济学概念的移植,形成一些新的伦理学概念或命题,如"道德成本"、"社会资本";(3)伦理学与经济学的概念整合或概念互动,形成一些超越于伦理学与经济学,或既是伦理学,也是经济学,乃至既不属于伦理学,也不属于经济学的概念或命题,如"伦理—经济"、"伦理—经济生态"、"伦理经济学"。三种情况,表面看来是相互的过程,但按照上文所作解释学的分析,实际上存在本质的差异,因为基于伦理学或基于经济学的移植,直接关系到对被移植概念的"前理解",也关系到移植所派生的新的"意义"。因而第三种情况,即既不是基于伦理学,也不是基于经济学所进行的概念移植,是一种特殊的和独立的移植状况。

理解概念移植之于伦理学或经济学的意义,最具解释力的方法是考察移植的历史情境与话语情境。科斯洛夫斯基在探讨现代人"为何对经济伦理学感兴趣"的问题时,指出了三个原因:人的经济行为所产生的副作用不断增加,要求负道义上的责任;在经济学的研究和经济行为中对人的再认识,要求突破经济学作为人的"自然科学的人文学说"的局限,"再度人格化";由于社会的不断分化,现代文化日益脱离其统一的意义,社会缺少共同的价值和标准。这个分析具有一定的启发意义。在现代学术体系中,伦理—经济概念互释或概念移植,主要有三种历史情境与话语情境。

第一种是否定性历史情境与话语情境。在这种情境中,经济学的概念体系已经对人的经济行为和经济生活失去至少部分地失去表达力、解释力或推动力,需要将它的概念体系延伸拓展到作为意义世界的伦理学的概念系统和理论体系中,进行相关概念、理论的移植或嫁接。这种情境即所谓

"经济学失灵"。"伦理学"是"作为经济失灵的调整措施"①,科斯洛夫斯基如是说。古典和现代经济学对"囚徒困境"、"搭便车"、"逃票者"、"公地悲剧"的分析,最后事实上都借助伦理学的概念和理论。与之相对应的是"伦理学失灵"。当伦理学失灵时,传统伦理往往借助宗教,最典型的就是康德和道德哲学。康德在自然科学中将上帝清除了出去,然而在道德哲学中又将上帝请了回来。在《实践理性批判》中,为了解决德行与幸福这个至善中的悖论,他最后不得不借助"灵魂不朽"和"上帝存在"两大预设。"宗教作为伦理失灵的调整措施。"② 经过现代性的"祛魅",伦理学在失灵时已经很少求助于宗教学的上帝,而是求助于经济学,尤其求助于经济学的市场原理使之"还俗",在"还俗"中诉诸经济学作为"自然科学的人文学说"的"自然原理"与本能原则。利益驱动,已经成为由市场经济所创造、经常为伦理学所求助的经济学的"上帝"。道德成为准确地说沦为"资本",就是再好不过的说明。

第二种是肯定性的历史情境与话语情境。在这种情境中,人们达到一种理性的认知,或者说达到一种理性或理论的境界,将经济学与伦理学,或者将伦理学与经济学理性地托载、连接起来,从而形成一种新的理论。在这方面最有代表性的就是阿马蒂亚·森。他作为诺贝尔奖得主,之所以被称之为"经济学的良心",就是因为在理论上将经济学与伦理学联姻,在经济理论中倾注道德关怀。根据他的观点,"现代经济学不自然的'无伦理'特征与现代经济学是作为伦理学的一个分支而发展起来的事实之间存在着矛盾"③。他认为,经济学有两个根源,一是伦理学,一是工程学。伦理学与经济学中的两个最根本问题的解决密切相关。一是关于人类行为的动机,它与苏格拉底提出的"人应该怎样活着"这一最古老的伦理问题相关,是"伦理相关的动机";一是关于社会成就的判断,它与亚里士多德提出的到底什么是"对个人有益的东西"这一伦理问题相关,是"伦理相关的社会成就观"。而"工程学"的方法"只关心最基本的逻辑问题"④。他

---

① [德] 彼得·科斯洛夫斯基:《伦理经济学原理》,孙瑜译,中国社会科学出版社1997年版,第26页。

② 同上书,第31页。

③ [印度] 阿马蒂亚·森:《伦理学与经济学》,王宇、王文玉译,商务印书馆2002年版,第8页。

④ 同上书,第9—11页。

的结论是："进一步加强伦理学与经济学之间的联系，无论对于经济学还是伦理学都是非常有益的。"它"可以期望得到的回报是相当大的"①。其实，伦理学与经济学之间的这种联系，自一开始就存在。亚当·斯密在《国富论》与《情操论》中，就将人性中固有的"精明心"和"同情心"结合起来，建立他的哲学体系。现代经济学关于"幸福指数"与"痛苦指数"的分析与反思，也可以看作是一种理性的自觉。

第三种情境是现实的，它与第一种情境部分交叉。伦理学与经济学，无论在研究对象还是研究视野和研究方法上，作为学科都只是一种抽象。"学科"的特质，是将某个特定的对象从它所处的不可分离的有机整体中分离出来，在某个特定的视域下进行观照与研究。学科的高度分化虽然在历史上无疑是一种进步，但它却是人类认识及其能力有限性的确证，也是真理相对性的表现。学科造就"专家"，学科与专家之于现实的抽象性质，注定了片面性必定与之伴随，不同的是，它是一种"深刻的片面"。只有回归和复归于文明生态的有机整体中才能扬弃这种片面性。在现实生活中，事实上不存在任何纯粹的经济现象，也不存在任何纯粹的伦理现象。只要承认人的有机性和多样性，就必须承认人的行为和人的生活的有机性与多样性。正如阿马蒂亚·森所说："这个世界的确是由哈姆雷特、麦克白、李尔王和奥赛罗等组成的。冷静的理性范例充满了我们的教科书，但是，现实世界却更为丰富多彩。"② 因此，只要现实地对待和研究客观现象，包括人的行为和人的生活，伦理学与经济学之间的学科疆界就必定被消解。这是伦理—经济概念互释与理论移植的事实基础。

伦理—经济概念互释与理论移植为伦理学、经济学应对现代文明中层出不穷的疑难问题，提供了新的解释力、表达力和解决力。它通过突破伦理学或经济学自身学科视野的局限，开辟出一些摆脱理论困境和现实困境的新蹊径，常常使一些在学科内难以解释和解决的复杂问题豁然明朗，产生柳暗花明的理论效果。需要进一步探讨的是：这种互释移植的本质到底是什么？它的着力点和作用点在哪里？

根据解释学的理论，任何概念互释和理论移植，都是从某个学科立场

---

① ［印度］阿马蒂亚·森：《伦理学与经济学》，王宇、王文玉译，商务印书馆 2002 年版，第 79、89 页。

② 同上书，第 17 页。

出发，对被解释的概念和被移植的理论进行的"意义""理解"，而不是也不可能是对它的"含义"的搬用和嫁接。"意义"是互释和移植的最重要的着力点和作用点。伦理—经济概念互释和理论移植的本质，是透过"理解"的"意义"对话、商谈、让渡和互动。"意义"与"事实"不同，它是在主体与客体的关系中形成，因主体的需要而产生、必须在精神中把握的文化和价值的存在，因而同一个对象，对伦理学和经济学来说，往往具有不同的"意义"。实体，在伦理学中是目的性的存在，因为只有达到个体性的"单一物"与实体性的"普遍物"酌统一，才能真正"成为一个人"；而在经济学中它们却是工具性的存在，"个人的恶行，社会的公利"是最经典的经济逻辑。概念互释与理论移植，首先是伦理学与经济学对同一对象进行不同"理解"而产生的两种"意义"之间的对话。帮助别人，在伦理学的"理解"中是出于"绝对命令"的"义务"概念，孟子对于"孺子人井"源于"恻隐之心"的分析就是如此，在经济学的"理解"中则是能创造和积累经济价值的"资本"概念；诚实，在伦理学的"理解"中是植根于人的本性的"美德"，在经济学的"理解"中则是与效益联系的"成本"。显然，这些殊异已经不只是出于不同学科视野，而是来自两个世界，即"价值世界"与"事实世界"，或"意义世界"与"生活世界"的不同"解释"。伦理学致力创造和建立的是一个意义的精神世界，而经济学则如阿马蒂亚·森所说，是"自然科学的人文学说"。将"美德"、"义务"的概念移植到经济学中，将"成本"、"资本"的概念移植到伦理学中，已经是伦理学和经济学所"理解"的"诚实"和"助人"的两种"意义"之间的对话。一旦移植到经济学中，"助人"与"诚实"作为义务与美德的价值便发生变异，具有"资本"与"成本"的"意义"；同样，"资本"的概念一旦移植到伦理学中，它作为"创造价值的价值"的经济"意义"也发生改变，成为伦理互动中善恶因果律的概念。于是，"对话"便成为互释与移植中"意义"理解的第一个过程。

但是，互释与移植的真谛，并不是概念与理论的"文本"之间的对话，而是经过作为解释和移植主体的学科"理解"后所进行的"意义"对话。一个概念或理论一旦被移植，它的"本意"或它原初"文本""含义"便被赋予新的意义。概念互释与理论移植所进行的对话，是移植主体与移植对象之间透过"理解"进行的"意义"对话。"意义"如何对话？按照哈贝马斯的理论，对话的方式应当也只能是"商谈"。商谈的本质，不是剥夺与强加，而是透过平等民主的协商达成共识的过程。不过，商谈本身也是一个坚持原则的过程，这个原则用哈贝马斯的话说就是："伦理始终是合法性的基础。"①

"商谈"的结果是什么？就是价值的"让渡"。价值"让渡"是罗尔斯研究正义问题的话语，他认为，只有通过让渡，才能达致公正和平等，尤其在分配方面的公正与平等。伦理学与经济学的概念互释与理论移植，往往形成一些新的复合性的伦理—经济概念与理论。在通过商谈形成的概念系统与理论体系中，最普遍的现象是：伦理学与经济学的"意义"都发生了改变，改变的方向是弱化其本意或最初的"文本"意义，形成新的具有复合性质的意义。通常的情况是，伦理学的概念和理论被部分地"祛魅"，经济学的概念与理论被部分地"去俗"。双方都让渡出原有的一部分价值，从而寻找和确立两种意义之间的磨合点与连接点。概念互释与理论移植的过程，是价值让渡的过程。科斯洛夫斯基这样表述企业伦理中的"伦理"的价值让渡："伦理既不是完全公共的财富，也不是完全私有的财富，而是半公共的财富，和其他具有较高价值特性的东西一样。"②价值让渡的否定性本质是价值妥协，但价值妥协的成果是积极的和肯定性的，这就是新的伦理—经济意义的形成。

"意义对话"—"文化商谈"—"价值让渡"，这就是伦理—经济概念互释与理论移植的辩证过程。这个辩证过程本质上是价值互动的过程。应该说，它是民主的和价值多元的时代，解决文化冲突和价值冲突的文明难题的一条贯彻民主精神的学术途径。在古典学术体系中，伦理学与经济学都具有实践哲学的性质，因而属于道德哲学范畴。作为实践哲学，互释与移植在现实中的作用点首先是人的行为和意志，尤其是人的内在的伦理的或经济的冲动，是伦理冲动与经济冲动之间的"意义"对话、商谈与互动，最后形成"冲动的合理体系"，即"伦理—经济的冲动体系"。

不过，概念互释与理论移植应当也必须是理性的一种拓展。作为实践哲学，伦理—经济概念互释与理论移植的着力点在意义世界，但它指向并

①　[德] 尤尔根·哈贝马斯：《合法化危机》，刘北成、曹卫东译，上海人民出版社2000年版，第113页。

②　[德] 彼得·科斯洛夫斯基：《伦理经济学原理》，孙瑜译，中国社会科学出版社1997年版，第187页。

服务于人的生活世界，并且正因为如此，必定有本体世界的基础，因而理性的成长与发展既是它的前提，也是它的结果。互释与移植突破伦理学或经济学的理性局限，将经济理性与伦理理性结合，形成具有整合意义与综合意义的伦理—经济理性。经济理性强调利益最大化，而"道德在于把个人主体的局部最大化战略转化为普遍主体和总体的最大化战略"①。达到利益最大与价值最大之间的协调平衡。基本概念的互释与基本理论的移植，总是对人的认识的重大觉悟。亚当·斯密的伦理—经济体系，就是在发现了人以"同情心"为特质的"伦理人"的人性面的同时，也揭示了人以白利为核心的"经济人"的人性面，因而以为"经济人"就是斯密体系的人性认知和人性假设的观点，实际上是对斯密经济理论的误读。伦理学与经济学在"意义"层面越是指向那些具有终极性的价值，在理性层面越是接近本体，概念互释与理论移植的可能性与合理性便越大。当然，无论是互释还是移植，最后都是回归现实，回归生活。因为，"理论是灰色的，而生活之树常青"，在完整的人及其生活中，伦理—经济无论在概念上还是理论上都应当是一体的。

第三节　意义对话中的价值异化

但是，在意义对话中却逻辑和历史地存在一个现实危险，这就是：价值异化。

一　过度解释

导致价值异化的逻辑根据，是概念互释与理论移植中的过度解释。解释学的理论已经说明，无论伦理学对经济学的概念与理论的移植，还是经济学对伦理学概念与理论的移植，都不可能是对这些概念与理论的"文本"本意的客观解释，而只能是从伦理学或经济学出发对它们的"意义"的具有主观性质的"理解"。在互释与移植中，对"意义"的"理解"，或者说一个概念或一种理论被移植后在另一学科中的"意义"，主要受三个因素影响甚至决定。

---

① ［德］彼得·科斯洛夫斯基：《伦理经济学原理》，孙瑜译，中国社会科学出版社 1997 年版，第 218 页。

（一）移植或解释它的那个学科的"前理解"，或它的"先见"与"偏见"

经济学引进或移植伦理学的某个概念与理论，总是首先基于经济学的立场与方法对这一概念与理论进行理解，而不是首先追究和过于执著于它的本意，然后再将它与特殊的经济现象与经济行为嫁接，形成新的概念或理论。比如，"实体"原是道德哲学的概念，在黑格尔哲学中，它与伦理相结合，指的是在精神中所达到的"单一物"与"普遍物"即个体与整体的统一。"实体"被移植到经济学中，形成所谓被广泛使用和应用的"经济实体"的概念与理论。但是，经济学却是按照"利益"或"经济理性"而不是道德哲学的"义务"或"伦理理性"的原理对"实体"进行"前理解"，于是，"实体"在进入经济学的概念体系之前，首先就通过"前理解"接受经济学的"洗礼"和经济理性的浸润，"精神"饮泣着逊位、"利益"粉墨登场，"实体"在成为经济学的"媳妇"之前就已经脱下伦理学的盛装，披上经济学的晚礼服，由"单一物与普遍物在精神中的同一"成为"利益共同体"。"前理解"是从经济学或伦理学的立场出发而对被解释和被移植的概念与理论进行的学术洗礼。

（二）学术嫁接

一般来说，被移植的概念或理论在另一个学科中并不是独立的概念与理论，它们总是与移植它的那个学科的概念或理论相嫁接。概念与理论的嫁接正如植物的嫁接一样，总是要通过在嫁接主体中吸收养分而被同化，并且其目的是为"无中生有"地结出它的累累硕果。经济学嫁接伦理学之前，通过"前理解"对伦理学的概念与理论进行同化，但它的根本目的，不是要在经济学中结出伦理学之果，而是要通过伦理学与经济学婚配或"出嫁"而分娩出经济学的"太子"。虽然在这种联姻中结出的果实具有杂交混血的性质，但它的文化或文明脉络却是移植它的那个学科。"阳为阴纲"，董仲舒的这个伦理原则在概念与理论的嫁接中也是适应的。所以，嫁接后形成的新概念的语词模式通常是偏正结构：移植主体的学科概念为正，被移植的概念为偏。如"道德风险"，它将伦理学的"道德"概念与经济学的"风险"理论结合；真义是解释和解决市场运作中的"风险"问题，其核心词是"风险"而不"道德"，只是试图说明，不良道德同样会给经济运行带来风险，增加经济发展的成本，其义绝不在道德。在这个语词结构中，"道德"为偏，"风险"为正，形成前偏后正的结构。

（三）移植主体的"需要"

解释与移植既然是"意义"的"理解"，而"意义"只能在主体与客体的关系中产生和存在，于是，在其中处于重要地位乃在相当多的情况下具有决定作用的因素就是主体对于客体的"需要"——不仅某个概念或理论是否被移植，而且移植以后它们所具有的"意义"，乃取决于主体的需要，而不是被移植的概念和理论原初的"含义"或性质。"移植"的途径是"理解"，"理解"的对象是"意义"，"意义"的根源在"需要"。一旦以"需要"成为移植的动力，被移植的概念与理论在"理解"获得"意义"的同时，就开始部分地失去"真身"，在相当程度上成为一个由"需要"所创造和选择的"替身"。比如，"诚实"在伦理学中是最基本、最重要的一种德性，它与"人应当如何生活"的终极问题相通，在道德哲学上被设定为与人的本性和宇宙的本性一体。"诚者天之道，诚之者人之道。"《中庸》如是说。然而"诚实"在被经济学引进后，便用来解释交易成本。这种理论认为，"诚实"降低了交易成本，如契约成本、广告成本、法律成本，可以获得更大的利益，具有巨大的经济意义。自此，"诚实"便因经济学的"需要"由本体世界、意义世界外化、"下放"到世俗世界，由"天理"变成"人欲"。在交易成本理论中，诚实与其说是一种德性，不如说是一位点石成金的术士。

这样，"前理解"—"嫁接"—"需要"，这三个存在于"意义'，"理解"中的基本要素，便形成伦理—经济的概念互释与理论移植中的先后相随并且不断深入的三次"过度理解"或"过度解释"。"前理解"先入为主地给被移植的概念与理论注入移植主体的文化基因；"嫁接"通过"嫁一娶"的阴阳伦理逻辑进行概念与理论的异体合成，让被移植的概念与理论为移植主体生儿育女；"需要"则让移植完全服从和服务于移植主体的文化愿望，消解被移植概念和理论的文本客观性与文本独立性。"前理解"—"嫁接"—"需要"，构成伦理—经济概念互释与理论移植中不断深入的"过度理解"与"过度解释"的过程。它不仅使被移植概念与理论的文本保持不可能，而且可能对解释文本进行彻底的颠覆和严重的歪曲。经过这个过程，南方之"橘"，于不知不觉中就成为北方之"枳"。

二　价值霸权

理论扎根于现实，概念互释与理论移植离不开具体的历史情境。现代学术进展中的概念互释与理论移植，发生于一个特殊的历史背景下，这就是：经济中心。

20 世纪 70 年代以后，中国实现发展战略重点的大转移，将一切工作转移到"以经济建设为中心"上来。就发展战略而言，这无疑是必要的与合理的。然而，事实证明，人们对"经济中心"的"文本解读"或"意义理解"很容易发生偏差。这个偏差的理论表现是：将"发展战略"误读为"发展理念"；将由"意识形态中心"到"经济中心"的战略大转移，理解为中国现在和今后的发展的根本理念就是，也只是"经济中心"。于是，在实践中，物质文明与精神文明两张皮，"一手硬，一手软"的问题长期难以得到真正彻底的解决。这种误读的学术表现，就是出现一些泛经济化、去价值化或去伦理化的概念，以及与之相应的对经济发展与经济理论的"理解"。如关于市场经济中人的"经济人"本性的抽象定位、对于"利益驱动"机制的迷信、"市场经济是一只看不见的手"的命题、"企业是（只是、就是）一个经济实体"的命题等等。这种现实的和学术的历史背景，必然给伦理—经济的概念互释与理论移植产生直接的和深刻的影响，可以说，互释与移植相当程度上就是在这个现实背景的推动和学术背景的助动下进行的。现实与学术的二维背景构成伦理—经济意义对话的"前理解"。与"经济中心"相一致，在伦理—经济概念互释与意义对话中，经济或经济学也始终是"中心"。实际上，不仅在中国，在整个 20 世纪的世界文明体系中，经济总是处于"中心"的地位，与之相应，经济学在 20 世纪也超"子"入"经"，在整个学科体系中成为霸主，形成"经济学帝国主义"，后现代主义对现代性批判已经反证了这一切。在这种客观条件下，互释与移植的过程，在相当程度上成为经济学尤其是市场理论和市场逻辑扩张的过程，难以形成真正平等的意义对话与价值互动。

应当承认，现代经济学大量引进了伦理学的一些理论，乃至可以说经济学对伦理学概念理论的引进比伦理学对经济学概念理论的引进在广度和深度上都胜过一等。但是，经济学对伦理学的引进，往往遵循上面所介绍的科斯洛夫斯基发现的规律："伦理学作为对经济失灵的调整措施"，在"市场失灵"时，求助于伦理学。这种状况决定了伦理学处于被解释和被利用的工具理性地位。一种常态是：当"经济显灵"或"市场显灵"时，伦理学便不需要。当然，伦理学对经济学概念理论的移植，往往也是为了对一些伦理原理的解释和表达，并加强其现实效力，但是，这种状况与"伦理学作为对经济失灵的调整措施"完全不同。无论是"经济中心"的现实背景，还是现代中国道德哲学对于经济与伦理关系的决定论的哲学诠释，都存在一种可能或偏好：在伦理—经济的意义对话中，经济学处于主动的、主体的地位。现代中国伦理理论与道德建设的基本课题已经被表述为"建设与社会主义市场经济相适应的道德体系"，人们也可能对这一任务产生误解，认为现代"道德体系"可以从"市场经济"中派生，因而在概念与理论移植中应当从经济学的"前理解"对道德和道德体系进行调整和改造。以上这些原因，都可能消解并且已经部分地消解概念与理论移植中意义对话的和价值互动的平等性，形成经济学的"价值霸权"。

三　价值异化

逻辑纬度的"过度解释"，历史纬度的"经济中心"，必然导致伦理—经济概念互释与理论移植中的价值异化。"过度解释"导致互释与移植中的"价值殖民"。"价值殖民"的特质，是在"意义""理解"中，透过"前理解"将移植主体的价值观，如伦理学或经济学的价值观先验地、主观地注入被移植的概念或理论中，根据移植主体的"需要"，修正甚至篡改被移植概念与理论的本意。一句话，"价值殖民"就是在互释与移植中通过"过度理解"使被移植的概念与理论在价值上成为移植主体的文化殖民地，使被移植概念与理论丧失其价值上的独立性与特殊性。"经济中心"，准确地说，对于"经济中心"的战略转移的误读，导致互释与移植过程中"价值霸权"。"价值霸权"的实质，是在"意义"对话中预设价值本体，在前提中就颠覆对话的平等性，不是通过民主的"商谈"达到价值的互动，而是用一种粗暴的强制将一种价值观强加于另一种概念与理论。"价值霸权"本质上是一种价值专制。价值殖民和价值霸权必然导致价值异化。不同的是，价值殖民是透过逻辑地发生的"过度解释"在"前理解"中的价值异化；价值霸权是借助历史地存在的"经济中心"在"后理解"中的价值异化。价值殖民是"初始异化"，价值霸权是"再度异化"。可以说，"价值殖民"与"价值霸权"是伦理—经济概念互释与理论移植中价值异化的两个过程和两种途径。"价值殖民"—"价值霸权"—"价值异化"，形成互释与移植中价值异化的辩证过程。

"价值异化"不同于"价值变异"。"价值变异"一般只意味着价值内涵发生了一定程度的变化，而"价值异化"则意指两种状况。第一种状况是：价值丧失了它原有的本意，成为与之存在本质区别的另一种性质的价值；第二种状况是：不但丧失价值的本意，而且走向它的对立面，成为与原有价值相对立的价值。第一种异化是"异己"，第二种异化是"敌己"。当然，异化一定包含着变异，只是说，异化的变异具有异己与敌己的性质。正因为如此，概念互释与理论移植中的价值异化才应当格外重视。

应当指出，伦理—经济概念互释与理论移植中的价值异化，无论在逻辑还是历史上，都可能是"相互异化"。就是说，伦理学对经济学概念与理论的移植，可能使其经济学文本的价值异化；同样，经济学对伦理学概念的移植也可能导致其伦理学本意的价值异化。不过，在"经济中心"的特殊历史语境下，最可能发生、也是大量存在的，是经济学对伦理学的价值异化。虽然伦理—经济的概念与理论移植是一个双向的过程，而且可以说到目前为止，经济学对伦理学的概念与理论移植似乎更多些，但由于经济在现有文明体系中的强势主体地位，也由于"伦理学是对经济学失灵的调整措施"的学术逻辑的运作，无论在伦理学对经济学概念与理论的引进中，还是在经济学对伦理学概念与理论的引进中，最常见的还是伦理学的价值异化。这样，价值异化的现实状态便是：在理论上可能是相互异化，但在现实中大量存在的是伦理异化。

为了使问题的讨论具有现实性，这里以近几年在中国学术与现实生活中进行的一个典型的概念互释与理论移植为例："道德银行"。"道德银行"将作为伦理学基本概念的"道德"，与作为经济学尤其是金融学基本概念的"银行"嫁接互释，其本意是以"银行"的理论"解释""道德"生活的原理，属于伦理学对经济学概念的解释与移植。然而，其结果却是伦理学价值的异化。"银行"的基本理论是"储蓄原理"，在储蓄中产生高出投资本金的收益，即利息。其基本要素有三：剩余资金或财富的最具安全性和可靠性的存放；服务于自己未来的或更长远的利益；创造超额收入即利息。它与伦理学中"投之木瓜，报之桃李"的伦理法则和"施一受一报"伦理逻辑有相似之处。之所以以"道德银行"的伦理—经济概念而不是以"投挑报李"的伦理原理向世人劝善，是因为现代人、现代社会已经疏远和冷落了这种伦理资源，对这种伦理性的

"投一报"失却信心和信念，或者缺乏解释力与理解力，而最近的和最有解释力与世俗号召力的理论就是银行的"存储—收益—利息"理论。于是，不仅在理论上以"银行"解释人的道德行为，而且在现实中不少地方包括学校和社区都"创造性"地建立了"道德银行"。可是，这样做的结果却是：建立和强化经济学的价值霸权；导致和造成伦理学价值的异化。不错，在"投桃报李"的伦理原理中，事实上道德行为也可能、准确地说应当产生更高的效益，所谓"滴水之恩，当涌泉相报"。然而，伦理学的这一原理有一些不可篡改的原则：第一，在"投桃报李"的"投一报"伦理互动中，"投"者或施惠者都必须出于真诚的义务意识或道德意识，伦理学的基本法则是，只有出于义务动机或道德动机的行为才是道德行为；第二，不期待他人的回报，更不期待超额回报，"施恩图报，小人也"；第三，这种设计的另一关键在于，受者或受惠者必须要报，"知恩不报，小人也"。这样，施者在动机中不图报，受者必须报，而且要"涌泉相报"，由此形成伦理性的价值互动和道德性的良性循环。在这个过程中，施者与受者都得到道德上的实现与完成。"道德银行"对伦理学的价值异化，在于使道德从目的沦为工具。（1）在动机上，致善和劝善已经不是出于道德，而是出于利益尤其是超额利益的谋划，是亚当·斯密在《国富论》中所说的"理性的狡黠"；（2）如此，道德行为就沦为经济理性尤其是市场理性的奴仆，在现实中，我们已经见到诸多过于夸张和张扬的"滴水"的资助和捐助行为，如作为商业广告的附庸而连同受助者一起成为"精明"的商人谋利和沽名钓誉的手段。最严重的问题是，正如康德所说，如果不是出于道德的动机，而出于利益的考虑而劝善行善，那么，就会"从源头上污染道德"，从而导致伪善，由此，道德或伦理学才会真正陷入万劫不复的绝境。还是要重复这句话：道德最危险的敌人不是恶，而是伪善。所以，所有的伦理学体系必须讨论伪善，道德行为必须拒绝伪善。"道德银行"会"从源头上污染道德"，使道德行为沦为利益算计的经济行为，由此，道德价值不仅发生变异，而且可能走向它的反面，沦为道德的反动，即伪善，成为异化的道德。显而易见，之所以以"道德银行"劝善行善，市场经济背景下形成的经济"价值霸权"，以及伦理学对于经济学的"过度解释"，是最直接和最重要的原因。

第四节　"价值生态"与创造性的意义对话

综上所述，伦理—经济概念互释与理论移植的合理性与必然性是深刻的和现实的；内在于意义对话中的价值异化同样是深刻的和现实的。意义对话——价值异化，这是伦理—经济概念互释与理论移植一开始就面临并将愈益深入的理论与实践两难。超越这个两难，不是终结互释与移植，因为终结对话与文明一体化与人文社会科学走向辩证综合的历史趋势相背离；也不是对意义对话中过度解释和价值霸权采取自然主义的无为态度，因为价值异化最终将给文明发展和学术研究带来价值灭绝的灾难性后果。两难的超越需要一种创造性的理念和创造性的智慧。这种创造性的理念和智慧就是：价值生态。

"价值生态"是笔者在拙著《伦理精神的价值生态》中提出和阐述的理念。将"价值生态"的理念用于伦理—经济的概念互释与理论移植，其要义有二：（1）概念互释与理论移植的根本目的，不是用伦理学的概念与理论对经济现象进行解释，也不是作为经济学"失灵"的补救措施；同样，也不是用经济学的概念与理论增进伦理学的表达力与推动力，互释与移植的根本指向，是建立伦理—经济的"价值生态"。（2）伦理—经济的意义对话，应当遵循生态法则与生态原理，体现生态文明的时代精神的根本要求。

以"价值生态"作为伦理—经济意义对话的价值目标的形上基础是：20世纪人类文明最重大的觉悟，是生态觉悟；这个觉悟的根本特质，是将人与自然的生态理念推进、扩展到整个人类文明，作为处理人与自然、人与社会、人与自身关系的哲学理念，并在此基础上建构一种生态价值观与生态世界观；根据生态价值观与生态世界观，伦理与经济、社会、文化的关系，是生态关系，伦理与经济、社会、文化的对话互动，建立起伦理精神的"价值生态"。"价值生态"理念所实现的伦理学方法的突破，是以"生态本位"超越现代主义思维方式与研究方法的"关系本位"。[①] 这样，伦理—经济概念互释与理论移植的真谛，就是通过意义对话，建立伦理—经济的"价值生态"。

---

① 以上参见樊浩《伦理精神的价值生态》"导言"部分，中国社会科学出版社2001年版。

问题在于，"价值生态"如何超越伦理—经济意义对话中价值异化的难题？

生态价值观有四个基本原则：有机性与内在关联原则；整体性原则；共生互动与自我生长原则；具体性原则。生态的观点，从根本上说就是生命的观点，有机的观点，内在关联的观点。在哲学形而上学的意义上，"生态"的真义一开始就是指"生命的存在状态"，它把世界包括人、自然、社会都看成是有机的生命体系。生命的特性是有机性，有机性的本质是广泛而内在的普遍联系。"我们要尽可能广泛地理解生态学这个概念要把它理解为研究关联的学说。"① 按照这一原则，应当把伦理与经济当作是以人、人的生命和人的生活为主体而内在关联的有机体，而不是外在于人甚至异化于人的抽象的存在，只有回归于人，回归于人的生命与生活，并以此为伦理与经济的结合点与同一性，也才能真正找到伦理—经济概念移植的价值基础与理论托载。离开人的主体，伦理与经济都只能是抽象甚至对立的存在，难以找到伦理—经济意义对话的合理性基础。与之相应，生态合理性，不是个别因子的合理性，而是生态整体的合理性，生态合理性本质上是一种整体合理性的价值观。于是，伦理—经济互释与移植的意义对话的价值目标与合理性的价值标准，便不是伦理的，也不是经济的合理性，而是伦理与经济意义对话与价值互动所形成的"价值生态"的合理性。依照生态整体合理性的原则，生态价值观在伦理—经济互释与移植中坚持伦理—经济关系的平等性，反对任何价值霸权。共生互动与自我生长原则回答的问题是：在伦理—经济意义对话中，价值合理性如何产生、如何发展？共生互动，是生态因子之间既相互对立、又互依互补的辩证统一关系。它认为，伦理—经济意义只有在辩证的价值互动中，才能形成伦理合理性、经济合理性，更重要的是，才能最后形成伦理—经济生态的价值合理性。所以，伦理—经济意义对话所形成的合理性，是内在自我生长的合理性，而不是移植的或解释的合理性。伦理—经济一旦进行概念互释与理论移植，便在价值互动与理论互补中形成一个新概念与理论的有机体，这个新概念与理论往往既不是伦理学的，也不是经济学的，而是伦理—经济的，它所形成的是伦理—经济的价值生态，让它强制性地服从于

---

① ［德］汉斯·萨克塞：《生态哲学》，文韬、佩云译，东方出版社 1991 年版，前言第 3 页。

伦理学或经济学，都会导致对它的误读与误用。这样，任何一个被解释或被移植的概念或理论，以及任何一个移植或解释主体，在互释与移植中都不具备绝对的和先验的合理性，而只是在具体的伦理—经济价值生态中的具体的和历史的合理性。

生态法则或生态原则从形而上学的层面解决伦理—经济的概念互释与理论移植的价值合理性问题。它的根本观点用一句话概括，就是：伦理—经济概念互释与理论移植的合理性，不是伦理的合理性，也不是经济的合理性，而是伦理—经济的价值生态的合理性。

伦理—经济概念互释与理论移植的过程，本质上是一个创造性的过程。问题在于，如何合理地进行创造。在这里，存在两种可能的"创造"，或者说，"创造"可能在两个环节上发生，可以在两种意义上被理解。第一种可能的创造存在于解释与移植的"理解"尤其是"前理解"环节中。按照解释学的理论，任何解释或移植都不可能是对文本"含义"的解释，而是对它的"意义"的"理解"，"理解"就是主体，或者说主体根据自己的"需要"在与解释与移植对象的关系中发生的创造。"理解"也是一种创造，但是，它是一种具有很强的主观性的创造。事实上，"理解"的"创造"在解释与移植的前提即"前理解"中就发生，"前理解"就是基于主观性，尤其是基于主体需要的"创造"。但是，正如前面所说，由于在"理解"尤其是"前理解"中包含着因"过度解释"而导致"价值异化"的危险，因而必须赋予其"客观性"，才能使"理解"的创造具有基本的价值合理性。第二种可能的创造存在于作为合理解释与合理移植的结果，即伦理—经济的价值生态中。伦理—经济的"价值生态"，就是互释与移植的最大的也是最合理、最具有客观性的创造。因为，在价值生态中，已经产生出既超越于伦理，也超越于经济的，由伦理—经济的平等对话和辩证互动所产生的第三种价值，即生态价值。在这个意义上，互释与移植的过程，不仅是新的概念与理论的创造过程，更重要的是新的价值创造的过程，是由伦理—经济的生态互动而进行新的价值即生态价值创造的过程。

第五节　个案分析："诚信"的道德形而上学原理

一　问题的提出："诚信"的三种诠释向度与道德难题

在多样性的道德传统和相互冲突的道德体系中，诚信是为数不多的至少在抽象的意义上得到一致遵奉的公德或"全球道德"之一。虽然苏格拉底用他特有的诘难法雄辩地证明了在特定场合下违越诚信的肯定性道德意义，[①] 虽然在现实生活中人们对"善意的谎言"或"善良的欺骗"有着特殊的道德宽容和道德肯定，但这两种情况非但没有伤害诚信的道德价值，反而用否证或反证的方法更昭明地揭示了它作为人的善性和对善的追求的人文真谛。在道德发展史尤其是现代市场社会的道德发展中，关于诚信的文化分歧和实践殊异不在于对诚信的抽象意义或一般意义上的肯定和遵奉，而在于它到底在何种意义上被肯定和被遵奉。后者不仅关乎诚信的道德本性，也关乎人们对道德本身的信仰和价值态度，因而在终极价值的意义上关乎诚信之德在现代市场社会中的文化命运。

综观现代社会对诚信的文化理解和文化诠释，大致有三种价值向度：目的论的；策略论的；功利论的。值得重视的是，它们不只是理论上的理解和诠释，更由这些理解和诠释转换和衍化为践履诚信的三种动力。目的论被认为是传统的，其范式就是康德"善就是善的目的"。策略论将诚信当作个人尤其是企业达到其社会或经济目的的一种发展策略，这种理解初看起来缺乏理论根据，实际上在西方现代学术研究中，早就存在一种将文化当作"战略"的特殊学术的视角。[②] 功利论是自边沁、穆尔的功利主义产生以来就存在的一种道德诠释，只是在中国市场经济发展中，它被逐渐发展为一种被认为是有效和有解释力的道德理解模式。三种价值向度中，目的论的理解在强大的市场逻辑和世俗法则中日渐退隐；功利论的理解表现得比较隐蔽，重要原因之一是它毕竟与中国的伦理传统有相当的间隙；比较"前沿"，也拥有比较大的接受度的是策略论或战略论的理解。

问题的重要性不限于"诚信"一德，由于它们是三种典型道德理解和道德解读向度，于此就向现代道德理论和道德发展提出了严峻挑战：

在文明体系中，道德的文化本性、文化本务和文化真谛到底是什么？

在道德理论和道德实践中，应该、应当如何坚持道德的人文立场，维护道德的文化本性和文化尊严？

在市场社会中，道德应当如何履行自己的文化功能和文明职责？道德

---

① 苏格拉底曾用这样的方法论证在特殊情况下，"偷盗"、"说谎"、"欺骗"的道德意义。参见周辅成主编《西方哲学史名著选编》，商务印书馆1987年版，第56—58页。

② 参见〔荷〕C. A. 丸皮尔森《文化战略》，中国社会科学出版社1992年版。

如何在坚持自己文化本性的过程中，确证自己的存在意义及其现实性与合理性？

面对这些挑战，两大课题的研究具有重要的意义：

（1）在"本体世界—意义世界—生活世界"的形上价值体系中，诚信之德如何发育、转换和生长，或者说，诚信的形上道德原理是什么？

（2）在现实的经济—社会—文化的文明体系中，诚信之德运作的价值逻辑是什么？抑或说，诚信在现实文明生态中的人文精神法则，准确地说，伦理精神法则是什么？

二 本体世界的道德真理

诚信既是一种完整的德性或德目，也可看做是两种德性即诚与信的辩证或复合。在古典伦理中，"诚"与"信"合用比较少见，在亚里士多德的《尼各马科伦理学》所论述的诸德目，以及康德与黑格尔伦理学中，"诚"与"信"未并用。中国汉代以后的被奉为"五常"即五种基德的德目中，只有"信"而没有"诚"。《四书》虽有关于二者关系的论述，但也未见二者并列。这说明在古典伦理学中，"诚"与"信"被认为两种不同的德性或德目。但这并不说明二者不可并用，更不说明现代人将二者并用是某种谬误。但有一点是可以肯定的，现代伦理与古典伦理在关于诚与信的理解尤其是价值定位方面存在差异。现代关于诚信的理解主要是就个人的德性德行，以及社会的道德要求和道德风尚而言，而古典伦理的理解尤其是对"诚"的理解，则首先是从道德形而上学即道德本体论的意义上定位和理解。把握这种差异十分重要，它提醒我们对各种德性进行道德哲学方面的研究和揭示，提醒我们在本体意义和本体世界中把握和确证各种德性德目的形上基础，这对现代道德体系的建构尤为重要。在现代伦理和现代人道德生活中，如果把诚信理解为一个辩证的德性结构，如果对它进行德性意义上的诠释，那么，虽然"诚"与"信"都具有对己对人的双重属性，但从主导的方面分析，似乎"诚"更多是对己的，而"信"更多是对人的。"诚"首先是诚于己，即孟子所说的"反身而诚"，然后才是"忠恕"所要求的"诚以待人"。[①] 而"信"也包括对己的"守信"

---

① "忠恕"之德的辩证结构除"诚以待人"之外，还有另一种结构，即"推己及人"。前者为"忠"，后者为"恕"。

和对人的"信任"两个基本方面。对己的德性要求可以理解为是道德或个体道德，将这种德性用以对人，便形成一种伦理或社会伦理。由于对己一对人的不同侧重，就形成诚信之德的道德一伦理的辩证本性。

基于道德哲学的方法考察，任何德性尤其是那些基本的德性，其合理性与现实性存在于由三维人文纬度构成的立体性世界中：本体世界；意义世界；生活世界。本体世界是本体纬度或本体域的，意义世界和生活世界显然分属于意义纬度一意义域和生活纬度——生活域。三个世界中，生活世界无疑是最真实的世界，作为世俗的世界，它是道德现实地应用和现实地被需要的世界，是道德的最现实的基础。然而，道德的作用对象是现实的和世俗的，而其作用方向和作用点却是意义的，道德的作用形式决不是直接地参与和干预世俗生活，而是通过意义世界的建构，实现与生活世界的整合互动，进而追求人的生活与人类生活的合理性与现实性。没有意义世界就没有合理的生活世界，乃至没有人的世界。因为缺乏意义世界的生活世界，是没有文化的世界，而文化是人及其生活的根本特质。缺乏意义参与和意义调节的生活世界，是动物的世界。然而，无论是生活世界的组织，还是意义世界的建构，都必须有其真理性的基础。这种真理性，不是技术的真理性或科学的真理性，而是人文的真理性和精神的真理性。因而必须要求有一个形而上的本体世界。它不仅为生活世界提供真切的基础，而且为意义世界提供合理性的根据。在现代人的理性结构中，相对于意义世界的本体世界一般比较容易理解，而相对于生活世界的本体世界则往往被认为是抽象的或思辨性的。因为，按照某种思维方式的演绎，生活世界总是最真实也是最现实的世界，其他一切都必须以它为基础，而本体性的形上世界，则存在于彼岸，完全属于哲学的思辨。事实上，在生活世界之上或生活世界的背后，不仅存在一个本体世界，而且它在深层上现实地影响着人们的生活，为生活世界的构建提供形上理念、形上原理和形上根据。只是它为人们日用而不知，或者说，在缺乏哲学传统的民族中，这个世界是自发的和"他者的"，但是，在哲学家的思考中，这个世界总是不断被追究和被反思的。① 在道德体系和伦理学体系中，只有诉诸本体世界的德性和德目，才是经过终极意义追究的自觉的伦理精神。可以说，任何

---

① 例如，杨国荣教授曾经有专文，探讨生活世界的本体论意义和本体论基础。参见《华东师范大学学报》2003 年第 1 期。

成熟的道德体系和伦理精神体系，都是有本体论基础和本体论依据的体系。

基于此，必定存在一个有待探究和阐发的诚信的本体世界。

"诚"在伦理精神中的本体地位及其对于人的德性的本源意义，在中国伦理中得到典型体现。与西方伦理不同，中国伦理不是在宗教中寻找伦理的根源及其终极意义，而是在现实的世俗生活中确立伦理的神圣性，家族血缘关系被当作伦理精神的逻辑和历史起点。

也许正因为如此，中国伦理需要建构一个道德本体作为伦理精神的形上世界和道德神圣性的根源。中国伦理的重要特质之一，是以天道说人道，先将人道上升为天道，以获得先验的神圣性，然后再以天道说人道，使人道具有绝对的真理性和超越一切的权威性。人道是意义的世界，而天道便是本体的世界。在以前的研究中，我曾多次指出，中国伦理精神之所以需要儒、道、佛的三维结构，中国传统伦理之所以进展到宋明理学，才得到最后的完成，逻辑根据就在于在儒道佛三位一体的宋明理学中，诸多重大问题得到理论上的圆通，而最重大的理论问题之一，就是道德本体论的建构。宋明理学的道德本体论建构的标志性概念，就是"天理"概念的寻找和确立。"天理"的概念，一旦将"天"与"理"合为一体，便将本体世界与意义世界、此岸世界与彼岸世界相统一，也将宗教与伦理相贯通。[①] 诚信尤其是"诚"的伦理精神的建构，就体现了这样的特质。

在中国传统伦理中，"诚"最基本、最重要的意义，还不是作为一般的德性，而是作为伦理本体和德性动源的意义。集中体现"诚"的本体和动源地位的典籍是《中庸》。"诚"在《中庸》中具有如此重要的地位，乃至张岱年先生认为："在今传的中庸中，'中庸'的观念却不是最重要的观念；而最重要的中心观念，乃是'诚'。"[②]《中庸》认为，诚即是天道。"诚者，天之道也。"（第二十章）既是天之道，进而便是世界的动源。"故至诚无息，不息则久，久则徵，徵则悠远，悠远则博厚，博厚则高明。"（第二十六章）作为动源，诚的运作，可以沟通人我、天人，达致内外合一，人我合一，天人合一。"唯天下之至诚，为能尽其性；能

---

① 参见拙著《中国伦理精神的历史建构》之"程朱道学"部分，江苏人民出版社 1992 年版。

② 张岱年：《中国哲学大纲》，中国社会科学出版社 1982 年版，第 328 页。

尽其性，则能尽人之性；能尽人之性，则能尽物之性；能尽物之性，则可以赞天地之化育；可以赞天地之化育，则可以与天地参矣。"（第二十二章）尽己之性—尽人之性—尽万物之性—与天地参，可以解读为诚作为天道本体伦理运作的过程。所以，天地之间，唯诚而已。"不诚无物。"所以，诚就成为道德的本体和根源。《中庸》认为："天下之达道五，所以行之者三，曰：君臣也，父子也，昆弟也，朋友之交也，五者天下之达道也；知、仁、勇三者，天下之达德也；所以行之者一也。"（第二十章）朱熹对它注曰："一则诚而已矣。"故诚乃为道德之源泉，也为伦理之根源。"诚则形，形则著，著则明，明则动，动则变，变则化，唯天下至诚为能化。"（第二十三章）

将"诚"作为宇宙与道德之本体，基本可以看作中国传统伦理的共识。在《中庸》之前，孟子就提出："诚者天之道也，思诚者人之道也。至诚而不动者，未之有也；不诚未有能动者也。"（《离娄》）《中庸》以后，李翱和周敦颐同样以"诚"为宇宙人生之至道。"道者至诚也，诚而不息则虚，虚而不息则明，明而不息则照天地而无遗。非他也，此尽性命之道也。"（李翱《复性书上》）张岱年先生认为："诚的理论至周敦颐而完成。周子以诚为人所受于宇宙本根之纯善的本性，此纯善的本性，乃作圣之基本。一切道德，皆原于诚。"[1]"诚者，圣人之本。大哉乾元，万物资始，诚之源也。乾道变化，各正性命，诚斯立矣。纯粹至善者也。"（周敦颐《通书》）

"诚"，不仅是道德的本体，也是道德的本体世界。

三 意义世界的本体外化

诚信如何由本体世界向意义世界转换？诚信的意义世界是什么？如何建构？建构了如何坚持？这是关于诚信的形上道德原理必须澄清的问题。

无疑，诚信作为一种德性，或作为一种伦理精神，主要是一种意义世界的存在，或伦理的存在。诚信主要不是哲学的，虽然它需要有形而上的本体依据，但如果只停滞于本体世界，它最多只是一种概念的存在，而不能发展为一种伦理精神和生活世界的德性。所以，诚信必须由本体世界向意义世界转换和落实。但是，诚信也不应当像现代经济学家和社会学家们所指出的那

---

[1] 张岱年：《中国哲学大纲》，中国社会科学出版社 1982 年版，第 336 页。

样，是经济学和社会学的，虽然他们用经济学和社会学的概念对诚信进行经济分析和社会分析，并由此演化出一套有实用性和解释力的原理，但诚信仍然是一种伦理的存在，诚信的伦理精神必须也应当在意义世界中培育和把握。因此，如何坚持诚信的伦理本性，将诚信回归意义世界，在意义世界中进行诚信伦理精神的人文建构，就是在市场社会和价值冲突中必须坚持的基本人文立场。本体世界的形上滞恋固然会使诚信成为理念王国的抽象，但未经过意义世界培育而直接在生活世界过早地"还俗"，只能使诚信沦为世俗生活的工具，丧失其伦理精神乃至人文精神的本性。

　　诚信如何由本体外化为意义？探讨需要从两个层面展开：一般形上道德原理的层面；具体德性的层面。在形上道德原理的层面，我认为最具理论解释力的还是老子"德者，得也"的哲学。在老子的哲学体系中，"道"是最高的本体，是万物之本和变化之源，与"自然"异名同实。"道生一，一生二，二生三，三生万物。"形而上的"道"如何外化和落实，就是通过"德"。德是对道的获得。人和世界万物获得道的方式，不是占有，而是分享。占有是对道的宰割，而分享的本质是共享、共有而不损，其原理是佛家所比喻的所谓"月映万川"，"一切水月映一月，一月摄一切水月"。道不仅是人的道德的本体，也是世界万物的本体。万物皆因为分享了道而得其理从而成之为万物。这种状况可能用柏拉图的"理念"说中的"理"与"众理之理"理论解释更清楚。万物皆有其理，而万物之理之上还有个众理之理，即所谓"总理"。万物之理和众理之理的关系就是分享关系。万物分享道而获得和确立自己的本性，就是所谓"德"。能得道就是有德，反之就是无德，而失道就是缺德。"德"可以理解为得"道"之后自我本性的确立，也可以理解为得"道"的条件。这就是老子的"道"—"德"原理，只是在后来的文化演进中，"德"主要被用来作为人对"道"的分享、获得，及其所达致的水平和境界。简单地说，"德"就是人对"道"的拥有，因而有水平和境界方面的差异。在伦理学上，如果用康德《实践理性批判》中的概念诠释，那么，"道"就是普遍而客观的伦理法则，而"德"就是内化伦理法则而形成的道德准则和道德本性。在这里，最重要的问题是，"道"是形而上的道德本体世界，"德"既是本体世界向意义世界的转换和落实，是伦理精神的意义世界。"道"和"德"的关系，就是本体世界和意义世界的关系，"道"—"德"原理，就是本体世界向意义世界转换的原理。

在形而上的层面，诚信由本体向意义的外化，就是由本体的诚向意义的诚的落实。就具体的德性和德目而言，诚信的意义转换和意义建构也有其内在原理。"诚者，天之道也；诚之者，人之道也。"（《中庸》第二十章）"诚"属于本体世界，而"诚之"则是意义世界的建构。因之，诚作为人之本性，是一种圣的境界，对诚的固持，则是一种善的德性。"诚者，不勉而中，不思而得，从容中道，圣人也。诚之者，择善而固执之者也。"（同上）天道之本性为诚，而求诚行诚，使天与人的诚之本性得以实现，即为人道。"自诚明，谓之性；自明诚，谓之教。诚则明矣，明则诚矣。"（《中庸》第二十一章）由诚之本性出发始明其理，是人的本性；先明其理，然后达致诚，是教化之功。诚是天道，明诚则是人道，天道与人道相通，本体世界与意义世界相通。"诚则明矣。明则诚矣。"（同上）诚乃人之所由以成，诚之真谛为"自成"，是立己成为之本，是人生之原动力。"诚者，自成也；而道自道也。诚者，物之终始，不诚无物。是故君子诚之为贵。"（《中庸》第二十五章）诚之意义不只在成己成物，还是立天下之大本。"唯天下至诚，为能经纶天下之大经，立天下之大本，知天地之化育。"（《中庸》第三十二章）所以，诚即为宇宙人生之本，天人合一之性。诚为万物之本体，而思诚、明诚则是诚之本体世界向意义世界的转换，是伦理精神的意，义世界的建构。诚与思诚、明诚、立诚的关系，可以视为本体世界和意义世界的关系。

"信"作为基本的德性和德目，主要是意义世界的存在。信可以诠释为诚的具体体现。信在伦理精神的意义世界中的地位，在中国伦理中从两个方面被充分体现。第一是孔子的为政之道中。孔子认为，为政之要有三："足食，足兵，民信之矣。"三者之中，何为根本，孔子认为，如果三者不可得兼，先去兵，然后去食，但信不可没有。因为"民无信不立"。第二是自董仲舒以后一直被中国伦理奉行五基德，即"五常"。"五常"显然与孟子的"四德"有着渊源联系，只是在"四德"之外加上另一个德目"信"。中国儒家的传统一直师宗孔孟，对董仲舒则多有不屑，[1]

---

① 董仲舒提出的"罢黜百家，独尊儒术"的主张和"三纲五常"，虽然对中国社会和中国伦理精神的发展起了重要作用，但无论在当时官场还是在日后的学术史上，董仲舒本人的地位并不那么显赫。他不仅在官场上并不得意，而且在学术上被认为不是"淳儒"，他的代表作《春秋繁露》等在《四库全书》中甚至没有被归类为儒家，而是归在"杂家"之列。这种状况非常值得学人深思。

但为何加上"信"的"五常"而不是"四德"在日后被广泛而持久地认同？最有力的解释就是"信"在中国人的伦理精神中，具有极为重要的地位，如果没有"信"，德性体系、伦理精神体系，以及由此而建构的意义世界就不完整。由此可以推断，"信"是中国伦理精神的意义世界中的最重要的要素之一，只是它没有提到像"诚"那样本体的地位，或者说没有进行本体论的追究。但在中国伦理中，只有极少数德性，主要是诚、仁被抬到道德的形上本体的地位，诚与仁之中，仁之本体建构又不及诚那么自觉和完整，仁之本体特性主要在于日后研究者们的延伸。所以，诚才可以被当作中国伦理和中国伦理精神的最突出的本体性概念，而信在意义世界及其建构中更能被解释和理解。

意义世界的建构，是诚信的形上道德原理中最重要的过程，因为对任何德性和任何伦理精神来说，意义世界总是核心。意义世界是道德所以成为道德，伦理所以成为伦理的核心构成。建构诚信的意义世界，三个要素是至关重要的：（1）在这个世界中，诚信本身就是目的，甚至是唯一目的；（2）诚信意义世界建构的着力点是诚信德性的养成；（3）诚信的"意义"是一种价值理解、价值赋予和价值建构。

建构诚信意义世界的前提条件，是以诚信为根本乃至唯一目的，否则就会歪曲甚至丧失其作为道德意义和道德价值的本性。康德认为，道德必须出于"应当"的"善良意志"或"绝对命令"，否则任何德目便既不是客观的道德法则，'也不能成为主观内在的道德准则。他所预设的实践理性的第一个定理就是："凡是把欲求能力的客体（质料）作为意志决定根据的先决的原则，一概都是经验的，并且不能给出任何实践法则。"[1]所以，包括幸福在内，都不能作为德性的根据。"如果使个人的幸福原则成为意志的决定根据，那么这正是德性原则的对立面。"[2] 在康德看来，道德及其行为的合理性的唯一依据就是道德法则，而不应当是其他。"行为全部道德价值的本质性东西取决于如下一点：道德法则直接地决定意志。"[3] "道德法则是纯粹意志的唯一决定根据。"[4] 这种"善就是善的目的"的理论，在现代伦理中被批评为"为道德而道德"。事实上，以道德

---

[1]　［德］康德：《实践理性批判》，商务印书馆1998年版，第19页。

[2]　同上书，第37页。

[3]　同上书，第77页。

[4]　同上书，第120页。

法则为唯一根据，以善为最高和唯一目的，才是德性和道德的意义世界的根本特质。亚里士多德认为，善是伦理的对象，而"人的善就是合乎德性而生成的灵魂的现实活动"①。遵奉诚信，必须以诚信为目的，以诚信为诚信行为的决定性根据，否则就不是德性或道德的善，至少歪曲了它的本性。在意义世界建构的过程中，不仅需要道德的热忱，更需要道德的真诚，因为道德的热忱可能出于多种目的，如经验的甚至欲望的，而道德的真诚才是保持道德的纯洁性及其人文精神本性的前提。

意义世界建构的基础性工程显然是诚信品质的养成，德性本质上的一种养成和建构。亚里士多德将德性分为两类：理智的德性和伦理的德性。"理智德性大多由教导而生成、培养起来的，所以需要经验和时间。伦理德性则是由风俗习俗习惯沿袭而来，因此把'习惯'一词的拼写略加改动，就有了'伦理'这个名称。由此可见，没有一种伦理德性是自然生成的。因为，没有一种自然存在的东西能够改变习性。"② 诚信的伦理德性显然也在于养成和建构。从根本上说，诚信不仅是人的一种优秀的品质，而且是使人优秀的品质，因为，"一切德性，只要某物以它为德性，就不但要使这东西状况良好，并且要给予它优秀的功能"③。造就诚信的德性，本质上是造就优秀的人。如何造就诚信的德性？亚里士多德已经指出了教导和习惯两条途径，但无论途径是什么，康德所指出的那个根本性的前提是十分重要的，这就是：诚信的行为，诚信的德性，必须是出于对诚信这一道德法则的"敬重之情"。康德认为，"对于道德法则的敬重是唯一而无可置疑的道德动力，并且这种情感除了仅仅出于这个根据的客体之外，就不能指向任何客体"④。"对于道德法则的敬重不是趋于德性的动力，而是在主观上被视作动力的德性本身，因为实践理性通过排除与其相对的自爱的一切要求，使现在唯一具有影响的法则获得了威望。"⑤ 根据这种理论，对于诚信道德法则的敬重，不仅是造就诚信德性的动力，而且就是诚信德性本身。诚信德性造就的根本与关键，在于敬重诚信之道德法

---

　　① ［古希腊］亚里士多德：《尼各马科伦理学》，《亚里：上多德全集》第 8 卷，中国人民大学出版社 1997 年版，第 14 页。

　　② 同上书，第 27 页。

　　③ 同上书，第 34 页。

　　④ ［德］康德：《实践理性批判》，韩水法译，商务印书馆 1999 年版，第 85 页。

　　⑤ 同上书，第 82 页。

则这一特殊道德情感的养成。这一立论不只是康德理论的逻辑演绎，更重要的是因为它符合道德的人文本性。道德的意义世界的特质是什么？就是道德价值的意义理解、意义赋予和意义建构。我认为，"伦理是关于'意义'的意识形态，伦理判断是种特殊的'意义'判断。因此，伦理的'意义'也只能通过特殊的'理解'把握"①。伦理的意义既是对人的行为及其价值的理解判断，也是主体在此过程中所建构的一个可能的世界。诚信的意义世界，不是一般的在意义世界中建构诚信的德性，而是说诚信德性的标志，是伦理精神体系中诚信的意义世界的建构，或者说在人的伦理精神中完成关于诚信的意义理解，意义赋予和意义建构。在诚信意义世界的建构中，主体对于诚信德性的价值理解能力、价值创造能力，还有"前理解"（即解释学中所说的所谓价值"先见"），是三个重要的因素。只有在个体和社会的伦理精神中建立了诚信的意义世界，才是诚信德性的真正建构。意义不等于真理，更不等于事实。虽然康德认为，纯粹实践理性必须以纯粹思辨理性为前提，虽然亚里士多德认为"合乎真理的愿望就是真正的善，而个别人的愿望就是显得善"。②但善的真理和善的价值，诚信的本体和诚信的意义还是存在根本的差异，前者属于思辨理性，后者属于实践理性，实践理性所以高于思辨理性，就在于它能够将真理转化为意义，落实为人的德性德行，最后获得社会现实性。意义参与生活，干预生活，超度生活，又超越于生活。通过意义与生活的辩证互动，创造文明的合理性。人们所以需要建构诚信的意义世界，一方面因为诚信体现了人及其生活的本性与目的，另一方面，也因为生活世界中存在着大量的非诚信或不诚信的现象与事实，更突出的是，在生活世界中，可能非诚信或不诚信的行为所获得的利益乃至暂时的所谓幸福可能比诚信更大更多，所以才需要建构强大而合理的诚信的意义世界，以与生活世界有效互动，复归世界和人的诚信本性。意义世界是诚信德性的核心，本体世界是诚信德性的合理性形上基础，而生活世界则是诚信德性的合理性的现实基础和实践根据。

---

① 参见拙著《伦理精神的价值生态》，中国社会科学出版社 2001 年版，第 42 页。
② ［古希腊］亚里士多德：《尼各马科伦理学》，《亚里士多德全集》第 8 卷，中国人民大学出版社 1997 年版，第 53 页。

四　生活世界的意义真谛

"德者，得也"的理念，不仅关联着本体世界与意义世界，更关联着意义世界与生活世界。"生活世界"是由现代西方社会学家如布迪厄等人提出并阐发的概念，具有丰富而复杂的内涵，本书在与形而上的本体世界和价值性的意义世界相对应的意义上使用这一概念，将它理解为人们现实地生活和活动的世界，是人们现实而客观的生活域和活动域。"德者，得也"的理念，之所以同时使人的德性与意义世界和生活世界相关联，理论上的原因就是：在中国文化的源头，这个理念中的"德"就具有意义和生活的双重含义。"德"的理念和概念，最初产生于夏商之际的历史变革中，一定意义上可以视作这一变革的人文诠释和人文理解。在此以前，绝对的"天命"是政治统治的唯一而神圣的根据。商取代夏，必须在理论和实践上解决一个难题：为何商以小邦取代夏这个大邦？为何天命过去在纣王，而后来到了文王、武王？于是，周统治者提出一种解释："天命靡常，以德配天。""以德配天"与其说是一种理论，毋宁说是一种觉悟。它强调：获得、配享天命是有条件的，这就是"德"。由此，"德者，得也"之"得"，便具有两层含义：得"道"；得天下（即所谓"受民受疆土"）。"得道"是分享"道"具有的"德"性，联结"道"的本体世界和"德"的意义世界；而"得天下"则是客观结果，将"德"的意义世界和"得"的生活世界相贯通。可以说，日后中国伦理精神中的"德"都兼具"得道"和"得到"的双重意蕴，因而是贯通本体世界、意义世界、生活世界的概念和理念。

难题在于，"德"如何建立意义世界和生活世界之间关联？具体地说，诚信如何与人们的现实生活相关联？幸福论、功利论、工具论的解释，将"德"解释为人们获得世俗利益的手段和工具，特别是将利益尤其是个人利益作为道德的动力，只是在边沁那里，利益被合理化为"最大多数人的最大利益"。由此，所以要奉行诚信，就是因为诚信能给个人或企业带来更大更长远的现实利益。应该说，这种解释严重歪曲了道德的本性。在"德者，得也"的原理中，"德"不是"得"的手段，而是"得"的条件或配享"得"的前提。这与康德的观点是一致的。在《实践理性批判》中，康德指出并分析了实践理性中的一个二律背反：德性和幸福的矛盾。现实生活中，德性和幸福并不统一，乃至并不能统一，他的观点是：德性不是也不能作为获得幸福的条件，而只是"配享"幸福的条件。德性和幸福的统一，只能在彼岸世界中才能实现，因而这一矛盾逻辑地需要"上帝存在"和"灵魂不朽"两大预设才能扬弃。以利益作为诚信之德的动力和目的，无疑会从根本上伤害甚至摧毁诚信的道德本性，因为它使高尚而神圣的道德堕落为欲望的附庸和奴隶。

那么，如何解释道德可能和已经在生活世界中造就的各种现实的利益？我认为，可以借用科斯洛夫斯基的一个特殊概念进行诠释："副作用"。科斯洛夫斯基认为，经济伦理产生的现实基础之一，就是经济行为不断产生的副作用。"什么是副作用？副作用就是行为人在行为前视其为目的的主要作用以外的可以容忍的作用。"① "副作用"不等于"负作用"。副作用分两类：有利的副作用；不利的副作用。曼德维尔在《蜜蜂的寓言》中曾提出一个著名命题：个人的恶行，社会的公利。这一理论对亚当·斯密和伦理学、经济学的"剑桥传统"产生了巨大的影响，但是曼德维尔的错误在于：在某种特定条件下的"社会的公利"，只是"个人恶行"即个人的利利行为所产生的有利的"副作用"，而不是它的"正作用"。同样，道德行为所导致的对个人或企业的某些利益，看做是道德行为的"副作用"比"正作用"或"根本作用"更具有文化合理性，也更有文化解释力。道德当然不能离开利益，道德的重要的客观基础，就是人们间的利益矛盾和利益冲突。但是，道德的文化本性和文化本务决不是对利益的谋求，甚至主要不是教导人们如何去谋利，否则它就是一种谋利的策略，只应当附属于经济学或管理学，而不能作为一种价值和意义而成为独立的文明因子。道德的文化功能，是在利益矛盾，包括个人利益和他人、整体利益，本能欲望和社会规则发生冲突时，以"应然"的价值追求合理地处理这些矛盾，体现人的文化尊严。因此，"义"和"利"的关系问题，是道德的基本问题。德性行为所产生的各种附加或超额利益，只能被当作它的"有利的副作用"。绝不能将利益甚至利益附加作为道德的目的和动力。以利益诱惑或诱导人的德性与德性行为，强调道德的"利益驱动"，无疑是道德的"文化自杀"，将使个体和社会的道德良知走向幻灭。如何解释包括诚信在内的德性行为所导致的一些有利的"副作

---

① ［德］彼得·科斯洛夫斯基：《伦理经济学原理》，孙瑜译，中国社会科学出版社1997年版，第6页。

用"？目前一个新概念比较流行，也被赋予新的解释力："社会资本"。
"社会资本"作为资本理论的扩展，成为经济学、管理学乃至伦理学中的
一个概念。但是，美国著名学者埃莉诺·奥斯特罗姆已经提出质疑："社
会资本：流行的狂热抑或基本的概念？"他认为，"认真理解社会资本并
避免使之成为流行的狂热是非常重要的"①。共享规范以及在此过程中而
达致的互惠是社会资本的重要性征，正如另一位美国著名，学者弗朗西
斯·福山所指出的：社会资本"组成丁现代社会的文化部分"。"构成社
会资本的规范必须能够促进群体内的合作，因此，它们往往与诚实、遵守
诺言、履行义务及互惠这类的传统美德存在联系。"② 显然，他认为，在
所有美德中，诚信与社会资本关联最紧密。但是，不可忽视，福山还同时
提醒，"与物质或人力资本相比，社会资本在产生社会性的'善'上的作
用似乎并不明显，其原因也许是社会资本往往会比其他两种形式的资本引
发更多的负外部性"③。福山在他的另一部产生巨大影响的著作《信任一，
一社会道德与繁荣的创造》一书中，多次指出，以中国为代表的"儒教
国家"经济发展的重要问题之一，是社会资本的缺乏，究其原因，是由
家族伦理传统所导致的广泛的信任度的缺乏。家族伦理传统导致"信任
范围""过于狭窄"，影响群体内成员进行合作的能力。这也论证了他以
上的观点：社会资本难以产生社会性的"善"。既然如此，用"社会资
本"的概念诠释诚信，诠释诚信德性的动力和目的，便难以获得应有的
理论合理性，也难以获得真正的实践合理性。

　　生活世界中诚信之德的人文功能与一个形上理论问题深度相关：道德
在文明体系中的地位？在文明体系中，道德的文明本务是什么？如何履行
自己的文化功能？人们普遍承认，市场经济尤其需要诚信的德性。至于市
场经济为何特别需要诚信之德，则解释众多。消除分歧的关键在于，不能
赋予市场经济以先验的价值合理性。在经济效益方面，市场经济比计划经
济无疑具有更大更多的经济合理性，但不能由此反推，它同时便具有其他
方面如道德、文化方面的先验的价值合理性。市场经济所以更需要诚信之

---

① 埃莉诺·奥斯特罗姆：《社会资本：流行的狂热抑或基本的概念》，见《新华文摘》
2003 年第？期，第 158 页。

② 弗朗西斯·福山：《社会资本、公民与社会发展》，见《新华文摘》2003 年第 7 期，第
160 页。

③ 同上书，第 161 页。

德，我认为主要有两个原因。（1）因为市场作为经济运作的"看不见的手"，如果没有"看得见的手"与它配合互动，就不可能有效合理地运作。西方古典经济学家亚当·斯密在发现和揭示"看不见的手"的同时，也向世人提供了一只"看得见的手"，这就是道德，所以《情操论》和《国富论》两书一体，才能完整体现亚当·斯密的学术理论。现代经济学家已经为市场这只"看不见的手"匹配了两只"看得见的手"，即政府与道德，政府干预与道德调节，成为市场经济的第二种和第三种力量。市场经济对道德，特别是诚信之德的人文供给，具有特殊的需求，没有它，不只是像经济学家们一般指出的那样，会增加经济成本，更重要的是，如果缺失诚信，缺失道德的支持，市场经济就难以正常合理地运行。（2）另一个需要特别注意的原因是，比起传统经济和计划经济，市场经济具有更大更多的诚信道德风险。利益的诱惑以及经济主体的个体化，不但为经济活动中的诚信违越提供了大量机会，而且在许多情况下，违越诚信甚至可能会获得更多更大的眼前和直接的非法利益。传统道德制约机制的弱化和利益的巨大诱惑，使诚信缺失可能成为市场经济的深刻道德风险。这种风险的现实存在反过来又会进一步伤害和污染经济和社会的道德资源。"六亲不和，有孝慈；国家昏乱，有忠臣"的老子式的考古式道德逻辑，可能对市场经济中的诚信道德需求有更大的解释力。

　　我曾以"德—得相通"作为实践理性的法则，但是，它更多是在人的道德信念和社会的制度安排意义提出的"必然相通"和"应当相通"，是道德理想、道德信念的建构，和对合理制度的追求与追究。在生活世界的现实中，人们见到的更多是不相通，就像康德所指出的，德性和幸福的统一不可能在世俗世界中完全实现。世俗的"得"不能也不应当成为"德"的动力和目的，至少不应当是直接的目的。在文明体系中，道德与经济等其他文明要素具有不同的文化功能和文化使命。作为文明生态的基本因子，道德存在的意义和根据，不是服务于经济，而是通过与经济的辩证互动，追求和实现文明的合理性。经济活动的意义是追求和创造财富，然而在此过程中，可能出现两大问题，一是财富欲望的膨胀而导致的社会冲突和对资源的恶性使用，以及由此导致的人性的毁灭的危险；二是经济本身无法解决财富的合理分配和消费问题。因此，经济、经济活动只有在道德乃至政治的参与和互动下，才可能有健康和持续的发展。道德，尤其是像诚信这样的基本德性，在文明体系中的定位，我认为，两个概念或理念是至为重要的，一是"辩证互动"；一是"文明合理性"。道德在生活世界中的意义，诚信在市场经济中的存在根据，不是像经济括动那样，使个人乃至也不是为了使社会获得更多的物质财富，而是通过与人们追求和创造物质财富的经济活动的"辩证互动"，追求和实现生活世界的文明的合理性。文明的合理性，才是文明体系中各因子及其相互关系的存在根据。

"辩证互动"与"文明合理性"，可以视为道德在生活世界的实践理性法则。

五　一个新问题：到底应当如何劝善

"道"、"德"、"得"，分别构成本体世界、意义世界、生活世界中的核心概念。道—德—得的价值生态，使本体世界、意义世界、生活世界相贯通。

对诚信的动力的目的论、策略论和工具论的三种诠释，在引导人们反思与追究道德的人文本性的同时，也提出一个严肃的课题：在生活世界中，到底应当如何劝善？

无疑，诉诸利益，可能对一部分主体，尤其对被定位成"经济实体"的企业来说，可以激发起一种道德的热忱。然而，当人们感受这种"热忱"时，又很容易产生一种忧患：这种不是出于道德动机的热忱会不会玷污甚至伤害道德的本性？它很容易让人作出《罪与罚》的作者陀思妥耶夫斯基式的追问：如果没有利益，道德将会怎样？诚信将会怎样？[①] 诚然，在市场经济所导致的高度世俗化的现代社会，特别需要道德的热忱。然而，与这个热忱相比，社会更需要道德的真诚。以道德的真诚为前提，道德热忱才能结出道德之果，否则，只能像老子所指出的那样，"智慧出，有大伪"。道德热忱的汹涌，托浮起人欲的沉渣。

康德在《实践理性批判》中，曾经提出一个令他十分担忧的问题：如果不是出于真诚和完全的道德动机，或者如果不以对道德法则的"敬重之情"作为"灵魂驱动力"，将会导致"伪善"；如果不用真诚的道德动机而是以利诱劝善，特别是以利诱进行道德教育，将会"从源头上污

---

① 在《罪与罚》中，陀思妥耶夫斯基借主人公的口，反复追问：如果没有上帝，世界将会怎样？

染道德"。无疑，无论是伪善和对道德的源头性污染，都会将道德置于万劫不复的绝境，其后果甚至比非道德和无道德更严重。伪善的可恶与可恨也许我们已经从莎士比亚的作品中领教，"源头性污染"将会让现代和未来的社会承担怎样的恶果，现在还难以预料。不过，只要试想作为长江黄河之源的唐古拉山如果被污染，我们的生态状况，多少也可以想见道德的"源头性污染"的后果。

以"道"立"德"，以"诚"养"诚"，也许是劝善的"应然"而"必然"的选择。

第七篇

"冲动"与冲动"力"
的"合理体系"

第十五章 "冲动的合理体系"的 法哲学概念

与古典哲学家们对人类理性所作的区分相一致,关于伦理与经济的关系的把握,事实上也存在两种理性,即康德在《实践理性批判》中所说的哲学理性与实践理性。前者是"纯粹理性"的把握方式,后者是"实践精神"的把握方式。严格说来,这两种把握方式并不是理性的两个不同官能,而是像黑格尔在《法哲学原理》中所说的,是人类理性对待同一对象——伦理—经济关系的两种不同态度,即"理论态度"与"实践态度"。哲学理性是对待伦理—经济关系的理论态度或理论把握,着力点是人的意识与思维;实践理性是对待伦理—经济关系的实践态度,着力点是人的意志与行为。前者致力于现象学复原,后者侧重于法哲学考察。但是,无论如何,理论的态度与实践的态度、意识与意志,是把握伦理—经济关系的两个基本结构,疏忽其中任何一个方面,都不仅是一种片面的态度,而且会从根本上扭曲伦理—经济关系的本质,并且丧失关于伦理—经济关系把握的真义。

以往关于伦理—经济关系探讨和把握最为明显的不足是:人们似乎将主要精力乃至全部兴趣倾注于哲学理性的关切,过分冷落了这一关系的更为本质的方面,即实践理性的本性。理论的态度"遮蔽"实践的态度,是以往伦理—经济关系理性的基本特质。至于哲学理性的关切,则更偏好于"何者第一性"的本体论追究,因而在相当程度上以本体论消解价值论。理性品质方面哲学理性"遮蔽"实践理性,或者以理论的态度取代实践的态度;哲学理性结构中以本体论消解价值论,是以往关于伦理—经济关系理性的两个基本缺陷。在现象学中扬弃哲学理性的唯本体主义偏好的理论对策,是确立"伦理—经济生态"的形而上学理念,以本体与价值一体的生态理念,扬弃唯本体主义的决定论。然而,如果"伦理—经济生态"是一个形而上的理念，就一定要在伦理—经济关系的把握中贯彻到底，于是，就不仅要求在现象学和哲学理性中，而且必定要求在法哲学和实践理性中建立"伦理—经济生态"的理念，否则，这个理念和理论便不彻底。"伦理—经济生态"的法哲学表达或"实践理性"是什么？就是黑格尔在《法哲学原理》中所说的"冲动的合理体系"，确切地说，是伦理—经济"冲动的合理体系"。

这样，关于伦理——经济关系的理性，在理论态度与实践态度方面便表现为两种生态，即哲学理性所把握的生态和实践理性所把握的生态，或现象学意义上的伦理—经济生态，与法哲学意义上的伦理—经济生态。"冲动的合理体系"，是法哲学意义上所把握的伦理—经济生态，它是"实践精神"地把握伦理—经济关系的重要突破口和创新点。作为法哲学的伦理—经济生态，"冲动的合理体系"应当探讨的基本问题有：(1)"冲动的合理体系"的法哲学概念；(2)"冲动的合理体系"的法哲学结构；(3)"冲动的合理体系"的法哲学原理或法哲学模型。

"冲动"、"冲动的体系"、"冲动的合理体系"，是黑格尔在《法哲学原理》的导论中讨论的重要问题。黑格尔将"导论"的任务规定为阐述"法哲学的概念、意志、自由和法的概念"，以为全书对于"法哲学原理"的研究提供形而上学基础。在他的体系中，"冲动"、"冲动的体系"、"冲动的合理体系"，是与"法哲学的概念"、"意志"、"自由"、"法的概念"这四个法哲学的形上前提密切关联、并构成它们概念中介的问题。按照黑格尔的观点，法哲学是精神对于对象的实践态度，虽然"理论态度"与"实践态度"相互渗透，不可分离，但在他看来，"实践态度"更重要，也具有精神的本质性。因为，"理论的东西本质上包含于实践的东西之中……其实，我们如果没有理智就不可能具有意志。反之，意志在自身中包含着理论的东西"①。这种观点后来被马克思主义经典作家发展为"实践的东西高于理论的东西"的论断。将这一观点应用于伦理—经济关系的研究，逻辑的结论就是：关于伦理—经济关系的"实践态度"高于"理论态度"，法哲学对于伦理—经济"冲动"及其"合理体系"的探讨，高于现象学对这种关系的形而上学还原。不过，既然"理论态度"与"实践态度"是对待同一对象的两种不同态度，那么，关于伦理—经

---

① [德]黑格尔：《法哲学原理》，范扬、张企泰译，商务印书馆1996年版，第13页。

济"冲动的合理体系"研究的基本课题就是：寻找"冲动的合理体系"的形而上学基础，即它的法哲学概念。

第一节 "冲动"及其"冲突"

"冲动的合理体系"首先与一组概念相联系：法、意志、自由、冲突。

按照黑格尔的观点，法哲学的研究对象是法的理念，即法的概念和法的实在的同一，是关于"法"的哲学体系。"法哲学这一门科学以法的理念，即法的概念及其现实化为对象。"① "法"不是"法律"，法律只是法的实定形式，实定法可能是偶然的和暂时的，因为它可能缺乏法的概念和灵魂。法的概念先于作为它的实定形式的法律，并且作为它的前提。法哲学以法的理念为对象，而"定在和概念、肉体和灵魂的统一便是理念"②。

法的基地是精神，其出发点是意志。"法的基地一般说来是精神的东西，它的确定的地位和出发点是意志。"③ 意志和思维是精神的一体两面，意志是一种冲动形态的思维。思维和意志"不是两种官能，意志不过是特殊的思维方式，即把自己转变为定在的那种思维，作为达到定在的冲动的那种思维"。思维扬弃对象的异在性，扬弃自我或主体与对象的对立，从而使特殊物普遍化，达到普遍物。意志是精神对于同一对象的"实践态度"，与"理论态度"的不同在于，它不是通过思维而是通过冲动，使普遍物转化为定在，或者说使意志自身达到实体或成为普遍物。"理论态度"只是在思维中把握普遍物，而"实践态度"则通过冲动使普遍物转化为定在。冲动，是思维与意志、理论态度与实践态度的本质区别之所在。

意志的本质是什么？就是自由。自由，就是意志，也是法的实体性、规定性，即意志和法的普遍物。"意志是自由的，所以自由就构成法的实体和规定性。"④ 黑格尔以物理规定诠释意志与自由的关系。"可以说，自

---

① ［德］黑格尔：《法哲学原理》，范扬、张企泰译，商务印书馆1996年版，第1页。
② 同上
③ 同上书，第10页。
④ 同上。

由是意志的根本规定，正如重量是物体的根本规定一样。"① "自由构成意志的概念或实体性。"②

自由的本性是什么？自由的否定性本性是解放，自由的肯定性本性就是规定。意志自由的否定性规定是："意志这个要素所含有的是：我能摆脱一切东西，放弃一切目的，从一切东西中抽象出来。"③ 摆脱就是解放。按照黑格尔的观点，解放包括两个基本结构：从本能束缚下的解放；在自然束缚、社会关系束缚下的解放。意志是欲求，是冲动，而欲求和冲动本身就是规定和自我规定。"意志所希求的特殊物，就是一种限制，因为意志要成为意志，就得一般地限制自己。意志希求某物，这就是界限、否定。"④ "意志一般说来不仅在内容的意义上，而且也在形式的意义上是被规定的。从形式上说，规定性就是目的和目的的实现。"⑤ 肯定就是否定，规定性就是否定性。当意志进行自我规定时，限制的并不是作为它的实体性真理的自由，而是自由的反面，即抽象的自由。抽象的自由是任性，是意志及其自由必须扬弃的对象。

既然意志的真理是自由，自由就是解放和规定，于是，在意志及其自由中就概念地包含着一种可能，这就是作为意志直接表现的诸"冲动"之间的"冲突"；也概念地潜在于扬弃这种冲突的条件，这就是"冲动的合理体系"。

冲动就其本性来说是一种任性，因而诸冲动必定相互冲突。"由于冲动除了它的规定性外没有其他方向，从而它自身没有尺度，所以规定使另一个服从或牺牲，只能是出于任性的偶然决断。"⑥ 由于冲动及其选择都可能出于偶然性，因而在追求冲动满足的过程中必定相互冲突。"这些冲动将会驱策自己，相互排挤，彼此妨碍，它们每一个都想得到满足。"冲突不仅使冲动相互排挤，而且将由冲动的偶然性导致作为冲动主体的自我的偶然性与不稳定性，妨碍个体自我超越特殊与个别而达到普遍。"现在假如我把其他一切冲动搁置一边，而只置身于其中一个，我将处于毁灭性

---

① [德] 黑格尔：《法哲学原理》，范扬、张企泰译，商务印书馆 1996 年版，第 11 页。
② 同上书，第 18 页。
③ 同上书，第 15 页。
④ 同上书，第 17 页。
⑤ 同上书，第 20 页。
⑥ 同上书，第 28 页。

的局促中，因为这样一来，我抛弃了我的普遍性，即一切冲动的体系。"①
任性与偶然导致冲突，冲突最终将导致冲动及其主体的毁灭，冲动超越自
身也超越冲突的途径，就是建立冲动的"合理体系"，或"一切冲动的
体系"。

什么是"一切冲动的体系"？"一切冲动的体系"至少包括两个基本
内涵。其一，人或自我作为个体内在的"一切冲动的体系"，包括各种自
然的、社会的和伦理道德的冲动，这个体系旨在建立个体内在的生命秩
序；其二，"一切人"的"冲动的体系"，它是现实的冲动体系，因为在
现实的社会关系中，个体的冲动乃是一种抽象，不仅个体内在的各种冲动
如自然冲动与伦理冲动之间存在冲突，而且在诸社会成员的冲动之间存在
更深刻的冲突，因此，冲动的更深刻的现实性，在于形成一切人的"冲
动的体系"，以免在冲动的激烈冲突中将自己和社会毁灭。一切人的"冲
动的体系"旨在建立合理的社会生活秩序。"一切冲动的体系"或"冲动
的合理体系"，是法哲学研究冲动的真谛所在，也是法的本质之所在。它
一方面规定个体的冲动，使其具有价值合理性；另一方面，它规定一切人
的冲动，使社会冲动具有秩序性与合理性。所以，法哲学就其形上本质而
言，是对意志及其冲动的规定。冲动作为人的意志的内在规定，是善的，
因而人性本善；但出于直接性的冲动不仅缺乏普遍性，而且相互冲突，因
而又是恶的，所以人性本恶。但是，人的精神，人的意志的本质是自由，
具有不受自然冲动所规定的本性，因而可以也必须从自然状态中解放出
来，这种解放的真义不是彻底地否定冲动，而是对冲动的现实肯定，即赋
予冲动以"合理的体系"，或建立"一切冲动的体系"。

"冲动的合理体系"或"一切冲动的体系"既是对冲动的辩证肯定，
也是人的意志的真正自由和冲动现实形态。

如果将"法"、"意志"、"自由"、"冲动"、"一切冲动的体系"这些
法哲学的形而上学基本概念，用于对伦理—经济关系及其法哲学体系的分
析，便可以得出以下结论：

第一，作为法哲学研究对象的伦理与经济及其相互关系，其基地同样
是"精神性的东西"，即伦理精神与经济精神。伦理精神与经济精神是伦
理与经济之作为哲学尤其是法哲学研究对象的特质。作为哲学研究对象的

---

① ［德］黑格尔：《法哲学原理》，范扬、张企泰译，商务印书馆1996年版，第28页。

伦理与经济，与分别作为伦理学研究对象的伦理，以及作为经济学研究对象的经济，具有深刻的殊异，它所关注的是伦理的"精神"与经济的"精神"及其辩证发展。只有上升或提升为"精神"，伦理与经济才成为哲学形而上学的对象。伦理作为一种精神，黑格尔在《精神现象学》与《法哲学原理》中已经作了深刻而经典的哲学分析，《精神现象学》与《法哲学原理》，可以看做是黑格尔的道德哲学或道德形而上学。经济作为一种精神，马克斯·韦伯在《新教伦理与资本主义精神》中同样作了经典的哲学分析，这本书所着力探讨的是资本主义的经济精神，或资本主义经济的精神气质，其特殊贡献在于，它认为，近代以来造就了欧美资本主义经济合理性的"经济精神"是由新教伦理造就的，或者说，新教伦理就是欧美资本主义经济的"经济精神"或"经济气质"。这种融伦理与经济于一炉的视野与方法，对我们的研究具有直接的借鉴意义，也是韦伯对 20 世纪以来的学术产生重大影响的最直接和最重要的原因之所在。

第二，按照德国古典哲学和中国古代哲学的传统，"精神"不仅逻辑地包含了意识（或思维）与意志，而且内含着人的道德和灵魂，是与人的生命同一的整体性概念。于是，（1）"精神"本身就是伦理学与道德哲学的概念和对象；（2）在对伦理与经济及其相互关系的研究中，同样存在黑格尔所说的两种态度，即理论态度与实践态度。理论态度关注其作为思维和意识的普遍性，实践态度关注其作为意志和行为的普遍性。实践态度即伦理—经济作为法哲学的研究对象。法哲学着力探讨伦理意志与经济意志及其相互关联。伦理意志与经济意志的基本内容就是伦理冲动与经济冲动。因此，法哲学对伦理与经济的研究，基本内容是对伦理冲动、经济冲动及其相互关系的把握。

第三，无论是伦理冲动，还是经济冲动，在本性上都可以是一种或表现为一种文化上的任性，因而都可能是偶然的和缺乏普遍性的。经济执著于自己的文化本性而冲动，伦理同样如此。于是，便产生伦理冲动与经济冲动之间的冲突。这种冲突既可以使伦理主体与经济主体，也可以使建立在其基础上的社会处于"毁灭性局促"的地位。但是，伦理与经济既然是人的一种意志，其本性就是自由。就是说，个体与社会具有从抽象的和任性的伦理冲动或经济冲动中解放出来，达到它们的普遍性与必然性。超越伦理冲动与经济冲动的冲突，避免伦理与经济在激烈的相互冲动中使自己与社会毁灭的现实途径，是建立"伦理冲动—经济冲动"的"合理冲动体系",即建立伦理—经济的"一切冲动的体系"。伦理—经济的"冲动体系",是伦理冲动、经济冲动的"普遍物"或普遍性,既能包含伦理冲动与经济冲动,又超越此二者,是两种冲动辩证互动所形成的"冲动的合理体系"。

伦理冲动—经济冲动的"一切冲动体系"或"冲动的合理体系",就是法哲学意义上的伦理—经济生态,或法哲学的伦理—经济生态。

第二节 "庄严的哲学格式"

"一切冲动的体系"如何具有合理性?它的表现形态是什么?就是要以"庄严的哲学格式"代替"经验心理学"的形式。

黑格尔认为,冲动作为人的直接意志与生俱来。"人生来就有对权利的冲动,也有对财产、对道德的冲动,也有性爱的冲动、社交的冲动,如此等等。"但是,这些冲动在一开始只是直接的和自然的,并不具有内在性与现实性。冲动的直接性的扬弃,就是用"庄严的哲学格式"代替冲动的"经验心理学形式"。"如果我们愿意采用更为庄严的哲学格式来代替这种经验心理学的形式",那么,就可以得到如下"格式":"人在自身中找到他希求权利、财产、国家等等这一意识事实。"即在自身中找到他的冲动的现实性与客观性,或者说,冲动就由外在成为内在。问题在于,这种"庄严的哲学格式"到底是什么?按照上下文的意思,人内在的冲动及冲动的体系,就是它的"哲学格式"。不过,这种解释还很模糊,紧接着的补充将它阐释得更为清楚:"此外,在这里是以冲动的形态表现出来的同一内容,随后将以另一种形式即义务的形式出现。"①

义务,就是冲动的"庄严的哲学格式"。

由"冲动的形态"向"义务的形式"的转化,就是由冲动的"经验心理学形式"向"庄严的哲学格式"的转化。

显然,黑格尔承继了康德,但又发展了康德。他们都以义务为"庄严的哲学格式",但黑格尔将"冲动"上升为义务,或者说,将义务变成了意志的内在的冲动,而不只是意志的"绝对命令"。

问题在于:义务何以是冲动的"庄严的哲学格式"?

① 以上均引自黑格尔《法哲学原理》,范扬、张企泰译,商务印书馆1996年版,第29页。

义务所以是"庄严的哲学格式",根本原因在于另外两个概念:"反思"与"解放"。

由于思维与意志是精神的一体两面,所以意志不仅表现为冲动,而且同时也是一种思维,具有反思的能力和本性。黑格尔认为,意志所以成为真实的意志,就在于它希求自由,而"意志只有作为能思维的理智才是真实的、自由的意志"①。奴隶的根本特质是没有意志自由,在精神上,奴隶之所以没有意志自由,就是"由于他不思考自己",缺乏意志的反思性,因而为自然冲动所奴役和驱使。意志的自我意识,如果只表现为情欲与冲动,就是感性的,这种自我意识只是自身之外的存在即外在的,只有反思的意志才是内在的自我意识。反思的意志既包括作为情欲和冲动的感性,更包括思维及其所达到的普遍性。只有反思的意志才具有价值和尊严,才具有"哲学的庄严格式"。义务,就是一种反思意志,它扬弃了冲动的直接性与自然性,使之具有"哲学的庄严"。

义务达到"哲学的庄严"的途径,就是对冲动的"解放"。具体地说,就是将冲动从意志的自然性与直接性,将冲动从任性与偶然性的束缚下解放出来。意志的本性是自由,但自由不是任性,如果将自由理解为任性,那就是黑格尔所批评的"缺乏教养"。意志被区分为自然意志与反思意志,与之相联系,冲动也被区分为自然意志的冲动与反思意志的冲动,真实的自由是反思意志的冲动,出于反思意志的冲动,就是义务。义务所限制的是出于自然意志的冲动和抽象的道德冲动,而不是意志自由。"具有拘束力的义务,只是对没有规定性的主观性或抽象的自由、和对自然意志的冲动或道德意志(它任意规定没有规定性的善)的冲动,才是一种限制。"因此,义务的本质是解放。"在义务中个人毋宁说是获得了解放。一方面他既摆脱了赤裸裸的自然冲动的依附状态,在关于应做什么、可做什么这种道德反思中,又摆脱了他作为主观特殊性所陷入的困境;另一方面,他摆脱了没有规定性的主观性……在义务中,个人得到解放而达到实体性自由。"②"所以,义务所限制的并不是自由,而只是自由的抽象,即不自由。义务就是达到本质、获得肯定的自由。"③

---

① [德]黑格尔:《法哲学原理》,范扬、张企泰译,商务印书馆1996年版,第31页。

② 同上书,第167—168页。

③ 同上书,第168页。

采取义务的形式，与采取德性的形式、采取冲动的形式在内容上是相同的，但这种共同性只是一种抽象。德性与义务具有一致性，它们都由伦理所规定，德，便是一种"伦理上的造诣"。但在冲动中，欲求与自由都属于自然意志或直接意志，没有发展到伦理性规定的高度，因而它与义务、德性所具有的共同内容只是一个抽象的对象。只有被伦理所规定，或被"普遍物"、实体所规定，冲动才具有现实性。伦理性，是义务之成为"庄严的哲学格式"的价值合理性根据。义务，既是一种伦理造诣，也是一种伦理解放。

以冲动、"冲动的体系"的"庄严的哲学格式"观照伦理—经济冲动及其相互关系，就是在伦理—经济的辩证互动中，伦理冲动与经济冲动如何扬弃意志的自然性与直接性，即扬弃其任性的本能，获得真实的自由。

经济冲动是一种植根于人的本能的冲动。在现象形态上，经济冲动极易流于直接性和自然性，被诉诸本能感觉，因而最易沦为任性。在经济学上，体现经济冲动的任性、直接意志和本性感觉的典型理论命题，就是所谓"利益驱动论"与"经济人假设"。"利益驱动论"将人的经济行为的动机和动力归诸人的利益诉求或本能欲求，并在此基础上将它们扩张成为人的一切行为的动力。根据上面所阐述的意志及其自由的形而上学概念，"利益驱动论"在法哲学上具有几个明显而深刻的法哲学缺陷。（1）它显然只是典型的"经验心理学形式"，而不具有"庄严的哲学格式"。将冲动诉诸"经验心理学形式"，只是将它归之于直接意志、自然意志，不具有意志的反思性，因而在哲学基础尤其是意志基础方面于源头上就不具有合理性与现实性。（2）利益驱动表面上是自由的，但它只是一个抽象的自由，受利益驱动的行为恰恰是自由的对立面，即不自由。因为利益驱动的本质，是人的意志与行为受本能所驱使，未能摆脱"对赤裸裸的自然冲动的依附状态"。受利益驱动而行为的人，在意志品质上乃是一个奴隶，他是自己的自然本能的奴隶，因为没有达到意志的反思性，因而也是直接意志即自然冲动的奴隶。（3）受利益驱动的意志乃是一种任性，而任性是意志和意志自由必须扬弃的对象。受利益驱动的意志不仅执著于自然本能，而且只执著于自然本能，因而它排挤其他冲动，排挤冲动的普遍性，即"一切冲动的体系"，最终不仅使经济冲动，而且使冲动本身陷入"毁灭性的局促之中"。所以，利益驱动的冲动，不仅在本性上不具有合理性，而且不具有真正的可持续性，不可能成为意志和行为的可靠的动力之源。"利益驱动论"至今仍是一些经济学家们所固持的信念,这种固持本身同样已经沦为一种任性。人们已经从历史哲学的角度揭示了"利益驱动论"给经济乃至整个社会文明所产生的灾难性的影响,而法哲学意义上的清算,乃是抛弃这个作为"冲动的合理体系"的对立面所必须完成的形上努力。

"经济人假设"是将人的行为及其动力诉诸直接的和自然的冲动的另一种理论。经济学以经济行为为重要研究对象,一些经济学家由经济行为、由人的经济本性的侧面反译出、抽象出一种特殊的人性假设,即"经济人"假设,以此作为经济学,也作为经济行为的人性基础。这些经济学家们误认为"经济人"的假设有经典的根据,这就是古典经济学家亚当·斯密在《国富论》中所作的论述。但是,在"斯密体系"中,"经济人"不仅是利己的,而且是利他的,为了在利己与利他之间获得一种平衡,斯密还设计了一个"公正的旁观者"。更重要的是,完整的斯密体系中,人性是基于"利己心"的"经济人",与基于"同情心"的"伦理人"的统一,因而在斯密那里,有一个基于"经济人"的利己冲动,与基于"伦理人"的同情冲动结合而成的"冲动的体系"。被现代经济学家们用来作为经济行为的人性基础的"经济人"假设,不仅抛弃了斯密"经济人"概念中利他的人性面,更离弃了斯密"利己—同情"的"经济人—伦理人"的"冲动的体系"。"经济人"假设在现象学的层面背离了"人性的合理体系",在法哲学的层面背离了"冲动的合理体系"。基于"经济人"的冲动,既是一种抽象冲动,也是直接冲动和自然冲动。它只能表现为任性,缺乏真实的自由,不是也不能成为"一切冲动的合理体系"。某些经济伦理学家提出"经济人 + 社会人 = 现代人"的假设或质疑,① 无论是对这个模式的假设还是质疑,说明新的理论正在或者已经转向人性或人的"冲动的合理体系"。现代学术研究,尤其是经济学研究,应当抛弃从抽象的学科视野出发进行人性假设并以此作为该理论的逻辑起点的现代性的研究方法,在"一切冲动的体系"或"冲动的合理体系"的意义上寻找人的意志行为的原动力及其合理性价值标准。

与以上经济学的任性相对应的是伦理学的任性。伦理学任性的特点是

---

① 参见 [德] 米歇尔·鲍曼《道德的市场》,肖君等译,中国社会科学出版社 2003 年版,第 282 页。

从抽象的道德，确切地说，从抽象的个体道德考察意志及其冲动。真实的意志自由，既要摆脱对于自然冲动的依附状态，即冲动的自然性，也要摆脱冲动的主观性，或没有规定的主观性。抽象的个体道德规定因为缺乏客观性普遍性，仍然停留于自己内部，缺乏现实性。这里，最容易被混淆因而最需要提醒的是：出于个体道德的冲动同样可能是一种任性，缺乏合理性。在《法哲学原理》中，黑格尔强调，如果人的行为只出于良心，那简直就可能是处于作恶的边缘上。因为，良心是主观的和个体性的，缺乏普遍性与客观性。每个人都可能认为行为与自己的良心相一致，但每个人都可能作恶甚至正在作恶，问题就在于，良心是主观的。这就是为什么黑格尔要超越康德，在道德形而上学的概念体系中将"伦理"与"道德"相区分，并且将"德"作为"伦理上的造诣"的缘故，也是他的法哲学体系为何要以伦理为否定之否定环节的根本原因。道德冲动只有上升为伦理冲动，即具有普遍性与客观性的实体性冲动，才是合理的，因为，伦理冲动是基于道德冲动的一切个体的主观性冲动的"冲动的合理体系"。

因此，伦理冲动—经济冲动的"庄严的哲学格式"，就是扬弃经济冲动的直接性与自然性，扬弃道德冲动的个体性与主观性，既摆脱经济冲动的任性，也摆脱道德冲动的任性，透过伦理普遍性，形成"伦理冲动—经济冲动"的"冲动的合理体系"，也形成伦理—经济的"一切冲动的体系"。这种伦理性的普遍性或普遍物就是：义务。

第三节 "满足的总和"

伦理—经济"冲动的合理体系"，广而言之，"一切冲动的体系"的具有终极意义的价值目标和价值合理性标准是什么？就是：幸福。

冲动是直接意志，直接意志上升为反思意志有赖于将冲动的"经验心理学形式"提升为"庄严的哲学格式"。然而，无论直接冲动还是反思冲动，都有一个共同特点，这就是追求满足。冲动具有任性的特质，任性是直接冲动与反思冲动之间的过渡环节。任性使某一冲动在它的内部如伦理冲动或经济冲动内部产生冲突，也在各种冲突之间产生冲突。"冲动的合理体系"，就是冲动的普遍性与普遍物，它追求的不是某一冲动的满足，而是"整个冲动"的满足，或者说是"满足的总和"。这个"满足的总和"既存在于诸冲动之内，又超越于诸冲动之上，具有整体的乃至终极的意义。法哲学必须探究与追求这个"满足的总和",各种冲动必须与这个"满足的总和"保持价值同一性。这种在理论和实践上既内在于诸冲动又超越于诸冲动之上的"满足的总和",就是也只能是幸福。

按照黑格尔的观点,解决诸冲动之间冲突的办法,不是像理智所惯常以为的那样,将各种冲动"编成隶属序列",这种办法根本无济于事,因为理智中没有任何尺度可以用来进行这个编序。现实的办法就是对各种冲动进行反思,反思的基本内容就是比较——对各种冲动进行比较,对各种冲动的手段和结果进行比较,最后,与"满足的总和——幸福"进行比较。① 比较的目的,在于获得伦理上的"教养",即伦理的普遍性。在这个过程中,幸福与对幸福的理解具有特别重要的意义。

幸福的真谛是什么?不同纬度的诠释当然会得出不同的结论。在法哲学的意义上,幸福具有如下基本规定:(1)幸福是对自然冲动或"冲动的自然力"的驾驭;(2)幸福是"普遍物"与"单一物"的统一,本质上也是一种冲动。幸福之所以具有驾驭自然冲动或冲动的自然力的品质,是因为它不满足于冲动的偶然实现,而追求整个冲动的满足。"在幸福中思想就已经驾驭着冲动的自然力,因为思想是不满足于片刻的东西而要求整个幸福的。"② 由于它追求的是整个的满足,因而是超越于单个冲动及其满足之上的普遍物,但由于它本质上与享受相联系,因而又是特殊物,幸福的内容以及它作为普遍目的,以个人的主观性和感觉为转移,所以是一种特殊性,并且同样是一种冲动。"幸福的理想包含着两个环节:第一,一个比一切特殊性更高的普遍物;但是第二,因为这个普遍物的内容仍然只是普遍的享受,于是这里又一次出现了单一物和特殊物,即某种有限的东西,因而必须回复到冲动。"③ 既是一种冲动,又是对自然冲动的驾驭;既是一种普遍物,又是一种单一物,这就是幸福的法哲学的概念辩证法,也是它之所以可以作为"冲动合理体系"的"满足的总和"的内在原因。

正因为幸福与冲动之间的这种紧密关联,因而伦理学与道德哲学必须研究幸福——不仅在现象学的意义上,而且在法哲学和历史哲学的意义上

---

① [德]黑格尔:《法哲学原理》,范扬、张企泰译,商务印书馆1996年版,第28—30页。
② 同上书,第30页。
③ 同上。

关注和探究幸福。19 世纪的英国哲学家斯宾塞以"最大多数人的最大幸福"作为社会与个人的直接目标，他从有机主义的方法出发，对"最大幸福"进行诠释。他将"最大幸福"诠释为两个结构。第一个结构是个体的"最大幸福"。对个体来说，"幸福意味着人的各种机能都得到满足的状态。……要获得完全的幸福，就要把所有机能按其各自发展的比例加以使用；为达到这一目的而对各种环境的理想安排就构成'最大幸福'的标准"①。人的机能的满足有赖于对它的使用即冲动，使用不足产生不满，使用过度产生疲劳，"人的各种机能都得到满足的幸福"的法哲学本性之一，就是人内在的"冲动的合理体系"。不过，他同时指出，对满足的理解，还有赖于理想。因此，"指引我们前进的必然是信念，而不是视觉"②。"最大幸福"的第二个结构是社会的"最大幸福"，即"最大多数人的最大幸福"。这个意义上的"最大幸福"有两个原理或两项要求。第一个原理和要求是："每个人都能得到完全的幸福而不减少其余人的幸福"；第二个原理和要求是："每个人都能由其余人的幸福中得到幸福。"③这个结构的法哲学实质是：社会的"冲动合理体系"。可见，个体内在的"一切冲动的体系"，社会之中的"一切冲动的体系"，就是斯宾塞作为直接目标的"最大幸福"的全部内涵。

幸福无论作为状态，还是作为目标，都具有二重本性：既需要德性并以德性为基础，又不只是德性而是与享受相关联；既驾驭自然冲动又表现为冲动（严格说来，幸福是一种反思的冲动）。因此，幸福与德性、幸福与享受之间的关系，历来是伦理学与道德哲学的——一个难题。一个众所周知的事实是，康德就在《实践理性批判》中将德性与幸福的矛盾，作为实践理性的二律背反。他在"至善"中预设德性与幸福的统一，并将这种统一诠释为：德性不是获得幸福的条件，而是配享幸福的条件。德性与幸福的统一，必须借助"灵魂不朽"与"上帝存在"两大公设才能完成。黑格尔在《精神现象学》中设定了"道德世界观"的"预设的和谐"，这个"预设的和谐"的内容就是道德与自然，或道德与幸福的同一。不过，这种同一的前提和基础，是生活世界中道德与幸福的"不相对应和

---

① ［英］赫伯特·斯宾塞：《社会静力学》，张雄武译，商务印书馆 1999 年版，第 4 页。
② 同上书，第 6 页。
③ 同上书，第 32 页。

不公正"，因而必须预设二者之间的和谐，以其作为自我意识的终极目的和世界的终极目的。在黑格尔看来，"自然"既可能是"作为冲动和情欲而出现的感性"，也可能是作为反思冲动的幸福。道德与客观自然，即社会冲动的和谐，是世界的终极目的；道德与感性自然，即个体冲动的和谐，是自我意识的终极目的。前者是社会的"一切冲动的体系"；后者是个体的"一切冲动的体系"。幸福，就是这两个终极目的的具体内容。可见，无论在哪个体系中，幸福都是与冲动、"冲动的合理体系"，与道德与个体与社会的终极目的相关联的概念。幸福，可以作为"冲动合理体系"的价值目标和价值标准的具有解释力与表达力的概念。

也许，人们可以找到其他概念作为"冲动体系"合理性价值基础和价值标准，但这个努力本身却具有绝对的意义：寻找相互冲突的诸种冲动的同一性、整体性，寻找诸冲动，以及"冲动的合理体系"具有终极意义的目的性。就伦理冲动与经济冲动而言，这一努力有助于解决由于现代性文明所导致的两大难题，即目的论困境，价值论悖论。

现代性文明的显著特征和严重后果之一是：意义世界尤其是终极性的意义世界的"祛魅"，无论个体内在生命秩序还是外在的社会生活秩序，都诉诸直接的和自然的冲动，而经济冲动，因其具有集体的形式，往往被赋予也被认为具有某种不证自明和无须追究的价值合理性，于是，经济的无节制的增长或所谓经济发展，就成为超越于一切的绝对目的。生态危机和日益激化的人与自然、人与人之间的矛盾，打破了现代性所津津乐道这个文明美梦，"失乐园"的悲剧让人们在反思中重新回归"得乐园"的文明初衷。由此，对经济冲动的某种理性节制，对伦理冲动的某种文化唤醒，就成为20世纪后期文明发展的重要趋势。"冲动的合理体系"、"一切冲动的体系"，试图建立扬弃内在与外在的诸冲动之间的冲突，建立冲动的"预定的和谐"。以幸福作为"一切冲动体系"的基础与标准，所进行的追问是：是否存在超越于经济冲动和伦理冲动之上的目的和价值？

就整体而言，20世纪文明，尤其是20世纪经济文明似乎只有冲动，而缺乏对冲动的反思，经济冲动被一个表面具有价值的诱惑力但实际上是"价值中立"的概念所表述：经济发展。按照法哲学的理论，经济冲动如果只是诉诸直接意志，那只是自然冲动，只有经过反思意志，即对经济冲动的普遍性与普遍物的反思，才具有价值合理性。诺贝尔经济学家阿马蒂亚·森的理论，不仅引导人们反思自己的经济冲动，而且将经济冲动重新引导到法哲学的轨道。他的理论被表述为作为一本著作的命题："以自由看待发展"。已经清楚的问题是：自由本是与意志相同一，并且作为冲动的合理性价值标准的概念。"以自由看待发展"的真义，是以人们获得自由包括哲学意义上的意志自由和现实的社会自由作为发展的标准和依据。按照这个命题，经济发展便不是抽象的经济增长，甚至也不能简单地理解为财富的积累，数量意义上的经济增长和财富积累，只会导致"恶的发展"。"发展"的目的是获自由，而自由的否定性本质是解放。于是，断文识字，将人们从蒙昧状态下解放出来；消除贫困，将人们从自然压迫包括死亡、疾病的威胁下解放出来；保持生活的道德意义，将人们从本能的自然状态下解放出来，等等，就成为"发展"的基本的和重要的内涵。在这个意义上，阿马蒂亚·森"以自由看待发展"的理论，不能简单定位于"贫困经济学"，甚至不能简单归之为"经济学的良心"，他的最重要的贡献在于提供、准确地说复归于一种哲学，让经济冲动重新回到法哲学意志自由的轨道，获得"庄严的哲学格式"。自由，就是经济冲动和伦理冲动的共同价值基础和价值标准。当代文明应当超越"经济是目的"还是"伦理是目的"的目的论困境，在"冲动的合理体系"的意义上追求和建立经济冲动和伦理冲动的价值合理性。

"冲动的合理体系"的价值论真义，是经济冲动与伦理冲动之间的价值让渡。无论在文明体系还是在个体行为中，经济冲动与伦理冲动都可能放任自己，从而流于任性，由此产生诸冲动和文明体系诸要素之间的冲突。如果以欲求作为经济冲动与伦理冲动的互动点，那么，经济冲动的任性会产生纵欲主义，而伦理冲动的任性会导致禁欲主义。所以，在学术发展史上，经济学往往以利益或自利作为经济行为的动力之源；而伦理学则对人的欲望保持一如既往的警惕。于是，在经济学与伦理学之间就存在某种紧张。二者之间的适度紧张或"乐观紧张"，无疑会推进这两个作为文明基础的要素的价值合理性，但由紧张演化的对立，进而导致"悲观的紧张"甚至"绝望的紧张"，则造成现代文明的悲剧。诚然，经济与伦理、经济学与伦理学，作为文明因子和学科分工的存在根据，就是二者通过辩证互动甚至一定程度的文化紧张所达致的文明合理性。但是，如果经济学诉诸"利益驱动"，伦理学高呼"存天理，灭人欲"，那么无论经济冲动还是伦理冲动，都会在这种冲突和对立中耗尽能量。现代性文明的轨迹是：通过诉诸自然本能充分鼓励经济冲动，而对伦理冲动则通过文化上的反传统使其丧失对经济冲动的互动能力，甚至臣服于经济冲动。最后的结果是：经济冲动过度地张扬和扩张，在现代文明中毫无节制地阔步前进；而伦理冲动则日趋式微，匍匐于经济冲动面前发出绝望的哀鸣。伦理冲动对经济冲动的臣服，在理论上表现为像"道德银行"、"社会资本"之类的命题和概念；经济冲动的放任与扩张，则表现为对一些古典经济学命题的"去价值化"的演绎与引申，诸如"市场经济是（只是、就是）一只看不见的手"、"企业是（只是）一个经济实体"等命题。"冲动的合理体系"并不要求放弃经济学或伦理学的立场和价值，只是要求实现真正的辩证互动。互动的本性，是要求服从于"冲动的合理体系"的普遍物，实现某种意义上的价值让渡，达到冲动的辩证平衡。互动和让渡，最后所达到的，既不只是经济冲动的满足，也不只是伦理冲动的满足，而是具有某种终极意义和整体意义的满足——幸福，即作为个体"冲动合理体系"的人生的幸福，和作为社会"冲动体系"的社会的幸福。

第十六章　冲动"力"的"合理体系"

"冲动"如何确证自身？"冲动的合理体系"如何由潜在走向自在，由概念外化为现实？就必须从"冲动"、"冲动的合理体系"，发展到"冲动力"、"冲动力的合理体系"。

伦理——经济的法哲学体系，必须经过否定之否定的辩证运动。运动的第一个环节也是它的肯定性过程，是由"冲动"到"冲动的合理体系"；但总体说来，这个运动过程，还处于概念内部，在这个环节上，无论是"冲动"还是"冲动的合理体系"，都只是概念地存在，是概念的辩证运动，因而必须进行到它的否定性环节，即由"冲动"到"冲动力"、由"冲动的合理体系"到"冲动力的合理体系"的运动；在这个环节上，"冲动"确证自身，表现为伦理冲动力或经济冲动力，"冲动的合理体系"自我外化，表现为伦理冲动力—经济冲动力的"合理体系"。不过，无论是"冲动力"，还是"冲动力的合理体系"，都是一种抽象，只有透过"力"的辩证互动，所形成的现实的伦理—经济生态，才是伦理—经济"合理冲动体系"的辩证复归，达到它的否定之否定阶段。"冲动"、"冲动的合理体系"——"冲动力"、"冲动力的合理体系"——伦理—经济生态，就是伦理—经济矛盾运动的法哲学的辩证过程。

所以，道德形而上学的法哲学结构必须由对"冲动"、"冲动合理体系"的研究，推进到关于冲动的"力"，以及由此所形成的"冲动力的合理体系"的探讨。

第一节　冲动的"共同媒介"："力"

冲动是意志的直接形态。但无论伦理冲动还是经济冲动，都是由各个具体要素构成的意志的运动过程。形而上学的难题在于：这些自在的要素如何有机结合，而形成既自在又自为的意志冲动的辩证运动过程，即现实的伦理冲动或经济冲动？再延伸下去，伦理冲动与经济冲动如何辩证互动，形成"冲动的合理体系"？显然，不仅心理实证，而且经验实证，都无法在理论上彻底回答这个问题，只有哲学形而上学才能为它提供概念基础。

这个形而上学的概念就是：力。

在形而下的生活世界中，"力"是一个被经验地感受和确证的存在，但是，经验世界的"力"在超验世界中的存在方式及其形上本质是什么？这就必须对"力"进行现象学的复原。现象学复原的结论是："力"，是伦理冲动、经济冲动的"共同媒介"。

人们关于"力"熟知是："力"在经验世界尤其是物理世界中存在。物理世界中的"力"对人类文明具有如此重要的意义，以致形成一个专门以"力"为研究对象的学科：力学。事实上，几乎所有的自然科学都关注并以"力"为研究对象，因为科学技术试图把握和驾驭的与其说是自然，不如说是自然力。随着科学认识向哲学的提升，随着自然科学与社会科学之间的概念移植与哲学层面的互动，"力"的概念和理念逐渐被移植到人文社会科学中，尤其 20 世纪中期以后，这种趋势日益强化，形成诸多关于人文社会科学的"力"的概念，如"生产力"、"综合国力"、"文化力"，更不用说经济学的"竞争力"等兼具自然科学与社会科学意义的概念了。但是，总的说来，人文社会科学中关于"力"的认识和运用的自觉，至今仍然比自然科学要落伍得多，距离形成关于人文社会科学或精神文明、社会文明中的"力学"概念和"力学"体系还十分遥远。这个观点绝不意味着一种科学主义或唯科学主义，也无意要将自然界和科学技术领域中的"力"的规律和概念强加到社会历史领域和人文社会科学中，而只是说，人文社会科学只有形成关于人的精神与社会历史中的"力"的觉悟，才能达到真正彻底的理论觉悟。因为，无论在精神领域，还是在社会历史领域，人们的任何运动、任何互动，都表现为"力"，也离不开"力"，确切说，都是透过"力"的中介。人文社会科学中关于"力"的觉悟的落伍，认识论上的重要原因在于：缺乏对于"力"的哲学把握。只有在哲学形而上学的层面，自然科学与人文社会科学关于"力"的认知，才能真正同一，获得统一的概念基础和概念前提。

"力"的存在虽然是一个被经验确证和自然科学揭示的事实,但要达到对它哪怕只有有限程度的哲学认识,却是一件很困难的事。这个结果,一方面是因为"力"是人类的经验世界和超验世界中最具基础性的存在和最基本的问题,因而对它的反思和研究在理性自觉和认识能力上遭遇的困难最大;另一方面是,也是更具主观意义的方面,是人们将它当作一个熟知的和不具有或者稀有人文社会科学意义的问题加以"悬置",或者缺乏对它进行形上思考的哲学兴趣和哲学能力。正因为如此,恩格斯才感慨,"力"几乎成为自然科学家的避难所,当遇到无法解释的问题时,就把"力"搬出来。但是,无论如何,在人文社会科学中,"力"是一个无法回避的形而上学问题。对于这个难题,黑格尔在100多年前就已经提供了一种可资借鉴的学术资源。

在《精神现象学》中,黑格尔在"意识"阶段讨论"力",认为"力"处于"知性"阶段,而知性是由感性向理性过渡的否定性环节。关于"力"的这种定位,就决定了黑格尔的"力"的客观唯心主义性质。但是,一方面,只要像恩格斯所说的那样,将它"头足倒置",就会发现其合理内核,另一方面,如果将它当作关于"力"的形而上学讨论,那么,其合理性和价值也显而易见。黑格尔对于"力"的论述非常玄奥复杂,有助于理解"力"的形上本质的是其中几对关系:第一,"力"与知性,或知性的力。"力"作为精神生长过程中的一个必要的存在,首先是知性。知性的特性是直接统一性,其内没有差别与对立。"力的概念是属于知性的,而知性亦即把不同的环节作为不同环节而统摄起来的概念。"这种知性的力,"只是力的概念,不是力的现实性"[①]。用中国哲学的话语表述,知性的力乃是一种"同",而不是"和"。因此就要求扬弃这种自我等同性,将力设定为诸多差别的实体。"首先必须把实体设定为本质上自在自为地存在着的整个的力,其次必须把力的诸多差别设定为实质性的或者为自身持存着的诸环节。"[②] 这样,力就是一种运动,一种既外化自己,又返回自身的运动。一方面,力必然要成为一种持存,因而必定要外化自己,使力自身成为一种他物;而一旦成为他物,力便在外化的他物中自我消失而返回自身。这样,力就是"那作为他物而出现的并且作用于

---

① [德] 黑格尔:《精神现象学》上,贺麟、王玖兴译,商务印书馆1996年版,第91页。
② 同上。

它既诱导它外在化自己又诱导它返回到自己的东西"①。力的现象形态是一个被外化的他物，这个他物是由外化自己的力和返回自己的力这两种力的相互作用的运动。从直接同一到差别对立，从差别对立到外化为他物并返回自己，这就是力的概念规定和力的辩证运动。第二，"力"与"质料"。黑格尔关于力的最重要的论断是：力是诸多质料的共同媒介。"力本身毋宁就是那些作为质料的诸环节借以持存的共同媒介。"知性地存在的各个环节、各种单一的存在，包括他物，都是"力"的质料，"力"使诸环节成为一个辩证运动的过程，使诸单一物成为一个实体，"媒介"就是统摄诸规定性的普遍性。力就是使复多达到统一的那种普遍性，这种统一性以某种实体即力外化自己的他物表现。所以，力建立的是由诸多差别构成的实体，因而是"整个力"。第三，"力"与规律。黑格尔以规律解释力，认为力是规律的一种形式，只不过，作为规律的力，是力的一般，或作为概念的力。"由此规律就表现为两重的方式：一方面表现为法则，在其中诸差别被表明为独立的环节；另一方面表现为单纯的回返到自身的存在，这种存在又可以叫做力"。这种解释"把规律归结为力，以力作为规律的本质"。② 规律就是力，是"单纯的力"，或作为概念存在的力，因而也"作为差别的概念"。

　　黑格尔关于"力"的阐述着实晦涩难懂。总结以上论述，"力"的最重要的内在本质就是"共同媒介"。它设定差别，但又扬弃差别，进而建立实体；它肯定复多，但又是"多"中之"一"，使复多复归于统一；它外化为他物，但又返回于自身。"力"就是同一，就是普遍，就是实体，就是规律，就是辩证运动本身。

　　将精神现象学关于"力"的形而上学理论运用于伦理冲动、经济冲动及其"合理体系"的分析，就会逻辑地得出两个方面的结论。第一方面的结论与伦理冲动、经济冲动的概念知性地关联："力"与伦理冲动、经济冲动结合的概念是伦理冲动力、经济冲动力。（1）伦理冲动"力"是将伦理冲动的诸环节、诸质料，即伦、理、道、德、得五个要素由差别走向同一，使伦理精神透过意志冲动外化自己的辩证过程和辩证运动，"力"使伦理冲动对象化自己，外化为他物；伦理冲动"力"是伦、理、

---

① ［德］黑格尔：《精神现象学》上，贺麟、王玖兴译，商务印书馆1996年版，第92页。
② 同上书，第102、104页。

道、德、得五个伦理精神"质料"的"共同媒介"，它使这五个要素成为一个整体和实体，是这五个要素中的普遍物；伦理冲动"力"就是伦理冲动的规律，也是伦理冲动的本质。（2）经济冲动"力"就是使"需要的体系"、"集体行动"、"幸福财富"三个要素由差别走向统一的辩证过程，是经济冲动实现自己的辩证运动；经济冲动"力"是"需要的体系"、"集体行动"、"幸福财富"等经济冲动的诸质料的"共同媒介"，是经济冲动诸环节中的同一性与普遍性；经济冲动"力"即经济冲动的规律和本质。第二方面的结论与伦理冲动—经济冲动的整体，即"冲动的合理体系"相关：伦理—经济"合理的冲动体系"本质上是"力"的体系，即伦理冲动力—经济冲动力的"合理体系"。伦理冲动力—经济冲动力的"合理体系"，是使伦理冲动、经济冲动由差别走向统一，达到冲动的整体或实体的辩证运动；是伦理冲动、经济冲动这两个冲动的质料的"共同媒介"，即作为这两个冲动的统摄与托载的普遍性与同一性；是伦理冲动、经济冲动辩证互动的规律及其本质。

由此，便可以得出以下具有道德哲学意义的结论：

第一，伦理冲动、经济冲动的规律与本质，是伦理冲动力、经济冲动力；伦理—经济"冲动的合理体系"的规律和本质，是伦理冲动力—经济冲动力的"合理体系"，或伦理冲动—经济冲动"力"的"合理体系"。

第二，"力"是冲动、"冲动的合理体系"由潜在向自在、由自在向自为过渡的概念中介，或者说，是这些过渡的概念"媒介"。

第三，道德形而上学的法哲学结构所关注的，与其说是冲动、"冲动的合理体系"本身，不如说是冲动的"力"，确切地说，是冲动力、"冲动力的合理体系"。

第四，于是，道德形而上学就应当也必须由对冲动、冲动合理体系的研究，推进到对冲动力、"冲动力的合理体系"的探讨。

第二节　"合理体系"要素一：冲动"力"的大小

作为关于"力"的形而上学理论，黑格尔以上关于"力"本质的规定，对自然科学和人文社会科学中的"力"都具有解释力与表达力。不过，自然科学关于"力"的理论对人文社会科学乃至哲学同样具有重要的意义。对于伦理—经济合理体系来说，物理学的"力"的理论至少在两个方面具有重要的借鉴意义。第一，对"这一个""力"即对单个的"力"而言，关于"力"的要素理论，具体地说，关于"力"的大小、方向、作用点的三要素理论；第二，对于"力"的相互作用而言，关于"力"的平行四边形理论。

根据物理学"力"的理论，"力"的品质取决于三个要素：大小、方向、作用点。根据哲学的形而上学理论，"力"具有三个基本规定：要素的"共同媒介"；外化为他物；在统一复多与对象化自己中回到自身。这里，我们以"精神"为基础，或在"精神"的意义上，以哲学形而上学关于"力"的本质的概念规定为纵坐标，以物理学关于"力"的要素理论为横坐标，对伦理冲动力、经济冲动力的品质及其影响因素进行分析。

伦理冲动力、经济冲动力的第一个力学要素是"大小"，即伦理冲动力、经济冲动力作为"共同媒介""外化为他物"、"回到自身"的强度。分析主要从三个层面进行。第一个层面是影响伦理冲动力、经济冲动力诸"质料"或诸环节、诸要素的"精神"因素，即"力"作为"质料"的精神品质；第二个层面是分析影响这些复多的要素走向普遍或同一，即"力"成为"共同媒介"的精神品质；第三个层面是伦理冲动、经济冲动的诸质料同一为一个实体即"外化为他物"的精神品质及其影响因素。

按照对于"伦理精神"的概念分析，伦理精神或广义的伦理（包括了道德）是由五个要素或五个文化"质料"、文化环节构成的辩证运动过程，这就是：伦—理—道—德—得，由此，关于伦理冲动力"大小"的分析，就是探讨这五"质料"的品质及其相互过渡、进而对象化自己的精神性的影响因素的探讨。从"精神"的角度考察，伦理冲动力的"大小"主要有五个影响因子。

一　"伦"：文化传统及其"集体记忆"

中国文化的"伦"，比起西方的"Ethics"具有更强和更准确的哲学表达力。"伦"的道德形而上学精髓是：它不是个体与个体之间或所谓的人与人之间的关系，不是"人际关系"，而是个体与实体，或"单一物"与"普遍物"之间的关系。"伦"有两个基本结构："人伦"与"天伦"。人伦是人或个人与社会实体之间的关系；天伦是人或个人与自然实体或家庭血缘实体，说到底是与他的生命实体之间的关系。"伦"的文化实质，是个体的人如何与家庭的或社会的实体相统一，而形成一个普遍物。因此，"伦"的最具有人性特质的建构原理，就是"人伦本于天伦而立"。不过，"伦"既是一种主观能动的建构，更是一种客观的社会生活，其中客观性是比主观性更本质的方面。因为，"伦"作为普遍物不仅对个体的单一物来说具有客观性，而且"伦"本身就是在长期的社会生活中逐渐形成、逐渐习得并具有客观效力。无论在中国还是西方，"伦"的最初的也是最有自然效力的形态就是风俗习惯。在现实生活中，"伦"作为普遍物表现为风尚，即普遍的行为方式。所以，黑格尔才说，在伦理性的实体中最容易诠释和履行道德，因为只要做环境所要求他做的事情就可以了。在风俗习惯的基础上，人们才有可能通过对它的理性反思和理论提升，而提出一些超越于它之上的在理性中加以把握的那些普遍性。但是，无论如何，任何普遍性都必须以风俗习惯的客观性，以风尚的客观性为基础。所以，"伦"作为伦理精神、伦理冲动的第一个质料，首先取决于一个民族的传统或文化传统。伦，本质上是一个民族在长期历史发展中形成的文化积淀和生命智慧、生活智慧，只有具有悠久文明传统的民族，才可能有缜密的"伦"的设计；也只有一个具有强大的文化同一性和同一力的民族，才可能将"伦"作为一种风尚，以此统一人们的行动，使民族中个体性的"多"复合为"一"，即形成民族精神。于是，就自然产生关于"伦"的第二个条件：不仅要有悠久的文化传统，而且要表现出这个民族对自己文化传统的一如既往的尊重，这样"伦"作为普遍物才具有延续性，从一种共时性的意识形态成为一种历时性的民族传统，当然，在这个过程中必定有所"损益"，即扬弃。对传统的认同与继承，被一些心理学家和社会学家称之为"集体记忆"。记忆构成人的精神的延续性。一个失忆的人不仅是一个没有历史感的人，而且根本不可能被社会化，因而永远只能是偶然的和主观的存在。个体记忆构成个人的精神世界和生命的历史，集体记忆构成民族的精神及其民族生命的精神发展史。没有集体记忆，"伦"就不可能超越特定的时空而成为真正的历史和传统，因而也就不可能成为真正的普遍物或风尚。在这个意义上，"伦"不仅是特定时空中普遍的行为方式即风尚，而且是一个民族对自己的生命智慧、生活智慧进行反思、筛选，使其中的精华得以延续而成为一种超越时空的历史普遍的文化传承能力，是一个民族、一个社会的"集体记忆力"。

二 "理"："伦"之人性化与普遍性

"伦"要真正获得客观性而成为普遍物，必须具备两个条件：一是消融个体特殊性形成普遍性的能力；二是超越现象世界中的局限而形成精神的普遍性的能力。第一种能力是情理化能力；第二种能力是理性化能力。在理论上需要回归的那种被现代性所颠倒的一种最简单的智慧是：人的普遍性、社会实体建立的最重要的人性结构、伦理元素，不是理性，而是情感。出于感觉的情感不仅是一种最直接、最质朴的生命表现，更重要的是，它的核心和真义是爱，而爱的本质就是"意识到我与别一个人的统一，使我不专为自己而孤立起来"。爱的否定的本质是"不独立"、"不孤立"，其肯定性本质是一种走向普遍性的那种作为实体成员的意识。所以，以爱为核心的情感是普遍性、实体形成的必不可少的人性前提。这种情感在家庭中孕生，在社会中得以超越。天伦与人伦就是以爱形成伦理实体的两种最基本的形式和原理。但是，正因为天伦与人伦、家庭的自然伦理实体与市民社会、国家伦理实体之间的殊异性，正因在它们之间存在差异和过渡，因而"情"还必须补之以"理"，"情"—"理"整合，才能形成真正的普遍性与普遍物。所以，从孟子奠基的中国传统人性论以"四心"，即恻隐之心、恭敬之心、羞恶之心、是非之心，为人性结构，"四心"之中，"情"是主体，占3/4，"理"不可少，是人性的最后的结构，它虽只占1/4，但没有它，人性就不能完成。没有"情"，个体就不能扬弃自己的孤立而与别人同一，作为普遍物的"伦"就不可能形成；没有"理"，天伦与人伦便会混淆，就会因"爱而不别"而"乱伦"。如果没有"理"，在道德上就会只有仁，而没有义。仁是爱，义是分。情理结合，就是"居仁由义"。而且，"理"或理性还有另一个重要的能力，它对出于情的爱进行理性化的提升，由个别性上升为普遍性，由偶然性上升为必然性。不过，无论如何，有一点是肯定也是至关重要的，伦理之"理"，不是理性之理，而是情理之理。"伦"之"理"，本质上是（"隋"之"理"。"伦—理"结合，"伦"走向"理"的"力"，"伦"与"理"之间的"共同媒介"，本质上是"情理"，或"隋—理"统摄互动的能力。在理性主义发达的西方，也许正因为如此才未产生出中国式发达而强大的伦理传统。

三　"道"：由理性形态向冲动形态的转换与道德同一性

"道"的力表现在两方面。一是"理"转化为"道"的"力"；二是"道"之运行"力"。"理"转化为"道"的"力"，是"理"—"道"之"共同媒介"，其实质是哲学理性转化为实践理性的能力。在伦理精神的自我运动中，情、理结合而成的情理，本质上还是一种哲学理性，是一种特殊结构的哲学理性，用康德的话说，是潜在着实践能力的哲学理性或理论理性，但只有转化为实践理性，"理"才真正成为"道"。如果用罗素的话语表达，哲学理性是"关于道德的知识"，实践理性是"道德的知识"。前者是"理"，后者是"道"。在西方文明史上，不乏康德、黑格尔这样的道德哲学的大师，但却缺乏一以贯之、具有强大同一性的伦理传统与道德生活，重要原因之一，这些道德哲学家建立的是道德哲学的理论理性，讲的是"理"；而孔孟建立的是道德哲学的实践理性，讲的是"道"。在道德哲学中，"理"与"道"的最大区别是："理"是理性、原理，"道"是原则、规范。由此，就引出作为伦理精神和伦理冲动力的质料的"道"的几个重要的品质。第一，它是道德商谈，达成道德共识的能力。理论理性可能只是个人智慧的呈现或表现，而实践理性必须成为共识才能转化行动。所以，道德规范形成并在一定范围内共守，必定要经过一个道德商谈过程，这种商谈的自觉形式就是各种理论之间的讨论和辩论，最典型的就是中国春秋战国时期的百家争鸣，百家争鸣就是那个时代在孔孟老庄、儒道墨法及其所代表的诸社会阶层之间的道德商谈。商谈的结果，是达成一定程度的道德共识，这些共识为"道"即共同道德规范的形成提供理性基础。所以，在儒道墨法之间，于道德理论和道德规范方面就有许多交叉重叠，如对仁义的肯定等等，而墨家在战国末期和秦汉之际，就与儒家合流。第二，所以，"道"之冲动，实际上是共享价值观形成的能力。道德规范是道德价值体系的实践理性形态，是道德价值透过道德行为外化为道德现实的中介与过渡。因此，具有公信力与公约性的道德规范，就是共享价值观的实践理性表现。"道"的冲动，"理"向"道"的转换，就是价值的共享力。第三，"道"就是道德同一性能力。道德规范试图建立的是道德的同一性。道德同一性的客观形态是风俗习惯，主观形态是道德规范，客观—主观统一的形态是社会风尚。道德规范使道德同一性由潜在向自在的发展，最后达到的是作为共同行为方式的社会风尚的自在自为。在道德同一性形成的过程中，道德规范无论作为共享价值观，还是作为自在的社会风尚，都具有重要的意义。"道"的冲动力，本质上就是道德的同一力。

四　"德"："教养"与"教化"

精神由"道"向"德"辩证运动的"力"是什么？回答它首先要探讨的问题是：这一运动的本质是什么？整个伦理精神辩证运动的本质，是个体扬弃自己的个别性而获得实体性，是个体通过意义世界的建立迈向普遍性，从而成为真正意义上的"人"的运动。由"道"向"德"的转换，是这个运动的枢纽和关键。到底什么因素推动人进行这个运动？或者说，个体分享"道"，从而具有"德"的动力是什么？这一运动有两个重要的精神推动。一是追求"解放"而获得真实"自由"；二是群体压力。道德的肯定性本质是解放，即人从个体主观性和本能直接性中解放出来，从自然本能的压迫下解放，从而获得真实的意志自由。"道"是自在的普遍性，"德"是自为的即个体内在的、或个体实现了的普遍性。由"道—德"运动的结果，是形成"道德"，道德就是自在自为的普遍性。对那些缺乏自我解放的意识和自我解放能力的人来说，"道—德"运动的推动力在相当意义上来自社会的群体压力。社会道德规范对个体来说，不仅是一种外在，更是一种客观。个体遵循道德规范的社会精神因素相当程度上是他作为和成为一个社会实体的成员的那种意识和冲动，是被社会接纳和认同的精神需求和现实需要。所以，普遍性、社会性的道德规范对个体来说，作为一种客观性往往具有或形成一种群体压力，强制性地要求人们遵循。两种动力中，"解放"是自律，"群体压力"是他律。由"道—德"运动的动力，便可以进一步探讨"德"的本质和动力。作为对于"解放"的精神追求，"德"首先意味着一种"修养"——对自然质朴性的"修"，和对于内在于自身本性中的人的普遍性"养"，而修养的前提和依据则是所谓"伦理"，既自在又自为地存在那种普遍物。所以，黑格尔才说出那样经典的话：德是一种伦理上的造诣。德是一种伦理造诣，是个体内在的伦理普遍性的造诣。不过，这种造诣并不总是乃至并不就是个体自己能够完成的，它必须透过一种社会性的过程，这个过程便是"教养"。"修养"和"教养"不仅是主动与被动的区别，而且也是个体性与社会性的区别。教养往往必须透过社会的普遍性，乃至在相当多的情况下必须借助作为社会普遍性的代表者——最典型的社会普遍性的代表者是教师的教化完成。教养的使命也是剔除人的自然质朴性，在这个意义上，黑格尔又说，教育的本性是解放和达到解放的更高层次的工作。修养与教养，就是"德"形成的两种文化精神的动力。

五 "德"—"得"相通：意义世界与生活世界沟通合一

伦理精神发展到"德"，便在自身内部完成自己，但只是抽象地完成。伦理精神的文化意义与文化价值，决不是精神的自我表现和自我完成，而是"外化为他物"，这个他物就是道德的世界和道德的生活。在一定意义上，"外化为他物"就是伦理精神辩证运动的目的，"外化为他物"的能力，就是最为关键的伦理冲动力。"德"—"得"相通、"德"—"得"合一，就是伦理冲动力的最后的也是最具有直接的目的性意义的环节或"质料"。它是伦理精神实现自己的能力，也是意义世界与生活世界沟通和谐的能力。"德"—"得"运动力或"德"之外化力，与三个因素有关。第一，行动力。在伦理精神的五因子或五个质料中，前四个要素某种程度上还是意识力、思想力，而发展到"德"，尤其是"德"与"得"的合一，便主要表现为一种意志力、行动力。在精神的意识与意志，或思维与意志两种结构中，已经由"理论态度"转换为"实践态度"。第二，道德的真诚与道德的忠诚。"德"—"得"合一的真谛是以"德"获"得"，正义谋利，所以首先需要一种道德的真诚，真诚的基本内核是以道德为目的，而不是工具。道德的忠诚则是对道德的固持，择善固执，在任何条件下都执著于道德，"颠沛必如是，造次必如是"。第三，道德公正或社会的道德正义。它要求在社会的制度安排中具有"德"—"得"相通的承诺与保障。第二个方面是个体的至善力，第三个方面则是社会的至善力。

伦理冲动的"力"，并不只是五个因子或质料由此及彼过渡转换的力，更重要的是五个要素一体贯通、辩证互动的力。在"力"的形上本质的层面，它就是伦理冲动的规律。作为伦理冲动的规律，这种"力"以及"力"的这种辩证运动，应当不仅对社会的伦理冲动具有解释力与表达力，而且对个体的伦理冲动同样具有解释力与表达力。在这个纬度，如果对以上阐述加以概括，那么，伦理冲动的"力"便依次与五个因素密切相关："伦"的文化"记忆"力；"理"确切地说"情理"的人性构造力，尤其是情感作为神圣性根源的人性建构力；"道"的自我同一力与社会同一力；"德"的"造化"力，即"德"作为修养与教养的"解放"力；"德"—"得"互动力，或"德"的行动力与外化力。五种力在伦理精神的辩证运动中薪火相传，一体贯通，在外化为"他物"即道德的个体与道德的世界中回到自身。

经济冲动"力"的大小，遵循与伦理冲动"力"同样的规律。在法哲学的意义上，经济冲动由三个因子或三个环节、三个质料构成：需要的体系；集体行动；幸福财富。经济冲动"力"的大小，应当从两个方面考察：一是影响这些质料的品质的文化精神因素；二是影响一个环节向另一个环节过渡的文化精神因素。

法哲学意义上经济冲动的原动力与纯粹经济学，或者与现代经济学的区别不在于"需要"，而在于认为需要应当是一个"体系"，即"需要的体系"。就是说，它并不否定"需要"，但也不将抽象的"需要"作为经济冲动的出发点和原动力，而是以"需要的体系"为起点。"需要的体系"，确切地说"体系"，是法哲学赋予经济冲动的"庄严哲学形式"。事实上，只有现代经济学，或者只有现代经济学的某些理论，才将抽象的"需要"尤其是利益驱动作为经济行为的原动力，古典经济学所强调的同样是"需要的体系"，并且认为，这个体系的基本结构是经济与宗教，或经济与伦理。所以，马歇尔在《政治经济学原理》的开卷才"庸俗"地说，历史是由两种力量构成的，这就是经济与宗教。"需要的体系"有个体与社会两个主体，它们共同的哲学基础是：利益的需要、财富的需要、自然满足的需要，只是其中一个基本结构要素，这个"体系"还有另外一些结构要素与它辩证互动，尤其是伦理的要素。决定经济冲动"力"的品质及其大小的，不是利益需要，也不是伦理需要，而是这些需要辩证互动的状况及其所构成的"体系"。每个个体、每个社会，都有对利益、对财富的需要及其满足追求，不同个体、不同民族在经济冲动"力"方面的差异，在于伦理、宗教、政治等精神文化方面的需要对它的互动、诠释和理解，或者说，在于利益、财富方面的需要与其他需要的所形成结构性的状况。当然，个体的"需要体系"与社会的"需要体系"在内容方面不同。个体的需要体系主要包括以上所说的利益与伦理、宗教、政治等结构要素，社会的需要体系，除了这个结构外，还包括由社会中诸阶层、诸阶级所构成的体系。于是，对"需要"的理解和解释便存在深刻的分歧。在经济学家那里，需要似乎是不仅是等质的，而且是等量的，最多分为基本生活满足的需要，和舒适生活的需要量的区别，于是便有所谓"贫困线"的底线理论。但在社会学家、哲学家那里，譬如在丹尼尔·贝尔那里，需要有"Needs"和"Wants"的区别，"Needs"产生追求基本生活满足的经济冲动；"Wants"则产生追求体现自己在社会关系中的优越感和财富的永无止境的积累和积聚的需要满足的冲动，"贪婪的攫取性"、"没有疆界，发展就是一切"等经济冲动和现代文明的痼疾由此产生。在伦理学家那里，"需要"被分为"天理"与"人欲"。"天理"是人的基本需要及其满足，而"人欲"则是"过欲"、"纵欲"，"存天理，灭人欲"的真义，是将人们基本生活的满足当作天理，要灭的只是"过欲"。因此，便出现另一种具有一定共时性和历时性的共同景象：经济学家们总是鼓励消费，包括奢侈品的消费，其原理被现代经济学表述为"高消费刺激高增长"；而伦理学家、宗教学家总是呼吁"节欲"乃至"禁欲"。事实上，经济的可持续增长，社会的扩大再生产，往往表现为对消费的鼓励和对消费的合理节制的辩证法。马克斯·韦伯这样揭示由新教伦理与资本主义市场经济辩证互动所形成的"新教资本主义"文明的秘密：当对谋利冲动的解放和对消费的束缚尤其是奢侈品的束缚结合到一起时，不可避免的结果，就是财富的增长和积累。可以这么说，"需要的体系"是经济学家、伦理学家、宗教学家从各自独特的价值立场出发，商谈互动所形成的"价值生态"的内化与外化。经济冲动"力"——它的品质和强度，并不由其中任何一个要素，包括利益要素所决定，而是由诸要素商谈互动的结果决定。如果伦理、政治、宗教的需要压迫了利益需要，经济冲动不能释放，于是就必须解放经济冲动以解放生产力；但如果利益需求脱离了伦理、政治的互动，那么就既不可能有合理的经济冲动，也不可能有真正持久的经济冲动，因为，在这种情况下，经济冲动的"力"既不可能外化为"他物"，结出社会财富的正果，也不可能"回到自身"。

　　"集体行动""力"的大小，更是一个与非经济因素密切的环节。集体行动力，既是一种行动力，又不是直接的行动力，不是个体行动力的机械相加。最后结果大于或者小于个体行动力的总和，是集体行动力的两种典型状况。集体行动力的真谛，是个体行动的凝聚力。它至少与三个因素深度相关。第一，个体行动力。个体行动力的状况，核心是个体经济冲动力释放的程度，它构成经济和经济冲动的"活力"之基。第二，伦理。个体的伦理造诣与社会的伦理状况，它决定个体行动力能否在价值和信念的推动下获得凝聚，也在价值的层面决定个体行动力在多大程度和什么性质上成为集体行动力的有机构成。因为，伦理的真谛是单一性与普遍性、个体性与实体性的统一，伦理是集体和集体行动的价值逻辑和价值动力。个体的伦理造诣即德性状况决定个体能否扬弃和超越自己的个体性而皈依于集体的普遍性；社会的伦理状况决定社会给个体施加"群体压力"和"群体动力"，将个体凝聚为集体的性质与强度。伦理，是集体行动的价值决定因素。第三，制度与社会公正。制度是使个体的行动力和经济冲动力组织化，使个体行动成为集体行动的体制系统，它既直接对个体的经济冲动和个体行动力进行调节和安排，又通过个体在组织中的地位和利益的安排对个体的经济冲动力产生深刻影响，这是通过体制改革调动积极性、解放生产力的法哲学根据。社会公正既是影响个体行动力凝聚的制度性因素，又是价值性因素。一种常态是：在一个公正的社会中，个体的经济冲动力更容易凝聚为集体的经济冲动力；在公正的社会中，集体行动不仅更有可能，而且集体行动力更为巨大。以上三个因素中，个体行动力或个体经济冲动力，是集体行动力的基础性因素，伦理、制度与社会公正，是集体行动力是个体冲动力的凝聚的价值性和体制性因素，它们共同决定集体行动力的品质和强度。

"幸福财富"对经济冲动力的影响，主要取决于财富与幸福的内在关联，以及人们对它的文化理解。经济冲动"力"会外化为两种"他物"：一是财富，一是幸福。财富是直接的他物，感性地处于生活世界；幸福是具有终极意义的他物，既感性但更精神地处于感性世界和意义世界之中。财富与幸福作为经济冲动的"力"两个要素的辩证法是：财富与幸福既不能等同，又不能分裂。无论经济学家还是伦理学家，都已经发现，财富与幸福，尤其是金钱与幸福之间并不存在一一对应的线性相关，财富的增加对增进幸福只有十分有限的意义。这一发现的价值在于：无论经济学还是经济冲动，都不能将财富作为唯一目的，更不能作为最终目的。财富与幸福之间存在某种分离，这种分离，引导人们去追求超越于世俗财富之上的精神的和价值的意义。这种状态的反面是：如果没有幸福作为超越于财富之上的那种需要借助文化在精神中才能把握和达到的目标，那么，不仅财富失去人生的意义，而且人们会在追逐财富的人与人、人与自然的角斗中"失乐园"。以财富作为经济冲动的唯一目标，会走进"需要—满足"的动力学的经验心理的悖论之中。但是，如果将财富与幸福直接同一，同样难以产生合理的和持久的经济冲动力。财富与幸福之间的适当张力对于经济冲动的"力"的辩证法是：幸福存在于合理地尤其是道德地追求和享受财富的进程之中。无论是经济冲动，还是对财富的追求与享受，应当服从于幸福这个更高的和更具有终极意义的价值目标。如此，经济冲动对财富的追求，才既是一个合理化的过程，也是一个永无止境的进程。经济冲动的"力"，才既具有合理性，又具有永不满足的可持续性。财富，是世俗世界中经济冲动的"力"，正因为世俗，所以现实而有限；幸福，是意义世界，准确地说是意义世界与世俗世界结合中经济冲动的"力"，是超越而恒久的"力"。追求财富的"力"直接而强烈；追求幸福的"力"合理而持久。二者的结合，形成强烈、合理而又可持续的经济冲动"力"。

第三节 "合理体系"的要素二：冲动"力"的方向

在某种意义上，"大小"只表征"冲动合理体系"的体质，并不能说明它的品质。"冲动力的合理体系"的品质，除了与"力"的体质即冲动力强度相关外，更与"力"及"力"的"合理体系"的作用方向存在深刻而直接的关联。与"大小"相比，"方向"更能体现"冲动力的合理体系"对人的意志行为的驾驭能力，以及在冲动力运动的过程中能动的价值选择性。

在冲动力的运动中，"方向"即对人的意志行为的作用的价值向度。根据力学的一般原理，力的作用方向不同，作用的结果迥异。可以说，"力"及其大小，只是一个中性的概念，只有与"方向"结合，才具有目的性和合理的有效性。"方向"是一个体现冲动力与冲动力的合理体系的目的性的概念。"力"的"大小"只有在"方向"的引导下，才能真正成为"合理的体系"。

冲动"力"的"合理体系"的"方向"有三层意思：（1）伦理冲动力对人意志行为的作用方向；（2）经济冲动力对人的意志的作用方向；（3）更重要的是，伦理冲动力—经济冲动力辩证互动所形成的合力，对人的意志行为的作用方向。

一 伦理冲动的"力"

把伦理冲动力对人的意志行为的作用"方向"设定为"义",应该容易被理解和接受。难以解决的问题是:"义"的真谛是什么?在"冲动力的合理体系"中,为何需要以"义"为核心的伦理冲动?

在伦理学中,"义"一般具有两个规定。第一,"应然",义即是应当,这种应当是由某种一般原则和要求向行为落实的环节。在孔孟道德规范体系中,"仁"是第一元素,是一普遍的爱人原则,"仁者爱人"。但在长幼有序的天伦关系和尊卑有等的人伦关系中,如何在行为中使爱"有别",既"泛爱"又"差爱"?就有"义"的要求。"义"是落实"仁"的具有实践意义的规范,所谓"居仁由义"、"礼门义路"。第二,义务。在西方道德哲学中,"义"在相当程度上可以被诠释为义务。在康德、黑格尔道德哲学中,甚至将义务与道德相等同,认为义务是道德的核心和本质。黑格尔认为,在道德世界观中,存在道德与自然的对立。他将"自然"换作"幸福来说",同时又将"道德"换作"义务"来说。如果要将这两种规定加以综合,朱熹的诠释可能更有解释力。"义乃心之制,事之宜也。"[1]

在冲动力的"合理体系"中,作为伦理冲动力的作用方向,"义"既是一种独立的、体现人的尊严和本性的冲动,又与作为经济冲动力作用方向的"利"不可分离。"义"的伦理冲动一般经过一个辩证的发展过程。首先是"义"之一般,它表现为人在精神中关于义务和应然的概念、理念和信念。它是潜在的"义"。其次是义之特殊,在这个阶段,出现了义的对立物,即"利"。精神在义与利的对立中坚持义的本质性,正如黑格尔所说,对于道德来说,精神认为,只有义具有本质性,而利或自然没有本质性。这是义的自在。最后是义与利的统一。精神扬弃义与利的对立,达到二者的统一与合一。这是自在自为的义。在第二阶段,精神虽然执著于义的本质性,但由于义与利或自然处于对立之中,义与利事实上相互外化,义难以真正成为一种现实的伦理精神和伦理冲动。只有达到义利合一,义才能真正成为一种对利具有行为选择能力和意志控制能力的伦理冲动和伦理冲动力。概念地存在和与利对立的义,只是抽象的义,或抽象的

---

[1] 朱熹:《孟子集注》卷一。

伦理冲动；只有在义利互动中使利的冲动或自然冲动受"应然"和义务所支配，义的伦理冲动力才是既自在又自为的存在。

义作为伦理冲动力的核心和作用方向，具有肯定性与否定性两种力量。肯定性的力量是人的意志行为的一种超越力。正像黑格尔所说的那样，义务使人的冲动摆脱自然冲动的束缚，获得"庄严"的哲学形式。义的伦理冲动，使人的行为意志超越本能的自然性与直接性，达到精神的普遍性。否定性的力量是对人的自然本性和自然冲动的解放力。"在义务中人毋宁说获得了解放"，这个经典性的论断不应当看做是道德说教，而是关于人和人的精神的真正的哲学觉悟和哲学智慧。超越力与解放力，是义作为伦理冲动的作用方向的两种相反相成的"力"。

纵观伦理精神的发展史，义的伦理冲动力的运作，可能存在两个误区。第一个误区是将义和义的冲动与利和利的冲动相分离，义成为一种抽象而孤立的存在。这便是所谓"义的孤独"。"义的孤独"有两种典型的状态。理论形态是康德式的所谓"为义务而义务"；现实形态或历史形态是中国传统伦理和传统社会中那种使道德修养成为一种专门的生活方式的状况。"为义务而义务"，实际上使伦理冲动和伦理冲动力因失去了作用对象而成为一种"高尚的孤独"，一种象牙塔中的精神生活。而当义的冲动，或者说修身养性从一种道德生活成为一种专门的道德生活方式时，义的冲动也就成为精神贵族的生活专利。这两种状态都使义的伦理冲动难以发挥真正的作用力，或者说，难以使伦理冲动力从抽象上升为具体。这是传统社会中和传统伦理尤其是中国传统伦理中伦理冲动力以"义"为作用方向存在的误区。第二个误区是在义利矛盾中，以利为义的标准，义屈从于利。此即所谓"义的沦丧"。它的理论形态是伦理学中的功利主义，现实形态是现实生活中的经济主义，唯利主义。义的伦理冲动在以利为作用方向的强大经济冲动下放弃自己的文化本性和文化功能。这是现代尤其是市场经济背景下大量存在的误区。两个误区，用孔夫子的话语表达，第一个误区是义的冲动和冲动力"过"的误区；第二个误区是义的冲动和冲动力"不及"的误区。"过犹不及"，最难得的是义的伦理冲动和冲动力的"中庸"。

二　经济冲动的"力"

经济冲动力对人的意志行为的作用"方向"是什么？毋庸讳言，就是：利。这里，最重要的不是"利"是什么，而是"利"如何成为经济冲动力。

在"冲动力的合理体系"的视野中，"经济冲动力"所研究的"利"，既不是指获利的过程，也不是指"利"本身，而是揭示对于"利"的需要和追求，如何形成主体的内在经济冲动；这种冲动的激发，又是如何转换为经济活动和经济发展的人文动力。有必要申言的是，经济冲动力虽然基于人求利的自然本性，但却不能等同于自然本性，它的本质是"人文动力"，因为这种内在于人的自然本性的动力是通过文化的机制与文化的过程所激发，具有文化的形式和内涵。所以，作为经济冲动力作用方向的"利"，并不是指客观性的利益，而是人们追求自身利益的意志行为，是主体的谋利冲动，以及在谋利过程中所体现出来的潜在的和现实的冲动力。现实存在着的利，主体对利的需要和追求，构成经济冲动力的两个价值结构，如果不存在现实的利，如果人们不追求这种利，或者缺乏对利的需要，也就是说不赋予利以价值，也就不会产生谋利的冲动。所以，关于利的价值结构或价值认定是经济冲动力产生的前提。不过，经济冲动还不能简单等同于现实的经济冲动力。经济冲动力的形成需要主观与客观两个方面的匹合。一是主体对利的需要所产生的内在冲动，这种冲动外化为满足自身的利益需求的现实努力，即经济活动；二是主体达到谋利目的，满足谋利需要的各种客观条件。没有对利的需要，不能产生谋利的冲动，也不可能产生为谋利而努力的积极行动；然而如果没有谋利所需要的客观条件，同样不能产生有效的和巨大的经济冲动力。在这里，"冲动力"的人文内涵，既有文化价值上对利的肯定的意义，更有主观转化为客观，即把对利的需要转换为谋利的冲动，并见诸谋利努力的意义，还内在着谋利冲动的实现必须的主观条件（如知识）和客观条件（如资源、资本、制度等）的意义。

关于经济冲动力的研究，必须注意两个问题：第一，经济冲动的主体有二，即经济组织中个体的经济冲动与经济组织集体的经济冲动；第二，在冲动力形成与运作的过程中，"利"或者谋利成为经济组织和经济组织中个体的经济冲动力的基本概念。"利"是经济冲动力的核心，必须肯定它对人的意志行为的原动力作用。但社会的经济冲动力，虽然最后取决于经济组织的经济冲动，然而社会的经济冲动力的形成，则与组织中个体的经济冲动力的释放存在直接的关联，经济组织与构成它的个体的经济冲动之间的这种关系，必定使以"利"为作用方向的经济冲动力，与以"义"为作用方向的伦理冲动力相关联。应该说，在经济发展中最后起决定作用的因素，是组织的经济冲动力，而不是抽象个体的经济冲动力。诚然，个体的经济冲动力是组织集体的经济冲动力形成的元素，但个体的经济冲动力并不一定能形成有效的整体经济冲动力，相反，由于利益的多元性，个体的经济冲动力之间的相互冲突，现实地存在使作为它们的总和的组织的经济冲动力耗散的可能。而且，组织的经济冲动与经济冲动力本身也有待合法性与合理性的追究，于是便存在组织伦理、集团伦理，尤其是经济组织的社会责任与伦理义务问题。由此，经济冲动就逻辑与历史地提出伦理冲动辩证互动的内在要求。

三 义利互动与冲动力的"合理体系"

经济冲动力的作用方向是"利"，伦理冲动力的作用方向是"义"，义利互动，是伦理冲动力与经济冲动力辩证互动、形成"冲动力的合理体系"的关键。在探讨这个问题时，必须确立两个前提。第一，不能把"义"、"利"关系只当作一个伦理学问题，而必须当作伦理与经济和谐，作为在冲动力的意义上将伦理与经济相统摄的范畴；第二，必须走出"义"与"利"孰重孰轻的围城，回归现实进行辩证的历史思考。

"义利合一"，是伦理冲动力—经济冲动力"合理体系"，或冲动力的"合理体系"的精髓和真谛。这里，以下三个问题的澄明具有重要的理论与实践意义：（1）义与义的冲动本身是一种内在的巨大力量，就是说是一种"力"，或者说，现实存在着"义"的冲动力。孟子将这种"力"表述"浩然之气"，"浩然之气"是"集义所生"，它"至大至刚"，可以与天地合一。[①]（2）义利互动的真义和实质，不是在义利两极中"取一"或"舍一"，而是"合一"。义之可贵和巨大力量在于，当二者发生冲突时，坚持义的本质性，择善固执。义的价值和力量集中地表现在义与利的两难之中。孟子为世人描述了这种两难并由此阐述了伦理的冲动的价值和力量。"鱼，我所欲也，熊掌，亦我所欲也；二者不可得兼，舍鱼而求熊掌者也。生，亦我所欲也，义，亦我所欲也；二者不可得兼，舍生而取义者也。"[②]

---

① 参见《孟子·公孙丑上》。
② 《孟子·告子上》。

由此，"穷不失义，达不离道"①。做一个"富贵不能淫，贫贱不能移，威武不能屈"的"大丈夫"。② 这便是义的伦理冲动力及其力量的表征和见证。（3）义作为伦理冲动力的作用方向，与伦理一样，是一种普遍物。义与利的对立，义对利的扬弃与超越，不是否定利，而是要扬弃利的冲动的偶然性与自然质朴性，达到某种普遍性。宋明理学以公私关系诠释义利关系。认为，"义与利，只是一个公与私也"③。私利是利，公利便是义，因而宋明理学义利观的核心是提倡义利合一，"义中有利"。既然义是公，因而也就是普遍物。义利合一的本质，就是将个人的利上升为普遍的利，从而达致义。所谓正义谋利，明道计功，"正其义则利自在，明其道则功自在"④。所以，义利关系，对于伦理学和道德哲学来说，具有特别重要的意义。"天下之事，惟义利而已。"⑤ "义利之说，乃儒者第一义。"⑥

德国道德哲学家科斯洛夫斯基关于伦理冲动力与经济冲动力的性质及其相互关系的观点富有启发性。他认为，经济冲动力是最强大的动力，伦理冲动力是最好的动力，二者都是内在于人的两种动力。人是社会文明及其发展的最强的动力与最好的动力。经济学产生于并研究人类最强的动力，即人自身的利益；伦理学探求并培育人的最好的动力，即崇尚善、履行义务、实现美德。经济与伦理有共同的对象，即人及其合理的意志行为。因此，伦理冲动力与经济冲动力具有成为"冲动的合理体系"的基础与要求，但也处于某种紧张关系之中。与此相对应，伦理学与经济学之间，也存在着深刻的紧张。"把其最强的动力，自身利益作为主导原则的学科，经济学，想促进和发挥其最好动力的学科，伦理学，也相互处在一种紧张关系之中。"⑦ 共生与紧张，导致伦理与经济、伦理冲动力与经济冲动力之间的辩证互动。两种动力的互动，首先是一种互补。"因为最强的动力不总是最好的，而最好的往往动力不强。"⑧ 这种互补性互动的重

---

① 《孟子·尽心上》。
② 《孟子·滕文公下》。
③ 二程：《遗书》卷十七。
④ 朱熹：《朱子语类》卷六。
⑤ 二程：《遗书》卷十一。
⑥ 朱熹：《朱子文集》卷二十四。
⑦ ［德］彼得·科斯洛夫斯基：《伦理经济学原理》，孙瑜译，中国社会科学出版社1997年版，第14页。
⑧ 同上。

要表现是：伦理学是对经济学失灵的调整措施，当经济学的逻辑即利益逻辑不能发挥作用，或所发挥的作用即经济冲动力不合理时，伦理学所建立意义世界的义务逻辑、美德的力量便对之进行调整，为人的行为提供"最好的动力"。当俗世伦理由于其时空的价值限度难以为人的行为提供"最好的动力"达到"最强"时，彼岸世界的宗教伦理便对它提供终极性的推动。以"利"为作用方向的经济冲动力，与以"义"为作用方向的伦理冲动力，就是如此地共生互动，处于一个既同一又紧张的"体系"中。伦理冲动力与经济冲动力辩证互动的结果，及其所形成的"冲动力的合理体系"，在力的"方向"的意义上，不仅是义利互补，而且是义利合一。这种"合理体系"的现实建构，既要承认义与利、最好动力与最强动力之间的差异与紧张，更要承认二者之间的同一性与整体性，由此设计出两种动力成为"合理体系"的价值生态、规范体系、制度系统。

第四节　"合理体系"要素三：冲动"力"的作用点

"作用点"即着力点。就冲动力与冲动力的"合理体系"来说，"力"的"作用点"的内涵有三：伦理冲动力对人及其意志行为的着力点；经济冲动力对人及其意志行为的着力点；伦理冲动力—经济冲动力的"合理体系"对人及其意志行为的着力点。

"作用点"之于"力"的意义，可以用阿基米德的一句名言表述："给一个支点，我可以撬动地球。"作用点就是可以"撬动地球"的那个支点，是"力"外化为"他物"的着力点。在"方向"确定的前提下，同等的"力"能否外化为"他物"，完全取决于作用点的选择与确定。伦理冲动力、经济冲动力作用点之于文明体系的意义，也可以从韦伯对儒教伦理与新教伦理的比较中得到部分说明。韦伯的论断是：儒教伦理作用于人际关系，新教伦理作用于工作关系。"人际关系"、"工作关系"分别构成儒教伦理与新教伦理对于人及其社会文明的作用点。也正因为如此，新教伦理形成了作为现代资本主义文明诞生和发展所需的至关重要的文化动力，即"资本主义精神"；而儒教伦理则成为近代资本主义在中国和东方产生的文化阻滞力。显然，韦伯的观点并不是"价值中立"的，在他对儒教伦理新教伦理的解释和比较中，始终充满着西方文化优越论，说得透彻些，充满着"西方中心主义"的价值先见与价值偏见。对"人际关系"、"工作关系"这两个中西方伦理的作用点的定位与表述也并不十分准确。因为，伦理的本质是人理，如果伦理只是作用于或者主要着力于"工作关系"，那它最多只是一种职业精神，而不是严格意义或完全意义上的伦理精神，用韦伯自己的话语说，只是一种工具理性，而不是价值理性。韦伯的论述虽然是天才的，在中国特殊的文明际遇与学术背景下，他的诸多论述几乎成为经典，但事实证明，韦伯和韦伯的理论不仅在文化本性上是一个深藏的和几乎彻头彻尾的西方中心主义者，而且像其他许多西方学术的大师一样，韦伯对中国文化、中国伦理的解释其实并不像我们所善意假设和虔诚膜拜的那样客观和准确。如果说"人际关系"、"工作关系"的观点对我们的研究有所启发，那就是：伦理的、经济的作用点对社会文明还是这两种文化传统的命运都具有至关重要的意义。

在法哲学的意义上，伦理冲动力与经济冲动力的作用点是什么？我的观点是：伦理冲动力的作用点是"合力"；经济冲动力的作用点是"活力"；"合力"与"活力"，是伦理—经济冲动力的"合理体系"的互动点与整合点。

"合力"作为伦理冲动力的作用点，首先由伦理的本性决定。无论在现象学，还是形而上学的意义上，伦理的本性都是一种普遍性。正像黑格尔，所强调的那样，伦理本质上是一种普遍的东西。但是，伦理的普遍性，不是抽象的普遍性，而是具体的和辩证的普遍性，因为它是单一物与普遍物的统一。这种统一的真义，是个体扬弃自己的单一性、个体性、主观性，而获得普遍性、整体性和现实性。所以，伦理关系不是单一物与单一物、个体性与个体性之间的关系，而是单一物与普遍物，个体性与整体性之间的关系，是作为个别性与主观性的人与作为普遍性与现实性的人之间的关系。正因为如此，就像法的基本规定一样，对某一个具体的人与人之间伦理关系的侵害，都不只是对"这一个"的破坏，而是对整个伦理普遍性或对整体伦理关系的伤害。而所谓德或道德，就是按照伦理普遍性的要求，扬弃自己的单一性，而获得普遍性。单一物与普遍物的统一，形成的是"实体"，实体，就是个体与作为普遍物的整体的统一。与其他意识形态不同的是，伦理所实现的这种统一，伦理的同一性所达到的普遍性或实体，必须透过善恶观念所建立的意义世界，在精神中实现和把握。因此，伦理冲动力，所追求和实现的，是"力"的普遍性与普遍物，其意旨是将作为单一物的个体的伦理冲动的力，与伦理实体或伦理的普遍性所

要求的"力"相统一，形成"力"的实体，或实体的伦理冲动力。伦理
冲动力的本质，不是个体的伦理冲动力，也不是所有个体伦理冲动力的代
数和，而是个体的伦理冲动力与实体所规定和要求的"力"的统一。这
种"力"的普遍物，不是抽象的"力"的一般，而是作为个体的力与作
为整体的力的辩证统一。伦理冲动力的这个本质的反译就是：伦理冲动力
的作用点，不是个体冲动力的力，甚至也不是整体冲动的力，而是根据伦
理实体的要求所实现和达到个体冲动力的合力。这种合力不能简单等同于
整体的冲动力。因为，整体的冲动力可以通过多种途径达到，也可能表现
为多种性质。伦理冲动力作为实体冲动力，必须在个体与作为普遍物的整
体的统一中才能达到，必须表现为具体而辩证的普遍性。在这个意义上，
伦理冲动力对人及其意志行为的作用点就是，也只能是"合力"。它将个
体的伦理冲动力引向合力，以合力规定个体的伦理冲动力，个体的伦理冲
动力也只有在伦理实体冲动的"合力"中才具有现实性与合理性。

在意识的诸形式中，只有伦理，才能使个体的冲动和冲动力真正精神
地达到和实现"合力"，也只有伦理才精神地以"合力"的实现作为孜孜
以求的价值目标。因为，只有伦理才能将人、将人的冲动，将人的意志行
为引向普遍性与普遍物。所以，任何彻底的伦理体系与伦理精神，无论在
现象学还是法哲学的意义上，都必须以性善的预设为逻辑与历史前提。性
善预设的伦理真谛，是个体扬弃自己的个别性而达到普遍性的可能性。在
道德的意义上，是遵循道德规范的可能性，而道德规范的文化实质，是伦
理所要求伦理所规定的"普遍物"，认同和遵循道德规范，就是希望并且
在意志行为中使自己成为超越个别存在的普遍物。所以，在中国传统伦理
中，有所谓良心、良知、良能的概念。良知是发现自己成为普遍物或与他
人、与普遍物同一的那种善良理性、"优美灵魂"和"智的直觉"。良能
是在透过伦理冲动和道德的意志行为扬弃自己的抽象独立性，使自己成为
普遍物或真正的人的先验道德能力，或先验的"伦理造诣"。良心在一定
意义上是良知与良能的统一，它既包括良知的意识结构和理性结构，也包
括良能的意志结构和行为结构。无论如何，良心、良知、良能，都是个体
超越自己的主观性与偶然性，成为普遍性与普遍物的可能性与能力。正因
为这个可能性与能力，伦理冲动才总是指向普遍性的合力，进而扬弃个体
伦理冲动以及个体的伦理冲动"力"的任性，以合力为归宿和价值目标。
当然，伦理冲动力的这个品质，还与伦理的另一个基础相关。与哲学理性

不同，伦理作为实践理性与价值理性，其冲动总与情感相联系。伦理冲动一般有两种人性机制，即意志机制和情感机制，以情感为机制的冲动具有更大直接性和价值性。直接性是说，它是一种"身不由己"的冲动；价值性是说，情感的本质是"不独立"，以情感为基础的冲动必然首先要求扬弃自身的个别性，达到与他人、与普遍物的同一。情感是神圣性的根源，因而也是价值的重要源头。以情感为人性基础的伦理冲动，必定以"合力"作为"力"的作用点。

与伦理冲动力形成对应的是，经济冲动力以"活力"而不是"合力"为作用点与着力点。经济学理论和经济学家一般都倾向于认为：自身利益是经济行为的动力。于是，便有所谓"经济人"的假设，与"经济理性"的概念。"经济人"假设的基本规定是：每个都根据自身利益而行动，都受自身利益的驱使而行动，或者说，都是追求自身利益的经济人。据此，经济冲动，就是追求个体利益满足的冲动，或以利益驱动为原动力的冲动。而所谓的"经济理性"，就是"利益最大化"的理性。"利益最大化"的理性，在出发点和本质上是个人利益最大化的冲动，但其内包含了以他人利益为中介和手段的"无为而无不为"的智慧。这种经济理性的原理是：每个人都追求自身利益的最大化，在利益的相互冲动中每个人都难以实现自身利益的最大化，这便是所谓"囚徒困境"。于是，健全的经济理性必须在个体利益与他人利益的合理协调中实现利益的最大化，达到所谓"最大多数人的最大利益"。因此，经济学倾向于认为，个人利益是经济行为和经济发展的活力；而经济冲动力也以基于个人利益的"活力"为作用点和着力点。在个体经济冲动及其互动的过程中，他人利益、公共利益、普遍利益，只是作为理性经济人追求个体利益的"副作用"或"有利的副作用"。这个经济学原理和经济学智慧，用古典经济学家孟德维尔的一个著名命题表述，就是：个人的恶行，社会的公利。"社会的公利"是作为"个人恶行"即个体经济冲动和经济冲动力的自发结果，而不是自觉设计和自觉追求。无论如何，活力，准确地说，以利益追求为原动力的个体活力，总是经济冲动力的作用点。

正因为如此，"活力"与"合力"总是经济学所遭遇的一对矛盾或一对悖论。经济学以个体活力，或以基于个人利益的经济冲动为出发点和动力之源；但是，经济，无论在概念上，还是在现实中，都绝不是，也不可能是个体性行为，而都是集体性乃至实体性行为，于是又必然地要求组织

"合力"。现实的经济运行并不像"经济理性"的设计者所想象的那样，个体活力自发和必然地形成组织合力，由于活力的个体性及其相互冲突，经济组织的合力不仅难以形成，即便形成，也会远远小于个体活力的代数和。基于"经济人"假设的个体"活力"，在相当程度上是组织"合力"的消解性力量。于是，在经济学失灵的地方，伦理学便挺身而出，担当起使"活力"成为"合力"的文化使命。在纯粹经济学的思维框架中，将"活力"组织化为"合力"，企图通过体制改革达到和完成。将"合力"的形成完全寄希望于经济体制改革的思维逻辑是：将利益驱动的"活力"逻辑贯彻到底并使之合理化。然而，无论哪个国家的经济改革都已经证明：彻底贯彻利益机制的经济改革，并不能彻底地和真正地解决"合力"的难题，它常常使经济改革陷入一种恶性循环的怪圈。因为，组织和组织合力的存在，必须同时具备两个条件：一是客观上存在共同利益和共同目的；二是主观上认同利益和共同目的。即使通过体制改革使经济组织客观地存在共同利益和共同目的，但如果它们得不到组织成员的主观认同，那么，这种共同利益和共同目的也只能是一种异在，难以成为共同行动的逻辑，更难以将个体活力凝聚为组织的合力。所以，现代经济学越来越发现"经济人"的谬误，试图对它进行源头上的正本清源和理论上的修正，以"市场、道德、国家"的"三只手"，代替市场这"一只""看不见的手"。而"三只手"中，道德、国家都与伦理有关，或者说，都与伦理冲动力有关。因为，正如黑格尔所说的那样，国家是（应当是）一个伦理实体，因而国家冲动的法哲学本质，是一种伦理冲动。这样，经济冲动力与伦理冲动力便逻辑与历史地结合为一体，并辩证互动。

　　伦理冲动力与经济冲动力辩证互动的法哲学实质，是"合力"与"活力"的辩证互动。互动的内涵，不仅如上文所说，以"活力"为作用点的经济冲动力只有与伦理冲动力匹合，才能形成组织合力，从而成为真正意义上的经济冲动力；而且，以"合力"为作用点的伦理冲动力，也只有以基于个人利益追求经济冲动和经济冲动力为基础，才具有现实性。因为，如果没有个体、个体的利益冲动及其相互冲突，伦理与伦理冲动将失去对象。伦理冲动力只有在与经济冲动力的辩证互动中，才能现实地外化为"他物"，即现实性的人与合理的社会文明。

　　作为伦理冲动力的"合力"，与作为经济冲动力的"活力"，在社会动力学的意义上，也可以用另一对概念表述：静力与动力。"静力"的概念似乎有点牵强，甚至有标新立异之嫌。但是，仔细考察和反思，这个概念不仅早就提出，而且具有一定的解释力。活跃于 19 世纪至 20 世纪初的英国哲学家赫伯特·斯宾塞，有一本著名的著作：《社会静力学》。这部书专门讨论道德、幸福等问题，也涉及关于权利、国家、财产权等论述，不过纵观全书，道德问题是一根基线。在书中，他并没有对"静力"的概念作规定，也没有明确地说什么是静力，但从书名中可以演绎：像道德这样为社会的平衡与稳定提供价值与精神支持的力量，属于甚至就是静力。"静力"之"静"，可以诠释为稳定与平衡。社会发展是变与不变、运动与静止、平衡与不平衡的矛盾运动。因此，社会发展就需要两种基本的力量：推进变化与变革的力量；维护稳定与平衡的力量。前者为"动力"（即变化、运动之力），后者为"静力"（即平衡、稳定之力）。运动是绝对的，静止是相对的，但并不是说静止没有必要性与合理性。静止是运动的条件和基础，也是发展的一种形态。如果将发展看做是阴阳两极的矛盾运动，那么，运动是阳，静止是阴。因此，对于社会和人来说，就有或需要两种力：动力与静力。静力是一种定力，具有与动力同等重要的意义。只有不否定平衡与稳定的合理性，就不会否定静力的客观性及其意义。问题在于：道德为何是一种静力？伦理冲动力为何是一种静力？

伦理冲动与经济冲动的重要区别在于：它是"动"与"静"构成的辩证运动。无论是伦理，还是道德，都是基于人的自然本性，是对人的自然本性的扬弃与超越。伦理是对个体主观任性的扬弃，是对实体普遍性的追求；道德是对个体本能冲动的扬弃，是对个体作为人的实体性和普遍性的追求。扬弃的冲动是"静"，追求的冲动是"动"。伦理冲动表现为"动"与"静"的辩证法。伦理冲动力，是伦理冲动的"动力"与"静力"的辩证运动。将伦理冲动力诠释为静力，并不是完全没有学术资源方面的根据。孟子将道德的精髓概括为"不动心"，即在利益诱惑面前"不动心"，见利思义，以义制利。"不动心"的肯定性表述就是"静"，"不动心"的冲动力就是道德对于本能冲动的静力或定力。中国传统伦理的"修养"概念，"修身养性"之中，"修"的冲动就是静，"养"的冲动就是"动"。伦理冲动力追求普遍性与实体性，因而伦理总是一种维持稳定与平衡，建立和维持内在生命秩序与外在生活秩序的力量，在这个意义上，伦理、伦理冲动和伦理冲动力就是一种静力。从"静力"的意义上诠释和理解伦理与伦理冲动力，可以对其真义进行一些新的发掘和解释。

第五节 "冲动合理体系"的"力"学模型：
平行四边形原理

在以上分析的基础上，可以演绎出伦理—经济"冲动力合理体系"的法哲学模型。

"冲动力的合理体系"是一种法哲学的形而上学的表述，如果对这个体系以及关于这个体系的以上理论进行更为直观具体的说明，那么，物理学中平行四边形的力学原理与力学模型，最具表达力与解释力。

一 "冲动力合理体系"的平行四边形逻辑模型

我认为，"冲动力的合理体系"的力学原理，就是平行四边形模型。按照平行四边形的力学原理，两个力之间的相互作用的最终结果，并不取决于其中任何一个分力，而是取决于由这两个分力而形成的合力。两个相互作用的力，分别构成平行四边形的两边；由平行四边形引出的对角线就是两个分力相互作用所形成的合力；这个对角线即合力由两个分力的大小（即两边的长度）、作用力方向一致的程度（即两个分力之间的夹角），以及它们的作用点三个要素决定。由这个平行四边形，可以考察两个力之间相互作用的状况并计算出它们所形成的合力的大小。也许在这里介绍平行四边形的力学原理，是一件枯燥和令人扫兴的事情，介绍它的目的和旨归是以此对伦理—经济"冲动力的合理体系"作出法哲学的诠释。

依据平行四边形原理，可以建立起伦理冲动—经济冲动"合理体系"的"力"的虚拟模型。

在这个模型中，平行四边形的两边分别是伦理冲动力与经济冲动力。值得注意的是：

第一，这两条边并不相等，就是说，伦理冲动力、经济冲动力的强度并不等量。

第二，这两条边的作用力具有方向性，并且作用的方向并不一致。如前所述，伦理冲动力的对人的意志行为的作用方向是"义"，经济冲动力对人的意志行为的作用方向是"利"。"义"—"利"一致的程度，就是伦理冲动力与经济冲动力之间的夹角。

第三，由这两边分别引申出两条平行线，便形成一个平行四边形，由这个四边形的顶端，顺着伦理冲动力与经济冲动力作用的方向引—对角线，便是这两个冲动力作用的合力。

第四，由这个对角线可知：冲动的合力并不是伦理冲动力与经济冲动力两个作用力的代数和；而且，合力的作用方向与伦理冲动力和经济冲动力中任何一个分力的作用的方向都不一致，合力长度（即大小）和方向，由伦理冲动力与经济冲动力两个分力的辩证互动所决定。

第五，根据这一平行四边形，便可以计算出伦理冲动力与经济冲动力相互作用所形成的合力的大小。在这个力的模型中，决定合力大小的，除了伦理冲动力与经济冲动力的大小外，两种冲动力作用方向之间的夹角，以及任何一个分力与合力之间的夹角，具有十分重要的意义。这意味着，伦理冲动力与经济冲动力作用的方向，以及两种作用力作用方向之间的一致的程度，对合力的形成，都具有至关重要的意义。夹角越小，也就是说方向越一致，作用的合力越大。

第六，还可以引申出的结论是：伦理冲动力与经济冲动力对社会文明及其进步的推动，是以平行四边形的模式即"冲动力的合理体系"完成的。"冲动力的合理体系"所形成的力是一种平行四边形的力，这种力的着力点和作用点就是平行四边形合力的顶点，经济冲动力、伦理冲动力，凝聚于合力的顶点，对社会文明发挥推动作用。

二　"力"的原理、法则及其形上基础

由以上论述，可以归纳出伦理—经济"冲动力的合理体系"三大原理和三大法则。

（1）结构原理与结构法则。伦理冲动力与经济冲动力是"冲动力的合理体系"的基本结构。"冲动力的合理体系"，是以"义"为作用方向的伦理冲动力，与以"利"为作用方向的经济冲动力整合互动的辩证统一体。

（2）要素原理与要素法则。无论伦理冲动力，经济冲动力，还是伦理冲动力—经济冲动力的"合理体系"，都具有大小、方向、作用点的三要素。"冲动力的合理体系"性质，取决于这三要素的整合运作。

（3）体系原理与体系法则。"冲动力的合理体系"对社会发展的作用，虽然与伦理冲动力、经济冲动力的要素的活力有关，但最终起决定作

用的，是两个要素辩证互动所形成的合力。合力的形成，遵循着平行四边形的力学法则。"平行四边形"就是"冲动力的合理体系"的法哲学原理的力学表述。

伦理—经济"冲动力的合理体系"的形上基础是伦理—经济关系的生态理念。伦理—经济关系的生态理念和生态理论的精髓是：伦理与经济，不仅理论地而且现实地是一个辩证互动的有机生态；伦理—经济关系的合理性，是生态合理性。伦理—经济关系生态理念的现象学概念是"伦理—经济生态"；法哲学概念是伦理—经济"冲动力的合理体系"；"冲动力的合理体系"的"力"学原理，就是平行四边形模型。

伦理—经济生态的现象学概念、伦理—经济"冲动的合理体系"的法哲学概念的哲学根据，是马克思主义关于生产力——生产关系、经济基础——上层建筑矛盾运动及其所形成的社会有机体的理论。它试图进行的新的概念发现与理论推进的根据是：20世纪人类文明最重大的觉悟，是生态觉悟。这个生态觉悟的本质，不是人与自然关系的觉悟，而是将人与自然关系的觉悟，推进到人与人、人与社会、人与他所处的整个世界的生态关系的觉悟，从而形成一种以马克思主义哲学为基础的生态世界观与生态价值观。伦理—经济"冲动力的合理体系"、以平行四边形原理诠释"冲动力的合理体系"的学术资源，主要依据20世纪西方学术关于伦理—经济关系的重大理论推进：从韦伯在"新教伦理与资本主义精神"关系的探讨中演绎出来的"理想类型"；到丹尼尔·贝尔通过对"资本主义矛盾"分析所提出的"经济冲动力"、"道德冲动力"、"宗教冲动力"的概念，到彼得·科斯洛夫斯基关于"伦理经济学原理"的"最好的动力—最强的动力"的理论。当然，更为重要的，还是作为马克思主义重要理论来源的黑格尔哲学，尤其是他的现象学—法哲学的道德哲学体系。可以说，"伦理—经济生态"、伦理—经济"冲动力的合理体系"的概念，以及对它的"力"学分析，是从基于马克思主义哲学，植根道德形而上学的古典传统，通过梳理、整合20世纪关于伦理—经济关系学术发展的最为重要的学术理论及其推进，所试图提出的新概念和进行的新的理论探索。

需要说明的是，"冲动合理体系"的"力"的模型并不是如此抽象，以上抽象模型只能算是逻辑模型。因为，在这一平行四边形中，伦理冲动力与经济冲动力相对产生它的那些文化要素的"力"来说，都只是结果。

这两种力的形成，同样遵循平行四边形法则。伦理冲动力的各种结构要素相互作用，形成伦理冲动力合力；经济冲动力的各种要素整合互动，形成经济冲动力的合力；这两种合力的相互作用，是伦理冲动力与经济冲动力中诸要素整合运作的合力。不仅如此，在现实的社会发展中，事实上也不只有伦理冲动力与经济冲动力，还存在着其他的力量，如政治冲动力、宗教冲动力等等，伦理冲动力与经济冲动力只是社会文明的整个"冲动力体系"中最基本的冲动力。在社会发展的现实运作中，各种力是交互作用的。依据平行四边形原理，伦理冲动力与经济冲动力及其合力还须再与其他冲动要素的作用力如政治冲动力、宗教冲动力等组成平行四边形，从而形成合力。以此不断演绎。

下　卷

"精神"的现实运动与道德
形而上学的历史哲学复归

"冲动"、"冲动力"是道德形而上学体系由现象学向法哲学过渡的概念。道德形而上学的现象学结构以意识，确切地说，以"自由的意识"为研究对象，考察意识的自我生长及其"自由"的辩证运动。"冲动"的概念扬弃了意识的抽象性，使道德意识由思维形态或认知形态向冲动形态或行为形态转化，由潜在走向自在，由意识走向行为。"冲动力"的概念以"力"这个"共同媒介"既将伦理冲动、经济冲动的诸"质料"统摄为"伦理冲动力"、"经济冲动力"，更透过这个"共同媒介"将"伦理冲动力"和"经济冲动力"统摄为"冲动的合理体系"，从而形成道德形而上学的法哲学结构和法哲学体系。但是，无论"冲动"、"冲动力"，还是透过"力"所形成的"冲动的合理体系"，本质上仍然是一种抽象，或者说只是以一种抽象扬弃了另一种抽象。"冲动"的概念透过思维向行为的转化扬弃了意识的抽象性，"冲动力"的概念透过"冲动的合理体系"扬弃了"冲动"的抽象性，但是所有这些努力都只停留于概念中并在概念中完成，并没有也没有可能在现实中真正扬弃意识和意志的抽象性。因为，第一，在概念中，无论意识还是意志，都只是"精神"的抽象，是精神的"两种态度"即理论态度与实践态度，也是道德的两种形态即认知形态与实践形态，因此，在经过分析与分化之后，意识与意志还必须逻辑地复归于它们的概念真理，达到"精神"的整体。第二，"精神"同样不能停滞于自己的概念中，必须走出概念而确证自己，以获得现实性。精神确证自己的方式，不是像黑格尔所说精神直接外化为历史，而是透过人的道德实践，形成现实的民族伦理精神，以及伦理精神辩证运动的历史。历史不是精神造就的，但历史却体现了"精神"，也必定渗透和贯穿着"精神"。历史是有精神的，道德只有在历史运动中表现为民族的伦理精神，才能成为真实的和活的精神。意识—意志的辩证综合、精神的现实运动，形成道德形而上学体系的现实形态，即它的历史哲学形态。

因此，道德形而上学体系还必须进行第二次辩证转换，即由意志向精神的转换，由意识、意志向精神的复归。由意志向精神的转换，标志着道德形而上学体系由法哲学向历史哲学过渡，由自由的意识，发展为自由的意志，由自由的意志，最后复归为自由的精神及其自由的历史。

历史哲学，就是道德形而上学体系的第三个即现实形态、历史形态的结构，也是它的复归形态和完成形态的结构。

第八篇

道德形而上学体系的历史
哲学概念与历史哲学结构

第十七章　道德形而上学体系的历史哲学结构

历史哲学在道德形而上学体系中的结构意义与结构本性可以作如下表述：历史哲学的逻辑根据：意识—意志的"精神"复归与道德形而上学体系的完成；历史哲学的对象：伦理精神—民族精神的道德哲学同一；历史哲学的本质："哲学的历史"；现象学、法哲学向历史哲学过渡、复归的概念：人文力。

第一节　意识—意志的"精神"复归及其历史运动

历史哲学研究逻辑地必须探讨的第一个问题是：道德形而上学体系为何在道德的现象学和法哲学结构之后，还需要历史哲学的结构？

对这一问题的专门探讨还基于或针对一个学术事实：在既有的体系中，历史哲学都没有成为道德形而上学体系的结构。

历史哲学结构的在道德形而上学体系中的逻辑必然性，存在于意识、意志向精神的辩证复归，以及精神自我确证的概念运动中。

在道德形而上学体系中，无论道德的现象学复原，还是道德的法哲学分析，都具有两个共同特点：（1）都是抽象的结构；（2）都是未完成的结构。现象学以道德的"自由意识"为研究对象，但意识自由在开始或在它的本质上乃是一种抽象的自由和主观的自由，因为，它既不具有客观性，也不具有现实性。抽象性的扬弃，必须从这两个方面努力。自由的客观性必须将个体性、主观性的道德意识，上升为社会性的、有普遍意义的伦理意识，或者说，将个体道德意识发展为社会伦理意识，将"道德世界观"推进为"伦理世界观"。自由的现实性，是将在道德与自然（或道德自我意识与他的自然）相结合，建立起道德与自然、义务与现实之间

"预设的和谐"。这种"预设的和谐"的客观性和社会性的形态，就是作为普遍的道德意识的伦理，与作为社会共体"自然"和作为满足着的社会共体的"自然"（即追求"自然"实现的社会性活动）的经济之间的和谐，伦理与经济和谐的形上形态，就是伦理—经济生态。这样，由道德上升为伦理，将个体性的"道德世界观"推进为共体的"伦理世界观"；透过道德与自然之间的"预设的和谐"，建立"伦理—经济生态"，就从客观性与现实性两方面扬弃了道德的现象学结构中道德意识或道德的自由意识的抽象性，使之在伦理和伦理—经济生态中外化为具体和现实。

　　然而，在伦理和伦理—经济生态中，现象学意义上的道德意识仍然是未完成和没有实现的，因为它只是停留于思维之中，只是一种思维着的道德和思辨着的伦理，而且因为这种停滞，它仍然未能真正走出抽象的王国。道德意识要获得真正的自由必须走向行动，于是，现象学结构必然发展为法哲学结构。道德的法哲学结构将"自由的意识"发展为"自由的意志"，以道德的自由意志为对象。同样，法哲学的意志自由在一开始也是抽象的，所谓"抽象法"即抽象的意志自由。扬弃意志自由的抽象性，就是将作为"主观意志的法"的道德发展为作为"客观意志的法"的伦理，"客观意志的法"即伦理实体的意志自由或人的实体性的意志自由。由个体意志成为实体意志，意志自由向其具体性迈出了重要的一步，但还未获得真实的自由。因为，意志是行为的一般形态，与意识相比，意志的一般形态不是思维而是冲动，意志自由，既是冲动的自由，也是行为的自由。但无论对于个体还是由个体构成的共体来说，冲动无论在形式还是在内容方面都存在着相互冲突。在冲突中，自由的意志和自由的冲动既不是客观的，也不是现实的。扬弃冲动的冲突，就是透过"力"和"力"的概念，赋予各种冲动的"质料"以"共同媒介"，将"冲动"发展为"冲动的合理体系"；将"冲动的合理体系"发展为"冲动力的合理体系"，使"冲动"成为"冲动的合理体系"和"冲动力的合理体系"。"冲动的合理体系"与"冲动力的合理体系"从两个方面使冲动从而使意志自由获得现实性。一方面，建立各种冲动尤其是道德冲动与自然冲动、伦理冲动与经济冲动的合理体系，既扬弃个体性的道德冲动、也扬弃共体性的伦理冲动的抽象性；另一方面，建立共体内部诸个体之间的"冲动的合理体系"，使之具有现实性。冲动与冲动力的"合理体系"，将冲动从"局促不安"的"毁灭性状态"的危险中解救出来，赋予道德的自由意志以客观性和现实性。

但是，"道德世界观"—"伦理世界观"、"道德—自然预设的和谐"—"伦理—经济生态"、"冲动"—"冲动的合理体系"—"冲动力的合理体系"的辩证运动，只是在意识和意志内部扬弃了意识与意志的抽象性；而由意识向意志、由思维向冲动的运动，也只是在意识和意志之间扬弃了抽象性，它们都没有在概念上和现实中解决一个问题：在本质上，无论意识还是意志，都只是抽象，或者说，它们都只是抽象的存在。因此，道德形而上学体系进展到法哲学结构，同样既是抽象的，也是没有完成的。抽象性的真正扬弃，就是使意识和意志复归为精神，并且使意识和意志的抽象的逻辑结构，现实化为具体现实的历史结构。

意识和意志之所以必须复归为精神，其概念根据就是黑格尔在《法哲学原理》中所揭示的那个真理：它们不是精神的两种独立的官能，而是精神的两种态度，即理论的态度与实践的态度。用黑格尔在《哲学科学全书纲要》中的表述，精神有两种形态，一是理论精神，一是实践精神；前者是理智和思维，后者是意志和实践。成为理论和成为实践，是精神的两条成长道路。[1] 黑格尔指出："理智和意志的区分常常得到一种不正确的意义，两者被当作一种固定的彼此分离的实存，以致意志活动仿佛可以离开理智，或者理智活动可以是无意志的。……意志将表明自己是理智的真理，或者毋宁说理智将表明意志本身为它的真理。"[2] 他认为，精神具有三个概念规定：（1）"精神是实践感觉"，是"理智的意志"；（2）"实践应当是实在性的判断"，是"冲动和情向"；（3）"使幸福成为自己的目的"。[3] 依此，无沦是研究意识的现象学结构，还是研究意志的法哲学结构，对道德形而上学体系来说，都只是抽象，准确地说，都只是精神的抽象。抽象在概念中的扬弃，就是使意识与意志复归于精神的具体或精神的统一体，从而使之成为有机的精神，而不是作为精神的一种形态的意识或意志。

但是，意识与意志在概念中的统一，意识与意志概念地统一于精神，本身还是抽象，是概念的抽象，因为它同样停留于主观性之内，正因为如

---

①　[德] 黑格尔：《哲学科学全书纲要》，薛华译，上海人民出版社 2002 年版，第 270 页。
②　同上书，第 272 页。
③　同上书，第 287—395 页。

此，在《哲学科学全书纲要》中，黑格尔将意识与意志、理论精神与实践精神的概念统一所形成的精神，称为主观精神。主观精神向客观精神的发展，客观精神的生长过程，就是"法—道德—伦理"的辩证运动。"法—道德—伦理"的客观精神的辩证运动过程说明：（1）道德、伦理本身就是精神的统一体，或者说是意识与意志的统一体；（2）主观精神通过道德、伦理而获得客观性即社会性与现实性，意识与意志的精神统一，是一个辩证运动的过程，或者说是精神辩证发展的"历史"，换言之，"法—道德—伦理"辩证运动的过程，就是精神客观化自身的"历史"；（3）在精神客观化自身的过程中，伦理处于比道德更高的阶段，是精神的自在与自为的统一。毋庸置疑，道德形而上学不仅要研究道德的意识与意志或它的观念与冲动，更应当研究作为它们统一体的精神；不仅研究作为它们的概念统一的主观精神，而且要研究作为获得其现实性的客观精神；更重要的是，它必须研究由作为现象学和法哲学研究对象的主观精神向客观精神发展的辩证运动或历史。过程，研究"法—道德—伦理"的客观精神辩证发展的历史过程。这样一种研究意识、意志向精神的复归运动，研究主观精神向客观精神辩证转换，研究客观精神的"法—道德—伦理"自我运动的历史过程的道德哲学，就是道德形而上学体系的历史哲学结构。

意识—意志的辩证复归是精神；以道德的"自由意识"为研究对象的现象学与以道德的"自由意志"为研究对象的法哲学的具体历史的统一或辩证复归，就是以道德的"自由精神"为研究对象的历史哲学。道德形而上学体系的历史哲学结构研究精神复归的具体历史过程，研究自由精神辩证发展的具体历史过程。道德形而上学体系概念地、也是逻辑与历史统一地需要历史哲学结构。历史哲学的概念对象有：（1）意识—意志复归于精神统一体的辩证历史过程；（2）主观精神向客观精神转换的辩证历史过程；（3）客观精神自我发展的辩证历史过程。一句话，历史哲学研究精神辩证运动的历史过程。

第二节　"伦理精神"—"民族精神"的道德哲学统一

问题在于，"精神"及其历史发展如何扬弃自身的抽象性？出路在于，走出它的概念，使"自由的精神"成为"自由的历史"。

在意识—意志的精神复归、主观精神—客观精神的辩证转换、"法—

道德—伦理"的客观精神的自我运动中，历史哲学的结构被思辨地演绎出来。然而，它只是演绎出历史哲学而不是历史哲学本身。如果历史哲学停留于此，那么，它同样只是以一种抽象取代另一种抽象。历史哲学不仅是逻辑的历史，更是现实的历史。道德形而上学体系的历史哲学结构的意义，在于使道德哲学由思辨走向现实，由逻辑走向历史，由概念运动的历史走向人的精神、人的世界、人的生命生生不息的鲜活历史。历史哲学就是概念与现实、精神与实在、逻辑与历史的统一体，不过，由前者向后者转化的可能性与必然性，已经在"精神"的概念中逻辑地存在和确证。

黑格尔从"理性即实在"的观点出发，认为：当理性意识到它与实在的统一，即它与它的世界的统一时，理性就上升为精神。"当理性确信其自身即是一切实在这一确定性已上升为真理性，亦即理性已意识到它的自身即是它的世界、它的世界即是它的自身时，理性就成了精神。"① 理性的"世界"是什么？就是实体。理性与它的世界的统一，就是伦理实体。黑格尔以实体诠释精神，认为实体是那种还没有意识到自身的那种自在自为地存在的普遍本质，精神则是那种既意识到自己又能外化自己的普遍本质。精神的本质是伦理实体，但精神本身则是伦理现实，"伦理现实"意指它具有外化自身造就伦理实体的品质与能力。这样，理性上升为精神的标志，精神出现的标志，就是伦理实体的形成。伦理实体，就是精神的本质。伦理实体，既是精神的现实，是精神所创造的世界即所谓"精神世界"，也是精神的真理性。精神是现实的伦理本质。因此，精神的直接确证和存在状态，就是"伦理世界"，即一个民族的伦理生活。"当它（精神——引者注）处于直接的真理性状态时，精神乃是一个民族——这个个体是一个世界——的伦理世界。""活的伦理世界就是在其真理性中的精神。"② 抛开晦涩的论述，这里最值得注意的，是黑格尔将精神与伦理、民族的同一，及其它们之间的概念过渡。精神—实体—伦理实体—伦理世界—民族，就是概念过渡的过程与环节。精神的本质是理性与它的实体的自在自为的统一；理性与实体的统一体是伦理实体，因而伦理实体是精神的真理；伦理实体是一个民族的伦理世界和伦理生活。于是，精神与伦理，伦理与民族便在道德哲学中概念地相互过渡并同一。

① ［德］黑格尔：《精神现象学》下，贺麟、王玖兴译，商务印书馆1996年版，第1页。
② 同上书，第4页。

"作为现实的实体，这种精神是一个民族，作为现实的意识，它是民族的公民。"① 精神、实体、民族、伦理的概念同一，用一个命题表述便是：民族是伦理的实体，伦理是民族的精神。

显然，在与民族、民族伦理实体和伦理生活的同一中，精神便扬弃了自己的抽象性，获得历史现实性。黑格尔这样描述这个历史现实性：民族与家庭是作为精神的直接现实性或"真实的精神"的伦理世界的两大伦理实体，其中民族是这个伦理世界的真理；在伦理世界中存在两大规律或两大势力，即人的规律与神的规律，它们分别对应民族与家庭；在伦理世界中存在两个基本原素，即男人与女人，他们的不同伦理性质和伦理性格——男人指向共体，女人是家庭的守护神，使神的规律与人的规律相互过渡，造就伦理世界的无限整体。"诸伦理本质以民族和家庭为其普遍现实，但以男人和女人为其天然的自我和能动的个体性。"② 民族—家庭、人的规律—神的规律、男人—女人，形成由精神所造就的"活的伦理世界"。这个由精神所造就、并以伦理实体为本质的伦理世界的真理，就是"伦理精神"。

精神作为实体，具有两个方面的使命或本质。一是造就伦理性的共体或公共本质，即民族。但是，在伦理共体中又包含着否定性的因素：作为自然的伦理共体的家庭，对民族来说是一个个体；作为民族与家庭的自然"原素"的男人和女人更是一个自然的和单一的个体。伦理精神使实体成为个体性的"悲怆情愫"。"在诸个体那里，普遍［共体］表现为一种悲怆情愫。"③ 二是使伦理实体成为"整个的个体"，即由整体、实体上升为主体，因为，在伦理世界中，"伦理行为的内容必须是实体的，换句话说，必须是整个的和普遍的；因而伦理行为所关涉的只能是整个的个体，或者说，只能是其本身是普遍物的那种个体"④。伦理精神有两次重要的辩证运动，一是使个体上升为共体，二是使整体成为个体即"整个的个体"。只有经过这两次辩证运动，伦理实体才真正成为个体性的"悲怆情愫"。而一旦不仅个体成为共体，而且共体成为个体时，伦理与民族、伦理精神与民族精神就历史地同一，伦理就历史地成为民族的精神。"因为

---

① ［德］黑格尔：《精神现象学》下，贺麟、王玖兴译，商务印书馆 1996 年版，第 7 页。
② 同上书，第 17 页。
③ 同上书，第 30 页。
④ 同上书，第 9 页。

整体、共体，是一个民族，它本身就是一个个体性；而且它所以是个体性，所以是自为的，乃因为从本质上说别的个体性都是为它而存在的，因为它排除别的个体性于自己之外，并觉得自己独立于它们之上。"① 精神通过它与民族的同一，从而不仅是伦理精神，而且成为民族精神，最终历史地扬弃了自己的抽象性，获得历史的真实性与具体性。伦理精神，就是道德哲学意义上的民族精神。由此，民族精神与伦理精神，便在道德哲学中同一。

这样，历史哲学表面上看有两个研究对象，伦理精神与民族精神。但是，由于在道德哲学中二者已经同一，因而事实上只是一个对象，说它们是现实或历史中的两种精神，倒不如说它们是精神在现实或历史中的两种形态，它们同一体，可以被广义地表述为：民族伦理精神。如果说由意识与意志、理性与实在、理论精神与实践精神的统一所生成的"精神"是自在形态，"精神"与它的世界统一所生成的伦理精神便是自为形态，而作为伦理精神直接的客观形态的民族精神便是既自在又自为的形态。作为历史哲学研究的对象，伦理精神与民族精神只是精神的两种呈现形态。在历史哲学中，伦理精神与民族精神相互诠释，彼此同一。与道德的现象学结构、法哲学结构不同的是，在历史结构中，不仅意识与意志统一而生成精神，而且精神客观化自身——这种客观化黑格尔称之为外化，马克思表达为实践，从而形成"精神的历史"。"精神的历史"的逻辑形态或理论形态是伦理精神，历史形态或实践形态是民族精神。伦理精神与民族精神同一的概念基础，是精神与伦理、伦理与民族的同一，准确地说，是精神—伦理—民族三者在理论与实践、逻辑与历史方面的贯通一体。统一的基础或同一体是精神，精神的自为实体形态是伦理精神，既自在又自为的实体形态是民族精神。在历史哲学结构中，不仅精神现实历史地生成，而且精神既现实又历史地表现为伦理精神与民族精神，从而不再是"自由的意识"、"自由的意志"，而是"自由的精神"及其"自由的历史"。

以伦理精神—民族精神为历史哲学的研究对象，需要澄明的第一个问题是：道德形而上学的对象为何是"伦理精神"而不是"道德精神"？回答这个问题在理论资源方面的第一个根据当然是上面已经陈述的黑格尔在《精神现象学》中所作的阐述：伦理和伦理世界是精神客观化自身所形成

———————————
① ［德］黑格尔：《精神现象学》下，贺麟、王玖兴译，商务印书馆1996年版，第31页。

的第一个环节和第一种形态。但是，第一个环节并不直接意味着是本质的环节。这个问题的真正解决，必须在精神发展的辩证运动中和精神哲学的完整体系中寻找答案。而不可回避的问题，是《精神现象学》与《法哲学原理》中"伦理"与"道德"的截然相反的地位。在《精神现象学》中，黑格尔认为，精神是现实的、伦理的本质；精神的直接的真理性状态乃是一个民族的伦理生活；真理性的精神就是活的伦理世界。黑格尔在这里将精神客观化自身所形成的世界即精神的世界或所谓"精神世界"分为三种：伦理世界、教化世界、道德世界。由民族与家庭构成的伦理世界是精神的自然世界或本然世界，是自然或本然；教化世界是异化世界，是自然世界的异化，其基本结构是政府和财富，是实然；道德世界是复归世界，是道德自我的世界，是应然。伦理世界是真实的精神；教化世界是异化的精神；道德世界是对其自身具有确定性的精神。但是，道德是自身确证的精神，并不意味着历史哲学应当以道德精神为研究对象。因为，道德只是主观意志的法，伦理才是客观意志的法。道德作为精神的自我确证，只是说经过教化阶段的否定之后，精神最后在道德中达到对伦理精神的主观性确定和辩证复归。以伦理和伦理世界为精神客观化自身的第一阶段，丝毫没有否定伦理的合理性，相反，精神的这种客观化自我运动的目的，恰恰是在道德的主观世界即道德自我意识、道德世界观中复归和肯定伦理和伦理世界的合理性与现实性。所以，伦理、伦理世界、伦理精神，才是精神辩证运动的更具本质性的目的和要素。这一观点可以在黑格尔的精神哲学体系中进一步得到确认。在《哲学科学全书纲要》中，黑格尔所建构的"客观精神"的体系是："法权—道德—伦理"，以伦理为这个体系的最高阶段和最后完成。之所以认为伦理，高于道德，这是因为，黑格尔认为，道德的观点"是关系的观点"，它是一种主观判断，并且排斥普遍理性和普遍意志。"由此道德的观点便是自由的反映判断，或者说是一种关系，在其中个人的主体性把自己设定为绝对独立的，并且由此使意志的各个环节推斥为独立的极项，推斥为普遍的理性的意志和一种外在独立的世界。"① 道德所形成的是一种主观的和抽象的善，像良心这样的善的意志也是主观的，缺乏客观性和普遍性，并且不可言说。精神必须扬弃道德的这种"关系的观点"，转化为伦理。一旦转化为伦理，精神便达到了主

① ［德］黑格尔：《哲学科学全书纲要》，薛华译，上海人民出版社 2002 年版，第 302 页。

观与客观的统一，从而完成自身。"伦理是客观精神的完成，作为法权与道德的统一性，它不仅是两者的真理性，而且是主观精神与客观精神本身的真理性。"① 在伦理中，个体通过精神被提高到整体，并具有实体性。伦理既是客观精神的完成和个体的现实性与实体性，历史哲学的对象就只能是伦理精神，而不是道德精神。

需要澄清的第二个问题是：道德形而上学为何以"民族精神"为研究对象？在什么意义上以"民族精神"为研究对象？既然精神、伦理、民族，在道德哲学的概念体系中是一体相通的，那么，道德形而上学以民族精神为研究对象就已经逻辑地被解决。问题在于，它究竟在何种意义上成为道德形而上学的研究对象？在现有的学科体系中，民族精神成为一个"综合性"的研究对象，表面上看，任何一个学科尤其是那些具有浓烈意识形态特征的学科，都应当关注和研究民族精神问题，但事实却是：民族精神研究主体的综合化恰恰造就了它的边缘化，这个最重要的问题在学术研究中不幸成为熟知而悬置的问题，可以说它在相当程度上成为供奉于学术庙堂之上的神龟。究其缘由，缺乏确定的学术归宿尤其是概念理论方面的基础是最重要的原因。民族是伦理的实体，伦理是民族的精神，道德形而上学不仅逻辑地而且历史地必须研究民族精神问题。精神的本质是伦理性的实体，而民族是伦理实体的最真实、最具本质性的实体。在伦理世界中虽然存在民族和家庭两种伦理实体，但正如黑格尔所说的那样，一个人如果只属于家庭，而不属于民族，那么他只是一个飘忽的幽灵。民族，才是伦理世界、伦理实体，也才是精神、伦理精神的真理。"伦理的精神本身是一种个别性的精神，这种精神在一个特别受规定的民族内具有自己的现实性。"② 精神是具体的，它的具体性就是伦理性；伦理的精神也是具体的，它的具体性就是民族性。民族精神，既是精神，也是伦理精神的具体性确证。伦理的精神扬弃自身的抽象性，就是与它的民族结合，成为民族精神。伦理精神只有在"特别受规定的民族"即具有悠久文化传统尤其是伦理传统的民族那里，才具有"自己的现实性"，即成为民族精神。一个民族如何"特别受规定"？民族的规定性即民族性，其基本的和能动的方面是它在文化上的自我设计及其传统积淀，文化传统的核心是伦理传

---

① ［德］黑格尔：《哲学科学全书纲要》，薛华译，上海人民出版社2002年版，第308页。
② 同上书，第313页。

统。伦理的规定性及其传统是一个民族"特别受规定"的集中体现。伦理精神作为"个别性的精神",就是民族精神。民族精神只有在"特别受规定"的民族内才具有现实性;伦理精神,也只有对具有在受民族精神"特别规定"的民族才具有现实性。民族精神,不仅一般地,而且直接地就是道德形而上学的对象。道德形而上学不是与其他学科"共同关注"民族精神,而是说,只有到达对民族精神及其历史发展的研究,道德形而上学及其体系才是真正具体的和完整的,否则它只是一种抽象的理论和残缺的体系。道德形而上学对民族精神的研究,应当在历史哲学结构中完成。也正因为如此,历史哲学才成为道德形而上学体系的最后的和最高的结构。

第三节　伦理精神"哲学的历史"

道德的历史哲学结构的本质,是道德的"哲学的历史"。因为,"'历史哲学'只不过是历史的思想的考察罢了"①。

探讨历史哲学的真义,关键在于了解"历史"。

在《历史哲学》中,黑格尔曾经将历史区分为三种:原始的历史;反省的历史;哲学的历史。原始的历史的特点是:历史学家们"叙述的大部分是他们亲眼所见的行动、事变和情况而且他们跟随这些行动、事变和情况的精神,有着休戚与共的关系"②。反省的历史的范围则发生了变化,它"不局限于它所叙述的那个历史时期,相反地,它的精神是超越现时代的"③。对它来说,最基本的工作,就是历史资料的整理。哲学的历史是哲学观察的历史,它的基本概念是精神,其现实性是民族精神。精神的本质是自由;自由的本质是解放;解放的真谛有二:一是从外在控制下得到解放,尤其是伦理性的解放,二是从内在情欲控制下得到解放,这便是道德的任务。因此,哲学的历史,就是民族精神"自由的历史",准确地说,是一个民族的伦理精神"自由的历史",因而也是一个民族"自由的历史"。一个民族如何从外在客观意志的控制下解放出来,即按照他

---

① ［德］黑格尔:《历史哲学》,王造时译,上海书店出版社1999年版,第8页。
② 同上书,第1页。
③ 同上书,第4页。

所认同的普遍意志而行动，这便是伦理性的自由；一个民族如何从内在情欲的控制下解放出来，从而使个体意志与普遍意志相同一，这便是道德性的自由。"在世界历史的进程中，一个特殊的民族精神应当做只是一个个人。"① 民族精神不仅具有很强的个性，而且规定和确定了一个民族的个性。精神与历史在概念本性上相通。因为历史的原则就是发展的原则，自我生长、自我运动的原则。精神的原则不仅是发展的原则、自我生长的原则，而且是"理想的"必然性原则。"发展的原则包含一个更广阔的原则，就是有一个内在的决定，一个在本身存在的、自己实现自己的假定作为一切发展的基础。这一形式上的决定，根本上就是'精神'，它有世界历史做它的舞台，它的财产和它的现实场合。"② 历史哲学，就是一个民族伦理实体自我运动、自我发展的"精神"哲学。民族伦理实体、伦理精神自我运动、自我生长，最后使民族的"精神"达到普遍性的阶段。"变迁的、内在的、'理想的'必然性就在于这一点里边。这是'历史'的哲学理解的灵魂——也就是最优越的一点。"③

历史哲学以精神，以精神的现实形态即民族精神、民族伦理精神为考察对象。之所以要哲学地研究历史，就是要研究在历史发展中，在民族发展的历史中永远鲜活地存在着的东西，这就是"这一个"民族的精神，即民族精神或民族伦理精神。哲学的本性在求真，而真的本性就是"永远的现实性"。"因为哲学既然着重在'真'的研究，所以只需研究永久的现在的东西。在哲学上，过去一切并没有在过去中消失，因为'观念'永远是现在的；'精神'是不朽的；'精神'不是过去了的，不是将来的，只是一个本质地现在的。"④ 历史哲学，就是哲学地研究一个民族"永远的现在"——它的精神，它作为一个伦理实体的精神。哲学的历史，就是历史哲学的根本的方法论原则。

历史哲学是哲学的历史。哲学的历史，就是民族精神的发展史，就是民族伦理精神的发展史。历史哲学是哲学地观察和把握的历史。"哲学地观察和把握的历史"有几个重要的特质和原则：（1）它是"真"的历史，是那种"永远的现实性"的历史；（2）"永远的现实性"就是精神，哲

---

① ［德］黑格尔：《历史哲学》，王造时译，上海书店出版社 1999 年版，第 56 页。
② 同上书，第 57 页。
③ 同上书，第 82 页。
④ 同上书，第 83 页。

学的历史，"真"的历史，就是"精神"的历史；（3）"精神"的历史的
现实形态，就是民族伦理的精神，即民族精神，或民族伦理精神，因而哲
学的历史，就是民族精神与民族伦理精神的历史，由此真和善就在历史中
得到了具体、现实的统一；（4）哲学重"真"的研究，"真"的自为形
态是精神，精神的本性是生长与运动的"理想的必然性"，历史的原则是
自我生长、自我运动原则，于是，"精神"，民族精神，民族伦理实体的
精神向着理想的目的性的自我生长与自我运动，就是历史哲学作为"哲
学的历史"的真理与真谛。"哲学的历史"是精神的历史或历史的精神，
它在一定意义上可以诠释理解为"精神化为历史"，但绝不是"精神决定
历史"。道德形而上学体系的"哲学的历史"的精髓是民族精神与伦理精
神的历史辩证法，并以此拒斥任何形式的历史唯心主义。

　　但是，作为历史哲学考察对象的伦理精神、民族精神在历史过程中的
展开，决不是一种抽象的自我运动，而是有其具体的历史形态、历史阶段
和历史进程。"特定的民族精神由于它是现实的，它的自由是作为自然，
所以归根到底也是在时间之内，具有它的现实性在时间中通过它的特殊原
则决定的一种发展，即具有一种历史。"① 道德的历史哲学，就是民族精
神、民族伦理精神在"时间"之内通过"特殊原则决定"的一种现实的
发展。"精神"是民族精神、民族伦理精神的自在，"特殊原则"是自为，
而"现实性"或现实的形态则是自在自为。按照黑格尔"历史哲学"的
理论，民族精神、民族伦理精神在时间中展开的现实性表现为三个过程：
"精神"本质上抽象的特质，即民族意识；"精神"实现自己的手段，即
民族意志；"精神"实现的形态，即民族精神及其造就的社会现实。概括
起来，这三个过程就是：自由的意识；自由的意志；自由的现实。这些过
程正好与道德形而上学体系的"现象学—法哲学—历史哲学"结构相吻
合。由此，民族精神、民族伦理精神"哲学的历史"，就具有两个最重要
的方面。一是通过"它的特殊原则"所决定的自由意识的发展及其现实
形态；二是通过"它的特殊原则"所决定的自由意志的发展及其现实形
态。伦理精神的自由意识的现实历史形态，是"伦理生态"，其核心是伦
理—经济生态；伦理精神的自由意志的现实历史形态，是"冲动的体系"
或"冲动的合理体系"，核心是伦理—经济的合理"冲动体系"。民族精

---

① ［德］黑格尔：《哲学科学全书纲要》，薛华译，上海人民出版社 2002 年版，第 315 页。

神、民族伦理精神的"哲学的历史"，贯穿于"伦理生态"和"冲动合理体系"历史建构的辩证进程中。于是，对"伦理生态"尤其是伦理—经济生态、"冲动合理体系"尤其是伦理—经济冲动合理体系的形成与建构的辩证过程的考察，就是道德形而上学的历史哲学结构的基本内容。

道德的历史哲学所考察的民族伦理精神的"哲学的历史"，并不就是人们在熟知中所认为的伦理思想史或道德发展史。诚然，伦理思想史与道德发展史，也应当是"哲学的历史"，但它所着重考察的是历史上伦理学家的伦理思想或现实的道德生活，而伦理精神的"哲学的历史"的对象与核心是"精神"，它是作为伦理实体的特定民族的伦理精神在时间中"通过它的特殊原则"的现实展开，在民族伦理精神自我生长、自我运动的辩证发展中，诸伦理思想只是它的"质料"，"精神"及其辩证发展才是它的本质。在民族伦理精神的辩证发展中，"伦理生态"与"冲动的合理体系"既是它的现实形态，又是它的历史性之所在。只有在具体、历史的"伦理生态"、"冲动合理体系"的辩证建构及其历史发展中，民族伦理精神才是一个具体的和现实的存在，也才真正成为"真"的历史，即具有"永远的现实性"的历史，否则，它只是一个无结构、无形态的抽象。

需要申言的是，作为道德形而上学必要结构的历史哲学，它不是哲学或道德哲学的历史，或者说不是道德哲学史，而是道德哲学意义上的民族精神发展史。道德哲学史虽然能体现民族伦理精神，但只是它的哲学形态。道德形而上学的历史哲学，虽然像黑格尔所说的那样，是"哲学的历史"，但却是以"精神"，准确地说以民族伦理精神及其发展为考察对象，因而它比道德哲学史更具体，也更现实。因为道德哲学史可能主要是伦理道德的"理性"或哲学理性发展史，而在历史哲学中，这种理性因为与民族伦理实体的结合，已经成了"精神"，并在民族的历史进程中展现为"精神"，外化为民族的伦理习俗和伦理生活。

第四节　法哲学向历史哲学的概念过渡：人文力

一　"人文力"与历史哲学

由法哲学向历史哲学转换的概念过渡是什么？就是："人文力"。

现在已经知道，道德形而上学为何在现象学、法哲学之外，还要有它的历史哲学结构？因为，无论是以意识为对象的现象学，还是以意志为对象的法哲学，都还是"精神一般"，无论它如何"辩证"，还只是一种抽象，伦理精神要扬弃抽象性，就必须与"它自己的世界"即作为伦理实体的民族结合，在民族发展尤其是民族精神发展的进程中历史地展现自己。在道德形而上学体系中，历史哲学是伦理精神的具体历史发展。"具体"的内涵是，它首先与它的主体即民族结合，从而不再是抽象的形上理性或价值理性，而是"这一个"民族伦理实体的"精神"；其次它在特定时空中与其他诸文明因子如经济、政治、法律等结合，辩证互动，形成合理的价值生态，从而成为现实的而不是思辨的"精神"因子或文明存在。"历史"是说，民族伦理精神表现为自我生长、自身复归的辩证过程。历史哲学才真正是"伦理精神"的"这一个"，也才使道德形而上学体系成为体现民族特色的"这一个"。民族是伦理的实体，伦理是民族的精神，伦理精神一定要与特定的民族结合，否则，它只能是一种抽象的理性或哲学理性，而不能上升到具有现实性的"精神"。历史哲学的结构内在于伦理的"精神"本性和"伦理精神"的概念规定中，就像意识和意志的要素内在于它的本性和概念中一样，不同的是，作为民族精神是意识、意志的复归形态，因而在道德形而上学体系中，历史哲学也是现象学和法哲学的辩证复归形态。

所以，如果没有历史哲学的结构，道德形而上学体系就"缺乏辩证法"，最多只是哲学的抽象。但是，民族伦理精神具有多样性的表现形态，因而对伦理精神的历史哲学考察也必定有多样的层面与侧面。其中，"人文力"可能是一个基本的和最重要的视角。理由是：（1）"人文力"作为人与文化及其传统结合的"共同媒介"和形态，最能体现民族的本性。"民族"与"种族"的本质区别，就在于它不是一个生物性的"类"，而是一个精神性的实体，这种精神以文化塑造和表现，而文化的核心是伦理，当然民族还有比伦理更丰富的文化形式和文化内涵。在一定意义上可以说，民族就是由特定的文化的"力"并体现特定文化传统的"力"的实体。将民族凝聚和统摄起来，作为构成民族诸原素的"共同媒介"的这种文化的"力"，自然最能自在而自为地体现民族的精神。（2）"人文力"是"冲动力"的文化形式或文化—历史形态。"人文力"与"冲动力"的原则区别，就在于它赋予冲动力以文化意义并使之受文化所支配，因而具有实体性和价值性。正因为如此，它同时也能够成为连贯现象学与历史哲学的概念。在道德形而上学体系中，应该说，法哲学是现象学和历史哲学之间的过渡性结构。因为，前面已经指出，意识和意志本来就是"精神"同一体的两种不同表现形态或两种不同态度，所谓"理论的态度"和"实践的态度"，在这个意义上，对伦理精神的现象学与法哲学考察在道德形而上学体系中应当是同一的，它们的区分只是一种抽象，就像意志与意识的区分一样；意志不仅之于意识，而且之于民族精神，更是一种抽象，对于民族伦理实体来说，事实上不仅很难进行意识与意志的区分，而且更难将意志与民族伦理精神及其历史发展相区分，在这个意义上，法哲学与历史哲学在道德形而上学体系中也应当是同一的，历史性地考察了民族伦理精神的发展史，也就具体地考察了作为伦理精神否定性结构的意志。不过，如果要建构一个完整的道德形而上学体系，而不只是对它进行辩证或为它的建构进行理论准备，那么，伦理精神的法哲学体系作为一个独立的结构应当被专门讨论和论述。

二　"冲动力"的历史哲学概念

"冲动力"与"人文力"的根本区别是什么？顾名思义，"人文力"是人—文化—冲动力三者结合，而形成的一种特殊的冲动力，是植根于一定文化及其传统的人的冲动力。如果要给人文力一个定义，简约地说就是："人文力"是与一定的文化及其传统结合，并在一定的历史文化中获得具体性与现实性的人的"冲动力"。"人文力"是具有文化—历史具体性的"冲动力"。它不是历史哲学体系中"冲动力"的唯一形态或所有形态，而是它的文化—历史形态。在历史哲学视域下，由于文化是伦理精神最重要的人文根源，因而也可以说，人文力是伦理精神的最重要的历史哲学形态。

问题在于，"人文力"能否、如何扬弃"冲动力"抽象性？由"冲动力"向"人文力"的辩证概念运动，为何、如何使道德形而上学由法哲学向历史哲学过渡？"人文力"为何又何以是历史哲学的概念？理性根据至少有以下三方面：

第一，如前所述，"人文力"是"冲动力"的文化—历史形态。如果说冲动力是法哲学的概念，由于它是意志行为的特殊形态或基础，那么，在现实运动中，冲动力必定有其具体的历史形态。而当由意志的逻辑形态向历史形态转化时，法哲学也就转换为历史哲学。"人文力"的概念是推动道德形而上学由"哲学地把握的观念"、"哲学地把握的意志",向"哲学地把握的历史"转换的概念。它已经不是一般的研究道德的观念、热情和冲动,而且赋予它们以现实的"精神",并使之具有具体的历史形态,即文化—历史形态。只要是人,任何冲动,无论个体的还是共体的,都不仅必定具有现实和历史的内涵,而且必定要与文化结合,并在深层上受文化所左右,因为,人,毕竟是一种文化的动物。这就是人、人类的冲动与动物的本能冲动的根本区别之所在。

第二,"人文力"的概念使"冲动力"由个体道德向社会伦理转换。无论是"冲动"还是"冲动力",都可能:(1)是个体性的概念;(2)是心理性的概念。虽然法哲学意义上把握的"冲动"和"冲动力"已经超越个体心理性,具有社会的和文化的意义,但不可否认,它首先是个体性和心理性的,由个体心理性向社会文化属性的发展,必须经过特殊的转换。"人文力"的概念由于被赋予文化的实质,不仅以文化性超越心理性,而且以共体性超越个体性。因为,任何文化,都不仅具有传统上的根源,而且也具有一定的实体共同性和社会普遍性。"人文力"已经不是在一般意义上研究冲动和冲动力,而且是研究那些在文化力量作用下,使整体或共体行动起来并获得一定社会同一性、民族同一性的冲动。文化的赋予及其运作,使冲动超越个体性和主观性,具有特殊与普遍、主观与客观结合的品质,从而使意志由个体性道德向社会伦理转换,由此也就扬弃自身的抽象性,获得现实历史内涵。

第三,个体主观意志行为与社会客观意志。显而易见,"冲动"和"冲动力"主要还是个体意志、行为的概念,因而黑格尔在《法哲学原理》中主要在"道德"部分对它讨论。"人文力"的概念则不同,因其内在的历史哲学内涵,也因其具有的文化—社会品质,它已经不是个体主观意志,而是社会客观意志,确切地说,是基于一定共同文化的普遍意志和客观意志,因此,基于人文力的行为,已经不是个体道德行为,而是社会的伦理实践。

三 "人文力"概念的道德哲学意义

"人文力"的道德哲学意义,在于它对"冲动"、"冲动力"、"冲动的合理体系"的法哲学表达和法哲学解释。

"冲动"、"冲动力",是法哲学区别于现象学和形而上学的基本概念。

因为，法哲学的对象是人的自由意志，而不是自由意识，而"冲动"正是人的意志行为的动因，也是它的特征。"意识"转化为"冲动"，形而上学就向法哲学转换。黑格尔在《精神现象学》中，曾提出"力"的概念，但这种"力"只是意识的力，是知性统合的"共同媒介"，即将人的意识的感性杂多复合为一个整体的统摄力。移植现象学对"力"的诠释，作为法哲学重要概念的"冲动力"，应当是把各种冲动的杂多统合为一个整体的"共同媒介"或统摄力。因此，对法哲学，尤其是对道德的法哲学研究来说，具有根本意义的，不是"冲动"，也不是"冲动力"，而是"冲动的合理体系"，即诸多冲动辩证互动所形成的合理统一体。

"冲动"如何从抽象走向具体？"冲动"如何具有合理性与现实性？"冲动的合理体系"如何形成？黑格尔在《法哲学原理》中以"抽象法—道德—伦理"的辩证结构对它们作了法哲学演绎。但是，抽象的"冲动"概念不能说明如下问题：人的冲动与动物的冲动到底有何区别？个体的冲动如何凝聚为集体的冲动？或者说，集体的冲动如何形成？显而易见，人的冲动与动物冲动的最大区别在于文化，人的冲动受文化价值的引导和制约，集体冲动的形成相当意义上是文化作用的结果。人的冲动只要是现实的，就必定是一种人文冲动，或者说是受文化作用的冲动。在这个意义上，"冲动力"的现实具体的历史形态就是"人文力"。在法哲学体系中，"冲动力"应当是"人文力"。

"人文力"最深刻的法哲学意义，在于它是"冲动的合理体系"。从广义上说，无论是伦理冲动力，还是经济冲动力，都是特殊人文力。经济冲动力作为超越个体性的集体冲动，显然具有文化的内涵和意义，即使个体追逐和创造财富的冲动，也必定受一定文化因素的影响。文化，文化与人的结合，是包括经济冲动、伦理冲动在内的各种冲动的共同基础，也是它们的"共同媒介"。"人文力"的概念所指向的，已经不是抽象的和个别的冲动，如伦理冲动或经济冲动，而是诸冲动所形成的人的意志行为的合力，是"冲动的体系"，尤其是"冲动的合理体系"。在这个意义上，"人文力"与"冲动力"相比，具有两个基本特征：（1）它使冲动从抽象走向具体，不是指向"冲动"，而是指向"冲动的合理体系"；（2）它使冲动从个体性走向社会性，不仅可以表达和解释个体冲动，而且可以解释集体的和社会的冲动，是集体行动的"冲动的合理体系"。"冲动力"的概念，可以解释个体性的谋利行为，却难以直接解释社会性的经济行为；可以解释个体性的道德行为，却难以解释"单一物与普遍物相统一"的伦理行为。以"人文力"为概念基础的道德的法哲学研究的基本结构，就是伦理冲动力与经济冲动力所形成的"冲动的合理体系"。在这个意义上，"人文力"的概念，可以扬弃道德的法哲学研究中的抽象性与个体性，赋予其以具体性与社会性，并且可以直接由法哲学向历史哲学转换。

第九篇

伦理精神的历史暂学运动

第十八章 传统伦理体系的
精神哲学形态

　　学术界业已形成一种共识：中国传统伦理以儒家、道家、佛家为基本结构；这种结构最深刻的根据存在于特殊的经济基础之中。但如果将伦理与民族相同一，这种"历史唯物"的诠释总让人隐隐约约感受到某种因缺乏充分的哲学浸润而产生的缺憾：无论在这个结构，还是在对这个结构的解读中，都缺乏一种与生命相关联的要素，这就是"精神"，尤其是那种"具有永远的现实性"的活的精神。一旦进行精神哲学反思，马上就不可避免地遭遇两个追问：

　　中华民族为什么在诞生了儒家伦理的同时，便诞生了道家伦理？在中国伦理和中国伦理的历史发展中，为什么儒家与道家是一对孪生儿？为什么在佛家参与、深度融合后，中国传统伦理精神才得以最后完成？

　　儒、道、佛三位一体，到底只是中国传统伦理的理论结构，还是中华民族伦理的精神结构？是中华民族的理论精神结构，还是实践精神结构？是中国伦理的精神结构，还是中国人的精神结构？

　　理性即实在。伦理精神就是伦理理性和它的伦理世界的同一。儒、道、佛三位一体如果是中国传统伦理真实的理性，就应当与它的民族即中华民族，以及中华民族的精神是同一的。因而便不仅是中国伦理的理论结构，而且是它的实践结构；不仅是中华民族的伦理理性，而且是中华民族"这一个"伦理实体的伦理精神；不仅是中华民族的伦理精神，而且是中国人的伦理精神。唯有如此，它在中国传统伦理的历史演进和中华民族的伦理世界中，才具有"永远的现实性"。

　　中华民族的伦理精神与中华民族的伦理世界的同一，就是中国传统伦理"哲学的历史"。

　　对中华民族伦理传统的历史哲学追踪必须透过关于它的精神哲学分析

和精神哲学把握。

第一节　儒家的"伦理世界"与"道德世界"

一　特殊的文明路径与中国社会的基本课题

在长期的历史演进和文化选择中，儒家伦理之所以成为中国传统伦理精神的主流和正宗，根本原因，就在于它出色地探讨和解决了中国社会、中国文明的基本课题。

如果说迄今为止人类已经经历了五种社会形态、四次具有根本意义的社会转型，那么，最具决定意义、对各民族发展产生最深刻影响的社会转型，便是由原始社会向文明社会即奴隶社会的转型。在这个历史上发生的第一次社会转型中，人类面临的共同难题是：如何对待在迄今为止最为漫长的历史发展即整个原始社会中所形成的氏族社会的文化资源尤其是它的社会体制。以古希腊为代表的西方民族和西方文明的选择是：通过一次又一次重大的社会变革，如梭伦改革等，彻底挣断原有的氏族纽带，建立起以家国相分、以国为本的城邦制度。而中华民族走向文明的特殊路径，则是通过"西周维新"，探索了一条"家国一体、由家及国"的文明道路。这两条不同社会文明道路的选择，对日后中西方文明的发展产生了具有基因意义的决定性影响。这里无意也无须对这两个历史选择和这两条文明道路进行评价，最为直白的事实是："西周维新"所开辟的家国一体、由家及国的文明路径，最大限度地利用和开发了人类在最漫长的历史演进中所积淀的文化资源和文明财富，中国文明日后 5000 年延绵不断的历史辉煌，已经对祖先所作出的这一创造性选择的历史合理性与实践合理性作了具有解释力的回答。当然这种凸显和偏重历史连续性的选择也内在着某种保守性。

对我们的研究来说，应当特别加以关注的是：西周维新只是从体制上进行了家国一体、由家及国的文明路径的政治选择和政治决策，文化上、理论上的努力并没有完成甚至没有进行，但是，这一任务必须要完成。于是，到春秋时期，与特定的社会背景相结合，便出现思想文化上的百家争鸣。春秋时期百家争鸣事实上存在两条线。明线是由奴隶社会向封建社会转型的文化表现和文化争鸣；暗线是继续完成西周维新所没有完成的文化任务。所以，百家争鸣的基本主题之一，就是对家国一体文明、由家及国的社会结构和文明形态的论争。其中，伦理是最为核心的理论问题之一。因为，家国一体的文明形态，本质上是伦理—政治—体的形态，由家及国，就是由伦理到政治，理由很简单，家庭是自然的和直接的伦理实体，家庭伦理精神是自然伦理精神。家国一体的社会体制和文明形态要解决的基本难题，就是如何由伦理过渡为政治，如何实现伦理政治的一体，伦理政治一体，就是文化与理论上的家国一体。这就可以解释，春秋虽然百家，儒、道、墨、法四家却是基本的结构。理由很简单也很清楚，这四家的义化理路分别诠释了家国一体社会体制所内含的几种可能的逻辑路向。其中，儒家代表的是由家及国的路向，提出血缘——伦理—政治三位一体的思路；法家则反其道，某种程度上体现出由国及家的路向，由政治到伦理的思路，故强调法治；墨家则着眼于家—国之间的社会，提出"兼爱"、"尚同"的主张；而道家的独特贡献之一是为社会转型和社会大动荡时期人们的安身立命提供人生的大智慧。儒、道、墨、法，提供了家国一体社会结构和文明形态下三种可能的文化方案与理论主张，同时也提供在动荡社会中安身立命的哲学智慧。

一个明显的事实是，在先秦，儒家只是春秋百家中的一家，并没有超"子"人"经"。而且，如果从学派形成的时间及学派创立者自身的文化状况来说，可能在起步时道家还要先于和高于儒家。老子的年龄大于孔子，地位和学问在当时也高于孔子。当孔子可能还是一个"志于学"的青年时，老子已经是国家图书馆馆长，孔子向老子问礼，就是老子在学问上高于孔子的佐证。即使在先秦汉之际及以后的政治选择和文化选择中，儒家甚至也并不是独选甚至不是首选。秦始皇崇尚法家，非但没有选择儒家，而且试图从肉体上和物质上将儒家消灭，焚书坑儒就是典型例证。秦亡后汉高祖刘邦统一中国，推崇的是道家，崇尚黄老之术，实行与民休养生息的政策。至汉武帝才"罢黜百家，独尊儒术"。而事实上即使在汉武帝时期，"百家"既没有真正被罢黜，儒家也没有真正被独尊，道家、佛家等在当时也很有影响。在百家争鸣和历史选择中，儒家所以成为主流，最根本的原因，是它提出的文化主张和理论体系，与家国一体、由家及国的文明路径和社会结构相一致，从文化上和理论上出色地解决了中国社会的基本课题。当然，还有另一个原因，这就是儒家在长期的历史发展中薪火相传，不断得到创造性的发展。在先秦，孟子对儒家的贡献，不只是继承和阐发了孔子的学说，更重要的是在继承中发展创新，由此才形成孔孟儒家学派。到秦汉之际的《礼记》，日后作为儒家经典的"四书"便正式形成，由此儒家学说便形成一个完备的理论体系。"四书"之中，《论语》提出儒家学说的某些奠基性和原创性的思想；《孟子》对这些思想加以发挥和发展，尤其形成"五伦"—"四德"的伦理道德体系；《大学》则将复杂的、并不系统的孔孟学说凝练为"三纲八目"的经典理论；《中庸》将儒家学说提升到一个"极高明"的形而上学境界。由此之后，儒家"孔孟之道"也是在不断的创新中保持其旺盛的生命活力。

总之，儒家提出和建立了一个与中国家国一体、由家及国的社会结构与文明路径相适应和相一致的高度完备并富有创造性活力的思想理论体系尤其是伦理精神体系，是它成为中国文化和中国伦理精神的主流与正宗的根本原因。

二　"伦理世界"

儒家所设计的家国一体、由家及国的道德形而上学体系与伦理精神体系，主要由三部分构成：伦理世界；道德世界与道德世界观；伦理世界与道德世界的同一性。

（一）伦理世界的形上结构

在任何道德形而上学体系中，关于伦理世界的设计总是第一要素和首先要完成的任务。因为，伦理世界是伦理精神、伦理生活所面对的自然与实然，伦理世界的设计，实际上是对主体所内在于其中并且对主体具有客观性的伦理秩序的精神把握。因此，关于伦理世界的认知和把握，在哲学形而上学的层面，既具有某些共同的要素和共通结构原理，更突出地体现了作为伦理实体和伦理主体的"这一个"民族的特殊性，特别是它的文明形态和精神气质。道德形而上学所建构的伦理世界，只有与它的民族性相契合，才具有真理性。只有在这种契合中，伦理才达到理性与它的世界的统一，即意识到一个民族的理性，一个民族的精神，就是这个民族的世界。正是在这个意义上，黑格尔才将伦理、伦理世界当作"真实的精神"。这里的"真实"就是自然，就是自在，就是客观。

在《精神现象学》中，黑格尔认为伦理世界由三个要素构成：伦理实体——家庭与民族；伦理规律——神的规律与人的规律；伦理原素——男人与女人。哲学史作为人类智力发展史和人的生命的发展史，在民族发展中表现出某种惊人的相通性。儒家所设计的伦理世界，不仅在要素方面与黑格尔的发现完全吻合，而且，它的创造性贡献，就是依循家国一体、由家及国的原理，出色地解决了这三对要素之间的矛盾，达到了伦理世界"预定的和谐"。

（二）儒家的伦理世界："五伦"世界

儒家伦理世界的民族特质，如果用一个概念概括，就是"五伦世界"。在儒家道德形而上学体系中，"五伦"的哲学意义，已经不是五种伦理关系，乃至不是一般意义上的五种基本的伦理关系或伦理范型，而且就是中华民族伦理精神和伦理生活的原型世界。在《论语》中，孔子经验地指出了包括五伦在内的诸多伦理关系，也试图发现并揭示这些关系之间的内在关联，但最终没有在哲学的层面完成它。孟子最具重大意义的伦理发现和对孔子理论最重要的创新发展在于，将所有的伦理关系及其内在原理，范型化为五种关系以及它们之间的相互关系。五伦之中，家与国，或家庭与国家，是两个基本的伦理实体。天伦或天道是神的规律，即家庭伦理关系或人作为家庭成员而行动的规律；人伦或人道是人的规律，即人作为国家公民而行动的规律；伦理世界的两大规律的中国式话语，就是天伦与人伦。而夫妇作为男女关系的范型，则相对于黑格尔伦理世界中的"男人和女人"。

五伦世界对家国一体、由家及国文明形态的创造性体现，突出表现为"人伦本于天伦"的伦理世界的建构原理。五伦之中，父子、兄弟是天伦；君臣、朋友是人伦；夫妇则介于天人之间。君臣比父子，朋友比兄弟，一切男女关系则比于夫妇。"由家及国"的伦理原理是：一切人伦关系都以天伦关系即家庭伦理关系为理想模型，由此最终便可达到"天下一家"。父子—君臣是伦理世界的纵轴；兄弟—朋友是伦理世界的横轴；夫妇—男女则是伦理世界的第三维。由此，一个立体性的伦理世界，准确地说，伦理世界的立体性原型，或自在而自然的伦理世界便屹立于意义世界和生活世界之中。"人伦本于天伦而立"，就是家国一体、由家及国的社会结构的伦理世界原理与道德形而上学表达，是五伦世界，即中华民族的伦理世界的最根本的原理与法则。

（三）人与伦的关系：伦理世界的基本问题

伦理的真义是单一物与普遍物的统一。伦理中的基本关系，不是单一物与单一物，或个体与个体之间的关系，甚至也不是普遍物与普遍物，即集体与集体之间的关系，而是个体与他所内在于其中的实体或个体与实体之间的关系，用中国道德形而上学的话语表述，是"人"与"伦"的关系。在这里，"普遍物"虽然包括整体或集体，但并不止于此，而且整体或集体之所以是实体，从根本上说，是因为它是普遍物。"伦"，就是伦理世界中的普遍物，甚至可以说，就是道德形而上学意义上的普遍物。在这个意义上，"伦"既指伦理实体，它的基本形态是家庭与民族或家庭与国家；更指这些伦理实体作为普遍物的本质以及它们在时间之流中所形成的整个的生命。所以，在家庭伦理实体中，伦理关系或所谓天伦关系，并不只是乃至并不就是家庭之间的关系，甚至不是他们之间爱的关系，而是单个的人作为家庭这个实体的成员与他所处的整个的"伦"——这个"伦"在时间上表现为一个生命之流，一个世代更迭、延绵不断的生命之流；在空间上表现为一个由神的规律而构成的血缘共同体。正是在这个意义上，有学者指出，伦理关系，实际上是人与整个伦理秩序，人与份位的关系。而人与集体之间的关系之所以具有伦理性，乃是因为集体是作为个体公共本质的普遍物，如果集体不具有或者说不实质性地具有这个本性，那么，个体与集体之间就不是伦理关系，而只是经济关系或政治关系。同理，整体与整体、实体与实体之间的关系所以具有伦理性，乃是因为它们之间存在某种单一物与普遍物的关系，一个实体是另一个实体的普遍物。在伦理世界中，家庭是它的成员的普遍物，但民族又是家庭的普遍物。正是在这个意义上，黑格尔才说，如果一个人只属于家庭，而不属于民族，那么，他只是一个非现实的阴影。

（四）伦理世界中的两种伦理原素及其伦理性质

概言之，伦理关系是人和伦的关系，延伸下去，也是人和理的关系，因为在伦理中，人们将伦理世界自在的存在上升为自为，在反思中将伦理世界自然而自在的法则主观化为一套人伦之理，由此，人与伦的关系，就转换为人与理的关系。所以，伦理关系的真谛，就是作为单一物的个人，以及在伦理实体体系中作为单一物的实体，与另一个作为它处于其中的作为这个实体的普遍物之间的关系。在这里，普遍物有两种形态，一种是自在形态和客观形态的"伦"；另一种是自为形态和主观形态的"理"。当然，伦和理，都可以诠释为单一物与普遍物统一的那种自在和自为的状态。澄清伦理和伦理关系的实质，便可以理解儒家在它所设计的五伦世界中，为何如此特别严峻而紧张地对待男女之间的关系。"男女居室，人之大伦也。"① 正如韦伯所说，儒家伦理的特点，是一种"乐观的紧张"。在伦理世界的基本关系中，以君臣关系为代表的上下之间的关系可能依父子关系的原型而"乐观"地发展，朋友关系也可以向着兄弟关系尽情地延伸，唯独对男女关系始终保持高度的警惕与紧张。因为，依据"人伦本于天伦"的原理，男女关系以夫妇关系为原型和归宿，如果任其发展，势必乱伦。而在伦理世界的设计中，男女、夫妇之间的关系，既不是天伦，也不是一般意义的人伦，它既具有生物性自然关系的性质，又具有化育家庭与民族两大伦理实体的重任，因而才需要既警惕又极其严肃地对待它。就生物性而言，它可能流于自发和任性；就化育伦理实体而言，它委实是"人之大伦"。夫妇关系在性质上介于天伦和人伦之间，连接着天伦和人伦，使天伦与人伦、神的规律与人的规律在运作中造就有机的伦理实体和伦理世界；又是伦理实体、伦理世界生生不息的源泉。正因为如此，黑格尔才将男人和女人，当作伦理世界的两个"原素"。

但是，男人和女人在伦理世界中的意义，并不只是他们作为这个世界的最小和最后的单元，在道德形而上学的意义上，他们的"原素"意义在于他们分别代表伦理世界的两种不同的伦理性格或伦理性质。与其说他们是伦理世界的两个原素，不如说他们是伦理世界所需要的两种伦理性格的人格化。这两种伦理性格是：女人是"家庭的守护神"；男人则是一种消解家庭的自我实体性，连接家庭与社会，推动家庭成员成为社会公民的力量。正因为这两种伦理性格及其人格化力量的存在，作为伦理世界的基本伦理实体的家庭才得以巩固而不至为国家所颠覆；同时伦理世界也才不至于囿于家庭这个自然伦理实体，而是不断为更大的伦理实体即民族国家提供生生不息的活力源泉。我们每每批评儒家伦理在男女关系上的保守性，尤其是让妇女局限于甚至困于家庭之内，殊不知，在 2000 多年后，另一哲学家在另一个完全不同的文化世界却作出了同样的伦理发现和伦理设计。它给我们的启示是，在对传统进行批判时，必须同时进行一种反思：我们是否缺少哲学的素养？用黑格尔批评康德的话说，我们是否缺乏辩证法？因为，在道德形而上学体系和道德形而上学视野中，男女所代表的是伦理世界具有原素意义的两种基本的"伦理性格"。这两种伦理性格也许是思辨的结果，但对伦理世界和现实的伦理生活来说，却具有真理性

① 《孟子·万章上》。

的意义。

总之，儒家所设计的伦理世界，是家国一体、由家及国的五伦世界。在这个世界中，两个基本伦理实体之间的关系是以家族为本位，由家族（或家庭）走向民族；两大伦理规律之间的关系，是"人伦本于天伦"，人的规律原于神的规律；两大伦理性格之间的关系是"乐观的紧张"。由此，造就了家国一体、由家及国的伦理世界的"无限整体"。

三　道德世界与道德世界观

儒家的道德世界观的特质，是基于"人之所以异于禽兽者"，确切地说，是人之所以"贵于"禽兽者的道德自我意识或道德自觉；儒家所努力建构的道德世界，是一个使"道德规律成为自然规律"的世界。

（一）儒家的道德自我意识

儒家将全部道德自我意识乃至主体的道德世界建立在"人之异于禽兽者"的道德性的自我反思和自我认同基础上。孟子言："人之所以异于禽兽者几希，庶民去之，君子存之。"① 它将人之异于或贵于禽兽的方面认作人性，是大体；而人之同于禽兽的自然本能，则是小体。大体与小体都与生俱来，因而人既有成圣成贤的可能，也有沦为禽兽的危险。"养其大者为大人，养其小者为小人。"② 个体要上升为实体并成为道德的主体，关键在于"先立乎其大者，则其小者弗能夺也"③。这种立足于性善认同的人性论，与西方以性恶论为基础建立形而上学的道德世界和道德自我意识正相反对。"人之所以异于禽兽者"的道德自我意识以善作为人性的本质，因而道德的全部任务，就是如何向人的这种公共本质和处于彼岸世界的实体回归。道德本质上就是向人的善之本性回归的现实运动。"人皆可为尧舜"，之所以不能为尧舜，主要原因是为"人欲所蔽"或"气禀所拘"，"大体"为"小体"所遮蔽，人便不能向自己的普遍物即善的公共本性或公共本质回归。"大人可以为小人，而不肯为小人；小人可以为大人，而不肯为大人。"儒家道德形而上学对人的公共本质的这种自我意识，一方面使道德的完成成为人内在的良知良能，"我欲仁斯仁至矣"；

---

① 《孟子·离娄下》。

② 《孟子·告子上》。

③ 同上。

另一方面，又指出了人迷失自己的公共本质的可能性与危险性。不过，儒家伦理对这种危险性的警惕和紧张采取"乐观"的态度，它相信既然人性的迷失只是"物欲所蔽"，或者如佛家所说是"客尘所蔽"而不是"客尘所染"，因而只需要"去蔽"，便可以达到道德的自觉与他觉，而不需要经过那种艰苦的赎罪得救的过程。这种原理，与西方道德形而上学在本质上是相通的：人所以需要道德，是因为人不是神；人所以有道德，是因为人不是禽兽。

（二）道德世界的自在："四心"

与西方道德形而上学相比，儒家道德自我意识在本体性的"性"之后，还有一个能动的具有主体意义的"心"。性与心的关系是什么？虽然儒家伦理对心性关系有着复杂的诠释系统，但如果用形而上学的话语表述，"性"是人的实体的自在形态；"心"是人的实体的自为形态。人性的内涵是什么？孟子认为是"四心"：恻隐之心；羞恶之心；恭敬之心；是非之心。"恻隐之心，人皆有之；羞恶之心，人皆有之；恭敬之心，人皆有之；是非之心，人皆有之。"①"四心"与生俱来。恻隐之心即所谓同情心，同情心并不是常识中所诠释的所谓怜悯心，而是人与人之间相同相通的共通情感，即"同情感"或"同情性"，相反，它之所以表现为同类之间的怜悯心，恰恰是因为人与人间的这种"同情感"。孟子用"见孺子人井"进行诠释。"所以谓人皆有不忍人之心者，今人乍见孺子将人于井，皆有怵惕恻隐之心——非所以内交于孺子之父母也，非所以要誉于乡党朋友也，非恶其声而然也。"②羞恶之心即人的耻感，这种耻感是人的善恶感和善恶判断的内在机制。恭敬之心的真义是对道德法则的即人的自为实体的恭敬，而不是对某个具体的人的恭敬。道德法则和道德规范，是自为状态的人的公共本质或伦理实体，对这种实体的恭敬之情，是义务感或道德命令的前提。正如康德所说，道德的根本特质，就是对于道德法则的恭敬之情，如果不是对道德法则的恭敬，而是出于利益诱惑而实施道德，那么就会从源头上污染道德。所以，在《实践理性批判》的最后，他才无限虔诚地在自我意识中对两个东西满怀敬畏："头顶上的星空和人内心的道德律"。只有出自对道德法则敬畏或敬重的行为，才是真正的道

① 《孟子·告子上》。
② 《孟子·公孙丑上》。

德行为。孟子以"恭敬之心"为道德的行为的特质，不仅与康德的伦理学表现出跨越时空隧道的相通，而且对今天被"祛魅"了的道德哲学特别具有正本清源的意义。是非之心可以理解为人内在的一种理性能力，是道德的理性判断力的根源。

　　无须借助哲学思辨，只需直觉便可发现，儒家"四心"结构中，3/4是情感，只有1/4是理性或与理性相关。它是一种"情感＋理性"，以情感为主体和统摄的，情理一体的人性结构。这种人性结构，与西方由亚里士多德开辟的"理性十意志"，以理性为主体和统摄的道德传统正相比照。以情感为主体，体现为家国一体、由家及国的社会文明的要求和特质。"由家及国"的内在原理，是以家为国的本位，所谓家族本位。而家的绝对逻辑是情感逻辑。家族本位，在人性结构中必然要求情感本位。但家庭伦理关系，既是一种实体性关系，又是一种要求以严格的伦理区分为内在规定的关系，于是，在人性结构中就需要一种对人伦关系进行辨识的理性要求和理性能力；而由家庭长幼之序扩展为国家生活中的上下等级，更需要严格而发达的宗法理性。所以情虽然是由家及国文明路向下人性的主导结构，但理性结构也是一种必然要求和必要结构。不过，这种"情感＋理性"的结构，与西方"理性＋意志"的结构，在道德功能上则是相通的。正如黑格尔所揭示的那样，人性和德性中必须具备两种能力或品质，一是思维能力；一是冲动能力。前者是意识的，品质，后者是意志的品质。"情感＋意志"的结构同样具有这两种能力和品质。因为情感，本质上是一种特殊的意志，即主观形态的意志，具有行为的品质。与意志的行为品质不同的是，它更加诉诸人性的直接性，所谓"情不自禁"，在这种结构中，道德行为往往是一种"身不由己"的人性反射与人性反应。"四心"结构，是家国一体、由家及国背景下具有民族特色的人性结构，这种结构就是所谓"良知"、"良能"的结构。它超越了理性的中介，诉诸人性的直接性，具有更为浓郁的"自然"特征和人性价值。

　　（三）道德世界的自为："四德"

　　如果说"四心"是儒家道德世界的自在，那么，"四德"便是它的道德世界的自为。"四德"根源于"四心"并且是其直接表现。"恻隐之心，仁也；羞恶之心，义也；恭敬之心，礼也；是非之心，智也。仁义礼智，非由外铄我也，我固有之也，弗思耳矣。"① 不过，仁义礼智的"四德"，只是内在于"四心"之中，在"四心"之中，只是有"四德"的萌芽，"四德"的真正形成，还有待于人们"扩而充之"。仁义礼智，就是儒家所设计的德性之实体。

"四德"之中，仁既是起点，也是根源，也是统摄，所谓"仁包五常"。仁何以成为道德世界之基？因为仁的本质是爱人。"仁者，爱人。""仁者无不爱也。"而爱则体现了伦理的本性，是伦理·实体形成的必要条件。因为，按照黑格尔在《法哲学原理》中的观点，爱的本质是"与他人统一的感觉"，它使个人"专为自己而孤立起来"。伦理要成为一个实体，就必须扬弃个体抽象的独立性，使个体上升为实体。爱扬弃个体抽象独立的自然形式就是爱，所以，黑格尔才说，爱是感觉，是自然形式的伦理。但是，仁爱与博爱又存在根本的区别。仁爱最大的中国特色之所在，就是差爱与泛爱的结合，所谓"爱有差等"，"亲亲仁民"。仁爱有爱的一般本质，此即"泛爱"，但它的具体性又表现为"差爱"。差爱在家庭内部表现为"亲亲有术"，在社会中表现为"爱人有等"，更重要的是，仁爱的顺序是由亲亲到仁民，由家族血缘之爱推扩到社会之爱。亲亲是仁民之基本之本。这就是"由家及国"的爱的逻辑。正因为如此，仁必然提出义的要求。"仁"是爱人，"义"解决的问题是如何爱人，所谓"居仁由义"。"仁，人之安宅也；义，人之正路也。"② "仁，人心也；义，人路也。"③ "礼"既是具体的道德准则，也是如何知仁行义的规定。"礼者，经天地，理人伦。"④ "道德仁义，非礼不成；教训正俗，非礼不备；分争辨识，非礼不决；君臣上下，父子兄弟，非礼不定。"⑤ 仁是爱人，义是如何爱人，而礼则对爱作具体而严格的规定，唯有如此，爱人才符合伦理。"礼之实，节文斯二者也。"⑥ 礼的功能，是对仁义进行节文，使之无过无不及。焦循注曰："太过则失其节，故节之；太质则无礼敬之容，故文之。"⑦ 有了"礼"，人们在道德上便可以登堂入室了。"智"是"四

---

① 《孟子·告子上》。
② 《孟子·离娄上》。
③ 《孟子·告子上》。
④ 《礼记·曲礼上》。
⑤ 同上。
⑥ 《孟子·离娄上》。
⑦ 焦循：《孟子正义》。

德"中的特殊结构。"智之实,知其二者弗去是也。"智的本务,是知仁行义,后来宋明理学又将它解释为"仁与义殊",即知晓仁与义的区别,"必仁且智",以防止"爱而不别"。这里的智,不是一般的理智,而是"见父自然知孝,见兄自然知悌,见孺子入井自然知恻隐"的良知,是基于是非之心的道德直觉,而且,是一种具有直接的行为能力,即良知与良能一体的道德直觉。这样,"居仁由义","礼门义路","必仁且智",儒家伦理便建立起了一个从家庭伦常之序出发的道德精神体系。仁义礼智,就是具有强烈的民族特色,体现由家及国文明路向的"中国四德"。

性善—"四心"—"四德",便构成儒家伦理所设计的道德世界,它是家国一体、由家及国文明形态下中华民族的道德世界观或道德自我意识。

四　伦理精神的同一性

伦理世界、道德世界形成,并不意味着伦理精神已经完成了自己的建构。伦理精神成为真正的自我,还必须完成另一个任务:建构自身的同一性。这个同一性,既包括伦理世界的同一性、道德世界的同一性,更包括伦理世界与道德世界之间的同一性。这三个同一性,就是伦理精神的同一性,或伦理精神"预定的和谐"。

伦理精神同一性的建构,在形而上学的层面面临的最大难题有三个:(1)伦理实体如何成为"整个的个体";(2)个体如何上升为实体,并成为道德的主体;(3)伦理实体如何成为道德的主体。儒家伦理比较卓越地解决了前两个问题,对第三个问题的探索却陷入了困境。

（一）伦理世界的同一性

伦理世界的同一性首先表现为两大伦理实体之间的同一性。这两大伦理实体在黑格尔道德哲学体系中表述为家庭与民族,在中国道德哲学体系尤其是儒家道德体系中表述为家与国。实际上,儒家哲学中"国"的概念,并不是后来和现代政治意义上的国家,而是类似于黑格尔所说的民族概念。在《精神现象学》中,黑格尔将民族作为位居于家庭之上、在人的反思中存在并体现为精神的最为重要的伦理实体,但是,他又认为,民族作为伦理实体,只是自在的形态,它的自为形态,或者说它作为"整个的个体"的形态就是政府。政府就是民族伦理实体作为"整个的个体"的自为形态,它是能动的,其本质是它的普遍性与公共性。他这里显然有美化政府的倾向，因为政府作为民族的"整个个体"，只是它的理想形态，并不是现实形态。政府"应是"民族的"整个的个体"，但在现实中并不"就是"。将政府当作民族的"整个的个体"，具有"凡是现在的都是合理的"保守与政治乌托邦的色彩。儒家对伦理实体的设计具有不同于西方道德哲学的原理。对伦理实体的同一性及其同一体，它用一个特殊的概念表述：天下。在儒家的伦理世界中，家是阴极，国是阳极，天下则是处于二者之上的太极。儒家道德哲学中的国，与政府相关但并没有将政府当作民族的"整个的个体"，国毋宁说是民族的共同体，而只有道德的政府才是这个共同体的"整个的个体"，或者说才是民族的自为和能动的体现。儒家维护君主制，但即使在孔孟那里，也认为只有好的君主即仁君，才能作为国的象征和代表，孟子就曾将纣王称之为"一夫"以论证诛杀他的道德合法性。儒家特别强调家与国之间的共通性与贯通性，其最高理想就是"天下一家"。在儒家道德哲学中，"天下"与"国"之间的区分比较精微。"天下"既可以理解为文化意义上的"国"，以与西方政治意义上的"国"相区分，又是"家"与"国"的贯通统一，因而包含了"国"。但无论如何，"天下"是"家"与"国"两大伦理实体的统一，是伦理世界的这两个最基本的伦理实体的统一体。

伦理世界内在的否定性，并不是家庭与民族这两个伦理实体的分殊，而是由此而形成的两大规律或两大势力，即所谓神的规律与人的规律，或天伦与人伦、天道与人道。两大势力矛盾的根源在于人的行动。家庭与民族是伦理世界的自在状态，由于构成伦理世界的原素是以男人与女人为不同伦理性格的个体，于是，个体在伦理世界中就具有两种不同的角色：家庭成员或民族公民。如果个体只属于家庭而不属于民族，那么个体只是非现实的阴影；但如果只属于民族而不属于家庭，那么个体就完全不具有现实性，因为家庭是伦理世界中最现实的存在。这种矛盾在自在状态下还只是潜在着，然而，只要一开始行动，人们势必遵循两大规律中的任何一种规律，或者作为家庭成员依循神的规律而行动；或者作为民族公民依循人的规律而行动，由此便产生两大势力之间的冲突。所以，黑格尔说，行动在伦理世界中本质上是一个有罪行的环节。在儒家设计的伦理世界中，这两大势力或两大规律之间的矛盾，就是忠与孝之间的矛盾。孝是个体作为家庭成员依神的规律而行动；忠是个体作为民族公民依人的规律而行动，故忠孝难以两全，所以儒家伦理经典就将《忠经》与《孝经》分立。但是，对伦理世界来说，忠孝难以两全，又必须两全，两大伦理势力必须统一，否则伦理世界就会因陷入永劫不复的分裂而难以成为一个"无限的整体"。于是，儒家提出了"移孝作忠"和"以忠保孝"两种思路。事实上，在伦理的实践中，儒家乃至整个封建社会，都是将两种思路互补，共同缔造伦理世界两大规律之间的和谐与统一。其中，"移孝作忠"是基本的思路，这个思路是"由家及国"的要求，其内蕴含逻辑上的一致性与必然性。对此，孔子的推论是："其为人也孝弟，而好犯上者，鲜矣；不好犯上而好作乱者，未之有也。"①"以忠保孝"的思路和措施是："求忠臣必出于孝子之门。""移孝作忠"、"以忠保孝"，伦理世界中两大势力之间的矛盾就在理论上被扬弃，从而使个体的伦理行为与伦理精神"由家及国"，由家庭成员过渡到社会公民。但是，在现实中，这两大规律之间的矛盾事实上还是存在，在遭遇二者激烈冲突的时候，儒家伦理乃至整个中国传统伦理占主流地位的主张是："精忠报国"。以维护国的伦理实体为最高取向。这一点与黑格尔的道德哲学思想也是相通的。黑格尔的观点是："两种规律的任何一种，单独地都不是自在自为的，都不自足；人的规律，当其进行活动时，是从神的规律出发的。"②

当然，儒家对伦理世界同一性的设计，还有另一个更为细致的考虑，这就是对男女不同伦理性格的严格规定。虽然黑格尔在《精神现象学》中将"女人"当作也规定为"家庭的守护神"，而男人在家庭中则向着另一领域即普遍意识的方向发展，由此神的规律与人的规律双方便相互过渡。但是，这种关于两种伦理性格的规定，在相当程度上是一种道德哲学的思辨，或者说是一种理论精神。而在儒家的伦理世界设计中，关于男女间这两种不同伦理性格的设计和要求不仅比黑格尔远为严格，而且从根本上来说已经不只是理论精神，而是实践精神。更重要的是，在儒家伦理世界中，像黑格尔所说的两大伦理性格之间的相互过渡并不那么凸显。乃至到了后来，女人不仅从伦理性格、伦理性质方面被规定为"家庭的守护神"，而且自从裹了小脚之后，便从生理上、身体上也只能是"家庭的守护神"。所以，儒家伦理对伦理世界有着严格的秩序规定，这个规定同样是"由家及国"文明格局的要求。

---

① 《论语·学而》。

② ［德］黑格尔：《精神现象学》下，贺麟、王玖兴译，商务印书馆 1996 年版，第 17 页。

（二）道德世界的同一性

道德世界的同一性要完成的形而上学任务，是如何在道德自我意识中扬弃义务与现实、道德与自然之间的矛盾，以义务同一现实，以道德同一自然，使个体上升为实体。

在道德世界中，个体提升为实体，首先必须扬弃自身抽象的独立性，使自我"不专为自己而孤立起来"。关于扬弃个体的抽象独立性的基本概念，在中西方道德哲学中是相通的，这就是"爱"。所以，伦理、道德，伦理学、道德哲学，必须建立在爱的基础上，或者说，必须以爱为逻辑和历史出发点。但由于中西方文明形态特别是中西方社会结构的不同特质，爱作为伦理和道德的出发点，又具有迥然不同的内涵和性质。西方是以上帝为终极实体的博爱，中国是以家庭为策源地的仁爱。中国道德哲学的仁爱要解决两个难题。第一个难题是：这种爱人之情到底如何发生？个体如何以爱扬弃自己抽象的独立性？第二个难题是：在扬弃个体抽象的独立性而走向实体的过程中，如何体现"由家及国"的要求？儒家道德哲学，儒家对道德世界的设计，用一个字解决这两个难题，这就是："推"。"推"的儒家道德哲学概念就是："忠恕"。"忠者诚以待人，恕者推己及人。""推己及人"扬弃个体抽象独立而"与他人统一"的原理和要求，从积极的方面说是"己欲立而立人，己欲达而达人"；从消极的方面说是"己所不欲，勿施于人"。"推己及人"，"由家及国"，由家庭走向社会的路径是："老吾老以及人之老，幼吾幼以及人之幼。"在忠恕的爱的"推己及人"中，个人既找到了"与他人统一的感觉"，个体由家庭成员过渡到社会公民，建立起了个体道德自我意识的同一性，又在道德自我意识中建立起道德世界的同一性。也许正因为如此，孔子才将忠恕当作"为仁之方"；孔子的得意弟子曾子对此有深切领悟："夫子之道，忠恕而已。"①

道德世界与道德世界观中"由家及国"建立的道德同一性的原理，被《大学》用二十四个字高度概括，此即所谓"三纲八目"。"三纲领"中，"明明德"是个体通过"自明"向作为人的公共本质的普遍物即"明德"（光明的德性）或善性的复归。道德同一性建构的基础，首先是个体向道德实体回归的运动，"明明德"即复明光明的德性，复明光明的德性即回归人性本体或人性这个人的实体。在这里，"明"的真义是"自明"，

---

① 《论语·里仁》。

"明明德"即个体至善，或个体向人性实体的运动。这个过程完成以后，"亲民"即是社会善。"亲民"有两种解释："新民"；"仁民"。两种解释实为一体，仍然统一于家国一体、由家及国的社会结构。"新民"即使人民去其旧染，日新又新，而这个新民的过程及其本性，是要求从天下一体的情怀出发，视中国如一家，天下如一人，由家族至爱，推扩到天下。人身上具有仁义礼智四德之端，关键在于扩而充之。"凡有四端于我者，知皆扩而充之矣，若火之始燃，泉之始达。苟能充之，足以保四海；敬不充之，不足以事父母。"① 在家国一体的文明中，亲民新民本为一体。个体至善与社会至善的统一，就是"至善"的境界。至善的境界，就是道德世界与伦理世界统一的境界，这个境界中儒家道德哲学的话语表述，就是"安伦尽分"。所谓"为人君止于仁，为人子止于孝"，是五伦与十德的统一，或者说，是伦理与道德的统一。"八条目"是道德上实现，个体向实体运动的八个步骤："格物、致知、诚意、正心、修身、齐家、治国、平天下。""八条目"有两个特点值得注意。第一，这个系统由两个部分组成：修身之前是内圣的功夫；修身之后，是外王的功效。内圣与外王一体贯通，其中枢就是修身，故道德之完成"一皆以修身为本"。这是家国一体背景下伦理与政治贯通在道德世界中的体现，是家国一体的道德贯通。第二，在"外王"的环节，身、家、国、天下贯通。在这里，不仅家国一体，而是身、家、国、天下的四位一体，是家国一体的伦理贯通。修身方能齐家，齐家方能治国，治国方能平天下，在道德贯通的背后，是伦理的贯通，"外王"就是道德贯通与伦理贯通的统一。"大学之道"即"大人之道"，即以家国一体、由家及国为文化原理的伦理世界与道德世界的贯通之道。

（三）伦理世界—道德世界同一的智慧：中庸

家与国、道德与自然，是伦理世界与道德世界的两个基本关系或基本矛盾，而个体与实体的关系，则是伦理世界与道德世界同一体的基本矛盾。儒家道德哲学体系最杰出的努力之一，在于依"由家及国"思路处理这些矛盾的过程中，提出了一种最高的境界，这就是：中庸。

中庸在儒家道德哲学中是一种至高境界，这一立论似乎不需太多论

---

① 《孟子·公孙丑上》。

证。孔子曾感叹："中庸之为德也，其至矣乎！民鲜久矣。"① 中庸何以成
为"其至矣乎"的至高德性，何以成为"民鲜久矣"的难以达到的最高
境界，就因为它是最为恰当地处理伦理世界、道德世界矛盾的大智慧和大
德性。一般人都是将中庸当作一种方法，甚至当作折中调和的方法。实际
上，在儒家道德哲学中，中庸是伦理与道德尤其是道德的最高境界。根据
除了上面所引孔子的感叹外，"四书"的体系本身也是说明。"四书"将
中庸列于四本书之最后，并不意味着它相比之下最为次要，相反，而是因
为它最难达到。在"四书"体系中，因为孔子是儒家至圣先师，《论语》
当居首位，其次是亚圣之《孟子》。但《大学》、《中庸》之选择与排列，
当有其另一番用意。《大学》将儒家学说概括为"三纲八目"，《中庸》
则提出一个最高境界，并为之提供一个形而上学的本体。在这个意义上，
《中庸》殿后，乃是因为它最形而上，也因为它的境界最难达到。中西方
伦理都强调中庸，亚里士多德就对中庸作了许多论述，但唯独在中国，中
庸不仅是一种道德理性，而且是一种伦理精神；不仅是一种伦理精神，而
且是一种伦理性格；不仅是一种伦理性格，而且是一种道德哲学的大智
慧。它对儒家伦理如此重要，乃至四本经典或原典中，专有一本以中庸命
名并专题讨论中庸问题。之所以如此，就是因为在家国一体、由家及国的
文明体系中，处理伦理世界、道德世界的矛盾委实需要更大和更高的
智慧。

　　"中庸"的真谛是什么？就是恰到好处，无过无不及。朱熹《中庸章
句》说："中者，不偏不倚，无过无不及之名。"在儒家道德哲学中，
"中"既是宇宙万物之本体，又是道德之本体。"中者，天下之大本也。"
"喜怒哀乐之未发，谓之中。"在本体的意义上，"中"就是率性，就是对
自己的本性和宇宙本性的无过无不及。庸即是对中的固守。"中者天下之
定理，庸者天下之达道。"中庸被推崇备至如此。因为，在家国一体的伦
理世界中，过分执著于家，或者过分执著于国的伦理实体，都会导致伦理
世界的非合理性，甚至它的分裂。既要以家为本，由家及国，又要使伦理
精神发展到国的普遍性，以使个体不至沦落为"非现实的阴影"。在伦理
世界的两大伦理实体中，儒家伦理并非要求在家与国之间寻求某种折中，
而是寻找无过无不及的黄金分割点，以家族为本位，是儒家伦理精神，也

---

① 《论语·雍也》。

是儒家伦理世界毫不动摇的法则，这是由家及国的基本要求。在这个要求下，任何折中调和都根本不可取，可取的只是因时因地而制宜的"义"。与此相连，作为"伦理造诣"的德，也就必定要提出中庸的要求和境界。"由家及国"在处理家与国的伦理世界的矛盾，以及在建构道德世界中的中庸要求，在孔子对他的两个弟子的评价中表现得很清楚。"子贡曰：'师与商孰贤？'子曰：'师也过，商也不及。'曰：'然则师愈欤。'子曰：'过犹不及。'"① 中庸是在处理家与国、孝与忠的各种关系和矛盾时恰到好处，否则便会导致家国一体、由家及国的社会体系的崩坏。这就是为什么儒家在道德世界的德性要求中要特别强调义与礼的缘由。

中庸，就是家国一体、由家及国社会结构和文明形态下，建立伦理世界的同一性、道德世界的同一性，以及伦理世界与道德世界之间的同一性的大智慧和至高境界。

第二节　道家伦理的精神哲学意义

道家与中国文化、中国哲学，尤其与中国人的伦理精神相始终，是不证自明的事实。道家在中国道德哲学体系中的结构性意义，在理论与精神两个层面都得到确证。在理论的层面，道家始终与儒家哲学、儒家伦理相互动，构成中国道德哲学体系的辩证结构；在精神的层面，道德伦理精神无论在任何时期、对任何社会阶层的成员来说，都是基本的和必要的精神结构。道家和道家伦理，虽然并不是在中国社会发展的每一个历史时期都像儒家那样辉煌，但在中国人的精神世界中，却正如鲁迅先生所揭示的那样，"子子孙孙不绝"。道家不仅在中国社会、中国文明的开端就参与了中华民族的伦理世界、道德世界的建构，是中华民族的伦理精神最基本的原色之一，更重要的是，它作为文化基因，作为中国人伦理精神中不可缺少的构造，自始至终都发挥了极为重要的作用，乃至在现代中国人的伦理精神中，仍然可以找到道家的文化胎记。可以说，是儒家和道家共同缔造了中华民族的伦理世界与道德世界，并且至今仍然自在地具有文化基因意义的影响。也许正因为如此，有的学者才指出，儒家与道家，实为中国哲学和中国伦理中的阴阳结构，阴阳互补，儒家道家璧合，才形成中国人精

---

① 《论语·先进》。

神世界的"太极"。

难题存在于对这一现象的解释中。历史主义的解释是在中国人的社会结构、生产方式和经济基础中寻找根据，这当然极为重要并且有历史和现实合理性。但是，对于道德哲学体系和伦理精神体系来说，还必须进行另一种解释，至少不能放弃进行这种解释的努力，这就是精神哲学的解释。精神哲学的解释是根据"哲学的历史"的理念和方法，从中华民族的伦理精神，从中华民族的伦理世界、道德世界的有机性和辩证性的角度，探讨道家伦理之于中华民族、中国人的伦理精神的生命意义。由此，中国伦理精神的发展史，才真正成为"哲学的历史"。

道家对于中华民族的伦理精神，对中华民族伦理世界与道德世界的建构，至少具有以下诸方面的精神哲学意义。

一　"道"—"德"智慧与道德形而上学的本体建构

从道德形而上学体系的角度考察，儒家的明显缺陷，就是道德本体缺失。孔孟虽然致力于伦理世界与道德世界的建构，但只是在此岸完成它们，是俗世的，并没有上升到形而上学的高度，也缺乏形而上学的高度。在他们的体系中，虽然有"天道"的概念，然而一方面，在他们那里，"天道"的基本意义即所谓神的规律；另一方面，"天道"在他们的体系中还只是一个被悬置的概念，孔子本人就说"天道远，人道迩"。《中庸》将儒家道德哲学提高到本体论的高度，以"诚"为"天下之大本"和道德的本体，但对"道德"概念和它的本体论根据论述得也不详备。道家填补了这个空白，从一开始就对道德本体表现出哲学的热情和热忱。儒家与道家，事实上都关心人道和人事，即现世的伦理道德，但其思路和表现形式不同。儒家道德哲学直接"尽人事"；而道家则是"推天道以明人事"。不过，道家谈天说地，归根到底是为论人。不过，两家有一点是相同的：表面上以天道说人道，实际上是将人道推到天道的高度，只是道家的独特贡献，是解决了伦理道德的本体论根据问题。

老子道德智慧如果用一句话概括，就是："道"，无为；"德"，不德。老子以无为说道，认为道的本性是无为而无不为。"人法地，地法天，天法道，道法自然。"① 道的本真状态就是自然。这里的自然并不是现代话

---

① 《老子·二十五章》。

语中的"自然界"之自然，而是所谓自然而然之自然。中西方道德哲学都以自然为起点，黑格尔的《精神现象学》以"伦理世界"为道德形而上学体系的第一个环节，而伦理世界便是一个"自然"的世界，教化世界则是对自然世界的异化，"教化是自然存在的异化"①。而在作为道德形而上学体系的否定之否定环节的道德世界中，黑格尔又将道德与自然的关系问题作为道德世界观的基本问题，将道德与客观自然与主观自然的和谐，分别当作世界的终极目的和自我意识的终极目的。"自然"就是自在的"无为"；"无为"就是自为的"自然"。这样的自然无为的本体状态，在演化进程中历史样态是什么？就是三代。儒家与道家虽有深刻的分歧，但以三代为伦理与道德的原初状态或自然状态，并以此为理想状态，则是相同的。区别只是在于，儒家认为，三代的详情已经不可"得而闻之"，因而以对它的"损益"而建立的西周为范式。儒家与道家都虚拟了一个原初的自然的历史，以此作为伦理世界和道德世界的理想的根源，"虚拟历史"应该说是中西方哲学、中西方伦理乃至中西方文化的普遍现象。中国哲学虚拟了三代，西方哲学虚拟了古希腊，西方文化在近现代乃至后现代的文明转换中每每提出"回到古希腊"的理念与策略，就是证明。应该说，将文明端绪的某种原初状态虚拟为伦理道德的起点和"自然"模式，是一种具有普世意义的文化心态和民族心态，不应武断地加以否定。

老子对道德形而上学体系的重要贡献之一，就是探讨和解决了'道'与"德"的关系问题。"德者，得也。"这一命题具有重要的万史合理性与理论合理性。在历史合理性方面，中国自觉道德观念的产生，发端于西周时期的社会大变革中。在西周以前，居统治地位的文化信念是"天命"。周以小邦取代商这个大邦，以原有的'天命'观便难以解释；同时这一历史变革本身就是对"天命"观的一种否定。于是，无论在理论上还是在政治上，都要求对这个变革作出文化解释。从这个历史剧变中，周人得到一种觉悟："天命靡常，以德配天。"就是说获得天命、配享天命是有条件的，这就是"德"。周人有德，所以获得天命；纣王无德，所以失去天命。所以，在"德者，得也"的命题中，"得"的对象有二：一是俗世的"得"，其内容便是所谓"受民受疆土"，即所谓"得于人"、"得

---

① ［德］黑格尔：《精神现象学》下，贺麟、王玖兴译，商务印书馆1996年版，第42页。

天下"；二是道德哲学意义上的"得"，其内容便是"道"，所谓"得道"。"得道"便是"德"，由此才引申出"内得于己，外施于人"的意义。"德者，得也"的道德哲学意义还不止于此，更重要的是，它在形而上学的意义上解决了如何"得""道"的问题。在道德形而上学的意义上，"得""道"的方式，就是"分享"，"德"就是对"道"的分享。分享不是占有，不是据为己有，其哲学图式是"月映万川"——一切水月映一月，一月摄一切水月。天空一个月亮，地上千百条河流中千百个月亮。这千百个月亮都是分享了天上的一个月亮，而天上的这一个月亮，并没有因为它们的分享而有任何缺失。同时，地上的千百个月亮，不是分享了天上那个月亮的一部分，而是全部。更重要的是，这种分享同样是一个"自然"的过程，所谓"上德不德"。"德者，得也"中的这种分享关系，即是西方哲学中所谓"原型"与"摹本"的关系，亦即柏拉图哲学中"众理之理"与"众理"的关系，或"理"与"万有"的关系。这种哲学理念，在宋明理学那里，被发展为"理一分殊"；在黑格尔那里，被表述为"德本性上是一种伦理的造诣"。也许，这些诠释可能是对老子的过度解释，但他的道德智慧确实对孔孟儒家具有重要的互补意义。对中国伦理精神体系尤其对中国道德形而上学体系的形成，确实具有奠基性的重要意义。

庄子和老子的关系有点类似于孟子与孔子的关系。一方面，他与孟子一样，发挥了前者理论中的主观的和能动的方面，将老子的理论推进为相对主义；另一方面，又确实对老子的理论进行了创造性的发挥。正因为如此，道家的理论才不仅得以相传，而且得以成熟。庄子的"道""德"智慧，如果用一句话概括，就是："道，未始有封"；"德，成和之修"。他将宇宙生成与伦理世界、道德世界的形成融为一体，认为经历了如下辩证过程。"未始有物—未始有封—未始有辨"，这就是道生长的过程。最原初的状态是"未始有物"，这是"无"的状态和境界；其次是"未始有封"，虽然对事物有所肯定，进入到"有"，但不肯定事物间的差别；再次，虽然有差别，但并不对它们进行辨别。一旦到"有辨"，"道"便"亏损"了和异化了，于是便有伦理事宜，讲人伦之别。他的这种理论表面上玄乎难以理解，实际上如果用道德哲学的话语则很容易解释。他所说的"道"的状态，实际上就是实体状态。在伦理实体的状态，只有实体，没有个体。因为伦理实体只是"整个的个体"，在伦理实体内部是没有个体和个体的自我意识的。正如黑格尔所说，只有伦理世界异化以后，进入教化世界，才以个体为本位。教化世界是一种法权状态，法权状态以个人为这个世界的真理，而在伦理世界，即伦理实体的世界中，个体"只好死掉"。在伦理的实体世界中，不仅以实体为本位，而且只有实体。所以，庄子的所谓"道"的状态和世界，就是黑格尔所说的伦理世界和伦理实体的状态。

由"道"的本性的这种理解，庄子逻辑地导出对"德"的诠释和规定。"德者成和之修"。"道"是差别、无辨别的伦理实体的世界，也是本体的伦理世界；生活世界或现实的伦理世界讲差别和辨别，是"道的"异化；于是，"德"的任务，显然就是向"道"的复归，"德"本质上就是一种"成和"的修炼。"成和"就是在道德世界和道德世界观中回复到那种无差别无辨别的世界。"德"的真谛和真义就是"成和"，即在道德自我意识中消解个体与个体、个体与实体的差别与对立。这种观点，就是黑格尔所说的，伦理就是"单一物"与"普遍物"、个体与实体的统一。按照黑格尔的理解，伦理的观点必须从实体出发，伦理的任务，就是使个体重新回归实体。在这个意义上，"德"才成为一种"伦理上的造诣"。而在庄子的理论和话语系统中，"德"就是一种"成和之修"。这里的"和"，可以理解和诠释为和谐，既是黑格尔所说的道德世界观中道德与自然、义务与现实之间的和谐，也是"单一物"与"普遍物"、个体与实体之间的和谐。而"修"就是"造诣"，即"和"的"造诣"，或"单一物"与"普遍物"统一的"伦理上的造诣"。"成和之修"与"伦理上的造诣"在道德哲学上一体相通，它同样是伦理道德在哲学大智慧上的相通。庄子道德哲学的困境，不在于"和"，而在于如何"致和"。或者说，困境不在于"道"—"德"智慧，而在于"道—德"原理。他提出的"致和"路径或"道"—"德"原理用一个字概括，就是"齐"！齐是非，齐善恶。他用相对主义的哲学理论论证和达到这种"齐"。《齐物论》整个就是这种通过"齐"而达到"成和之修"的哲学智慧。由此庄子就由哲学上的相对主义蜕变为道德上的虚无主义，不是否定了异化了的伦理世界，而是彻底否定了伦理世界和道德世界本身。

二　人世与隐世

中国文化是一种人世的文化，中国伦理是一种人世的伦理。但是，这种人世文化与人世伦理的持存和运作的条件，是在文化结构和精神结构中必须存在某种退出机制或撤出机制作为互补和互动，就像在出世文化中必然要求人世的机制或必然要求以人世为前提一样。退出机制是人世文化与人世伦理的补偿机制和弹性结构，它虽然在逻辑方向上与人世反动，然而"反者道之动"，正是这种反动才使人世具有精神上的自我调节功能。儒家是中国伦理精神中的人世结构，而道家则是在中国本土文化中生长出来并与本土伦理精神高度耦合的退出机制或撤出机制。

就伦理世界而言，儒家以人世的态度建构和维护伦理实体，这种维护通过个体德性，即通过以"伦理上的造诣"为本质的道德世界或道德自我意识的建立，使个体皈依于实体。儒家伦理中个体对

实体的皈依，就像黑格尔所说的那样，乃是一种悲怆情愫，或者说儒家伦理正是试图培育这种悲怆情愫。由此才可以解释，为什么在孔子的"三畏"中，为何以"畏天命"为首，为什么在儒家人世文化中要悬置一个作为最高范畴的"天"，为什么要始终不放弃追究"莫之为而为"的"天"和"莫之致而至"的"命"，根本原因就是要使个体对实体的认同皈依成为具有宗教情感性质的悲怆情愫。将对实体的皈依当作命运，敬畏命运，就是儒家道德自我意识中对待伦理实体的情感和态度。但是，儒家伦理难以回答一个问题：在个体与实体，在人世过程中遭遇矛盾甚至尖锐冲突时怎么办？儒家以"乐观的紧张"看待个体与实体之间的矛盾冲突，认为通过修身养性的德性修炼，修身齐家治国平天下，便可最终消除二者之间的紧张，维护伦理实体。这种德性修炼的实质，是"宁可改变自己的欲望，而不改变社会的秩序"。但是，事实上这种道德性的进取并不能或者说并不在任何境遇下都能真正消除这种紧张。于是就需要在文化结构和伦理精神结构中具有一种缓解和消除个体与实体关系中紧张的退出机制。道家以从伦理世界中退隐的方式，并通过在道德世界中培养和形成从伦理世界中退隐的能力和品质，即退隐的"伦理上的造诣"解决个体与实体的矛盾，维护伦理实体。在伦理精神结构中，退隐的实质不是像儒家那样改变自己的欲望，而是改变对欲望的态度的看法，或者改变对欲望的价值判断，准确地说，通过否定欲望的价值，以维护伦理实体和伦理世界的秩序。儒家与道家，在人世与出世、进与退的人生态度方面正相反对，但在维护伦理实体，维护伦理世界的秩序这一具有终极意义的价值取向方面却殊途同归。正所谓异曲同工。可以想见，如果没有道家的这种在文化

结构和伦理精神结构中的退出机制，仅以儒家的人世，伦理实体和伦理世界的秩序总难以避免被颠覆和破坏的危险。

道家的这种退出策略和隐世取向，在庄子的哲理寓言"泄尾于涂"中得到典型的诠释。有诸侯欲"以天下累矣"，请庄子担任宰相，派使者游说。庄子正在垂钓，便以一个故事作为回答。一只乌龟，正在泥水里自由自在地摇着尾巴，有人欲取它的壳供奉于庙堂之上。这只乌龟到底是想被杀了以后为人供奉，还是混迹于泥水之中？庄子的选择是："泄尾于涂"。"泄尾于涂"正是道家式退隐取向的文学表述。中国社会的结构是家国一体，与这个结构相联系的伦理精神的特点是整体至上、人伦至上。在这个文化系统中，个体没有被给予应有的地位，个体淹没于纷繁复杂的人伦义务之中，血缘、宗法、等级三位一体的各个层次的伦理关系对个体无疑是一种叠加的束缚，儒家伦理所要求的，就是在这个关系缜密的伦理世界中安伦尽分，坚持义务的绝对性。然而个体毕竟在现实世界或教化世界中是一个不可抹杀的存在。道家伦理强调个人在社会关系和伦理世界中的超脱与解脱，它不是通过积极地履行道德义务，而是通过从伦理世界中的退出，通过在道德与自然、义务与现实关系中对自然和现实价值的否定，达到伦理世界的稳定和个体精神世界的平衡。这种取向既不是整体主义、实体主义，也不是一般意义上的个体主义或个人主义，而是一种消极的个人主义。这种消极形态的个人主义的最后结构，是对现实世界、伦理世界的消极认同和消极维护。

三　心与身、人伦原理与人生智慧

在黑格尔的道德哲学体系中，道德与自然的矛盾是道德世界和道德世界观的基本矛盾，而所谓自然又被区分为客观自然与主观自然，主观自然即人们的情欲冲动。道德与主观自然的矛盾在中国道德哲学中以另一对概念表述，这就是"心"与"身"。

儒家道德自我意识对伦理世界的维护，建立在心与身之间"乐观的紧张"基础上。儒家道德哲学以善之人性为道德本体，而"心"或良心又是善性的能动或自为的表现，其中有一切道德的萌芽，即"四德"之"端"。这就是孔子所说的"为仁由己"；孟子所说的"万物皆备于我"。而"身"则以情欲冲动为内容，内在着不道德的可能性，甚至就是不道德的主体。所以儒家对心与身采取完全不同的态度。对"性"要"养"，对"身"要"修"。所谓"修身"、"养性"。既然对"性"要"养"，于是对"心"的态度便是"存"，所谓"存心养性"。道理很简单，既然人性实体即"人之异于禽兽者"，即"四心"，那么向实体的回归的功夫便是存养"四心"。"君子所以异于禽兽者，以其存心也。君子以仁存心，以礼存心。"① 在儒家看来，人之所以不能成为"大人"而沦落为"小人"，主要原因就是放失了仁义之心而不知求。"仁，人心也；义，人路也。舍其路而弗由，放其心而不知求，哀哉！人有鸡犬放，则知求之；有放心而不知求。学问之道无他，求其放心而已矣。"② 鸡犬放失了，知道去将它们找回来，但良心放失了，却不知找回，这是人最大的悲哀。儒家对心、性倾注了最充分的肯定和毫无保留的信任，而对身则始终保持高度的警惕。它虽然不把"身"等同于非道德，但却认为其中内在着不道德的可能性与危险性，是不道德的主体，至少是不完全的道德主体。它对"身"既不采取完全否定的态度，也不完全肯定和信任，而是选择了一种特殊的态度：修！修，即通过道德的修炼，这种修炼的真义是获得"伦理上的造诣"，消弭"心"与"身"之间的紧张，而紧张的消除则是"身"按照"心"的要求而行动。所以在"大学之道"中，修身的环节和功夫是中枢，最为重要。应该说，儒家这样的"心""身"二元又一体的设计，有其合理内核，它以对人的肯定，对人的尊严的肯定为前提，同时又指出人所内在的不道德的可能性与危险性；既指出"人人皆可能为尧舜"的可能与光明前途，又使人对不道德的危险保持高度的清醒和紧张。还是那个简单的原理：人不是动物，所以有道德；人不是神，所以需要道德。

但是，这种"修身养性"、"存心修身"的思路和原理，总体上高扬甚至膨胀了人的能动的"心"，而对"身"的肯定不仅有条件，而且具有道德上冷落甚至歧视的倾向。而在生活世界中，"身"往往比"心"更具有现实性。人在伦理世界中最重要的课题和难题之一，就是"安身立命"。尤其是动荡的伦理世界和复杂的伦理关系中，人如何安身立命，就是最严峻的课题。所以，在一个合理的伦理体系和有机的伦理精神结构中，不仅要高扬"心"，而且也要给予"身"以足够的伦理关怀。如果说

① 《孟子·离娄下》。
② 《孟子·告子上》。

儒家的伦理智慧主要是一种"心性之学",那么,道家智慧的真谛,便可以用一句话概括:"明哲保身"。"明哲保身"的意思是,道家不是一般的或世俗的保身,而是由"明哲"即通过哲学上的澄明而达致"保身",或由哲学上的大智慧而"保身"。所以,如果说儒家道德哲学贡献了一套人伦原理,那么,道家道德哲学便贡献了一套人生智慧。心与身、人伦原理与人生智慧,构成儒家与道家道德哲学在道德形而上学体系与伦理精神体系中的结构性互补。

道家道德哲学,在相当程度上就是一种保身全生的哲学,或提供全生保身大智慧的哲学。老子的人生智慧,以"以柔克刚"、"知足不争"、"不为天下先"为基本内容。最能体现这种智慧精髓的就是"水"。"老聃贵柔","柔"的真谛不是弱,而只是"示弱","柔弱胜刚强"、"无为而无不为",才是"柔"德的大智慧。"水"就是"柔"德的人格化体现。"天下莫弱于水,而攻坚强者莫之能胜。以其无以易之。弱以胜强,柔之胜刚,天下莫不知,莫能行。"他的结论是:"天下之至柔,驰骋天下之至坚。"① 有一个故事,很能诠释老子的这种人生智慧,这个故事即"老子舌在图"。老子西行传道,·途经函谷关时为守关军士所辱。老子弟子愤而欲惩军士。老子阻之。启发道:"吾齿在乎?"答曰:"无。"再问:"吾舌在乎?"答曰:"在也。"于是老子引出一番大道理。人身上最坚硬的是牙齿,而最柔弱的是舌头,但人之齿大都不能伴其终,唯舌从不亡于人终之前,其秘密就在于其柔。庄子对保身的智慧揭示得更多也更系统,其中最有名就是所谓"中虚之道"。这种中虚之道的理论表述就是"缘督以为径","督"即为中,有"虚"之意。"缘督以为径"的要旨是要人们在盘根错节、混浊难处的异化了的伦理世界中,善于寻找缝隙,求得生存。那个流传不绝的"庖丁解牛"的故事,诠释和演绎的就是这种"中虚之道"的人生智慧。道家学说对人的身是如何的关切,乃至最后成为一种养生之学。庄子以"真人"为人生修炼的最高境界,"真人"即与"道"的实体合一的人,也是得"道"之真义和真谛的人,这种人虽然"有人之形",却"无人之情"。道家的演变,也从对"身"的关注走向极端,不仅是明哲保身,而且以长生久视为最高取向,甚至创造出所谓炼丹之术。由此,道家便成为道教,庄子便由一位哲学家成为一个教主,所

① 《老子·四十三章》。

谓"南华真人"。

四 道家为何不能成为中国伦理精神的主流

道家道德哲学，具有深邃的哲学智慧，其体系和理论博则博矣，高则高矣，其影响也不可谓不深远，然而终究未能成为中国伦理精神的主流和正宗。究其缘由，在于其理论体系中不可克服的内在矛盾，以及人格构造中难以弥补的内在分裂。

道家明哲保身的人生智慧，以对自由乃至绝对自由的追求为最高价值目标，只不过是，这种自由不是真实的自由，而是虚幻的"心"的自由，而这种自由的实现，恰恰是以"身"在现实世界中的退隐为条件。心的自由与身的退隐在道家道德哲学与伦理精神结构中成为两个相互诠释、互为目的的结构。他们认为，自由是人的精神的本性，但人们常常陷于各种人为的和自为的束缚之中而不自由。一方面受各种伦理关系和社会关系的外在限制；另一方面自觉不自觉地投身到追逐功名利禄的圈套之中而不得自由。于是，达到自由的途径，就是使自己的身从各种人伦关系、外在规范、功名利禄中撤退出来，以对世俗之"无用"达致绝对自由之"大用"。但是，身处于世俗之中，道家又意识到这种以"无用求大用"的退隐和自由不可能彻底实现。他们一方面追求绝对自由，超脱一切，但另一方面又意识现实世界的客观性和人们在现实世界中命运的必然性。于是，便用分裂的方式企图摆脱这个矛盾：在头脑中，在观念上追求高尚的超脱和心的绝对自由；在现实中又要适应现实，不惜与世沉浮，玩世不恭。两个方面同时并存，各管一个领域，互不干涉，用庄子的话说是"乘物以游心，托不得已以养中"①。如果用一句话概括道家的这种人生策略和人格分裂，那就是：形随俗而志清高；身处世而心逍遥。庄子要以"无待"——不仅无欲，而且无情、无己，达到逍遥游的绝对自由，但人在世俗"人间世"中的"有待"却是一个铁一般的事实，于是只好"有人之形，无人之情"。"有人之形，故群于人。"形迹上与人一致，才能在世俗的伦理世界中生存；而"无人之情，故是非不得于身"②。精神上超脱，就能免于是非，获得自由。为了摆脱命运的束缚，追求精神上的绝对自

① 《庄子·人间世》。
② 《庄子·德充符》。

由，他们采取两个办法。一是"和"，通过相对主义消解一切差异，齐是非，齐善恶，齐美丑；二是"忘"，顽强地忘掉一切。然而精神上虚幻的自由毕竟不能解决现实中遇到的问题，他们不能永远在乌有之乡作逍遥游，于是只好听天由命，对现实的道德原则和伦理秩序表示顺从。"知其不可为从而安之若命，德之至也。"① 这种消极退隐的人生态度与儒家"明知不可为之而为之"的积极进取的人生态度正好形成比照，也形成互补。

这种分裂集中体现于道家的隐士人格身上。道家隐世，事实上并没有彻底否定世俗的价值，而是"托不得已以养中"的"无为而无不为"的智慧，也是人格分裂的表现。诸葛亮是隐士，他的座右铭是："淡泊明志，宁静致远。""淡泊"是为了"明志"；"宁静"是为了"致远"。前者是无为，是隐世；后者是无不为，是入世。所以，诸葛亮身居茅屋，乘骑毛驴，刘备三顾而不见，但当三请之后，便对天下大势娓娓道来，著名的"隆中对"就是这个隐世人格颇具戏剧性质的诠释。而明代东林党人的对联则是道家人格另一个绝妙注释："风声雨声读书声，声声入耳；家事国事天下事，事事关心。"前句出世，后句入世。在这个意义上，道家虽然智慧，但在人格上远没有儒家那么坦荡磊落。那些隐士，从姜子牙到诸葛亮，事实上只要有合适的位置，加上政治家们"精诚所至"，他们大都会一展抱负。这种伎俩，用现代时尚话语，实则是一种"秀"，是人格分裂的文人的作秀。这种人格的恶性发展和世俗表现，就是鲁迅尖锐批评并世代受嘲讽的"阿Q精神"。"阿Q精神"的特点是：当内心想实现某种目标但却无力实现，或即使努力了仍无法达到时，就极力强调说那个目标没有价值，用否认目标的价值来证明自己处于更高的境界，而内心深处眷念着那个目标，与这个目标保持不可分离的认同。这种人格用克雷洛夫寓言的故事表述，就是"吃不到葡萄说葡萄是酸的"，即"酸葡萄人格"。正因为如此，鲁迅先生才说，道家只能用生，不能用世。这种"只能用生而不能用世"的道德哲学和伦理精神，就注定了它不能成为中国伦理精神的主流和正宗的历史命运。

道家伦理精神生长的逻辑和历史轨迹是：愤世—厌世—避世—玩世—顺世。它以对现存伦理世界的批判为起点，但这种批判并不是积极的，也

---

① 《庄子·人间世》。

并没有得出积极的结论，他们在现实伦理世界中的身份始终是一个"不合时宜"的"他者"。于是对现实的过度批判与过度否定，便将人生引向了厌世，不仅这个伦理世界，而且这个伦理世界中的自我都没有存在的意义。但是，他们并不要求改造这个世界，或者他们自己并不努力去改变这个世界，而是对这个世界选择不合作的避世，因为他们以全生保身的消极个人主义为价值取向。于是就以玩世的态度游戏人生，游戏世界，对生活、对人生、对伦理世界和道德世界都抱着极不恭敬的游戏态度。而这样做的最后结果，恰恰是对现存世界的顺应，它的逻辑法则是：宁可逃避这个世界，也不改变这个世界。至此，它与儒家伦理所要达到的效果又最后吻合，所谓曲径通幽也。这便是道家伦理与中国伦理精神为什么既相始终，但又从不能居主流和正宗的秘密。因为最后的结果是顺世，所以能相始终或能善终；因为它以玩世而顺世，所以不能成为主流和正宗；更重要的是，因为这两方面的原因，它成为中国伦理精神体系中儒家伦理的一个最为重要的补偿结构。也许也正因为如此，道家，乃至阿 Q 们，在中国是不会断子绝孙的。

第三节　"康德公设"与佛家伦理精神的结构性地位

　　佛家伦理在中国道德哲学体系与中国伦理精神结构中是一个具有特殊意义的结构。它是一种外来的哲学、外来的宗教和外来的伦理，然而在被称为封闭的中国传统社会和传统伦理中，它却是基本的和必要的结构。自汉流入中国以后，佛教不仅在中国得到广泛传播，而且很快便产生巨大而深刻的影响，尤其到唐代，它几乎成为中国的官方意识形态。一个事实是，在盛唐，居于思想意识形态龙座上的不是儒家，而是佛学。经过韩愈的道统论与李翱的复性论，至唐宋之际，中国伦理才开始向儒家复归。但复归后的儒学，已经不是原始意义上的儒学，而是新儒学，新儒学最重要的特质，就是融合了道家与佛学的哲学。可以说，在中国封建社会的绝大部分乃至最主要的历史时期，佛家伦理都是与中国伦理精神相伴随的，它与儒家伦理、道家伦理的辩证互动，构成中华民族伦理精神的有机生态。这种状况当然最终应当在中国社会特殊的历史存在中得到解释，但对道德形而上学体系来说，最重要的问题之一是，它还有精神哲学的根据。道德哲学的努力，应当在历史的解释之外，还要寻找逻辑的解释。可以说，这个外来的宗教之所以会成为中国伦理的基本构成，就是因为伦理精神中逻辑地和历史地需要这样的结构。逻辑的或精神哲学的解释，无论对理解中国传统伦理精神体系，还是建构现代中华民族的伦理精神，都具有十分重要的意义。

一 道德世界观的基本矛盾与佛家伦理的精神哲学贡献

（一）道德世界观中的基本矛盾

按照黑格尔的理论，道德世界观或道德自我意识，是自在自为的伦理精神。道德世界观的基本问题，是道德与自然、义务与现实的关系问题。道德自我意识的基本矛盾，就是道德与自然、义务与现实的矛盾，这个矛盾也可以表述为德性与幸福的矛盾。道德世界观建立在两个理论假定基础上：一方面，道德与自然，或者道德与幸福是分殊和独立；另一方面，在二者之间必须具有同一性，这个同一性的本质是："它只知道义务具有本质性而自然则全无独立性和本质性。"① 以道德同—自然、义务同—现实，才是"道德"世界观，否则它可能只是自然世界观或世俗世界观。道德世界观的辩证法是：在现实中道德与自然、德性与幸福不统一；但在道德自我意识、在道德信念中又必须肯定这种统一，并且追求和实现这种统一。道德世界观之所以是"道德"的，就是因为它以道德的作为行动的动因，却不能采取行动后获得幸福和享受作为道德行为的前提条件。所以黑格尔才说，道德自我意识毋宁更有充分的理由抱怨道德与幸福之间不相对应和不公正的状况。但是，道德本身却决不能放弃幸福，在道德自我意识中，道德与幸福之间的和谐必须"被设想为必然存在着的，或者说，这种和谐是被设定的"。这便是道德与客观自然之间"被预定的和谐"，它是"世界的终极目的"。道德与主观自然，即冲动与情欲之间的关系同样如此。感性冲动是道德意识中的否定因素，它与道德相对立，但道德自我意识的本质是："消除冲突，统一出现"。道德与主观自然之间的统一，是"行动着的自我所固有的一种和谐；因此，意识必须自己来创造这种和谐，必须在道德中永远向前推进"②。这便是道德与主观自然之间"被预定的和谐"，这种和谐的本质是："道德规律成为自然规律。"在黑格尔

---

① ［德］黑格尔：《精神现象学》下，贺麟、王玖兴译，商务印书馆1996年版，第126页。
② 同上书，第128、129页。

的道德哲学体系中，道德与自然、德性与幸福在道德世界观中的这种和谐，既是辩证的，但又是思辨地存在的。在他的体系中，道德与客观自然、道德与主观自然之间的和谐有两个特点：第一，它们必须和谐于道德，即以道德或义务为自然、现实与幸福的绝对本质，它所建立的是道德的同一性和道德的和谐，否则它便不是"道德的"；第二，它所建立的都不是现实地或客观地存在的，而只是思辨的存在，就是说是"被预定的"，如果这种和谐不"被预定"，那么无论道德世界还是道德世界观都会处于分崩离析的、局促不安的毁灭性状态之中，黑格尔的天才在于，他思辨地指出了达到这种"预定的和谐"的现实道路：这就是作为两个假定，即道德与自然既独立又具有同一性两大假定之间中项的道德行为及其辩证发展。

揭示道德与自然、德性与幸福之间的矛盾及其辩证的同一性，是黑格尔对道德哲学的一个重大贡献。但是，这个矛盾事实上在黑格尔以前的中西方伦理中早已被发现，只是没有被如此系统地阐述而已。原因很简单，正因为它是基本矛盾，它就是道德世界观中的"基本存在"或"基本事实"，它总是会被那些富于卓见的哲学家所发现。中西方道德哲学一开始都提出了"至善"的概念，而至善的本质内涵，就是道德与自然、德性与幸福的统一，因为这种统一现实中并没有成为普遍的客观存在，但道德又必须执著地追求和实现它，因而至善才成为道德哲学和伦理精神的最高理想和最高目标。至善，就是道德与自然、义务与现实、德性与幸福之间"被预定的和谐"。

（二）儒、道对于基本矛盾的回应：乌托邦与虚无主义

在中国道德哲学和伦理精神体系中，儒家以"止于至善"为伦理世界与道德世界的终极目的。儒家认为，仁是道德的根本，仁内在于人的本性之中，"欲仁仁至"，但仁又是一个难以达到的最高境界。所以孔子的弟子才感叹："子罕言利、命与仁。"孔子罕言利与命可以理解，但罕言仁却难以理解。原因在于，孔子认为仁是一个难达到的境界，就像黑格尔所说的那样，"道德的完成是不能实际达到的，而毋宁是只可予以设想的一种绝对任务，即是说，一种永远有待完成的任务"[①]。所以孔子从没有称赞谁是"仁人"，正是在这个意义上他才"罕言仁"。但是，儒家的可

---

① ［德］黑格尔：《精神现象学》下，贺麟、王玖兴译，商务印书馆1996年版，第129页。

贵之处在于，它把仁不仅作为起点，作为终点，而且作为由起点走向终点的动力，在他们的体系中，仁就存在于由善的本性向"仁"的最高目标迈进的运动过程之中。所以孔孟总是鼓励人们不屈不挠地努力，以追求和实现仁的最高境界。"君子无终食之间违仁，造次必如是，颠沛必如是。"① 他以"为山"和"平地"为例，告诫人们在道德上要不断努力，不可"功亏一篑"，必须自强不息，厚德载物。道家则相反。应该说，道家的发现也深刻地揭示了道德与自然、德性幸福之间的矛盾，但它却没有得出积极的结论。它在道德哲学上的误区在于：没有在道德与自然、义务与现实之间建立"被预定的和谐"。一方面，它只是智慧地和激烈地揭露批判二者之间的对立，并不以它们之间的和谐为价值目标，因而走向对现实世界的彻底否定，并由此演绎出愤世、厌世、避世、玩世的人生态度和精神发展逻辑；另一方面，他们也没有找到扬弃这种对立的现实道德出路，因为它们没有发现道德行为，在道德世界观更不愿意赋予自己以严肃的道德责任。道家批判了现实的伦理世界，解构了这个世界，却对这个被解构得支离破碎的世界一筹莫展，丧失信心。原因很简单，他们只是批判这个世界，却不愿意通过自己的道德努力改变这个世界；只是批判客观世界，却未能也不愿意批判自己的主观世界。所以，道家的努力，未能得出肯定的和积极的结论，最后，他们的那些哲学上的大智慧，只能沦落为只能"用生"，不能"用世"。从伦理精神建设和伦理精神体系建构的角度说，它未能做出积极性和肯定性的贡献。

在道德世界和道德世界观中，道德与自然、德性与幸福之间的矛盾与同一同时是两个具有现实根据的存在，矛盾是实然，同一是应然，二者都是必然。儒家立足应然，在道德世界中自强不息、厚德载物，但最后走向了道德的乌托邦，认识论上的原因很简单，它将"被预定的和谐"当作当下存在的和谐，无视矛盾与冲突的铁的必然性。道家立足实然，却走向了伦理虚无主义与道德虚无主义，认识论上的原因同样简单，它放弃了行动，放弃了道德行动对应然的追求。于是，对道德形而上学体系和伦理精神结构来说，就必须找到第三种结构，既是积极地又能现实地解决道德世界观中道德与自然、德性与幸福之间的矛盾。佛家伦理正好具有这样的哲学功能与文化。

---

① 《论语·里仁》。

（三）"康德公设"与佛家伦理的精神哲学贡献

与儒家和道家相比，佛家伦理中两个要素特别重要，也特别值得注意：一是三世轮回；二是人格化的终极实体即佛的存在。佛家伦理的根本信念与基本原理，是因果报应。因果报应的世俗表达是善恶报应，而在道德哲学中的表达就是道德与自然、德性与幸福之间的和谐。但是，无论是善恶报应，还是因果报应，它们之间的和谐即所谓"报应"都是，而且都只能是"被预定的"，因而报应只存在于信念以及依据道德而采取行动的结果中，同样不能存在于动机中。因果报应，就是道德与自然之间"被预定的和谐"的宗教伦理的表达。但佛教解决这个难题却有两个特殊的机制。一是三世轮回。它将人生分为今世、前世和来世三世，三世是轮回的，将人们在这三个世界中的际遇即"现实"与他们在前世的道德表现即所谓"业"之间建立起因果关联，这样，人生便延长至无限。第二个机制是佛的存在。佛作为终极实体，其道德功能不仅是道德准则的最高立法者，而且是道德的最公正的执法者。由于三世轮回与佛的存在，因果报应，便具有永恒的现实性。这样，佛家便通过宗教机制，在道德世界观中建立了道德与自然、义务与现实之间"被预定的和谐"，并且使这种和谐具有永恒的现实性。

佛家伦理的这个结构，很容易让人们想起康德在《实践理性批判》中的两个著名的公设，即灵魂不朽；上帝存在。康德认为，在实践理性中，存在一个悖论，这就是德性与幸福的悖论。康德以至善作为实践理性的对象，认为，至善有两个元素构成，这就是德性与幸福，至善就是德性与幸福的完全一致。德性是追求和获得幸福的条件，虽是一种善，但还不是至善；至善还有另一个条件，即德性一定能得到幸福。德性和幸福的统一构成一个人对至善的拥有，二者之间的精确对应，构成了一个可能世界的至善。[①] "在对于我们系实践的，亦即通过意志而实现出来的至善里面，德性和幸福被思想为必然地联系在一起的，因此实践理性若不能够认定其一项，另一项也就不属于至善。"[②] 据此，至善的实现必然会有两种情形：或者德性以追求幸福的欲望为动机；或者幸福以德性为充分条件，即德的准则是幸福的有效原因。然而，两种情形都是不可能的。第一种情形是绝

---

① 参见［德］康德《实践理性批判》，韩水法译，商务印书馆1999年版，第121—124页。
② 同上书，第124页。

对虚妄的，因为将意志的决定性根据建立在对幸福的渴求基础上的任何准则，都是非道德的，它不能为任何德性提供基础；第二种情形是有条件地虚妄的，因为在现实世界中，德性并不总是能导致幸福的结果。于是，在实践理性中，一方面必须假定在德性与幸福之间存在自然的和必然的联结；另一方面，谋求幸福的原理不能产生德性，相反，幸福必然是德性的结果。这就是实践理性中德性与幸福的二律背反。为了消除这一悖论，康德作了两大公设，即两个不证明的公理。第一个公设是灵魂不朽，其目的在人生延长，因为，意志与道德的完全切合只有在无穷前进的运动中才能实现，它必然要求理性存在者的人格的无限延续为前提。道德是一个永远有待完成的任务，完成这样的任务必须要求理性存在者有同样永恒的人格，或者说，这一任务只有在永恒里才能解决，这个永恒的条件便是"灵魂不朽"。但对至善的第二个元素即幸福，即德性对幸福的切合的可能性来说，它还要求第二个公设，这就是上帝的实存。只有假定上帝这个最高立法者的存在，才能建立起德性与幸福之间必然的联系。"只有在一个无上的自然原因被认定，并且这个原因具备合乎道德意向的因果性的范围内，这个至善在世界上才是可能的。"① 这个"无上自然原因"就是上帝。这样，在康德的体系中就出现了一种矛盾的现象：在纯粹理性中，他将上帝清除了出去；但在实践理性，在伦理学中，他又将上帝请了回来。原因很明了，只有宗教参与后，德性与幸福精确配对的至善才有可能。"道德学根本就不是关于我们如何谋求幸福的学说，而是关于我们应当如何配当幸福的学说。只有宗教参与之后，我们确实才有希望有一天以我们为配当幸福所做的努力的程度而分享幸福。"②

　　显而易见，在佛教伦理的三世轮回与佛祖存在中，存在与康德两大公设的惊人的一致性。三世轮回就是"灵魂不朽"；佛祖存在就是"上帝存在"。区别在于，在康德道德哲学中，它们是思辨的结果，而在佛教伦理中，它们由信仰而产生。这种超越时代和文化的惊人吻合，只能解释为哲学上的某种普遍性和精神结构上的某种普世性。区别在于，在康德体系中，这两大公设在同一个理论体系中存在，或者说，它们构成康德理论体系成立的条件，在康德看来，也是至善和实践理性成立的条件，而在中国

---

① ［德］康德：《实践理性批判》，韩水法译，商务印书馆 1999 年版，第 137 页。
② 同上书，第 142 页。

传统伦理体系和中国传统伦理精神结构中，它是使以儒家、道家为两个基本结构的伦理体系和伦理精神得以成立和平衡的一种引进的结构元素。康德的道德哲学体系通过个体理性即康德本人的思辨理性，演绎出道德哲学体系对宗教的哲学要求；中国传统伦理透过民族伦理精神和伦理体系平衡和完成的要求，使佛家伦理成为一种内在的和必然的结构。前者是个体道德理性的自觉；后者在相当意义上可以当作某种集体理性、实体理性的自觉，当然，在历史演进的过程中，它在相当程度上表现为某种自发性甚至偶然性。但是，只要将中华民族的传统伦理精神当作一种完整有机的体系，只要将中国伦理精神的历史建构当作主体性的自觉能动的过程，透过康德的道德哲学就很容易诠释和理解佛家伦理在中国伦理精神体系中的必然性。康德的两大公设与佛教伦理在中国伦理精神体系中的地位，可谓"理一分殊"。

二 佛家伦理与儒家伦理的精神会通

由以上研究可以发现，佛家伦理在中国伦理精神体系的有机性中具有不可取代的地位，因为儒家的入世与道家的避世都难以在理论上彻底解决德性与幸福的关系问题。不过，佛家伦理在中国伦理体系中的结构性地位，还与另一因素相关，这就是中国化的佛家伦理与儒家伦理在根本原理和价值取向的会通和相通。

佛教、佛教伦理之所以在中国文化、中国伦理精神的建构与发展中具有重要的结构性地位，最重要的原因之一，就是它很好地完成了中国化的过程，而中国化在相当意义上就是伦理化、乃至部分儒学化。中国文化、中国哲学从根本上说是一种伦理型文化和伦理型哲学，佛教要在中国生根，首先必须伦理化，与中国的传统结合。诚然，任何宗教都具有伦理的内核，或者说，宗教在相当程度上履行着伦理的功能，但是，宗教伦理与世俗伦理毕竟存在重大差异，尤其对佛教这样具有更为浓烈的出世倾向的宗教来说，更是如此。所以，佛教中国化完成的基本任务之一，就是具有中国文化所能接受的伦理性，至少它不能与中国入世或现世的伦理相抵牾。其中最重要的工作之一，就是与儒家伦理的调和。

所以，我们发现，佛家伦理在诸多基本方面，与儒家相通，最典型也是最能说明问题的，是佛家的佛性论。佛性论实际上是佛教伦理的实体论，它在佛教伦理中的地位相当于世俗伦理中的人性论。在佛教传入之初，占主导地位的观点是，不是人人皆具佛性，"一阐提"即不信佛、完全断了善根的人就没有佛性。应该说这种观点符合常见，也与佛教的根本文化旨向和文化利益符合。然而晋宋之际的竺道生却提出了一个在当时是惊世骇俗的观点：人人皆具佛性，"一阐提"也有佛性。这种观点一提出就引起喧哗，被视为无知的异端。然而不久便得到比较广泛的认同和接受，据记载是在印度佛经的原典中找到了根据，由此竺道生本人也从一个异端成为佛事的天才。事实上，可以有理由推断，无论是竺道生的论断，还是世人对它的接受，在相当程度上都是中国文化本性的本能式表现。中国伦理，尤其是儒家伦理有一个坚定的信念：人性本善，人人皆可以为尧舜。佛教伦理如果在基本信念上与主流道德意识形态相抵触，不仅很难完成中国化的进程，而且也会出现生存危机。所以，"人人皆具佛性"，事实上更有理由当作是儒家"人人皆可为尧舜"的文化移植。二者之间不仅存在相通性，而且存在某种因果关联。一个有趣的问题是：竺道生本人当时并未接触到被视为证据的那个佛教经典，也并没有提出更多的佛学经典方面的根据，何以执著地坚信"人人皆具佛性"，合理的解释就是一种文化本能式的理解，而世人对它的接受，从根本上说也是它与主流伦理传统的一致。

　　中国化了的佛教对作为源头的印度佛教所进行的创造性改造和转换之一，就是与中国人伦理传统保持基本的一致，为此甚至不惜淡化自身的出世倾向。有一个故事很能说明问题。一位书生，一心向佛，周游世界，立志要找到真佛，最后精疲力竭，倒在一块石头上睡着了。朦胧中佛祖启示他：找到真佛其实很容易，深夜回家，如果有一个人顾不上穿履前来开门，这人便是佛。书生照样做了。寒冬半夜回家，老母喜出望外，光着双脚为儿开门。书生扑倒在地，高呼：我找到真佛也。这个故事其实是要人们克尽人伦，佛就在身边，成佛端赖一种伦理上的完成。其原理与孔子"我欲仁，斯仁至矣"，其实如出一辙。

　　当然，佛教在中国生根，佛教伦理成为中国伦理精神的基本结构，还与佛家的文化策略有关。在历史上，佛教由道家接人。但很快二者便发生激烈冲突，当然同时也与儒家发生冲突。面对文化冲突，佛家选择了一个十分"势利"的策略：对道家或道教不依不饶，坚决斗争；而对儒家则一般是自卫性的辩白和辩白性的自卫，力图回避正面的和激烈的冲突，在相当多的场合下总是试图寻找一致。"六祖革命"以后，佛教更是适应了中国以农民为主体的特点，最后甚至既不重义理，也不重禅定，更无须"定慧双修"，只需心中向佛，"放下屠刀"，便可"立地成佛"。由此佛教和佛教伦理便可以为最为广大的众生所接受。这便是祖宗和祖宗伦理的魅力之所在，也是佛教伦理在中国获得成功的重要秘密之所在。

　　不过，无论佛教如何在中国生根，佛教伦理终不能成为中国道德哲学体系和伦理精神体系的主流和正宗。原因很简单，这种以出世为基本取向的伦理不能真正有效地解决中国社会性的问题，更不能像儒家那样提出解决家国一体、由家及国背景下中国伦理基本课题卓越而具有现实性的方案，甚至它根本就没有提出这些基本课题，更不用说关于解决它的文化方案了。佛教在中国历史上不可谓不辉煌，自汉流人后，佛教便在中国逐渐大行，其影响力之大，乃至隋唐两代，几位皇帝弃江山帝位而皈佛祖，寺庙之盛，可以说哪里有好山好水好风光，哪里便有和尚庙。至大唐，甚至在中国封建社会鼎盛时世居意识形态主流地位的，不是儒家，而是佛家，韩愈排佛几乎被诛就是证明。然而，正是这种状况，给中国后来封建社会的发展埋下了祸根，到封建社会末期，无论帝王们如何殚思竭虑，却无力回天，终是"落日的辉煌，百年无长歌"，精神与文化上的端绪就在这里。在唐代尤其是盛唐，不乏佛学大家，也不乏诗词巨匠，但唯独缺乏思想、哲学和伦理方面的大师，可以说像先秦、宋明时期那样的大师，在唐代却一个都没有，这是一个极不正常的现象，它给后人留下太多的沉痛教训，而佛教伦理，在其中也应负一份推脱不了的责任。遗憾的是，我们至今对这段历史缺乏真正地有深度的反思。太平盛世，如果没有与它相匹配的思想理论的高度发展，只是文学艺术等感性文化的繁荣甚至任性的生长，将给日后的发展埋下祸根。用时下意识形态的话语说，这也许叫精神文化的协调发展吧。

第四节　儒、道、佛三位一体与中国伦理的精神哲学形态

　　如果按照黑格尔精神哲学的观点，将道德哲学体系当作理论精神，将伦理精神体系当作实践精神，那么，由以上论述得出的结论就是：无论是理论精神体系，还是实践精神体系，中国传统伦理的精神哲学体系，都是由儒家伦理、道家伦理、佛家伦理三个基本要素构成的有机结构生态。根据这样的论述，对中国传统伦理的精神哲学体系的把握来说，两个理论问

题的澄清特别有意义。第一个理论问题是，在中国哲学史、伦理史乃至文化史上，儒家事实上并没有被"独尊"，正如周桂钿先生考察所得出的结论的那样，即使在汉武帝时代，儒家、儒术也并没有真正被"独尊"，在中国历史上与儒家相始终的还有道家和佛家。第二个理论问题是，现在讲国学，许多学者的兴趣都特别关注儒家和道家，但不能给人一个印象，国学就只是儒家和道家，至少对民族伦理的国学来说，佛家和佛教伦理，也是国学中的一个重要结构。诚然，儒家与道家的伦理是中国土生土长的，但是佛家伦理经过中国化之后，已经是中国的本土伦理，虽然它一开始不是本土的，只有是本土的，它才能发挥如此巨大深刻的文化功能。

关键在于，中国道德哲学体系、中国伦理精神体系，由儒家、道家、佛家为基本元素和基本结构，但它并不就是儒家、道家或佛家，或者说，并不是三家当中的任何一家。中国道德哲学和中国伦理精神体系，是三家共生互动、有机融合所形成的精神哲学的辩证生态，作为民族的伦理精神和道德哲学，它是由三家所形成的精神哲学的"整个的个体"。因此，在阐述三家的特殊伦理贡献和文化地位之后，研究并没完成，一个不可缺少的努力是：必须探讨三家辩证互动所形成的"这一个"，即中国道德哲学体系与伦理精神体系的民族形态，准确地说，是它的精神哲学形态。

关于儒、道、佛三位一体所形成的民族伦理精神的哲学形态的探讨，可以从三个维度展开：历史的，逻辑的，历史和逻辑统一的。从学术界对它进行的研究进展的角度考察，逻辑的分析应该是重点，逻辑的分析也就是精神本身的分析。

一　中国道德哲学的历史形态

中国伦理精神历史建构的过程，就是儒、道、佛辩证互动，形成民族伦理精神的有机体系的过程。

（一）文化基因及其道德哲学意义

中国伦理精神和道德哲学的逻辑与历史源头在哪里？现有的研究似乎对它很少兴趣，也鲜有考察。我认为，在自为的形态上，它的源头有两个，一是古神话伦理精神意向；一是《周易》的道德哲学模式。神话在民族伦理精神和道德哲学体系形成的过程中具有特殊的地位，这种特殊地位与神话发生的特殊历史时期相关。一般说来，神话总是发生于由原始社会向文明社会转换的历史时期，因而它既有野蛮的遗存，又开文明的端绪。神话是一个还处于蒙昧时期的民族走到文明门槛口，使劲叩动文明社会的大门发出的奇妙声响。因此，神话不是一个民族的早期艺术形式，而是它的历史意识的真实，就是先民的哲学。中国神话与西方神话相比，一开始就具有浓烈的民族性，民族性的特殊表现，就是伦理性。中国古代神话的不变主题就是善恶报应。不用说像盘古开天，女娲补天，尧舜禅让，大禹治水这些本身就是伦理的故事，即使最富有浪漫色彩的嫦娥奔月，讲的也是一个以善恶报应为主题的道德故事。嫦娥是后羿之妻，后羿奉西王母之命为生民射掉天上多余的太阳，西王母给他们一瓶甘露，让后羿完成任务后两人服下以成仙。嫦娥难忍寂寞，一人独吞了这瓶甘露，于是扶摇直奔广寒宫，结果是，因为一时之私念，她顿时由一个美丽的仙子变成一只癞蛤蟆，在广寒宫过着狼狈的日子。善恶报应的伦理传统，奠定了日后中国伦理精神的文化基因。《周易》比神话无疑具有更大的自觉性，但我个人的观点是，它还不是后来意义上自觉的哲学。《周易》的魅力在于它的可解释性，而这种可解释性相对程度上在于它的朦胧性。与神话相比，《周易》的进步和贡献在于，它已经形成的一个对后来发生巨大而深刻影响的道德哲学模式，其中两个因素特别明显，也特别重要。一是由神话继承发展而来的善恶报应的观念，所谓"积善之家必有余庆，积不善之家，必有余殃"①。一个就是阴阳结构。除此之外，还有天人合一、自强不息两个要素。② 这里需要强调的是，善恶报应，到《周易》已经自觉化为一种理念和信念。古神话与《周易》确定了中国伦理善恶报应的基本精神。

原初伦理中的这种文化意向与文化基因应该说与道德哲学和伦理精神的本性正相吻合。正如康德所发现的那样，德性只是一种善，而德性与幸福的统一，则是至善，至善才是道德哲学和实践理性的最高目的。但是，在至善中和实践理性中存在德性与幸福的矛盾，正因为如此，才需要将二者之间的一致作为信念和追求。黑格尔以"预定的和谐"解决这个难题。他的思路是：在道德世界观中存在道德与自然之间的矛盾，在现实中道德与自然、义务与现实并不统一，道德也不能将幸福作为行为的动机，但道德世界观必须在意识中预定二者之间的和谐，因为它是世界的终极目的和

---

① 《周易·坤第二》。
② 注：关于《周易》的道德哲学模式，请参阅拙著《中国伦理精神的历史建构》，江苏人民出版社 1992 年版，第 68—71 页。

自我意识的终极目的。康德和黑格尔虽然用不同话语表达，德性与幸福的矛盾，康德认为是"实践理性"中的基本问题和基本矛盾，黑格尔认为是"道德世界观"中的基本问题和基本矛盾；康德预定的是"一致"，黑格尔预定的是"和谐"，但其实质是相同的。他们发现和揭示了道德哲学和伦理精神中的一个基本问题和基本矛盾。这个矛盾及其预定在中国道德哲学的原初形态中就是善恶报应。善恶报应，就是康德预设和黑格尔"预定的和谐"的中国化形态和中国式表述。中国文化作为一种伦理型的文化，从它的开端就提出了这个基本问题，并作出相应的预设。也许，这也是梁漱溟先生所说的中国文化早熟的另一个印证吧。

（二）基因蜕变、社会选择与文化复归

孕生和发端于民族初年的这种文化基因，遇到春秋时期社会大变动的特殊历史背景及其思想文化百家争鸣的特殊条件便得以展开。春秋时期的百家争鸣，实际上是各种思想流派从各自特殊的社会存在、理论视角和思想立场提出的解决中国问题的诸多思想理论的主张或方案。从伦理学的角度考察，它也可以理解为是在中国历史上进行的一次规模最大、最富有创造性的道德哲学商谈和伦理精神对话。如前所述，虽然"春秋无显学"，百家争鸣中未有一家超"子"入"经"，但还是以儒、道、墨、法影响最大，发生这种现象最重要的原因，就是因为它们与中国家国一体、由家及国的社会结构关联最为紧密。同理，也正因为如此，这就注定了法家、墨家以后的命运。墨家因为立足于家国之间的社会，而且在主张上偏于家，所以在战国后期便与儒家合流。而法家虽然在政治上有很大影响，但因为它的立足点是国，所以日后在思想理论上也未能取得主流和正宗地位，统治者一般选择外儒内法。儒家与道家则始终处于重要的地位，是中国伦理精神的两个基本结构。

但是，"春秋无显学"这种局面不可能长期下去。因为春秋战国虽然是一个思想激荡、文化繁荣的时期，却是一个极其典型的行为失范、社会失序的时期。孔孟提出的礼和仁，在相当程度上就是将它们当作治理失序和失范、建立伦理同一性和道德同一性概念，以及形成伦理道德的共同价值基础的努力。中国伦理精神必须也必定要寻找和形成自己的主流意识形态。于是，在汉唐这个中国封建社会最为漫长也是最为繁荣的历史时期的任务，就是中国伦理精神的抽象性选择，其路径是通过各种可能的选择进行建立伦理道德的主流意识形态的文化同一性的尝试。首先选择的是道家，汉高祖刘邦崇尚的是黄老之术。至汉武帝才"罢黜百家，独尊儒术"。其实，在汉以前，这种试图通过定一家为独尊的试验早已以一种极端的形式进行。秦始皇不仅独尊法家，而且试图通过在物质上消灭"异端"而巩固法家作为主流意识形态的地位，于是便有"焚书坑儒"，结果是"二世而亡"。这个惨痛的教训产生了两个效果：一是后来的中国政治家不敢"独尊法家"，乃至在政治治理中不敢"外法"，最多是"内法"；二是几乎放弃了"独尊"一家的努力，汉武帝事实上也没有"独尊"儒家，他独尊的是儒"术"，但同时也尊着其他诸"家"。不过，主流的是儒学，它演变成两汉的经学。到魏晋时期，中国伦理精神作了第三种方案的选择，将儒家与道家结合，于是便有所谓"魏晋玄学"。然而，这种结合并没有形成多少正果，虽然在学术上取得了不少成果，但在现实的伦理世界和道德世界的建设方面，却产生了严重的后果，这就是人格分裂。所以，到隋唐，便作出第四次选择，即尝试着将汉代引进、业已得到充分发展的佛学作为显学，并与儒学结合。这种尝试导致隋唐佛学的大行，佛学几乎在盛唐取代儒学而在思想理论上居于意识形态的宝座之上。然而，"坚强者死之徒"，当佛学走向极盛时，便发生几起大规模的毁佛事件。可见，汉唐时期，在儒、道、佛之间几乎穷尽了几种可能的选择。经过这样漫长的细致的社会试验，中华民族终于觉悟到：无论是儒家，还是儒道结合、儒佛结合，都不能真正解决中国的伦理和道德问题。于是，韩愈和李翱这对师友，便提出"道统说"和"复性论"，从德性论和本体论两个方面复兴儒家，复归儒家伦理在道德哲学和伦理精神体系中的核心和主流地位。但是，这时的儒学，已经不是古典意义上的儒学，而是经过道家和佛家互动中和过的儒学。经过汉唐漫长的历史选择，儒家事实上也不可能在伦理精神中居于"独尊"地位。

这样，中国伦理精神便由"道统说"、"复性论"向宋明理学过渡。严格说来，宋明理学不仅是儒家伦理的新形态，更是中国伦理精神的新形态。宋明理学被称为"新儒学"，"新"就新在融合了道家和佛家，但坚持了儒家的核心价值。总的说来，它是以儒家为根本，融合了道家与佛家的那种新的思想理论意识形态。由此，中国传统伦理精神的历史建构才可以说真正完成，中国伦理精神在思想理论上的大一统或同一，才真正完成。中国政治上的大一统在秦便第一次完成，但思想文化，尤其是伦理精神的大一统至宋明才真正完成，其间经过了近 2000 年的探索。这说明，思想的规律、文化的规律，完全不同于政治的规律，思想文化、伦理精神的同一，只能靠它自身的机制完成。宋明理学通过"天"与"理"的结合，建立起了一个兼具世俗性与超越性的伦理实体；通过"天理"与"人欲"的对立与统一，建立起"存天理，灭人欲"的道德世界和道德世界观；通过纯粹至善的彼岸的"天命之性"与可善可恶的此岸的"气质之性"的复合调和，建立起道德哲学和伦理精神的本体；通过"理一分殊"达到实体与个体、"绝对义务"与"众多义务"的统一。在宋明理学的道德哲学和伦理精神体系中，儒、道、佛已经融为一体，成为中国道德哲学与伦理精神的"整个的个体"。

（三）道德哲学民族形态的完成

儒、道、佛三位一体，之所以构成中国道德哲学的体系，中国道德哲学之所以选择儒、道、佛三位一体为民族道德哲学形态，就是因为它解决了道德哲学中的一个基本问题，这就是伦理世界与道德世界的关系问题，这个问题的核心，是道德世界与伦理世界的和谐。和谐的真谛是，道德世界如何与伦理世界相适应，或者说，如何建立与伦理世界相适应的道德世界与道德世界观。

儒家道德哲学最重要的贡献，就在于探索和建立了一个与家国一体、由家及国的社会结构与文明路向相同一的伦理世界，即"'五伦'世界"；同时，建立了一个与"'五伦'世界"相适应的道德世界，这就是"'四德'世界"；更重要的是，建立了一个通过自强不息、"明知不可为之而为之"的德性努力，或通过道德同一性的建构积极能动地扬弃道德世界与伦理世界矛盾的道德世界观，最后达到"从心所欲不逾矩"的绝对自由境界。但是，在儒家道德哲学中也存在深刻的内在矛盾，这就是：自然情感、道德情感与政治意识的矛盾；家庭成员与社会公民的矛盾；心与身、人格与人伦的矛盾。道家道德哲学的贡献，在于提供了一套在以家国一体、由家及国为根本原理的伦理世界中安身立命的人生智慧；也提供了一套如何在现实的伦理世界中，如何从外在的人伦关系的束缚和内在情欲的束缚下解放出来，获得自由的途径；更重要的是，它提供了一种在遭遇人生、人伦激烈冲突时的道德世界的出路和根本取向，这就是"明知不可为之而安之若命"，宁可隐世避世，也不破坏既有伦理世界的秩序。但是，道家道德哲学从根本上说是消极的，通过由身从伦理世界中退隐而达到的心的自由是虚幻的，最终只能用生而不能用世。佛家最重要的贡献，在于提供了中国道德哲学中的"康德公设"，从而解决了内在于道德哲学和伦理精神中的"至善"的悖论，当然也是以虚幻的形式解决。在康德体系中，实践理性的至善悖论要通过借助"公设"思辨地解决，而在中国道德哲学结构中，本身就存在这样的机制，佛家为解决这个难题提供了一套体系性的方案。道家通过怀疑伦理世界与道德世界的真实性解决这两大世界之间的矛盾，佛家则更向前走了一步，通过否定道德世界与伦理世界的真实性，彻底消解这两大世界之间的矛盾，从而达到一种虚无的但却是彻底的自由。

中国道德哲学的以上结构，以及儒、道、佛的特殊的哲学品质，就决定了在儒、道、佛三位一体的体系中，儒家居主流和主导地位，道家和佛家居补偿的和支撑的地位。道家与佛家虽然不能居主流和主导地位，但却是不可缺少的道德哲学结构，道理很直白：儒家只是提供和设计了道德哲学的一种常态，即道德世界与伦理世界应该统一和可以统一的状况，而对那种难以统一甚至不能统一、二者出现激烈的冲突的状况却往往一筹莫展，这就是为什么到乱世儒家伦理就难以真正发挥作用的重要原因，而道家、佛家针对另外两种可能的情况准备和提供了一套道德哲学的理论和智慧。这样，中国道德哲学不仅为伦理世界与道德世界关系的三种可能的状况，提供了三种可能的方案，在人的道德世界观中也建立了三种对付不同状况的具有自我调节功能和自我转换能力的、几乎可以对付各种局面的道德自我意识。由此，不仅"'五伦'世界"在文化上始终处于安全的状态之中，而不致因道德世界与它的激烈冲突而面临被颠覆的危险；而且道德世界通过自我转换和自我调节在各种情况下也始终处于平衡至少是可能的平衡状态中；于是，伦理世界与道德世界便处于"预定的和谐"之中，中国道德哲学也便成为一个完整而有机的体系。

二　中国伦理的精神形态与精神生态：自给自足

儒、道、佛三位一体构成的民族伦理精神的形态特质是什么？就是自给自足。中国人的伦理精神，是儒、道、佛三位一体所构成的自给自足的三维结构，它所建构的，是一个自给自足的伦理精神生态。

伦理所以是一种"精神"，就是因为它不仅是理论的，而且是实践的。伦理精神之真理性的确证和检验，在于它不仅是一个整体，而且是一个"整个的个体"。作为"整个的个体"，它的自在状态是与民族伦理实

体的"这一个"相同一，是民族的精神；它的自为状态是与作为"这一
个"民族公民的"这一个"即具体的、个别性的民族公民的道德世界相
同一。简单地说，伦理精神民族性与有机性的真理性确证，在于它作为
"整个的个体"，在民族伦理实体与民族伦理实体的"个别性原素"之间
存在"理一分殊"，"月映万川"的分享式的哲学关联。就是说，它不仅
是民族的精神，也是这个民族的成员的精神；不仅对民族伦理实体与民族
的伦理世界及其道德生活具有解释力，而且对绝大多数民族成员的道德世
界和道德生活具有解释力。

　　儒、道、佛三位一体，在"理论精神"即理论或理性的层面，形成
的是一种有机而完整的道德哲学体系；在"实践精神"或行为的或自在
自为的层面，形成的是自给自足的伦理精神结构。中华民族、中国人的
伦理精神结构，就是儒、道、佛三位一体而构成的自给自足的伦理精神
结构。其中，"自给"的意思是，在伦理精神内部，具有建构自身的伦
理世界和道德世界的各种要素；"自足"的意思是，在这种精神结构中，
具有实现伦理世界和道德世界的自我平衡，以及达到这两个世界之间的
平衡，化解伦理世界的冲突、道德世界的冲突，以及伦理世界与道德世
界之间的冲突，从而建立伦理精神"预定的和谐"的基本要素和基本机
制。"这种自给自足表现在两个方面。一方面，自身之内就具有道德的
一切要素，自身就是道德的源泉，这就是所谓'自给'；另一方面，自
身之内具有克服主体内在的人生矛盾和人伦矛盾，实现自我满足、自我
平衡的机制，这就是'自足'。自我中心、自我圆满、自我满足是这种
结构的内涵。"①

　　仔细考察中国人，就会发现，无论是文化精英，还是普通百姓，在其
精神结构中，都具有儒、道、佛及其三位一体的文化基因和精神构造。中
国人精神发展的常态是，往往在得意时是儒家，"春风得意马蹄疾，一夜
看遍长安花"；失意时是道家，"后退一步天地宽"；绝望时是佛家，看破
红尘，"四大皆空"。中国人个体精神生长的轨迹往往是，年轻时是儒家，
"明知不可为之而为之"；到中年道家的精神因子往往被唤醒，"知足常
乐"；老年时自觉不自觉地是佛家。儒、道、佛"三维结构成为一个无所
不具、无所不能的道德性的小宇宙，其特征是按照社会伦理要求不断改变

---

　　①　樊浩：《中国伦理精神的历史建构》，江苏人民出版社1992年版，第411页。

主体自身，以维持社会的和谐"①。具备了儒、道、佛的三维结构，人的精神就好像具有三角形成的稳定性，便建立一个富有弹性的安身立命的基地。这个结构好似一个人生的锦囊袋，它使人们在任何时候、任何境遇下都不会失去安身立命的基地。这是一种伦理性、道德性的自给自足，其整体功能，是使人们在道德进取中维持伦理世界的平衡。"得志，泽加于民；不得志，修身见于世。""穷则独善其身，达则兼济天下。""居庙堂之高，则忧其民；处江湖之远，则忧其君。"中国文人的这些情怀，事实上是中国人的刚柔互补、进退相济的伦理精神结构的自觉表达。正是在这个意义上，中国道德哲学、中国伦理精神，具有很强的"用世"和"用生"的双重功能。更重要的是，它形成了一个进退互补、刚柔相济、用世与用生结合的伦理精神生态，使人们无论"居庙堂之高"，还是"处江湖之远"，都保持对伦理世界的认同，不会丧失安身立命的基地。中国人的伦理精神具备了儒、道、佛的三维结构，就具备了三角形的稳定性。这种精神生态因极富弹性而高度自给，高度自足，并因此而高度稳定，乃至最后形成伦理精神的"超稳定"。

三　民族伦理精神的内在矛盾

人们很容易会发现一种有趣的事实：儒、道、佛三位一体所形成的民族伦理精神形态的自给自足，正与中国传统经济的自给自足相切合。中国传统经济是自给自足的自然经济，中国传统伦理是自给自足的"自然"伦理。"自然"的意味是：无论经济还是伦理，都以家庭这个自然的实体为出发点，以家庭为策源地和理想模式。伦理精神形态与经济形态之间的这种高度切合和高度一致，不能理解为是一种历史的巧合，更不能归之于诠释中的过度解释，其中潜在深刻的历史必然性，是历史唯物主义的深刻体现。也许，二者的这种切合，正是中国传统经济、传统社会、传统文化、传统伦理长期"超稳定"的深刻根源之所在。

解释经济形态的自给自足与伦理精神形态的自给自足当然是一个有趣而有意义的工作。但是这个解释的方法及其结论已经存在于马克思主义哲学之中。特别重要而又有待继续努力的工作是，发现和揭示这种自给自足的伦理精神中潜在的深刻而内在的矛盾。

---

① 樊浩：《中国伦理精神的历史建构》，江苏人民出版社1992年版，第411页。

从自给自足的精神特质方面考察，中国传统伦理潜在着三个内在矛盾。

（一）个体与整体、个体至善与社会至善的矛盾

个体与整体的矛盾，是内在于一切伦理精神与道德哲学体系中的矛盾，因为伦理世界中的矛盾，伦理世界与道德世界的矛盾，从根本上说，就是个体与实体的矛盾，而实体的现实性表现之一，就是整体。关键在于，道德哲学与伦理精神到底选择以什么为价值出发点。伦理本质和本性上是实体的和普遍的，因而伦理先天地具有实体和整体取向的特质，但是个体又是实体和整体中最真实和最能动的存在。正因为如此，"原子的观点"和"实体的观点"便成为对待伦理两种最基本的观点和方法。黑格尔的主张是：从实体出发；中国传统伦理的主张是：从实体，家庭实体、民族实体出发。这种实体主义与整体主义当发展到极致时，在近现代便走向反面，形成在西方高度发展的个体主义、个人主义。实际上，无论是道德哲学还是伦理精神，最大的难题，是在个体与实体、个体与整体之间如何建立一种合理而恰当的平衡，以此建立伦理世界和道德世界的合理性与现实性。儒、道、佛三位一体的伦理精神，自始至终都具有强烈的整体主义取向。儒家一开始就强调义利之辨，积极而绝对维护整体，道家、佛家虽然主张隐世出世，但最后的归宿却是顺世，是对伦理世界的顺应。到宋明理学，更是义利、理欲之辨与公私之辨合为一体，以公私诠释义利、理欲，存理灭欲，归根到底是存公去私，由此整体主义便获得了哲学理论上的完成。应该说，从伦理学角度考察，儒家的公私义利观在抽象的层面并非不可取，问题在于，它没有能解决或没有能很好地解决与它相伴随的另一个道德哲学问题，这就是个体至善与社会至善的矛盾。伦理道德的根本文化特征，是以"善"的机制和标准，干预和调节社会生活秩序和个体生命秩序。于是，必然产生个体至善与社会至善的矛盾。中国伦理的信念和主张是：只要个体至善了，社会便至善。当人人为尧舜时，社会便是圣化。然而，中国社会的伦理现实却是：传统伦理造就了一代又一代的圣人，也维护丁一代又一代的专制制度。问题就在于，在它的体系中缺乏个体至善与社会至善的辩证互动，它也没有能指出一条实现辩证互动的现实道路，先秦儒家虽然提出内圣外王、礼治德治的理论和强烈要求，但终没有能造就出一个善的社会。而道家、佛家以隐世出世对现实世界的消极顺应，更是消弭了个体至善与社会至善之间的必要紧张。因此，伦理学的基

本问题，道德哲学的基本问题，应当有两个方面，除了道德利益、个体利益与社会利益的关系问题外，还有个体至善与社会至善的关系问题。在现代道德哲学的话语系统中，个体至善是德性论，社会至善是公正论，只有德性论与公正论的辩证互动，才能真正扬弃中国道德哲学和伦理精神中个体至善与社会至善的矛盾，达到现实和合理的善。

（二）心与身、精神自由与社会必然的矛盾

中国伦理精神某种意义上可以说是一种"心"的精神。无论儒家、道家、佛家的伦理，还是由儒、道、佛三位一体所构成的自给自足的伦理精神形态与伦理精神生态，都以"心"为重心，以心与身、精神自由与社会必然为基本矛盾，并在矛盾中存在二元分裂的倾向。儒家道德哲学以"四心"为本体，以"求放心"为向本体也是向自身的道德实体回归的现实运动，而这个运动的否定性本质就是"心"对"身"的克服与扬弃。"修身养性"的伦理世界与道德世界同一的过程，就是作为道德主体的"心"在这两个世界及其相互关系的过程中取得绝对的本质地位的过程，它所要达到的，就是"心"，或伦理性、道德性的精神在自然的和必然的现实世界中的绝对自由，最高境界就是所谓"从心所欲不逾矩"，是"身"对于"心"的绝对同一。道家意识到并深刻揭露了心与身、自由与必然之间的矛盾，但它提出的方案和作出的全部努力，却是"心"与"身"的彻底分裂，让"身"处于不自由的世俗性的此岸，"心"则在彼岸作逍遥游，"游心于德之和"。于是，彼岸的"游心"与此岸的"游世"便各管一个领域又彼此分裂和矛盾，"形随欲而志清高，身处世而心逍遥"。一方面精神在追求"无待"的绝对自由，另一方面身又在"不得已"中混世扬波，玩世不恭。这种分裂及其所形成的分裂人格是道家所以不能在中国伦理精神中居主流地位的重要原因。佛家将"心"膨胀到极致，不是"以心知道"，而是以"心"泯灭一切存在，认为一切皆因"心"而存在，佛学史上那个"风动、幡动、心动"辩论的故事，就是最生动的诠释。儒、道、佛都追求超越，超越的内核都是"心"对"身"的超越。儒家以道德超越自然、义务超越现实，形成伦理型的人世主义；道家以相对主义在"心"的道德世界中"齐物"，在伦理世界中超脱出来，走向伦理虚无主义；佛家以"心"超度整个世界，不仅否定生活世界的真实性，而且否定人生本身，走向出世主义。人世主义—虚无主义—出世主义，形成中国伦理精神的特殊生态。"心"在中国道德哲学和中国人的伦理精神中如此重要，乃至儒、道、佛整合而形成"理学"之后，当宋明理学由"理"走向"心"，由"理学"变成"心学"，当到王阳明"心学"成熟之后，便标志着"心"完全统摄、同一了"身"，传统道德哲学至此便完成了，也终结了，由此走向自我否定。

（三）自我意识与社会意识、向内探求与向外追索的矛盾

儒、道、佛的三维结构的着力点是道德世界尤其是人的道德世界观，它通过道德自我意识的极度张扬与过度建构，建立了一个道德世界的小宇宙。一方面使人们在任何情况下都不会丧失安身立命的基地；另一方面又通过这种富有弹性的道德世界和道德世界观的建构，维护和保障伦理世界的文化安全，在伦理世界与道德世界发生矛盾冲突时，通过修身养性的道德内求和进退相济的自我调节，在"改变自身欲望"中维护社会的伦理秩序。中国伦理精神本质上是一种"反求诸己"的精神。这种精神的逻辑出发点是人性本善和自足的本体论预设，"万物皆备于我，反身而诚，乐莫大焉"，是这种精神的基本图式。这种图式的哲学意蕴是：在人性人心中具备了一切伦理的要素和道德的要素；道德世界建构的全部工作，就诚于自己的道德本体，回归自己的道德本体，所谓"诚者，天之道；诚之者，人之道"；而一个"乐"字，则体现了儒家道德态度的精义。孔子云："知之者不如好之者，好之者不如乐之者。""乐"既体现了儒家对伦理世界和道德世界及其相互关系的乐观主义态度，更体现了它在道德自我意识和道德行为中超越主客对立的那种境界。很久以来，学术界不断争论真善美何为最高境界的问题。一个基本的共识是，"真"是基础但不是最高境界，因为在"真"中存在主客对立。于是，焦点便集中于善和美到底谁为最高境界的问题。康德、克罗齐，以及包括张世英先生在内的主张美为最高境界的学者，基本的理由就是，在审美中已经扬弃了主客对立，达到主客一体，天人合一，审美主体、美的意识与美本身，与美的实体直接同一。"乐"就体现了道德自我意识的这种直接同一性。如果说儒家伦理精神的模式和品质是"反求诸己"，道家、佛家同样是"反求诸己"，而且这两个结构还有一个特殊的功能，这就是当儒家以道德性的"进"为特质的反求诸己难以自持时，通过"退"与"出"的机制，重新建构道德世界的自我平衡。由此，便形成一种以"反求诸己"为特质的向内探求的伦理精神和道德哲学。它与西方向外追索的伦理精神正相对应。向内探求的着力点是追求个体至善，向外追索的着力点是追求社会至善。它

是在遭遇伦理世界与道德世界矛盾时的两种迥然不同的伦理精神取向。向内探求形成德性论传统，向外追索形成公正论传统。只有二者的辩证互动，对立统一，才能形成合理健全的伦理精神。

个体与整体、个体至善与社会至善的矛盾；心与身、精神自由与社会必然的矛盾；自我意识与社会意识、向内探求与向外追索的矛盾，是内在于儒、道、佛三位一体的自给自足的中国伦理精神之中的内在否定性。这种内在否定性，推动中国伦理精神在历史运动中自我否定，由传统向近代和现代转化。

第十九章 "冲动体系"的
历史哲学运动

　　法哲学作为道德的精神哲学体系第二结构的形而上学根据，在于它以意志，确切地说，以自由的意志为对象。自由意志在法哲学体系中的现实形态，乃是"一切冲动的体系"或"一切冲动的合理体系"，概言说"冲动的体系"。可以说，"冲动的体系"或"一切冲动的合理体系"，就是精神哲学意义上道德形而上学体系的法哲学形态。这个法哲学形态的基本结构，是以"义"—"利"冲动为基础的"冲动体系"。与之相对应，在经济社会发展的现实运动中，"冲动体系"的历史哲学形态，就是以伦理冲动与经济冲动的"合理体系"为基本结构的"一切冲动的合理体系"，或者说，是以伦理冲动力—经济冲动力为基本结构的"人文力"体系。因为，伦理冲动与经济冲动，就是社会历史发展中意志冲动或义的冲动与利的冲动的现实形态。不同的是，历史哲学体系中的"冲动体系"，表现为不断自我否定的螺旋式的辩证运动，而不像在法哲学体系中那样，只是一个抽象的形而上学结构。由义与利的"冲动体系"，到伦理冲动与经济冲动的"人文力"体系矛盾运动，标志着由法哲学体系向历史哲学体系的辩证发展。

　　抽象地说，在道德的精神形而上学意义上，任何社会文明的现实性与合理性形成的基本条件，在于伦理冲动与经济冲动，或社会性的伦理冲动力与经济冲动力必须形成"冲动的体系"或"冲动的合理体系"。但是，无论"体系"还是"合理体系"，都必定是历史的和具体的，表现为辩证的历史运动。根据历史唯物主义原理，经济冲动—伦理冲动"合理体系"的基础，是一定的社会经济形态或经济体制。"冲动体系"的状况、历史运动及其历史合理性，决定于产生它的那个特定的经济形态或经济体制。对中国道德形而上学体系的典型形态及其精神哲学基础而言，具有重要历史和现实意义的，是与自然经济、计划经济、市场经济相对应的"冲动体系"，它们的辩证发展，构成"冲动体系"的历史哲学运动。

需要探讨的问题是：自然经济—计划经济—市场经济"冲动体系"历史运动的精神哲学基础和精神哲学意义是什么？

如果从道德形而上学的精神哲学基础的纬度考察，并且将关于伦理冲动和经济冲动及其"冲动体系"精神现象分析和法哲学分析，都当作精神哲学分析的结构性内容，那么便可以发现：自然经济的伦理实体基础是家庭，计划经济的伦理实体基础是国家，市场经济的伦理实体基础是市民社会；在自然经济中，"单一物与普遍物统一"的精神形态是血缘，在计划经济中，"单一物与普遍物统一"的精神形态是政府，在市场经济中，"单一物与普遍物统一"的精神形态是财富；自然经济活动中的主体是"伦理人"，计划经济活动中的主体是"政治人"，市场经济活动中的主体是"经济人"。家庭—国家—市民社会；血缘—政府—财富；伦理人—政治人—经济人，构成法哲学意义上"自然经济—计划经济—市场经济"三种经济形态历史运动的精神哲学轨迹。

第一节 "冲动体系"的历史哲学形态

在一般意义上，伦理冲动与经济冲动及其形成的体系，可以直接视为"冲动体系"的历史哲学形态，因为，无论经济还是伦理，都可以视为一个历史的概念，也只能在历史发展中才能被考察和把握。但是，这种判断必须经过道德哲学的论证，关于伦理—经济"冲动体系"的历史哲学研究必须进行两方面的哲学澄明："冲动体系"如何由法哲学形态向历史哲学形态转化，或"冲动体系"的历史哲学形态是什么？"冲动体系"的历史哲学形态的精神哲学基础是什么？

如果假定伦理冲动与经济冲动是现实经济社会发展中"冲动体系"的基础性结构，那么，关于"冲动体系"的历史哲学形态及其精神哲学基础的研究，便关涉以下三个问题：

（1）"冲动"如何形成？具体地说，在道德形而上学的意义上，经济如何成为一种冲动？伦理如何成为一种冲动？诚然，在"精神"的"意识—意志"同一的概念结构中，已经内在着伦理由观念形态向意志形态或冲动形态转化的内在要求，但是，在关于"冲动体系"的历史哲学分析中，问题已经不是伦理"是"一种冲动，而是它"如何"成为一种冲动？更重要的是，无论伦理冲动还是经济冲动，其最本质的规定是"实体"，二者都是实体的或集体的冲动，而不是自然的本能冲动或个体的道德冲动。在这个意义上，"'冲动'如何形成"的核心是：伦理、经济如何成为实体的"冲动"？

（2）伦理冲动、经济冲动如何成为一个"体系"？这一问题的实质是：伦理冲动与经济冲动如何辩证互动，成为"整个个体"的冲动？

（3）伦理—经济的"冲动体系"如何具有现实性与合理性？具体地说，如何使"冲动体系"既"最大"又"最强"？

"冲动体系"如何从法哲学的概念成为历史哲学的命题？作为法哲学的概念，"冲动"的基本规定是：它是意志的内容；冲动产生于任性，由于它自身没有方向，没有尺度，因而各种冲动之间会相互冲突；在意志内部，扬弃冲动的自然性与个别性即所谓任性的途径，就是由感性的意志上升为反思的意志；冲动的真理就是自由的意志；自由意志的自在状态就是"冲动的合理体系"。"意志的自我意识，作为情欲、冲动，是感性的，它像一般感性的东西那样标志着外在性，从而标志着自我意识在自身外的存在。反思的意志则含有两个要素：上述感性的东西和思维着的普遍性。"① 反思意志的本质，是意志与思维结合，达到普遍性，从而获得真正的自由。自由是意志的本质，而意志自由的现实形态，就是使意志成为一个体系。"现在假如我把其他一切冲动搁置一边，而只置身于其中一个，我将处于毁灭的局促状态中，因为这样一来，我抛弃了我的普遍性，即一切冲动的体系。"② 现实的意志自由就是将自然意志或感性意志、个体意志，上升为普遍意志；其实现途径，就是在个别冲动之上，建立"一切冲动的体系"。意志由个别性上升为普遍性、形成"冲动的合理体系"，从而使意志与它的概念本质即自由保持一致，就是法哲学的内容，或者说是意志或冲动的法哲学形态。

法哲学的这一内容，在历史哲学中具有不同形态。黑格尔认为，历史哲学的本质和对象是精神，因为精神是历史演进中"永恒的现实性"，精神和它在历史中的发展是实体性东西，世界历史就是精神的历史。这一结

---

① ［德］黑格尔：《法哲学原理》，范扬、张企泰译，商务印书馆1996年版，第30页。
② 同上书，第28页。

论显然是客观唯心主义。但他的如下观点却具有合理内核："整个世界的最后的目的，我们都当做是'精神'方面对于它自己的自由的意识，而事实上，也就是当做那种自由的内容。"① 从对世界历史的"精神"概念及其"自由"本质的设定出发，在《历史哲学》的绪论中，他规定和阐述了精神作为历史哲学对象所必须探讨的三个具有基础意义的问题。"（1）'精神'的本性上抽象的特质。（2）'精神'用什么手段或者方法来实现它的'观念'。（3）最后，我们必须考虑'精神'在有限存在中全部实现的形态——'国家'。"② 精神的本性是自由，世界历史发展的过程，就是各民族追求和实现自由的历程，或者说是"'自由'发展为一个世界"的历程。在历史发展中，精神如何实现自己？两个因素必须成为历史哲学考察的对象："第一是那个'观念'，第二是人类的热情，这两者交织成为世界历史的经纬线。这两者具体的中和就是国家中的'道德自由'，我们已经把'自由的观念'当做是'精神'的本性和历史的绝对的最后目的。"③ "热情"的哲学本性是什么？"热情"在一定意义上可以视为法哲学中的"意志"的历史哲学形态。在法哲学中，精神是意识和意志，或思维和意志的同一；在历史哲学中，精神是观念（自由的观念）与热情的同一。热情是历史活动中的主体"对利害关系的关心"和追求，它把自己"整个意志倾注于一个对象"，并且"集中它的一切欲望和力量于这个对象"，"因此，这种内容就是意志之所以为意志"。④ 热情，就是意志的历史哲学形态。黑格尔这样讴歌热情："假如没有热情，世界上一切伟大的事业都不会成功。"⑤ 精神的主要本质是"活动"，正是"活动"，精神才实现自身并外化为历史。"'精神'的主要本质是活动，它实现它在本身的东西——拿自身做它自己的事业，自己的工作——这样它成为自身的一个对象，它拟想自身为一种'有限的生存'。"⑥ 但是，其一，黑格尔这里的"活动"当然不是客观的物质活动，而是精神外化自己的运动，马克思后来将它头足倒置后才提出"实践"的概念；其二，对于

① ［德］黑格尔：《历史哲学》，王造时译，上海书店出版社1999年版，第20页。

② 同上书，第17页。

③ 同上书，第24页。

④ 同上。

⑤ 同上。

⑥ 同上书，第77页。

"活动"来说，关键的因素之一，是要像马克思所说的那样，发现和揭示那种使千百万人行动起来的那种动机，这种动机，黑格尔既阐释为"观念"或"自由的观念"和目的，又阐释为与它相联结的"热情"。"热情"的意义在于，"主观的意志——热情——是推动人们行动的东西，促成实现的东西"①。热情是在活动背后并推动人类活动的那种因素和力量，作为主观意志，它是历史哲学中行动的"一般形态"，就像法哲学中意志是行为的"一般形态"一样。普遍意志与个人意志统一的现实历史形态，就是国家。"'观念'是内在的东西，国家是存在的、现实的道德的生活。因为它是普遍的主要的'意志'同个人的意志的'统一'，这就是'道德'。生活于这种统一中的个人，有一种道德的生活，他具有一种价值，这价值只存在于这实体性之中。"② 黑格尔认为，国家是"一座道德的工程"，因为在这里达到了普遍意志与个人意志的现实历史的统一，用法哲学的话语表述，国家就是"冲动的体系"或"冲动的合理体系"。

在法哲学与历史哲学的以上比照中，"精神"及其"自由"的本性，是二者的共同概念；在法哲学中，精神是意识和意志的统一体，在历史哲学中，精神是观念—热情的统一体；在法哲学中，精神自由的实现是"冲动的合理体系"，在历史哲学中，精神自由的现实状态是国家。在黑格尔历史哲学体系中，精神自由、热情、国家，是"冲动体系"由法哲学演绎为历史哲学的几个基本概念，或者说，是"冲动体系"的历史哲学概念与历史哲学形态。我们暂且不反思和批评在这个概念系统中存在的客观唯心主义和保守的性质，而是指出，在道德形而上学的意义上，以"精神"作为法哲学和历史哲学的共同概念基础，对揭示和发现伦理—经济"冲动体系"的精神哲学基础有一定启发意义。

关于伦理—经济"冲动体系"历史形态的精神哲学基础的研究，在理论上至少涉及以下诸理论；经济基础—制度经济学理论及其与精神哲学理论的辩证互动；集体行动理论或公共选择理论；伦理实体理论。

伦理—经济"冲动体系"的道德形而上学基础，是伦理—经济生态。按照历史唯物主义理论，无论在伦理—经济生态，还是在伦理—经济"冲动体系"中，经济、经济基础，对我们的探讨来说，尤其是经济体制

---

① ［德］黑格尔：《历史哲学》，王造时译，上海书店出版社1999年版，第40页。
② 同上。

或经济制度，具有基础的乃至决定性的意义。经济发展的一定历史水平，一定的经济体制和经济制度，是伦理冲动、经济冲动的客观基础。"冲动体系"的历史哲学运动过程，就是在一定的经济基础和经济制度下，伦理冲动与经济冲动矛盾运动的过程。伦理冲动与经济冲动如何形成，它们如何成为"冲动的体系"，以及"冲动体系"的状况和性质，最终决定因素是经济基础和经济体制。同样，关于伦理—经济"冲动体系"精神哲学基础研究，也必须以经济基础和经济体制为历史出发点。但是，由于"冲动"及其"体系"是具有精神意义的人的自觉的目的性活动，因而精神哲学尤其是道德形而上学的精神哲学规律也是"冲动体系"的另一个重要基础。历史哲学与精神哲学应当是"冲动体系"的双重哲学基础。伦理—经济的"冲动体系"，"冲动体系"的历史哲学形态的精神哲学基础，应当是"经济决定论"与"精神气质论"的辩证统一。

伦理冲动、经济冲动本质上是一种"集体冲动"。伦理是"单一物与普遍物的统一"，经济是组织化了的谋取物质生活资料的活动，集体、共体、实体是伦理冲动、经济冲动形成的逻辑前提与概念基础。由此，伦理—经济"冲动体系"的形成，便前提性地面临两大课题。第一，个体主观性的道德冲动、谋利冲动如何形成普遍性的伦理冲动、经济冲动？或者说，个体如何扬弃道德冲动与谋利冲动的主观抽象性，在普遍性中获得现实性？第二，普遍性的或集体的伦理冲动、经济冲动如何形成"冲动的体系"？按照法哲学的理论，伦理作为客观意志的法，是意志自由的客观形态与现实形态。按照公共选择理论，集体行动既以个人利益为基础又扬弃个人利益的任意性与主观性，所以真实的集体，即便是经济性质的集团，也遵循这样的规律：既是利益共同体，又必须是价值共同体、情感共同体。伦理冲动、经济冲动形成的过程，在法哲学的意义上，就是个体意志同一于普遍意志；在历史哲学的意义上，就是由对个体的"利害关系的关心"发展为对集体"利害关系关心"的过程。概言之，伦理冲动、经济冲动及其体系，遵循"集体行动的逻辑"。

于是，"冲动体系"的历史形态的形而上学前提就是：从实体出发。关于伦理冲动、经济冲动的法哲学和历史哲学分析的概念前提，是二者为何可能、为何必须、为何应当形成"冲动的体系"？这些冲动成为"体系"或"合理体系"背后的那种形而上学的"力"或"共同媒介"是什么？黑格尔用两个命题回答了这个问题。第一个命题是："人间最高贵的事就是成为人"①；第二个命题是："成为一个人，并尊敬他人为人。"②
伦理冲动与经济冲动都有一个共同的也是具有终极意义的目的：成为一个
人。正是出于这个终极目的，人及其所形成的社会在谋求物质生活资料的
活动过程中，才可能并且必须超越自身本能的束缚，透过规则的自在自为
使自己获得解放和自由。但是，正因为在使自己成为"人"的过程中必
须同时尊重他人为人，因而冲动才需要从"实体出发"，才需要在谋求物
质资料的过程中将个体的本能冲动组织化为具有社会目的性的"经济"，
伦理冲动和经济冲动也才需要和可能成为"冲动的体系"。成为一个人，
并且尊重他人为人，就是伦理冲动、经济冲动，乃至一切冲动成为"冲
动的体系"的法哲学根据和历史哲学意义。"成为一个人"是一切冲动中
的元冲动；"尊敬他人为人"扬弃冲动的无限性与任意性，使各种相互冲
突的冲动获得规定；二者的结合，使冲动上升为"冲动的体系"。"成为
一个人，尊敬他人为人"，就是历史活动中人的意志行为必须遵循的"法
的命令"。

第二节　"自然"的"冲动体系"

如果对中国传统道德形而上学体系的精神哲学基础进行法哲学分析，
最具解释力和表达力的概念就是：自然。无论伦理冲动、经济冲动，还是
伦理冲动—经济冲动辩证互动所形成的"冲动体系"，最显著也是最基本
的特质都是"自然"。

中国传统社会经济冲动的"自然"性质也许是一个只需借助形式逻
辑就可以被演绎的结论：中国传统社会的经济形态是自然经济，于是，自
然经济的经济冲动便是"自然"冲动。问题在于，作为经济冲动的"自
然"，在何种意义上是道德哲学的概念？一般说来，"自然经济"中的
"自然"有两个内涵：一是作为生产对象的自然；一是作为生产关系或经
济实体的自然。二者之中，作为生产关系的自然应当具有更为本质的意
义，在这个方面，"自然"的意旨是：生产关系的基本单元，或基本的经
济实体是家庭这样的"自然"实体。在这里，无论经济活动的主体，还

---

① ［德］黑格尔：《法哲学原理》，范扬、张企泰译，商务印书馆 1996 年版，第 46 页。
② 同上。

是经济冲动的实现主体,都是作为自然实体的家庭——既不是个体的,也不是社会的,而是介于个体与社会之间,使个体"自然"地"成为一个人"的家庭。自然经济与自然冲动的最本质的规定,是作为经济实体及其冲动主体的家庭的"自然"本性。按照马克思的理论,要生活就必须生产;要生产就必须结成一定的生产关系。家庭,既是传统社会中经济冲动的"自然"形式,也是它的"自然"本质。正因为如此,传统经济才被诠释和表述为"自给自足的一家一户的自然经济"。

一 "自然"的"冲动"

家庭既是相对于社会也是相对于文化意义上的"自然"。正是在这两重意义上,黑格尔将家庭当作自然的伦理实体,将家庭伦理精神当作自然的伦理精神。经济学也将以家庭为主体和单元的经济形态称为"自然经济"。在自然伦理和自然经济中,中国传统社会历史哲学意义上"冲动"的基本特质,就是自然的伦理冲动和自然的经济冲动。

"自然"作为传统社会"冲动体系"的本质,具有深刻的历史基础。中国文明与西方文明最深刻的区别之一,就是在由原始社会向文明社会转型的历史进程中,创造性地选择了一条家国一体、由家及国的文明道路。在这种特殊的文明路径中,家庭不只是社会细胞,而且是整个社会和全部文明的范型,在文明体系和文明发展中具有绝对的意义。5000年辉煌已经雄辩地证明了我国先人作出的这一历史选择的巨大历史合理性。可以说,中国传统文明就是建立在家庭这一"自然"基础上。在这个文明系统中,"成为一个人,尊重他人为人"的伦理冲动本质上是一件"自然"的事。在道德形而上学的意义上,"成为一个人",就是成为人的实体性本质所规定和要求的人,其真义是扬弃自身的个别性,向普遍性和实体性回归,由此达到"单一物与普遍物的统一"。在传统社会中,人的最重要的实体性乃是家庭的实体性,个体的人格,个体对自身主观性与个别性的扬弃,最根本的就是成为"家庭成员"。也许,在任何文明体系中,家庭总是人的最初的实体性,是人的生命实体性的根源,是"成为一个人"的起点。黑格尔就认为,家庭"是一个天然的伦理的共体或社会",它遵循"神的规律",是个体的伦理本质。"在这里,我们似乎必须把伦理设定为个别的家庭成员对其作为实体家庭整体之间的关系,这样,个别家庭成员的行动和现实才能以家庭为其目的和内容。"① 但是没有一种文明像在中国文明中那样，家庭具有如此绝对的意义。在家庭中，"成为一个人"的伦理回归，必须在"个别的家庭成员对其作为实体的家庭成员的关系"中实现和完成，这种关于人的"自然"本质的伦理观念，必须转换为"个别家庭成员的行动和现实""以家庭为其目的和内容"的伦理冲动，由此自由的伦理观念才能转换为自由的伦理意志。在家庭中，"成为一个人"的伦理观念和伦理冲动，就是成为"家庭成员"。在其他文明体系中，这种伦理观念和伦理冲动是自然的也是初级的，因为在家国相分的社会结构下，"如果他不是一个公民而是属于家庭的，他就仅只是一个非现实的无实体的阴影"②。但是，在中国传统文明中，作为"家庭成员"的伦理观念和伦理冲动，不仅是自然的，而且是绝对的。因为，"中国完全建立在这一种道德的结合上，国家的特性便是客观的'家庭孝敬'。中国人把自己看做是属于他们家庭的，而同时又是国家的儿女。在家庭内，他们不是人格，因为他们在里面生活的那个团结的单位，乃是血统关系和天然义务"③。无疑，中国传统道德形而上学并不否定国家伦理实体对于"成为一个人"的意义，也在道德哲学中进行回归国家伦理实体的文化设计，但与西方文化具有完全不同的逻辑。中国传统社会结构是家国一体，由家及国；中国传统道德哲学关于伦理观念和伦理冲动的原理强调忠孝一体，移孝作忠。"孝悌也者其为仁之本欤。"④ 这样，作为家庭成员的"成为一个人"的伦理冲动，既是"自然"，又不致沦为一个"非现实的阴影"。

经济冲动同样是"自然"。"自然经济"的概念本质上是一种具有很高的伦理含量甚至以伦理为先决条件的概念。这一概念的本质，不仅意指经济以家庭这样的自然结构为主体，更意味着家庭自然伦理实体是经济的组织方式，也是经济冲动的动力之源。与其他经济组织相比，家庭经济组织是自然组织，在经济学中，这种组织又被称为"初级社团"。"在'原始'条件下，小型的、类似于家庭的单位形成了所有或几乎所有的人类

---

① ［德］黑格尔：《精神现象学》下，贺麟、王玖兴译，商务印书馆1996年版，第8—9页。
② 同上书，第10页。
③ ［德］黑格尔：《历史哲学》，王造时译，上海书店出版社1999年版，第127页。
④ 《论语·学而》。

'相互关系'。"① 在以家庭为实体和主体的自然经济中，家庭不仅是经济活动的组织形式，而且是经济活动的目的，这两个特点决定了家庭中的经济冲动，不是个体或从个体出发满足个体需要的冲动，而是从家庭这个自然的伦理实体出发并以家庭为目的的冲动。韦伯发现，"家族类型"的经济，是"纯粹的公有经济和纯粹的自然经济"。"在这里，起决定作用的也不是共同的母体这个天然的事实，而是经济的供应共同体。一旦涉及'家庭'作为一种特殊的社会组织的产生，各种共同体关系才使两性关系和心理的关系交叉在一起。"② 在这里，经济冲动的本质是家庭的自然实体性——需求是"自然"实体性的，"努力"也是自然实体性的。也许经济学的关于经济冲动的理论模型对此更有解释力。1999年诺贝尔经济学获得者刘易斯认为，"经济活动"是经济增长的第一要素，而"从事经济活动的愿望"则是作为客观经济冲动的经济活动的主观形式。"从事经济活动的愿望"包括对财富的欲望和努力两个要素。③ 显然，在自然经济中，无论作为经济冲动的客观形态的经济活动，还是作为它的主观形态的从事经济活动的欲望，都以家庭"自然"为主体和实体。法国古典经济学家巴斯夏在《和谐经济论》中建立了一个"需要—努力—满足"的经济活动的动力模型，④ 在这个自然经济中，这个经济冲动模型中的任何一个环节，同样都是家庭自然实体性的。与西方自然经济相比，中国传统经济有两个特点特别值得注意。第一，家庭纽带特别坚韧强大；第二，以家族传统为基础的自然经济持续时间特别长，对中国经济社会发展的影响特别深远。这两个特点决定了在中国传统社会中冲动的"自然"属性和自然气质特别强烈，家庭自然对经济冲动形成的意义也特别巨大。

二 "自然"的"体系"

冲动由个体任性上升为客观普遍性的关键概念是实体。在传统社会家

---

① ［美］曼瑟尔·奥尔森：《集体行动的逻辑》，陈郁等译，上海三联书店1995年版，第15页。

② ［英］马克斯·韦伯：《经济与社会》上卷，林荣远译，商务印书馆1997年版，第388、398页。

③ 参见［美］W.阿瑟·刘易斯《经济增长理论》第二章，梁小民译，上海三联书店1995年版。

④ 参见［法］弗雷德里克·巴斯夏《和谐经济论》第二章，许明龙等译，中国社会科学出版社1995年版。

族主义文化背景下，"成为一个人"或个体成为实体是一件自然的事，是在家庭这个自然伦理实体中"自然"地完成的。在家庭中，个体只是作为家庭成员的自然的、先验的、直接的实体性存在。"家庭的权利严格说来在于家庭的实体性应具有定在，因此它是反对外在性和反对退出这一统一体的权利。"①家庭实体以爱为精神哲学基础，而爱的本质就是不独立，它扬弃抽象的个体独立性，在与另一个乃至整个实体的不可分离的同一中确证自身。在这种条件下，回归实体的伦理冲动，以及实体性的经济冲动，不仅是自然的和直接的，而且是必然的和必须的。

　　关键在于，伦理冲动和经济冲动如何形成一个"体系"，以及形成怎样的体系？显而易见，在传统文明中，伦理具有前提性和基础性的意义，因为家庭的存在不仅对于伦理关系和经济生活，而且对于整个社会文明都具有前提性的乃至绝对的意义，而家庭就是一种自然的伦理存在，它造就和哺育伦理，是伦理的策源地，又要求伦理为它提供现实的和精神的支持。正因为如此，中国传统文化才是一种伦理型的文化。可以说，家族本位的文化，必然是伦理型文化。在伦理冲动与经济冲动的辩证互动及其所形成的"冲动体系"中，伦理与经济的关系表现为一种矛盾甚至悖论。一方面，自然经济是中国传统社会最根本的社会存在，它决定包括伦理在内的其他一切奠基于其上的上层建筑；另一方面，自然经济的文化气质和精神哲学本质是伦理经济或伦理型经济，伦理对经济在相当意义上具有文化前提和文化目的性的意义。正是这种矛盾和悖论，造就了中国传统社会特殊的伦理—经济生态和伦理—经济特殊的"冲动体系"。

　　人伦本位是自然经济条件下伦理—经济成为"冲动体系"的价值基础。一般说来，经济发展的基本前提，是肯定人的谋利欲望，并将人们的注意力引导到谋利活动中来，成为经济发展的直接推动力。然而，传统社会中伦理—经济的生态着力点并不直接就是经济，而是伦理，具体地说，是安伦尽分、安分守己的"正名"。任何经济生活和社会生活都需要一定的组织，家庭就是一种自然的组织形式。但是，这种自然组织却遵循与其他社会组织完全不同的逻辑，它的组织逻辑的基础就是以血缘关系为基本结构和基本原理的伦理。它按人们在血缘关系中的不同伦理地位组织生产，建立相应的权利义务关系，这便是所谓人伦本位。人伦本位的基本概

---

① ［德］黑格尔：《法哲学原理》，范扬、张企泰译，商务印书馆1996年版，第176页。

念是"名分"。"名"是人们在伦理关系中的地位,"分"是与之相应的权利义务。于是,"名"在经济生活中便具有某种绝对的意义——不仅对生产,而且对分配来说都是如此,"安伦尽分"不仅是一种伦理要求,而且是一种经济生活的组织原理和分配原则。孔夫子感叹"不患寡而患不均",其实,他这里所说的不均,并不是"平均"之均,而是指的不公正;更重要的是,他这里的所谓公正,并不是经济制度意义上的公正,而是伦理意义上的公正,伦理公正的要义是按照人们的名分进行生产、分配和消费。正因为如此,孔子才将"正名"作为"克己复礼"即恢复伦理秩序的根本。于是,在"自然体系"中,安伦尽分的伦理冲动便逻辑和历史地先于也高于谋利的经济冲动,相应地,也要求经济冲动必须牢牢地处于伦理冲动的控制之下,因为,家庭自然伦理实体存在是经济生活也是伦理生活的绝对条件。显然,这种以超经济的方式进行经济活动的设计,对经济活动和经济冲动的刺激力不大,但却是自然经济得以维系的先决条件。人伦本位,一方面使中国传统经济具有一种特殊的文化机制,另一方面,也在它前面横亘了一道文化屏障。

由此,便可以理解为什么义利之辨在中国传统道德哲学体系中具有"第一义"的重要意义。因为,伦理—经济"冲动体系"的价值核心是义利关系。"君子喻以义,小人喻以利。"并不意味着言利的就一定是小人,言义的就一定是君子。由于伦理实体的维系对整个社会生活和社会文明所具有的绝对意义,因而义的伦理冲动必然被置于首要的地位。逐利是人的本能,但正是由于对"类于禽兽"的忧患,才需要义的互动。义和利是任何社会、任何文明都需要的两个基本价值支柱。但在不同文明中二者互动的原理不同。中国伦理基于"人之异于禽兽者"的人性认同,出于"类于禽兽"的文化忧患,未雨绸缪,试图先确立某些坚定不移的道德原则,建立坚定的道德人格,然后再进行谋利活动。所谓"正义谋利","明道计功",以强大的伦理冲动范导谋利冲动。这便是伦理优先,价值优先的价值设计和文化安排。西方伦理大体遵循相反的原理。首先最大限度地释放人的谋利本能,然后通过道德的、宗教的和法律的努力,将经济冲动引导到合理性的轨道,于是才有所谓"伦理是对市场失灵的调整措施";"宗教是对伦理失灵的调整措施"。但是,十分值得注意的是,中国传统义利观的真谛,既不是重义轻利,先义后利,而是义利合一。义利观在宋明理学中走向成熟,其著名命题是"义利合一","利在义中"。"正其义则利自在，明其道则功自在，专去计较利害，定未必有利，未必有功。"① 为什么"利在义中"？为什么"正其义"便"利自在"？除以公私解释义利的特殊取向外，人伦本位的"正名"，以及伦理实体存在的绝对意义也具有很强的解释力。在传统社会中，"名"—"分"相连，有"名"便有"分"，于是对"名"的恪守便不只是伦理，而且具有利益的内涵，"利"便在"义"中。同时，伦理实体即所谓"公"的维护，对每个成员来说，既是最大的义，也是最大的利，同样是"利在义中"。这便是韦伯所说的伦理的双重价值，即目的价值与工具价值。所以，自然经济逻辑和历史地要求谋"义"的伦理冲动先于和优于谋"利"的经济冲动。但当它由价值优先走向价值分离，当谋义的伦理冲动脱离了与经济冲动的辩证互动，而成为一种生活方式，尤其成为一部分人的生活方式时，它便丧失了合理性。

三 "自然"的合理性

如果说自然经济条件下伦理冲动与经济冲动"冲动体系"的特质是伦理冲动优先于经济冲动、伦理规律优先于经济规律，那么，这种冲动体系的合理性的精神哲学基础同样在于："自然"。

"自然体系"的合理性，集中体现在"伦—理—道—德—得"的精神哲学运动中。在自然经济条件下，"伦"即伦理世界首先是一个自然的世界，确切地说是家庭自然伦理为基础和范型的世界。在家庭中，伦理实体以最直接也是最自然的方式建立。家庭以爱扬弃人格的抽象独立性，使一个人意识到与他人的统一，而爱是感觉，即自然形式的伦理。"因此，在家庭中，人们的情绪就是意识到自己是在这种统一体中、即在自在自为地存在的实质中的个体性，从而使自己在其中不是一个独立的人，而成为一个成员。"② 由此所形成的家庭伦理精神便具有直接性与自然性。"在其直接性中的伦理精神含有自然的因素，即个人在其自然的普遍性，即类中具有他的实体性的定在——性的关系，但被提高到精神的规定；爱和信任意向的一致；作为家庭的精神是感受着的精神。"③ 在家庭的自然伦理实体

---

① 《朱子语类·卷六八》。
② ［德］黑格尔：《法哲学原理》，范扬、张企泰译，商务印书馆1996年版，第175页。
③ ［德］黑格尔：《精神哲学》，杨祖陶译，人民出版社2006年版，第331页。

中，伦理冲动与经济冲动获得自然的结合，或者说，二者形成自然的"冲动体系"。"由于构成家庭的各个个体就所有物而言同样处在共同体中，作为一个人的家庭所有物，如同收益、劳动和为将来的操心一样，就获得了一种伦理关切。"① 在以家国一体、由家及国的社会结构为基础的伦理世界和中国传统道德哲学所设计的伦理体系中，家庭与国家这两个最基本的伦理实体都"自然"相通，相通的逻辑是："由家及国"；"人伦本于天伦而立"。于是，在这个伦理世界中的个体，都被"自然"地要求也"自然"地复归于家庭和国家的伦理实体——既是家庭成员，又是"国家的儿女"。伦理世界中的人，是自然的和天然的"伦理人"，也被设定和要求为"伦理人"。由此，两大伦理规律之间的关系便是："人的规律"本于"神的规律"；"人的规律"服从于"神的规律"。这便是伦理世界最基本甚至是最高的伦理理性和伦理世界观。正由于伦理世界以爱这种自然形式和感觉形式的伦理为基础，伦理观念便直接而自然地转换为伦理冲动，或伦理观念与伦理冲动天然地一体，"知行合一"，所谓"见父自然知孝，知兄自然知悌"。这样所谓"德"，或者说"德"的本体和基础，也就是港台学者揭示的所谓"自然本德"。经过这样的精神运动和精神建构，基于"自然本德"的"德"的伦理冲动与"得"的经济冲动也自然地互动，从而建立起一个以自然伦理为基础、以道德为合法性根据的生活世界。

"自然"的"冲动体系"需要特殊的经济条件、社会条件，更需要特殊的精神哲学条件，其合理性也有"自然"的局限性。不过，在这种"自然"局限性已经被充分揭示之后，具有建设意义的努力，是要进一步发现和揭示它的合理内核。它的历史合理性已经客观地被证明：它创造了中国历史上最为持久的、长达 2000 多年的文明辉煌。当今人们已经过度地冷落甚至不屑于对这种"自然状态"的反思，然而一位睿智的现代哲学家却一反常规地对它表现出热忱。丹尼尔·贝尔在深刻地揭示了当代"资本主义文化矛盾"之后，指出了一条具有创新性的摆脱矛盾的道路，这就是：建立"公众家庭"。西方经济学家发现，国家经济是一种共同开支的经济体系，与私人家庭有某些相似之处，因而可以称之为"公众家庭"。丹尼尔·贝尔认为，经济活动的主体不只像古典经济学家所指出的

---

① ［德］黑格尔：《精神哲学》，杨祖陶译，人民出版社 2006 年版，第 332 页。

那样，只有两个，即家庭经济与市场经济，在 20 世纪下半叶，已经形成第三个领域，即"公众家庭"，它在未来几十年的发展中将起到更关键的作用。[①] 虽然"公众家庭"的概念在经济学中可能更多指家庭经济、市场经济之外的第三大领域，即国家经济，但它发现国家经济与家庭在本质上的相似性和相通性，对我们进一步揭示和发现以家庭为基础的传统自然经济，以及"自然"的"冲动体系"的合理性，无疑具有重要的学术启发意义。

第三节　计划经济的伦理条件

近代以后，中国社会持续进行着巨大而深刻的革命。从维新运动到辛亥革命，再到社会主义革命，在短短一个半世纪的时间里，进行了三次重大社会转型，即从传统社会到近代社会的转型，从近代社会到现代社会的转型，从现代到现代化的转型。不到半世纪就发生一次重大社会转型，在世界文明史上是绝无仅有的。社会革命深刻改变了中国的社会经济结构。在社会结构方面，动摇了家国一体、由家及国的文明体制；在经济结构方面，动摇了自给自足的自然经济体系。更深刻的革命发生在文化方面。与不断发生的社会转型相配套的是不断进行的文化革命。特别值得注意的是，中国社会走向近代和现代的文化革命即所谓启蒙，遵循了与西方社会完全相反的路径。西方的文化革命的一般路径是"复古为解放"，中国近代、现代的文化革命的路径是"反传统以启蒙"。"反传统以启蒙"的最典型、也是产生最为深刻影响的口号是"打倒孔家店"。持续的文化革命，激烈的反传统主义，颠覆了传统自然经济的精神文化墓础，也颠覆了建立在自然经济基础上的传统道德形而上学的精神哲学基础。但是，由于自近代以来，中国处于不断的社会革命的进程中，直到 1949 年新中国成立以后，一种新的经济体制才在探索中得以建立。这种新的经济体制即计划经济体制。如果以 70 年代后期的经济改革为这个体制的终结点，那么，它在中国便实行了 30 年。

30 年的计划经济体制，作为对传统自然经济的革命，无疑具有重大

---

① ［美］丹尼尔·贝尔：《资本主义文化矛盾》，赵一凡等译，三联书店 1992 年版，第 276 页。

的历史意义。关于计划经济，人们可以从多维角度进行研究，但是，在法哲学和历史哲学的意义上探讨计划经济下伦理—经济的"冲动体系"及其精神哲学基础，则具有特殊的理论意义和实践意义。

一　被"计划"的"冲动"

计划经济作为一种经济体制和经济制度，已经在经济学与政治学中得到阐发。需要强调的是，计划经济的道德哲学意义，或推扩开来，计划经济的文明意义，决不局限于按照"计划"进行经济资源的配置。由于经济在整个文明体系中的基础性地位，它的文明实质是包括精神资源在内的一切，都必须被"计划"，伦理冲动、经济冲动，及其所形成的体系，也是或应当是"计划"的结果。

计划经济的经济基础和制度基础很容易被指出，这就是公有制，乃至是单一的、不断扩大的公有制。这种公有制虽然有一个发展过程，在农村，从最初的互助组，到初级社，再到人民公社；在工商业领域，从社会主义改造到公私合营，从大集体、小集体体制到国营企业；整个趋向是"一大二公"，越来越公。也许，在市场经济已经不仅在制度上，而且在价值层面被接受和肯定的今天，人们会将它与传统，乃至落后保守或低下的生产力相联系，但是，我们必须正视历史。历史的事实是：计划经济创造了中国历史上尤其是中国现代经济史上最大的经济奇迹。新中国成立以后，中国通过"一五"、"二五"两个五年计划，就不仅成功地完成了经济改造和经济复苏，将一个被一个世纪的战争打得满目疮痍的国家建设成一个生机勃勃的社会，而且在许多重大经济领域取得了令世人瞩目的成就，原子弹和后来的人造卫星的上天就是证明。可以说，计划经济在它最初的发展中创造的经济奇迹，并不逊色于现在市场经济。这种情况并不只是在中国发生。在前苏联，奇迹同样存在。一个显然的事实是，如果没有公有制及其成就，前苏联很难取得卫国战争的胜利；更为显然的事实是，在解体以前，前苏联是世界上唯一可以与美国在经济上抗衡的国家。这些事实都与公有制和计划经济相联系。所以，对计划经济和作为它的制度基础的公有制，应当有一种公允的和历史主义的态度。

伦理冲动与经济冲动的精神哲学实质是集体冲动或实体冲动。但对计划经济来说，这种集体冲动遵循更特殊的原理：它们都是"被计划"的。或者说，是被"计划"设计了的或受计划支配的伦理冲动与经济冲动。

在"冲动"形成的过程中，计划体制在经济和伦理两个方面，颠覆和改变了它的精神哲学基础。

在经济方面，计划经济对经济冲动的精神哲学基础的变革，在于它改变了"集体行动的逻辑"，或者说，它试图对"集体行动的逻辑"进行一场精神哲学革命。计划经济的制度设计的重要着力点，是透过制度安排将追求自我利益的个人组织起来，通过扬弃个人利益实现集体利益，由此更大更合理地增进个人利益。这种思路与传统的"集体行动的逻辑"相抵牾。按照奥尔森的观点，所谓集团，"意味着'一些有共同利益的个人'"①。因此，"认为集团会采取行动维护其利益，这是建立在集团中的个人的行动都是为了自身利益这一假设上的"②。因此，集团形成的物质和精神基础是个人利益。然而，公有制及其计划经济的建立集团组织的出发点或价值始点却是集体利益或共同价值目标，其经典的表述是："我们都是来自五湖四海，为了一个共同的革命目标走到一起来了。"集团形成的基础和价值始点不是"自身利益"，而是"共同的革命目标"。在取向上不仅从集体出发，而且更侧重于价值和精神的层面，而不是利益的层面。由此，"集体行动的逻辑"便截然不同。传统公共选择理论关于集体行动的逻辑有两个要点：（1）在一般情况下，集团中的个人只关心个人利益，而不会采取行动实现集体利益。"实际上，除非一个集团中人数很少，或者除非存在强制或其他某些特殊手段以使个人按照他们的共同利益行事，有理性的、寻求自我利益的个人不会采取行动以实现他们共同的或集团的利益。"③（2）集团不会增进其利益。"如果一个大集团中的成员有理性地寻求他们的自我利益最大化，他们不会采取行动以增进他们共同目标或集团目标。""因此，认为集团会增进其利益，这种在社会科学中流传颇广的观点是没有根据的，至少当它像通常那样建立在集团会像个人一样从自身利益采取行动这种假设之上时。"④ 计划经济不仅试图在经济体制上进行一场制度革命，而且要在精神和文化上进行一场哲学革命，以彻底颠覆建立在私有制和私有观念基础上的这种"集体行动的逻辑"。计

---

① ［美］曼瑟尔·奥尔森：《集体行动的逻辑》，陈郁等译，上海三联书店1995年版，第7页。

② 同上书，第1—2页。

③ 同上书，第2页。

④ 同上书，第3页。

划经济追求和试图建构的"集体行动的逻辑"的要义是：它追求和提倡这种价值观和行动逻辑：集团中的个人必须首先关心集体利益，并照共同利益行事；它建立在这样的信念基础上：集团或集体会增进其利益，因而也会增进个人利益。它们是计划经济所要实行的精神哲学革命的重要方面。遗憾的是，这种革命最终并没有真正完成。

经济领域的精神哲学革命要求伦理领域的革命与之配套。公有制及其计划经济要颠覆私有制和私有观念，而私有观念最深厚的温床是家庭。于是，在"伦理世界"的逻辑方面，计划经济也要求并进行了一场精神哲学革命。这场革命的原理是：颠覆家庭这个自然伦理实体的合法性合理性，将人的实体性本质以及对实体的回归，建立在社会和国家即所谓"公"的基础上。伦理世界的基本精神哲学原理是：伦理世界由家庭和民族或国家两大伦理实体构成，它们相互过渡，家庭是伦理世界的基础，是直接的和自然的伦理精神；与之相对应，伦理世界有两大规律，神的规律（家庭伦理规律）与人的规律（社会伦理规律），人的规律由神的规律出发，这两大规律的矛盾，导致伦理世界的自我否定。计划经济的公有制，无论在经济方面，还是在伦理方面，都试图颠覆家庭在伦理实体和人的实体性本质及其回归过程中的基础性地位，对家庭经济的改造，人民公社的建立，以及与之相应的"破私立公"的文化运动，都是这种精神哲学追求的制度性努力。它试图建构的精神哲学基础，或在伦理世界中试图进行的精神哲学革命是：人的实体性本质不是家庭，而是社会和国家；个体不是至少不应当属于家庭，而是属于国家和社会；由此，伦理世界的规律，不是由神的规律到人的规律，而是使人的规律成为神的规律。应该说，这种革命有精神哲学的合理性。因为，即使是黑格尔，也特别提醒，如果一个人只属于家庭而不属于国家，那么他只是一个非现实的阴影。并且强调，超越家庭成员的实体性而成为一个国家的公民，是不可改变和选择的本质，否则成为国家公民就是一件任意的事。公有制和计划经济的努力，试图在精神哲学的源头上对伦理世界的精神哲学逻辑和精神哲学原理，进行基因性改造和改良，用国家公民的意识取代家庭成员的意识，但它发展到否定家庭作为自然伦理实体的地位时，这种精神基因改良的运动，最终便成为一种理想主义的乌托邦，因为它在进行这个改造工程时过于疏离了伦理世界的精神哲学规律及其文化威力。

二　"计划"的"冲动体系"

计划经济对于经济冲动和伦理冲动的"计划"，在经济制度的性质上有点类似于丹尼尔·贝尔所说的"公众家庭"。计划经济的经济学本质是不同于家族经济和市场经济的第三种经济形态，即国家经济，它的精神哲学本质和文化气质是"公众家庭"，兼具国家和家庭的双重特性。也许，"公众家庭"的概念更能体现计划经济的精神哲学本质和所代表的特殊文化气质，也更能准确和客观地对它进行道德形而上学的诠释和评价。

"公众家庭"的概念也许更能理解和解释由自然经济向计划经济变革的转换点与连接点。自然经济本质上是一种家族经济，或基于家庭这个自然伦理实体的经济体制和经济形态，在这个意义上也可以说是一种自然的伦理经济。计划经济强调经济活动及其所创造的财富的公共性，这种公共性通过国家计划来实现，但这种公共性并没有完全抛弃原有的文化财富，也没有完全背离传统伦理的精神哲学逻辑，作为自然经济核心概念的家庭，在这里被上升为一种经过辩证否定后的理想。计划的公共性与文化上对自然伦理实体的眷念在文化上与精神哲学方面所形成的同一体，便是所谓"公众家庭"。公众家庭可以视为计划经济的道德哲学与精神哲学的表述，就像伦理经济是自然经济的道德哲学与精神哲学表述一样。

计划经济对自然经济所实行的道德形而上学意义上的精神哲学革命，就是根本改变基于家庭实体的经济冲动与伦理冲动的自然性与直接性，使之成为基于国家实体并纳入国家计划的轨道。在这种体制下，经济冲动和伦理冲动都是被"计划"了的冲动，既然是被"计划"了的，那么，经济冲动和伦理冲动成为一个"体系"就是被预定的或预设的。但是，这些冲动要现实地成为一个"体系"，还需要一系列条件，尤其是精神哲学方面的条件。因为，经济及其冲动一旦被"计划"，这种计划一旦纳入制度化的轨道，剩下的最关键的问题就是认同和自觉地遵守这个计划。总体说来，计划经济条件下经济冲动与伦理冲动形成一个现实的体系，需要两个精神哲学条件：一是"政治人"的道德主体性；二是政府作为"整个的个体"的伦理实体性。

如果说"伦理人"是自然经济条件下主体的人格特征和人性要求，那么，"政治人"便是计划经济的现实性的人性假设与人格期待。在计划经济体制中，最重要、最强烈的经济冲动是至少应当是使个别性的经济活动和利益诉求遵循和执行"计划"的冲动，在生产、交换、消费、分配诸领域都是如此。与此相适应，伦理冲动的核心，就是如何培养造就遵循和执行计划的道德素质，因为计划是整体、共体、普遍性等道德哲学概念的经济学表述，因而计划经济所要求的全部伦理冲动或最核心的伦理冲动，就是如何扬弃个体作为特殊存在的个别性，皈依于"计划"的普遍性，达到个体的"单一物"与国家计划的"普遍物"的统一。经济和伦理冲动的这两方面的统一在人性实体方面的要求便是所谓"政治人"。亚里士多德说："人在本性上是政治的。"① 政治是什么？孙中山说，政治就是管理众人的事；拿破仑说，政治就是人力不能及，个人不得不如此的一种力量。这些规定很难说就是学术的，但却从不同侧面揭示了政治的概念规定，即公共性与对普遍意志的服从。政治人的本质，就是对普遍性和普遍意志的服从。伦理人通过"单一物与普遍物的统一"，自觉能动地扬弃个体意志的主观性，达到与普遍意志的统一；政治人服从于普遍意志。二者虽然都强调并且认同普遍意志，但在品质方面则有本质的区别。当然，在一般情况下，政治人也应当有伦理人的基础。对"计划"这个普遍物和普遍意志的服从，是计划经济的政治基础和精神哲学的基本条件。

政府的伦理实体性是计划经济中伦理冲动与经济冲动成为"体系"的第二个精神哲学条件。"政府"何以成为道德哲学和精神哲学的概念？在《精神现象学》中，黑格尔思辨了一个精神发展的三个阶段，即伦理世界，教化世界，道德世界。政府既是伦理世界中的存在，又是教化世界中的存在。在伦理世界中，它是民族伦理实体和人的规律的自为存在，是共体、普遍物作为"整个个体"的自在自为形态。"共体，亦即公开显示其效力于日光之下的上界的规律，是以政府为它的现实的生命之所在，因为它在政府中是一个整个个体。政府是自身反思的、现实的精神，是全部伦理实体的单一的自我。"② 教化世界是异化了的伦理世界，教化世界中的普遍物有两个，一是国家权力，一是财富。政府是国家权力的自在存在，是人格化的普遍物，财富是物化了的普遍物，它们之所以是一种精神，是因为它们的现实性、合法性，在于它们自身的普遍性。国家权力和

---

① 《亚里士多德全集》第 8 卷，苗力田译，中国人民大学出版社 1997 年版，第 13 页。
② ［德］黑格尔：《精神现象学》下，贺麟、王玖兴译，商务印书馆 1996 年版，第 12 页。

财富，就是教化世界中精神的普遍物。在计划经济下，计划，既是政府的功能，也是政府作为国家权力和普遍物的自在自为的表现。计划的普遍性或它作为普遍物而存在的本性一旦丧失或不能被现实地体现，计划经济的道德哲学基础和精神哲学基础也就动摇。

政治人和政府作为"整个个体"的伦理实体本质，就是计划经济体制下伦理冲动与经济冲动成为一个体系的精神哲学基础。

三　"计划"的"冲动合理体系"的伦理条件

由自然经济向计划经济的变革，不仅是一场重大的经济制度革命，更是一场深刻的道德哲学革命和精神哲学革命。也许，我们今天有许多理由对它进行批评，但是，如果我们进行一个反向的思维，先对它进行肯定，然后探讨计划经济下"冲动合理体系"形成的条件，由此便可在道德哲学的意义上发现一些过去研究中所难以发现或没有发现的东西。

公有制及其与之相应的计划经济体制，在理论和实践方面都内在着一些难以否认的合理性。美国经济学家查尔斯·林德布洛姆认为，共产主义的经济制度具有一些明显的优越性，如"作为一个制度的大家庭"，比多头政治更平等；同时"共产主义制度在平等方面的一个成就，是它们大大减少了失业"。[①] 正因为如此，像上面已经指出的，在公有制和计划经济实行的过程中，创造了许多令人瞩目的奇迹。但是，同样不可否认的事实是：公有制和计划经济也在世界范围内遭遇了困境，所以实行这种体制的国家都进行进一步的经济改革和经济转轨。造成这些困境的因素很多，最重要的是：以公有制为基础的计划经济的现实性与合理性，需要许多与之相配套的条件，尤其是它需要一些比自然经济更为特殊的伦理条件，如果这些条件不具备或不能满足，那么，计划经济就可能既不现实，也不合理，只能是一种理想主义的乌托邦。

计划经济要在现实中具有效率并实现合理性，在经济效益方面的条件就是信息必须完全和迅捷，这是计划的合理性的必备条件。如果具备这个条件，那么，计划经济就不仅是最少浪费，也是最有效率的体制。问题在于，这个先决条件难以真正具备。我们暂且撇开这个经济技术方面的问

---

① ［美］查尔斯·林德布洛姆：《政治与市场：世界的政治——经济制度》，王逸周译，上海三联书店 1996 年版，第 406、407 页。

题，着重探讨计划经济所应当和必须具备的伦理条件。计划经济的本质是"公"，"公"的基本要件有二：共同目的的组织；组织中的个体为共同目的而努力。这两个要件在道德哲学方面的表现和表述就是：客观上必须存在共同目的；主观上必须认同共同目的。

在中国计划经济体制发展过程中，客观上的共同目的通过"一大二公，越来越公"的公有制的不断推进或公有制内部经济改革来实现。但是，这种改革面临着公共选择或"集体行动逻辑"方面的难题。按照奥尔森的理论，在集团中人们都是为个人利益而努力。"一个集团是否可能在没有强制或外界诱因的条件下为自己提供集体物品在很大程度上取决于集团中个人的数量，因为集团越大，任何一个就越不可能作出贡献。"①在他看来，三个因素决定了大集团具有比小集团更低的效率。（1）集团越大，增进集团利益的个人获得集团总收益的份额就越小；（2）集团越大，个体获得的份额以及与他为此支付的成本的比例就越小；（3）集团越大，达成组织协议的难度和成本也就越高。②根据奥尔森的这一理论，"一大二公"的体制天生就是低效率的。在计划经济中，只有"大"才能体现"公"；但在集体行动的逻辑中，只有"小"才能更有效率，这就是公有制经济的体制悖论。

但是，奥尔森忽视了一个问题，这就是"集体行动的逻辑"中利益逻辑之外的另一种逻辑，这就是价值逻辑。虽然他承认，人"在组织中的态度与在市场中的态度是截然不同的。在组织中还经常牵涉到感情或意识形态的因素"③。但是，他认为这些因素对集体行动缺乏可信的和具有现实性的解释力。然而事实却是，道德的和意识形态对集体行动确实具有巨大的推动力。公有制和计划经济最必不可少的伦理条件是集体主义伦理精神。这种伦理精神表现为两个方面：一是制定和掌握"计划"的主体即政府及其官员有高尚纯洁的道德品质；二是集团成员自觉地以个体服从整体。查尔斯·林德布洛姆承认，共产主义国家尤其是中国在意识形态方面的"训导"和道德激励对中国经济社会的发展发挥了重要作用，它创造了许多"毫不利己，专门利人"，"全心全意为人民服务"

---

①　［美］曼瑟尔·奥尔森：《集体行动的逻辑》，陈郁等译，上海三联书店1995年版，第37页。

②　同上书，第40页。

③　同上书，第12页。

的"新人"。① 从道德哲学和精神哲学的理论上分析，个体对于实体的认同与一致，是实体得以维系的精神条件，也是精神发展的标志。在《精神现象学》中，黑格尔提出了"高贵意识"与"卑贱意识"的区分。"认定国家权力和财富都与自己同一的意识，乃是高贵的意识。""反之，发现另一种关系的、认定国家权力和财富这两种本质性都与自己不同一的那种意识，是卑贱的意识。"② 公有制的现实性与合理性的必不可少的精神哲学条件，就是这种"高贵的意识"。

在计划经济体制不断演进的过程中，毛泽东通过不断的运动培植和开发"高贵的意识"这种最为稀缺的精神资源与社会资源。毛泽东的理论是：在制度上通过革命建立了社会主义公有制和计划经济体制之后，剩下的最重要和最艰巨的任务，就是使人民在文化上认同和内化这种公有制，使对集体的回归成为一种经济冲动和文化冲动，在经济革命、政治革命、社会革命完成之后或在与这些革命进行的同时，进行文化革命。在不断的政治运动未能真正解决这一难题时，毛泽东似乎感到要将这种文化革命引向深入，由"文化革命"进展到"文化大革命"。应该说，"文化革命"有法哲学和精神哲学方面的根据，但是，由"文化革命"发展为"文化大革命"却是一个历史的悲剧。不过，我们宁愿将它视为公有制和计划经济探讨进程中上演的一出历史悲剧。因为，按照鲁迅的诠释，悲剧的真义在于："将美好的东西撕毁了给人看！"

不过，这场悲剧丝毫不足以否定文化、道德、意识形态的经济意义，更不足以否定以公有制为基础的社会主义制度本身的合理性。当中国宣告"文化大革命"结束时，丹尼尔·贝尔还在作为资本主义大本营的美国向全世界郑重宣告："我在经济问题上持社会主义立场。我所谓的社会主义不是中央集权或生产资料集体所有制。它所论及的是经济政策的优先权问题。为此我相信，在这个领域里，群体价值超过个人价值，前者是经济政策的合法的依据。""群体价值超过个人价值"，它既是以公有制为基础的计划经济合理性的价值依据，也是它最重要的道德哲学和精神哲学基础。

---

① ［美］查尔斯·林德布洛姆：《政治与市场：世界的政治——经济制度》，王逸周译，上海三联书店1996年版，第415页。

② ［德］黑格尔：《精神现象学》下，贺麟、王玖兴译，商务印书馆1996年版，第51页。

第四节 "冲动"的"市场"及其"体系"

计划经济内在的"集体行动的逻辑"方面的精神哲学困境,导致它的自我否定。在现代经济史上,作为计划经济否定形态的经济体制和经济制度就是:市场经济。

与自然经济与计划经济相比,市场经济的道德哲学和伦理精神的方法论基础,是"原子式思维",即"原子式地进行探讨"。"原子式地进行探讨"是考察伦理的两种方法之一。"在考察伦理时永远只有两种观点可能:或者从实体性出发,或者原子式地进行探讨,即以单个的人为基础而逐渐提高。后一种观点是没有精神的,因为它只能做到集合并列,但是精神不是单一的东西,而是单一物与普遍物的统一。"① 市场经济的伦理思维,既不是从家庭的自然伦理实体出发,也不是从国家的政治伦理实体出发,这两种思维分别造就了自然经济和计划经济的精神哲学基础,而是从"单个的人"出发,但经济本质上是一种组织性的活动,因而市场经济必然是以"单个的人为基础"而"逐渐提高"为组织或组织行为。这种思维是"没有精神的",但悖论在于,市场经济又不能没有精神。一方面,作为一种经济形态,它必然有其精神哲学方面的基础;另一方面,市场经济体制的建构及其合理性,也必然要求一种特殊的伦理精神与之匹合。既"没有精神",又希求精神,这就是内在于市场经济体制中的精神哲学悖论。

一 "个人利益的战场"

在市场经济体制中,社会性的经济冲动,尤其是社会性的伦理冲动形成的道德哲学和精神哲学基础,是市民社会的伦理实体和市民社会的伦理精神。

在黑格尔的道德哲学体系中,市民社会是三大伦理实体之一,它处于家庭与国家之间的过渡和中介环节。"市民社会是处在家庭和国家之间的差别性的阶段,虽然它的形成比国家晚。其实,作为差别性的阶段,它必须以国家为前提,而为了巩固地存在,它也必须有一个国家作为独立的东

---

① 〔德〕黑格尔:《法哲学原理》,范扬、张企泰译,商务印书馆1996年版,第173页。

西在它面前。"① "因此，在现实中国家本身倒是最初的东西，在国家内部家庭在发展成为市民社会，而且也正是国家的理念本身才划分自身为这两个环节（即家庭和市民社会——引者注）的。"② 既处于家庭与国家的差别性阶段，形成又比国家晚，并且必须以国家为前提，这种特质和逻辑正好与中国经济形态"自然经济（家庭）—计划经济（国家）—市场经济（市民社会）"轨迹相契合。这也许是一种偶然的巧合，但我们宁愿认为，在其中存在某种逻辑与历史一致的必然性。

市场经济体制在道德形而上学的精神哲学基础方面的最重要的特质之一，就是在市场经济中活动的主体，已经不是家庭自然伦理实体中的"家庭成员"，也不是国家政治伦理实体中的"公民"，而是市民社会中的"市民"。追求个人利益的冲动及其相互冲突，是市民社会的基本事实。"市民社会是个人私利的战场，是一切人反对一切人的战场，同样，高层社会也是私人利益跟特殊公共事务冲突的舞台，并且是它们二者共同跟国家的最高观点和制度冲突的舞台。"③ 按照黑格尔的观点，市民社会的伦理实体达到了它的无限形式，但这个无限形式，但这个"达到了它的无限的形式"的伦理实体具有一个辩证的环节：一是无限区分，直至个体内心的存在，尤其是个体内心的利益冲动；二是在教养中的含有和达到的普遍性的形式。前者强调和保持个体及其冲动的单一性，使市民社会成为"个人私利的战场"；后者扬弃个体及其冲动的单一性，使之具有普遍性即社会性。

在市民社会中，"个别的人，作为这种国家的市民来说就是私人，他们都把本身利益作为自己的目的"④。但是，精神追求自由的本性，又要求意志摆脱这种把个人私利作为自己目的直接性和自然性的束缚，于是便在理性中产生教养的要求，以把个别性、特殊性教养成普遍性。"理性的目的乃在于除去自然的质朴性，其中一部分是消极的无我性，另一部分是知识和意志的朴素性，即精神所潜在的直接性和单一性，而且首先使精神的这个外在性获得适合于它的合理性，即普遍性的形式或理智性。只有这

---

① ［德］黑格尔：《法哲学原理》，范扬、张企泰译，商务印书馆 1996 年版，第 197 页。
② 同上书，第 252 页。
③ 同上书，第 309 页。
④ 同上书，第 210 页。

样，精神才会在这种纯粹外在性本身中感觉自己安若家居。"① 黑格尔的理论是，在市民社会中，个体的本性是追求个人私利，意志的自然本性是追求个人私利的冲动，但是精神的自由又唤起理智或意识中教养的要求，透过教养和教育，精神扬弃个体性和自然的直接性，达到普遍和自由。

所以，教养和教育的本质就是：解放。将人们从自然的主观性，情欲的直接性，以及无我的质朴性中解放出来，达到理性和意志的自由。"因此，教育的绝对规定就是解放以及达到更高解放的工作。"② 当然，黑格尔也承认，这种解放是一项艰苦的工程。"在主体中，这种解放是一种艰苦的工作，这种工作反对举动的纯主观性，反对情欲的直接性，同样也反对感觉的主观虚无性与偏好的任性。"③ 教养和教育，不仅使个体的私利冲动上升为社会性的经济冲动，而且在经济冲动同时，必然要求和孕生伦理冲动。

现代经济学对市场经济中个体的私利冲动为何会成为社会性的经济冲动，在经济冲动之外为何需要和必然产生伦理冲动的问题，作了经济学的分析和解释。其中，最有代表性和最具解释力的理论，是"道德风险"理论，"囚徒困境"理论，以及"帕累托最优"理论等。"道德风险"理论将保险学的风险概念与道德相嫁接，以此说明经济行为的伦理化可以使个人和企业规避风险，从而降低成本。"囚徒困境"理论以法律审判中的现实解释经济活动中合作的重要性，试图以合作的伦理化解经济生活中的"囚徒困境"。但是，所有这些理论，都有一个出发点：利益最大化，因而只是关于"人类行为的经济分析"，在本质上既缺乏伦理，也缺乏精神。即使有伦理，或运用伦理的概念和道德哲学的原理对此加以解释，伦理道德在这里也只是工具理性，而不是目的理性。伦理道德作为工具理性的极端发展，内在着沦为伪善的可怕的危险。因此，在经济学分析之外，必须对市场经济中的经济冲动和伦理冲动进行道德哲学和精神哲学的分析。

二 "需要的体系"

在市场经济中，伦理冲动与经济冲动成为"体系"的道德形而上学

---

① ［德］黑格尔：《法哲学原理》，范扬、张企泰译，商务印书馆 1996 年版，第 202 页。

② 同上。

③ 同上。

的精神哲学基础是什么？

　　第一个基础是市民社会本身的精神哲学原则。市民社会的伦理实体有两个基本的也是相互矛盾的道德哲学与精神原则。第一个原则是，需要的个体性，即市民社会中的人作为市民，以个体及其需要为目的；第二个原则是，满足需要形式的普遍性，即在市民社会中，个体的需要只有通过他人的中介，或通过普遍形式的中介才能获得满足。① 目的的个体性与形式的普遍性形成的结果是：在市民社会中，需要必须也只能是一个"体系"，即"需要的体系"。"这里，需要的目的是满足主观特殊性，但普遍性就在这种满足跟别人的需要和自由任性的关系中，肯定了自己。"② "需要体系"中个别性与普遍性的辩证互动，不仅使以个人利益为目的的经济冲动由个体性上升为社会性，而且使精神需要、伦理需要成为"需要体系"的辩证构成。"社会需要是直接的或自然的需要同观念的精神需要之间的联系，由于后一种需要作为普遍物在社会需要中占着优势，所以这一社会环节就含有解放的一面，这就是说，需要的严格的自然必然性被隐蔽了，而人就跟他自己的、同时也是普遍的意见，以及他独自造成的必然性发生关系，而不是跟仅仅外在的必然性、内在偶然性以及任性发生关系。"③

　　市场经济中"冲动"成为"体系"的第二个精神哲学基础，是教化世界中财富作为伦理存在的公共性。黑格尔认为，政府和财富，是教化世界中作为伦理实体的异化形态的两种普遍的精神本质。在教化世界中，"财富虽然是被动的或虚无的东西，但它也同样是普遍的精神的本质，它既因一切的行动和劳动而不断地形成，又因一切人的享受或消费而重新消失"④。财富这种普遍性质产生的伦理后果是：自私自利是事实上不可能，每个人都是具有普遍性的伦理存在。"因此，一个人的自为的本来即是普遍的，自私自利只不过是一种想象的东西；这种想象并不能把自己所设想

----

　　① 具体的人作为特殊的人本身就是目的；作为各种需要的整体以及自然必然性与任性的混合体来说，他是市民社会的一个原则。但是特殊的人在本质上是同另一些这种特殊性相关的，所以每个特殊的人都是通过他的中介，同时也无条件地通过普遍性的形式的中介，而肯定自己并得到满足。这一普遍性的形式是市民社会的另一个原则。"黑格尔：《法哲学原理》，范扬、张企泰译，商务印书馆1996年版，第197页。

　　② ［德］黑格尔：《法哲学原理》，范扬、张企泰译，商务印书馆1996年版，第204页。

　　③ 同上书，第208页。

　　④ ［德］黑格尔：《精神现象学》下，贺麟、王玖兴译，商务印书馆1996年版，第46页。

的东西真正实现出来，即是说，并不能真实地做出某种只于自己有利而不促进一切人福利的事情。"① 财富的普遍性伦理逻辑是："一个人自己享受时，他也在促使一切人都得到享受，一个人劳动时，他既是为他自己劳动也是为一切人劳动，而且一切人也都为他而劳动。"② 财富的这种普遍性，在马克思的《资本论》中阐述得更透彻。马克思指出，商品具有二重性，即价值与使用价值。商品的二重性由生产商品的劳动的二重性决定，生产商品的劳动具有抽象劳动和具体劳动的二重性，具体劳动是劳动的个别性，抽象劳动是劳动的社会性。商品的价值和价格，由隐藏在商品中的社会必要劳动时间决定。商品的价值只有在交换和消费中才能实现，而交换价值的尺度是社会必要劳动时间。因此，作为社会财富的交换形态的商品，本质上是社会的，并因此而具有伦理上的普遍性。于是，"在一切人相互依赖全面交织中所含有的必然性，现在对每个人来说，就是普遍而持久的财富"③。

探讨市场经济下的"冲动体系"，不可回避的问题便是所谓的"经济人"。"经济人"是经济学关于经济活动尤其是市场体制下人的经济活动的人性假设。综合国内外的研究，经济人一般具有三方面的基本特质：（1）"自利"，即追求自身利益是经济行为的根本动机；（2）"理性行为"，通过合理行为，使所追求的利益尽可能最大化；（3）增进社会公共利益，只要有良好的制度保障，经济人追求个人利益最大化的行为会无意识但卓有成效地增进公共利益。④ "经济人"理论有一个最著名的逻辑：个人的恶行，社会的公利。这便是所谓"蜜蜂的寓言"。"个人的恶行"是出于利己目的的经济冲动，利己具有如此绝对的意义，以致在大卫·休谟那里被表述为一个极端的命题："宁愿破坏世界而不损伤我的手指，这并不违背理性。"⑤ "社会的公利"显然是一个具有伦理性的命题，但是，在这个逻辑中，"社会的公利"不仅服从于"个人的恶行"，而且准确地说，只是它的副作用，或是它的有利的副作用，因此，在经济行为即使被

---

① ［德］黑格尔：《精神现象学》下，贺麟、王玖兴译，商务印书馆1996年版，第47页。
② 同上。
③ ［德］黑格尔：《法哲学原理》，范扬、张企泰译，商务印书馆1996年版，第210页。
④ 参见杨春学《经济人与社会秩序分析》，上海三联书店1998年版，第11—12页。
⑤ 转引自［美］亚历山大·J.菲尔德《利他主义倾向》，赵培等译，长春出版社2005年版，第6页。

称为"理性经济人"的经济行为中到底是否存在真正意义上的伦理冲动，着实是一件令人怀疑的事，至少在这个命题中，虽然有伦理的结果（"社会的公利"），却不见伦理冲动（追求"社会公利"的动机）。从概念起源方面考察，"经济人"假设一开始便潜在伦理与经济的双重要素。这一概念的原创者是亚当·斯密，他在《国富论》中提出"经济人"的概念和命题，但重要而又被忽视的是，在"经济人"之先，亚当·斯密事实上已经有另一种人性假设，这就是《情操论》中论述的具有"同情心"的"伦理人"。① 《情操论》在《国富论》之先，这是一个理解亚当·斯密的经济理论和经济体系必须注意的事实，因为它关联着经济学属于道德哲学一个分支的"英国传统"。"经济人"理论的历史假说，从传统经济人到"理性经济人"，再到"新经济人"，都强调伦理道德的意义，但是，必须辩证和澄清的是，伦理道德在这里并不具有原动力的意义，因而"经济人"不能使市场经济体制下经济冲动与伦理冲动成为"冲动体系"，的精神哲学与道德哲学基础，但这并没有否认它作为市场经济与市场行为中的人性假设的意义。不过，早在另一位古典经济学家马歇尔那里，"经济人"就被指认为是抽象的，因而一开始就是一种失败的理论。

三　市场经济的"冲动合理体系"

市场经济这个以追求个人利益最大化为原动力的经济体制中，经济冲动与伦理冲动如何成为"合理的冲动体系"？最有影响的解释当然还是首推利益最大化或理性经济行为即所谓"经济理性"的假设和理论，另一种有影响的理论是，随着市场经济的演进，市场这只"看不见的手"在创造市场奇迹的同时，也沦为或者必然沦为"市场暴君"，于是在提出经济生产力的同时，也必然要求提高道德生产力。"市场暴君"造成的后果如此严重，以致社会文明正在走向自我毁灭。于是，便产生这样一种世界性共识和世界性觉悟："或许我们已经达到了一个离开支撑性的社会道德便无法生存的明确的社会组织的极限。"② 于是就像弗雷德·希尔施在《经济增长的社会极限》一书中所指出的那样，我们的社会需要一种"道

---

① 当然，亚当·斯密并没有直接提出"伦理人"或"道德人"的假设，但从《情操论》中关于人性的论述及其相关命题中事实上可以引申出这一结论。

② 转引自［德］米歇尔·鲍曼《道德的市场》，肖君等译，中国社会科学出版社 2003 年版，第 30 页。

德的重新获得"。以上两种解释都有合理性和很强的表达力，但稍有遗憾的是，这两种分别来自经济和社会的解释，对伦理冲动及其与经济冲动的辩证互动来说，还缺乏道德哲学和精神哲学的根据。

或许，制度经济学关于制度的概念对市场经济下经济冲动与伦理冲动的"合理冲动体系"能够提供一种新的解释。"制度"之所以可以成为道德哲学和精神哲学的概念，主要出于两个方面的理由：第一个理由是，在《法哲学原理》中，黑格尔就认为，"需要的合理体系"最后必须透过制度的努力；第二个理由是，制度概念的核心，不是它那些坚硬的物质外壳，而是坚硬外壳下所包裹的那种灵肉之躯，即具有文化与精神意义的规范和规则。黑格尔发现，在市民社会中，"利己的目的，就在它的受普遍性制约的实现中建立起在一切方面相互依赖的制度"①。在市民社会中，伦理性的实体达到了无限区分和教养中的普遍形式，但精神所达到的这种普遍形式，是通过法律和制度达到它的客观性和现实性。"在市民社会的发展中，伦理性的实体达到了它的无限形式，这个形式在自身中包含着两个环节：（1）无限区分，一直到自我意识独立的自身内心的存在，（2）教养中所含有的普遍性的形式，即思想形式，精神在法律和制度中，即在它的被思考的意志中，作为有机的整体而对自身成为客观的和现实的。"② 就是说，在市民社会中，精神的普遍形式，就是法律和制度。认定法律和制度是精神的外化，当然有客观唯心主义之嫌，但说它们是精神的普遍形式，尤其是意志的普遍形式，却无疑具有合理内核。引申开来，就是具有精神意义的普遍形式或普遍形态。伦理—经济"冲动的合理体系"，在精神哲学尤其是法哲学意义上，就是那些具有精神内涵和普遍形式的伦理—经济制度。

关于制度的精神哲学诠释，也为现代制度经济学的理论所确认。柯武刚在：《制度经济学——社会秩序与公共政策》中对制度作了一个简要的规定："制度在这里被定义为由人制定的规则。"③ 而规则的本性是文化。"规则系统是文化的组成部分。""文化在这里被定义为共享的价值系统和

---

① 转引自〔德〕米歇尔·鲍曼《道德的市场》，肖君等译，中国社会科学出版社 2003 年版，第 30 页。

② 同上书，第 252 页。

③ 柯武刚、史漫飞：《制度经济学——社会秩序与公共政策》，韩朝华译，商务印书馆 2002 年版，第 32 页。

一套规则系统，以及一共同体内在社会交往方面的各种更具体的要素。"①
由此，制度概念就具有文化的，因而也具有精神的属性。在市场经济中，
伦理冲·动与经济冲动形成"合理的冲动体系"，不仅在一般意义上有赖
于市场制度的建构，而且它本身需要以制度——以普遍形式为本质的那种
精神，包括普遍性的观念、普遍性的意志，以及作为普遍性定在的规则系
统，为它的精神哲学基础。这种精神哲学基础本身具有伦理和道德的内
涵，因为正如西方法学家所指出的那样，遵守规则是一项道德原则。同
样，遵守规则也是一种道德素质。所以，无论是规则的制定还是对规则的
遵守，都具有精神和精神哲学的意义。

　　由此，便可以解释"社会主义市场经济"命题的精神哲学与历史哲
学意义。市场经济是一个"个人私利的战场"，在市场这只"看不见的
手"的调节和支配下，它虽然可能也必须是一个"需要的体系"，但它不
一定是一个"需要的合理体系"，更不是一个"冲动的合理体系"。这个
"需要体系"的合理性，必须透过一定的制度安排和制度化的努力才能实
现。在"市场经济"之前冠以"社会主义"的规定，当然首先是一种政
治制度的设计和规定，但这一规定不仅透过"制度"坚硬的政治外壳使
其具有政治意识形态的意义，更是透过文化规定和文化努力，赋予其深刻
的精神哲学和历史哲学意义。因为，正如丹尼尔·贝尔所说的那样，社会
主义不只意味着公有制及其政治制度，而且还是一种价值体系，是一种社
会利益高于个人利益的价值体系。这种价值体系，在理论和现实上已经并
且必将继续显现出其深刻而顽强的历史合理性。

---

① 柯武刚、史漫飞：《制度经济学——社会秩序与公共政策》，韩朝华译，商务印书馆
2002 年版，第 195、200 页。

第十篇

道德形而上学体系的精神哲学形态

第二十章 道德形而上学体系的
精神哲学形态

第一节 有"精神"的"道德形而上学体系"

探讨道德形而上学的精神哲学基础，不可回避一个追问：道德为什么要有精神？道德形而上学体系为什么需要精神哲学基础？道德形而上学体系的精神基础为什么是"哲学"的？

首先必须申言，这里探讨的是道德"形而上学"而不是道德"哲学"体系的"精神哲学基础"。也许，在现代话语背景下，这一申言具有经院哲学遗风，但是，根据康德的哲学理论，在道德哲学与道德形而上学之间确实存在原则而精微的区分。道德形而上学的任务，主要是为道德哲学及其体系提供概念、理念、原素等方面的基础，而不是道德哲学的理论或体系本身。道德形而上学虽然也有某种体系，但它在本质上应当是概念体系，理念体系，以及从那些最基本的概念中演绎出的最具形上意义的原素、结构和原理。道德形而上学体系的本质特征是它的概念性。只要将康德的《道德形而上学的基本原则》、《道德形而上学导论》、《〈伦理学的形而上学要素〉导言》与《实践理性批判》进行比照性研读，便可以发现道德哲学与道德形而上学之间的殊异。诚然，康德的理论未必就是绝对真理，但这种古典哲学式的严谨对已经习惯于大而化之的现代性学术来说，无疑是十分稀缺的资源。

如果从概念的角度理解道德形而上学及其体系，那么，它需要"精神哲学基础"为它提供的便是那些具有精神哲学意义的概念原素及其结构原理。在"道德形而上学体系"与"精神哲学基础"之间建立关联的逻辑前提，是道德形而上学体系必须、应当有其精神哲学基础，虽然这个命题并不排除它还应当有其他基础，但"精神哲学基础"是道德形而上学体系必备的素质性条件。伦理道德必须有"精神";道德形而上学体系的精神基础必须是"哲学"的。这是"道德体系的精神哲学基础"命题的两个隐含的预设前提。

将精神哲学置于道德形而上学体系的基础性地位,建立二者之间不可分离的内在关联,在学术资源方面的直觉反映便是黑格尔的哲学体系。黑格尔不仅在精神哲学体系中探讨伦理道德,而且可以说道德哲学和道德形而上学体系就是他的精神哲学体系的一部分。他的《精神现象学》的下卷整个就是探讨伦理道德辩证发展的体系。《法哲学原理》被恩格斯称之为"就是黑格尔的伦理学",而作为伦理学的法哲学就是他的《精神哲学》和《哲学全书》中客观精神的基本内容,甚至是全部内容。在黑格尔哲学体系中,伦理道德是精神发展的一个阶段,准确地说是精神发展到一定历史阶段即客观阶段的产物,道德哲学和道德形而上学体系是精神哲学的全部体系的一个部分。伦理道德是一种特殊的精神,道德形而上学体系是精神哲学的有机体系的一个环节,离开精神的辩证发展和精神哲学体系,便不可能准确理解和把握伦理道德的本性,也不可能建立和理解道德形而上学的理论体系。这就是黑格尔哲学体系给我们的结论。不过,在精神哲学的框架中讨论道德形而上学及其体系,将伦理道德当作精神尤其是客观精神自我发展的辩证过程,并不是黑格尔的首创,更没有在黑格尔那里终结。自苏格拉底提出"人是什么"的问题以来,西方哲学事实上就一直在精神哲学的层面探讨伦理道德及其体系,苏格拉底的学生柏拉图将此向前大大推进了一步。现代性对道德的精神本性和道德哲学的精神基础的"祛魅",某种意义上可以理解为对道德形而上学体系的精神哲学传统的反动,而后现代性也已经表现出相当程度上的回归。中国传统道德哲学的主流一直是在精神和精神哲学的意义上探讨伦理道德,建构道德哲学体系。马克思主义伦理学将它复位于现实世界即物质生活条件和物质资料的生产方式,但丝毫没有否定它的精神本性和精神哲学基础。自人类文明产生以来,伦理道德就是人文精神的核心构成,道德形而上学及其体系也基因性地印上精神哲学的胎记,只是黑格尔哲学更自觉,对此阐释得更系统和深刻而已。

伦理道德为什么需要精神?为什么是一种精神?根本原因在于:精神是它们的概念真理。精神具有以下四个基本规定:

第一,精神的对立物是"自然",虽然它从自然中产生并以自然为前提，但精神的本质是与"自然"相对立，既与客观自然即人的生物本性相对立，又与主观自然即人的个体本性相对立。精神的肯定性本质是"自由"，精神的否定性本质是"解放"。它既使人们从客观自然或人的自然质朴性即动物性的自然状态下解放出来，又使人们从主观自然，即人的个别性的自然状态下解放出来。由此，使人达到"自由的意识"、"自由的观念"，以及作为二者结合体的"自由的精神"。自由就是解放，精神的辩证发展使人的具体历史解放而获得现实的自由。

第二，精神既不是一般的观念，也不是一般的理性，而是"理性和它的世界"的统一，是"坚定正当的自我同一性"，客观化自身，即使观念、理性获得自我实现的能力，是精神的特殊的本质。

第三，综合以上两方面，用西方学者的诠释，精神是包含了理智、意志、道德乃至人的全部灵魂的东西。一方面，精神既包括意识、观念或理智、思维、理性，另一方面，又包括意志、冲动、行为，所以，意识和意志、观念和行为不是精神的两个要素，而是精神的一体两面，是精神对待同一事物的两种不同态度。在这个意义上，精神并不是理性和实践二元合成而形成的所谓"实践理性"，而是本身就是基于意识和意志的统一的理性和实践的统一体。更重要的是，伦理道德概念也内在于精神的本性规定之中，伦理道德是一种精神，并不是说它是一种实践理性，而是说伦理道德是精神的一种特殊形态，即客观形态，用黑格尔哲学的话语表述，是客观精神形态。不是客观精神形态的一部分，而是它的全部。

第四，正因为如此，精神不是静态的存在，而是自我运动、自我发展、自我复归的辩证过程。因为，伦理道德作为精神的客观形态，表现为由自在到自为，再到自在自为的否定之否定的辩证运动中。在黑格尔道德哲学体系中，这个运动过程，既是"伦理世界—教化世界—道德世界"的精神现象学的运动过程，也是"抽象法—道德—伦理"的法哲学运动过程。这一运动过程，在世界历史或生活世界的历史运动中得到具体的和辩证的统一。伦理精神一方面相对于自然，是对自然包括客观自然和主观自然的扬弃和超越，所以精神哲学是高于自然哲学的更高哲学形态；另一方面表现为自觉能动的观念、理念，但是，精神的本质却是理念理性与它的现实的统一。精神既扬弃自然的质朴性，又扬弃观念的主观性，所以精神哲学在全部哲学体系中透过自然哲学对逻辑学的否定，实现辩证复归。"必须把观念性，就是说，理念的异在的扬弃、理念从它的他物向自身的回复和回复到了自身，称之为精神概念的与众不同的规定性，相反地，对于逻辑理念来说区别之点是直接的、简单的在自己内存在，而对于自然来说区别之点则是理念的在自己外存在。"①

可以集中体现精神所内在的以上四个本质规定的概念就是：自由。"精神的本质从形式上看就是自由，即概念的作为自身同一性的绝对的否定性。依据这个形式的规定，精神能够从一切外在的东西和它自己的外在性、它的定在本身抽象出来；它能够忍受对其个体的直接的否定，忍受无限的痛苦，就是说，能够在这个否定中肯定地保持自己，而且能够自为地是同一。这种可能性是精神自身内抽象的、自为存在着的普遍性。"② 精神既是对自己的自然本性即外在性的否定，由此获得主体性自由；精神也是对个体有限性的否定，由此获得实体性自由；精神的辩证本质是在否定性本质即对自然的外在性与个体的有限性的否定中肯定自己。"精神的实体是自由，就是说，对于他物的不依赖性、自己与自己本身相联系。"③ 精神的这种哲学本性，正是伦理道德所具有的那种"我能放弃一切东西，从一切东西中抽象出来"的自在自为的自由。道德是主观意志的法，它要求人从自然质朴性和主观任性中解放出来，从而获得主观自由；伦理是"单一物与普遍物的统一"，它要求人从个体的有限性中解放出来，在回归普遍本质即实体中获得现实自由，或客观自由。无论主观自由还是客观自由，都是内在于精神中的概念本性，并且在精神中获得同一性，因为，"德"作为"伦理上的造诣"，也是在"单一物与普遍物"即个体与实体的统一中获得的那种自在自为的自由。

道德形而上学体系的精神基础为什么必须是"哲学"的？根据存在于伦理道德与精神的关系，以及道德形而上学体系与精神哲学的关系之中。就伦理道德与精神的关系而言，精神的定在形式与精

神本质的内在性之间存在矛盾，这个矛盾只有在哲学思维中才能扬弃。因此，虽然伦理道德具有也必须体现精神的本性，但这个精神本性本质上是"哲学"的。因为，"关于精神本性的论述，只有通过哲学才能证明和已被证明，而不需要通过我们普通的意识来证实"④。就道德形而上

---

① ［德］黑格尔：《精神哲学》，杨祖陶译，人民出版社 2006 年版，第 11 页。
② 同上书，第 20 页。
③ 同上。
④ 同上书，第 16 页。

学体系与精神哲学的关系而言，由于精神的本质自我运动、自我发展，因而只有在自身发展的辩证过程中才能确证和实现，这一任务只有通过哲学才能完成。"哲学在某种程度上只需注视：自然本身是怎样扬弃它的外在性，怎样把在自己本身外的东西纳回到理念的中心，或者说，怎样使这个中心在外在东西里显露出来，怎样把隐藏在自然里的概念从外在性的覆盖下解放出来并因而克服外在必然性的。"① 道德形而上学体系所需要的，是精神的哲学基础，而不只是精神本身。理由很简单，只有哲学才能概念地使精神回归它的内在性与普遍性，也只有在精神的全部辩证运动中才能真正把握伦理道德的本性，并由此建立道德形而上学的辩证体系。"精神哲学作为一门真正的科学，既不是抽象地推论什么精神的本质，也不是对发现的精神的现象进行外在的描述，而是要在精神活生生的发展中去认识精神的本质或概念和精神自身从一个环节到另一个环节、从一个阶段到另一个阶段、从一种形态到另一种形态的必然性，就是它成为一个自我实现、自我认识了的有机整体的必然进展。这是一个在人类对精神的认识史上从未有人提出过的空前艰巨的任务。"② 正因为如此，精神哲学才成为高于逻辑学和自然哲学的"最高和最难的"哲学。

由于精神，以及体现它的本性的伦理道德是对自然，包括人的外部自然和内部自然的扬弃，因而伦理道德与自然的关系，或自然在道德形而上学体系中的地位，便是探讨道德形而上学的精神哲学基础不可回避的问题。这一问题在道德形而上学体系中的理论表现，就是伦理学与心理学、经济学，或伦理与心理、道德与利益的关系问题，因为，心理与利益，就是在道德形而上学体系中精神所面对的两种自然，即内部自然与外部自然。这个问题的精神哲学基础是："对我们来说，精神以自然为它的前提，而精神则是自然的真理，因而是自然的绝对第一性的东西。在这个真理中自然消逝了，而精神则表明自己是达到了其自为存在的理念，这个理念的客体和主体都是概念。"③ 在精神哲学中，精神与自然关系的辩证法是：自然是精神或精神产生的前提，但精神是自然的真理。精神对自然来说具有绝对的本质性，精神发展的本质就是对自然的扬弃和否定。于是，

---

① ［德］黑格尔：《精神哲学》，杨祖陶译，人民出版社 2006 年版，第 18 页。
② 同上书，译者前言第 12 页。
③ 同上书，第 10 页。

在道德形而上学体系中，伦理与心理相联系甚至以它为前提，但又扬弃心理的自然性；道德以利益为基础，但又超越利益的个体性。这种关系的真理是：在道德与自然、义务与现实的矛盾中，精神"知道只有义务具有本质性而自然则全无独立性和本质性"①。在《精神哲学》中，黑格尔虽然将心理学当作主观精神发展的最高阶段，② 但它的具体内容却是理论精神，实践精神和自由精神，因而他的心理学的概念与现代心理学并不相同，主要属于认识论的范畴。休谟和康德在道德哲学中也讨论心理问题，但他们主要是在道德情感和道德选择的意义上探讨道德心理。③ 对道德体系来说，现代西方道德哲学家的一个著名命题可能更具真理性：伦理学不需要生物学。根据这个命题，伦理学必须也应当超越心理学，尤其是建立在生物学基础上的深层心理学。道德与利益的关系同样如此。如果像机械唯物论或本体决定论者所理解的那样，道德只是利益、伦理只是被经济被动地"决定"，那么，伦理道德非但没有"精神"，而且也完全丧失了它们作为意义世界核心的存在意义。心理与利益的本质是自然，无论心理决定论还是利益决定论，如果缺乏"精神"的本质，都只是自然伦理和自然道德。回归伦理道德的精神本性，追究和探求道德形而上学体系的精神哲学基础，是捍卫伦理道德的意义本质的必不可少的努力。在当今这个被现代性"祛魅"了的时代，向精神哲学基础的回归，对道德体系和道德生活来说，具有十分紧迫而重大的学术价值和现实意义。

第二节　道德形而上学精神哲学基础的逻辑形态

道德形而上学体系的精神哲学基础到底是什么？

道德形而上学体系的精神哲学基础有两三个方面：逻辑基础、历史基础、逻辑与历史统一的基础。与之相对应，分别有三种形态：逻辑形态或概念形态；历史形态或民族形态；体系形态或哲学形态。

逻辑基础或逻辑形态是"自由意识—自由意志"的结构及其二者的同一所形成的概念体系，它是由"精神"的概念本质所规定的道德形而

---

① ［德］黑格尔：《精神现象学》下，贺麟、王玖兴译，商务印书馆1996年版，第126页。

② 在《精神哲学》体系中，主观精神发展的辩证过程是：人类学，精神现象学，心理学。

③ 参见［美］约翰·罗尔斯《道德哲学讲义》，张国清译，上海三联书店2003年版。

上学体系的精神哲学形态，因而又是概念基础或概念形态。

历史基础或历史形态是"伦—理—道—德—得"的概念运动体系，它是"自由意识—自由意志"的概念结构及其辩证统一，在中国文化及其传统的现实发展中所形成的具体形态，也是中华民族伦理精神概念运动的历史形态，因而又是道德形而上学体系的精神哲学基础的民族形态。

逻辑与历史统一所形成的道德形而上学的精神哲学基础，就是"精神现象学—法哲学—历史哲学"的统一所形成的道德形而上学的辩证体系，或道德形而上学的精神哲学体系，因而又是道德形而上学精神哲学基础的体系形态或哲学形态。

根据"道德形而上学"的定位，"精神哲学基础"的逻辑根据和逻辑体系，内在于"精神"的形而上学概念本性中。道德形而上学体系的精神哲学的概念体系，就是意识—意志，或者说是"自由的意识"—"自由的意志"的体系。精神与理性的根本区别，在于它不仅是意识和自我意识的统一，而且是意识和现实，或理性与它的世界的统一。在意识的辩证运动中，精神作为理性发展的结果，其根本特质就在于它不仅反思自己，而且一定要实现自己，形成客观的精神世界。"当理性之确信其自身即是一切实在这一确定性已上升为真理性，亦即理性已经意识到它的自身即是它的世界、它的世界即是它的自身时，理性就成了精神。"① 所以，在黑格尔看来，精神与实体即普遍物、公共本质相通，实体是没有意识到自身的那种本质，而精神则是既意识到自己又能呈现自己或实现自己的那种本质。实体的精神本质即伦理实体，这个判断潜在的意旨是，人的实体性，人的公共本质即人的伦理性，但精神本身不仅是伦理的实体，而且是伦理现实，即伦理与它所创造出来的那个伦理世界的统一。精神的直接的真理性状态就是一个民族的伦理生活；而"活的伦理世界就是在其真理性中的精神"②。于是，精神便与伦理道德相同一，伦理道德便是那种在现实世界中既意识到自身又能实现自身的那种精神，即客观精神。在黑格尔的精神哲学体系中，伦理道德处于客观精神的环节，它既不是理论精神，也不是一般意义上的实践精神，而是在理论精神与实践精神统一的基础上形成的那种能够客观化自身，达到理性与它的现实统一的那种精神。

---

① ［德］黑格尔：《精神现象学》下，贺麟、王玖兴译，商务印书馆 1996 年版，第 1 页。
② 同上书，第 4 页。

正因为如此，伦理才是"真实的精神"，即直接的精神，自然的精神；道德则是对其自身具有确定性的精神，即自我确证的精神。由此，在形而上学的层面，精神便具有两个结构，即意识的结构和意志的结构。虽然在《法哲学原理》中，黑格尔强调意识和意志只是精神同一体的两个不同方面，或对待同一事物的两种不同态度，但正是这两种结构或二者的统一，才使精神既与理性相区分，又是理性发展的必然结果。道德形而上学体系，现实的伦理道德的精神本质在于，意识和意志在其中达到具体的和现实的自由，即自由的意识和自由的意志。自由意识—自由意志的体系，或现象学结构与法哲学结构的统一，是道德形而上学体系的精神哲学的概念基础，即在"精神"的概念中存在的那种道德形而上学的精神哲学基础。

在黑格尔体系中，自由意识的体系或现象学结构是由"伦理—教化—道德"构成的辩证体系。伦理是精神客观化自身的真实状态或自然状态。由家庭与民族两大伦理实体构成的伦理世界，是精神的直接现实性，或者说是自在的精神；神的规律与人的规律是伦理精神的自为状态；伦理行为则是伦理精神的自在与自为的统一。但是，一旦达到行为，伦理精神那种真实的或直接的本质便发生异化，进入法权状态，过渡到那种"异化了的精神的世界"，即教化世界。在教化世界中，伦理实体的普遍性本质以异化的形式在国家权力或政府与财富中存在，透过启蒙的否定与对绝对自由的追求，向道德世界过渡。精神在道德世界的自我意识即道德世界观中预设和确证义务与现实，或道德与自然之间的和谐，通过对道德世界观中矛盾的扬弃，在道德意识的主体即良心中确证自己，达到意识的自在自为的自由。

法哲学结构中，自由意志遵循与自由意识相反的路径。在抽象法中，精神获得抽象的自由；在道德中，精神获得主观的自由；在伦理，或在家庭—市民社会—国家的伦理实体的辩证运动中，精神获得现实的既自在又自为的自由。这种自在自为的自由的真义是：只有在现实的伦理关系与伦理实体中，自由意志才具有现实性，精神也才能现实地实现自身。意志自由的本质是，意志，以及作为意志的自在表现的冲动，必须扬弃自身的自然性与个别性，形成"冲动的体系"或"冲动的合理体系"，在自然冲动与道德冲动、个别性与普遍性的辩证互动中达到现实的自由，使精神实现自身。

于是，由自由意识与自由意志构成的道德形而上学体系的精神哲学的概念基础的真义就是：第一，使意识和意志，或者说，使精神从自然的直接性中解放出来，从而获得现实的自由。精神的对立物是自然，扬弃自然，精神才能获得真正的自由。无论在精神哲学还是在道德形而上学的意义上，自由的基本意义或基本条件，就是从自然的直接性中的解放。精神从自然中产生，因而精神哲学必有其人类学的基础，但精神的真正生成必须是对自然的否定和扬弃。"精神从自然中产生不能了解为，好像自然是绝对直接的东西，第一性的东西，本源的设定者，而精神则相反地似乎只是一个为自然所设定的东西；其实自然是被精神所设定的，而精神则是绝对第一性的东西。"① 精神不仅扬弃自然的质朴性，而且扬弃抽象的个别性，达到实体和本质，由此，伦理的"普遍物"与作为这种"普遍物"内化的道德上的"伦理上的造诣"才成为可能。第二，伦理道德在自身运动中实现自身。"作为实体，精神是坚定的正当的自身同一性。"② 精神的自我同一性的本质在于，它不仅意识自身，而且实现自身。道德形而上学体系中意识与意志，或现象学与法哲学相统一的精神哲学的概念基础，使伦理道德超越理性而达到现实，乃至在相当意义上它不只是理性与实践的厂般结合而形成的所谓"实践理性"，而是一个整体性的、不可分离的现实"精神"。由于自由意识与自由意志在辩证运动中的具体性与历史性，伦理道德所内在的那种实现或客观化自身的本性也必定是现实的。

第三节　道德形而上学精神哲学基础的历史形态

自由意识—自由意志的精神哲学本性，只是在概念的意义上为道德形而上学体系提供基础，无论自由意识还是自由意志，都是精神在形而上学意义上的概念展开，概念的现实性在于它与自己的特定存在的统一，从而形成特定民族的伦理精神与道德生活。道德形而上学体系的精神哲学基础的概念形态与特定民族的结合，就形成它的历史形态。精神的本性是辩证运动，哲学的本性是辩证运动的体系。对中华民族及其道德形而上学体系来说，这个历史形态就是"伦—理—道—德—得"的概念运动所形成的历史体系。这个历史体系即是中国道德形而上学体系的精神哲学基础的民

---

① ［德］黑格尔：《精神哲学》，杨祖陶译，人民出版社 2006 年版，第 18 页。
② ［德］黑格尔：《精神现象学》下，贺麟、王玖兴译，商务印书馆 1996 年版，第 2 页。

族形态。

　　道德形而上学体系的精神哲学基础的历史形态或民族形态，一般有三个特点：（1）道德形而上学体系的精神哲学基础的逻辑形态所规定的基本结构；（2）逻辑形态在特定民族的伦理精神现实发展中的历史展开及其辩证过程；（3）民族伦理精神及其体系发展的概念系统。"伦—理—道—德—得"，就是道德形而上学体系的精神哲学基础的概念形态，在中华民族和中华民族的伦理精神历史发展中的辩证展开及其概念系统。

　　无论对中华民族还是对它的道德形而上学体系来说，"伦"的基本含义都指向伦理世界。伦理世界既是直接的伦理精神，也是自然的伦理存在。抽象地说，任何伦理世界都像黑格尔所说的那样，由家庭、民族以及作为分别指向家庭和社会的两种不同伦理性格的男人和女人构成，用中国传统道德哲学的话语诠释，由天伦和人伦构成。对中华民族的伦理世界而言，道德形而上学的民族特殊性在于，它在家国一体、由家及国的伦理现实的基础上，依"人伦本于天伦"原理，建立伦理世界。对任何道德形而上学体系来说，"伦"总意味着三大基本的关系：人与诞生他的那个生命实体的关系，即个体与血缘性的家庭伦理实体的关系；人与他的生命获得现实性的那个民族伦理实体的关系；人与他所处的各种具体的伦理实体的关系。三大关系归结为一，就是人与他的现实的公共本质的关系。"伦"作为"普遍物"即公共本质，既是伦理性的共体，也规定个体在这个共体中所处的地位，是"单一物与普遍物统一"的直接状态，因而是伦理的实体和伦理的世界。中国传统道德形而上学体系的精神哲学特质在于：在这个伦理世界和伦理实体中，家庭伦理实体具有本位的和绝对的意义。

　　相对于"伦"而言，"理"既是对于客观存在的"伦"的意识与自我意识相统一的理性，或关于"伦"的理性，也意味着自在自为地存在着的伦理规律。由"伦"到"理"的发展，标志着伦理精神由客观向主观，由自在向自为的转化，也标志着伦理精神开始扬弃自己的自然质朴性，形成具有意识和反思能力的主观能动的内化了的伦理世界。作为理性，"理"是对"伦"的意识和自觉；作为自在自为的精神，"理"是对伦理规律，即神的规律与人的规律及其相互关系原理的把握和遵循。"理"，既是理性，又是规律，是自在自为地存在、主观内化了的、在人的思维和精神中把握的伦理世界。

"理"向"道"的过渡，意味着伦理在它的发展中由思维形态向冲动形态、由意识形态向意志形态转化。"道"与"理"相比，最为本质的特点就是它的实践性。在中国的哲学形而上学中，"道"似乎比"理"具有更为本体的意义，"道"与"理"的关系，似乎可以类似于柏拉图的"众理之理"与"理"的关系，这种关系即宋明理学的所谓"理一分殊"。然而在中国道德形而上学体系中，二者的关系更具特殊的意义。"道"已经不是一般的"理"，而是具有行为能力，将"理"或理性转化为实在的那种"理"。所以"道"的具体内涵，已经不是一般的伦理原理和伦理规律，而是道德规范和道德准则。规范、准则也是普遍性和普遍物，但它已经不是意识形态的普遍，而是意志形态的普遍。所以，对中国文化来说，"道"在"理"先，所谓"道理"，兼具哲学形而上学与道德形而上学的双重意味。对哲学形而上学来说，"道"是"众理之理"，是"一"，故在"理"先；对道德形而上学来说，"道"是冲动形态的伦理，比作为意识形态伦理的"理"向道德的精神本质更逼近了一步，"知行合一"，行高于知，因而"道"也在"理"先。"理"向"道"的运动，就是意识形态的伦理向冲动形态伦理的辩证发展。"理"向"道"的辩证发展，在道德形而上学体系中是一个十分重要但却常常被忽视的精神哲学过程。

实践状态、行为状态的普遍物的"道"在个体中的落实，就是"德"。在精神发展中，"德"面临两种关系：一是与"伦"和"理"的关系，这个关系的真理是："德是一种伦理上的造诣"，就是说，"德"是分享、获得伦理的普遍性，从而使个体从单一物上升为普遍物的水平和境界；二是"德"和"道"的关系，这一关系的真理是：个体到底在多大程度上透过意志行为将自己作为实体存在而不是个体存在的普遍本性或公共本质呈现或实现出来。"德"，就是个体内在的普遍性，是内在于个体中的既自在又自为的"伦"，也是既自在又自为的"理"和"道"，只不过在"德"中，无论是"伦"，还是"理"与"道"，都扬弃了自身，而表现为一种主体性，达到主体性的同一。德，就是个体内在的实体性，就是意识与意志统一的自我确证的精神。精神由"伦"发展到"德"，就意味着由"实体"上升为"主体"。"伦"是伦理精神的自在形态；"理"和"道"是伦理精神的自为形态，"德"则是伦理精神的既自在又自为、主观与客观、"单一物"与"普遍物"、个体性与实体性统一的形态。"德"就是内化了的个体内在的能动的实体和实体性。

　　但是，抽象的"德"还只是在主观世界中确证自己，它在客观世界中的自我确证，必须透过与"得"的关系或矛盾处理。"德"向"得"的转化，一方面使精神从自然的伦理世界向现实的生活世界辩证复归；另一方面也使精神在这个回归中获得现实性。如果没有"德"与"得"的转化与互动，精神，无论是伦理精神还是道德精神，都只能在抽象的理念王国中停滞不前，无法真正实现自身，像黑格尔所说的那样，最多是一种高尚的"内心孤独"。伦理精神向道德精神的转化，精神由伦理世界向生活世界的回归，现实性与合理性透过两种关系实现：一是个体与实体或个体与他所置身于其中并以它为本质的那个整体的关系；二是个体至善与社会至善的关系。前者是向自己的公共本质或伦理本质的回归；后者是在这个回归里程中对价值合理性的诉求。由"伦"到"得"或由"伦"到"德"与"得"的互动与统一，标志着伦理精神由自在而自然的"伦理世界"向由意识参与和被意义主宰的生活世界即意义化的生活世界复归。这是一个精神运动的螺旋式上升的否定之否定的辩证过程。

　　"伦—理—道—德—得"，就是道德形而上学体系的精神哲学基础的历史形态，是伦理精神自我运动、自我发展、自我实现的哲学形态，也是道德形而上学体系的精神哲学基础的民族形态。

第四节　道德形而上学精神哲学基础的哲学形态

　　体系形态或哲学形态在道德形而上学精神哲学基础的建构过程中，处于辩证综合的地位。它的形成必须具有三个基本条件。（1）它的基本结构必须与逻辑形态和历史形态，在形而上学的意义上具有内在一致性，但又是它们的推进，是前二者在哲学意义和体系意义上的完成，这样，道德形而上学体系的精神哲学基础才在逻辑形态、历史形态和体系形态三方面贯通一体。（2）它必须是"哲学的"，"哲学的"意义有二：一是指它必须完成于哲学或最后以哲学的形态完成，以哲学的形态为道德形而上学体系提供精神基础；二是这种体系中的每一个基本结构也必须是哲学的。两种意义合而为一就是，道德形而上学体系的精神哲学基础必须是精神"哲学的"，也必须以精神的哲学形态完成。（3）作为道德形而上学体系的精神哲学基础或精神哲学形态的体系化完成，它与作为概念出发点的逻辑形态和民族性体现的历史形态相比，应当表现出综合复归的辩证性质。

满足这三个基本条件的体系结构和哲学形态就是：精神现象学—法哲学—历史哲学三位一体的辩证体系。

精神现象学—法哲学—历史哲学的体系结构，与道德形而上学体系的精神哲学基础的逻辑形态与历史形态保持了逻辑与历史方面的一致性。诚然，正如贺麟先生所指出的，在黑格尔体系中，精神现象学具有三方面的意义和地位：作为整个体系的导言；作为体系的全部；作为体系的一个方面。但是，撇开黑格尔宏大理论体系的特殊性，在一般的意义上，精神现象学的研究对象，应当是人的意识或狭义的精神发展，准确地说，应当是人的自由意识，或人的意识如何获得具体现实的自由。精神现象学的学术本务，应当是关于精神及其历史发展的现象学复原。严格意义和一般意义上的精神现象学应当以"自由的意识"为对象，但是，这里的意识，并不是孤立的而是处于精神同一体中、与意志不可分离并成为精神的一体两面的那种意识，或者说是作为思维形态或意识形态的那种精神。同样，法哲学的研究对象，是意识和思维的另一种形态，即作为冲动形态的意识或冲动形态的思维，准确地说，是"自由的意志"。但是，意识和意志既然是精神的两种不同表现形态，或者说是精神对于同一事物的两种不同态度，就不仅具有殊异的属性，而且具有不同的精神哲学规律，或者说具有不同的"自由的精神历程"。不过，无论它们如何相互殊异，它们的统一体都是精神。它们的现实统一与现实形态，是民族精神和民族伦理精神的历史发展，体现它们的辩证综合和现实发展的理论形态，便是道德形而上学体系的历史哲学结构。

与历史形态的关系同样如此。仔细考察可以发展，"伦—理—道—德—得"的道德形而上学体系的精神哲学的历史形态或民族形态，在民族伦理精神体系的发展中，更具有黑格尔体系中那种"作为体系的全部"的那种学术意义，但其内部所包含现象学、法哲学，乃至历史哲学的结构，又将三者合为一体。它从"伦"的本然的伦理世界出发，达到"理"，可以视为是道德形而上学体系的狭义的现象学结构，或者说，"伦—理"结构，是道德形而上学的现象学结构；由"理"向"道"的转化，便是由现象学结构向法哲学结构的转化，"道—德"结构，在某种意义上更像法哲学结构；同理，"德—得"结构，可以视为狭义的历史哲学结构。"伦—理—道—德—得"是一个融现象学—法哲学—历史哲学于一体的道德形而上学体系。

　　关键在于，道德形而上学体系在精神哲学基础方面所达到的这种综合和复归，是"哲学的"，或者说是透过哲学完成并表现为哲学形态的。如前所述，"精神哲学"的本质，既不是关于精神的抽象本质的思辨，也不是对精神的现象性描述，甚至不是精神的概念体系，而是关于精神的自我运动、自我发展的辩证本性的揭示和把握。精神的自我运动和辩证发展是"精神哲学"的本质。精神现象学、法哲学、历史哲学，就是从不同角度揭示和把握精神的辩证运动。在黑格尔体系中，现象学意义上精神运动的辩证体系是："伦理—教化—道德"，其中，伦理是"真实的精神"或处于自在即本然状态中的精神；教化是"自身异化了的精神"，是精神的自为状态；道德是"对其自身具有确定性的精神"，是精神的自在自为状态。在这里，"精神"是一个可以与"意识"相置换的概念，只是说意识发展到伦理，便达到"理性与它的世界的同一"，即由精神或意识的主观阶段进入客观阶段，形成所谓客观精神或客观意识，按照贺麟先生的解释，黑格尔的所谓客观精神，就是指社会意识或社会精神。正因为对精神发展的这一辩证过程的揭示和把握，所谓精神现象学的结构才是"哲学的"。法哲学的结构同样如此。在黑格尔体系中，以意志及其自由为对象的法哲学体系是："抽象法—道德—伦理"。在抽象法中，精神有抽象的意志自由；在道德中，精神有主观的意志自由；在伦理中，精神获得现实的意志自由。不是抽象法，也不是伦理或道德，而是三者的统一及其辩证运动，构成道德形而上学体系的法哲学结构。在此基础上，作为现象学与法哲学辩证复归的历史哲学，本质上就是精神的"哲学的历史"，即伦理精神如何在民族发展的世界历史中得到具体现实的建构和实现的历史。在这个历史进程中，伦理精神的发展既遵循精神现象学和法哲学的一般规律，也体现民族发展的特殊境遇和它的特殊个性，现象学与法哲学的一般规律与民族性的统一，在中国伦理精神发展中的历史体现，就是"伦—理—道—德—得"的道德形而上学的精神哲学体系。也正因为如此，关于民族伦理精神发展的理论，才达到逻辑和历史的统一，也才是"哲学的"。因此，关于道德形而上学体系及其精神哲学基础的把握和呈现，无论以意识、意志为对象，还是以作为二者现实统一的历史为对象，都必须是"哲学的"。无须赘言，作为道德形而上学体系的整个精神哲学基础的，是"精神现象学—法哲学—历史哲学"的统一体，无论三者之间的统一，还是这个统一体本身，都必须也只能"哲学地"达到。

　　由此，道德形而上学的精神哲学体系，便表现为"精神现象学—法哲学—历史哲学"三位一体的辩证体系。与之相对应，道德形而上学的精神哲学体系也表现为三种理论形态。精神现象学结构，是道德形而上学体系的意识或自由意识的哲学形态；法哲学结构，是道德形而上学体系的意志或自由意志的哲学形态；自由的意识与自由的意志统一，现象学与法哲学统一，"伦—理—道—德—得"在民族精神发展中的现实运动和及其历史统一，则是道德形而上学体系的历史哲学形态。"精神现象学—法哲学—历史哲学"，既是道德形而上学的精神哲学体系，也是道德形而上学体系的精神哲学形态。

第五节　道德形而上学体系的精神辩证法

　　精神哲学的逻辑基础与历史基础，或逻辑形态与历史形态在现实的道德形而上学体系与民族伦理精神体系中辩证地统一。它们的统一在于，"自由意识—自由意志"的逻辑基础，是道德形而上学体系的精神哲学的概念结构形态；"伦—理—道—德—得"的历史基础，是道德形而上学体系的精神哲学的体系要素及其历史运动形态。逻辑统一于历史。在历史形态中，"伦"是一个直接的伦理世界和自然的伦理精神；"理"是摆脱"伦"的直接性而达到的伦理世界的自由的意识和自由的观念，是道德形而上学体系的精神哲学的意识结构或意识形态；由"理"向"道"的转换，标志着精神哲学由意识结构向意志结构、由观念形态向冲动形态转化，是道德形而上学体系的意志结构或冲动形态；"德"的形成，表征伦理精神通过意识—意志运动的中介，由直接的、自然的状态回复到自身，达到精神自身的"坚定的正当的自我同一性"；而"得"或"德"与"得"的互动，则是伦理精神由最初的自在实体，回归到由人的主体或主体性的人的辩证互动所缔造的生活世界。由此，伦理精神便完成了一个自我圆满、自身返回的螺旋式上升的否定之否定的精神哲学的圆圈运动。

一　精神哲学基础的"变"与"不变"

　　道德形而上学体系的精神哲学基础的"变"与"不变"，也许关涉道德哲学研究中的最深层的课题。这个问题从两个方面必定被逻辑地提出。

　　第一，根据黑格尔的理论，"精神"的本性是"永恒的现实性"。他之所以将历史哲学诠释和理解为"哲学的历史",根据和原因,就是试图探讨不断变化的历史中的那些不变的东西,这些不变的东西即所谓"永恒的现实性",在他看来,这种"永恒的现实性"就是精神,也只是精神。但是,需要辩证的是,根据"精神"的本性,"永恒的现实性"不仅是超越时空的那些永远具有现实性的绝对存在,即先验地客观存在的精神,而且指概念地存在于"精神"中的那种外化为现实的本性和能力。精神一定要外化和客观化自身,达到理性与它的世界的统一,这也是它的"永恒的现实性"的本性。相对于现象世界的存在而言,"精神"的本性是"不变",或相对不变;但就精神为外化自己,创造现实的本质和能力而言,"精神"的本性恰恰是"变",是日新又新的"变"。"变"与"不变"是概念存在于"精神"中的一对矛盾或悖论。

第二,"变"与"不变"的辩证本性也内在于"精神哲学"、"精神哲学基础"与"道德形而上学体系"的关系之中。不仅"精神"具有追求永恒的相对稳定的性质,而且一般说来,"基础"也是特定对象中最具稳定性至少应当是最具稳定性的要素,基础之为基础,就是因为它一旦动摇,奠基于其上的一切都将瓦解。就"精神哲学基础"托载的主体而言,"道德形而上学"及其"体系",与道德哲学理论的最大区别,在于它是理论体系中的那些概念、原素及其原理,因而更深层,也更具"不变"的性质。形而上与形而下、此岸与彼岸、现象界与本体界的最大区别,在于"一"与"多"、"变"与"不变"。"精神"及其"哲学"追求"永恒的现实性";"形而上学体系"与"哲学体系"、"理论体系"相比,最大特质是相对不变性;而精神哲学之作为"基础",就是要求它为道德形而上学体系提供稳定的托载。在这三种意义上,"道德形而上学的精神哲学基础"的命题具有显而易见的追求永恒与普遍的相对"不变"的意旨和气质。但是,这种相对"不变"并没有排除"变",更不排斥"变",毋宁说对永恒与普遍的追求是为了更好地统摄和解释"变"。"变"就是"不变","变"中求"不变",以"不变"应"万变",就是"道德形而上学的精神哲学基础"及其理论诉求的真义。

困难在于,必须澄明道德形而上学体系的"精神哲学基础"中,哪些方面易"变",哪些方面相对"不变"。毋庸赘言,精神哲学为道德形而上学体系提供的那些概念基础一旦形成便相对稳定,这些概念基础包括:由"精神"的概念规定派生的"自由意识—自由意志"的精神哲学的逻辑基础与逻辑形态；精神哲学的历史基础与历史形态中"伦—理—道—德—得"的概念系统与概念原理。但是，即使对这些概念及其系统来说，相对不变的也只是它们的形式和逻辑结构，至于它们的具体内容则无疑是历史的和历史地变化的。就道德形而上学的现象学基础而言，作为精神或自由意识发展的三个辩证阶段的伦理世界—教化世界—道德世界都是民族的和具体的。"伦理世界"是不同民族的具体伦理存在，正是作为民族的本然的伦理存在，它才成为"直接的伦理精神"。伦理存在的具体性，决定了作为伦理世界异化的教化世界的民族性，不同民族、不同民族发展的不同历史阶段，处理伦理实体，尤其是家庭与民族这两大基本伦理实体之间的关系的理性、规律和原理便根本不同，作为伦理实体的教化形态的政府与财富的伦理属性和伦理原理也根本不同。由此，人们处理道德与自然、义务与现实关系的"道德世界观"或道德世界的自我意识也必然表现为深刻的历史具体性。作为法哲学结构的冲动形态的伦理同样如此。自由意志只有在"冲动的体系"中才能获得客观性与现实性，这是道德形而上学体系精神哲学基础中的"不变"，但"冲动体系"的要素、表现形态，更重要的是，这些要素如何形成"体系"，"体系"如何具有现实性与合理性，则无疑是历史地不断变化的。精神哲学基础的逻辑结构或概念形态在历史中展开历史具体性更是如此。通常的情况是："伦—理—道—德—得"的内涵、相互关系的原理，它们的相互转化和辩证互动所形成的精神哲学的历史体系，"从一个民族到另一个民族，从一个时代到另一个时代，都会变得完全不同甚至截然相反。"由此，得出的结论便是：对道德形而上学的精神哲学基础来说，"不变"的只是形式，这个形式包括构成精神哲学体系的那些概念，以及伦理精神透过这些概念的逻辑的和辩证的运动；至于这些概念的内容，以及它们之间的历史运动的本质，则是"变"，乃至是不断的"变"。只是它是哲学层面和哲学意义上的"变"，哲学基础的"变"导致道德哲学和道德形而上学体系的"变"。"不变"的是概念形式和精神的哲学运动规律，"变"的是历史内容和具体过程。概言之，"不变"的只是永远的"变"。"变"与"不变"的辩证统一，构成道德形而上学体系"精神哲学基础"的"永恒的现实性"。

二　精神哲学基础与道德形而上学体系、伦理精神体系之间的"互变"

探讨道德形而上学体系的精神哲学基础的根本意旨，是在精神发展的辩证过程中把握道德和道德形而上学体系。它将道德体系、道德哲学放到人的精神发展的全部过程中考察和把握，不仅认为道德形而上学体系、伦理精神体系与精神发展的特殊阶段相联系，而且认为无论道德形而上学体系还是伦理精神体系，都是与人的精神发展的特殊阶段相一致的自我运动的历史过程。处于精神发展的全部进程中的特殊历史阶段；自身也是精神自我运动的辩证过程，这是关于道德形而上学体系的精神哲学基础的两个基本要义。自我运动、自我发展、自我复归，是"精神哲学"及其"体系"的真谛。于是，一旦与"精神哲学基础"相关联，精神的自我运动、辩证发展，便成为道德形而上学体系与伦理精神体系的哲学本质。

综合黑格尔在《精神哲学》与《精神现象学》中对精神发展的辩证过程的阐述，精神的发展经历了"主观精神—客观精神—绝对精神"三个历史阶段，伦理道德在客观精神阶段形成，并且是客观精神的具体体现和具体内涵。伦理道德之所以是客观精神，之所以处于客观精神阶段，是因为它与作为主观精神的理性不同，具有客观化自身，即将自身外化为现实，达到"坚定的正当的自我同一性"的本性和内在冲动。所以，作为道德形而上学体系的最直接、最重要的精神哲学基础，并不是在客观精神形成以前那种主观精神，这种主观精神包括灵魂、意识和心理。据此，无论是伦理道德还是道德体系，既不能以生物学、心理学为直接基础，甚至也不能以认识论为直接基础，虽然它们是客观精神生成的必经阶段和必要准备，但它们本身并不具有伦理道德的意义，因而也不具有作为道德体系的哲学基础的形而上学意义，最多是它们形成和建立的前提。伦理道德既然在客观精神阶段生成并且直接是客观精神的体现，因而道德哲学与伦理精神的直接的形而上学基础，应当是客观精神及其自身的辩证发展，应当在客观精神的辩证发展中把握道德体系与伦理精神的本性。至于被黑格尔当作精神的完成形态的以艺术—宗教—哲学为结构和运动过程的绝对精神，则将客观精神也将伦理道德引向了彼岸。因此，如果借助黑格尔的精神哲学理论，道德形而上学体系的精神哲学的直接基础，核心应当是客观精神的基础。但是，第一，由于客观精神只是精神发展的全部过程的一个阶段和一个环节，因而道德形而上学体系的精神哲学基础也必须在精神运动的全部过程中才能确切地把握。由此，生物学、心理学、认识论虽然并不具有直接的道德哲学意义，或者不能直接地成为道德哲学的对象，但却具有作为伦理精神或道德哲学生成的主观精神基础或主观精神前提的意义。第二，由于客观精神本身也是一个辩证发展的过程，这个过程由于精神概念中内在的意识和意志的一体两面，展现为现象学与法哲学，即自由意识与自由意志具体现实地实现的两个反向运动的过程，因而也必须根据意识与意志发展的不同规律，在"伦—理—道—德—得"的自我运动的辩证发展中建构和把握道德形而上学和伦理精神的历史体系。精神哲学的本性和本质如果用一个字表述，那就是："变"！但精神哲学的任务却是在"变"中求"不变"，即求"变"的规律。关于道德形而上学体系的"精神哲学基础"探讨的任务，也是在"变"中求"不变"，即在精神的自我运动、自我发展的基础上建立和把握道德形而上学和伦理精神的历史体系。

　　如果将伦理道德作为精神发展的结果和特殊阶段，那么，道德体系、道德形而上学体系与精神哲学之间，就似乎存在某种特殊与一般的关系。伦理道德是一种特殊的精神现象和精神文明，但根据马克思主义的理论，它的现实性和合理性由社会物质生活条件或特定社会存在所决定。由此，"物质基础"与"精神气质"便成为伦理道德的双重本性。也许正是由于这双重本性，才形成 20 世纪"经济决定论"和"精神气质论"两大道德哲学走向。不过，物质生活条件决定论比黑格尔的精神哲学更加凸显和强调伦理道德"变"的本质。精神哲学为诠释和理解伦理道德的哲学本性提供了一个必不可少而又十分重要的视角，由于伦理道德的精神哲学本性长期受冷落，关于道德形而上学体系和伦理精神体系的精神哲学的回归和探讨，对现代道德形而上学体系和伦理精神体系的建设，尤其具有重要的意义。但是，黑格尔的精神哲学同样是头足倒置的，他所预设的那种超越时空的精神只是一种抽象。他试图用自己的"精神"解释一切，适用于一切，结果一切都难以解释，一切都不能适用。但是，"变"的辩证法却是最重要的合理内核。二旦再完成一个"倒置"，让精神从天国降落人间，他的精神哲学理论将成为道德形而上学及其体系的宝贵而稀有的资源。对现代道德形而上学及其体系来说，向精神本性和精神哲学基础的回归，不仅是重要的，而且是紧迫的，它无论在理论还是现实上都具有某种正本清源的意义。

　　如果确认在伦理道德与精神、道德形而上学体系与精神哲学之间存在以上关系，那么，精神哲学的"变"与道德形而上学体系的"变"之间的"互变"关系就可以得到诠释。精神及其哲学本性上的"变"，必然要求道德形而上学体系的"变"。"变"的真义，就是伦理道德在精神本性上的自我运动、自我发展。由此，就必须建立一种体现精神的"变"的本性的辩证的道德形而上学体系，抽象地说，这个辩证体系的概念表达就是"伦—理—道—德—得"的体系。但是，精神哲学作为对精神的"变"的规律的探讨和揭示，又具有相对"不变"的性质。"变"与"不变"的统一，"变"中求"不变"，才是精神和精神哲学的辩证本性与历史使命。以此为基础，道德形而上学体系一方面要体现精神和精神哲学"变"的本性，另一方面它一旦建立，就具有也应当具有相对"不变"的性质，在某种意义上，以"不变"应"变"，甚至应万"变"，既是伦理道德，也是道德形而上学体系的精神本性和精神使命。在道德形而上学体系与精神哲学基础之间，存在"变"与"不变"的互通与互动。

由于"变"的本性，精神哲学和道德形而上学体系便都具有历史哲学的意义，或者说必然走向历史哲学。走向历史哲学的意旨是，概念和逻辑地内在道德形而上学体系和精神哲学中的"变"，在现实发展中，必然表现或体现为与一定精神哲学相适应的道德形而上学的特殊历史体系。道德形而上学体系的精神哲学形态，表现为社会发展中道德体系与伦理精神的特定的具体历史形态，即道德形而上学体系的历史哲学形态。由此，道德形而上学体系便由精神哲学走向历史哲学，并在历史哲学形态中获得现实性。

结语　伦理精神"预定的和谐"

第一节　伦理精神的形上"预定"：冲突,还是和谐?

在《资本主义文化矛盾》一书中，丹尼尔·贝尔对"文化"作如下诠释：

> 文化本身是为人类生命过程提供解释系统，帮助他们对付生存困境的一种努力。①

这种"文化理解"内含着两个十分重要的学术信息：第一，"文化"的发生学根据或世俗基础是"生存困境"，但"文化"的本务与本性却是应当和能够"对付"这些困境，"对付"的"努力"就是超越困境的过程，亦即是"人类生命过程"的和谐实现。这样，在"文化"中便潜在着"冲突"与"和谐"的二重性，"生存困境"是"冲突"或"紧张"，"对付"的"努力"就是"和谐"及其实现。第二，"文化"超越"生存困境"，实现和谐的特殊形式是提供一种"解释系统"，或者说，"解释系统"是文化的存在形态，文化的主体及其目的，则是人类的"生命过程"。"生存困境"—"解释系统"—"生存困境"的扬弃、"生命过程"的和谐，是"文化"自我运动的辩证过程。

"文化"概念形态中潜在的二重性，逻辑和历史地外化为文化的精神及其实践过程中的两种可能的选择甚至两难："文化"的基地到底是"冲突"还是"和谐"？如果困境的扬弃与和谐的实现，是透过特殊的"解释

---

① ［美］丹尼尔·贝尔：《资本主义文化矛盾》，赵一凡等译，北京三联书店1992年版，第24页。

系统"，那么，就必须逻辑地做出两个假定：和谐内在于"文化""解释系统"的本性之中；"文化"所提供的"解释系统"必须以和谐为本务。显然，在文化的精神基地方面"冲突"与"和谐"的不同选择，体现着不同民族的文化设计原理及其传统，但在各种殊异的文化传统中，某种共性必定"全球地"或"普世地"存在：文化的"解释系统"的本性与本务必须是和谐，文化的价值功能和价值目的，也必须是和谐。

贝尔的文化诠释同样适用于伦理。理由很简单，伦理不仅是广义文化的组成部分，而且是它的核心构成。于是，无论伦理精神，还是道德形而上学体系的建构，在始点和终点乃至体系原理的价值指向方面，必然遭遇内在于文化中的两难，因而任何一个严谨的体系都必须在建立之先或形成之后对以下难题进行严肃的学术追究与学术反思：

（1）伦理精神的文化本性是什么？是"冲突"，还是"和谐"？在这个"实然"与"应然"的两难中，伦理精神和道德形而上学体系到底选择"冲突"，还是选择"和谐"，作为自己的精神基地和价值目标？

如果真诚而忠实地走进传统，就会发现，不仅文化传统被认为是"维系着世代和谐和持久意义的纽带"①（尼采语），而且从孔夫子、亚里士多德、莱布尼茨到康德、黑格尔，都以"和谐"为伦理的真谛和伦理精神的归宿，他们都以不同的方式在伦理精神和道德形而上学体系中设定了一个"预定的和谐"。而同样的事实是，在现代伦理体系，尤其是现当代中国伦理中，"冲突"却毋庸置疑地成为道德哲学的主题和伦理精神的主角。无论在伦理中，在道德内，还是在伦理与道德的关系之间，到处都彰显甚至张扬的是诸多难以消除的"冲突"与"紧张"。无须出于关于传统性、现代性与后现代性的抽象思辨，只需进行对伦理与伦理精神的文化本性的反正，就要求我们对这一至今还未激起学术自觉的问题进行反思。可以肯定的是，在"冲突"与"和谐"的两难中，"冲突"是伦理精神发生的世俗性的"事实"，"和谐"才是它所追求的"价值"，也才是它的文化本性与文化本务之所在。

（2）如果假定进行关于伦理与伦理精神本性的某种文化回归，以"和谐"为它们的本性和根据地，那么，紧接的难题是：在"生命过程"

---

① 参见［美］丹尼尔·贝尔《资本主义文化矛盾》，赵一凡等译，北京三联书店 1992 年版，第 50 页。

及其遭遇的"生存困境"中，到底以什么建立"生命"—"生存"的和谐或同一性？换句话说，在伦理精神与道德形而上学这一特殊文化形式和理论体系中，"生命"—"生存"最终应当以什么"和谐"？或者说它们应当同一于什么？

　　显然，与"文化一般"一样，伦理精神和道德形而上学体系本质上是"生命过程"特殊"解释系统"，确切地说，是一种基于"应然"的特殊"解释系统"。与文化的其他"解释系统"相比，它有两个特殊品质。其一，它是一种具有强烈的"意义"品性的"解释系统"。文化创造的是一个意义的世界，而道德哲学所提供的是基于"善"的价值的"解释系统"，它创造的是一个"善"的意义世界。其二，它是一种具有"直接现实性"即实践意义的"解释系统"，这个"解释系统"本质上不仅"解释"生命，而且更重要的是实践和实现生命，是生命的善的实践和善的实现。"致善"是这个"解释系统"的灵魂和核心。因此，伦理精神和道德形而上学的"解释系统"所建构的同一性，只能是伦理的同一性，道德的同一性；伦理精神与道德形而上学的和谐，只能是伦理的和谐，道德的和谐。否则，伦理精神与道德形而上学就丧失它们的文化本性。

　　（3）基于以上两点，伦理精神与道德哲学必须进行的形而上学方面的努力是：在它的"解释系统"中建立"预定的和谐"。

　　"预定的和谐"既是"解释系统"在"冲突"与"和谐"的两难中进行的某种价值选择与价值认定，也是"解释系统"试图为"生命过程"建构的文化同一性。伦理精神的"预定的和谐"有三个关键词。其一，"和谐"。重要的是，这里的和谐，是基于"生存困境"的冲突，并对这种冲突进行扬弃所实现的和谐，因而不是抽象的，而是包含冲突的辩证和谐。其二，"预定"。"预定"既是一种"公设"，是建立在价值直觉基础上并作为伦理精神与道德形而上学体系的不证自明前提和起点的"公设"，还是一种"价值先定"和"价值承诺"，它以和谐为先定价值，并以和谐的实现为价值承诺。其三，在伦理精神和道德形而上学的"解释系统"中，无论是"和谐"，还是它的"预定"，都应当是富含"精神"的，也必须"精神地"进行和完成，"精神"的规定，既使"解释系统"指向人类生命的最高目的，也展现为生命自我发展的辩证过程，更是意识与意志、知与行合一的同一与合一。

　　至此，探讨的对象和研究的主题便凸显出来。探讨的对象是：伦理精神为"生命过程"提供的"解释系统",或伦理精神的"解释系统",其认知前提是:伦理精神和道德形而上学本质上是人类生命过程的特殊"解释系统";研究的主题是:这个"解释系统"如何为"生命过程"确立和建构"预定的和谐"?对象与主题合一形成的研究课题是:伦理精神的"解释系统"如何为"生命过程""预定""和谐"?或者说,"预定的和谐"如何在伦理精神和道德形而上学的解释系统中"实然"而"应然"地存在和建构?这个研究的展开,归结起来,逻辑地是两个假设或两个命题的求证与确证:"和谐"是伦理精神与道德形而上学体系的本性;"和谐"是伦理精神与道德形而上学体系的本务。

难题在于,在生活世界中,"冲突"往往更"真实","和谐"及其"预定"总是遭遇现象的遮蔽和经验的颠覆,难以逃脱在道德的"乌托邦"中悬置的"雅局",然而,"现存的不一定是合理的",现存的并不是就现实的。幻象的超越有待方法论上的唤醒,这就是:道德辩证法的回归。于是,黑格尔的辩证法,尤其是《精神现象学》中提供的道德辩证法就具有重要的和直接的资源意义。

第二节　伦理精神的概念真理:"和谐"的"实体"

伦理精神与道德形而上学的概念真理是什么?就是:"实体"。

作为人文精神的核心构成,伦理与道德的主体、伦理精神与道德形而上学的概念起点,无疑必须也只能是人及其生命。问题在于,这里的"人"是什么?是个体的人,还是整体的人,抑或是作为"类"的人?于是便有个体与群体或整体、集体的争论。事实上,在传统道德哲学中,有一个概念,既超越于个体、整体,又统摄个体与整体,这个概念就是"实体"。

在现代道德哲学的话语系统和价值取向中,"实体"几乎已经是一个被遗弃的概念。人们熟知中关于"实体"概念的"常识"是:它是黑格尔的哲学思辨;它是一种客观精神,因而是非现实的。这些"熟知"虽然在知识性方面得到某种程度的阐发,但遗憾的是,它们并未达到"真知"。

"实体"确实是黑格尔思辨哲学的概念。在《精神现象学》、《法哲学原理》和《历史哲学》中,黑格尔不但大量使用过"实体"的概念,而且"实体"被当作道德形而上学的基本概念，尤其是在《精神现象学》中。综观黑格尔的"实体"概念，主要有以下规定性：共体；本质；普遍。（1）"实体"的基本规定是共体，或者说是同一体、统一体、共同体，"实体"是诸多样性或诸"单子"、"原子"的统一体或共同体，"作为实体，精神是坚定的正当的自身同一性"①；（2）"实体"即本质，或准确地说，是"公共本质"，是诸多样性存在的"本质"的共体或同一体，"实体就是还没有意识到其自身的那种自在而又自为地存在着的精神本质"。在现实性上，这种"精神性的本质"或精神性的公共本质，被称之为"伦理实体"；②（3）这样的"共体"和"本质"，由于它的公共性的品质，也就是存在于诸多样性中、并且为它们所认同的"普遍"，"实体"即"普遍"。所以，在讲到伦理实体时，黑格尔说："伦理实体，在这种规定性下，是现实的实体，是在实际存在着的意识复多性中实现了的绝对精神；这个规定下的绝对精神，即是本质［或共体］。"在黑格尔哲学中，"公共本质"、"共体"是相通和可以置换的概念，他常用这样的话语结构："共体或公共本质。"③ 统合以上三种规定，实体就是个体与共体、特殊与普遍、现象与本质的同一体，或它们的具体历史的统一。

"实体"如何达到？或者说，它的存在本质是什么？就是："精神"。在上面所引黑格尔的论述中，已经可见"实体"的概念与"精神"的概念不可分离并且相互诠释。"精神"的本性是什么？按照黑格尔的理解，"精神"就是"单一物与普遍物的统一"。在道德形而上学的意义上，"普遍物"可以理解为人类生命的普遍意义、终极目的，理解为渗透于诸单一生命中的共通价值和共同准则，它的现实形态，就是依此而建立的伦理的共同体；而"单一物"既指个体及其行为，也指"普遍物"的各种现象形态。以"精神"规定"实体"，一方面强调实体既不是抽象的个体，也不是外在于个体的、缺乏正当性的异化了的整体，而是"单一物与普遍物"的同一体；另一方面说明，"精神"是"实体"持存的形态和本质，"实体"只能"精神地"存在，只有在"精神"中才具有现实性。由于"实体"是"共体"或"公共本质"，是诸多样性中的"普遍"，因

---

① ［德］黑格尔：《精神现象学》下，贺麟、王玖兴译，商务印书馆1996年版，第2页。
② 同上。
③ 同上书，第6—7页。

而只能"精神地"建构、认同和把握，理由很简单，"普遍物"只有"精神"才能把握，但由于"精神"一定要外化自己，因而"实体"便内在着毋庸置疑的现实性，并具有存在的个别的和现实的形态。"实体，一面作为普遍的本质和目的，一面作为个别化了的现实。"① 实体既是一种普遍，即普遍的本质和目的，又必须是"个别化的现实"或现实的个别，具有各种现实的和个别的形态，因而是二者的同一。在《法哲学原理》中，黑格尔就将伦理的实体具体化为"家庭"、"市民社会"、"国家"的具体历史形态和辩证结构。在这个结构中，"家庭"伦理实体是遵循"神的规律"的家庭成员的"公共本质"或"共体"，是家庭成员和他们的公共本质的同一体；而"市民社会"和"国家"的伦理实体，则是依"人的规律"形成的"公共本质"或"共体"，是社会公民和他们的公共本质的同一体。家庭、市民社会、国家，既是伦理实体内部诸伦理"原子"的"普遍本质和目的"，又是伦理实体的各种"个别化了的现实"即个别形态。

可见，以"单一物与普遍物统一"的"实体"为伦理精神的概念真理，比以"个体"（"单一物"）或"整体"（"普遍物"）当作真理，具有显而易见的合理性。关键在于，必须对黑格尔关于"实体"的理论进行哲学辩证。当黑格尔说"实体"是"单一物与普遍物的统一"时，它具有合理内核；当他将"普遍物"规定为"绝对精神"，并将诸伦理实体当作"绝对精神"的外化时，它就具有客观唯心主义的形式。以"实体"作为伦理精神和道德形而上学的概念真理，最容易引发争议的是黑格尔对于它的"精神"的规定。不过，去除客观唯心主义的外壳便会发现，将"伦理实体"的本性规定为"精神"，不是黑格尔道德形而上学的局限性，而是它的深刻性之所在。因为，不仅在他那里"精神"的内涵和本性被规定为"单一物与普遍物的统一"，而且在任何情况下，"单一物与普遍物的统一"也透过"精神"才具有真正的现实性。"实体"显然不是个体，虽然它有各种"个别化了的现实"形态；"实体"也显然不能等同于"整体"，"整体"要成为"实体"，必须以"精神"为灵魂和统摄。只有当真正体现诸个体的"公共本质和目的"，形成现实的"普遍"并达到二者的辩证统一时，"整体"才可能超越形式的普遍性而上升为现实的和正

---

① ［德］黑格尔：《精神现象学》下，贺麟、王玖兴译，商务印书馆1996年版，第5页。

当的"实体"。这便是黑格尔将民族当作"伦理的实体",伦理当作"民族的精神"的真义。民族,就是依伦理的精神和规律形成的实体,是伦理精神的一种现实形态;而伦理,就是作为民族成员的诸公民的公共本质,是使民族成为现实实体的"精神"。可以说,实体,就是被"精神地"把握和认同的"公共本质"和"共体";伦理实体,就是在伦理的精神中实现的"单一物和普遍物的统一"。

以"实体"诠释"伦理",以"精神"规定"实体",就可以理解《法哲学原理》中黑格尔所说的关于伦理的"实体式把握"和"原子式把握"区别的意义了。"在考察伦理时永远只有两种观点可能:或者从实体性出发,或者原子式地进行探讨,即以单个的人为基础而逐渐提高。后一种观点是没有精神的,因为它只能做到集合并列,但精神不是单一的东西,而是单一物和普遍物的统一。"① 黑格尔将"伦理"与"道德"的概念严格区分,不过,由于在《法哲学原理》中,他将德性或道德当作"伦理上的造诣",因而以上论断"在考察道德时"同样适用。由此可以得到的方法论启发是:无论道德形而上学的研究,还是现实的伦理精神,都必须,也只能——"从实体性出发"。

揭示伦理精神概念的"实体"本质的学术意义,在于发现它的形上品质。

"从实体性出发",逻辑与历史地演绎出伦理精神的形上品质:"和谐"。

以"实体"为概念本质,以"精神"为"实体"的规定性,"和谐"已经逻辑地内在于伦理精神之中,并成为它的根本人文品质。因为,"和谐"的基本内涵,就是多样性与普遍性的辩证统一,"单一物与普遍物的统一",就是和谐的形而上学表述。有待阐述的是,作为概念的逻辑、历史的自身展开,道德形而上学和伦理精神的体系,在方法、结构、对象方面,也是一个以"实体"及其"和谐"为取向与目标的体系。贯通考察就会发现,黑格尔的道德形而上学以"现象学—法哲学—历史哲学"为方法论体系,它们分别以"意识—意志—意识与意志的具体历史统一"为对象。精神现象学以伦理精神的自由意识为研究对象,建构自由意识(或精神)的和谐实体。在黑格尔体系中,它展开为三个辩证结构:真实

---

① [德]黑格尔:《法哲学原理》,范扬、张企泰译,商务印书馆1996年版,第173页。

的伦理精神实体——伦理世界：家庭与民族；异化的伦理精神实体——教化世界：财富与政府；自身确定的伦理精神实体——道德世界：良心与善。伦理世界是一个由"神的规律"和"人的规律"造就的自然和谐的实体，是伦理精神发展的潜在状态；教化世界是被外化也是被异化的和谐实体，是伦理精神发展的自在状态；道德世界则是和谐实体在个体内在实在性中的落实，是和谐实体的自为状态。法哲学以伦理精神的自由意志为研究对象，建构自由意志的和谐实体。在黑格尔体系中，自由意志及其对和谐实体的建构表现为一个辩证过程。"抽象法"：自由意志的抽象和谐——"道德"：自由意志的主观和谐——"伦理"：自由意志在主观和客观、特殊与普遍中达到具体统一的和谐。历史哲学是各民族建构自身和谐伦理实体的具体历史过程：它的民族性；它的历史阶段和历史进程。在黑格尔体系中，历史哲学是一个思辨的、开启西方文明中心论先河的强制性结构，但它将历史当作民族精神和民族伦理实体自我发展的辩证过程的观点却是合理和富有创见的。对黑格尔理论辩证否定得到的智慧启迪是：伦理精神和道德形而上学的体系，自身就是一个"实体""和谐"的辩证结构。

伦理精神的"实体"追求及其"和谐"本性，在与其他意识形态的比较中得到彰显。广义地说，法律、政治、宗教等诸意识形态，都以建立某种具有普遍性的生活秩序或生命秩序为目标。但是，法律建立的只是形式的普遍性，虽然黑格尔强调，作为"法"即自由意志的定在，法律"不仅首先必须获得它的普遍的形式，而且必须获得它的真实的规定性"①，但这种"真实的规定性"事实上只是少数人的普遍意志，因而在法律中，"精神"意义上的"实体"并没有升起，以效能为目标的外在的和强制性的社会秩序，难以实现真正的"和谐"。政治同样如此。政治的主体是政府，其核心概念是普遍权力，虽然黑格尔天真地认为政府必须是普遍物，国家权力应当是实体性要求的体现，但看来即使他自己对这个美好愿望也潜在着怀疑，否则就不会将它归于"自身异化的精神"了。宗教同样如此。无论宗教怎样被当作"绝对知识"，它的同一性和文化魅力总是来源于世俗世界对虚拟的终极实体如上帝、真主的皈依，一旦"启蒙"指向对这种终极实体的怀疑，一旦人们对它的依赖感"还俗"，宗教

---

① ［德］黑格尔：《法哲学原理》，范扬、张企泰译，商务印书馆1996年版，第218页。

便遭遇致命危机。因此，法律、政治、宗教虽然同样追求和试图建立某种普遍，但这种普遍并不具有本质性，因为它缺乏真正的"精神"，它们所达到的最多是作为"集合并列"的"整体"，而不是"实体"，更不"和谐"的"实体"。只有在伦理精神中，"实体"才具有真正的现实性，"实体"及其"和谐"本性也才能忠实地实现。建立"和谐"伦理"实体"的辩证建构，是伦理精神和道德形而上学体系应当完成的基本任务，也是它们的基本规定。

第三节　"伦理世界"的和谐："神的规律"与"人的规律"

在严格的道德形而上学体系中，伦理与道德代表着两种"理一"而"分殊"的生命过程，这就是伦理世界的生命过程与道德世界的生命过程。在这两个世界中，伦理与道德的生命形态，在黑格尔看来，都是"精神"，即伦理的"精神"与道德的"精神"。伦理的精神本质上是实体的精神，或诸伦理实体的精神；而道德的精神则是一种道德的自我意识，或"伦理世界观"。但是，无论在伦理还是道德的生命世界中，都内在一些基本矛盾，这些矛盾是伦理与道德"精神"发展所面临的"生存困境"，但伦理精神和道德精神的本性都是：扬弃矛盾，和谐实现。

如果将"伦理世界"当作"精神"的"生命过程"，那么，它便概念地潜在三个基本矛盾：构成"伦理世界"的诸结构，即诸伦理实体之间的矛盾；各种伦理实体所依循的伦理规律之间的矛盾；个体与实体之间的矛盾。按照黑格尔的理论，虽然在"伦理世界"中存在两种结构和"两种势力"的对立，但最终它是一个完美的"无限"或"整体"。"和谐"不仅"预定"于其中，而且也是它的天性和宿命。

一　"伦理世界"：家庭与民族

"伦理世界"是黑格尔在《精神现象学》中提出的重要概念。在黑格尔看来，"精神"由个体意识向社会意识、主观意识向客观意识转化的重要标志，是出现"实体"和对实体的意识，由此便形成"伦理世界"。"伦理世界"是由"单一物与普遍物的关系"，准确地说，是由二者的同一构成的实体性的世界，普遍性或实体性是这个世界的真理。因为，"伦理是一种本性上普遍的东西"，是"单一物"与"普遍物"的统一，所以，"伦理行为的内容必须是实体性的，换句话说，必须是整个的和普遍的；因而伦理行为所关涉的只能是整个的个体，或者说，只能是其本身是普遍物的那种个体"。① "伦理实体"是"单一物"与"普遍物"的统一形成的现实的伦理"个体"，是、"伦理世界"的存在形态。由于"单一物与普遍物的统一"必须也只能"精神地"达到和把握，因而伦理实体既是诸个体或诸伦理原素的"精神性的本质"，同时又是一个伦理的现实。"实体，一面作为普遍的本质和目的，一面作为个别化了的现实。"这样，实体或伦理实体"不仅是意识的种种形态，而且是一个世界的种种形态"。② 概言之，"伦理世界"就是由诸伦理原素的和它们的普遍本质的统一所形成的世界的"种种形态"，"活的伦理世界就是在其真理性中的精神"。

　　"单一物与普遍物的统一"所形成的伦理世界的"种种形态"有哪些？或者说，伦理实体的形态有哪些？在《精神现象学》和《法哲学原理》中似乎出现不同的观点。《精神现象学》指出了两种伦理实体的形态：家庭与民族；《法哲学原理》认为有三种伦理实体形态：家庭、市民社会、国家。然而，深究起来，两种理论应当是一致的。因为，黑格尔所讨论的"国家"概念，与马克思所说的国家根本不同，"国家"在黑格尔那里是一个思辨出来的"实体"或与作为"单一物"的公民相对应的"普遍物"即所谓普遍的"精神本质"与目的。鉴于《法哲学原理》后于《精神现象学》诞生，可以这样假设，"市民社会"与"国家"只是"民族"实体的两种具体形态。虽然"家庭—市民社会—国家"三分的理论对现代学术尤其是社会学理论产生了深刻的影响，但无论是黑格尔还是现代学者，对市民社会与国家的关系，都缺乏严格而确定的把握。在这个意义上，我认为，对"伦理世界"中的"伦理实体"形态，作"家庭—民族"的二分，比作"家庭—市民社会—国家"的三分在逻辑上更合理，虽然后者比前者更具体和更细致。黑格尔关于"伦理世界"的总的观点是："各普遍的伦理本质都是作为普遍意识的实体，而实体则是作为个别意识的实体；诸伦理本质以民族和家庭为其普遍现实，但以男人和女人为

---

① ［德］黑格尔：《精神现象学》下，贺麟、王玖兴译，商务印书馆1996年版，第8、9页。

② 同上书，第5、6页。

其天然的自我和能动的个体性。"① 不过,我们讨论的最有兴趣和最有意义的主题是,无论二分结构还是三分结构,伦理世界及其构成它的伦理实体,都有一个共同特性:和谐。

家庭是自然的伦理实体,是"直接的和自然的伦理精神",是"神圣性和义务的渊源"。问题在于,家庭为何、如何是一个伦理的"实体"?这里的关键在于,家庭作为伦理的存在,并不由于家庭成员之间的自然的关联或个别成员之间的现实联系,而是家庭成员与家庭整体之间的关系。"在这里,我们似乎必须把伦理设定为个别的家庭成员对其作为实体的家庭整体之间的关系,这样,个别家庭成员的行动和现实才能以家庭为其目的和内容。"因为"伦理本性上是普遍的东西"②。换句话说,家庭作为伦理存在的本质,是作为家庭成员的"单一物",和作为实体的整体的家庭这个"普遍物"之间的关系。只有这种理解才符合伦理的本性。"伦理就是在它概念中的意志和单个人的意志即主观意志的统一。"③ 家庭作为自然的和直接的伦理精神或伦理实体的特殊性在于:"单一物与普遍物"的统一在这里采取了特殊形式,这就是"爱和感觉"。"伦理的最初定在又是某种自然的东西,它采取爱和感觉的形式;这就是家庭。""爱"的本质是什么?就是"意识到我和别一个人的统一,使我不专为自己而孤立起来",爱就是自我与他人统一的意识;"但爱是感觉,即具有自然形式的伦理"。④ 所以,以爱为基础的家庭,才是"直接和自然的伦理精神"。也正因为如此,家庭作为伦理的存在,必然既是实体的,即作为成员的"单一物"与作为家庭的"普遍物"的同一;又是"直接的和自然的"和谐,因为它以"爱"为规定。作为伦理世界第一原素的家庭,是"和谐的伦理实体"。

民族作为伦理实体状况同样如此。一方面,民族存在的伦理样态是它的实体性,另一方面,这个实体的本性是和谐。这些规定内在于民族与家庭两大伦理实体的关系之中。如前所述,在黑格尔看来,民族的自然基础是家庭,家庭向民族的过渡采取两种形式。有时民族由家庭的"平静扩大"而形成,"家庭的扩大,作为它向另一个原则的过渡,在实存中,有

---

① [德]黑格尔:《精神现象学》下,贺麟、王玖兴译,商务印书馆1996年版,第7页。
② 同上书,第8、9页。
③ [德]黑格尔:《法哲学原理》,范扬、张企泰译,商务印书馆1996年版,第43页。
④ 同上书,第175页。

时是家庭的平静扩大而成为民众，即民族，所以民族是出于共同的自然渊
源的"。"有时分散的家庭团体通过霸道者的暴力或出于自愿而集合一起，
自愿结合是出于相互关系的需要和相互满足这些需要所引起的。"①"共同
的自然渊源"决定了民族伦理实体以"和谐"为它的本性，至少具有和
谐的自然基础。即使是出于暴力或自愿的结合，也必定有其"公共本
质"，黑格尔强调，国家与政府的合理性与合法性，就在于它的公共性。
在这里，黑格尔存在恩格斯所揭示的那种"现存"与"合理"的悖论。
一方面，在思辨中，在理论上，国家存在的合理性与合法性就在于它的公
共性与实体性，从中可以引出批判性与革命性的结论；另一方面，也可以
从中推出保守性的结论：国家就是公共性与实体性的存在。不难发现，在
《精神现象学》中，黑格尔并没有像考察家庭那样详细论述民族的伦理性
与实体性，究其原因，可能因为它不证自明，但更可能的原因是黑格尔在
这里还未找到民族伦理实体的具体存在形态，这些具体形态在后来的
《法哲学原理》中才被揭示，这就是市民社会与国家。不过，最重要的
是，无论是民族，还是市民社会与国家，作为伦理实体，它们存在的本
质，是作为"单一物"的公民与作为"普遍物"的民族，或者是市民社
会、国家的关系，准确地说，是它们间的统一；并且，作为伦理实体，无
论是民族，还是市民社会、国家，它们在本性上必然和谐，是伦理的和
谐。由此才可能解释和理解黑格尔关于家庭与民族，以及家庭—市民社会
—国家诸伦理实体辩证运动的理论。诚然，黑格尔关于国家乃至市民社会
的实体性与公共性的理论，在"实然"的意义上具有明显的政治乌托邦
的色彩，但如果换一个视角，在"应然"的意义上，尤其是当把国家当
作民族的社会政治形态，并主要指向它的内部关系时，关于它的"实体"
的定位，就具有重要的价值，尤其是建构和谐社会的进程中，这一理论具
有未被发现的重要借鉴意义。虽然国家与民族某种意义上是两个纬度的概
念，但它们应当也必须"精神地"相通一致，否则，无论国家还是民族，
都可能陷入分崩离析的危机之中。

二　伦理规律："人的规律"与"神的规律"

但是，伦理世界之成为具体而辩证的存在，是因为存在于其中的诸现

---

① ［德］黑格尔：《法哲学原理》，范扬、张企泰译，商务印书馆1996年版，第195—196
页。

实形态即伦理实体之间相互殊异甚至对立。在伦理世界中存在"两种势力"，或者说，伦理世界在意识和现实中分裂为"两种本质"，这就是"人的规律"和"神的规律"。"实体成了一种自身分裂为不同方面的伦理本质，它分裂为一种人的规律和神的规律。"① 而与实体对立着的个体或自我意识，也按其本质服从这两种势力或两种规律的支配。

"人的规律"、"神的规律"是与民族—家庭的伦理世界结构，或家庭—市民社会—国家的伦理实体形态相对应的规律。它们既是实体的本质和规律，也是实体中个体自我意识与伦理行为的本质与规律。"人的规律"显然是民族伦理实体，或市民社会、国家伦理实体及其这些实体中的个体的行为的规律，而"神的规律"则是家庭这个自然伦理实体或直接的伦理精神的规律。正如萧萐父先生所言，黑格尔"所谓的'人的规律'，实际上是指人与人之间的关系，即一种社会政治关系，这种关系是任何个体不能摆脱的。所谓'神的规律'，实际所指的是世系更迭律，即人的家族血缘关系。黑格尔为什么把这个叫做神的规律呢？也许是因为血缘关系是天生的人力所不可左右的吧"②。

"人的规律"与"神的规律"，本质上都是个体与共体关系的规律，或者说，都是实体的规律。"人的规律"的核心是个体在民族这个伦理实体中作为公民，即作为社会公民、国家公民的意识。"作为现实的实体，这种精神是一个民族，作为现实的意识，它是民族的公民。"③ 公民意识本质上是一种实体意识，它以对民族或社会、国家伦理实体的普遍本质的皈依、认同和维护为真义，其内核是一种实体性的"精神"，而不是那些普遍性的形式。因此，民族作为一个伦理实体，并不凌驾于组成它的个体之上，而是"保持其自身于作为其成员的那些个体的反思之中"，只有当每个个体都形成自己作为民族公民的实体意识，并使之在行为中外化和落实时，民族作为伦理实体才是现实的，否则最多只是一种形式。这种存在于个体之内并透过其行为中落实的实体意识，便是"民族精神"。所以，公民意识的本质，就是意识到自己作为民族伦理实体中的一个个体，与实体或共体的公共本质完全一致。这便是"人的规律"。正因为如此，民族

---

① ［德］黑格尔：《精神现象学》下，贺麟、王玖兴译，商务印书馆1996年版，第5页。
② 萧萐父：《精神世界的掠影》，江苏人民出版社1987年版，第133页。
③ ［德］黑格尔：《精神现象学》下，贺麟、王玖兴译，商务印书馆1996年版，第7页。

才是一个伦理的实体，伦理才是一个民族的精神。

"神的规律"则不同。它本质上是个体作为家庭成员的意识，涉及个体作为家庭成员与家庭这个自然伦理实体之间的关系。虽然它在本性上也必须是普遍的，即必须是个体的家庭成员与实体的家庭整体之间的关系，但却遵循与"人的规律"不同的规律。家庭成员的意识与民族公民的意识、人的规律与神的规律存在对立。因为，家庭作为天然的和自然的伦理实体，它的实体意识是直接的，缺乏反思性；家庭虽然是构成民族的元素，但作为"直接的和自然的伦理精神"，它与透过精神自觉建构的民族相对立；这样，"家庭的守护神与普遍精神相对立"。在家庭与民族的伦理实体之间，包含着直接性与反思性、特殊性与普遍性的矛盾。个体只有在作为民族实体的关系中，在公民的意识中，才能获得自我确证。"因为一个人作为公民才是有实体的，所以如果他不是一个公民而是属于家庭的，他就仅只是一个非现实的无实体的阴影。"①

"神的规律"与"人的规律"之间的对立，本质上是个体作为家庭成员和社会公民两种角色和两种伦理意识之间的对立。两种规律之间的对立是客观现实，但并不是它们之间关系的本质，二者关系的本质，是彼此相互过渡，共同造就"伦理世界的无限或整体"。在黑格尔看来，两种规律相互过渡的自然中介是男女两性的差别。男性，如弟兄从自己生活于其中的神的规律向人的规律过渡，而女性，如姐妹、妻子则成为家庭的主宰和神的规律的维护人。这种解释当然很牵强，虽然它在相当程度上符合中西方传统社会中男女精神生活的规律。但他得出的结论则是具有普遍意义的："两种规律的任何一种，单独地都不是自在自为的，都不自足；人的规律，当其进行活动时，是从神的规律出发的。"② 他在理论上作出的另一种解释则可能更具合理性："德行"，即伦理行为使两种规律获得现实和具体的统一。德性作为自我意识，其本质特征是：个体"意识到他的心的规律是一切心的共同规律，他的自我意识是公认的普遍秩序"③。在《法哲学原理》中，黑格尔对德性的本质揭示得更深刻："德毋宁应该说是一种伦理上的造诣。"④ 德，就是使个体与实体相同的那种意识和行为，

① ［德］黑格尔：《精神现象学》下，贺麟、王玖兴译，商务印书馆1996年版，第10页。
② 同上书，第17页。
③ 同上书，第17—18页。
④ ［德］黑格尔：《法哲学原理》，范扬、张企泰译，商务印书馆1996年版，第170页。

它扬弃两种规律之间的对立，并透过现实行为将它们统一。

至此，隐藏于伦理世界和伦理实体中的两种分裂的本质和势力，即"人的规律"和"神的规律"就得到辩证的和谐。它们之所以统一，毋宁说它们在本性上就是一体的和相互转化的。"诚然，我们也看到伦理王国本身分裂成为对立的两种本质以及它们的现实；但它们的相互对立，毋宁说是它们的相互证实，而且它们的中项和原素就是它们的直接渗透，因为它们在证实中是作为现实的东西彼此直接接触到对方的。"于是，"伦理王国在它的持续存在里就始终是一个无瑕疵、无分裂而完美纯一的世界。同样，它们的运动也是由它自己的一种势力向另一种势力的平静的转化，因而每一种势力其本身都包含着和创造着另一种势力。"①

三 个体与实体

家庭与民族、人的规律与神的规律，必须以另一个关系为基础，这就是个体与实体的关系。个体与实体之间的和谐，是伦理世界和谐的根本。个体不是实体，但却是构成实体的最小单元，所以，黑格尔在关于伦理世界及其"预定的和谐"的讨论中，必须从"伦理世界"，进入"人的规律"与"神的规律"，最后落实到"男人和女人"的个体。个体与实体同一和谐的根据在于：对个体来说，只有在实体，尤其在反思性的实体中，才能获得真正的现实性，否则，就只是一个飘忽的"阴影"；对实体来说，它的真正生命，不仅是共体、本质和普遍，而且是精神，只有在个体普遍的精神本质及其反思中，实体才是真实的实体。黑格尔用"悲怆情愫"表达个体与实体之间的关系。"在这样的表述下，人的规律和神的规律就通过诸个体把它们的运动的必然性表示出来了：在诸个体那里，普遍［共体］表现为一种悲怆情愫。"②"悲怆情愫"的意思是说，在个体与实体的关系中，个体将自己对实体的皈依当作一种命运，它是决定个体必然命运的一种感情因素。"在个体那里实体是作为个体性的悲怆情愫出现的，而个体性是作为实体的生命赋予者出现的，因而是凌驾于实体之上的。"③ 必须补充和强调的是：个体的实体性，不仅是一种悲怆情愫，而

---

① ［德］黑格尔：《精神现象学》下，贺麟、王玖兴译，商务印书馆1996年版，第19页。
② 同上书，第30页。
③ 同上书，第27页。

且是一种伦理精神；不仅是一种情感和信仰，而且是一种信念和真理。只有获得实体性，个体才超越自身的抽象性和主观性而上升为主体。

行文至此，有一个问题必须讨论：哲学与伦理学都以个别与一般的关系为重要对象。关于特殊与普遍的关系，成为哲学尤其是哲学辩证法与认识论及其历史发展的主题；个体与整体，个体与社会的关系，是伦理学的基本问题。两种关系在形而上学的意义上相通，都是"单一物与普遍物"的关系，区别在于，二者关注的重心及其价值取向不同：前者是纯粹识见；后者是实践理性。纯粹识见是思辨理性，而实践理性，则是实践着的理性，是行动着的理性，因而是精神。所以，道德形而上学所关心的，是个体如何获得自己的实体性或公共的普遍本质，或者说，共体的普遍本质如何得到确证，个体与实体如何现实地和谐。不过，在实体或公共本质中，否定性已经潜在，这就是实体"对内压制个体的个别化的倾向"，个体性总是实体性中的内在否定因素，因而"伦理世界"必定要实现自己，透过"法权状态"的中介，向"教化世界"过渡，在财富和政府这些普遍物，以及作为对它们的反思的信仰与启蒙中外化，最后，在"道德世界"中，获得具体的和真正的现实性。

四 "伦理世界"和谐的复归

伦理的精髓，是作为"个体"或"原子"的"单一物"与作为"类"的"普遍物"的统一；伦理生命的确证，在于达致"单一物与普遍物统一"的精神，以及作为"意识的种种形态"和"世界的种种形态"的诸伦理实体。因此，个体与实体、各种伦理实体之间的和谐，既是伦理的文化生命的基础，也是伦理得以成立的条件。诚然，在个体与实体，以及家庭与民族，或家庭—市民社会—国家之间，存在矛盾甚至冲突，然而，伦理之成为伦理，首先必须扬弃这些基本的伦理矛盾，或者说，在形上世界和价值世界中"预定"这些基本的伦理和谐，以保证伦理生命的存在和畅通，否则，伦理便没有可能，甚至不会存在。所以，几乎所有的古典伦理体系都以个体与实体，以及诸伦理实体之间"预定的和谐"为特质和追求。黑格尔的道德形而上学体系如此，中国传统伦理体系更是如此。传统伦理体系，是一个"身—家—国—天下"贯通的体系，这个体系的本质，就是以"个体—家庭—国家（民族）—世界"为内在结构和文化秩序的个体与实体，以及诸伦理实体之间的同一与和谐，这种同一与和谐，使人的伦理生命畅通，并走向无限与永恒。诚然，在现象世界和生活世界中，它们间的冲突及其所造成的"生存困境"更为现实，然而，伦理之谓伦理，伦理存在的现实性根据，伦理的文化本性与文化本务，就是扬弃这些矛盾与冲突，复归于同一与和谐，以畅通由个体的原子性存在走向类存在、由"单一物"走向"普遍物"过程中人的精神生命。

可是，不断扩张的现代性已经将本性上和谐同一的伦理世界撕成碎片。于是，无论是伦理生活世界，还是自在的道德形而上学体系，抑或自在自为地存在的价值世界或伦理精神中，凸显和张扬的都是"伦理世界的矛盾"："家"与"国"（家庭与民族）的矛盾；家庭成员与社会公民的矛盾；个体与整体的矛盾。这些矛盾的过度张扬，不仅消解了伦理世界本性上的和谐，而且更为可悲的结果是，冲突，而不是和谐，成为现代道德形而上学和伦理精神的主题。

现代中国的"伦理世界"和谐面临的最严峻的挑战，现代性消解中国传统道德形而上学体系"预定和谐"的理论突破口，是"市民社会"的概念。中国传统伦理中"伦理世界"的基本原理，是家庭与民族，或家庭与国家的直接同一。与西方社会走向文明的路径相比，中国"家国一体、由家及国"道路及其传统，更像黑格尔所说的，家庭"平静地扩大"为民族国家。显然，在由原始社会走向文明社会这个迄今为止人类最重要、最深刻的社会转型中，中国先人所选择的这条走向文明的路径，不仅是一种充分尊重和开发人类在自己最为漫长的原始社会历史时期积累的文明资源的选择，而且本身就是和谐思维与和谐价值观的最充分的体现和最成功的实践。也许，人们可以有足够的理由批评这种传统阻碍"现代性"，然而只要回首中国传统社会持续 2000 多年的那种文明史上空前绝后的辉煌，就不得不承认，这种将"家"与"国"、家庭与民族的两极成功调和的"国家""精神"与"民族"传统所内在的深刻历史合理性与理论合理性。它说明，在家庭与民族、家庭与国家之间，存在，也应当存在一种"预定的和谐"。"市民社会"是被黑格尔在《法哲学原理》中第一次系统阐述的概念和理论，且不质疑这一概念本身的"现代性"（它至少应当是与古典哲学相适应的"近代性"的概念），也不质疑它的"世界性"或普世性（它是发端于西方文明的概念），对这样一个经过了几个世纪还未能说清的概念，把它当作家庭与国家，乃至某种意义上当作家庭与民族之间的过渡性的概念，也许更严谨，更恰当。无论如何，作为"个人利益的战场"的市民社会，应当是伦理世界的实体性和谐自我运动的辩证否定环节或辩证中介，而不应该是消解和否定这种和谐的破坏性元素，或横亘于家庭与国家之间的文化屏障。彻底否定了家庭与国家、家庭与民族之间的同一性或"预定和谐"，那么，在使黑格尔的"国家"实体性的乌托邦"还俗"的同时，就潜在着一个新的更大的危险："国家"只是一个无"精神"的"现存"，而不是一个具有实体性的"现实"。在这种"还俗"中，潜在着国家"公共本质"沉沦与沦丧的巨大而深刻的现实危险。

"伦理规律"的冲突在现代性伦理体系中集中体现为家庭成员与社会公民两种意识或两种伦理精神的矛盾。家庭成员和社会公民，或民族公民，是两种同时存在、相互矛盾，但又必须和应当同一的意识和精神。在这两极中，偏废其中任何一个方面，都会导致严重的后果。现代性的重要特征之一，是家庭作为民族国家的自然原素和自然基础的地位不断被否定和破坏，在意识、精神和理论体系中将家庭与民族、家庭与市民社会、家庭与国家置于不可调和的对立之中，以"人的规律"消解、取代"神的规律"，以"神的规律"的存在及其运作作为现代性缺失的渊薮。然而，由于像黑格尔所说的那样，家庭是自然的伦理实体，是神圣性和义务的源泉，因而当完全否定"神的规律"时，伦理——伦理实体、伦理精神、伦理体系出现源头性危机，也就不可避免了。中国传统道德形而上学的伦理实体理论，从文化原理方面解决了"人的规律"与"神的规律"和谐的难题。与家—国一体的社会结构相适应，中国传统伦理实体的典范就是所谓"五伦"。"五伦"作为伦理实体设计的基本原理是："人伦"本于"天伦"而立，"人的规律"基于"神的规律"。"五伦"之中，父子、兄弟是天伦，遵循"神的规律"；君臣、朋友是人伦，遵循"人的规律"。人伦的原理与规律，是天伦的延伸与演绎，君臣比父子，朋友比兄弟，它们分别构成伦理实体的纵横两轴；而夫妇一伦，则是男女关系的原型，它介于天伦与人伦之间，构成伦理实体的第三维。在个体道德精神中，由"家"及"国"，贯通"神的规律"与"人的规律"的机制就是："忠恕"。"忠恕"原理可以看作"人的规律"与"神的规律"之间的价值过渡。因为，从"己立立人，己达达人"原理中，逻辑地演绎出"老吾老以及人之老，幼吾幼以及人之幼"的那种使"老吾老"、"幼吾幼"的"神的规律"，与"人之老"、"人之幼"的"人的规律"过渡同一的伦理世界的现实。"五伦"的伦理实体的设计，不仅在结构要素、方法原理方面，与黑格尔关于"伦理世界"的理论有诸多相通之处，包括男女两个原素作为"人的规律"与"神的规律"过渡连接这样十分精微的讨论，都可以直接的会通，而"人伦本于天伦而立"的原理，也更具有民族性地解决了黑格尔揭示的伦理世界中"人的规律"与"神的规律"的矛盾，历史地实现了二者"预定的和谐"。这种在缺乏充分学术与文化交流背景下两个民族的道德形而上学之间跨时代的默契会通，只能解释为是出自人类生命深处与深邃的学术智慧的融通，是深层的"普世伦理"。

个体与整体、个人与社会之间的紧张与冲突，几乎是现代道德形而上学与伦理精神难以解开的"伦理之结"，于是出现个人主义、集体主义两极化的取向与主张。形成这种状态的理论根源，是缺乏"实体"的概念与理念。现代性伦理中关于"整体"或"集体"的理念，主要是透过利益、契约、法律等机制的"集合并列"，在方法论上属"原子的观点"。如前所述，在伦理世界中，个体的现实性在于其实体性，而整体的生命，也在于它的实体性。"整体是所有部分的一个隐定的平衡，而每一部分都是一个自得自如的精神。"① 走出"个体—整体"的非此即彼的伦理悖论，达致二者和谐的方法，是在"个体"与"整体"之上，确立"实体"的理念与概念，就像中国传统伦理在"家"与"国"的阴阳两极之上建立"天下"的"太极"一样。"实体"所以能担当这样的文化任务，在于它的概念本性："实体"既不是个体，也不是抽象的整体，但同时又是"此二者"，是个体与整体的统一。应该说，黑格尔的观点，对于我们走出现代性伦理中"个体"与"集体"困境，仍有一定的启发意义。"在考察伦理时永远只有两种观点可能：或者从实体性出发，或者原子式地进行探讨，即以单个的人为基础而逐渐提高。后一种观点是没有精神的，因为它只能做到集合并列，但精神不是单一的东西，而是单一物和普遍物的统一。"② 建立伦理和谐的关键是："从实体出发"，而不是"原子式地进行探讨"。"集体"，不是个体的"集合并列"，必须被赋予"精神"而成为"实体"。

家庭与民族（国家）相贯通，"神的规律"与"人的规律"相过渡，

---

① ［德］黑格尔：《精神现象学》下，贺麟、王玖兴译，商务印书馆1996年版，第18页。

② ［德］黑格尔：《法哲学原理》，范扬、张企泰译，商务印书馆1996年版，第173页。

个体与整体相统摄，才能走出现代道德形而上学和伦理精神冲突的困境，回归"伦理世界"和谐的本性；道德形而上学和伦理精神也才能在扬弃冲突的辩证过程中，也履行自己的文化本务。

第四节 "道德世界"的和谐："道德规律"与"自然规律"

在《精神现象学》中，黑格尔将精神世界及其发展阐述为三个辩证过程：伦理世界—教化世界—道德世界，透过教化世界的外化与异化，伦理精神回归自身，不仅在作为普遍本质的伦理实体中，而且在个体德性中获得现实确定性。这种在个体中回归并获得个体内在确定性的精神的世界，就是"道德世界"。道德世界是个体获得自身的伦理实体性，并以伦理的实体性规定自身而形成的个体内在的实体性的世界。伦理世界的实体形态是家庭与民族，或家庭、市民社会、国家；道德世界的主体是获得伦理实体性的道德自我。伦理实体与道德自我，是伦理世界与道德世界的不同的存在形态，或现实形态。

作为伦理精神辩证运动的否定之否定环节，道德世界的关键概念是"道德世界观"。正如黑格尔所指出的那样，道德世界观是道德世界的自我意识。"道德世界观这种客观方式不是什么别的，只是道德自我意识本身的概念，只不过道德自我意识把它自己的概念弄成对象性的东西而已。"① 道德世界观是道德世界形成的标志，是道德世界的主体即道德自我的自在自为的生命形态。

像伦理世界一样，分殊与对立，是道德世界自我确定的基础。道德世界内在三种对立：道德与自然的对立；义务与现实的对立；自然规律与道德规律的对立。但是，也像伦理世界那样，和谐与统一，而不是对立与冲突，才是道德世界和道德世界观的真理。这三个方面的和谐与统一，在黑格尔那里表述为"被设定的和谐"。黑格尔这样表述道德世界观中这种既对立对峙，又和谐统一的状况："从这个规定开始，一个道德世界观就形成了，这个道德世界观是由道德的自在自为存在与自然自在自为存在的关系构成的。这种关系以两种假定为基础，一方面，假定自然与道德（道德的目的和活动）彼此是全不相干和各自独立的，另一方面又假定有这

---

① ［德］黑格尔：《精神现象学》下，贺麟、王玖兴译，商务印书馆1996年版，第134页。

样的意识，它知道只有义务具有本质性而自然则全无独立性和本质性。道德世界观包含着两个环节的发展，而这两个环节则处于上述两种完全矛盾的假定关系之中。"①

由对这段话的诠释所演绎出的结论是：（1）道德与自然之间的分殊对立，是道德世界观形成的前提，道德世界和道德世界观的基本问题，是道德与自然的关系问题；（2）道德与自然的关系的真理，是以义务的本质性，扬弃自然的偶然性，以义务同一自然，这是道德世界和道德世界观的实质，相反，如果放任自然的偶然性，消解义务的本质性，那只是"自然世界观"，而不是"道德世界观"；（3）义务与现实之间"被设定的和谐"，存在于道德与自然既对立又同一的辩证运动和辩证发展中。

一　道德与自然之间"预定的和谐"

这里首先需要对"道德"与"自然"作概念规定。在"道德世界观"中，"道德"作为主体，指道德的目的（道德意识）与活动，有时"道德"的概念可以与"义务"相置换；而"自然"则指"道德"以外的存在或"他在"。在黑格尔那里，"自然"被细分为"客观自然"与"主观自然"。"客观自然"是道德意识以外的整个现实；"主观自然"指人的感性意志，即人的"冲动"和"情欲"。在道德与自然之间，黑格尔作了两个"和谐"公设。"第一个公设是道德与客观自然的和谐，这是世界的终极目的；另一个公设是道德与感性意志的和谐，这是自我意识本身的终极目的；因此第一个公设是在自在存在的形式下的和谐，另一个公设是在自为存在的形式下的和谐。但是，把这两个端项亦即两个设想出来的终极目的联结起来的那个中项，则是现实行为的运动本身。"②

道德与客观自然的和谐——世界的终极目的；道德与主观自然即感性意志的和谐——自我意识本身的终极目的；这就是黑格尔所"公设"或"预定"的道德世界观中的两大和谐，以及公设这两大和谐的根本理由。而只有现实的道德行为及其辩证运动，才能完成"世界的终极目的"与"自我意识的终极目的"之间的统一，实现两大和谐之间的"和谐"。

道德与客观自然的和谐，即道德与自然秩序、道德与社会秩序之间和

---

① ［德］黑格尔：《精神现象学》下，贺麟、王玖兴译，商务印书馆1996年版，第126页。

② 同上书，第130页。

谐的核心，是道德与幸福的对立与同一。和谐的实现，表现为一个辩证运动过程。首先，道德和自然在概念中的同一性，它是二者之间原始的统一。这种概念同一性的核心是所谓"道德意识一般"，这种"道德意识一般"类似中国伦理的所谓"天理"。它"首先假定了道德意识一般；这道德意识一般是现实的和能动的，它在它的现实和行动中履行着义务，它把义当成本质"①。在这种情况下，道德自我意识只能见到出自义务的行动的动机，而不能见到由此实现的幸福及其享受，毋宁说道德和幸福之间的不相对应和不公正的情况，是它们的现实。在这一阶段，道德被当作纯粹义务的对象，幸福抽象地同一于义务之中。其次，道德与幸福之间现实的分离与对立。对幸福和享受的追求，内在于道德之中。"道德意识决不能放弃幸福，决不能把幸福这个环节从它的绝对目的中排除掉。""享受固然不直接包含于作为一种意向的道德概念中，却包含于作为一种实现的道德概念中。"② 于是，道德与幸福之间的不对应，便形成二者之间的不和谐，成为道德与自然的关系的否定环节。最后，道德与自然之间的现实和谐。虽然存在对立和不公正的状况，但道德与自然之间的和谐，不仅是一种应然，而且是一种必然。"道德与自然之间的和谐，——或者换个说法，因为只当意识经验到了它自己与自然的统一时自然才成为考虑的对象，让我们把自然换成幸福来说——道德与幸福之间的和谐，是被设想为必然存在的，或者说，这种和谐是被设定的。"道德与客观自然、道德与幸福之间和谐预设的真谛是：它们是世界的目的，因而是理性的一种要求。"这样的目的，毋宁是理性的一种要求，或者说，是理性的一种直接确定性和先决条件。"③

　　道德与主观自然即感性意志之间的和谐同样是一个辩证过程。第一，道德或道德自我意识与主观自然或感性意志之间和谐的概念根据是："自然即在道德意识本身之中"；道德本身"是行动着的自我所固有的一种和谐；因此，意识必须自己来创造这种和谐，必须在道德中永远向前推进"。④ 黑格尔的观点是：在意识中包含着"自然"，这种自然，是意愿形态的"自然"，是作为冲动和情欲而出现的感性。这种观点，即是他在

---

　　① ［德］黑格尔：《精神现象学》下，贺麟、王玖兴译，商务印书馆1996年版，第126页。
　　② 同上书，第127页。
　　③ 同上书，第127、128页。
　　④ 同上书，第129页。

《法哲学原理》中反复申言的意识和意志的同一性的观点，意志只是冲动形态的意识，而由于意识与意志同一，冲动和情欲也就先验地存在于意识之中。第二，正因为如此，意识中内在的这种感性意志即冲动与情欲，与道德自我意识中的纯粹目的和纯粹意志便相对立，这种对立，即是感性和理性之间的冲突。第三，面对这种冲突，"对理性来说，本质的事情是：冲突消除，统一出现，而且作为消除冲突的结果的这种统一，并不是由于双方同在一个个体中的那种原始的统一，而是由于知道了两者的对立才产生出来的统一。"联系黑格尔"理性即实在"的观点，理性"消除冲突"的实质，是以道德行为实现道德对于感性自然的同一，"像这样的统一，才是现实的道德"，因为这里包含了对立、否定和中介。① 道德自我意识与感性意志的原始统一——冲动、情欲与道德意识的纯粹目的、纯粹意志的对立——透过理性行为所实现的感性对道德的符合与一致，就是道德与主观自然"预定的和谐"的辩证过程。

但是，无论是道德，还是道德的和谐，都是一个永远有待完成的任务。在道德世界中，道德自我意识必须不断创造道德与客观自然、道德与主观自然之间的和谐，并将它永远向前推进。但道德本身则是永远完成不了的因而被推之于无限的任务。因为，道德是相对于感性而言具有否定性本质的意识，感性意志与道德意识的不一致，是道德存在的前提。一旦最终达到道德的和谐，即完成道德对自然的最后同一，道德无论作为道德意识，还是作为道德现实，就都消逝了。所以，理论上只能作出这样的设定："道德的完成是不能实际达到的，而毋宁只可予以设想的一种绝对任务，即是说，一种永远有待于完成的任务。""这种任务既应该是永远完成不了的，却又应该是已经完成了的。"② 这就是包含于道德和道德现实中的一种悖论或矛盾，它的自我运动，推动伦理精神和道德自我意识的辩证发展。

二　"义务与现实之间被设定的和谐"

义务与现实之间的对立，是道德冲突的重要根源之一。但是，同样需

---

① ［德］黑格尔：《精神现象学》下，贺麟、王玖兴译，商务印书馆1996年版，第128、129页。

② 同上书，第129、130页。

要澄清的是，和谐，而不是对立，才是道德世界和道德世界观关于义务与现实关系的真理。

黑格尔设定义务与现实之间"被设定的和谐"的前提，是"纯粹义务"与"众多义务"的概念区分。众多义务是特殊义务，它不具神圣性，是"不完全的道德意识"；纯粹义务是绝对义务，它使众多义务神圣化，是自在自为的神圣义务，是"神圣立法者"。纯粹义务与众多义务的统一，是普遍与特殊的统一，在这种统一中，道德与幸福之间彼此和谐。纯粹义务与众多义务的统一，使义务"成了一个世界主人和统治者，它使道德与幸福达成和谐，同时将诸义务作为复多义务而加以神圣化"①。义务与现实和谐的本质是：义务完成了对现实的同一。

黑格尔将义务与现实之间的和谐表述为三个命题。（1）正命题："现实地存在着道德自我意识。"这个命题的实质是："一切现实一般地都只在符合义务的时候才有本质。"在这里，义务与现实统一于现实的道德意识，道德意识将自己"看成世界终极目的，看成道德与一切现实的和谐"。（2）反命题："没有道德上现实的东西。"或者说，"没有道德上完成了的现实的道德自我意识"。在道德自我意识和它的对象的关系中，现实地存在的只是"义务与现实之间，更确切地说，就只是义务意识与它自己的现实之间的不和谐了"。（3）合命题："道德自我意识是一个自我［或主体］，所以它自在地是义务与现实的统一。"在道德自我中，义务与现实达到现实的统一，这种统一是完成了的道德，但这种"完成了的道德"只能存在于现实的彼岸。这样，义务与现实在表象与观念中的原初的统一——义务与现实的分离——义务与现实在道德自我中的现实统一，就是义务与现实之间"预定的和谐"的辩证过程。

三　"道德规律"与"自然规律"的和谐

道德世界的基本问题是道德与自然的关系问题，在道德世界中存在两大规律："道德规律"与"自然规律"，道德世界的和谐，就是道德规律与自然规律的辩证运动。道德规律与自然规律之间"预定的和谐"是："道德规律应该成为自然规律。"

---

① ［德］黑格尔：《精神现象学》下，贺麟、王玖兴译，商务印书馆1996年版，第131—132页。

道德世界是一个以道德为同一性及其本质的世界，道德规律是它的基本规律；但在道德世界中，道德是为感性所激发，因对欲求和冲动的制约而产生，因而自然规律必定是与它同在的另一个规律。道德世界的发展，是道德规律与自然规律的辩证运动。道德规律成为自然规律的原理是：道德或绝对义务的本质是行动，而道德行动必定使道德在自然中表现出来，透过道德行动，道德规律成为自然规律。"因为按照道德行为的概念来说，纯粹义务本质上就是行动的意识；因此，无论如何应该有所行为，绝对义务应该在整个自然中表现出来，道德规律应该成为自然规律。"①

道德规律与自然规律相和谐，首先在道德与客观自然和谐的辩证运动中体现。在这种和谐中，道德规律与自然规律和谐的辩证结构是：（1）潜在的和谐，即概念地存在的和谐。道德与客观自然，或道德与现实、道德与幸福之间的和谐，必须是概念地被存在并被预设的和谐，但这种和谐只是潜在的和谐，即"不呈现于意识中的和谐，相反，呈现于意识中的，倒不如说只是道德与自然之间的矛盾"②。因为现实总是被认定为与道德是不相和谐的，否则，如果现实与道德总是或已经是相和谐的，那么，道德也就因没有存在根据而失去自身。（2）自在的和谐，即透过道德行动实现的和谐。道德虽然与现实不相和谐，但道德能够创造与现实之间的和谐。因为，"现实的道德意识是一种行动着的意识"，而"行为只不过是内心道德目的的实现，只不过是去产生出一种由道德目的所规定的现实，或者说，只不过是去制造出目的现实本身的和谐"③。道德行为的任务是制造出道德目的所规定的现实，因而也制造出道德与现实之间的和谐，包括道德与幸福、道德与享受之间的和谐。行为使道德与自然和谐，因而对道德世界和道德世界观来说，应当严肃对待的，不是道德与自然、道德与现实之间的不和谐，而是道德行为本身。换言之，人们不应该抱怨道德与现实之间的冲突与矛盾，而应当转而诉诸自己的道德行为，以此创造二者之间的和谐。这种"行为优先"的原则，无论对伦理精神还是道德形而上学体系，显然具有重要意义。（3）道德与客观自然、道德与现实之间自在自为的和谐："无为而无不为"的和谐。严肃地对待道德行为而不是

---

① ［德］黑格尔：《精神现象学》下，贺麟、王玖兴译，商务印书馆1996年版，第138页。
② 同上书，第137页。
③ 同上。

道德与现实之间的矛盾，并不是道德世界、道德世界观的最高境界，最高境界是：既不严肃地对待道德与现实之间的不和谐，也不严肃地对待道德行为。道德世界的最高目的是至善，至善的重要表征之一，是道德规律与自然规律完全同一。"如果让这个最高的善充当本质，那么，意识就根本不是在严肃地对待道德。因为在这个最高善里，自然并不是于道德规律之外另有一种别的规律。"① 在至善中，道德规律与自然规律只是一个规律，是同一规律的两种不同表现形态。这样，在道德与客观自然、或道德与现实之间的和谐中，道德规律与自然规律的整合运作就表现为两个过程或两种境界。第一个过程和境界是："在意识看来，道德与现实并不和谐；但是它又并不是严肃认真地对待这种不和谐，因为在行为里道德与现实的和谐对意识说来是当前存在着的。"第二个过程和境界是："意识并不是真正严肃地看待道德的行为，毋宁认为最值得期望的、绝对的情况是：最高的善得到实现而道德行为成为多余的。"②

道德规律与自然规律和谐的第二个确证，在道德世界观的第二个公设，即道德与感性自然的和谐中体现。道德与感性自然的和谐，同样是道德规律与自然规律辩证运动的过程。（1）道德与感性自然，即道德与欲求、冲动之间潜在的和谐。潜在和谐的概念根据是：欲求和冲动，只是特殊的意识，是自身实现着的自我意识，因而不应该被压抑，而应该符合理性，并且确实是符合理性。"因为道德行为不是什么别的，只不过是自身实现着的亦即给予自己以一种冲动形态的意识，这就是说，道德行为直接就是冲动和道德间实现了的和谐。"③（2）道德与感性自然的矛盾。虽然欲求和冲动是意识的特殊形式，但它们毕竟有独特的规定和内容，因此，"与其说它们符合于意识，倒不如说是意识符合于它们；而这后一种符合，乃是道德的自我意识所不可以做到的。因此，双方之间的和谐只是自在的设定的"④。在这种自在的和谐中，感性混进自我意识之中，道德自我意识与感性对立和斗争着，在这种情况下，意识所欲求的，往往并不是道德，而是那种与道德无关的偶然的幸福。（3）道德和感性自然在道德的无限运动进程中的自在自为的和谐。道德与感性自然的对立，在道德世

---

① ［德］黑格尔：《精神现象学》下，贺麟、王玖兴译，商务印书馆1996年版，第138页。
② 同上书，第139页。
③ 同上书，第140页。
④ 同上。

界和道德世界观中只是一种没有完成的中间状态，道德与幸福的不一致，也只是道德世界中的一种过渡状态。因为，道德事实上是一个永远有待完成而又永远不能完成的任务，所以，断言道德与感性之间的不一致是没有根据的，毋宁说和谐才是它们关系的本质。"因为，既然道德是没有完成的东西，即是说，既然事实上没有道德，那么关于道德遭逢不幸这样的经验能有什么意义呢？"① 道德与感性自然的和谐，存在于道德不断前进的无限运动中。

四　关于道德世界和谐的辩证

在道德世界中，存在道德与客观自然、道德与主观自然、道德规律与自然规律三大矛盾和冲突。道德世界的"预定的和谐"，是道德为"人类生命"过程超越由这些矛盾而造成的"生存困境"所提供的"解释系统"。黑格尔《精神现象学》的贡献，是在道德形而上学的层面，为道德世界观或道德世界的自我意识扬弃冲突、超越"生存困境"提供了一个概念的"解释系统"，这个"解释系统"揭示了道德世界和谐的辩证本性和辩证过程。根据道德哲学的辩证法，和谐，在道德世界中是比冲突更深刻更本质的存在。这个发现和结论具有重大的学术意义，它可以帮助我们探讨和解决现代道德形而上学体系中的一些难题：社会公正和个体德性的关系；善恶因果律；义与利、理与欲的关系。

公正与德性的关系问题，是当代伦理学聚讼的焦点之一。它实际上与另一个问题紧密关联，这就是个体至善与社会至善的关系。正义论追求社会至善，德性论凸显个体至善。二者的对立及其和谐本性，在以上讨论的道德世界观的基本矛盾和道德世界的和谐本性中已经被揭示。道德与客观自然的矛盾与和谐的核心，一定意义上说是社会公正，它可以被当作"世界的终极目的"；道德与主观自然即感性欲望的矛盾与和谐的核心，一定意义上说是个体德性，它是"自我意识的终极目的"。两个终极目的之间同一与和谐的"中项"，按照黑格尔的观点，就是现实的道德行为。由此，关于社会至善与个体至善的讨论，应当从理论的思辨，转向对于现实道德行为的关注。道德的基本问题是什么？道德哲学的基本问题是什么？从"道德世界观"和道德世界的和谐的理论中获得的理论启迪和学

① ［德］黑格尔：《精神现象学》下，贺麟、王玖兴译，商务印书馆1996年版，第142页。

术支持是：道德与道德哲学的基本问题有两个方面：一是道德与感性自然，用现代伦理学的话语说，是道德与利益（义与利、理与欲）的关系的问题；二是道德与客观自然，用现代伦理学的话语说，是个体至善与社会至善（道德与幸福）的关系问题。第一个方面已经被现代中国伦理学认作基本问题，但第二个方面至今仍被排除于基本问题之外。在文化体系中，道德和道德哲学为人类生命过程所提供的，根本上是一种"善"的意义的"解释系统"，"善"是它们的核心概念；与此相对应，个体至善与社会至善的矛盾，也必定是它们的基本矛盾。如果将善和善的矛盾排除于基本问题之外，那么，无论是道德，还是道德哲学，都可能由此丧失至少不能体现它们的文化本性。一般认为，现代西方伦理学有两个对立的传统，一是以罗尔斯为代表的公正论的传统，一是以麦金太尔为代表的德性论的传统。而在中国现代伦理中，公正论被遵奉为现代性，德性论则在相当程度上被当作传统性。事实上，个体德性与社会公正，是道德与道德哲学的两个基本结构，区别只在于，公正论追求社会至善，德性论追求个体至善，然而无论是前者，还是后者，都包含深刻的逻辑与历史局限，因而也内在着由对立走向同一的内在要求和内在可能。道德世界"预定的和谐"及其辩证结构，可以超越德性论与公正论的学术聚讼，使二者在对道德与道德哲学基本问题的辩证把握和现实的道德行为中得到整合与统一。

善恶因果律是一个古老而又特别具有现代意义的学术话题。善恶因果律的本质，是"道德规律成为自然规律"，或者说，是道德规律与自然规律的统一。道德世界观中道德与幸福、义务与现实、德性与欲望之间的矛盾及其和谐，本质上就是善恶因果律的辩证运动。道德与幸福之间的善恶因果律，或者说德—福一致、德—得相通，是从古到今、从西方到中国的一切伦理精神和道德形而上学必须作出的价值预设或价值承诺，它以信念的意识形式存在于人们的精神中，并在任何一个严谨的道德哲学体系中应当得到形而上学的解决，否则，便会陷入理论和实践的深刻危机。然而，在现实世界中，人们经验到的事实却是二者之间的不一致甚至激烈冲突。善恶因果律的中断，是当代伦理精神的理论危机与实践危机的重要根源。传统中国伦理和宗教伦理以善恶报应的信念追求和实现和谐，康德道德哲学以"至善"的理念和"上帝存在—灵魂不朽"的预设化解这个矛盾，然而，现代中国道德哲学总体上对善恶因果的困境还缺乏直面的勇气和超越的学术智慧。道德世界"预定的和谐"带来的启发是：必须建立善恶因果之间"预定的和谐"；善恶因果律潜在于道德的概念本性与主体的文化信念中，自在于道德自身的无限发展和辩证运动中；只有现实的道德公正和绝对的道德义务的结合，才能现实地实现善恶因果之间的辩证和谐。

现代道德与道德形而上学几乎陷入"义—利"、"理—欲"关系的"围城"之中。"重义轻利"、"重理轻欲"被当作有悖于人性的传统伦理，不具有现代性，于是转而诉诸利益驱动的自然道德。可当这样做的时候，事实上已经完全消解和否定了道德自身。正如黑格尔所言，道德与道德世界观的特质，是坚持义务的绝对性，认为只有义务具有本质性，而自然全无本质性，以义务同一自然才是道德，反之则是自然。"义—利"、"理—欲"关系的实质，是道德秩序与自然秩序、道德规律与自然规律的关系，道德之为道德，是以道德秩序同一自然秩序（即个体内在的生命秩序），使道德规律成为自然规律（感性欲望冲动的规律）。传统中国伦理以"公—私"关系模式，扬弃"义—利"、"理—欲"对立，认为"公利"即为义，即为理，其结果形成"道德的个体与不道德的社会"的道德悖论，导致道德专制主义。现代性伦理中"义—利"、"理—欲"关系的倒置，以及传统"公—私"价值范式的潜在，在造就放任的个人的同时，造成"伦理的实体与不道德的个体"的伦理—道德悖论，导致实体或共体道德责任的消解，伦理实体往往逃逸于道德评价与道德规约之外。现代社会到处可见的是"自然"的放任及其所造成的严重后果——不仅是个体的自然放任，带来更大灾难的是社会的或共体的、实体的自然放任，战争、生态危机，就是最突出的表现。因此，现代道德和道德哲学必须回归自己的义务本质，不仅个体，而且实体，都应当以道德和义务建立道德世界的同一性，实现道德世界的和谐。否则，不仅道德不可能，而且道德哲学、道德形而上学同样不可能。

第五节 走向"和谐伦理"

综上所述，伦理世界的和谐与道德世界的和谐，就是伦理精神"预定的和谐"。伦理世界的和谐由伦理实体、伦理规律、个体与实体三大和谐构成；道德世界的和谐由道德与自然、义务与现实、道德规律与自然规律三大和谐构成。自在自为地存在的（或在概念本性与文化本务中存在的）"预定的和谐"，作为一种特殊的"解释系统"，可以分别帮助"人类生命过程""对付"伦理世界和道德世界中遭遇的三大"生存困境"或三大矛盾：伦理世界中家庭与民族、家庭—市民社会—国家诸伦理实体的矛盾，家庭成员与社会成员两种基本伦理角色的矛盾，人的规律与神的规律的矛盾；道德世界中个体至善与社会至善的矛盾或德性与公正的矛盾，道德与幸福或善恶因果律的矛盾，义与利、理与欲的矛盾。这些矛盾使现代伦理精神和道德形而上学体系内在的陷入困境之中。

也许人们会提出，基于黑格尔道德形而上学的学术资源的"预定的和谐"，只是一种虚拟的和谐，因为它是传统的或古典的，而不是现代的；它是思辨的，而不是现实的。事实上，传统性或现代性并不能作为价值判断的依据，否则，人类历史与人类文明岂不只是一种时间上的抽象流变？相反，传统之成为传统，倒是说明它经受了历史洗礼与文化选择的考验，是大浪淘沙后的文明精华，只是它必须因时而化，或继续接受历史选择而已，而现代性反倒有足够的理由被假设为一种文明的时尚甚至偶然。现代性将人类在漫长文明演进中千锤百炼所打造的文明的有机性和整体性破坏成难以修复的碎片，于是，和谐沉沦，冲突漫舞，酿造的悲剧如此深刻，以致世人发出"失乐园"的哀叹。概念与现实应当是统一的。伦理精神概念地存在的和谐本性，或道德形而上学意义上的和谐本性，及其缔造和谐的文化本务，同时也必然深刻地是现实的，理由很简单，"理性即实在"，合理的必定是现实的。概念超出自身，"消除冲突，和谐实现"的中介，就是黑格尔所反复强调的"道德行动"。

伦理精神必须、也应当"预定"一些基本的和谐，理由很简单，作为体现"世界的终极目的"和"自我意识的终极目的"的那些和谐，不仅是伦理精神的本性和本务，而且是伦理世界和道德世界、进而也是伦理与道德持存的基本条件。关键在于，它们不是抽象的和谐，而是基于伦理世界和道德世界中的基本矛盾，并扬弃这些矛盾而造就的辩证和谐，是包含冲突的具体、历史的和谐。伦理精神"预定的和谐"，首先必须在道德形而上学中探讨和完成，因为，只有找到伦理精神和谐的概念基础和概念原理，才能真正揭示伦理精神的和谐本质与和谐真理。在道德形而上学中揭示和确立的"预定的和谐"，既是伦理精神和谐的概念依据，也是对伦理精神和谐本性的现实辩证把握。无疑，黑格尔在《精神现象学》中阐释的伦理世界的和谐与道德世界的和谐是思辨的，但他对伦理精神"预定的和谐"的概念分析与辩证把握,却不仅是深刻的,而且具有很强的现实性。时至今日,它对我们探讨和解决道德形而上学中尖端性的理论难题,以及伦理精神历史发展中的实践难题,仍具有十分难得的资源意义。

基于伦理精神"预定的和谐",可以得出以下两个重要的结论:

现代伦理精神和道德形而上学体系应当进行一种辩证复归,这种复归的要义是:走向"和谐伦理";

完成这种复归,建构和谐伦理精神与和谐道德形而上学体系,最迫切需要的方法论支持是:道德辩证法。

参考书目

《马克思恩格斯选集》1—4卷，人民出版社 1972 年版。

［德］黑格尔：《精神现象学》上、下卷，贺麟、王玖兴译，商务印书馆 1996 年版。

［德］黑格尔：《法哲学原理》，范扬、张企泰译，商务印书馆 1996 年版。

［德］黑格尔：《历史哲学》，王造时译，上海书店出版社 1999 年版。

［德］黑格尔：《哲学科学全书纲要》，薛华译，上海人民出版社 2002 年版。

［德］黑格尔：《精神哲学》，杨祖陶译，人民出版社 2006 年版。

［德］康德：《实践理性批判》，韩水法译，商务印书馆 1999 年版。

［德］康德：《纯粹理性批判》，蓝公武译，商务印书馆 1997 年版。

［德］康德：《康德文集》，郑保华主编，改革出版社 1997 年版。

［古希腊］亚里士多德：《亚里士多德全集》第八卷，苗力田译，中国人民大学出版社 1977 年版。

［古希腊］亚里士多德：《尼各马科伦理学》，苗力田译，中国社会科学出版社 1999 年版。

张世英：《新哲学讲演录》，广西师范大学出版社 2004 年版。

萧昆焘：《精神世界的掠影》，江苏人民出版社 1987 年版。

ChristineM. Korsgaard：“*TheSources of Normativity*” Cam—bridgeUniversity，Press，1992.

JohnBroome：“*Ethics out of Economics*”. Cambridge University Press. 1999.

［德］叔本华：《伦理学的两个基本问题》，任立、孟庆时译，商务印书馆 1999 年版。

［英］C. D. 布劳德：《五种伦理学理论》，田永胜译，中国社会科学出版社 2002 年版。

［德］莫里茨·石里克：《伦理学问题》，孙美堂译，华夏出版社 2001
年版。

［美］亚历山大·J. 菲尔德：《利他主义倾向》，赵培等译，长春出版社
2005 年版。

［美］约翰·罗尔斯著：《道德哲学讲义》，张国清译，上海三联书店
2003 年版。

［德］马克斯·韦伯：《新教伦理与资本主义精神》，于晓、陈雄纲等译，
三联书店 1992 年版。

［美］丹尼尔·贝尔：《资本主义文化矛盾》，赵一凡等译，三联书店
1992 年版。

［美］弗兰西斯·福山：《信任——社会道德与繁荣的创造》，李宛蓉译，
远方出版社 1998 年版。

［荷］查尔斯·汉普登—特纳、阿尔方斯·特龙佩纳斯著：《国家竞争
力——创造财富的价值体系》，徐恩联译，海南出版社 1997 年版。

［美］约翰·罗尔斯：《正义论》，何怀宏等译，中国社会科学出版社
1988 年版。

［美］阿拉斯戴尔·麦金太尔：《谁之正义？何种合理性》，万俊仁等译，
当代中国出版社 1996 年版。

［德］彼德·科斯洛夫斯基：《伦理经济学原理》，孙瑜译，中国社会科学
出版社 1997 年版。

彼得·科斯，洛夫斯基、陈筠泉主编：《经济秩序理论和伦理学》，中国
社会科学出版社 1987 年版。

［美］哈特穆特·莱曼等编：《韦伯的新教伦理》，阎克文译，辽宁教育出
版社 2001 年版。

［德］席林：《天主教经济伦理学》，顾仁明译，中国人民大学出版社
2003 年版。

［印度］阿马蒂亚·森：《伦理学与经济学》，王宇、王文玉译，商务印书
馆 2002 年版。

［德］米歇尔·鲍曼：《道德的市场》，肖君等译，中国社会科学出版社
2003 年版。

［美］麦特·里德雷：《美德的起源》，刘珩译，中央编译出版社，2004
年版。

〔美〕托马斯·内格尔：《人的问题》，万以译，上海译文出版社 2004 年版。

〔俄〕别尔嘉耶夫：《论人的使命》，张百春译，学林出版社 2000 年版。

〔法〕路易·迪蒙：《论个体主义》，谷方译，上海人民出版社 2003 年版。

〔英〕史蒂文·卢克：《个人主义》，阎克文译，江苏人民出版社 2001 年版。

〔德〕曼弗雷德·弗兰克：《个体的不可消逝性》，先刚译，华夏出版社 2001 年版。

〔英〕F. M. 冯·哈耶克：《个人主义与经济秩序》，邓正来译，三联书店 2003 年版。

〔美〕莱茵霍尔德·尼布尔：《道德的人与不道德的社会》，蒋庆等译，贵州人民出版社 1998 年版。

〔德〕诺贝特·埃利亚斯：《个体的社会》，翟三江、陆兴华译，译林出版社 2003 年版。

〔德〕库尔特·拜尔茨：《基因伦理学》，马怀琪译，华夏出版社 2001 年版。

〔法〕保罗·利科：《历史与真理》，姜志辉译，上海译文出版社 2004 年版。

〔德〕汉斯·格奥尔格·加达默尔：《真理与方法》上、下，洪汉鼎译，上海译文出版社 1999 年版。

〔英〕德里克·帕菲特：《理与人》，王新生译，上海译文出版社 2005 年版。

〔俄〕尼古拉·别尔嘉耶夫：《精神与实在》，张源等译，中国城市出版社 2002 年版。

赫施：《解释的有效性》，王才勇译，三联书店 1991 年版。

周辅成主编：《西方哲学史名著选编》，商务印书馆 1987 年版。

张岱年：《中国哲学大纲》，中国社会科学出版社 1982 年版。

张德胜：《儒家伦理与秩序情结》，台湾巨流出版公司 1993 年版。

〔德〕马克斯·韦伯：《学术与政治》，冯克利译，三联书店 1998 年版。

〔德〕马克斯·韦伯：《经济与社会》，林荣远译，商务印书馆 1997 年版。

〔德〕马克斯·韦伯：《儒教与道教》，洪天富译，江苏人民出版社 1993 年版。

［美］丹尼尔·贝尔：《后工业社会的来临》，王宏周等译，新华出版社
　　1997 年版。

［德］尤尔根·哈贝马斯：《合法化危机》，刘北成、曹卫东译，上海人民
　　出版社 2000 年版。

［英］齐格蒙·鲍曼：《立法者与阐释者》，洪涛译，上海人民出版社
　　2000 年版。

［德］汉斯·萨克塞：《生态哲学》，文韬、佩云译，东方出版社 1991
　　年版。

［英］赫伯特·斯宾塞：《社会静力学》，张雄武译，商务印书馆 1999
　　年版。

［英］L. T. 霍布豪斯：《形而上学的国家论》，汪淑钧译，商务印书馆
　　1996 年版。

［奥］凯尔森：《法与国家的一般理论》，沈宗灵译，中国大百科全书出版
　　社 1996 年版。

［德］斐迪南·滕尼斯：《共同体与社会》，林荣远译，商务印书馆 1999
　　年版。

［英］鲍桑葵：《关于国家的哲学理论》，汪淑钧译，商务印书馆 1995
　　年版。

邓正来、J. C. 亚力山大编：《国家与市民社会》，中央编译出版社 1999
　　年版。

［美］塞缪尔·亨廷顿：《文明的冲突与世界秩序的重建》，周琪等译，新
　　华出版社 1999 年版。

［荷］C. A. 皮尔森：《文化战略》，中国社会科学出版社 1992 年版。

杜祖贻主编：《西方社会科学理论的移植与应用》，香港中文大学出版社
　　1993 年版。

［法］弗雷德里克·巴斯夏：《和谐经济论》，许明龙等译，中国社会科学
　　出版社 1995 年版。

［英］威廉·汤普逊：《最能促进人类幸福的财富分配原理的研究》，何慕
　　李译，商务印书馆 1997 年版。

［英］阿弗里德·马歇尔：《经济学原理》，朱志泰译，商务印书馆 1997
　　年版。

［印度］阿马蒂亚·森：《以自由看待发展》，于真等译，中国人民大学出

版社 2000 年版。

［美］理查德·布隆克：《质疑自由市场经济》，林季红译，江苏人民出版社 2001 年版。

［美］曼瑟尔·奥尔森《集体行动的逻辑》，陈郁等译，上海三联书店 1995 年版。

［美］W. 阿瑟·刘易斯：《经济增长理论》，梁小民译，上海三联书店 1995 年版。

［美］查尔斯·林德布洛姆：《政治与市场：世界的政治—经济制度》，王逸周译，上海三联书店 1996 年版。

［德］柯武则、史漫飞：《制度经济学》，韩朝华译，商务印书馆 2002 年版。

樊浩：《伦理精神的价值生态》，中国社会科学出版社 2001 年版。

樊浩：《中国伦理精神的历史建构》，江苏人民出版社 1992 年版。

樊浩：《中国伦理精神的现代建构》，江苏人民出版社 1997 年版。

《礼记》。

《论语》。

《孟子》。

《大学》。

《中庸》。

《老子》。

《庄子》。

《荀子》。

《二程遗书》。

《朱子语类》。

朱熹：《四书集注》。

戴震：《孟子字义疏证》。

后　记

这本书一写就是六年。

这六年，我经历了人生中最坎坷、最不同寻常的日子。2000年，在学术界前辈和同仁的支持下，我校的伦理学成为全国第三个二级学科博士点，终于圆了我个人的一个梦，圆了东南大学的一个梦。八年马拉松式的拼搏，自己当时的状况已是"一息尚存"。刚开始调整自己，准备为学科的进一步发展作新的谋划时，磨难便不期而至——身体的残伤，"朋友"的背叛，亲人的猝逝，上苍竟这样以世间最惨痛的人生悲剧作礼物，将我从已是"早生华发"的青年渡进沧桑写额的中年。这是一座备受煎熬和苦厄的炼狱，我不知道自己能否走出。那天中午，病痛如往日折磨得我难以入眠，也难以入座，望着窗前西斜的冬阳，我下意识地取出书柜中的《法哲学原理》。看了不到一页，我发现沉思于这个怪石嶙峋的世界，病魔似乎也有些藏匿。于是，我给自己开了一副虽不能治病但却可以捱过如年之日的药方：暖阳下啃"天书"——在勃发而忙碌的日子里无暇也无心意沉下来读的黑格尔哲学著作。第一本被捧起的是《法哲学原理》，一行、两行，一页、两页，一遍、两遍，一天、两天，……极端的痛苦与极端的晦涩，居然奇妙地中和着，让病痛和时光一同流逝。生命力重新开始复苏的那个春天，我感觉到读了几遍之后，"天书"开始"下凡"。可是这时自己已经有点不可收了，放下《法哲学原理》，又捧起了《精神现象学》，我真的觉得，跋涉晦涩所获得的那种灵性启示，是痛苦最称职的送客。几轮冬夏的囹圄，当又重新可以上讲台时，我开始给学生讲授黑格尔道德哲学，主要是《法哲学原理》与《精神现象学》，旁及《历史哲学》、《精神哲学》、《哲学全书纲要》。逐页讲习，逐句斟酌，虽有以其昏昏，使人昭昭之嫌，但"误人子弟"之后，倒真觉得自己对自己明白了许多，第二轮讲下来，门徒居然根据录音整理了近50万字的讲稿。上苍让惨痛煎我春华，我以"天书"度它春秋！现在想起来，倒也有份诗意的悲美。其实，这种"理性的狡黠"并非偶然。早在读大学和硕士时，先师萧昆焘教授便为我们讲授黑格尔哲学，对之推崇有加，人化运用。无奈先生多恙，讲授时断时续，终未完成，但弟子们对其要义已有所了悟。现在再在课堂之上理论黑翁，也算是续东大哲学传统之"香火"，聊慰先生在天之灵。

在为"无用之用"而读书的同时，气力稍有恢复，我便开始考虑2000年就准备着手的这本书的写作，冲动之时，也"拗着"写上一些。眼下，身体虽未能完全康复，但不断"冲动"之后，这部近60万字的书稿竟也伴着苦楚，痛着、吟着，但却切切实实甚至有点结结实实地呱呱着地了。这部书一开始的初衷是要完成国家哲学社会科学规划课题"与社会主义市场经济相适应的伦理体系研究"，同时也作为教育部"优秀青年教师奖"项目的成果，但后来在读书和写作的过程中便有了新的思路。这部书的关键概念有三个："道德形而上学体系"；"精神哲学基础"；"伦理—经济"。之所以选择"道德形而上学体系"而不是一般的"道德体系"，甚至不是"道德哲学体系"，主要基于这样的认知：要完成当代中国道德体系的建构，必须攻克一些尖端性的也是深层的理论难题，而最深层、目前的中国伦理学研究着力最少的便是关于道德形而上学的研究。建立"道德体系"必须首先探讨"道德形而上学体系"。在学术上，我比较认同德国古典哲学的传统，将"伦理学"、"道德哲学"、"道德形而上学"相区分，道德形而上学像康德所说的那样，主要为道德哲学也为伦理学提供概念系统和结构原素。建立与社会主义市场经济相适应的道德体系，是目前和今后相当长的时期中华民族必须完成的理论和实践工程，但要真正完成这一工程，必须一个难题一个难题地攻克。所以，我选择"道德形而上学体系"作为本课题对"道德体系"研究的着力点，也是独特的贡献点。

然而，我也清醒地意识到，就我的学术功力而言，整个解决"道德形而上学体系"问题还很遥远，于是，我选择"精神哲学基础"作为解决这一课题的突破口和贡献点。之所以着力于"精神哲学基础"，主要基于这样的学术判断：伦理道德作为一种"精神文明"，必有其"精神"的本性和真谛，而能够对"精神"作辩证把握的，便是"精神哲学"；学术界比较强调伦理精神和道德体系的经济墓础的一面，但对它的"精神哲学"基础却鲜有问津，"精神哲学基础"的概念并不否定道德和道德形而上学体系还应有其他方面尤其是经济方面的基础，只是以它为探讨的着力点。当然，强调"精神哲学"和"精神哲学基础"还有另一个直接的原因。此书是在研读和讲授黑格尔道德哲学著作的过程中写成的，黑格尔道德哲学体系的核心概念便是"精神"，当然，在他那里，"精神"是客观唯心主义的，必须将它倒置过来。

严格地说，本书只是基于"伦理—经济关系"对于"道德形而上学体系的精神哲学基础"的研究，所以全书从体系到概念都是围绕"伦理—经济"展开。之所以这样安排，一方面是试图在道德和道德形而上学体系的经济基础和精神哲学基础之间进行某种辩证，并试图进行它们的辩证整合；另一方面，因为本课题研究的内容是与社会主义"市场经济"相适应的"伦理体系"，也要求在伦理与经济的辩证互动中把握。必须提醒的是，作为本书基本概念的，是"伦理—经济"，而不是"伦理与经济"，或"伦理"、"经济"，"伦理—经济"的概念强调二者之间的生态关联和共生互动。

我已经记不清这本书稿变化了多少次了。2002 年下半年的那份非常详细并提交伦理学科讨论的提纲，在写作过程中几乎全部被推翻了。2005年上半年，基本上完成了它的初稿，共 40 余万字，但合成起来通读，自己又十分不满意，于是中篇与下篇便完全废弃，全部重写，造成这一结果的主要原因，是因为"道德形而上学体系的精神哲学基础"这一主题是在研究和写作过程中逐渐明晰和聚焦的。这次的大病和经历的人生磨难，使我的人生观发生了很大变化，也使我的研究价值观发生了很大变化。1997 年，当时我 38 岁，在那本 60 万字的《中国伦理精神的现代建构》专著的后记里，我直言：自己还年轻，不追求成熟，更无意创造经典，只想将一些创新性的思想贡献出来，稚嫩甚至不足反可为以后的发展留下空间。但这次我有一个强烈的思想：自己已经没有太多的时间幼稚，社会也没有足够的宽容让自己失误，极少数人可能甚至在等着别人的幼稚和失误于适当的时机作为"武器"。所以，我总是提醒自己以一种类似"气功"式的心态写作和研究，不赶进度，唯学是求，量力而行。因为身体的缘故，我自创了一种写作的状态：名之曰"用腹部"而不"用大脑"写作，意沉下来，剥茧抽丝。这样，反倒收到一种"静若处子，动如脱兔"之效。每写完一部分，都作认真的修改，写一章，成一章。最后全书定稿时，还忍痛完全删除两万多字的一章。我以论文的要求写每一部分，追求的目标是：每一章都要有原创，而且都要有比较充分的学术资源和学术积累。不过，这毕竟只是目标，是否达到，只能留着读者去评价了。

"道德形而上学"已是晦涩，"精神哲学基础"更是晦涩，加上我自己对有些问题没有真正搞明白，言之不清，貌似高深，因而是晦涩之晦涩。在今天这样的时代，这本书到底有没有人愿意读，着实是件有待证明的事。最大的可能是：在出版社和书店仓库的一隅，"留着老鼠的牙齿去批判吧"！好在我现在心态已变："为身后写书尸这绝不只是经历过多磨难之后的悲观主义。学者写书，当然要经世致用，但学术的积累、文化的传承，可能更多是"身后"的事。在这个意义上，"为身后写书"，也不失为一种学术要求和学术追求。

作　者
2006 年 7 月 25 日
识于东南大学"舌在谷"